# 新个人所得税操作实务

## ——政策解析　纳税申报　风险防范

张春平　主编

中国财经出版传媒集团
中国财政经济出版社

**图书在版编目（CIP）数据**

新个人所得税操作实务：政策解析 纳税申报 风险防范／张春平主编. —北京：中国财政经济出版社，2019.4

ISBN 978-7-5095-8959-5

Ⅰ.①新… Ⅱ.①张… Ⅲ.①个人所得税-纳税-税收管理-风险管理-中国 Ⅳ.①F812.424

中国版本图书馆 CIP 数据核字（2019）第 070846 号

责任编辑：吕小军等　　　　责任校对：胡永立
封面设计：思梵星尚

中国财政经济出版社出版
URL：http：//www.cfeph.cn
E-mail：cfeph @ cfeph.cn

社址：北京市海淀区阜成路甲 28 号　邮政编码：100142
营销中心电话：010-88191537
北京中兴印刷有限公司印刷　各地新华书店经销
787×1092 毫米　16 开　23.5 印张　568 000 字
2019 年 5 月第 1 版　2019 年 8 月北京第 2 次印刷
定价：89.00 元
ISBN 978-7-5095-8959-5
（图书出现印装问题，本社负责调换）
本社质量投诉电话：010-88190744

# 编　委　会

# 前　　言

2018年8月31日，第十三届全国人民代表大会常务委员会第五次会议通过了决定，修改《中华人民共和国个人所得税法》。新修改的个人所得税法除了将免税额由3500元/月提高至5000元/月，更重要的是按照“逐步建立综合与分类相结合的个人所得税制”的要求，结合当前征管能力和配套条件等实际情况，将工资、薪金所得，劳务报酬所得，稿酬所得，特许权使用费所得等四项劳动性所得纳入综合征税范围，适用统一的超额累进税率，居民个人按年合并计算个人所得税，对于劳动性所得实行综合所得征收，并增加了子女教育、继续教育、大病医疗、住房贷款利息或者住房租金、赡养老人等六项专项附加扣除。同时还规定，居民个人取得综合所得按年计算个人所得税，实施个人纳税申报制度。综合来看，本次个税改革呈现出以下特点：

1. 优化税制、减轻中低收入者税负

2018年版《个人所得税法》在税制上从原来的分类所得税制部分修改为综合所得税制。即在征税项目上，将原个税法中的工资薪金所得、劳务报酬所得、稿酬所得和特许权使用费所得，整合成了新个税法中的“综合所得”，采用统一的综合所得的税率表。这样的修改也是对目前越来越多的纳税人收入种类多样化的一种积极响应。

2. 加强信息收集和管理的同时，不增加纳税人的纳税成本

2018年版《个人所得税法》增加了专项附加扣除，大大降低了纳税人的实际税负。为了让纳税人能够实实在在享受到减税的红利，新个税法明确规定了对于纳税人提供的相关专项附加扣除的信息，扣缴义务人不得拒绝。简单地说，纳税人只要确保自己对所提供的信息的真实性，任何一方都无需对相关资料进一步审核，这大大增加了享受减税优惠的效率。此外，新的个税法及其一系列配套政策给予纳税人很大的选择权，这是一个非常积极的信号，意味着纳税主体在某些情况下，是可以进行一些合规合理的税务筹划的。然而，正是因为了有了更大的选择权，也导致了纳税人的税收遵从风险进一步加大。在被给予了更多“扣除”项目的同时，新个税法在整个立法过程中，也非常突出强调了跨部门的协作，即从原来的仅仅由税务机关管税，逐步转向多部门的协作。信息共享的时代也给广大纳税人的纳税选择提出了更高的要求。

3. 加强个人反避税措施

反避税在我国税收立法层面并不是一个新的概念，相反，这个概念在企业所得税相关的各类法律法规及配套文件中已经规定的非常充实。无论是企业所得税实施条例中给予税务机关对企业间不合理的交易进行纳税调整的权力，还是针对各种高频高风险交易（如跨境转股、跨境支付服务费或特许权费、利用税收洼地滞留利润等）发布的各类税收法规与文件，都可以找到非常具体明确的有关企业所得税的反避税规定。然而在个税层面，反避税一直是

一个空白。本次个税改革，让个税反避税再次成为关注热点。

4. 与国际接轨，强化信息共享接轨

本次个税改革立法，立法者同时考虑到了一些政策与国际的对接。最典型的就是有关税收居民身份的判定。新个税法对此进行了修改，这也和国际上很多国家对于税收居民身份的判定标准相一致。中国作为目前在积极推进执行 CRS 金融账户信息交换的成员国之一，这样的修改也会为其以后与 CRS 其他成员国的信息交换增加了便利。

在本次个税改革背景下，纳税人及税务工作者提出了诸多热点问题：如何进行申报纳税，如何填制扣除项目？如何界定四项综合所得？如何界定居民与非居民纳税人？股息红利所得如何纳税？财产转让所得如何避免税务风险？境外已纳税如何进行抵免？个税有哪些优惠？如何才能享受个税优惠？CRS 实施如何具体应对？这些问题不仅是正确申报纳税所必须解决、无法回避的，而且关乎纳税人及税务服务工作的涉税风险。

笔者多年来一直进行税务教学、研究以及个税涉税服务实务操作，深刻了解实践中个税处理的不规范、不合理甚至不合规之处。同时，个税实践中的争议及疑难问题诸多，笔者收到实务界的咨询及请教亦不胜枚举。有鉴于此，笔者深感有必要对个人所得税问题进行一番梳理，即为个税实务申报提供一套规范、合规的处理模式，也对 PPP 项目中常见的疑难、热点及争议性问题以及风险疑难点进行系统回答，以期能给个税申报及风险防范处理带来参考价值。

本书能够顺利完成，特别感谢首都经济贸易大学财政税务学院黄苑、杜东瑞、龙晓白、邱香芸、翟佳慧同学的鼎力支持。他们参与编写了部分章节，且在协助我梳理境内外法律法规、整理外文文献方面付出了巨大努力。

本书在成书过程中，也得到了多位同样深耕在个税服务实务一线的财税同仁的大力支持，他们为本书的完成提出了许多建设性意见，在此一并表示感谢。

囿于时间原因及精力因素，本书仅对个税申报实务及风险防范核心问题进行探讨，部分研究难免挂一漏万，敬请读者不吝指正。

**本书主编　张春平**

2019 年 3 月于北京

# 目　　录

# 第1章　个人所得税改革综述

## 1.1　个人所得税改革历史沿革

2018 年 8 月 31 日，第十三届全国人民代表大会常务委员会第五次会议通过了决定，修改《中华人民共和国个人所得税法》（以下简称“《个人所得税法》”）。新修改的《个人所得税法》除了将免税额由 3 500 元/月提高至 5 000 元/月，更重要的是按照“逐步建立综合与分类相结合的个人所得税制”的要求，结合当前征管能力和配套条件等实际情况，将工资与薪金所得、劳务报酬所得、稿酬所得、特许权使用费所得等四项劳动性所得纳入综合征税范围，适用统一的超额累进税率，居民个人按年合并计算个人所得税，对于劳动性所得实行综合所得征收，并增加了子女教育、继续教育、大病医疗、住房贷款利息或者住房租金、赡养老人等六项专项附加扣除。同时还规定，居民个人取得综合所得按年计算个人所得税，实施个人纳税申报制度。

自 1799 年英国创立了个人所得税以来，世界上多数国家或者地区都先后开征了个人所得税，只有少数几个国家没有开征个人所得税。开征了个人所得税的国家（地区）也基本上都经历了由分类税制向综合税制转变的过程。目前，世界上多数国家采用的是综合与分类相结合的税制模式。

我国个人所得税起步较晚，1909 年清朝政府起草了《所得税章程》，后因辛亥革命爆发，清朝政府被推翻而没有实施。之后政局动荡，连年战乱，个人所得税缺乏征收的基础，基本上陷入停滞状态。中华人民共和国成立以后，1950 年 7 月，政务院公布的《税政实施要则》中，就曾列举有对个人所得征税的税种，当时定名为“薪给报酬所得税”。但由于我国生产力和人均收入水平低，实行低工资制，虽然设立了税种，却一直没有开征。1980 年 9 月 10 日，第五届全国人民代表大会第三次会议通过了《中华人民共和国个人所得税法》，我国个人所得税始开征。初期的《个人所得税法》既适用于外籍人员，也适用于本国公民。当时通过的《个人所得税法》实施的就是分类税制，即将个人各种来源不同、性质各异的所得进行分类，分别扣除不同的费用，按不同的税率征税。1986 年 9 月，针对我国国内个人收入发生很大变化的情况，国务院发布了《中华人民共和国个人收入调节税暂行条例》，规定对本国公民的个人收入统一征收个人收入调节税。

1993 年 10 月 31 日，第八届全国人民代表大会常务委员会第四次会议通过了《关于修改〈中华人民共和国个人所得税法〉的决定》，实现了国内居民和外籍人员适用一个统一的个人所得税制度。此后虽经多次修改，但是基本制度没有改变。近几年，我国个人所得税税收收入逐年增长，2017 年已经达到 11 966.37 亿元，但是占税收总额的比重仍维持在 7% 左右。随着我国社会主义市场经济不断推进，各项经济体制改革不断深入，个人收入方式和收入来源产生变化，我国的个人所得税制度越来越不能适应经济和社会形势发展的需要，产生较大的税负不公，难以有效调节收入分配等。自 1995 年我国最早提出建立综合与分类相结合的个人所得税制，至今已经过去了 20 多个春秋。在此期间，我国重要的改革文件也多次提出建立综合与分类相结合的个人所得税制的改革目标。中国共产党第十八届五中全会提出了实行有利于缩小收入差距的政策，增加低收入劳动者收入，扩大中等收入者比重；加快建立综合和分类相结合的个人所得税制。李克强总理在 2018 年《政府工作报告》中提出，改革个人所得税，提高个人所得税起征点，增加子女教育、大病医疗等专项费用扣除，合理减负，鼓励人民群众通过劳动增加收入、迈向富裕。

综合与分类相结合的个人所得税制功能一是要实现筹集税收收入的基本要求。税收的基本职能是为国家筹集收入，个人所得税从它诞生之日起，就天然地主要为政府筹集税收收入，目前已经成为许多国家的主要税种。二是要实现调节税收分配目标。“初次分配讲效率，二次分配讲公平。”就是强调要发挥税收调节收入差距的积极作用。自从亚当·斯密时代开始，税收就有了一项重要原则——税收公平原则。税收公平原则有两个方面：一方面叫横向公平原则，对于收入相同的人应该缴纳相同的税收，进一步演变为税收负担能力相同的人应该缴纳相同的税收；另一方面叫纵向公平原则，对于收入不同的人应该缴纳不同的税收，进一步演变为税收负担能力不同的人应该缴纳不同的税收，也就是高收入者应该缴纳较高的税收。因此，从理论上讲，高收入人群在初次分配环节自身能力强，经济贡献大，应该得到较高的收入。由于高收入人群收入高，在二次分配环节也应该缴纳较多的税收，为社会做出较多的贡献。三是要实现提升“人人纳税”的公民意识。现代社会的基础是公民社会，实现社会民主政治，人人都有参与社会管理的权利。因此，社会上绝大多数人依法缴纳个人所得税，才可以有权要求政府提供公共服务，监督政府行为，实现真正意义上的公民权利与义务对等。四是简化税收征管手续，便利纳税人履行纳税义务。当前，纳税服务已经成为世界潮流，许多国家都在努力优化纳税服务，简化纳税程序，塑造方便快捷的税收征管新体系。

## 1.2 个人所得税改革变化

纵观 2018 年，我国个税改革新闻频上“热搜”。此次个税法修改，建立了综合与分类相结合的个人所得税制，对部分劳动性所得实行综合征税，优化调整了税率结构，提高了综合所得基本减除费用标准，设立了专项附加扣除项目，并相应健全了个人所得税征管制度。

为保障新个税法顺利实施，国务院对 1994 年制定的《中华人民共和国个人所得税法实施条例》（以下简称“旧实施条例”）做了修改。修改的主要内容包括：加大对符合居民个人标准的境外人士税收优惠力度，以更好吸引境外人才；为支持鼓励自主创业，对个体工商户等经营主体在计算经营所得时给予家庭生计必要支出减除；明确个人缴付符合国家规定的企业年金、职业年金，购买符合国家规定的商业健康保险、税收递延型商业养老保险的支出，以及国务院规定的其他项目可以依法扣除；优化与专项附加扣除政策相关的纳税服务，明确工资、薪金所得可以由扣缴义务人在扣缴税款时减除专项附加扣除，其他综合所得在汇算清缴时减除专项附加扣除，纳税人可以委托扣缴义务人或者其他单位和个人办理汇算清缴。

总体而言，"新实施条例"较为缓和，一方面继承了"个税征求意见稿"的主体内容，根据新个税法的要求对实施条例进行了相应修改，另一方面舍弃了"个税征求意见稿"中具有争议的内容和条款。

### 1.2.1　新个税法实施条例的六大亮点

1. 所得范围细化，条文措辞精练

"新实施条例"根据新个税法分类与综合相结合的税制对个人所得范围进一步明确。在条文编纂时，新条例更加注重措辞的准确性。

第一，稿酬所得中出版、发表的形式除图书、报刊增加一个"等"字，给网络文章等新形式呈现的稿酬留有法律空间。利息、股息、红利所得中亦增加一个"等"字，为股权、债权以外的形式留有空间。

第二，经营所得中增加"个人独资企业投资人、合伙企业的个人合伙人来源于境内注册的个人独资企业、合伙企业生产、经营的所得作为经营所得"，财产转让所得中增加"合伙企业中的财产份额"转让。对合伙企业相关所得予以明确。

第三，将财产租赁、转让所得当中"建筑物、土地使用权"两项合二为一为"不动产"，用词更加精练。

第四，个人依法从事办学、医疗、咨询以及其他有偿服务活动取得的所得删除"经政府有关部门批准，取得执照"的限制，体现行政机关"放管服"改革的重大意义。

2. 境外所得免税条件明确，5 年豁免改为 6 年

新个税法修改了中国税收居民的判断标准。即在中国境内有住所，或者无住所而一个纳税年度内在中国境内居住累计满 183 天的个人，为居民个人。相比于旧的个税法，判断税收居民个人的标准从一年缩短至国际惯例的 183 天。

相应地，"新实施条例"规定，在中国境内无住所的居民个人，在境内居住累计满 183 天的年度连续不满 6 年的，或 183 天的任一年度中有单次离境超过 30 天情形的，其来源于中国境外的所得，经向主管税务机关备案，可以只就由中国境内单位或者个人支付的部分缴纳个人所得税。相比于"旧实施条例"与"个税征求意见稿"，该豁免条款由 5 年延长至 6 年。

该税收优惠可以总结如表 1.1 所示。

在华工作的外籍人士（包括港、澳、台）只要符合上述规则，就可以享受免税政策，且该动作可以每 6 年重复一次。宽免政策的延续，体现了国务院对于国际人才引进的鼓励，稳定并加强了原有的外籍人士的优惠税收政策，有利于加强我国吸引国际人才的竞争力。

表 1.1 境外所得税收优惠

| 具体情形 | 源于境外所得 | | 源于境内所得 |
|---|---|---|---|
| 无住所：<br>（1）境内居住累计满 183 天的年度连续不满 6 年；<br>（2）满 6 年但其间有单次离境超过 30 天 | 中国境内单位或者个人支付的 | 境外单位或者个人支付的 | 七项所得，不论支付地点是否在中国境内，均为来源于中国境内所得 |
| | 纳税 | 向主管税务机关备案，无需纳税 | 纳税 |

3. 全面落实税收法定原则，限制财政、税务部门权力

税收法定原则要求征税主体、纳税主体、征税对象、税率等税收基本要素，只能由立法机关通过法律来规范。《中华人民共和国立法法》规定，税种的设立、税率的确定和税收征收管理等税收基本制度尚未制定法律的，全国人民代表大会及其常务委员会有权做出决定，授权国务院可以根据实际需要，对其中的部分事项先制定行政法规。因此，涉及针对是否征税的事项，全国人大常委会授权立法的对象只能是国务院，而国务院财政、税务主管部门无权做出规定。

因此，“新实施条例”中将“旧实施条例”中对股票转让所得征收个人所得税办法的制定主体，由“国务院财政部门制定，报国务院批准施行”改为了“由国务院规定，并报全国人民代表大会常务委员会备案”。

同样的，“旧实施条例”中第十六条“个人所得税的减征的幅度和期限由省、自治区、直辖市人民政府规定”被删除，取而代之的是新个税法中“由省、自治区、直辖市人民政府规定，并报同级人大常委会备案。其他减税情形由国务院规定，报全国人大常委会备案”。

此外，“新实施条例”将个人取得的难以界定应纳税所得项目的所得，由“由主管税务机关确定”调整为“国务院税务主管部门确定”，进一步限制了地方税务机关权力的不当扩张。这些变化体现了国家税收立法理念的转变，财政、税务部门在税收基本制度制定当中的角色被削弱，税收法律、法规、规章的层级将更加明确。

4. 鼓励自主创业，给予个体工商户家庭生计减除

“新实施条例”规定，取得经营所得的个人，没有综合所得的，计算其每一纳税年度的应纳税所得额时，应当减除费用 6 万元、专项扣除、专项附加扣除以及依法确定的其他扣除。

国家市场监管总局披露数据显示，截至 2018 年 10 月底，全国实有个体工商户 7 137.2 万户。“新实施条例”的施行意味着这 7 137.2 万户中没有综合所得的很大一部分个体工商户也将可享受新个税法新增的“子女教育、继续教育、大病医疗、住房贷款利息或者住房租金、赡养老人”等 6 项专项附加扣除，税收负担得以大大减轻。该条对于鼓励“自主创业、万众创新”的意义不言而喻。

5. 扣除范围具体化、确定化并留有兜底

“新实施条例”对“其他扣除”做出了列举式规定，至此，个税扣除项目较为明晰，结

合新个税法，可以总结为：

（1）专项扣除：居民个人按照国家规定的范围和标准缴纳的基本养老保险、基本医疗保险、失业保险等社会保险费和住房公积金；

（2）专项附加扣除：子女教育、继续教育、大病医疗、住房贷款利息/住房租金、赡养老人支出；

（3）其他扣除：个人缴付符合规定的企业年金、职业年金，个人购买符合规定的商业健康保险、税收递延型商业养老保险的支出；

（4）兜底：国务院规定可以扣除的其他项目。

其他扣除的范围在意料之中，将此前相关税收政策吸收入条例，提升了这些政策的法律效力：年金政策见财税〔2013〕103 号文件等，商业健康保险政策见财税〔2017〕39 号文件等，商业税收递延型商业养老保险政策见财税〔2018〕22 号文件等。附加扣除的具体规则在《个人所得税专项附加扣除暂行办法》（国发〔2018〕41 号）中较为详细，在此并不赘述。同时，“新实施条例”对其他扣除范围留有兜底，以应对新的情况。

6. 简化汇算清缴适用，拓宽涉税服务市场

“新实施条例”明确了综合所得办理汇算清缴情形，除需要补缴和退税的情况外，对于取得两处以上综合所得，或有劳务报酬、稿酬、特许权使用费所得中一项或者多项的个人，其收入减除专项扣除后超过 6 万元的应办理汇算清缴。汇算清缴的具体办法，将由国务院税务主管部门另行制定。

在新个税法颁布时，社会、业界认为汇算清缴将大大增加税务机关的工作量，不利于提高税收征管效率，恐面临实施困难。“新实施条例”则简化了汇算清缴的适用情形，从而降低了税收遵从成本，提高了征管效率。但是从另一方面讲，个人的义务减轻，意味着企业扣缴义务人的工作量加大，在“新实施条例”正式施行后，企业财会人员的工作将更加烦琐，不得不说是对企业财会人员的挑战。

此外，“新实施条例”规定，纳税人可以委托扣缴义务人或者其他单位和个人办理汇算清缴。可以预见，大量日常的个税汇算清缴业务将促进我国涉税专业服务行业的发展，对于税务师、税务律师而言是一次巨大机遇。

### 1.2.2　摒弃争议条款：从征求意见稿到生效定稿的变化

1. 视同转让条款的删除

视同转让财产是征求意见稿中最受争议的条款。该条规定，个人发生非货币资产交换，以及将财产用于捐赠、偿债、赞助、投资等用途的，除另有规定以外，应视同转让财产并缴纳个人所得税。

我们认为，删除该条的理由有三：

第一，“视同财产转让”对个税法第二条个人所得税征收范围的扩大解释，违背了税收法定原则的要求，行政法规无权在法律规定的征税对象以外进行征税。

第二，“捐赠”视同财产转让亦不符合个人所得税法的基本逻辑。捐赠行为中的捐赠者（转让方）在捐赠活动中，本身并无所得，相反，受赠方才存在实际所得。

第三，个人捐赠“视同财产转让”违背个人所得税征税原理。增值税、企业所得税中规定“视同财产转让”原因在于企业营利性的核心特征。而个人并非全然如此，对不具有

经营性质的个人的捐赠等行为视同财产转让，将加重其税收负担，违背税收中性原则。

2. 禁止核定征收条款的删除

影视行业税务风波反映的一个严重问题是税务机关滥用核定征收权，导致国家税款受到损失。旋即征求意见稿便对此做出规定：对年收入超过国务院税务主管部门规定数额的个体工商户、个人独资企业、合伙企业，税务机关不得采取定期定额、事先核定应税所得率等方式征收个人所得税。

该条引发了不小的争议，我们亦认为，单纯以年收入作为核定征收考量因素欠缺合法、合理性。无论是《中华人民共和国税收征收管理法》（以下简称“《税收征管法》”）还是《关于个人独资企业和合伙企业投资者征收个人所得税的规定》（财税〔2000〕91号），都对核定征收有着明确规定，即未设账簿、账目混乱、凭证残缺难以查账、逾期不申报、计税依据明显偏低，又无正当理由等情况的企业，其年收入标准并不是法定核定征收标准。对超过年收入标准的个体工商户、个人独资企业、合伙企业不得采取核定征收不仅背离了上位法《税收征管法》的规定，与现行的政策亦不相符合。

3. 反避税条款的删除

“新实施条例”没有采纳“个税征求意见稿”中的反避税条款，即删除了独立交易原则、受控外国企业规则以及不具有合理商业目的的内涵等内容。而上述内容曾被认为是“个税征求意见稿”的一大亮点。

但是，在个人收入所得税中引入反避税条款，仍然是较为激进的。“新实施条例”面临的任务和接受的指导思考有三：一是保障综合与分类相结合个人所得税制度顺利实施，明确税制基本要素；二是按照既要方便纳税人、又要加强征管的原则，理顺税收征管流程，简便征管措施；三是将实践中的成熟做法上升为行政法规，完善相关规定。鉴于我国反避税规则尚不成熟，立即在“个税实施条例”中引入反避税条款难免揠苗助长、效果不佳，因此，删除反避税条款体现了制定者审慎的态度。

结语：“新实施条例”将新个税法的内容予以细化，但是却没有完全采纳“个税征求意见稿”中较为激进的规定。对于没有采纳的条款，部分是因为在《个人所得税专项扣除暂行办法》等其他配套文件中已有规定，无须在“新实施条例”中赘述，也有部分是因为规则过于先进恐实施存在难度。但是相比于“旧实施条例”，“新实施条例”亦有亮点，可以说圆满达成了新个税法实施条例预计的效果。

## 1.3 新个人所得税政策体系

### 1.3.1 个税改革核心政策文件

截至2018年12月23日，我们将个人所得税改革核心政策文件归纳如表1.2所示。

**表1.2 个人所得税改革核心政策文件**

| | |
|---|---|
| 统领文件 | 《中华人民共和国个人所得税法》 |
| | 《中华人民共和国个人所得税法实施条例》（以下简称“《个人所得税实施条例》”） |

续表

| | |
|---|---|
| 专项扣除 | 《国务院关于印发个人所得税专项附加扣除暂行办法的通知》（国发〔2018〕41 号） |
| | 《个人所得税专项附加扣除操作办法（试行）》（国家税务总局公告 2018 年第 60 号） |
| 申报扣缴 | 《个人所得税扣缴申报管理办法（试行）》（国家税务总局公告 2018 年第 61 号） |
| | 《个人所得税自行纳税申报有关问题的公告》（国家税务总局公告 2018 年第 62 号） |
| 征管衔接 | 《国家税务总局关于全面实施新个人所得税法若干征管衔接问题的公告》（国家税务总局公告 2018 年第 56 号） |
| 其他配套 | 《自然人纳税人识别号有关事项的公告》（国家税务总局公告 2018 年第 59 号） |
| | 《国家税务总局关于将个人所得税〈税收完税证明〉（文书式）调整为〈纳税记录〉有关事项的公告》（国家税务总局公告 2018 年第 55 号） |

### 1.3.2　综合计税政策解读

《个人所得税法》第二条的“……居民个人取得前款第一项至第四项所得（以下称“综合所得”），按纳税年度合并计算个人所得税”，标志着我国建立了综合与分类相结合的个人所得税制。结合《个人所得税法》《个人所得税法实施条例》及其他文件，综合计税规则归纳如下：

1. 适用范围

综合计税的范围包括工资薪金、劳务报酬、稿酬以及特许权使用费 4 项收入。同时，《个人所得税法实施条例》第六条对工资薪金、劳务报酬、稿酬所得、特许权使用费所得适用范围做进一步详细界定。

2. 计税原则

《个人所得税法》第六条规定：“居民个人的综合所得，以每一纳税年度的收入额减除费用六万元以及专项扣除、专项附加扣除和依法确定的其他扣除后的余额，为应纳税所得额。”

3. 扣除方式

（1）三项收入的费用扣除继续保留。《个人所得税法》第六条规定：“……劳务报酬所得、稿酬所得、特许权使用费所得以收入减除百分之二十的费用后的余额为收入额。稿酬所得的收入额减按百分之七十计算。”可以看出，此三项收入的费用扣除保留了个人所得税法修订前的扣除规定。

（2）四项扣除口径逐步明确。结合个人所得税法修订前后与个人所得税税前扣除相关的政策、通知及公告，基本减除费用、专项扣除、专项附加扣除以及其他扣除的法律依据及核心内容归纳如表 1.3 所示。

**表 1.3　　个人所得税法修订前后相关扣除标准及依据**

| 扣除项目 | 扣除法律依据 | 核心内容 |
|---|---|---|
| 基本减除费用 | 《个人所得税法》第六条“居民个人的综合所得，以每一纳税年度的收入额减除费用六万元以……” | 上调个税免征额至 5 000 元/月（6 万元/年） |

续表

| 扣除项目 | 扣除法律依据 | 核心内容 |
| --- | --- | --- |
| 专项扣除 | 《基本养老保险费 基本医疗保险费 失业保险费 住房公积金有关个人所得税政策》（财税〔2006〕10号） | “三险一金”按照规定的范围和标准缴纳基本养老保险、基本医疗保险、失业保险等社会保险费和住房公积金等 |
| 专项附加扣除 | 《国务院关于印发个人所得税专项附加扣除暂行办法的通知》（国发〔2018〕41号）<br>《个人所得税专项附加扣除操作办法（试行）》（国家税务总局公告2018年第60号） | 详见本书“1.3.3 关于专项扣除政策解读” |
| 依法确定的其他扣除 | （1）企业年金与职业年金，详见《财政部 国家税务总局 人力资源和社会保障部关于企业年金职业年金个人所得税有关问题的通知》（财税〔2013〕103号）；<br>（2）商业健康保险，详见《关于将商业健康保险个人所得税试点政策推广到全国范围实施的通知》（财税〔2017〕39号）及《关于推广实施商业健康保险个人所得税政策有关征管问题的公告》（国家税务总局公告2017年第17号）；<br>（3）税收递延型商业养老保险，详见《关于开展个人税收递延型商业养老保险试点有关征管问题的公告》（国家税务总局公告2018年第21号）及《财政部 税务总局 人力资源社会保障部 中国银行保险监督管理委员会 证监会关于开展个人税收递延型商业养老保险试点的通知》（财税〔2018〕22号） | （略） |

### 1.3.3 专项附加扣除政策解读

2018年，国务院发布了《关于印发个人所得税专项附加扣除暂行办法的通知》（国发〔2018〕41号），国家税务总局发布了《个人所得税专项附加扣除操作办法（试行）》（国家税务总局公告2018年第60号）。至此，专项附加扣除项目的扣除条件、扣除标准、扣除时间及扣除方式逐渐明确，具体归纳及解读如下：

1. 子女教育专项扣除（见表1.4）

**表1.4 子女教育专项扣除相关内容**

| 扣除要素 | 政策原文摘录 | 注意事项 |
| --- | --- | --- |
| 扣除条件 | （1）纳税人的子女接受全日制学历教育；<br>（2）年满3岁至小学入学前处于学前教育阶段的 | 学历教育包括义务教育（小学、初中教育）、高中阶段教育（普通高中、中等职业、技工教育）、高等教育（大学专科、大学本科、硕士研究生、博士研究生教育） |
| 扣除标准 | 按照每个子女每月1 000元的标准定额扣除 | 多个符合扣除条件的子女，每个子女均可享受扣除 |

续表

| 扣除要素 | 政策原文摘录 | 注意事项 |
|---|---|---|
| 扣除时间 | (1) 学前教育阶段，为子女年满 3 周岁当月至小学入学前一月；<br>(2) 学历教育，为子女接受全日制学历教育入学的当月至全日制学历教育结束的当月 | |
| 扣除方式 | 父母可以选择由其中一方按扣除标准的 100% 扣除，也可以选择由双方分别按扣除标准的 50% 扣除 | (1) 具体扣除方式在一个纳税年度内不能变更；<br>(2) 若纳税人子女在中国境外接受教育的，纳税人应当留存境外学校录取通知书、留学签证等相关教育的证明资料备查；<br>(3) 因病或其他非主观原因休学但学籍继续保留的期间，以及施教机构按规定组织实施的寒暑假等假期，可连续扣除 |

2. 继续教育（见表 1.5）

**表 1.5　　子女继续教育专项扣除相关内容**

| 扣除要素 | 政策原文摘录 | 注意事项 |
|---|---|---|
| 扣除条件 | (1) 纳税人在中国境内接受学历（学位）继续教育；<br>(2) 纳税人接受技能人员职业资格继续教育、专业技术人员职业资格继续教育的 | 职业资格具体范围，应以人力资源社会保障部公布的国家职业资格目录为准 |
| 扣除标准 | (1) 学历（学位）教育期间按照每月 400 元定额扣除；<br>(2) 职业资格继续教育的支出，在取得相关证书的当年，按照 3 600 元定额扣除 | |
| 扣除时间 | (1) 学历（学位）继续教育，为在中国境内接受学历（学位）继续教育入学的当月至学历（学位）继续教育结束的当月，同一学历（学位）继续教育的扣除期限最长不得超过 48 个月；<br>(2) 职业资格继续教育，为取得相关证书的当年 | (1) 职业资格继续教育：取得相关职业资格继续教育证书上载明的发证（批准）日期的所属年度，即为可以扣除的年度；<br>(2) 同时，专扣政策从 2019 年 1 月 1 日开始实施，该证书应当为 2019 年后取得的证书 |
| 扣除方式 | (1) 个人接受本科及以下学历（学位）继续教育，符合本办法规定扣除条件的，可以选择由其父母扣除，也可以选择由本人扣除；<br>(2) 纳税人接受技能人员职业资格继续教育、专业技术人员职业资格继续教育的，应当留存相关证书等资料备查 | 子女教育与继续教育竞合：如果子女已就业，且正在接受本科以下学历继续教育，可以由父母选择按照子女教育扣除，也可以由子女本人选择按照继续教育扣除 |

3. 大病医疗（见表 1.6）

**表 1.6　　大病医疗专项扣除相关内容**

| 扣除要素 | 政策原文 | 注意事项 |
|---|---|---|
| 扣除条件 | 在一个纳税年度内，纳税人发生的与基本医保相关的医药费用支出，扣除医保报销后个人负担（指医保目录范围内的自付部分）累计超过 15 000 元的 | 医保目录范围内的医药费用支出，医保报销后的个人自付部分 |
| 扣除标准 | 在 80 000 元限额内据实扣除 | 据实扣除的支出为医疗保障信息系统记录的医药费用实际支出的当年 |
| 扣除时间 | 纳税人在办理年度汇算清缴时 | |
| 扣除方式 | 纳税人发生的医药费用支出可以选择由本人或者其配偶扣除；未成年子女发生的医药费用支出可以选择由其父母一方扣除 | （1）纳税人应当留存医药服务收费及医保报销相关票据原件（或者复印件）等资料备查。医疗保障部门应当向患者提供在医疗保障信息系统记录的本人年度医药费用信息查询服务；<br>（2）新税法实施首年发生的大病医疗支出，要在 2020 年才能办理 |

4. 住房贷款利息（见表 1.7）。

**表 1.7　　住房贷款利息专项扣除相关内容**

| 扣除要素 | 政策原文 | 注意事项 |
|---|---|---|
| 扣除条件 | 本人或者配偶，单独或者共同使用商业银行或住房公积金个人住房贷款，为本人或配偶购买中国境内住房，而发生的首套住房贷款利息支出 | |
| 扣除标准 | 按照每月 1 000 元的标准定额扣除 | |
| 扣除时间 | 为贷款合同约定开始还款的当月至贷款全部归还或贷款合同终止的当月，扣除期限最长不得超过 240 个月 | 纳税人只能享受一次首套住房贷款的利息扣除 |
| 扣除方式 | （1）经夫妻双方约定，可以选择由其中一方扣除；<br>（2）夫妻双方婚前分别购买住房发生的首套住房贷款，其贷款利息支出，婚后可以选择其中一套购买的住房，由购买方按扣除标准的 100% 扣除，也可以由夫妻双方对各自购买的住房分别按扣除标准的 50% 扣除 | （1）具体扣除方式在一个纳税年度内不能变更；<br>（2）纳税人应当留存住房贷款合同、贷款还款支出凭证备查 |

### 5. 住房租金（见表 1.8）

**表 1.8　　住房租金专项扣除相关内容**

| 扣除要素 | 政策原文 | 注意事项 |
|---|---|---|
| 扣除条件 | 纳税人在主要工作城市没有自有住房而发生的住房租金支出 | （1）结合其他条款，扣除条件还需要满足：<br>①本人及配偶在主要工作的城市没有自有住房；<br>②已经实际发生了住房租金支出；<br>③本人及配偶在同一纳税年度内，没有享受住房贷款利息专项附加扣除政策。<br>（2）纳税人无任职受雇单位的，主要工作城市为受理其综合所得汇算清缴的税务机关所在城市 |
| 扣除标准 | （1）直辖市、省会（首府）城市、计划单列市以及国务院确定的其他城市：每月 1 500 元；<br>（2）除上述城市以外的市辖区户籍人口超过 100 万人的城市：每月 1 100 元；<br>（3）除上述城市以外的，市辖区户籍人口不超过 100 万人（含）的城市：每月 800 元 | |
| 扣除时间 | 为租赁合同（协议）约定的房屋租赁期开始的当月至租赁期结束的当月。提前终止合同（协议）的，以实际租赁期限为准 | |
| 扣除方式 | 住房租金支出由签订租赁住房合同的承租人扣除 | 如夫妻双方主要工作城市相同的，只能由一方扣除，且为签订租赁住房合同的承租人来扣除；<br>如夫妻双方主要工作城市不同，且无房的，可按规定标准分别进行扣除 |

### 6. 赡养老人（见表 1.9）

**表 1.9　　赡养老人专项扣除相关内容**

| 扣除要素 | 政策原文 | 注意事项 |
|---|---|---|
| 扣除条件 | 纳税人赡养一位及以上被赡养人的赡养支出 | 被赡养人是指年满 60 岁的父母（生父母、继父母、养父母），以及子女均已去世的年满 60 岁的祖父母、外祖父母 |
| 扣除标准 | （1）纳税人为独生子女的，按照每月 2 000 元的标准定额；<br>（2）纳税人为非独生子女，可以兄弟姐妹分摊每月 2 000 元的扣除额度，但每人分摊的额度不能超过每月 1 000 元 | |
| 扣除时间 | 为被赡养人年满 60 周岁的当月至赡养义务终止的年末 | |
| 扣除方式 | 统一按照扣除标准定额扣除 | 具体分摊的方式：均摊、约定、指定分摊。约定或指定分摊的，需签订书面分摊协议具体分摊方式和额度确定后，一个纳税年度不变 |

### 1.3.4 总结

随着综合计税和专项附加扣除相关税收政策逐步落实，2018 年个人所得税的改革使得我国个人所得税制更具科学性、公平性，总体上大幅减税，广大纳税人的税收负担得到减轻。但不可否认，个税改革后，理论及实务上均对纳税人税务基础知识储量、纳税意识高度提出了更高的要求。纳税人应充分学习个人所得税相关税务基础知识，提高纳税意识，充分重视纳税申报、汇算及税务筹划，以便既充分获取个税改革红利，又高度重视个人所得税税收法律风险防范。

## 1.4 个人所得税改革目标及趋势

### 1.4.1 改革目标之一：优化税制、减轻中低收入者税负

基于这一目标，新的个人所得税法从原来的分类所得税制部分修改为综合所得税制。即在征税项目上，将原个税法中的工资薪金所得、劳务报酬所得、稿酬所得和特许权使用费所得，整合成了新个税法中的“综合所得”，采用统一的综合所得的税率表。这样的修改也是对目前越来越多的纳税人收入种类多样化的一种积极响应。

为了减轻中低收入者的税负，立法者从三个角度进行了尝试。首先是增加免征额，从原个税法的每月扣除 3 500 元，增加到新个税法下每年扣除 60 000 元（每月扣除 5 000 元）；其次是进行税率表梯度调节，将中低收入者（月收入 20 000 元以下）的适用税率的梯度加大，即相当多的中低收入纳税人可以适用到 10% 以下档位的税率；最后是基于个税税负的务实公平理念，引入专项附加扣除的概念，给予那些有小孩、老人、贷款买房或租房的纳税群体一定的节税空间。

### 1.4.2 改革目标之二：加强信息收集和管理的同时，不增加纳税人的纳税成本

如笔者在改革目标一中所述，新的个税法增加了专项附加扣除，大大降低了纳税人的实际税负。为了让纳税人能够实实在在享受到减税的红利，新个税法明确规定了对于纳税人提供的相关专项附加扣除的信息，扣缴义务人不得拒绝。简单说，纳税人只要确保自己对所提供的信息的真实性，任何一方都无需进一步审核相关资料，这大大增加了享受减税优惠的效率。此外，新的个税法及其一系列配套政策给予了纳税人较大的选择权。例如，在 2018 年 12 月 27 日发布的有关全年一次性奖金征税方法的规定，税务机关给予纳税人选择不同的方式来缴纳有关全年一次性奖金的个人所得税。这是一个非常积极的信号，意味着纳税主体在某些情况下，是可以进行一些合规合理的税务筹划。

然而笔者同时也看到，正是因为了有了更大的选择权，也导致了纳税人的税收遵从风险进一步加大。在被给予了更多“扣除”项目的同时，新个税法在整个立法过程中，也非常突出强调了跨部门的协作，即从原来的仅仅由税务机关管税，逐步转向多部门的协作。单从本次新个税法及配套政策的出台，就可以看到诸多体现多部门协作的规定，例如，通过银

行、公安等系统确认纳税人的个税税收居民身份及银行账户信息；通过纳税人填列专项附加扣除的必要信息，和教育、医疗卫生、住房、民政、人力社保等各部门实现信息共享。信息共享的时代也为广大纳税人的纳税选择提出了更高的要求。

### 1.4.3　改革目标之三：加强个人反避税措施

反避税在我国税收立法层面并不是一个新的概念，相反，这个概念在企业所得税相关的各类法律法规及配套文件中已经有非常充实的规定。无论是《中华人民共和国企业所得税实施条例》中给予税务机关对企业间不合理的交易进行纳税调整的权力，还是针对各种高频高风险交易（如跨境转股、跨境支付服务费或特许权费、利用税收洼地滞留利润等）发布的各类税收法规与文件，都可以找到非常具体明确的有关企业所得税的反避税规定。然而在个税层面，反避税一直是一个空白。

这次个税改革过程中，有关个人反避税的立法笔者总结为："雷声大，雨点小，危机潜伏"。"雷声大"体现在本次个税立法中，无论是新的个人所得税法，还是之后发布的个税实施条例草案，都明确列举了具体打击的个人反避税举措。尤其是个税实施条例的草案中，甚至提及了对个人无偿将财产赠送他人，也应当视同财产转让缴纳个税，这一激进的条款甚至被认为是对目前高净值人士设立离岸信托架构的一种震慑，更被质疑是否是为我国推进遗产税的立法进度在进行一波试水。如此惊雷之后纳税人却没有等到倾盆大雨，在最后的个税实施条例定稿中，所有在草案中明确下来的反避税具体情形被全部删除。笔者认为，个人反避税条款的删除并不是纳税人（尤其是企业家、投资人及有海外投资架构的高净值人士）放松警惕的理由，法律法规及配套政策方面没有了明文规定，这是否又会给各地的税务机关更大的实质上的自由裁量权呢？

### 1.4.4　改革目标之四：与国际接轨，吸引更多人才

本次个税改革立法，立法者同时考虑到了一些政策与国际的对接。最典型的就是有关税收居民身份的判定。在原来的个税法下，我国对于税收居民身份判定的重要标准有两个：住所和居住时间。对于后者，我国原来个税法中的规定是要求居住满一年。但在本次新个税法的立法中，将原来的"一年"修改为了"183 天"，这也和国际上很多国家对于税收居民身份的判定标准相一致。中国作为目前在积极推进执行《金融账户涉税信息自动交换标准》（Common Reporting Standard，CRS）的成员国之一，这样的修改也会为其以后与 CRS 其他成员国的信息交换增加便利。

尽管新的税收居民身份判定规定加大了外籍个人被认定为中国税收居民的可能性，但立法者同时也延续了之前给予外籍个人（非居民个人）的税收优惠政策，甚至赋予了更加优惠的政策。在目前的规定里，只要外籍非居民个人在连续 6 个纳税年度中的任一年中不符合中国税收居民条件，则其在这 6 个纳税年度里所发生的境外由所得境外支付部门，在经过向主管税务机关的备案后可以享受免税待遇。而对于前文中多次提到的专项附加扣除，立法者也给予外籍个人选择权，既可以选择享受现行法律法规及配套政策中所规定的专项附加扣除，也可以选择继续享受原来的针对外籍个人的各项个税补贴优惠政策。这些充分体现了我国加大吸引人才（尤其是外籍人才）的力度，为其提供充分的税收优惠和便利。

截至目前，个税法的改革仅仅在立法层面完成了框架性的工作，新个税法下对于各类纳

税主体的税法遵从要求其实是提高了。对于普通纳税人，如何进行个税应税所得的合理安排来降低自身的实际税负？如何有效填报专项附加扣除信息同时避免不必要信息的泄露？对于企业家和投资人，如何合法合规的在信息联动的模式下不增加实际税负？如何不去踩踏个人反避税的“暗雷”，同时保证更大的经营投资利益落袋为安？对于高净值人士，如何准确合理地判断自己的税收居民身份？如何在现行规定下高效进行财富传承安排？上述所有的问题都会在个税法及其配套政策的不断推进中得到解答与完善。笔者建议相关的纳税主体从现在开始认真研读新的个税法及一系列配套政策，必要时聘请专业的税法顾问，为提高纳税遵从，降低涉税风险做好准备。

## 1.5　CRS 对高净值人士的影响

国家税务总局颁布《非居民金融账户涉税信息尽职调查管理办法》后，“资产透明”“富豪全球资产大起底”“高净值人士资产裸奔”等标题和字眼充斥各媒体。风声鹤唳之下，部分高净值人士也出现了 CRS 焦虑症状……

CRS 在中国税收征管程序中如何定位？它对有海外资产的高净值人士的影响体现在什么地方？本文将对此一一分析。

### 1.5.1　CRS 在税收征管程序中的定位

中国税收征管程序的法律依据是《税收征管法》及相关法规和规范性文件。由于中国境内税收长期是以间接税为核心，所占税收比重较大，而个税的比重极小，因此境内税收征管程序一直以来是以企事业单位为管理重心的征管模式，即“管户”模式，而针对自然人的税收征管体系暂未建立。

自然人的涉税信息包括主体身份信息、收入类信息。其中收入类信息包括提供劳务、商品交易的销售额等积极收入和股息、红利、利息等各种消极收入信息。该类信息因为受结算方式灵活、自然人流动性强，跨区域收入多，个人联系方式易变化等因素的影响，导致自然人的涉税信息十分隐蔽和繁杂，信息不对称现象在自然人的税收征管实践中显得更加突出。

根据《深化国税、地税征管体制改革方案》（中央办公厅、国务院办公厅印发）的规定，对自然人按收入和资产实行分类管理。2016 年，以税务总局和省级税务局为主，集中开展高收入、高净值纳税人风险分析，运用第三方涉税信息对纳税申报情况进行比对，区分不同风险等级分别采取风险提示、约谈评估、税务稽查等方式进行差别化应对，有效防范和查处逃避税行为。顺应直接税比重逐步提高、自然人纳税人数量多、管理难的趋势，从法律框架、制度设计、征管方式、技术支撑、资源配置等方面构建以高收入者为重点的自然人税收管理体系。税务总局、省级税务局集中开展对高收入纳税人的税收风险分析，将分析结果推送相关税务机关做好应对，不断提高自然人税收征管水平。

2018 年实现征管数据向税务总局集中，建成自然人征管系统，并实现与个人收入和财产信息系统互联互通。到 2020 年力争使我国税收征管信息系统居于国际先进行列。

### 1.5.2　CRS 在境内税收征管程序中的定位

《多边税收征管互助公约》规定了情报交换、税款追缴和文书送达三种税收征管协助形式，但允许缔约方对税款追缴和文书送达做出保留。根据《国家税务总局关于〈多边税收征管互助公约〉生效执行的公告》（国家税务总局公告 2016 年第 4 号）的规定，考虑到我国现有法律制度及税收征管实际，我国在“公约”批准书中对税款追缴和文书送达（包括邮寄文书）做了保留。因此，我国税务机关主要是与其他缔约方开展情报交换协助。

情报交换是当前国际税收征管协助的主要形式，指缔约方税务机关之间交换涉税信息或开展税务检查合作，包括专项情报交换、自动情报交换、自发情报交换、同期税务检查和境外税务检查。我国国内法中已对如何开展情报交换做了详细规定。在实践中，我国税务机关一直按照国际通行标准对外开展情报交换工作，按照《多边税收征管互助公约》规定执行相关条款。

中国实施 CRS 后，将获取境内税收居民在境外的各类金融账户涉税信息，也即从第三方获取涉税信息。税务机关将充分运用该第三方涉税信息对税收居民的纳税申报情况进行比对，识别出不同风险等级，分别向税收居民采取风险提示、约谈评估、税务稽查等方式进行差别化应对，有效防范和查处逃避税行为。

因此，CRS 在境内税收征管程序中的定位就是涉税情报交换，从第三方获取中国税收居民在境外的财产信息，为境内税务机关的税收征管提供了线索。当然，CRS 本身并不代表必然的税款追缴和文书送达。

### 1.5.3　从税收征管程序的视角评价 CRS 对境内高净值人士的影响

长期以来，在境内的税收征管实践中，查处自然人偷逃税的案源通常来自实名举报。在实名举报时，涉税信息一般比 CRS 交换的金融资产信息要丰富，而且形成收入的来龙去脉有可能是一目了然的，税务机关据此稽查，其效率较高，效果也较明显。反之根据第三方信息进行的纳税评估或税务稽查并不是主流，这是由境内针对自然人的税收征管制度缺失的现实状况决定的。

实施 CRS 后，境内税务机关根据税收情报交换获取的是境内税收居民在境外的金融资产信息。税务机关得到该类信息后，仅是为资产所有人可能的偷逃税行为提供了一个线索。至于该资产所有人是否违反了境内税法的规定而没有申报缴纳相关税款，则必须通过严格的执法程序确认，如通过纳税评估、税务稽查等方式进行识别和确认。

不论是现有税务稽查程序、纳税评估程序，还是未来的自然人税收征管程序，它都应有一套完整的执法流程，“以事实为根据，以法律为准绳”是其基本要求。而事实就是税收执法过程中的证据，它是税务机关决定适用税法和其他法律的基础，税务机关只能根据事实即涉税证据做出相应的处理或处罚决定，而不是根据涉税交流信息就做出相应的处理或处罚决定。

在税务机关的纳税评估、稽查的执行程序中，面临的工作有：

1. 纳税人的确定

认别从境外第三方获取的金融资产的主体，确定其是否为纳税人。由于在中国不存在赠予税、遗产税，个人接受直系亲属的赠予财产或遗产一般是不存在纳税义务的，在这种税制下，拥有境外金融资产的主体未必就是真正的纳税人，其可能是通过接受赠予或继承方式获取的财产。

2. 应税收入或所得的确定

依法识别、转换从境外第三方获取的金融资产信息，判断是否为税收居民的收入。并在此基础上确认哪些为应税收入、应税所得及其应适用的税种、税目、纳税义务时间等，哪些为免税或不征税收入。

在此过程中，最重要的就是举证责任如何分配。如果是由税务机关承担举证责任，则税务机关所掌握的数据信息是否支持这种比对、识别和转换？如20世纪90年代的个人涉税信息是否还在税务机关保存？身份证号码从15位升级为18位后，税务机关的个人涉税存量信息是否会同步升级？由于个人收入具有跨地域的可能性，那么全国各地的个人涉税信息包括当年被确认为临时户的个人涉税信息是否都还存在且全部已汇总在国家税务总局？

如果举证责任在自然人，则这种责任分配不可能针对自然人的存量资产。因为之前并无法律、法规明确要求自然人保存这些涉税证据。“法不溯及既往”是一项基本的法治原则。我们不能用明天和今天的规定去约束昨天的行为。这对限制国家权力的扩张与滥用，维护社会秩序的稳定性，保护人们期待的信赖利益具有重要的作用。

3. 税款追征期的确定

根据《税收征管法》第五十二条和《国家税务总局关于未申报税款追缴期限问题的批复》(国税函〔2009〕326号）的规定，税款的追征期，分为四类：

第一类是税务机关责任使得纳税人少缴税款的，追征期是3年。

第二类是纳税人、扣缴义务人计算错误，少缴税款的，一般情况下是3年内税务机关发现，可以补缴，特殊情况下，也就是税款数额在10万元以上（包括10万元），则在5年后发现就不用补缴。

第三类是偷税、抗税、骗税的情形，永久追征税款，不存在所谓的追征期。

第四类是对纳税人按《税收征管法》第六十四条第二款进行处罚的情况下，追征期也是3年，10万元以上是5年。

如果没有证据证明纳税人具有偷税、抗税、骗税的情形，那么由于税款追征期的限制，税务机关按交换信息所确认的未完税收入或所得并据此征税是不确定的。

4. 主管税务机关的确定

由于自然人流动性较大，跨区域获取收入的情形是常态。针对CRS的交换信息，谁有权来处理这些信息？即主管税务机关如何确定？是经常居住地、户籍所在地、主要收入获取地的税务机关还是根据其他标准来确定？如果是主要收入获取地，则主要收入如何识别、确认？

5. 补缴税款的执行

税务机关通过合法程序确定了境外金融资产拥有者需要补缴的税款金额，接下来面对的挑战是如何让其及时补缴入库。

综上分析，由于受举证责任的分配、税务机关掌握的数据信息完备程度等因素的影响，通过实施CRS而获取的税收居民在境外存量金融资产信息的识别、转换成应税收入和所得将是一个十分艰巨的过程。

针对境内高净值人士的境外增量金融资产，由于现阶段我国《税收征管法》的修订还未完成，针对自然人的税收征管制度还未建立和完善，上述资产信息的识别、转换可能要走一条漫长的道路。相对于存量资产的征管难度，境内税务机关针对增量资产的执法力度和措施却会得心应手，毕竟相关人员境内涉税信息的采集难度要相对较低，且可通过立法来解决前行中的障碍。

需要提醒的是：在 CRS 实施后，对存量资产影响最大的可能不仅是偷逃税问题，而且是资产转移境外是否触犯外汇管制的问题，即该项资产的跨境转移是否通过了合法的外汇审批？根据《中华人民共和国外汇管理条例》第三十九条规定，违规将外汇转入境外的，责令调回，并处逃汇金额 30% 以下的罚款；情节严重的，处逃汇金额 30% 以上等值以下的罚款；构成犯罪的，依法追究刑事责任。因为对上述事件的识别和确认的成本低，处罚力度可能涉及刑责的承担，才是高净值人士必须直面的问题。

## 1.6　全球金融账户涉税信息交换的进度和安排

2017 年 7 月 1 日以来，国内金融机构相继加入非居民金融账户涉税信息的收集、尽职调查工作。典型的如在客户开设新账户时，要求其须填写一份《个人税收居民身份声明文件》，并且要签名承诺信息的真实、正确、完整。按照我国参与全球金融账户涉税信息交换政策实施时间表可知，2018 年我国主要推进三个重要事项：

2018 年 5 月 31 日前金融机构报送信息。

2018 年 9 月国家税务总局与其他国家（地区）税务主管当局第一次交换信息。

2018 年 12 月 31 日前 金融机构完成对存量个人低净值账户和全部存量机构账户的尽职调查。

### 1.6.1　金融机构报送信息（2018 年 5 月 31 日前）

根据 2014 年 7 月经济合作与发展组织（OECD）发布的 AEOI 标准（Standard for Automatic Exchange of Financial Information in Tax Matters，金融账户涉税信息自动交换标准），开展金融账户涉税信息自动交换，首先由一国（地区）金融机构通过尽职调查程序识别另一国（地区）税收居民个人和企业在该机构开立的账户，按年向金融机构所在国（地区）主管部门报送上述账户的信息，再由该国（地区）税务主管当局与账户持有人的居民国税务主管当局开展信息交换，最终实现各国（地区）对跨境税源的有效监管。

因此，同以往两国（地区）依据双边税收协定进行的情报交换不同，本次的金融账户涉税信息情报收集的主体是金融机构，为了确保涉税信息收集的质量和政策的实施效果，国家通过为金融机构设定法定义务和惩罚措施等对其进行监督。

比如中国人民银行、国家税务总局、国家外汇管理局联合制定发布的《银行业存款类金融机构非居民金融账户涉税信息尽职调查细则》（银发〔2017〕278 号，以下简称“《调查细则》”）规定，银行应按要求于每年 5 月 31 日前向中国人民银行报送《非民民金融账户涉税信息尽职调查管理办法》（国家税务总局、财政部、中国人民银行、中国银行业监督管理委员会、中国证券监督管理委员会、中国保险监督管理委员会公告 2017 年第 14 号公布。

以下简称"《管理办法》"）第三十五条规定的非居民金融账户信息，同时规定，银行应于每年6月30日前向中国人民银行、国家税务总局、国家外汇管理局书面报告上一年度《管理办法》执行情况，报告内容应包含制度建设情况、业务流程、信息报送、问题建议等。

还需要注意的是，《管理办法》规定，这里的金融机构，具体包括存款机构、托管机构、投资机构、特定的保险机构及其分支机构。比如，目前投保商业保险也会要求填写《个人税收居民身份声明文件》。

《管理办法》第三十六条规定，金融机构应当于2017年12月31日前登录国家税务总局网站办理注册登记，并且于每年5月31日前按要求报送第三十五条所述信息。

因此，2017年12月19日，国家税务总局官网正式上线"多边税务数据服务平台"，主要用于金融机构或者代理机构的注册和信息的提交工作。根据规定，金融机构也可以委托代第三方开展尽职调查和信息报送，但相关责任仍由金融机构承担。基金、信托等属于投资机构的，可以分别由基金管理公司、信托公司作为第三方完成尽职调查相关工作。

《管理办法》规定对于账户持有人"严重违规"行为，有关金融主管部门依据相关法律、法规进行处罚，涉嫌犯罪的，移送司法机关处理。《调查细则》明确罗列了"故意隐瞒、伪造税收居民身份欺骗银行开立账户"两种严重违规情形，需要引起充分的重视。

### 1.6.2 第一次信息交换（2018年9月）

可以说，《调查细则》的出台，与《管理办法》一起构成了我国实施金融账户涉税信息交换的政策主体，但是两个文件本身规制的重点不是中国税务居民，而是非居民。其意义在于表明我国积极参加全球金融账户信息交换，这一友好互惠的姿态定会迎来其他国家（地区）对我国税收征管的协助与支持，从而实现中国税收居民海外账户及其信息在我国的透明化，提高我国税收征管的效力。

根据承诺，2018年9月中国将实现首次对外交换信息，相关中国个人或机构的海外金融账户信息（持有人名称、纳税人识别号、地址、账号、账户余额或价值、利息、股息以及出售金融资产的收入等信息）将被呈报至中国税务机关，其主要影响有二：

一是境外收益征管漏洞将被堵住。我国《个人所得税法》第一条规定："在中国境内有住所，或者无住所而在境内居住满一年的个人，从中国境内和境外取得的所得，依照本法规定缴纳个人所得税。"以往，在缺少有效监控的情况下，境外收益，似乎沦为税收监管的"法外之地"，CRS全面落地后，包括境外投资、劳务等收益均要向中国税务机关履行纳税申报的义务。

二是非法离境资产将面临补税的法律责任。我国《税收征管法》第三十二条规定，纳税人未按照规定期限缴纳税款的，扣缴义务人未按照规定期限解缴税款的，税务机关除责令限期缴纳外，从滞纳税款之日起，按日加收滞纳税款万分之五的滞纳金。目前，部分境外个人名下的存量金融账户内的存款等金融资产，实际上是通过借款、虚假贸易、虚假投资等途径非法离境的，并未按照中国相关税收法律、法规规定完税，在法律上处于"应申报而未申报"的状态。因此，2018年9月进行信息交换后，中国税务居民境外金融账户涉税信息反馈到中国税务机关时，这些未完税"收入"将面临补税等法律风险和法律责任。

### 1.6.3　完成第二阶段账户信息收集的工作（2018 年 12 月 31 日前）

由于金融账户数量庞大，AEOI 标准中建议各国（地区）分步骤推进工作。根据《管理办法》，金融机构应于 2017 年 12 月 31 日之前完成对存量个人高净值账户（是指截至 2017 年 6 月 30 日账户加总余额超过 100 万美元的账户）的尽职调查，2018 年 12 月 31 日前完成对存量个人低净值账户（低净值账户是指截至 2017 年 6 月 30 日账户加总余额不超过相当于 100 万美元的账户）的尽职调查。《管理办法》第二十条规定，金融机构应当于 2018 年 12 月 31 日前选择以下方式完成对存量个人低净值账户的尽职调查：

（1）对于在现有客户资料（包括通过反洗钱客户身份识别程序收集的资料，下同）中留有地址，且有证明材料证明是现居地址或者地址位于现居国家（地区）的账户持有人，可以根据账户持有人的地址确定是否为非居民个人。邮寄无法送达的，不得将客户资料所留地址视为现居地址。

（2）利用现有信息系统开展电子记录检索，识别账户是否存在任一非居民标识。

现有客户资料中没有现居地址信息的，或者账户情况发生变化导致现居地址证明材料不再准确的，金融机构应当采用前款第二项方式开展尽职调查。

2018 年以后，包括机构和个人在内的纳税人利用海外金融账户偷逃税的行为将逐渐面临巨大的法律风险，建议纳税人需要更加慎重对待涉税事项的处理，提高合规性和税务筹划的专业化。

# 第 2 章　纳税人与纳税义务

## 2.1　居民纳税人与非居民纳税人辨析

### 2.1.1　税收管辖权

税收管辖权，指一个国家在征税方面所拥有的管辖权力，即国家在税收领域中的主权，一国政府有权决定对什么人征税，征什么税和征多少税。但一国政府征税的权力不是可以任意决定的，而要受该国政治权力涉及范围的限制。这种限制表现在两方面：一是人员限制，即一国政府只能对本国公民或居民征税；二是地域的限制，即一国政府只能对处于其政府管辖范围内的所得或收益征税。①

### 2.1.2　居民个人与非居民个人

《全国人民代表大会常务委员会正式做出修改〈中华人民共和国个人所得税法〉）的决定》（主席令第九号）规定：

“在中国境内有住所，或者无住所而一个纳税年度内在中国境内居住累计满一百八十三天的个人，为居民个人。居民个人从中国境内和境外取得的所得，依照本法规定缴纳个人所得税。

在中国境内无住所又不居住，或者无住所而一个纳税年度内在中国境内居住累计不满一百八十三天的个人，为非居民个人。非居民个人从中国境内取得的所得，依照本法规定缴纳个人所得税。

纳税年度，自公历一月一日起至十二月三十一日止。”

居民个人和非居民个人的判定有两个标准。

1. 住所标准

如果纳税人在中国境内有住所，就是中国居民个人，需要就中国境内和境外取得的所得征收个人所得税。

那么，什么是住所？

---

① 胡志民：《经济法》，上海财经大学出版社 2006 年版。

《中华人民共和国民法通则》规定：公民以他的户籍所在地的居住地为住所，经常居住地与户籍所在地不一致的，经常居住地视为住所。

“经常居住地”应当理解为连续居住 1 年以上的居住地，并有长期居住目的的。

如果公民由其户籍所在地迁出后，尚未迁入另一地，又无经常居住地的，仍应以原户籍所在地为住所。

可见，个人所得税法里所说的“住所”是税法的特定概念，它不是说居住的场所和居住的地方，而是指“因户籍、家庭、经济利益关系而在中国境内习惯性居住”。

习惯性居住是判定纳税义务人是居民还是非居民的一个法律意义上的标准，不是指实际居住或在某一个特定时期内的居住地。如因学习、工作、探亲、旅游等而在中国境内居住的，在其原因消除后，必须回到中国境内居住的个人，则中国即为该纳税人的习惯性住所。

2. 居住时间标准

居住时间是指个人在我国境内实际居住的天数。

我国之前个人所得税法规定的时间标准是在中国境内居住满 1 年，是指在一个纳税年度中在中国境内居住 365 日，达到这一标准的个人即为居民纳税人。对居住时间内临时离境的，即在一个纳税年度内，一次不超过 30 日或者多次累计不超过 90 日的离境。不扣减天数，连续计算。

2018 年版《个人所得税法》规定的是，在中国境内无住所，但一个纳税年度内在中国境内居住累计满 183 天的个人为居民个人，没有达到居住时间标准的为非居民个人。

总结：

（1）居民个人是指在中国境内有住所，或者无住所而一个纳税年度内在境内居住满 183 天的个人。

显然，为了有效地行使税收管辖权，我国根据国际惯例，对居民纳税人和非居民纳税人的划分采用了各国常用的住所和居住时间两个判定标准。

（2）非居民个人是指在中国境内无住所又不居住，或者无住所而在境内居住一个纳税年度不满 183 天的个人。①

### 2.1.3　居民个人与非居民个人的计税方法

1. 居民个人预扣预缴方法

扣缴义务人向居民个人支付工资、薪金所得、劳务报酬所得、稿酬所得、特许权使用费所得时，按以下方法预扣预缴个人所得税，并向主管税务机关报送《个人所得税扣缴申报表》。年度预扣预缴税额与年度应纳税额不一致的，由居民个人于次年 3 月 1 日至 6 月 30 日向主管税务机关办理综合所得年度汇算清缴，税款多退少补。

（1）扣缴义务人向居民个人支付工资、薪金所得时，应当按照累计预扣法计算预扣税款，并按月办理全员全额扣缴申报。具体计算公式如下：

本期应预扣预缴税额 =（累计预扣预缴应纳税所得额 × 预扣率 - 速算扣除数）- 累计减免税额 - 累计已预扣预缴税额

---

① 《全国人民代表大会常务委员会正式做出修改〈中华人民共和国个人所得税法〉的决定》（主席令第九号），https：//www. youideal. net/zx/9441. html。

累计预扣预缴应纳税所得额 = 累计收入 - 累计免税收入 - 累计减除费用 - 累计专项扣除 - 累计专项附加扣除 - 累计依法确定的其他扣除

其中，累计减除费用，按照 5 000 元/月乘以纳税人当年截至本月在本单位的任职受雇月份数计算。

上述公式中，计算居民个人工资、薪金所得预扣预缴税额的预扣率、速算扣除数，按“个人所得税预扣率表一”执行（见表 2.1）。

**表 2.1　　个人所得税预扣率表一（居民个人工资、薪金所得预扣预缴适用）**

| 级数 | 累计预扣预缴应纳税所得额 | 预扣率（%） | 速算扣除数 |
|---|---|---|---|
| 1 | 不超过 36 000 元的部分 | 3 | 0 |
| 2 | 超过 36 000 元至 144 000 元的部分 | 10 | 2 520 |
| 3 | 超过 144 000 元至 300 000 元的部分 | 20 | 16 920 |
| 4 | 超过 300 000 元至 420 000 元的部分 | 25 | 31 920 |
| 5 | 超过 420 000 元至 660 000 元的部分 | 30 | 52 920 |
| 6 | 超过 660 000 元至 960 000 元的部分 | 35 | 85 920 |
| 7 | 超过 960 000 元的部分 | 45 | 181 920 |

（2）扣缴义务人向居民个人支付劳务报酬所得、稿酬所得、特许权使用费所得，按次或者按月预扣预缴个人所得税（见表 2.2）。具体预扣预缴方法如下：

劳务报酬所得、稿酬所得、特许权使用费所得以收入减除费用后的余额为收入额。其中，稿酬所得的收入额减按 70% 计算。

减除费用：劳务报酬所得、稿酬所得、特许权使用费所得每次收入不超过 4 000 元的，减除费用按 800 元计算；每次收入 4 000 元以上的，减除费用按 20% 计算。

应纳税所得额：劳务报酬所得、稿酬所得、特许权使用费所得，以每次收入额为预扣预缴应纳税所得额。劳务报酬所得适用 20%—40% 的超额累进预扣率，稿酬所得、特许权使用费所得适用 20% 的比例预扣率。

劳务报酬所得应预扣预缴税额 = 预扣预缴应纳税所得额 × 预扣率 - 速算扣除数

稿酬所得、特许权使用费所得应预扣预缴税额 = 预扣预缴应纳税所得额 ×20%

**表 2.2　　个人所得税预扣率表二（居民个人劳务报酬所得预扣预缴适用）**

| 级数 | 预扣预缴应纳税所得额 | 预扣率（%） | 速算扣除数 |
|---|---|---|---|
| 1 | 不超过 20 000 元的 | 20 | 0 |
| 2 | 超过 20 000 元至 50 000 元的部分 | 30 | 2 000 |
| 3 | 超过 50 000 元的部分 | 40 | 7 000 |

2. 非居民个人扣缴方法

扣缴义务人向非居民个人支付工资、薪金所得、劳务报酬所得、稿酬所得和特许权使用费所得时，应当按以下方法按月或者按次代扣代缴个人所得税：

非居民个人的工资、薪金所得，以每月收入额减除费用 5 000 元后的余额为应纳税所得额；劳务报酬所得、稿酬所得、特许权使用费所得，以每次收入额为应纳税所得额，适用按月换算后的非居民个人月度税率表计算应纳税额。其中，劳务报酬所得、稿酬所得、特许权使用费所得以收入减除 20% 的费用后的余额为收入额。稿酬所得的收入额减按 70% 计算（见表 2.3）。

**表 2.3　个人所得税税率表三（非居民个人工资、薪金所得，劳务报酬所得，稿酬所得，特许权使用费所得适用）**

| 级数 | 应纳税所得额 | 税率（%） | 速算扣除数 |
|---|---|---|---|
| 1 | 不超过 3 000 元的 | 3 | 0 |
| 2 | 超过 3 000 元至 12 000 元的部分 | 10 | 210 |
| 3 | 超过 12 000 元至 25 000 元的部分 | 20 | 1 410 |
| 4 | 超过 25 000 元至 35 000 元的部分 | 25 | 2 660 |
| 5 | 超过 35 000 元至 55 000 元的部分 | 30 | 4 410 |
| 6 | 超过 55 000 元至 80 000 元的部分 | 35 | 7 160 |
| 7 | 超过 80 000 元的部分 | 45 | 15 160 |

非居民个人工资、薪金所得，劳务报酬所得，稿酬所得，特许权使用费所得应纳税额 = 应纳税所得额 × 税率 - 速算扣除数[①]

### 2.1.4　非居民个人和无住所居民个人有关个人所得税政策[②]

1. 无住所个人纳税义务的界定

《关于在中国境内无住所的个人居住时间判定标准的公告》（财政部　税务总局公告 2019 年第 34 号），对 2018 年版《个人所得税法》中关于境内无住所的个人（以下称“无住所个人”）居住时间的判定标准，无住所个人一个纳税年度在中国境内累计居住满 183 天的，如果此前 6 年在中国境内每年累计居住天数都满 183 天而且没有任何一年单次离境超过 30 天，该纳税年度来源于中国境内、境外所得应当缴纳个人所得税；如果此前 6 年的任一年在中国境内累计居住天数不满 183 天或者单次离境超过 30 天，该纳税年度来源于中国境外且由境外单位或者个人支付的所得，免予缴纳个人所得税。

此条规定是判定非居民纳税人在我国纳税义务的基础性条款，其中负有“全面纳税义务”的个人的条件从原来的 5 年放宽至 6 年。在判定无住所个人的境内纳税义务时，采取两步法来进行判定：第一步，先看本年，本年是否达到 183 天的条件，如果达到了则转至第二步，没有的话则属于非居民个人，仅需就中国境内工作期间的所得履行纳税义务；第二步，判定往回的连续 6 年境内居住情况，如果满足连续 6 年的条件则负有全面纳税义务，没有的话则可就境外工作期间境外支付的部分免于纳税。具体判定如表 2.4 所示。

另外，前款所称此前 6 年，是指该纳税年度的前一年至前 6 年的连续 6 个年度，此前 6 年的起始年度自 2019 年（含）以后年度开始计算。该规定意味着对于居民纳税人的身份认定采取“清零计算”的方式，即从 2019 年 1 月 1 日起重新开始判定外籍和港澳台个人在我国内地的居民身份。因为原来个税法中并没有居民个人、非居民个人的概念，因此实施新法

① 12 月 20 日，国家税务总局发布《关于全面实施新个人所得税法若干征管衔接问题的公告》，公告自 2019 年 1 月 1 日起施行。http：//www. sohu. com/a/283640632_99952490。

② https：//mp. weixin. qq. com/s/w - kCJUx2vUl_ tdYAb1EZ2w. https：//mp. weixin. qq. com/s/KAuG4uS_ DiB4kvGki4uhBQ. https：//mp. weixin. qq. com/s/WL - uwQQKLnZsGKcBCT9eQQ.

表 2.4 纳税人纳税义务履行方式表

<table>
<tr><th colspan="2" rowspan="4">纳税人类型</th><th colspan="5">应税所得范围</th></tr>
<tr><th colspan="3">来源于境内所得<br>（境内工作期间）</th><th colspan="2">来源于境外所得<br>（境外工作期间）</th></tr>
<tr><th rowspan="2">境内支付</th><th colspan="2">境外支付</th><th rowspan="2">境内<br>支付</th><th rowspan="2">境外<br>支付</th></tr>
<tr><th>境内负<br>担部分</th><th>境外负<br>担部分</th></tr>
<tr><td rowspan="3">非居民<br>纳税人</td><td>无住所又不居住</td><td>应税</td><td>应税</td><td>—</td><td>—</td><td>—</td></tr>
<tr><td>无住所而居住（居住≤90 天）</td><td>应税</td><td>应税</td><td>—</td><td>—</td><td>—</td></tr>
<tr><td>无住所而居住（90 天<居住<183 天）</td><td colspan="3">应税</td><td>—</td><td>—</td></tr>
<tr><td rowspan="2">居民纳税人</td><td>无住所而居住 1 年≤居住<6 年（居住满 183 天算一年，单次离境超过 30 天重新计算）</td><td colspan="4">应税</td><td></td></tr>
<tr><td>拥有永久性住所；或居住满 6 年后，本年居住满 183 天</td><td colspan="5">应税</td></tr>
</table>

后，若要重新界定纳税人类型，势必采取从 2019 年重新计算的方式来进行界定。

根据规定，无住所个人一个纳税年度内在中国境内累计居住天数，按照个人在中国境内累计停留的天数计算。在中国境内停留的当天满 24 小时的，计入中国境内居住天数，在中国境内停留的当天不足 24 小时的，不计入中国境内居住天数。新的文件放宽了判定居民身份的时间界定标准。原来当天往返按照一天进行计算，现在当天出入境、离境的则不计为境内居住天数。此项规定相比很多境外地区、国家对于居民纳税人身份的判定更为宽松（中国香港对于当天停留的都算一天）。

2. 无住所个人纳税义务的履行

按照国税发〔1994〕89 号文的规定，“在中国境内有住所的个人，是指因户籍、家庭、经济利益关系而在中国境内习惯性居住的个人。所谓习惯性居住，是判定纳税义务人是居民或非居民的一个法律意义上的标准，不是指实际居住或在某一个特定时期内的居住地。如因学习、工作、探亲、旅游等而在中国境外居住的，在其原因消除之后，必须回到中国境内居住的个人，则中国即为该纳税人习惯性居住地”。因此，住所并不是我们通常所理解的拥有房产、长期租房的概念，而是一种习惯性居住的概念。

2018 年版《个人所得税法》首次对纳税人提出了居民个人和非居民个人的概念。居民个人是在境内有住所，或无住所但一个纳税年度在境内居住超过 183 天的个人；非居民个人则是境内无住所又不居住，或无住所但居住不超过 183 天的个人。由此产生了无住所的概念。

（1）关于所得来源地。

①关于工资薪金所得来源地的规定。根据《关于非居民个人和无住所居民个人有关个人所得税政策的公告》（财政部　税务总局公告 2019 年第 35 号）的规定，个人取得归属于中国境内（以下称境内）工作期间的工资薪金所得为来源于境内的工资薪金所得。在区分境内工作期间时，不是按照纳税人所声称的境内外真实所得来源划分，而是采取统一标准，

按照时间维度划分。即自然月中境内工作天数的占比。境外工作天数按照当期公历天数减去当期境内工作天数计算。

根据财政部、税务总局公告 2019 年第 35 号的规定，将外籍个人和港澳个人用于计算境内需履行纳税义务的收入额的天数统一为了“境内工作天数”，不再使用“外籍个人境内工作天数”和“港澳个人境内实际停留天数”。同时，对境内工作天数的定义进行了扩大，从原来的境内工作期间，延伸至包括所有在境内的实际工作日以及境内工作期间在境内、境外享受的公休假、个人休假、接受培训的天数。在境内、境外单位同时担任职务或者仅在境外单位任职的个人，在境内停留的当天不足 24 小时的，按照半天计算境内工作天数，如某人周一入境、周日离境，无住所个人判定居民身份时算做 5 天，但在计算境内所得时则是 6 天（5 +0. 5 +0. 5）。

②关于数月奖金以及股权激励所得来源地的规定。无住所个人在境内履职或者执行职务时收到的数月奖金或者股权激励所得，归属于境外工作期间的部分，为来源于境外的工资薪金所得；无住所个人停止在境内履约或者执行职务离境后收到的数月奖金或者股权激励所得，对属于境内工作期间的部分，为来源于境内的工资薪金所得。具体计算方法为：数月奖金或者股权激励乘以数月奖金或者股权激励所属工作期间境内工作天数与所属工作期间公历天数之比。

无住所个人一个月内取得的境内外数月奖金或者股权激励包含归属于不同期间的多笔所得的，应当先分别按照规定计算不同归属期间来源于境内的所得，然后再加总计算当月来源于境内的数月奖金或者股权激励收入额。

③关于董事、监事及高层管理人员取得报酬所得来源地的规定。对于担任境内居民企业的董事、监事及高层管理职务的个人（以下统称“高管人员”），无论是否在境内履行职务，取得由境内居民企业支付或者负担的董事费、监事费、工资薪金或者其他类似报酬（以下统称“高管人员报酬”，包含数月奖金和股权激励），属于来源于境内的所得。

③关于稿酬所得来源地的规定。由境内企业、事业单位、其他组织支付或者负担的稿酬所得，为来源于境内的所得。

对于董事、监事和高层管理人员，以及稿酬所得，因为这些所得人员，他们的履职行为可以跟实际工作地点分离，因此在划分该类所得来源时，是按照支付地的方式划分，不再区分境内工作期间的性质。

（2）关于无住所个人工资薪金所得收入额计算。

财政部、国家税务总局 2019 年公告第 35 号对于境内应税收入计算最大，也是最有利于无住所个人的变化就是将原有的“先税后分”变为了“先分后税”。即原国税发〔1994〕148 号文针对不同所得来源、境内停留时间等条件计算境内纳税义务时，是先就纳税人境内外工资总额对照税率表计算完应纳税额后，再按照工作天数占比、境内支付工资占比计算实际应在境内纳税总额。而该公告规定，在计算境内应税收入额时，就先按照比例进行划分，再用确定为境内所得的收入额对照税率表计算应纳税额。由此，将使得对应的税率表有效降低，从而减轻税负。

无住所个人的境内纳税义务履行可以分为确定性和不确定性两类。确定性的一类是指，一是境内工作期间取得由境内支付或负担的所得，无论是哪类纳税人都需要在境内履行纳税义务；二是境内有住所，或者连续居住满 6 年后再居住满 183 天的无住所个人，需就境内外全部所得履行纳税义务，即负有“全面纳税义务”。不确定性的一类是，境内工作期间境外负担的，以及境外工作期间的所得。对于需要在境内履行纳税义务的不确定性的所得，则是先根据居住天数来判定纳税人类型，再按照相应的比例进行划分。这两个比例分别是：境内工作天数的占比、境内支付工资的占比。根据纳税人居住时间的长短，所需履行的工薪所得纳税义务逐渐增加。

财政部、国家税务总局2019年公告第35号规定，无住所个人取得工资薪金所得，按以下规定计算在境内应纳税的工资薪金所得的收入额（以下称“工资薪金收入额”）：

①无住所个人为非居民个人的情形。非居民个人取得工资薪金所得，当月工资薪金收入额分别按照以下两种情形计算：

第一，非居民个人境内居住时间累计不超过90天的情形。在一个纳税年度内，在境内累计居住不超过90天的非居民个人，仅就归属于境内工作期间并由境内雇主支付或者负担的工资薪金所得计算缴纳个人所得税。当月工资薪金收入额的计算公式如下：

$$\frac{\text{当月工资}}{\text{薪金收入额}} = \frac{\text{当月境内外}}{\text{工资薪金总额}} \times \frac{\dfrac{\text{当月境内支付}}{\text{工资薪金数额}}}{\dfrac{\text{当月境内外}}{\text{工资薪金总额}}} \times \frac{\dfrac{\text{当月工资薪金所属}}{\text{工作期间境内工作天数}}}{\dfrac{\text{当月工资薪金所属}}{\text{工作期间公历天数}}} \tag{2.1}$$

根据财政部　税务总局2019年公告第35号文的规定，境内雇主包括雇佣员工的境内单位和个人以及境外单位或者个人在境内的机构、场所，凡境内雇主采取核定征收所得税或者无营业收入未征收所得税的，无住所个人为其工作取得工资薪金所得，不论是否在该境内雇主会计账簿中记载，均视为由该境内雇主支付或者负担。一般来说，境内负担遵循实质重于形式的原则。因此，对于境内机构所负担工资的判定，则需先对该员工所开展工作场所进行界定，若该场所构成了常设机构，且员工工资成了该常设机构的收入组成部分，则理应界定为境内机构所负担；若该员工提供劳务服务的机构场所构不成境外机构在我国设立常设机构，则其取得境外支付所得不能被认定为境内实际负担。

公式中当月境内外工资薪金包含归属于不同期间的多笔工资薪金的，应当先分别按照规定计算不同归属期间工资薪金收入额，然后再加总计算当月工资薪金收入额。

第二，非居民个人境内居住时间累计超过90天不满183天的情形。在一个纳税年度内，在境内累计居住超过90天但不满183天的非居民个人，取得归属于境内工作期间的工资薪金所得，均应当计算缴纳个人所得税；其取得归属于境外工作期间的工资薪金所得，不征收个人所得税。当月工资薪金收入额的计算公式如下：

$$\text{当月工资薪金收入额} = \frac{\text{当月境内外}}{\text{工资薪金总额}} \times \frac{\dfrac{\text{当月工资薪金所属}}{\text{工作期间境内工作天数}}}{\dfrac{\text{当月工资薪金所属}}{\text{工作期间公历天数}}} \tag{2.2}$$

②无住所个人为居民个人的情形。

在一个纳税年度内，在境内累计居住满183天的无住所居民个人取得工资薪金所得，当月工资薪金收入额按照以下规定计算：

第一，无住所居民个人在境内居住累计满183天的年度连续不满6年的情形。

在境内居住累计满183天的年度连续不满6年的无住所居民个人，符合《个人所得税法实施条例》第四条优惠条件的，其取得的全部工资薪金所得，除归属于境外工作期间且由境外单位或者个人支付的工资薪金所得部分外，均应计算缴纳个人所得税。工资薪金所得收入额的计算公式如下：

$$\text{当月工资薪金收入额}=\text{当月境内外工资薪金总额}\times\left[1-\frac{\text{当月境外支付工资薪金数额}}{\text{当月境内外工资薪金总额}}\times\frac{\text{当月工资薪金所属工作期间境外工作天数}}{\text{当月工资薪金所属工作期间公历天数}}\right]\quad(2.3)$$

第二，无住所居民个人在境内居住累计满 183 天的年度连续满 6 年的情形。

在境内居住累计满 183 天的年度连续满 6 年后，不符合《个人所得税法实施条例》第四条优惠条件的无住所居民个人，其从境内、境外取得的全部工资薪金所得均应计算缴纳个人所得税。

③无住所个人为高管人员的情形。非居民个人为高管人员的，按照以下规定处理：

第一，高管人员在境内居住时间累计不超过 90 天的情形。在一个纳税年度内，在境内累计居住不超过 90 天的高管人员，其取得由境内雇主支付或者负担的工资薪金所得应当计算缴纳个人所得税；不是由境内雇主支付或者负担的工资薪金所得，不缴纳个人所得税。当月工资薪金收入额为当月境内支付或者负担的工资薪金收入额。因此，高管居住天数小于等于 90 天的，需就境内支付部分征税，即只乘以境内支付工资占比。相比于非高管人员少乘了境内工作天数占比的比例。

第二，高管人员在境内居住时间累计超过 90 天不满 183 天的情形。在一个纳税年度内，在境内居住累计超过 90 天但不满 183 天的高管人员，其取得的工资薪金所得，除归属于境外工作期间且不是由境内雇主支付或者负担的部分外，应当计算缴纳个人所得税。当月工资薪金收入额计算适用上述公式。因此，高管居住天数大于 90 天的，则仅可就境外工作期间且境外支付或负担的部分免于征税，其他的都需要履行纳税义务。该类人群既包含了居住超过 183 天的高管，也包括了居住在 90 天到 183 天之间的高管。

（3）关于无住所个人税款计算。

①关于无住所居民个人税款计算的规定。按照 2018 年版《个人所得税法》以及扣缴管理办法的规定，居民个人取得综合性所得在月度预扣预缴时，对照综合所得年税率表进行预扣预缴，并可以减除专项扣除、专项附加费用扣除等各类扣除项目，年度结束后再由个人进行汇算清缴；而非居民个人在取得综合所得时，按次或按月进行代扣代缴，不需要进行年度汇算清缴，非居民个人所得除了按月扣缴时能扣除 5000 元/月的基本减除费用外，其他的扣除项目均不能扣除。

年度综合所得应纳税额计算公式如下：

年度综合所得应纳税额 =（年度工资薪金收入额 + 年度劳务报酬收入额 + 年度稿酬收入额 + 年度特许权使用费收入额 - 减除费用 - 专项扣除 - 专项附加扣除 - 依法确定的其他扣除）×适用税率 - 速算扣除数　(2.4)

无住所居民个人为外籍个人的，2022 年 1 月 1 日前计算工资薪金收入额时，已经按规定减除住房补贴、子女教育费、语言训练费等八项津补贴的，不能同时享受专项附加扣除。同样，对于这类人员取得全年一次性奖金、股权激励收入，则也可以对该奖金收入进行境内、境外归属区分后，再按照财税〔2018〕164 号文的政策，采取优惠计税方式计算，其他的数月奖金则需并入当月工资综合计税。

年度工资薪金、劳务报酬、稿酬、特许权使用费收入额分别按年度内每月工资薪金以及每次劳务报酬、稿酬、特许权使用费收入额合计数额计算。

②关于非居民个人税款计算的规定。

第一，非居民个人当月取得工资薪金所得，以当月收入额减去税法规定的减除费用后的余额，为应纳税所得额，适用按月换算后的综合所得税率表（以下称“月度税率表”）计算应纳税额（见表2.5）。

表2.5　　按月换算后的综合所得税率表

| 级数 | 全月应纳税所得额 | 税率 | 速算扣除数（元） |
|---|---|---|---|
| 1 | 不超过3 000元的 | 3% | 0 |
| 2 | 超过3 000元至12 000元的部分 | 10% | 210 |
| 3 | 超过12 000元至25 000元的部分 | 20% | 1410 |
| 4 | 超过25 000元至35 000元的部分 | 25% | 2660 |
| 5 | 超过35 000元至55 000元的部分 | 30% | 4410 |
| 6 | 超过55 000元至80 000元的部分 | 35% | 7160 |
| 7 | 超过80 000元的部分 | 45% | 15160 |

第二，非居民个人一个月内取得数月奖金，单独计算当月收入额，不与当月其他工资薪金合并，按6个月分摊计税，不减除费用，适用月度税率表计算应纳税额，在一个公历年度内，对每一个非居民个人，该计税办法只允许适用一次。计算公式如下：

当月数月奖金应纳税额 =［（数月奖金收入额 ÷6）×适用税率 - 速算扣除数］×6　　(2.5)

第三，非居民个人一个月内取得股权激励所得，单独计算当月收入额，不与当月其他工资薪金合并，按6个月分摊计税（一个公历年度内的股权激励所得应合并计算），不减除费用，适应月度税率表计算应纳税额，计算公式如下：

当月股权激励所得应纳税额 =［（本公历年度内股权激励所得合计额 ÷6）×适用税率 - 速算扣除数］×6 - 本公历年度内股权激励所得已纳税额　　(2.6)

第四，非居民个人取得来源于境内的劳务报酬所得、稿酬所得、特许权使用费所得，以税法规定的每次收入额为应纳税所得额，适用月度税率表计算应纳税额。

(4) 关于无住所个人适用税收协定。根据《内地和香港特别行政区关于对所得避免双重征税和防止偷漏税的安排》中关于受雇所得有如下表述（以下简称“协定第一条、第二条”）：

第一，一方居民因受雇取得的薪金、工资和其他类似报酬，除在另一方从事受雇的活动以外，应仅在该一方征税。在另一方从事受雇的活动取得的报酬，可以在该另一方征税。即，“香港居民因受雇取得的薪金、工资和其他类似报酬，除在中国内地从事受雇的活动以外，应仅在香港征税。在中国内地从事受雇的活动取得的报酬，可以在中国内地征税。”简而言之，不管是哪方居民，在哪个地方从事受雇活动就应该在哪个地方征税。

第二，虽有上条第一款的规定，一方居民因在另一方从事受雇的活动取得的报酬，同时具有以下三个条件的，应仅在该一方征税：

①收款人在有关纳税年度开始或终了的任何12个月中在另一方停留连续或累计不超过

183 天；

②该项报酬由并非该另一方居民的雇主支付或代表该雇主支付；

③该项报酬不是由雇主设在另一方的常设机构所负担。

也就是说，即使香港居民在中国内地受雇所得，但是如果同时满足税收安排的三个条件，也只需要在香港征税。

财政部　税务总局 2019 年公告第 35 号规定，按照我国政府签订的避免双重征税协定、内地与香港、澳门签订的避免双重征税安排（以下称“税收协定”）居民条款规定为缔约对方税收居民的个人（以下称“对方税收居民个人”），可以按照税收协定及财政部、税务总局有关规定享受税收协定待遇，也可以选择不享受税收协定待遇计算纳税。除税收协定及财政部、税务总局另有规定外，无住所个人适用税收协定的，按照以下规定执行：

①关于无住所个人适用受雇所得条款的规定。

第一，无住所个人享受境外受雇所得协定待遇。

财政部　税务总局 2019 年公告第 35 号规定，境外受雇所得协定待遇，是指按照税收协定受雇所得条款规定，对方税收居民个人在境外从事受雇活动取得的受雇所得，可不缴纳个人所得税。在协定优先判定征税权的时候，该部分所得内地税务机关就没有征税权，也不需要再看国内法的规定。按照协定内容，中国内地仅对境内机构场所（含常设机构）支付负担的具有征税权，因此既然在无住所个人的收入额中已经剔除了境外受雇的境外支付部分，那么在计算境内纳税义务的收入总额就仅仅是境内支付或者负担的工资额。特别注意此处，与收入额计算中的境内外工资总额是不一样的。因此，在采用收入额计算公式时，仅需要乘以境内工作天数的占比。

因此，对于此类情况，采取两步法判断。第一步，协定规定仅对境内支付部分具有征税权。第二步，是境内支付部分如何征税。则依据国内法的规定，因为本来就没有境外支付所得的部分在收入总额中，所以也仅需按照境内外工作天数进行划分应征税的收入额了。

无住所个人为对方税收居民个人，其取得的工资薪金所得享受境外受雇所得协定待遇的，可不缴纳个人所得税。工资薪金收入额计算适用公式（2.2）。

第二，无住所个人享受境内受雇所得协定待遇

财政部　税务总局 2019 年公告第 35 号规定，境内受雇所得协定待遇，是指按照税收协定受雇所得条款规定，在税收协定规定的期间内境内停留天数不超过 183 天的对方税收居民个人，在境内从事受雇活动取得受雇所得，不是由境内居民雇主支付或者代其支付的，也不是由雇主在境内常设机构负担的，可不缴纳个人所得税。此类无住所个人取得来源于境内受雇的所得，其取得的全部所得具有征税权，则在适用收入额的计算公式时，用于计算收入额的基数包含了境外、境内支付两个层面。因此，在计算境内应税收入额时，需要乘以境内支付占比、境内工作天数占比两个比例了。还是还原为两步法，第一步，依据协定判定征税权，将协定第二条的收入范围剔除；第二步，就剩余的境内外支付所得，按照国内法的规定征税。

无住所个人为对方税收居民个人，其取得的工资薪金所得可享受境内受雇所得协定待遇的，可不缴纳个人所得税。工资薪金收入额计算适用公式（2.1）。为什么不用公式（2.2）计算收入额呢？即只乘以境内工作天数占比。其实公式（2.1）和公式（2.2）的区别就在于公式（2.2）额外增加了“境内工作期间、境外支付或负担的部分”的纳税义务。如果对

外境内受雇所得的人员不乘境内工资支付比例的话，则该部分境外支付部分也需要在中国内地征税，此做法就与协定内容相左了，实际按照协定内容“对于居住不满 183 天的所有境外支付负担的所得，都可以不在中国内地征税”，因此，需要在计算收入额时将该部分所得剔除。

对于无住所个人如何享受协定内容？财政部 税务总局公告 2019 年第 35 号按照居民个人和非居民个人的维度进行了规定：无住所居民个人为对方税收居民个人的，可在预扣预缴和汇算清缴时按前款规定享受协定待遇；非居民个人为对方税收居民个人的，可在取得所得时按前款规定享受协定待遇。

②关于无住所个人适用独立个人劳务或者营业利润条款的规定。

独立个人劳务或者营业利润协定待遇，是指按照税收协定独立个人劳务或者营业利润条款规定，对方税收居民个人取得的独立个人劳务所得或者营业利润符合税收协定规定条件的，可不缴纳个人所得税。

无住所居民个人为对方税收居民个人，其取得的劳务报酬所得、稿酬所得可享受独立个人劳务或者营业利润协定待遇的，在预扣预缴和汇算清缴时，可不缴纳个人所得税。

非居民个人为对方税收居民个人，其取得的劳务报酬所得、稿酬所得可享受独立个人劳务或者营业利润协定待遇的，在取得所得时可不缴纳个人所得税。

③关于无住所个人适用董事费条款的规定。

对方税收居民个人为高管人员，该个人适用的税收协定未纳入董事费条款，或者虽然纳入董事费条款但该个人不适用董事费条款，且该个人取得的高管人员报酬可享受税收协定受雇所得、独立个人劳务或者营业利润条款规定待遇的，该个人取得的高管人员报酬可不适用公告第二条第（三）项规定。

对方税收居民个人为高管人员，该个人取得的高管人员报酬按照税收协定董事费条款规定可以在境内征收个人所得税的，应按照有关工资薪金所得或者劳务报酬所得规定缴纳个人所得税。

④关于无住所个人适用特许权使用费或者技术服务费条款的规定。

特许权使用费或者技术服务费协定待遇，是指按照税收协定特许权使用费或者技术服务费条款规定，对方税收居民个人取得符合规定的特许权使用费或者技术服务费，可按照税收协定规定的计税所得额和征税比例计算纳税。

无住所居民个人为对方税收居民个人，其取得的特许权使用费所得、稿酬所得或者劳务报酬所得享受特许权使用费或者技术服务费协定待遇的，可不纳入综合所得，在取得当月按照税收协定规定的计税所得额和征税比例计算应纳税额，并预扣预缴税款。年度汇算清缴时，该个人取得的已享受特许权使用费或者技术服务费协定待遇的所得不纳入年度综合所得，单独按照税收协定规定的计税所得额和征税比例计算年度应纳税额及补退税额。

非居民个人为对方税收居民个人，其取得的特许权使用费所得、稿酬所得或者劳务报酬所得可享受特许权使用费或者技术服务费协定待遇的，可按照税收协定规定的计税所得额和征税比例计算应纳税额。

（5）关于无住所个人相关征管规定。

①关于无住所个人预计境内居住时间的规定。无住所个人在一个纳税年度内首次申报时，应当根据合同约定等情况预计一个纳税年度内境内居住天数以及在税收协定规定的期间

内境内停留天数，按照预计情况计算缴纳税款。实际情况与预计情况不符的，分别按照以下规定处理：

第一，无住所个人预先判定为非居民个人，因延长居住天数达到居民个人条件的，一个纳税年度内税款扣缴方法保持不变，年度终了后按照居民个人有关规定办理汇算清缴，但该个人在当年离境且预计年度内不再入境的，可以选择在离境之前办理汇算清缴。

第二，无住所个人预先判定为居民个人，因缩短居住天数不能达到居民个人条件的，在不能达到居民个人条件之日起至年度终了 15 天内，应当向主管税务机关报告，按照非居民个人重新计算应纳税额，申报补缴税款，不加收税收滞纳金。需要退税的，按照规定办理。

第三，无住所个人预计一个纳税年度境内居住天数累计不超过 90 天，但实际累计居住天数超过 90 天的，或者对方税收居民个人预计在税收协定规定的期间内境内停留天数不超过 183 天，但实际停留天数超过 183 天的，待达到 90 天或者 183 天的月度终了后 15 天内，应当向主管税务机关报告，就以前月份工资薪金所得重新计算应纳税款，并补缴税款，不加收税收滞纳金。

②关于无住所个人境内雇主报告境外关联方支付工资薪金所得的规定。无住所个人在境内任职、受雇取得来源于境内的工资薪金所得，凡境内雇主与境外单位或者个人存在关联关系，将本应由境内雇主支付的工资薪金所得，部分或者全部由境外关联方支付的，无住所个人可以自行申报缴纳税款，也可以委托境内雇主代为缴纳税款。无住所个人未委托境内雇主代为缴纳税款的，境内雇主应当在相关所得支付当月终了后 15 天内向主管税务机关报告相关信息，包括境内雇主与境外关联方对无住所个人的工作安排、境外支付情况以及无住所个人的联系方式等信息。

（6）如何履行纳税义务？

总体来说，对于无住所个人在境内履行纳税义务时，需先预计未来一年内在境内居住天数，并由此判定自己是按照居民个人还是非居民个人的方式进行纳税。如自己达不到相应预计状态，则应该及时对自己的状态进行改正，并完成补税、退税程序。具体如下：

① 预计自己是非居民个人，若达到了居民个人条件的，当年度仍保持非居民的扣缴方式不变，待年度终了之后再办理汇算清缴。此举既减轻了个人的麻烦，更减轻了税务机关的负担，不需要为无住所个人状态的改变不停变更预扣预缴的征收方式。

② 预计自己是居民个人，当不能达到居民个人条件的，在不能达到居民个人条件之日起至年度终了 15 天内，应当向主管税务机关报告，按照非居民个人重新计算应纳税额，申报补缴税款，不加收税收滞纳金。需要退税的，按照规定办理。

③无住所个人预计一个纳税年度境内居住天数累计不超过 90 天，但实际累计居住天数超过 90 天的，或者对方税收居民个人预计在税收协定规定的期间内境内停留天数不超过 183 天，但实际停留天数超过 183 天的，待达到 90 天或者 183 天的月度终了后 15 天内，应当向主管税务机关报告，就以前月份工资薪金所得重新计算应纳税款，并补缴税款，不加收税收滞纳金。

除此之外，还存在另一种情形，就是预计自己居住天数不超过 90 天，但实际超过 90 天但不足 183 天的；或者居住天数在 90 天至 183 天之间，但实际居住不到 90 天的，则应当及时按照该居住天数下收入额的确认规则重新计算，并及时进行补退税。

同时，因为涉及境外支付的问题，为方便纳税人扣缴，降低自行申报率，财政部　税务总局公告2019年第35号还通过允许个人委托境内关联企业代扣缴的方式，为无住所个人开辟了一条新的个税申报纳税途径。

## 2.2 所得来源地的判定

### 2.2.1 个人所得税所得来源地的判定

我国《个人所得税法》规定，对居民纳税人来源于中国境内和境外的所得都征税，而对非居民纳税人则只就来源于中国境内的所得征税，并且，对居民纳税人来源于中国境外的所得，准予其在应纳税额中扣除已在境外缴纳的个人所得税税额。但扣除额不得超过该纳税人境外所得依照中国税法规定计算的应纳税额，因此，无论是纳税人还是税务机关，在确定和计算纳税人应纳税额的时候，也都必须判定其所得的来源。

（1）工资、薪金所得，以纳税义务人任职、受雇的公司、企业、事业单位、机关、团体、部队、学校等单位的所在地作为所得来源地。

（2）生产、经营所得，以生产、经营活动实现地作为所得来源地。

（3）劳动报酬所得，以纳税义务人实际提供劳务的地点，作为所得来源地。

（4）不动产转让所得，以不动产坐落地为所得来源地；动产转让所得，以实现转让的地点为所得来源地。

（5）财产租赁所得，以被租赁财产的使用地作为所得来源地。

（6）利息、股息、红利所得，以支付利息、股息、红利的企业、机构、组织的所在地作为所得来源地。

（7）特许权使用费所得，以特许权的使用地作为所得来源地。

### 2.2.2 企业所得税所得来源地的判定

企业所得税应税所得，既包括中国居民企业来源于境内和境外的各项所得，也包括非居民企业来源于境内的应税所得，所以，所得来源地判断标准的划分直接关系到企业纳税义务的大小，也是国家行使征税权的依据。为此，税法进一步明确了所得来源地划分标准，规定来源于中国境内、境外的所得，按照以下原则确定：

（1）提供劳务所得，按照劳务发生地确定。

（2）销售货物所得，按照交易活动发生地确定。

（3）转让财产所得。不动产转让所得按照不动产所在地确定；动产转让所得按照转让动产的企业或者机构、场所所在地确定；权益性投资资产转让所得按照被投资企业所在地确定。

（4）股息、红利等权益性投资所得，按照分配所得的企业所在地确定。

（5）其他所得，由国务院财政、税务主管部门确定。

（6）利息所得、租金所得、特许权使用费所得，按照负担、支付所得的企业或者机构、场所所在地确定，或者按照负担、支付所得的个人的住所地确定。

## 2.3 境内居住天数与实际工作期间

### 2.3.1 境内居住天数的确定

对在中国境内无住所的个人，需要计算确定其在中国境内居住天数，依照税法或税收协定的规定判定其在华负有何种纳税义务，应以该个人实际在华逗留天数计算。上述个人入境、离境、往返或多次往返境内外的当日，均按一天计算其在华实际逗留天数。

### 2.3.2 境内工作期间的确定

对在中国境内、境外机构同时担任职务或仅在境外机构任职的境内无住所个人，计算其境内工作天数时，对其入境、离境、往返或多次往返境内外的当日，均按半天计算在华实际工作天数。

## 2.4 纳税义务的确定与应纳税额的计算

2018 年版《个人所得税法》第二条规定："下列各项个人所得，应当缴纳个人所得税：

（一）工资、薪金所得；

（二）劳务报酬所得；

（三）稿酬所得；

（四）特许权使用费所得；

（五）经营所得；

（六）利息、股息、红利所得；

（七）财产租赁所得；

（八）财产转让所得；

（九）偶然所得。

居民个人取得前款第一项至第四项所得（以下称综合所得），按纳税年度合并计算个人所得税；非居民个人取得前款第一项至第四项所得，按月或者按次分项计算个人所得税。纳税人取得前款第五项至第九项所得，依照本法规定分别计算个人所得税。"

2018 年版《个人所得税法》第四条规定："下列各项个人所得，免征个人所得税：

第一款：

（一）省级人民政府、国务院部委和中国人民解放军军以上单位，以及外国组织、国际组织颁发的科学、教育、技术、文化、卫生、体育、环境保护等方面的奖金；

（二）国债和国家发行的金融债券利息；

（三）按照国家统一规定发给的补贴、津贴；

（四）福利费、抚恤金、救济金；

（五）保险赔款；

（六）军人的转业费、复员费、退役金；

（七）按照国家统一规定发给干部、职工的安家费、退职费、基本养老金或者退休费、离休费、离休生活补助费；

（八）依照有关法律规定应予免税的各国驻华使馆、领事馆的外交代表、领事官员和其他人员的所得；

（九）中国政府参加的国际公约、签订的协议中规定免税的所得；

（十）国务院规定的其他免税所得。

第二款：前款第十项免税规定，由国务院报全国人民代表大会常务委员会备案。”

2018 年版《个人所得税法》第六条规定：“应纳税所得额的计算：

（一）居民个人的综合所得，以每一纳税年度的收入额减除费用六万元以及专项扣除、专项附加扣除和依法确定的其他扣除后的余额，为应纳税所得额。

（二）非居民个人的工资、薪金所得，以每月收入额减除费用五千元后的余额为应纳税所得额；劳务报酬所得、稿酬所得、特许权使用费所得，以每次收入额为应纳税所得额。

（三）经营所得，以每一纳税年度的收入总额减除成本、费用以及损失后的余额，为应纳税所得额。

（四）财产租赁所得，每次收入不超过四千元的，减除费用八百元；四千元以上的，减除百分之二十的费用，其余额为应纳税所得额。

（五）财产转让所得，以转让财产的收入额减除财产原值和合理费用后的余额，为应纳税所得额。

（六）利息、股息、红利所得和偶然所得，以每次收入额为应纳税所得额。

劳务报酬所得、稿酬所得、特许权使用费所得以收入减除百分之二十的费用后的余额为收入额。稿酬所得的收入额减按百分之七十计算。

个人将其所得对教育、扶贫、济困等公益慈善事业进行捐赠，捐赠额未超过纳税人申报的应纳税所得额百分之三十的部分，可以从其应纳税所得额中扣除；国务院规定对公益慈善事业捐赠实行全额税前扣除的，从其规定。

本条第一款第一项规定的专项扣除，包括居民个人按照国家规定的范围和标准缴纳的基本养老保险、基本医疗保险、失业保险等社会保险费和住房公积金等；专项附加扣除，包括子女教育、继续教育、大病医疗、住房贷款利息或者住房租金、赡养老人等支出，具体范围、标准和实施步骤由国务院确定，并报全国人民代表大会常务委员会备案。”

# 2.5　征管规定

### 2.5.1　纳税人识别号

纳税人识别号是税务登记证上的号码，通常简称为“税号”，每个企业的纳税人识别号都是唯一的。这个属于每个人自己且终身不变的数字代码很可能成为我们的第二张“身份证”。

新税法引入了纳税人识别号制度，要求纳税人向扣缴义务人提供纳税人识别号。

### 2.5.2　汇算清缴退税

新税法规定了纳税人自行办理汇算清缴退税与扣缴义务人集中办理汇算清缴退税相结合的模式。

# 2.6　代扣代缴

### 2.6.1　扣缴义务人

扣缴义务人，是指向个人支付所得的单位或者个人。

### 2.6.2　全员全额扣缴申报

全员全额扣缴申报，是指扣缴义务人应当在代扣税款的次月 15 日内，向主管税务机关报送其支付所得的所有个人的有关信息、支付所得数额、扣除事项和数额、扣缴税款的具体数额和总额以及其他相关涉税信息资料。

实行个人所得税全员全额扣缴申报的应税所得包括：

（1）工资、薪金所得；

（2）劳务报酬所得；

（3）稿酬所得；

（4）特许权使用费所得；

（5）利息、股息、红利所得；

（6）财产租赁所得；

（7）财产转让所得；

（8）偶然所得。

### 2.6.3 扣缴申报期限

按照现行个人所得税法的规定，扣缴义务人每月预扣、代扣的税款，应当在次月 15 日内缴入国库，并向税务机关报送扣缴个人所得税申报表。

### 2.6.4 居民个人综合所得的预扣预缴

2018 年版《个人所得税法》第六条第（一）项规定："居民个人的综合所得，以每一纳税年度的收入额减除费用六万元以及专项扣除、专项附加扣除和依法确定的其他扣除后的余额，为应纳税所得额。"

第十条第（一）项规定：取得综合所得需要办理汇算清缴。

第十一条规定：居民个人取得综合所得，按年计算个人所得税；有扣缴义务人的，由扣缴义务人按月或者按次预扣预缴税款。预扣预缴办法由国务院税务主管部门制定。

《国家税务总局关于全面实施新个人所得税法若干征管衔接问题的公告》（国家税务总局公告 2018 年第 56 号）第一条第（一）项规定：扣缴义务人向居民个人支付工资、薪金所得时，应当按照累计预扣法计算预扣税款，并按月办理全员全额扣缴申报。

第一条第（二）项规定：扣缴义务人向居民个人支付劳务报酬所得、稿酬所得、特许权使用费所得，按次或者按月预扣预缴个人所得税。

根据上述规定，2019 年 1 月 1 日后，每月发放工资时或每次取得劳务报酬所得、稿酬所得、特许权使用费所得时，扣缴税款将由现行代扣代缴改变为预扣预缴。预扣预缴方法是一种预先计算扣缴税款的方法，具体是根据个人全年取得的总综合所得收入、专项附加扣除等扣除项目金额，计算其应纳税款。对日常多预缴的税款，年度终了纳税人办理汇算清缴申报、申请退税，税务机关将及时、足额退还。

### 2.6.5 扣缴手续费

对扣缴义务人按照所扣缴的税款，付给 2% 的手续费。扣缴义务人可将其用于代扣代缴费用开支和奖励代扣代缴工作做得较好的办税人员。但由税务机关查出扣缴义务人补扣的个人所得税税款，不向扣缴义务人支付手续费。

### 2.6.6 信息提供与处理

扣缴义务人应及时向纳税人提供扣缴信息。

支付工资、薪金所得的扣缴义务人应当于年度终了后两个月内，向纳税人提供其个人所得和已扣缴税款等信息。纳税人年度中间需要提供上述信息的，扣缴义务人应当提供。

纳税人取得除工资、薪金所得以外的其他所得，扣缴义务人应当在扣缴税款后，及时向纳税人提供其个人所得和已扣缴税款等信息。

## 2.6.7　个人所得税扣缴申报表填报说明（见表 2.6）

**表 2.6**　　个人所得税扣缴申报表

税款所属期：　年　月　日至　年　月　日

扣缴义务人名称：

扣缴义务人纳税人识别号（统一社会信用代码）：□□□□□□□□□□□□□□□□□□□□

金额单位：人民币元（列至角分）

| 序号 | 姓名 | 身份证件类型 | 身份证件号码 | 纳税人识别号 | 是否为非居民个人 | 所得项目 | 本月（次）情况 | | | | | | | | | | | | | | 累计情况 | | | | | | | | | 减按计税比例 | 准予扣除的捐赠额 | 税款计算 | | | | | | | 备注 |
|---|---|---|---|---|---|---|---|---|---|---|---|---|---|---|---|---|---|---|---|---|---|---|---|---|---|---|---|---|---|---|---|---|---|---|---|---|---|---|---|
| | | | | | | | 收入额计算 | | | 减除费用 | 专项扣除 | | | | 其他扣除 | | | | | | 累计收入额 | 累计减除费用 | 累计专项扣除 | 累计专项附加扣除 | | | | | 累计其他扣除 | | | | | | | | | | |
| | | | | | | | 收入 | 费用 | 免税收入 | | 基本养老保险费 | 基本医疗保险费 | 失业保险费 | 住房公积金 | 年金 | 商业健康保险 | 税延养老保险 | 财产原值 | 允许扣除的税费 | 其他 | | | | 子女教育 | 赡养老人 | 住房贷款利息 | 住房租金 | 继续教育 | | | | 应纳税所得额 | 税率/预扣率 | 速算扣除数 | 应纳税额 | 减免税额 | 已缴税额 | 应补/退税额 | |
| 1 | 2 | 3 | 4 | 5 | 6 | 7 | 8 | 9 | 10 | 11 | 12 | 13 | 14 | 15 | 16 | 17 | 18 | 19 | 20 | 21 | 22 | 23 | 24 | 25 | 26 | 27 | 28 | 29 | 30 | 31 | 32 | 33 | 34 | 35 | 36 | 37 | 38 | 39 | 40 |
| | | | | | | | | | | | | | | | | | | | | | | | | | | | | | | | | | | | | | | | |
| | | | | | | | | | | | | | | | | | | | | | | | | | | | | | | | | | | | | | | | |
| | | | | | | | | | | | | | | | | | | | | | | | | | | | | | | | | | | | | | | | |
| | | | | | | | | | | | | | | | | | | | | | | | | | | | | | | | | | | | | | | | |
| | | | | | | | | | | | | | | | | | | | | | | | | | | | | | | | | | | | | | | | |
| 合计 | | | | | | | | | | | | | | | | | | | | | | | | | | | | | | | | | | | | | | | |

谨声明：本表是根据国家税收法律法规及相关规定填报的，是真实的、可靠的、完整的。

扣缴义务人（签章）：　　　　年　　月　　日

| | |
|---|---|
| 经办人签字：<br>经办人身份证件号码：<br>代理机构签章<br>代理机构统一社会信用代码： | 受理人：<br>受理税务机关（章）：<br>受理日期：　年　　月　　日 |

国家税务总局监制

1. 适用范围

表2.6适用于扣缴义务人向居民个人支付工资、薪金所得，劳务报酬所得，稿酬所得和特许权使用费所得的个人所得税全员全额预扣预缴申报；向非居民个人支付工资、薪金所得，劳务报酬所得，稿酬所得和特许权使用费所得的个人所得税全员全额扣缴申报；以及向纳税人（居民个人和非居民个人）支付利息、股息、红利所得，财产租赁所得，财产转让所得和偶然所得的个人所得税全员全额扣缴申报。

2. 报送期限

扣缴义务人应当在每月或者每次预扣、代扣税款的次月15日内，将已扣税款缴入国库，并向税务机关报送（见表2.6）。

3. 表2.6各栏填写

（1）表头项目。

①税款所属期：填写扣缴义务人预扣、代扣税款当月的第1日至最后1日。如2019年3月20日发放工资时代扣的税款，税款所属期填写“2019年3月1日至2019年3月31日”。

②扣缴义务人名称：填写扣缴义务人的法定名称全称。

③扣缴义务人纳税人识别号（统一社会信用代码）：填写扣缴义务人的纳税人识别号或者统一社会信用代码。

（2）表内各栏。

①第2列“姓名”：填写纳税人姓名。

②第3列“身份证件类型”：填写纳税人有效的身份证件名称。中国公民有中华人民共和国居民身份证的，填写居民身份证；没有居民身份证的，填写中华人民共和国护照、港澳居民来往内地通行证或者港澳居民居住证、台湾居民通行证或者台湾居民居住证、外国人永久居留身份证、外国人工作许可证或者护照等。

③第4列“身份证件号码”：填写纳税人有效身份证件上载明的证件号码。

④第5列“纳税人识别号”：有中国公民身份号码的，填写中华人民共和国居民身份证上载明的“公民身份号码”；没有中国公民身份号码的，填写税务机关赋予的纳税人识别号。

⑤第6列“是否为非居民个人”：纳税人为居民个人的填“否”。为非居民个人的，根据合同、任职期限、预期工作时间等不同情况，填写“是，且不超过90天”或者“是，且超过90天不超过183天”。不填默认为“否”。

其中，纳税人为非居民个人的，填写“是，且不超过90天”的，当年在境内实际居住超过90天的次月15日内，填写“是，且超过90天不超过183天”。

⑥第7列“所得项目”：填写纳税人取得的《个人所得税法》第二条规定的应税所得项目名称。同一纳税人取得多项或者多次所得的，应分行填写。

⑦第8—21列“本月（次）情况”：填写扣缴义务人当月（次）支付给纳税人的所得，以及按规定各所得项目当月（次）可扣除的减除费用、专项扣除、其他扣除等。其中，工资、薪金所得预扣预缴个人所得税时扣除的专项附加扣除，按照纳税年度内纳税人在该任职受雇单位截至当月可享受的各专项附加扣除项目的扣除总额，填写至“累计情况”中第25—29列相应栏，本月情况中则无须填写。

“收入额计算”：包含“收入”“费用”“免税收入”。收入额＝第8列－第9列－第

10 列。

第 8 列“收入”：填写当月（次）扣缴义务人支付给纳税人所得的总额。

第 9 列“费用”：取得劳务报酬所得、稿酬所得、特许权使用费所得时填写，取得其他各项所得时无须填写本列。居民个人取得上述所得，每次收入不超过 4 000 元的，费用填写“800”元；每次收入 4 000 元以上的，费用按收入的 20% 填写。非居民个人取得劳务报酬所得、稿酬所得、特许权使用费所得，费用按收入的 20% 填写。

第 10 列“免税收入”：填写纳税人各所得项目收入总额中，包含的税法规定的免税收入金额。其中，税法规定“稿酬所得的收入额减按 70% 计算”，对稿酬所得的收入额减计的 30% 部分，填入本列。

第 11 列“减除费用”：按税法规定的减除费用标准填写。如 2019 年纳税人取得工资、薪金所得按月申报时，填写 5 000 元。纳税人取得财产租赁所得，每次收入不超过 4 000 元的，填写 800 元；每次收入 4 000 元以上的，按收入的 20% 填写。

第 12—15 列“专项扣除”：分别填写按规定允许扣除的基本养老保险费、基本医疗保险费、失业保险费、住房公积金（以下简称“三险一金”）的金额。

第 16—21 列“其他扣除”：分别填写按规定允许扣除的项目金额。

⑧第 22—30 列“累计情况”：本栏适用于居民个人取得工资、薪金所得，保险营销员、证券经纪人取得佣金收入等按规定采取累计预扣法预扣预缴税款时填报。

第 22 列“累计收入额”：填写本纳税年度截至当前月份，扣缴义务人支付给纳税人的工资、薪金所得，或者支付给保险营销员、证券经纪人的劳务报酬所得的累计收入额。

第 23 列“累计减除费用”：按照 5 000 元/月乘以纳税人当年在本单位的任职受雇或者从业的月份数计算。

第 24 列“累计专项扣除”：填写本年度截至当前月份，按规定允许扣除的“三险一金”的累计金额。

第 25—29 列“累计专项附加扣除”：分别填写截至当前月份，纳税人按规定可享受的子女教育、赡养老人、住房贷款利息或者住房租金、继续教育扣除的累计金额。大病医疗扣除由纳税人在年度汇算清缴时办理，此处无须填报。

第 30 列“累计其他扣除”：填写本年度截至当前月份，按规定允许扣除的年金（包括企业年金、职业年金）、商业健康保险、税延养老保险及其他扣除项目的累计金额。

⑨第 31 列“减按计税比例”：填写按规定实行应纳税所得额减计税收优惠的减计比例。无减计规定的，可不填，系统默认为 100%。如某项税收政策实行减按 60% 计入应纳税所得额，则本列填 60%。

⑩第 32 列“准予扣除的捐赠额”：是指按照税法及相关法规、政策规定，可以在税前扣除的捐赠额。

⑪第 33—39 列“税款计算”：填写扣缴义务人当月扣缴个人所得税款的计算情况。

第 33 列“应纳税所得额”：根据相关列次计算填报。

居民个人取得工资、薪金所得，填写累计收入额减除累计减除费用、累计专项扣除、累计专项附加扣除、累计其他扣除后的余额。

非居民个人取得工资、薪金所得，填写收入额减去减除费用后的余额。

居民个人或者非居民个人取得劳务报酬所得、稿酬所得、特许权使用费所得，填写本月

（次）收入额减除其他扣除后的余额。

保险营销员、证券经纪人取得的佣金收入，填写累计收入额减除累计减除费用、累计其他扣除后的余额。

居民个人或者非居民个人取得利息、股息、红利所得和偶然所得，填写本月（次）收入额。

居民个人或者非居民个人取得财产租赁所得，填写本月（次）收入额减去减除费用、其他扣除后的余额。

居民个人或者非居民个人取得财产转让所得，填写本月（次）收入额减除财产原值、允许扣除的税费后的余额。

其中，适用“减按计税比例”的所得项目，其应纳税所得额按上述方法计算后乘以减按计税比例的金额填报。

按照税法及相关法规、政策规定，可以在税前扣除的捐赠额，可以按上述方法计算后从应纳税所得额中扣除。

第 34—35 列“税率/预扣率”“速算扣除数”：填写各所得项目按规定适用的税率（或预扣率）和速算扣除数。没有速算扣除数的，则不填。

第 36 列“应纳税额”：根据相关列次计算填报。第 36 列 = 第 33 列 × 第 34 列 − 第 35 列

第 37 列“减免税额”：填写符合税法规定可减免的税额，并附报《个人所得税减免税事项报告表》。居民个人工资、薪金所得，以及保险营销员、证券经纪人取得佣金收入，填写本年度累计减免税额；居民个人取得工资、薪金以外的所得或非居民个人取得各项所得，填写本月（次）减免税额。

第 38 列“已缴税额”：填写本年或本月（次）纳税人同一所得项目，已由扣缴义务人实际扣缴的税款金额。

第 39 列“应补/退税额”：根据相关列次计算填报。第 39 列 = 第 36 列 − 第 37 列 − 第 38 列。

4. 其他事项说明

以纸质方式报送本表的，应当一式两份，扣缴义务人、税务机关各留存一份。

## 2.7 自行申报

### 2.7.1 综合所得汇算清缴纳税申报

取得综合所得且符合下列情形之一的纳税人，应当依法办理汇算清缴：

（1）从两处以上取得综合所得，且综合所得年收入额减除专项扣除后的余额超过 6 万元；

（2）取得劳务报酬所得、稿酬所得、特许权使用费所得中一项或者多项所得，且综合所得年收入额减除专项扣除的余额超过 6 万元；

（3）纳税年度内预缴税额低于应纳税额；

（4）纳税人申请退税。

需要办理汇算清缴的纳税人，应当在取得所得的次年 3 月 1 日至 6 月 30 日内，向任职、受雇单位所在地主管税务机关办理纳税申报，并报送《个人所得税年度自行纳税申报表》。纳税人有两处以上任职、受雇单位的，选择向其中一处任职、受雇单位所在地主管税务机关办理纳税申报；纳税人没有任职、受雇单位的，向户籍所在地或经常居住地主管税务机关办理纳税申报。

纳税人办理综合所得汇算清缴，应当准备与收入、专项扣除、专项附加扣除、依法确定的其他扣除、捐赠、享受税收优惠等相关的资料，并按规定留存备查或报送。

纳税人取得综合所得办理汇算清缴的具体办法，另行公告。

### 2.7.2　取得经营所得的纳税申报

个体工商户业主、个人独资企业投资者、合伙企业个人合伙人、承包承租经营者个人以及其他从事生产、经营活动的个人取得经营所得，包括以下情形：

（1）个体工商户从事生产、经营活动取得的所得，个人独资企业投资人、合伙企业的个人合伙人来源于境内注册的个人独资企业、合伙企业生产、经营的所得；

（2）个人依法从事办学、医疗、咨询以及其他有偿服务活动取得的所得；

（3）个人对企业、事业单位承包经营、承租经营以及转包、转租取得的所得；

（4）个人从事其他生产、经营活动取得的所得。

纳税人取得经营所得，按年计算个人所得税，由纳税人在月度或季度终了后 15 日内，向经营管理所在地主管税务机关办理预缴纳税申报，并报送《个人所得税经营所得纳税申报表（A 表）》。在取得所得的次年 3 月 31 日前，向经营管理所在地主管税务机关办理汇算清缴，并报送《个人所得税经营所得纳税申报表（B 表）》；从两处以上取得经营所得的，选择向其中一处经营管理所在地主管税务机关办理年度汇总申报，并报送《个人所得税经营所得纳税申报表（C 表）》。

### 2.7.3　扣缴义务人未扣缴税款的纳税申报

纳税人取得应税所得，扣缴义务人未扣缴税款的，应当区别以下情形办理纳税申报：

（1）居民个人取得综合所得的，按照本公告第一条办理。

（2）非居民个人取得工资、薪金所得，劳务报酬所得，稿酬所得，特许权使用费所得的，应当在取得所得的次年 6 月 30 日前，向扣缴义务人所在地主管税务机关办理纳税申报，并报送《个人所得税自行纳税申报表（A 表）》。有两个以上扣缴义务人均未扣缴税款的，选择向其中一处扣缴义务人所在地主管税务机关办理纳税申报。

非居民个人在次年 6 月 30 日前离境（临时离境除外）的，应当在离境前办理纳税申报。

（3）纳税人取得利息、股息、红利所得，财产租赁所得，财产转让所得和偶然所得的，应当在取得所得的次年 6 月 30 日前，按相关规定向主管税务机关办理纳税申报，并报送《个人所得税自行纳税申报表（A 表）》。

税务机关通知限期缴纳的，纳税人应当按照期限缴纳税款。

### 2.7.4 取得境外所得的纳税申报

居民个人从中国境外取得所得的，应当在取得所得的次年3月1日至6月30日内，向中国境内任职、受雇单位所在地主管税务机关办理纳税申报；在中国境内没有任职、受雇单位的，向户籍所在地或中国境内经常居住地主管税务机关办理纳税申报；户籍所在地与中国境内经常居住地不一致的，选择向其中一地主管税务机关办理纳税申报；在中国境内没有户籍的，向中国境内经常居住地主管税务机关办理纳税申报。

纳税人取得境外所得办理纳税申报的具体规定，另行公告。

### 2.7.5 因移居境外注销中国户籍的纳税申报

纳税人因移居境外注销中国户籍的，应当在申请注销中国户籍前，向户籍所在地主管税务机关办理纳税申报，进行税款清算。

（1）纳税人在注销户籍年度取得综合所得的，应当在注销户籍前，办理当年综合所得的汇算清缴，并报送《个人所得税年度自行纳税申报表》。尚未办理上一年度综合所得汇算清缴的，应当在办理注销户籍纳税申报时一并办理。

（2）纳税人在注销户籍年度取得经营所得的，应当在注销户籍前，办理当年经营所得的汇算清缴，并报送《个人所得税经营所得纳税申报表（B表）》。从两处以上取得经营所得的，还应当一并报送《个人所得税经营所得纳税申报表（C表）》。尚未办理上一年度经营所得汇算清缴的，应当在办理注销户籍纳税申报时一并办理。

（3）纳税人在注销户籍当年取得利息、股息、红利所得，财产租赁所得，财产转让所得和偶然所得的，应当在注销户籍前，申报当年上述所得的完税情况，并报送《个人所得税自行纳税申报表（A表）》。

（4）纳税人有未缴或者少缴税款的，应当在注销户籍前，结清欠缴或未缴的税款。纳税人存在分期缴税且未缴纳完毕的，应当在注销户籍前，结清尚未缴纳的税款。

（5）纳税人办理注销户籍纳税申报时，需要办理专项附加扣除、依法确定的其他扣除的，应当向税务机关报送《个人所得税专项附加扣除信息表》《商业健康保险税前扣除情况明细表》《个人税收递延型商业养老保险税前扣除情况明细表》等。

### 2.7.6 非居民个人从两处以上取得工资、薪金所得的纳税申报

非居民个人在中国境内从两处以上取得工资、薪金所得的，应当在取得所得的次月15日内，向其中一处任职、受雇单位所在地主管税务机关办理纳税申报，并报送《个人所得税自行纳税申报表（A表）》。

# 2.8　法规沿革及风险关注要点

## 2.8.1　法规沿革

1. 个税重大改革历程

2018 年之前，中国个人所得税经历了 6 次重大改革（见图 2.1）。1980 年，第五届全国人民代表大会第三次会议通过并公布了《个人所得税法》，确定了每月 800 元的起征点与个税超额累进税率个税制度。自 1994 年起，我国实施的个人所得税法，建立起内外统一的个人所得税制度。2006 年第一轮个税改革落定，将起征点由 800 元调整至 1 600 元，而后分别于 2008 年、2011 年提升至 2 000 元、3 500 元，其中 2011 年的税改还对税率的级距和覆盖范围进行了调整。

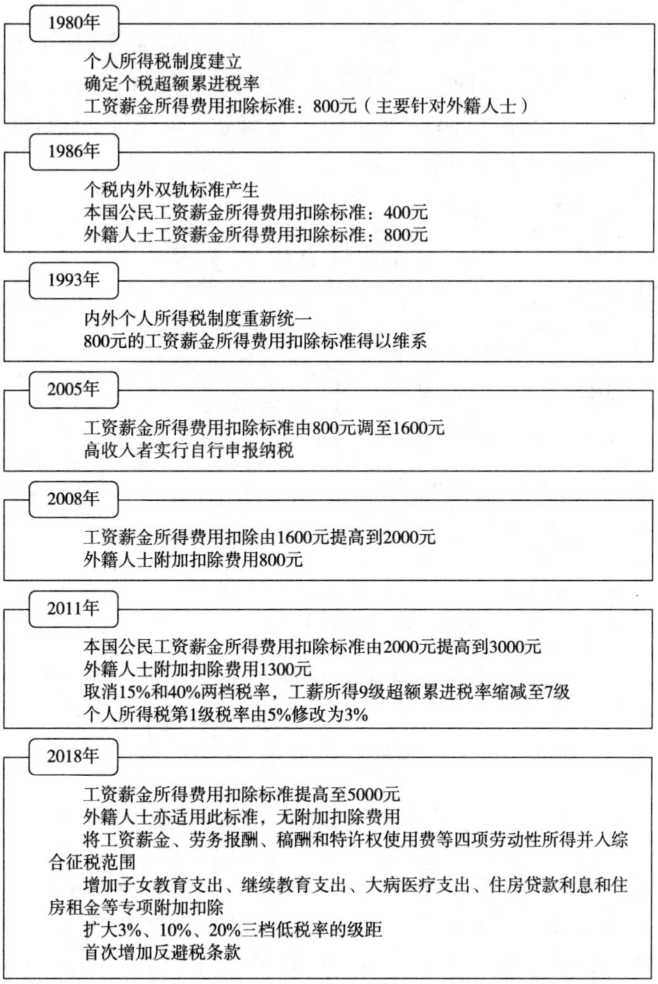


图 2.1　中国个人所得税的重大改革

回望我国个税改革历史，其促进了收入再分配，同时对消费也有一定影响。1980 年全国人民月平均工资仅为 64 元，远低于个税起征点，缴税大多为在华工作的外国人；2008 年调整至 2 000 元后，城镇居民人均每月工资为 841.58 元，工薪阶层纳税人数占全国职工人数比重下降至 30% 左右，但大部分职工的收入仍在免征额以下，上调免征额对可支配收入的增加及促进消费的作用不大。

2011 年首次调整税率结构，初始税率由 3% 调整至 5%，提高了低阶层的支配收入；其次，将层级由 9 级减少为 7 级，扩大了税率级距，既保障了中低收入群体，又使得不同纳税人的税负增减变化趋于平滑。然而，达到最高税率 45% 的群体很少，再分配效应相对较弱，对劳动者而言，减税占收入比重仍较小。总的来说，2011 年的个税改革在可支配收入的增长方面发挥了积极的作用，但对收入分配格局的改善仍然有限，考虑到住房、医疗、教育等被市场性消费取代，对消费刺激作用有所弱化。

2. 2018 个税改革红利启示

2018 年 8 月 31 日十三届全国人大常委会第五次会议启动了中国第 4 次重大个税改革，主要呈现 5 大特点（见表 2.7）。一是将个税起征点由 3 500 元/月调升至 5 000 元/月。二是减税呈现向中低收入倾斜的特征，优化调整税率结构，扩大 3%、10%、20% 三档低税率的级距，缩小 25% 税率的级距。三是将分类征收过渡为“小综合”所得征收，工资薪金、劳务报酬、稿酬和特许权使用费等四项劳动性所得首次实行综合征税，此项政策被认为是我国个税改革现代化进程的一大突破。四是增加了专项附加扣除项目，包括子女教育、继续教育、大病医疗、住房贷款利息或者住房租金、赡养老人等支出等，多管齐下减轻了中等收入纳税人的税收负担。五是增加反避税条款。

**表 2.7　　个人所得税综合征税改革变动**

<table>
<tr><th colspan="2">现行个人所得税法</th><th colspan="2">新个人所得税法</th></tr>
<tr><th>收入类别</th><th>适用税率</th><th>收入类别</th><th>适用税率</th></tr>
<tr><td>工资薪金</td><td>3% 到 45% 七级超额累进税率</td><td rowspan="4">合并为“综合所得”</td><td rowspan="4">3% 到 45% 七级超额累进税率，居民按年征收，非居民按月或次分项目征收</td></tr>
<tr><td>劳务报酬所得</td><td>20%，高收入加成征收</td></tr>
<tr><td>稿酬所得</td><td>20%，应纳税额减征 30%</td></tr>
<tr><td>特许权使用费所得</td><td>20%</td></tr>
</table>

个税的调整是一项重要的财政政策，对居民、企业均有着重大的影响。从居民角度而言，个税改革本身的确达到了税收减负的作用。总体来说，个税从提高起征点和增加专项扣除两个层面影响消费。假设居民小张每月工资扣除“三险一金”后为 10 000 元，另有劳务所得 3 000 元，稿费收入 10 000 元。在旧税制下需缴纳个税 3 545 元，而新税制下只需缴纳个税 2 190 元，少缴税 1 355 元，在考虑新税制增加的各项扣除后，有望能进一步降低个人税收负担（见图 2.2）。

进一步说，社保征管的改革使得实际到手工资有所减少（见图 2.3）。之前的社保体制下以最低工资基数缴纳社保，社保新规实行后以实际工资为基数缴纳社保，实际到手工资有所减少。以居民小张为例，每月工资为 10 000 元，其社保下限为 4 279 元，原社保体系下企业按照 4 279 元为基数缴纳社保 449 元，改革后按照实际工资 10 000 元缴纳社保 1 050 元，实际到手工资减少 601 元。

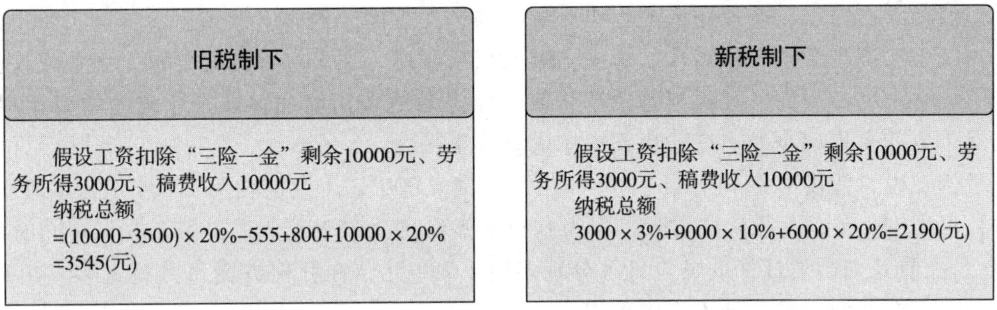


**图 2.2　居民小张所需缴纳个税在新旧税制下的变化**

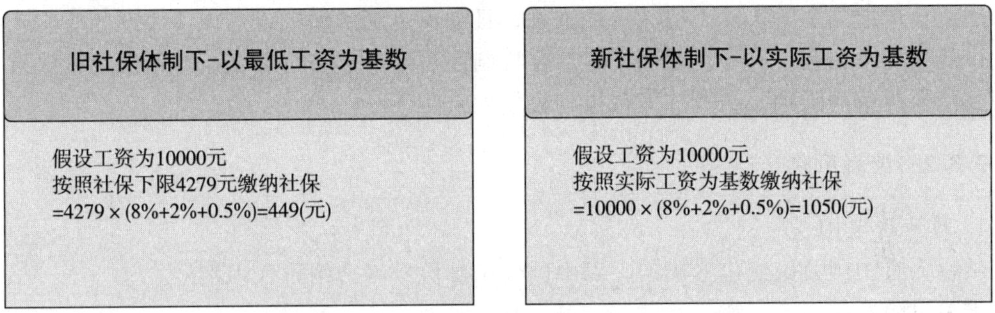


**图 2.3　居民小张所需缴纳社保在改革前后变化**

另外，起征点的提高扩大了免征范围。根据财政部、人力资源和社会保障部的估计，此次个税法案的调整将纳税人数从目前的 1.87 亿人下降至 6 400 万人。同时，纳税范围的调整也有利有弊。根据 2017 年《中国统计年鉴》数据，2016 年中国城镇就业人员为 4.14 亿人，也就是说其中 85% 的就业人口被剔除在外。在 3 500—5 000 元这一阶段的 1.18 亿人反而恰恰是最需要税收减负的人，这部分群体虽不用缴纳 45 元的税款（税率 3%），但也无法享受专项扣除，损失反而扩大。

个税改革对企业总体有利。首先，部分非公司制企业能享受到个税改革红利。举例来说（见图 2.4），假设公司制企业 A 与非公司制企业 B 营业收入均为 10 万元，个税税率为 35%，则 A 公司缴纳个税额为 2.25 万元，B 公司缴纳个税额为 3.5 万元，高于 A 公司。本次税改将 35% 税率级距下限从 10 万元调整至 50 万元，则原营业收入 10 万元企业的适用税率将有所下调，且非公司制企业所受影响较公司制企业大。

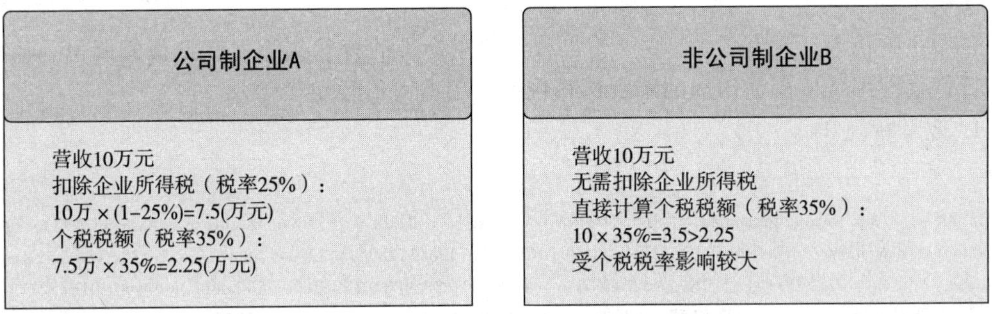


**图 2.4　个税对不同类型企业影响举例**

但值得一提的是，企业用人成本将大幅提高。一方面，经本次改革后部分员工所得未达起征点，无法满足缴纳个税需求，考虑到某些城市买房、买车存在纳税要求，企业或许会增加用工成本。另一方面，社保征管改革后使得社保缴纳费用增加，即企业代缴的费用提高，尤其对于劳动密集型企业而言，用人成本大幅度上扬。

举例来说，假设 C 公司有员工 60 名，月工资 6 000 元。此前仅为 20 名员工办理社保，缴纳社保 1 046 元，改革后按实际工资为基数则需缴纳 1 782 元，多出了 736 元；同时加上为 40 名此前并未缴纳社保的员工每月分别多缴 1 782 元，在社保方面每月将近多支出近 10 万元，对于企业而言是一笔不小的负担。

总体上看，本次个税改革对个人而言起到了一定减轻税负的作用，但结合新改革的社保征管制度会造成到手的实际工资减少的结果，且纳税范围的缩减也造成了大部分低收入群体无法享受到税改福利。对于企业而言，新个税制度对部分非公司制企业有正面减负效果，但考虑到社保改革的影响，企业综合负担将可能加重。①

### 2.8.2 涉税风险

1. 政策新规 01

纳税人有中国公民身份号码的，以中国公民身份号码为纳税人识别号。

涉税风险：

如果某些单位，还想用多制人员工资表来增加企业成本，已经没有机会了，因为只要你一制表（当然，2019 年后你也不敢制，要交社保），对方就会知道。

2. 政策新规 02

居民个人的综合所得（工资薪金所得、劳务报酬所得、稿酬所得、特许权使用费所得），以每一纳税年度的收入额减除费用 6 万元以及专项扣除、专项附加扣除和依法确定的其他扣除后的余额，为应纳税所得额。

涉税风险：

该项政策会让老师（既有工资收入又有课外培训劳务收入）、明星（既有工资收入又有个人形象广告收入）等取得综合收入的人员的个人所得税税负增加。

3. 政策新规 03

非居民个人的工资、薪金所得，以每月收入额减除费用 5 000 元后的余额为应纳税所得额；劳务报酬所得、稿酬所得、特许权使用费所得，以每次收入额为应纳税所得额。

涉税风险：

非居民纳税人，没有了 1 300 元附加减除费用标准的特殊扣除。劳务报酬所得、稿酬所得、特许权使用费所得适用新的综合所得税率，很有可能税负会增加。

4. 政策新规 04

---

① https：//mp. weixin. qq. com/s? _ biz = MzlwNjlyNTg4Ng = = &mid = 2653606518&idx = 1&sn = 4830942ee7993053fe3137ddb48df8da&chksm = 8cfa9ac7bb8d13d174410504d42d44537123011cb3c98622ca457d6821aadb3e230cf15dd572&mpshare = 1&scene = 1&srcid = 02259RvL8eX5c2KwjWaif5FX&key = a0f39a31fd28540820173c4e00af5bfb04bb2f6d9800cf016d52773e54f8d16d05cdd52a09d1545badf5a7195cd90ce0b795edc531d8eff4c3b871245f1670c6c9765edac4a202798d6cbbb7e2a3b8db&ascene = 1&uin = MTg1Nzc4NTEyNQ%3D%3D&devicetype = Windows + 10&version = 62060728&lang = zh_CN&pass_ticket = %2FGlsSd9u1j8c5khsclWUAwOyW4cyCfsHjsKenT7lGvtJCsW0aEyYlzHlklWhrw57。

居民个人从中国境内和境外取得的所得，依照（2018 年版）《个人所得税法》规定缴纳个人所得税。

涉税风险：

CRS 的出台，让很多高净值人员的境外收入浮出水面，从境外取得所得也需要缴纳个人所得税，将由“理论变为现实”。

5. 政策新规 05

个人与其关联方之间的业务往来不符合独立交易原则而减少本人或者其关联方应纳税额，且无正当理由，税务机关有权按照合理方法进行纳税调整。

涉税风险：

个人老板借款给自己的企业使用，不收取利息的，将来很有可能会被税务机关进行反避税调整，需要补缴 20% 的利息个人所得税。

6. 政策新规 06

个人实施其他不具有合理商业目的的安排而获取不当税收利益。

涉税风险：

很多明星喜欢在税收洼地（如霍尔果斯、无锡等）注册工作室，享受了税收优惠，很有可能会被税务部门进行反避税调整。

7. 政策新规 07

居民个人取得综合所得，按年计算个人所得税；有扣缴义务人的，由扣缴义务人按月或者按次预扣预缴税款；需要办理汇算清缴的，应当在取得所得的次年 3 月 1 日至 6 月 30 日内办理汇算清缴。预扣预缴办法由国务院税务主管部门制定。

涉税风险：

工资在月度间均衡发放进行纳税筹划，已经失去了意义。全年一次性奖金如何纳税有待关注，个人所得税汇算清缴将进一步创造就业机会。

8. 政策新规 08

扣缴义务人应当按照国家规定办理全员全额扣缴申报，并向纳税人提供其个人所得和已扣缴税款等信息。

涉税风险：

新个人所得税法实施后，企业很有可能需要向员工（或其他个人）出具个人所得税完税证明，将进一步规范纳税行为。

9. 政策新规 09

专项附加扣除，包括子女教育、继续教育、大病医疗、住房贷款利息或者住房租金、赡养老人等支出，具体范围、标准和实施步骤由国务院确定，并报全国人民代表大会常务委员会备案。

涉税风险：

专项附加的扣除，很有可能需要提供正规有效的凭证，将进一步规范与梳理个人消费市场管理，同时也有可能会增加个人消费市场的支出。

对于单身一族而言，由于没有办法享受到子女教育等相应支出的扣除，变相的产生了“单身税”。①

---

① https://www.abc12366.com/news/csdt/4d4a4c0d5dee452d9ade507a90ac3aa6.html。

# 第3章　综合所得申报实务及风险防范

## 3.1　工资薪金所得

根据《个人所得税法实施条例》规定："应纳税所得额的计算：

（一）居民个人的综合所得，以每一纳税年度的收入额减除费用六万元以及专项扣除、专项附加扣除和依法确定的其他扣除后的余额，为应纳税所得额。"

根据税法的规定，2018 年 12 月 31 日之前居民个人取得的工资薪金所得、自 2019 年 1 月 1 日起非居民个人取得的工资薪金所得，其应纳税额计算公式为"工资、薪金所得应纳税额 = 月应纳税所得额 × 适用税率 – 速算扣除数"。因而，为正确计算应纳税额，首先应准确确定应纳税所得额。

### 3.1.1　应纳税所得额

在 2018 年 12 月 31 日以前，工资、薪金所得实行按月计征的办法，以每月收入额减除费用扣除标准（自 2011 年 9 月 1 日起至 2018 年 9 月 30 日止为 3 500 元/月，自 2018 年 10 月 1 日起至 2018 年 12 月 31 日止为 5 000 元/月）后的余额，为应纳税所得额。根据《国家税务总局关于印发〈个人所得税全员全额扣缴申报管理暂行办法〉的通知》（国税发〔2005〕205 号）和《财政部 国家税务总局保监会关于将商业健康保险个人所得税试点政策推广到全国范围实施的通知》（财税〔2017〕39 号）等的规定，工资、薪金所得应纳税所得额的计算公式为：

应纳税所得额 = 收入额 – 免税收入额 – 费用扣除标准 – 准予扣除的捐赠额 – 符合条件的商业健康保险支出等

这里公式中的"免税收入额"指按照国家规定，单位为个人缴付和个人缴付的基本养老保险费、基本医疗保险费、失业保险费、住房公积金，按照国务院规定发给的政府特殊津贴、院士津贴、资深院士津贴和其他经国务院批准免税的补贴、津贴等按照国家有关政策规定免于纳税的所得。

### 3.1.2　不含税收入换算

实践中，有些雇主常为雇员负担全部或部分税款，在这种情况，不能以纳税人实际取得的收入直接乘以适用税率，计算应纳税额，否则就会缩小税基，降低适用税率。正确的方法是，将纳税人的不含税收入换算为应纳税所得额，然后再计算应纳税额，根据雇主负担税额的多少，分为如下几种情况：

1. 雇主为雇员负担全部税款

根据《征收个人所得税若干问题的规定》第十四条的规定，单位或个人为纳税义务人负担个人所得税税款，应将纳税义务人取得的不含税收入换算为应纳税所得额，计算征收个人所得税。计算公式如下：

应纳税所得额 =（不含税收入额 - 费用扣除标准 - 速算扣除数）÷（1 - 税率）

应纳税额 = 应纳税所得额 × 适用税率 - 速算扣除数

"应纳税所得额"计算公式中的税率，是指不含税所得按不含税级距对应的税率："应纳税额"计算公式中的税率，是指应纳税所得额按含税级距对应的税率。

《国家税务总局关于雇主为其雇员负担个人所得税税款计征问题的通知》（国税发〔1996〕199 号）进一步明确：对于雇主全额为其雇员负担税款的，直接按上述国税发〔1994〕89 号文件中规定的公式，将雇员取得的不含税收入换算成应纳税所得额后，计算企业应代为缴纳的个人所得税税款。

2. 雇主为雇员定额负担部分税款

根据国税发〔1996〕199 号文件的规定，雇主为雇员定额负担部分税款的，应将雇员取得的工资、薪金所得换算成应纳税所得额后，计算单位应当代扣代缴个人所得税。计算公式为：

应纳税所得额 = 雇员取得的工资 + 雇主雇员代雇员负担的税款 - 费用扣除标准

应纳税额 = 应纳税所得额 × 适用税率 - 速算扣除数

3. 雇主为雇员定率负担部分税款

雇主为雇员定率负担部分税款，是指雇主为雇员负担一定比例的工资应纳的税款或负担一定比例的实际应纳税款。此类情况，计算公式为：

应纳税所得额 =（未含雇主负担的税款的收入额 - 费用扣除标准 - 速算扣除数 × 负担比例）÷（1 - 税率 × 负担比例）

应纳税额 = 应纳税所得额 × 适用税率 - 速算扣除数

即应将国税发〔1994〕89 号文件规定的、雇主为雇员负担全额税款的、不含税收入额计算应纳税所得额的公式中"不含税收入额"替换为"未含雇主负担的税款收入额"，同时将速算扣除数和税率两项分别乘以上述负担比例，按此调整后的公式，以其未含雇主负担税款的收入额换算成应纳税所得额，并计算应纳税额。

4. 雇主为雇员负担超过原居住国的税款

有些外商投资企业和外国企业在华的机构场所，为其受派到中国境内工作的雇员负担超过原居住国的税款。例如，雇员在华应纳税额中相当于按其在原居住国税法计算的应纳税额部分（以下称原居住国税额），仍由雇员负担并由雇主在支付雇员工资时从中扣除，代为缴纳；若按中国税法计算的税款超过雇员原居住国税额，则超过部分由其雇主负担。对此类情况，根据国税发〔1996〕199 号文件的规定，应按下列原则处理：

将雇员取得的不含税工资（即扣除了原居住国税额的工资），按公式"应纳税所得额 =（不含税收入额 - 费用扣除标准 - 速算扣除数）÷（1 - 税率）"换算成应纳税所得额，计算征收个人所得税：如果计算出的应纳税所得额小于按该雇员的实际工资、薪金收入（即未扣除原居住国税额的工资）计算的应纳税所得额的，应按其雇员的实际工资、薪金收入计算征收个人所得税。

5. 雇主负担税款的简便算法

由于“不含税收入（或支付金额）+雇主负担的税额=含税收入”，“应纳税所得额（含税）=含税收入-费用扣除标准”，因此，任何不含税收入均可换算成含税收入，通过列方程来计算。

### 3.1.3　全年一次性奖金

全年一次性奖金是指行政机关、企事业单位等扣缴义务人根据其全年经济效益和对雇员全年工作业绩的综合考核情况，向雇员发放的一次性奖金，包括年终加薪、实行年薪制和绩效工资办法的单位根据考核情况兑现的年薪和绩效工资。

1. 全年一次性奖金的处理

根据《国家税务总局关于调整个人取得全年一次性奖金等计算征收个人所得税方法问题的通知》（国税发〔2005〕9号）第二条的规定，自2005年1月1日起至2018年12月31日止，纳税人取得全年一次性奖金，单独作为一个月工资、薪金所得计算纳税，并按以下计税办法，由扣缴义务人在发放时代扣代缴。

（1）先将雇员当月内取得的全年一次性奖金，除以12个月，按其商数确定适用税率和速算扣除数，如果在发放年终一次性奖金的当月，雇员当月工资、薪金所得低于税法规定的费用扣除额，应将全年一次性奖金减除“雇员当月工资、薪金所得与费用扣除额的差额”后的余额。按上述办法确定全年一次性奖金的适用税率和速算扣除数。

（2）将雇员个人当月取得的全年一次性奖金，按上述办法确定的适用税率和速算扣除数计算征税。

雇员当月工资、薪金所得高于（或等于）税法规定的费用扣除额的，计算公式为：

应纳税额=雇员当月取得全年一次性奖金×适用税率-速算扣除数

在此种情况下，当月工资与全年一次性奖金，分开分别计算纳税。

2. 优惠计税方法的适用范围

全年一次性奖金计税办法除适用于年终加薪外，还适用于实行年薪制和绩效工资的单位，个人取得年终兑现的年薪和绩效工资。

在一个纳税年度内，对每个纳税人，该计税办法只允许采用一次。

雇员取得除全年一次性奖金以外的其他各种名目的奖金：如半年奖、季度奖、加班奖、先进奖、考勤奖等，一律与当月工资、薪金收入合并，按税法规定缴纳个人所得税。这里还需要关注如下几个问题：

（1）无住所个人取得奖金的征税问题。无住所个人取得除全年一次性奖金以外的其他各种名目的奖金，如半年奖、季度奖、加班奖、先进奖、考勤奖等，如果该个人当年在我国境内没有纳税义务，或者该个人由于出入境原因导致当年在我国工作时间不满一个月的，仍按照《国家税务总局关于在中国境内无住所的个人取得奖金征税问题的通知》（国税发〔1996〕183号）规定计算纳税。即对上述个人取得的奖金，可单独作为一个月的工资、薪金所得计算纳税。由于对每月的工资、薪金所得计税时已按月扣除了费用，因此，对上述奖金不再减除费用，全额作为应纳税所得额直接按适用税率计算应纳税款，并且不再按居住天数进行划分计算。上述个人应在取得奖金月份的次月 15 日内申报纳税。

（2）年薪制征税问题。在建立现代企业制度的过程中，一些地方和企业对企业经营者试行年薪制，即企业经营者平时按规定领取基本收入，年度结束后根据其经营业绩的考核结果再确定其效益收入。对于企业经营者试行年薪制后计征个人所得税办法，自 1996 年 1 月 1 日起至 2004 年 12 月 31 日止，根据《国家税务总局关于企业经营者试行年薪制后如何计征个人所得税的通知》（国税发〔1996〕107 号）的规定，对试行年薪制的企业经营者取得的工资、薪金所得应纳的税款，可以实行按年计算，分月预缴的方式计征，即企业经营者按月领取的基本收入，应在减除税法规定的减除费用后，按适用税率计算应纳税款并预缴，年度终了领取效益收入后，合计其全年基本收入和效益收入，再按 12 个月平均计算实际应纳的税款。用公式表示为：

应纳税额 =［（全年基本收入和效益收入 ÷ 12 － 费用扣除标准）× 税率 － 速算扣除数］× 12

自 2005 年 1 月 1 日起，实行年薪制的按国税发〔2005〕9 号文件规定的全年一次性奖金办法计税。

（3）央企负责人年度绩效薪金延期兑现收入和任期奖励。

①新税制实施前的处理。为建立中央企业负责人薪酬激励与约束机制，根据《中央企业负责人经营业绩考核暂行办法》《中央企业负责人薪酬管理暂行办法》规定，国务院资产管理委员会对中央企业负责人的薪酬发放采取按年度经营业绩和任期经营业绩考核的方式，具体办法是，中央企业负责人薪酬由基薪、绩效薪金和任期奖励构成，其中基薪和绩效薪金的 60% 在当年度发放，绩效薪金的 40% 和任期奖励于任期结束后发放。根据《国家税务总局关于中央企业负责人年度绩效薪金延期兑现收入和任期奖励征收个人所得税问题的通知》（国税发〔2007〕18 号）第一条的规定，中央企业负责人任期结束后取得的绩效薪金 40% 部分和任期奖励，按照国税发〔2005〕9 号文件第二条规定的方法，合并计算缴纳个人所得税。

根据《中央企业负责人经营业绩考核暂行办法》等规定，国税发〔2007〕118 号文件后附的《国资委管理的中央企业名单》中的下列人员，适用该文件第一条规定，其他人员不得比照执行：

第一，国有独资企业和未设董事会的国有独资公司的总经理（总裁）、副总经理（副总裁）、总会计师；

第二，设董事会的国有独资公司（国资委确定的董事会试点企业除外）的董事长、副董事长、董事、总经理（总裁）、副总经理（副总裁）、总会计师；

第三，国有控股公司国有股权代表出任的董事长、副董事长、董事、总经理（总裁），列入国资委党委管理的副总经理（副总裁）、总会计师；

第四，国有独资企业、国有独资公司和国有控股公司党委（党组）书记、副书记、常委（党组成员）、纪委书记（纪检组长）。

②新税制实施后的处理。根据《财政部 税务总局关于个人所得税法修改后有关优惠政策衔接问题的通知》（财税〔2018〕164 号）第一条的规定，中央企业负责人取得年度绩效薪金延期兑现收入和任期奖励，符合《国家税务总局关于中央企业负责人年度绩效薪金

延期兑现收入和任期奖励征收个人所得税问题的通知》（国税发〔2007〕118 号）规定的，在 2021 年 12 月 31 日前，参照财税〔2018〕164 号文件第一条第（一）项的下列规定执行；2022 年 1 月 1 日之后的政策另行明确。即：在 2021 年 12 月 31 日前，不并入当年综合所得，以取得的年度绩效薪金延期兑现收入和任期奖励除以 12 个月得到的数额，按照按月换算后的综合所得税率表（以下简称月度税率表），确定适用税率和速算扣除数，单独计算纳税。计算公式为：

应纳税额 = 年度绩效薪金延期兑现收入和任期奖励 × 适用税率 - 速算扣除数

居民个人取得年度绩效薪金延期兑现收入和任期奖励，也可以选择并入当年综合所得计算纳税。

3. 不含税全年一次性奖金的处理

（1）为雇员负担全额税款的处理。《国家税务总局关于纳税人取得不含税全年一次性奖金收入计征个人所得税问题的批复》（国税函〔2005〕715 号）明确，根据《征收个人所得税若干问题的规定》第十四条的规定，不含税全年一次性奖金换算为含税奖金计征个人所得税的具体方法如下：

不含税全年一次性奖金换算为含税奖金计征个人所得税的具体方法为：

①按照不含税的全年一次性奖金收入除以 12 的商数，查找相应适用税率 a 和速算扣除数：

含税的全年一次性奖金收入 =（不含税的全年一次性奖金收入 - 速算扣除数）÷（1 - 适用税率 a）

②按含税的全年一次性奖金收入除以 12 的商数，重新查找适用税率 b 和速算扣除数：

应纳税额 = 含税的全年一次性奖金收入 × 适用税率 b - 速算扣除数

（2）为雇员承担全年一次性奖金部分税款的处理。为公平税负、规范管理，《国家税务总局关于雇主为雇员承担全年一次性奖金部分税款有关个人所得税计算方法问题的公告》（国家税务总局公告 2001 年第 28 号）对雇员取得全年一次性奖金并由雇主负担部分税款有关个人所得税计算方法做出规定，自 2011 年 5 月 1 日起施行。

①雇主为雇员负担全年一次性奖金部分个人所得税税款，属于雇员又额外增加了收入，应将雇主负担的这部分税款并入雇员的全年一次性奖金，换算为应纳税所得额后，按照规定方法计征个人所得税。

②将不含税全年一次性奖金换算为应纳税所得额的计算方法如下：

雇主为雇员定额负担税款的计算公式为：

应纳税所得额 = 雇员取得的全年一次性奖金 + 雇主为雇员定额负担的税款 - 当月工资、薪金低于费用扣除标准的差额

雇主为雇员按一定比例负担税款的计算：

第一步，查找不含税全年一次性奖金的适用税率和速算扣除数：未含雇主负担税款的全年一次性奖金收入除以 12，根据其商数找出不含税级距对应的适用税率 a 和速算扣除数。

这与国税函〔2005〕715 号文件规定的雇主为雇员负担全部税款的计算公式略有不同。这里，国家税务总局公告 2011 年第 28 号规定的查找税率 a 的公式中没有考虑当月工资低于费用扣除标准的差额。

第二步，计算含税全年一次性奖金：

应纳税所得额 =（未含雇主负担税款的全年一次性奖金收入 - 当月工资、薪金低于费用扣除标准的差额 - 不含税级距的速算扣除数 × 雇主负担比例）÷（1 - 不含税级距的适用税率 a × 雇主负担比例）

③对上述应纳税所得额，扣缴义务人应按照国税发〔2005〕9 号文件规定的方法计算应扣缴税款。即，将应纳税所得额除以 12，根据其商数找出对应的适用税率 b 和速算扣除数，据以计算税款。计算公式为：

应纳税额 = 应纳税所得额 × 适用税率 b - 速算扣除数

实际缴纳税额 = 应纳税额 - 雇主为雇员负担的税额

此外，国家税务总局公告 2011 年第 28 号文件还规定，雇主为雇员负担的个人所得税款应属于个人工资、薪金的一部分。凡单独作为企业管理费列支的，在计算企业所得税时不得税前扣除。这与国税函〔2005〕715 号文件的表述不同。国税函〔2005〕715 号文件规定，根据现行企业所得税法和个人所得税法的规定，企业所得税的纳税人个人独资和合伙企业、个体工商户为个人支付的个人所得税款，不得在所得税税前扣除。

4. 全年一次性奖金的纳税筹划

全年一次性奖金优惠计税方法可以有效降低年终奖个人所得税，但与此同时，由于超额累进税率税收临界点的存在，也可能造成增加 1 元收入多缴 2 000 多元，甚至十几万元个人所得税的不合理现象。为有效化解这种不合理的税负增加，可以利用税收盲区进行税收筹划（见表 3.1）。

**表 3.1　　年终奖税收盲区**　　单位：元

| 级数 | 税级 | 税率（%） | 速算扣除数 | 年终奖盲区 | 无效收入额 |
|---|---|---|---|---|---|
| 1 | 不超过 3 000 元的 | 3 | 0 | | |
| 2 | 超过 3 000 元至 12 000 元的部分 | 10 | 210 | 36 000—38 567 | 2 567 |
| 3 | 超过 12 000 元至 25 000 元的部分 | 20 | 1 410 | 14 400—160 500 | 16 500 |
| 4 | 超过 25 000 元至 35 000 元的部分 | 25 | 2 660 | 300 000—318 333 | 18 333 |
| 5 | 超过 35 000 元至 55 000 元的部分 | 30 | 4 410 | 420 000—447 500 | 27 500 |
| 6 | 超过 55 000 元至 80 000 元的部分 | 35 | 7 160 | 660 000—706 538 | 46 538 |
| 7 | 超过 80 000 元的部分 | 45 | 15 160 | 960 000—1 120 000 | 160 000 |

5. 税制改革后年终奖的衔接处理

根据财税〔2018〕164 号文件第一条的规定，居民个人取得全年一次性奖金，符合国税发〔2005〕9 号文件规定的，在 2021 年 12 月 31 日前，不并入当年综合所得，以全年一次性奖金收入除以 12 个月得到的数额，按照该文件所附按月换算后的综合所得税率表（以下简称月度税率表），确定适用税率和速算扣除数，单独计算纳税，计算公式为：

应纳税额 = 全年一次性奖金收入 × 适用税率 - 速算扣除数

居民个人取得全年一次性奖金，也可以选择并入当年综合所得计算纳税。

自 2022 年 1 月 1 日起，居民个人取得全年一次性奖金，应并入当年综合所得计算缴纳个人所得税。

［**例 3.1**］甲公司员工小张，月工资 5 000 元，不计算“三险一金”，子女教育费专项附加扣除 1 000 元/月，赡养老人专项附加扣除 2 000 元/月，住房贷款利息专项附加扣除 1 000

元/月，也就是说每月有 4 000 元专项附加扣除。

假设 2019 年 1 月单位将发放一次性年终奖 2 万元。公司按照全年一次性奖金有关政策全额代扣代缴个人所得税。如果不并入当年综合所得计算纳税，而是单独计税，公式为：

应纳税额 = 全年一次性奖金收入 × 适用税率 - 速算扣除数

先确定税率及速算扣除数：20 000 ÷ 12 = 1 666.7（元）

根据按月换算税率表（见表 3.2），适用税率为 3%，速算扣除数为 0。

**表 3.2　　换算税率表**　　单位：元

| 级数 | 应纳税所得额 | 税率（%） | 速算扣除数 |
|---|---|---|---|
| 1 | 不超过 3 000 元的 | 3 | 0 |
| 2 | 超过 3 000 元至 12 000 元的部分 | 10 | 210 |
| 3 | 超过 12 000 元至 25 000 元的部分 | 20 | 1 410 |
| 4 | 超过 25 000 元至 35 000 元的部分 | 25 | 2 660 |
| 5 | 超过 35 000 元至 55 000 元的部分 | 30 | 4 410 |
| 6 | 超过 55 000 元至 80 000 元的部分 | 35 | 7 160 |
| 7 | 超过 80 000 元的部分 | 45 | 15 160 |

小张应纳税额为：应纳税额 = 全年一次性奖金收入 × 适用税率 - 速算扣除数

= 20 000 × 3% - 0 = 600（元）

也就是说小张取得这笔 20 000 元的奖金收入需要缴纳 600 元的个人所得税。

如果并入当年综合所得计算纳税，先确定应纳税所得额。居民个人的综合所得（包括年终奖）减除费用 60 000 元以及专项附加扣除的余额，为应纳税所得额。小张每月 4 000 元的专项附加扣除，一年下来乘以 12 是专项附加扣除总额。

小张的应纳税所得额 = 5 000 × 12 + 20 000 - 60 000 - 4 000 × 12 = -28 000（元）

小张当年奖金不需要缴纳个税。

如果小张 2019 年 1 月单位将发放一次性年终奖 4 万元。同样用两种方式来算。

如果不并入当年综合所得计算纳税，先确定税率及速算扣除数：

40 000 ÷ 12 = 3 333.33（元）

适用税率为 10%，速算扣除数为 210。

小张应纳税额 = 全年一次性奖金收入 × 适用税率 - 速算扣除数

= 40 000 × 10% - 210 = 3 790（元）

如果并入当年综合所得计算纳税，则：

应纳税所得额 = 5 000 × 12 + 40 000 - 60 000 - 4 000 × 12 = -8 000（元）

小张当年奖金不需要缴纳个税。

**［例 3.2］** 上述［例 3.1］的条件不变，小张 2019 年 1 月单位将发放一次性年终奖 10 万元。

不并入当年综合所得计算纳税的话，先确定税率及速算扣除数：

100 000 ÷ 12 = 8 333（元）

根据表格可知适用税率为 10%，速算扣除数为 210。

小张应纳税额 = 全年一次性奖金收入 × 适用税率 - 速算扣除数

$= 100\ 000 \times 10\% - 210 = 9\ 790$（元）

如果并入当年综合所得计算纳税，则：

应纳税所得额 $= 5\ 000 \times 12 + 100\ 000 - 60\ 000 - 4\ 000 \times 12 = 52\ 000$（元）

应纳税所得额为 52 000 元，适用税率为 30%，速算扣除数为 4 410 元。

应纳税额 = 应纳税所得额 × 适用税率 - 速算扣除数

$= 52\ 000 \times 30\% - 4\ 410 = 11\ 190$（元）

并入计税的话，要多缴 1 400 元的税。

国家税务总局对此指出：对部分中低收入者而言，如将全年一次性奖金并入当年工资薪金所得，扣除基本减除费用、专项扣除、专项附加扣除等后，可能根本无需缴税或者缴纳很少税款。而如果将全年一次性奖金采取单独计税方式，反而会产生应纳税款或者增加税负。同时，如单独适用全年一次性奖金政策，可能在税率换档时出现税负突然增加的“临界点”现象。因此，国税发〔2005〕9 号文件专门规定，居民个人取得全年一次性奖金的，可以自行选择计税方式。

纳税人在选择计税方式前，最好先理清自己全年能享受到多少扣除额，可以根据自己的收入情况和各项扣除变动情况，测算一下哪种计税方式更划算。

### 3.1.4　单位低价向职工售房

1. 税制改革前的处理

《财政部　国家税务总局关于单位低价向职工售房有关个人所得税问题的通知》（财税〔2007〕13 号）明确，根据住房制度改革政策的有关规定，国家机关、企事业单位及其他组织（以下简称单位）在住房制度改革期间，按照所在地县级以上人民政府规定的房改成本价格向职工出售公有住房，职工因支付的房改成本价格低于房屋建造成本价格或市场价格而取得的差价收益，免征个人所得税。

除上述规定情形外，根据《中华人民共和国个人所得税法》及其实施条例的有关规定，单位按低于购置或建造成本价格出售住房给职工，职工因此而少支出的差价部分，属于个人所得税应税所得，应按照“工资、薪金所得”项目缴纳个人所得税。差价部分，是指职工实际支付的购房价款低于该房屋的购置或建造成本价格的差额。

对职工取得的上述应税所得，比照国税发〔2005〕9 号文件规定的全年一次性奖金的征税办法，计算征收个人所得税，即先将全部所得数额除以 12，按其商数并根据规定的税率表确定适用的税率和速算扣除数，再根据全部所得数额、适用的税率和速算扣除数，按照税法规定计算征税。

需要说明的是，单位低价向职工售房职工取得的收入采用全年一次性奖金优惠计税方法的，不影响其他全年一次性奖金算法，也就是说，该纳税人本纳税年度内取得的一次性奖金收入还可用全年一次性奖金优惠计算方法。

2. 新税制实施后的处理

根据财税〔2018〕164 号文件第六条的规定，自 2019 年 1 月 1 日起，单位按低于购置或建造成本价格出售住房给职工，职工因此而少支出的差价部分，符合财税〔2007〕13 号文件第二条规定的，不并入当年综合所得，以差价收入除以 12 个月得到的数额，按照月度税率表确定适用税率和速算扣除数，单独计算纳税。计算公式为：

应纳税额 = 职工实际支付的购房价款低于该房屋的构筑或建造成本价格的差额 × 适用税率 − 速算扣除数

### 3.1.5 其他应计入工资薪金所得项目

1. 内部退养的一次性收入

（1）新税制实施前的处理。在 2018 年 12 月 31 日之前，根据《国家税务总局关于个人所得税有关政策问题的通知》（国税发〔1999〕58 号）的规定，企业减员增效和行政、事业单位、社会团体在机构改革过程中实行内部退养办法，实行内部退养的个人在其办理内部退养手续后至法定离退休年龄之间从原任职单位取得的工资、薪金，不属于离退休工资，应按工资、薪金所得项目计征个人所得税。

个人在办理内部退养手续后从原任职单位取得的一次性收入，应按办理内部退养手续后至法定离退休年龄之间的所属月份进行平均，并与领取当月的工资、新金所得合并后减除当月费用扣除标准，以余额为基数确定适用税率，再将当月工资、薪金加上取得的一次性收入，减去费用扣除标准，按适用税率计征个人所得税。

个人在办理内部退养手续后至法定离退休年龄之间重新就业取得的工资、薪金所得，应与其从原任职单位取得的同一月份的工资、薪金所得合并，并依法自行向主管税务机关申报缴纳个人所得税。

（2）新税制实施后的处理。自 2019 年 1 月 1 日起，根据财税〔2018〕164 号文件第五条的规定，个人办理内部退养手续而取得的一次性补贴收入，按照国税发〔1999〕58 号文件规定计算纳税。

2. 提前退休取得的补贴收入

（1）税制改革前的处理。在 2018 年 12 月 31 日之前内部退养取得的收入与提前退休取得的补贴收入的税务处理不同。根据《国家税务总局关于个人提前退休取得补贴收入个人所得税问题的通知》（国家税务总局公告 2011 年第 6 号）的规定，机关、企事业单位对未达到法定退休年龄，正式办理提前退休手续的个人，按照统一标准向提前退休工作人员支付一次性补贴，不属于免税的离退休工资收入，按照“工资、新金所得”项目征收个人所得税，自 2011 年 1 月 1 日起，个人因办理提前退休手续而取得的一次性补贴收入，应按照办理提前退休手续至法定退休年龄之间所属月份平均分摊计算个人所得税。计税公式为：

应纳税额 =［（一次性补贴收入 ÷ 办理提前退休手续至法定退休年龄的实际月份数 − 费用扣除标准）× 适用税率 − 速算扣除数］× 提前办理退休手续至按法定退休年龄的实际月份数

（2）税制改革后的处理。自 2019 年 1 月日起，根据财税〔2018〕164 号文件第五条的规定，个人办理提前退休手续而取得的一次性补贴收入，应按照办理提前退休手续至法定离退休年龄之间实际年度数平均分摊，确定适用税率和速算扣除数，单独适用综合所得税率表，计算缴纳个人所得税。计算公式为：

应纳税额 =［（一次性补贴收入 ÷ 办理提前退休手续至法定退休年龄的实际年度数 − 费用扣除标准）× 适用税率 − 速算扣除数］× 提前办理退休手续至按法定退休年龄的实际月份数

3. 特定行业职工工资、薪金所得

在 2018 年 12 月 31 日之前，根据 2011 年版《个人所得税法》第九条第二款的规定，工资、薪金所得应纳的税款，按月计征，由扣缴义务人或者纳税义务人在次月 15 日内缴入国库，并向税务机关报送纳税申报表。特定行业的工资、薪金所得应纳的税款，可以实行按年计算、分月预缴的方式计征，具体办法由国务院规定。根据 2011 年版《个人所得税法实施条例》的规定，这里所说的特定行业，是指采掘业、远洋运输业、远洋捕捞业以及国务院财政、税务主管部门确定的其他行业。

这里所说的按年计算、分月预缴的计征方式，是指《个人所得税法实施条例》所列的特定行业职工的工资、新金所得应纳的税款，按月预缴，自年度终了之日起 30 日内，合计其全年工资、薪金所得，再按 12 个月平均并计算实际应纳的税款，多退少补。公式为：

应纳税所得额 = [（全年工资、薪金收入 ÷ 12 − 费用扣除标准）× 税率 − 速算扣除数] × 12

4. 补发工资

关于补发以往月份工资计算缴纳个人所得税问题，国家法律、法规、政策没有明确规定，各地做法不一，青海、安徽等地做出了地方性规定（见表 3.3）。

**表 3.3　　补发工资个税问题地方性规定**

| 地区 | 政策规定 |
| --- | --- |
| 青海省 | 自 2017 年 2 月 26 日起，根据《青海省地方税务局关于补发工资等有关个人所得税政策问题的公告》（青海省地方税务局公告 2017 年第 2 号）的规定，企业因资金短缺等原因未能按期支付的职工工资，且在企业会计账簿中按月计提，并事先向主管税务机关提供书面说明，情况属实的，可将补发工资按照纳税人应取得工资收入的所属期间，计算缴纳个人所得税。<br>纳税人由于职务晋升、工作调动、新进人员定级等原因，按照相关工资政策规定标准调资补发以往月份工资时，应向主管税务机关提供书面说明，情况属实的，可将补发工资分摊与所属月份工资、薪金所得合并计算缴纳个人所得税。<br>纳税人取得不符合上述规定的补发工资，应将补发工资与当月工资合并计算缴纳个人所得税。<br>对于具有考核性质的工资，如目标责任考核工资、奖励工资、年终加薪、绩效工资等不适用上述政策规定，应按照国税发〔2005〕9 号文件的规定计算缴纳个人所得税。<br>纳税人取得的取暖费可按照取暖期分摊所属月份工资、薪金所得合并计征个人所得税 |
| 安徽省 | 自 2016 年 1 月 1 日起，根据《安徽省地方税务局关于补发工资薪金个人所得税问题的公告》（安徽省地方税务局公告 2015 年第 3 号）的规定，对个人所得税纳税人因政策性调资、职务晋升、新员工定级、单位筹建或资金困难等原因补发以前月份工资、薪金，代扣代缴单位应将个人所补发工资、薪金归属到工资、薪金所属月份重新计算应纳个人所得税，减去已缴个人所得税，计算出应补个人所得税，并于补发工资、薪金当月申报缴纳。代扣代缴单位应留存补发工资、薪金相关证明资料备查。主管税务机关应加强补发工资、薪金个人所得税政策宣传和征收管理 |
| 云南省 | 自 2013 年 10 月 1 日起，根据《云南省地方税务局　云南省财政厅关于补发工资计算缴纳个人所得税问题的通知》（云地税发〔2013〕195 号）的规定，对因职务晋升、工作调动、新进人员定级，按照国家规定标准调资等非个人原因而补发以往月份工资（含津贴、补贴）情况的单位，可以把补发的工资分摊回所属月份工资薪金所得合并计征个人所得税，并报主管税务机关备案。其计算公式如下：<br>所属月份补发工资应纳税额 = [（所属月份补发工资 + 原所属月份的工资薪金所得 − 费用扣除额）× 适用税率 − 速算扣除数] − 原所属月份已缴纳的个人所得税<br>在执行以上政策时，允许出现财政统发工资系统计算的个人所得税与扣缴义务人实际扣缴申报的个人所得税不一致的情况 |

5. 解除劳动关系取得的一次性补偿收入

（1）新税制实施前的处理。根据《财政部 国家税务总局关于个人与用人单位解除劳动关系取得的一次性补偿收入征免个人所得税问题的通知》（财税〔2001〕157号）和《国家税务总局关于国有企业职工因解除劳动合同取得一次性补偿收入征免个人所得税问题的通知》（国税发〔2000〕77号）精神，自2001年10月1日至2018年12月31日，个人因与用人单位解除劳动关系而取得的一次性补偿收入按以下规定处理：

①企业依照国家有关法律规定宣告破产，企业职工从该破产企业取得的一次性安置费收入，免征个人所得税。

②个人因与用人单位解除劳动关系而取得的一次性补偿收入（包括用人单位发放的经济补偿金、生活补助费和其他补助费用），其收入在当地上年职工平均工资3倍数额以内的部分，免征个人所得税。超过3倍数额部分的一次性补偿收入，按照《国家税务总局关于个人因解除劳动合同取得经济补偿金征收个人所得税问题的通知》（国税发〔1999〕178号）规定，可视为一次取得数月的工资、薪金收入，允许在一定期限内平均。具体方法为：以超过3倍数额部分的一次性补偿收入，除以个人在本企业的工作年限数（超过12年的按12年计算），以其商数作为个人的月工资、薪金收入，按照税法规定计算缴纳个人所得税。

③个人领取一次性补偿收入时按照国家和地方政府规定的比例实际缴纳的住房公积金、医疗保险费、基本养老保险费、失业保险费，可以在计征其一次性补偿收入的个人所得税时予以扣除。

④个人在解除劳动合同后又再次任职、受雇的，对个人已缴纳个人所得税的一次性经济补偿收入，不再与再次任职、受雇的工资、薪金所得合并计算补缴个人所得税。

根据国税函〔2003〕330号文件的规定，对中国海洋石油总公司及其投资控股公司系统（简称中油公司系统）员工终止用工合同取得的补偿收入计征个人所得税时，考虑到中油公司系统人员流动性较强，且解除用工合同后的生活地与劳务地经常不在同地区的情况，为便于管理及操作，上述“当地上年职工平均工资”可用中油公司系统上年职工平均工资标准确定。

（2）新税制实施后的处理。自2019年1月1日起，根据财税〔2018〕164号文件第五条的规定，个人与用人单位解除劳动关系取得一次性补偿收入（包括用人单位发放的经济补偿金、生活补助费和其他补助费），在当地上年职工平均工资3倍数额以内的部分，免征个人所得税；超过3倍数额的部分，不并入当年综合所得，单独适用综合所得税率表，计算纳税。

### 3.1.6 新老税制衔接

根据第十三届全国人大常委会第五次会议审议通过的《全国人民代表大会常务委员会关于修改〈中华人民共和国个人所得税法〉的决定》与《财政部 税务总局关于2018年第四季度个人所得税减除费用和税率适用问题的通知》（财税〔2018〕98号）第一条“关于工资、薪金所得适用减除费用和税率问题”的规定，对纳税人在2018年10月1日（含）后实际取得的工资、薪金所得，减除费用统一按照5 000元/月执行，并按照该通知所附个人所得税税率表计算应纳税额。对纳税人在2018年9月30日（含）前实际取得的工资、薪金所得，减除费用按照税法修改前规定执行。

# 3.2 劳务报酬所得

《个人所得税法实施条例》对劳务报酬所得给出了定义：“劳务报酬所得，是指个人从事劳务取得的所得，包括从事设计、装潢、安装、制图、化验、测试、医疗、法律、会计、咨询、讲学、翻译、审稿、书画、雕刻、影视、录音、录像、演出、表演、广告、展览、技术服务、介绍服务、经纪服务、代办服务以及其他劳务取得的所得。”

### 3.2.1 应纳税所得额

《个人所得税法实施条例》规定：“劳务报酬所得、稿酬所得、特许权使用费所得以收入减除百分之二十的费用后的余额为收入额。稿酬所得的收入额减按百分之七十计算。”

在 2018 年 12 月 31 日之前，2011 年版《个人所得税法》第六条规定，劳务报酬所得，每次收入不超过 4 000 元的，减除费用 800 元；4 000 元以上的，减除 20% 的费用，其余额为应纳税所得额。

自 2019 年 1 月 1 日起，劳务报酬所得以收入扣除 20% 的费用为收入额，居民个人并入综合所得按年计算个人所得税，非居民个人取得的劳务报酬所得按次计算个人所得税。

根据 2018 年新《个人所得税法实施条例》第十四条的规定，劳务报酬所得属于一次性收入的，以取得该项收入为 1 次；属于同一项目连续性收入的，以一个月内取得的收入为 1 次。

前者如代客户设计家庭住宅图纸，按照客户的要求完成设计后，取得的设计收入，为 1 次；后者如某评书说唱家应约在电视台演播长篇评书，每日安排 1 次，每次 30 分钟，连续演播 4 个月，在此情形下，应以其一个月内取得的演播评书获得的劳务报酬所得为 1 次。

根据国税发〔1994〕89 号文件的规定，这里所称同一项目，是指劳务报酬所得列举具体劳务项目中的某一单项，个人兼有不同的劳务报酬所得，应当分别减除费用，计算缴纳个人所得税。

《国家税务总局关于个人所得税偷税案件查处中有关问题的补充通知》（国税函发〔1996〕602 号）规定，“属于同一项目连续性收入的，以一个月内取得的收入为一次，考虑属地管辖与时间划定有交叉的特殊情况，统一规定以县（含县级市、区）为一地，其管辖内的一个月内的劳务服务为一次；当月跨县地域的，则应分别计算”。

根据《广告市场个人所得税征收管理暂行办法》（国税发〔1996〕148 号）的规定，劳务报酬所得以纳税人每参与一项广告设计、制作、发布所取得的所得为一次；稿酬所得以在图书、报刊上发布一项广告时使用其作品而取得的所得为一次；特许权使用费所得以提供一项特许权在一项广告设计、制作、发布过程中使用而取得的所得为一次，上述所得，采取分笔支付的，应合并为一次所得计算纳税。

### 3.2.2 允许扣除的税费

1. 允许扣除税费的所得项目

计算应纳税所得额时允许扣除的税费，只适用于劳务报酬所得、特许权使用费所得、财产租赁所得和财产转让所得项目。

（1）劳务报酬所得允许扣除的税费是指劳务发生过程中实际缴纳的税费；

（2）特许权使用费允许扣除的税费是指提供特许权过程中发生的中介费和相关税费；

（3）适用于财产租赁所得时，允许扣除的税费是指修缮费和出租财产过程中发生的相关税费；

（4）适用于财产转让所得时，允许扣除的税费是指财产原值和转让财产过程中发生的合理税费。

2. 劳务报酬所得可以先扣除税金

《财政部　国家税务总局关于个人提供非有形商品推销、代理等服务活动取得收入征收营业税和个人所得税有关问题的通知》（财税字〔1997〕103 号）规定："非本企业雇员为企业提供非有形商品推销、代理等服务活动取得的佣金、奖励和劳务费等名目的收入，无论该收入采用何种计取方法和支付方式，均应计入个人从事服务业应税劳务的营业额（销售额），按照规定计算征收营业税（或增值税）；上述收入扣除已缴纳的营业税税款后，应计入个人的劳务报酬所得，按照个人所得税法及其实施条例和其他有关规定计算征收个人所得税。"

3. 劳务报酬所得不得扣除中介和相关人员报酬

国税函发〔1996〕602 号文件还规定，获取劳务报酬所得的纳税义务人从其收入中支付给中介人和相关人员的报酬，在定率扣除 20% 的费用后，一律不再扣除。对中介人和相关人员取得的上述报酬，应分别计征个人所得税，这与财税字〔1999〕20 号文件的规定不同。财税字〔1994〕20 号文件规定，对个人从事技术转让、提供劳务等过程中所支付的中介费，如能提供有效、合法凭证的，允许从其所得中扣除。

4. 税制改革后的费用扣除

自 2019 年 1 月 1 日起，根据 2018 年版《个人所得税法》第六条第二款的规定，劳务报酬所得、稿酬所得、特许权使用费所得以收入减除 20% 的费用后的余额为收入额。稿酬所得的收入额减按 70% 计算。

换而言之，税制改革之后，劳务报酬所得仍可以扣除 20% 的费用。

### 3.2.3 应纳税额计算

1. 基本规定

在 2019 年以前，根据 2011 年版《个人所得税法》第六条的规定，劳务报酬所得，适用比例税率，税率为 20%，对劳务报酬所得一次收入畸高的，可以实行加成征收，具体办法由国务院规定。

根据 2011 年版《个人所得税法实施条例》第十一条的规定，劳务报酬所得一次收入畸高，是指个人一次取得劳务报酬，其应纳税所得额超过 20 000 元。对应纳税所得额超过 20 000元至 50 000 元的部分，依照税法规定计算应纳税额后再按照应纳税额加征五成；超过

50 000 元的部分，加征十成。

自 2019 年 1 月 1 日起，劳务报酬所得以收入减除 20% 的费用后的余额为收入额。居民个人的劳务报酬所得计入综合所得，按纳税年度合并计算个人所得税。非居民个人的劳务报酬所得，按次计征个人所得税，以收入额为应纳税所得额，适用 3%—45% 的 7 级超额累进税率，计算个人所得税。

2. 为纳税人负担税款的计征办法

在 2018 年 12 月 31 日之前，根据《征收个人所得税若干问题的规定》第十四条的规定，单位或个人为纳税人负担个人所得税税款，应将纳税义务人取得的不含税收入换算为应纳税所得额，计算征收个人所得税。计算公式如下：

应纳税所得额 =（不含税收入额 - 费用扣除标准 - 速算扣除数）÷（1 - 税率）　　（3.1）

应纳税额 = 应纳税所得额 × 适用税率 - 速算扣除数　　（3.2）

公式（3.1）中的税率，是指不含税所得按不含税级距对应的税率；公式（3.2）中的税率是指应纳税所得额按含税级距对应的税率。

《国家税务总局关于明确单位或个人为纳税义务人的劳务报酬所得代付税款计算公式的通知》（国税发〔1996〕161 号）进一步明确：

不含税收入额为 3 360 元（即含税收入额为 4 000 元）以下的，其公式为：

应纳税所得额 =（不含税收入额 - 800）÷（1 - 税率）　　（3.3）

不含税收入额为 3 360 元（即含税收入额为 4 000 元）以上的，其公式为：

应纳税所得额 = [（不含税收入额 - 速算扣除数）×（1 - 20%）÷ [1 - 税率 ×（1 - 20%）]　　（3.4）

应纳税额 = 应纳税所得额 × 适用税率 - 速算扣除数　　（3.5）

公式（3.3）、公式（3.4）中的税率，是指不含税所得按不含税级距对应的税率；公式（3.5）中的税率是指应纳税所得额按含税级距对应的税率。表 3.4 是劳务报酬所得税率表。

**表 3.4　　劳务报酬所得税率表一**　　单位：元

| 级数 | 含税级距 | 不含税级距 | 税率（%） | 速算扣除数 |
|---|---|---|---|---|
| 1 | 不超过 20 000 元的部分 | 不超过 16 000 元的部分 | 20 | 0 |
| 2 | 超过 20 000 元至 50 000 的部分 | 超过 16 000 元至 37 000 元的部分 | 30 | 2 000 |
| 3 | 超过 50 000 元的部分 | 超过 37 000 元的部分 | 40 | 7 000 |

注：表中的含税级距、不含税级距，均为按照税法规定减除有关费用后的所得额；含税级距用于由纳税人负担税款的劳务报酬所得；不含税级距适用于由他人（单位）代付税款的劳务报酬所得。

为妥善解决对纳税人取得的不含税（或称由支付所得的单位或个人包税）的劳务报酬收入，如何换算为含税所得计算征税的问题，2000 年 11 月 23 日，《国家税务总局关于明确单位或个人为纳税义务人的劳务报酬所得代付税款计算公式对应税率表的通知》（国税发〔2000〕192 号）明确了不含税劳务报酬收入所对应的税率和速算扣除数。表 3.5 为不含税劳务报酬收入所对应的税率和速算扣除数。

表 3.5　劳务报酬所得税率表二　单位：元

| 级数 | 不含税劳务报酬额 | 税率（%） | 速算扣除数 |
| --- | --- | --- | --- |
| 1 | 21 000 元以下的部分 | 20 | 0 |
| 2 | 超过 21 000 元至 49 500 元的部分 | 30 | 2 000 |
| 3 | 超过 49 500 元的部分 | 40 | 7 000 |

### 3.2.4　一些特定收入的处理（见表 3.6）

表 3.6　个人所得税特定收入的处理

| 收入类型 | 个人所得税处理 |
| --- | --- |
| 个人举办各类学习班取得的收入 | 根据《国家税务总局关于个人举办各类学习班取得的收入征收个人所得税问题的批复》（国税函〔1996〕658 号）的规定，个人经政府有关部门批准并取得执照举办学习班、培训班的，其取得的办班收入属于个体工商户的生产、经营所得应税项目，应按个人所得税法规定计征个人所得税；个人无须经政府有关部门批准并取得执照举办学习班、培训班的，其取得的办班收入属于劳务报酬所得应税项目，应按税法规定计征个人所得税。其中，办班者每次收入按以下方法确定：一次收取学费的，以一期取得的收入为一次；分次收取学费的，以每月取得的收入为一次 |
| 非有形商品推销、代理等服务收入 | 根据财税字〔1997〕103 号文件的规定，非本企业雇员为企业提供非有形商品推销、代理等服务活动取得的佣金、奖励和劳务费等名目的收入，无论该收入采用何种计取方法和支付方式，均应计入个人从事服务业应税劳务的营业额，按照规定计算征收营业税（营改增后为增值税）；上述收入扣除已缴纳的税款后，应计入个人的劳务报酬所得，按照个人所得税法和其他有关规定计算征收个人所得税。<br>雇员为本企业提供非有形商品推销、代理等服务活动取得佣金、奖励和劳务费等名目的收入，无论该收入采用何种计取方法和支付方式，均应计入该雇员的当期工资、薪金所得，按照个人所得税法和其他有关规定计算征收个人所得税。<br>雇员或非雇员从聘用的企业取得收入的，该企业即为雇员或非雇员应纳税的扣缴义务人，应按照有关规定按期向主管税务机关申报并代扣代缴上述税款。对雇员或非雇员直接从其服务对象或其他方面取得收入的部分，由其主动向主管税务机关申报缴纳营业税（营改增后为增值税）和个人所得税 |
| 新税制实施前保险营销员佣金收入 | （1）保险营销员的佣金所得按劳务报酬所得征税。根据《国家税务总局关于保险企业营销员（非雇员）取得的收入计征个人所得税问题的通知》（国税发〔1998〕13 号）的精神，保险企业营销员以 1 个月内取得的收入为一次。保险企业是营销员个人所得税的代扣代缴义务人，应按月代扣税款，并于次月 7 日内将所扣税款缴入国库，由于保险公司计算机管理手段比较先进，财务核算较为规范，各地对保险业营销员取得佣金收入，一律不得采用核定征税方式计征个人所得税，必须实行查账征收。<br>根据《中国保险监督治理委员会关于明确保险营销员佣金构成的通知》（保监发〔2006〕48 号）的规定，保险营销员的佣金由展业成本和劳务报酬构成。根据《关于个人所得税法修改后有关优惠政策衔接问题的通知》（财税〔2018〕164 号）规定，保险营销员、证券经纪人取得的佣金收入，属于劳务报酬所得，以不含增值税的收入减除 20% 的费用后的余额为收入额，收入额减去展业成本以及附加税费后，并入当年综合所得，计算缴纳个人所得税。保险营销员、证券经纪人展业成本按照收入额的 25% 计算。<br>（2）代理人应纳税费的委托代征和代扣代缴。根据《国家税务总局关于个人保险代理人税收征管有关问题的公告》（国家税务总局公告 2016 年第 45 号）第一条的规定，个人保险代理人（所称的个人保险代理人，是指根据保险企业的委托，在保险企业授权范围内代为办理保险业务的自然人，不包 |

续表

| 收入类型 | 个人所得税处理 |
| --- | --- |
| 新税制实施前保险营销员佣金收入 | 括个体工商户）为保险企业提供保险代理服务应当缴纳的增值税和城市维护建设税、教育费附加、地方教育附加，税务机关可以根据《国家税务总局关于发布〈委托代征管理办法〉的公告》（国家税务总局公告 2013 年第 24 号）的有关规定，委托保险企业代征。<br>个人保险代理人为保险企业提供保险代理服务应当缴纳的个人所得税，由保险企业按照现行规定依法代扣代缴。<br>（3）应税所得与展业成本的确定。根据国家税务总局公告 2016 年第 45 号第二条的规定，个人保险代理人以其取得的佣金、奖励和劳务费等相关收入（以下简称“佣金收入”，不含增值税）减去地方税费附加及展业成本，按照规定计算个人所得税。展业成本，为佣金收入减去地方税费附加余额的 40% |
| 新税制实施前证券经纪人佣金收入 | 按照《证券公司监督管理条例》（国务院令第 522 号）规定，证券经纪人不是证券公司和《证券经纪人管理暂行规定》（中国证券监督管理委员会公告 2009 年第 2 号）等规定的正式员工，证券经纪人与证券公司之间是委托代理关系。<br>从证券公司取得佣金收入的证券经纪人与从事其他劳务活动而取得收入的纳税人相比有所不同，表现在：一是证券经纪人只能接受一家证券公司委托，不得兼做他职，其主要收入是佣金收入，且大多数证券经纪人月收入处于较低水平；二是证券经纪人收入水平与市场交易量、客户交易偏好等因素直接相关，证券经纪人收入在不同年份之间、不同月份之间有较大波动；三是证券经纪人与保险营销员一样，在展业过程中，为招揽客户及维护客户需要自行额外负担展业成本，但保险营销员的展业成本可在税前扣除，而证券经纪人未明确，造成其实际承担的税负高于保险营销员。<br>因此，《国家税务总局关于证券经纪人佣金收入征收个人所得税问题的公告》（国家税务总局公告 2012 年第 45 号）规定，在 2018 年 12 月 31 日之前证券经纪人从证券公司取得的佣金收入，应按照“劳务报酬所得”项目缴纳个人所得税。证券经纪人佣金收入由展业成本和劳务报酬构成，对展业成本部分不征收个人所得税。根据目前实际情况，证券经纪人展业成本的比例暂定为每次收入额的 40%。证券经纪人以一个月内取得的佣金收入为一次收入，其每次收入先减去实际缴纳的地方税金及附加，再减去规定的展业成本，余额按个人所得税法规定计算缴纳个人所得税 |
| 新税制实施后保险营销员、证券经纪人佣金收入 | 自 2019 年 1 月 1 日起，根据《财政部　税务总局关于个人所得税法修改后有关优惠政策衔接问题通知》（财税〔2018〕164 号）第三条的规定，保险营销员、证券经纪人取得的佣金收入，属于劳务报酬所得，以不含增值税的收入减除 20% 的费用后的余额为收入额，收入额减去展业成本以及附加费用后，并入当年综合所得，计算缴纳个人所得税。保险营销员、证券经纪人展业成本按照收入额的 25% 计算。<br>扣缴义务人向保险营销员、证券经纪人支付佣金收入时，应按照《个人所得税扣缴申报管理办法（试行）》（国家税务总局公告 2018 年第 61 号发布）规定的累计预扣法计算预扣税款 |

### 3.2.5　广告市场个人所得税处理

为了进一步加强对广告市场个人所得税的征收管理，国家税务总局出台了《广告市场个人所得税征收管理暂行办法》（国税发〔1996〕148 号），凡在广告中提供名义、形象或在广告设计、制作、发布过程中提供劳务并取得所得的个人以及广告主、广告经营者或受托从事广告制作的单位和广告发布者，均应当依照该办法的规定办理个人所得税有关事宜。

这里所称广告主，是指为推销商品或者提供服务，自行或者委托他人设计、制作、发布广告的法人、其他经济组织或者个人。广告经营者，是指受委托提供广告设计、制作、代理服务的法人、其他经济组织或者个人。受托从事广告制作的单位，是指受广告主或广告经营者委托而从事广告设计、制作的法人、其他经济组织或者个人。广告发布者，是指为广告主或者广告主委托的广告经营者发布广告的法人及其他经济组织。

1. 纳税人与扣缴义务人

在广告设计、制作、发布过程中提供名义、形象及劳务并取得所得的个人为个人所得税的纳税义务人；直接向上述个人支付所得的广告主、广告经营者、受托从事广告制作的单位和广告发布者为个人所得税的扣缴义务人。

2. 应税项目的确定

根据国税发〔1996〕148号文件的规定，纳税人在广告设计、制作、发布过程中提供名义、形象而取得的所得，应按劳务报酬所得项目计算纳税。纳税人在广告设计、制作、发布过程中提供其他劳务取得的所得，视其情况分别按照税法规定的劳务报酬所得、稿酬所得、特许权使用费所得等应税项目计算纳税。扣缴人的本单位人员在广告设计、制作、发布过程中取得的由本单位支付的所得，按工资、薪金所得项目计算纳税。

3. 应纳税所得额的确定

纳税人以现金、实物和有价证券以外的其他形式取得所得，税务机关可以根据其所得的形式和价值，核定其应纳税所得额，据以征税。对于不能准确提供或划分个人在广告设计、制作、发布过程中提供名义、形象及劳务而取得的所得的纳税人，主管税务机关可以根据支付总额等实际情况，参照同类广告活动名义、形象及其他劳务提供者的所得标准，核定其应纳税所得额，据以征税。

4. “一次”的界定

劳务报酬所得以纳税人每参与一项广告的设计、制作、发布所取得的所得为一次；稿酬所得以在图书，报刊上发布一项广告时使用其作品而取得的所得为一次；特许权使用费所得以提供该项特许权在广告的设计、制作、发布过程中使用而取得的所得为一次。上述所得，采取分笔支付的，应合并为一次所得计算纳税。

### 3.2.6 演出市场个人所得税处理

为加强演出市场个人所得税的征收管理，国家税务总局出台了《演出市场个人所得税征收管理暂行办法)》(国税发〔1995〕171号)。

1. 纳税人与扣缴义务人

凡参加演出（包括舞台演出、录音、录像、拍摄影视等，下同）而取得报酬的演职员，是个人所得税的纳税义务人；所取得的所得，为个人所得税的应纳税项目。

向演职员支付报酬的单位或个人，是个人所得税的扣缴义务人。扣缴义务人必须在支付演职员报酬的同时，按税收法律、行政法规及税务机关依照法律、行政法规做出规定扣缴或预扣个人所得税。

预扣办法由各省、自治区、直辖市税务局根据有利控管的原则自行确定。

参与录音、录像、拍摄影视和在歌厅、舞厅、卡拉OK厅、夜总会、娱乐城等娱乐场所演出的演职员取得的报酬，由向演职员支付报酬的单位或业主扣缴个人所得税。

扣缴义务人扣缴的税款，应在次月15日内缴入国库，同时向主管税务机关报送扣缴个人所得税报告表、支付报酬明细表以及税务机关要求报送的其他资料。

2. 涉税信息报送

演出经纪机构领取《演出经营许可证》《临时营业演出许可证》或变更以上证件内容的，必须在领证后或变更登记后的30日内到机构所在地主管税务机关办理税务登记或变更税务登记。文化行政部门向演出经纪机构或个人发放《演出经营许可证》和《临时营业演出许可证》时，应将演出经纪机构的名称、住所、法人代表等情况抄送当地主管税务机关备案。

演出活动主办单位应在每次演出前两日内，将文化行政部门的演出活动批准件和演出合同、演出计划（时间、地点、场次）、报酬分配方案等有关材料报送演出所在地主管税务机关。演出合同和演出计划的内容如有变化，应按规定程序重新向文化行政部门申报审批并向主管税务机关报送新的有关材料。

3. 应税项目的确定

在 2018 年 12 月 31 日以前，演职员参加非任职单位组织的演出取得的报酬为劳务报酬所得，按次缴纳个人所得税。演职员参加任职单位组织的演出取得的报酬为工资、薪金所得，按月缴纳个人所得税。自 2019 年 1 月 1 日起，对居民个人取得的上述所得，按年计算个人所得税。上述报酬包括现金、实物和有价证券。

根据国税发〔2002〕52 号文件的规定，对于剧本作者从电影、电视剧的制作单位取得的剧本使用费，不再区分剧本的使用方是否为其任职单位，统一按特许权使用费所得项目计征个人所得税。

4. 组台（团）演出的处理

参加组台（团）演出的演职员取得的报酬，由主办单位或承办单位通过银行转账支付给演职员所在单位或发放演职员演出许可证的文化行政部门或其授权单位的，经过演出所在地主管税务机关确认后，由演职员所在单位或者发放演职员许可证的文化行政部门或其授权单位，按实际支付给演职员个人的报酬代扣个人所得税，并在原单位所在地缴入金库。

组台（团）演出，不按上述方式支付演职员报酬，或者虽按上述方式支付但未经演出所在地主管税务机关确认的，由向演职员支付报酬的演出经纪机构或者主办、承办单位扣缴个人所得税，税款在演出所在地缴纳。申报的演职员报酬明显偏低又无正当理由的，主管税务机关可以在查账核实的基础上，依据演出报酬总额、演职员分工、演员演出通常收费额等情况核定演职员的应纳税所得，扣缴义务人据此扣缴税款。

5. 税收保全措施

税务机关有根据认为从事演出的纳税义务人有逃避纳税义务行为的，可以在规定的纳税期之前，责令其限期缴纳应纳税款：在限期内发现纳税义务人有明显的转移、隐匿演出收入迹象的，税务机关可以责成纳税义务人提供纳税担保。如果纳税义务人不能提供纳税担保，经县以上（含县级）税务局（分局）局长批准，税务机关可以采取税收保全措施。

6. 不含税收入的换算

演职员取得的报酬为不含税收入的，扣缴义务人支付的税款应按以下公式计算：

应纳税所得额 =（不含税收入 − 费用扣除标准 − 速算扣除数）÷（1 − 税率）

应纳税额 = 应纳税所得额 × 适用税率 − 速算扣除数

7. 征收方式

为了强化征收管理，主管税务机关可以根据当地实际情况，自行确定对在歌厅舞厅、卡拉 OK 厅、夜总会、娱乐城等娱乐场所演出的演职员的个人所得税征收管理方式。

组台（团）演出，应当建立健全财务会计制度，正确反映出收支和向演职员支付报酬情况，并接受主管税务机关的监督检查。没有建立财务会计制度、或者未提供完整、准确的纳税资料的，主管税务机关可以核定其应纳税所得额，据以征税。

## 3.3 工资薪金所得与劳务报酬所得区别辨析①

### 3.3.1 区分的必要性

（1）扣缴义务人预扣预缴方式不同。两项所得在预扣预缴时的减除项目、适用预扣预缴税率方面都有很大不同（详见《个人所得税扣缴申报管理办法（试行）》（国家税务总局公告 2018 年第 61 号）。如果不能在两者之间做出有效区分，扣缴义务人将不知所措，税法执行缺少确定性。另外，会影响纳税人货币资金的时间价值。

（2）纳税人最终承受税负不同。上文提到的扣缴比例只是一个预缴比例，具体税负的计算需要年终合并计算，多退少补，预扣预缴比例对于最终税负的确定并无影响。但是两项所得计入综合收入总额的数额不同，工资薪金为全额计入，而劳务报酬则是将扣减 20% 后的余额计入。这决定了两项所得的定性对纳税人的实际税负会造成差异。

### 3.3.2 两项所得在实务中容易混淆的例子

李四是家公司的采购经理，月收入 6 500 元，缴纳社保；同时李四也是甲公司的外地子公司乙公司的采购经理，乙公司每月发工资 3 500 元，无社保。李四应该如何缴纳个人所得税？

观点一：两项所得都是工资薪金所得。

李四全年综合所得收入为 120 000 元[（6 500 + 3 500）× 12]。按税法规定计算减除费用 6 万元以及专项扣除、专项附加扣除和依法确定的其他扣除后的余额，为应纳税所得额；适用相应的超额累进税率算出应纳税额，综合被扣缴的税款，多退少补。

2018 年版《个人所得税法》第十条规定：“有下列情形之一的，纳税人应当依法办理纳税申报：……（六）非居民个人在中国境内从两处以上取得工资、薪金所得；……”原《个人所得税法》第八条：“个人所得超过国务院规定数额的，在两处以上取得工资、薪金所得或者没有扣缴义务人的，以及具有国务院规定的其他情形的，纳税义务人应当按照国家规定办理纳税申报。”新旧个人所得税法都认可从两处以上取得工资薪金所得。

2018 年版《个人所得税法实施条例》第二十八条规定：“居民个人取得工资、薪金所得时，可以向扣缴义务人提供专项附加扣除有关信息，由扣缴义务人扣缴税款时减除专项附加扣除。纳税人同时从两处以上取得工资、薪金所得，并由扣缴义务人减除专项附加扣除的，对同一专项附加扣除项目，在一个纳税年度内只能选择从一处取得的所得中减除。”原《个

---

① 本部分参考 https：//mp. weixin. qq. com/s/2tRBtgleu30oQfDPMXmolQ。

人所得税法实施条例》第三十九条规定:“在中国境内两处或者两处以上取得税法第二条第一项、第二项、第三项所得的,各项所得合并计算纳税。”新旧实施条例都认可从两处以上取得工资薪金所得。

《国家税务总局关于印发〈个人所得税自行纳税申报办法(试行)〉的通知》(国税发〔2006〕162 号)第二条规定:“凡依据个人所得税法负有纳税义务的纳税人,有下列情形之一的,应当按照本办法的规定办理纳税申报:……(二)从中国境内两处或者两处以上取得工资、薪金所得的。”

观点二:从甲公司取得的收入为工资薪金所得,从乙公司取得的收入为劳务报酬所得。

全年综合所得收入为 111 600 元[(6 500 + 3 500 × 80%) × 12],应纳税额的计算公式同上。

依据:《国家税务总局关于个人兼职和退休人员再任职取得收入如何计算征收个人所得税问题的批复》(国税函〔2005〕382 号):“个人兼职取得的收入应按照‘劳务报酬所得应税’项目缴纳个人所得税。”

在原个人所得税法下,由于工资薪金所得适用 3%—45% 的超额累进税率,而劳务报酬所得适用 20% 固定比例税率,所以收入高的人倾向于适用劳务报酬所得,收入低的人倾向于适用工资薪金所得;新个人所得税法下,两项所得都适用综合所得的超额累进税率,但劳务报酬所得 20% 的扣减比例,税负更轻,应该更受青睐。

### 3.3.3　两项所得容易混淆的原因

(1)两项所得的对价都是或主要是个人劳动的对价,难以分清。这是产生混淆的社会原因、天然因素。

(2)相关政策文件区分逻辑不清晰、互相矛盾,甚至可以说没有逻辑。这是制度原因、人为因素。

新旧个税法、实施条例和国税发〔2006〕162 号文件认可从两处或以上取得工资薪金所得,而国税函〔2005〕382 号文件却将“兼职取得的收入”定性为劳务报酬所得。按常规社会生活经验理解,两处以上取得工资薪金所得,必然可以按主次分为一个全职,一个兼职(两处工作不分主次,各干半个月的情况应该不多;即使这样,按是否缴社保也应该可以分出主次)。按这种理解,国税函〔2005〕382 号相当于否认了从两处以上可以取得工资薪金所得,与国税发〔2006〕162 号及个税法及实施条例相悖。

当然,国税函〔2005〕382 号文件出于区分两项所得为目的,完全可以在不违背上位法的情况下对“兼职”一词赋予特别含义而做出特定规定,但文件并没有这样做,我们也只能按常规经验做出理解。这种文件冲突的结果就是,税企双方以寻求各自利益为导向,依据不同的文件,得出不同的结论,“公说公有理、婆说婆有理”,谁都难以说服对方。

### 3.3.4　两项所得如何有效区分?

1. 法律上的规定

《个人所得税法实施条例》第六条规定:“工资、薪金所得,是指个人因任职或者受雇取得的工资、薪金、奖金、年终加薪、劳动分红、津贴、补贴以及与任职或者受雇有关的其他所得。”“劳务报酬所得,是指个人从事劳务取得的所得,包括从事设计、装潢、安装、制图、化验、测试、医疗、法律、会计、咨询、讲学、翻译、审稿、书画、雕刻、影视、录音、录像、演出、表演、广告、展览、技术服务、介绍服务、经纪服务、代办服务以及其他劳务取得的所得。”

两者区别的关键词在于前者是“任职或者受雇”，后者是“个人从事劳务”。由于税法并没有对以上关键词作特别定义，我们做以下文义解释：

于前者，劳动者和用工单位是任职或者受雇关系，双方签订劳动合同。劳动者要服从用工单位劳动时间、劳动地点、劳动标准等方面的管理，用工单位一般应为劳动者缴纳社保。劳动报酬计算以劳动时间为基础（一般按月），根据劳动绩效作上下浮动。

于后者，劳动者和用工单位是平等的劳务合同关系。劳动者按约定提供符合要求的劳动成果，用工单位按约定给付报酬；用工单位无须为劳动者缴纳社保。劳动报酬计算以合同约定价款为基础，违反约定者承担违约责任。

2. 合同中的区分

劳动合同受《中华人民共和国劳动法》和《中华人民共和国劳动合同法》（以下简称《劳动合同法》）等法规的强制性规定约束，双方必须在上述法律规定的框架内约定权利义务，用工单位依法为劳动者缴纳社保，劳动报酬受国家最低工资标准的要求；劳务合同关系受《中华人民共和国民法通则》《劳动合同法》等民事法律影响，强制性规定较少，尊重民事主体意思自治。用工单位和劳动者是平等的合同主体，不受劳动法等法规的强制性约束，没有为劳动者缴纳社保的法定义务。劳务报酬按合同约定，没有保底要求，甚至劳务提供者有可能因为违约承担违约责任而赔付违约金，即劳务报酬为负。

3. 表现形式上的不同

劳动的独立性不同。个人服从用人单位劳动制度管理，不能自由安排劳动时间、地点等过程要素的（但双方受劳动合同法强制性规定约束），取得工资薪金所得；个人与用工单位是平等的合同关系，用工单位只对劳动成果做出要求，个人可以自行安排劳动时间、地点的，取得劳务报酬所得。

劳动报酬计算方式不同。工资薪金以劳动时间为基础，根据劳动绩效作上下浮动。劳动报酬受国家最低工资标准的要求；劳务报酬以合同约定价款为基础，违反了约定者承担违约责任，劳务提供者有可能因为违约承担违约责任而赔付违约金，即劳务报酬为负。

4. 收入额确认方式的不同

《个人所得税法》规定，劳务报酬所得以收入减除20%的费用后的余额为收入额；而工资资金所得以全部收入为收入额。

从这个侧面可以反观两者的区别在于，取得劳务报酬的对价除了消耗的劳动力以外，一般伴随着附随成本，比如自行购买辅助材料的成本、自备劳动工具的损耗等，所以税法规定了20%的费用扣除；而取得工资薪金则除了消耗的劳动力以外基本没有其他成本发生，所以税法没有规定费用扣除，而是全额计入收入。这体现了税法分辨两项所得的角度。

5. 两项所得的辨别建议

在辨别劳动关系还是劳务关系上，劳动法也并没有给出比较好的辨析度高的区分标准。本书建议：以用工者是否承担最低劳动报酬义务为标准来区分劳动合同关系还是普通的劳务合同关系。在资管产品的增值税规则中有一条，以是否保本作为是否课税的标准：保本投资征增值税，不保本的不征增值税。这两个标准之间似乎有异曲同工之妙。

按此标准区分的可行性分析：

（1）如果用工单位不能提供保底工资，而由劳动者承担其劳动付出的全部风险，即有可能得不到回报，在这种情况下，双方综合风险因素，会达成一个包含风险溢酬的合同价格。此时，双方之间形成的是劳务合同，劳动者是一个按合同约定交付劳务成果的独立个体，用工单位的权利只限于在约定时点受领约定标准的劳务成果，至于劳务成果的形成过程，则在所不论，也无权干涉。劳务提供者可能要承担一部分人力消耗以外的成本，但都已包含在约定的合同价款内。该合同价款要按劳务报酬减除 20% 费用后计入综合所得征税。但如果人力消耗以外的物料消耗占比太高，个体劳动者为了避免过重的税负，必然要注册登记为个体工商户等法律形式，以取得准确核算、据实申报纳税的资格。

（2）如果用工单位承担提供保底工资的风险，劳动者无须承担劳动成果失败的风险，则双方综合此风险因素，必然要在劳动时间、劳动地点等劳动规定上做出平衡风险的措施，即劳动者要服从用工单位的劳动制度，这样就达成了自由和风险的平衡。由于有保底工资，劳动者也更倾向于维持这种劳动关系，也无意愿承担其他劳动成本，除非用工单位给予了其他补偿。即使这样，税法上一般也认为，这种成本不是劳动者的成本，而是用工单位的用工成本。所以，工资薪金所得无须扣减 20% 费用，全额计入综合所得征税。

## 3.4　稿酬所得

### 3.4.1　每次稿酬所得的确定

2018 年 12 月 31 日之前，根据 2011 年版《个人所得税法实施条例》第二十条的规定，稿酬所得，以每次出版、发表取得的收入为一次。

根据《征收个人所得税若干问题的规定》（国税发〔1994〕89 号）的规定，个人每次以图书、报刊方式出版、发表作品（文字作品、书画作品摄影作品以及其他作品），不论出版单位是预付还是分笔支付稿酬，或者加印该作品后再付稿酬，均应合并其稿酬所得按次计征个人所得税。在两处或两处以上出版、发表或再版同一作品而取得稿酬所得，则可分别各处取得的所得或再版所得按分次所得计征个人所得税。

个人的同一作品在报刊上连载，应合并其因连载而取得的所有稿酬所得为一次，按税法规定计征个人所得税。在其连载之后又出书取得稿酬所得，或先出书后连载取得稿酬所得，应视同再版稿酬分次计征个人所得税。

作者去世后，对取得其遗作稿酬的个人，按稿酬所得征收个人所得税。

这里应注意的是，根据国税发〔1994〕89 号文件的规定，作者将自己的文字作品手稿原件或复印件公开拍卖（竞价）取得的所得，不能适用稿酬所得项目，而应按特许权使用费所得项目征收个人所得税。

自 2019 年 1 月 1 日起，根据 2018 年版《个人所得税法实施条例》第十四条的规定，稿酬所得，属于一次性收入的，以取得该项收入为一次；属于同项目连续性收入的，以一个月内取得的收入为一次。

### 3.4.2 应纳税额的计算

在2018年12月31日之前，稿酬所得以个人每次取得的收入，定额或定率减除规定费用后的余额为应纳税所得额。根据2011年版《个人所得税法》第六条的规定，稿酬所得，每次收入不超过4 000元的，减除费用800元；4 000元以上的，减除20%的费用，其余额为应纳税所得额。可见，稿酬所得费用扣除方法与劳务报酬所得相同。

根据2011年版《个人所得税法》第三条的规定，稿酬所得适用比例税率，税率为20%，并按应纳税额减征30%。实际缴纳税额是应纳税额的70%。计算公式为：

应纳税额=应纳税所得额×适用税率

实际缴纳税额=应纳税额×(1－30%)

自2019年1月1日起，居民个人取得的稿酬所得，以收入减除20%的费用后的余额减按70%计算收入额，并入在个人所得按纳税年度计算个人所得税，适用3%—45%的七级超额累进税率计算个人所得税。

非居民个人的稿酬所得，以每次收入额为应纳税所得额，适用20%的比例税率。

## 3.5 特许权使用费所得

### 3.5.1 应纳税额计算

在2018年12月31日之前，特许权使用费所得以个人每次取得的收入定额或定率减除规定费用后的余额为应纳税所得额。特许权使用费所得，每次收入不超过4 000元的，减除费用800元；4 000元以上的，减除20%的费用，其余额为应纳税所得额。

特许权使用费所得的费用扣除方法与劳务报酬所得相同。特许权使用费所得以一项特许权的一次许可使用所取得的收入为一次。

特许权使用费所得，适用比例税率，税率为20%，其计算公式为：

应纳税额=应纳税所得额×20%

应纳税所得额=收入额－允许扣除的税费－费用扣除标准－准予扣除的捐赠额

自2019年1月1日起，特许权使用费所得以收入扣除20%费用后的余额为收入额。居民个人取得的特许权使用费所得并入综合所得按纳税年度计算个人所得税，非居民个人的特许权使用费所得，以每次收入额为应纳税所得额，适用3%—45%的七级超额累进税率计算个人所得税。

### 3.5.2 税费扣除

计算应纳税所得额时允许扣除的税费，只适用于劳务报酬所得、特许权使用费所得、财产租赁所得和财产转让所得项目。特许权使用费允许扣除的税费是指提供特许权过程中发生的中介费和相关税费。

# 3.6　四项综合所得易混淆点辨析

### 3.6.1　稿酬所得和工资、薪金所得的具体区分

（1）任职、受雇于报纸、杂志等单位的记者、编辑等专业人员，因在本单位的报纸、杂志上发表作品而取得的所得，属于因任职、受雇而取得的所得，应与其当月工资收入合并，按“工资、薪金所得”项目征收个人所得税。

（2）除上述专业人员以外，其他人员在本单位的报纸、杂志上发表作品取得的所得，应按“稿酬所得”项目征收个人所得税。

（3）出版社的专业作者撰写、编写的作品，由本社以图书的形式出版取得的所得，应按“稿酬所得”项目征收个人所得税。因为出版社的专业作者属于自由职业者，和出版社不是雇佣关系，而是合同关系（即合作出书），所以作者取得的所得按“稿酬所得”计税。

### 3.6.2　特许权使用费所得和财产转让所得的具体区分

（1）对于作者将自己的文字作品手稿原件或复印件公开拍卖（竞价）取得的所得，属于提供著作权的使用权所得，故应按“特许权使用费所得”项目征收个人所得税。

（2）个人拍卖别人的作品手稿或个人拍卖除文字作品手稿原件及复印件外的其他财产，都应按照“财产转让所得”项目缴纳个人所得税。

### 3.6.3　个人所得税中稿酬所得与特许权使用费所得如何区分

《个人所得税法实施条例》第八条第五款规定：“稿酬所得，是指个人因其作品以图书、报刊形式出版、发表而取得的所得。”

第六款规定：“特许权使用费所得，是指个人提供专利权、商标权、著作权、非专利技术以及其他特许权的使用权取得的所得；提供著作权的使用权取得的所得，不包括稿酬所得。”

1. 相同点

应纳税所得额：稿酬所得、特许权使用费所得，每次收入不超过 4 000 元的，减除费用 800 元；4 000 元以上的，减除 20% 的费用，其余额为应纳税所得额。

适用税率：稿酬所得、特许权使用费所得适用比例税率，税率为 20%。

2. 不同点

税收优惠：稿酬所得，适用比例税率，税率为 20%，并按应纳税额减征 30%。而特许权使用费所得不享受该税收优惠。

3. 易混淆点

对于作者将自己的文字作品手稿原件或复印件公开拍卖（竞价）取得的所得，属于提供著作权的使用所得，应按特许权使用费所得项目征收个人所得税。

编剧从电视剧的制作单位取得的剧本使用费，不再区分剧本的使用方是否为其任职单

位，统一按特许权使用费所得项目计征个人所得税。

个人取得的所得，难以界定应纳税所得项目的，由主管税务机关确定。

4. 案例分析

作者小张完成了人生的第一部小说，该小说经出版社出版后，小张得到了 50 000 元（含个税）的报酬，他非常高兴。天有不测风云，不久小张自己的公司运营出现困难，资金紧缺，于是小张将小说手稿拿到拍卖行进行拍卖，最终获得了 50 000 元（含个税），帮助企业渡过了难关。

同样都是 50 000 元的所得，但是根据政策进行判断，前一笔 50 000 元是稿酬所得，后一笔 50 000 元是特许权使用费所得，因此应缴纳的个人所得税也不同。

（1）当收入 >4 000 元时：

稿酬所得应纳税额 = 收入额 ×（1 − 20%）× 税率 ×（1 − 30%）

= 50 000 ×（1 − 20%）× 20% ×（1 − 30%）= 5 600（元）

（2）当收入 >4 000 元时：

特许权使用费所得应纳税额 = 收入额 ×（1 − 20%）× 税率

= 50 000 ×（1 − 20%）× 20% = 8 000（元）

# 3.7　四项综合所得申报实务案例

［**案例 3.1**］张先生在 A 公司任职，2019 年 1—12 月每月在 A 公司取得工资薪金收入 16 000元，无免税收入，每季度最后一个月取得 30 000 元季度考核奖金收入；每月缴纳“三险一金”3 200 元，每月可以办理的专项附加扣除为 3 000 元，无其他扣除。另外，2019 年 3 月取得劳务报酬收入 3 000 元，稿酬收入 2 000 元，6 月取得劳务报酬收入 30 000 元，特许权使用费收入 2 000 元。

## 3.7.1　工资薪金所得预扣预缴计算

1. 2019 年 1 月

1 月累计预扣预缴应纳税所得额 = 累计收入 − 累计免税收入 − 累计基本减除费用

− 累计专项扣除 − 累计专项附加扣除

− 累计依法确定的其他扣除

= 16 000 − 5 000 − 3 200 − 3 000

= 4 800（元）

对应税率为 3%。

1 月应预扣预缴税额 =（累计预扣预缴应纳税所得额 × 预扣率 − 速算扣除数）

− 累计减免税额 − 累计已预扣预缴税额

= 4 800 × 3% = 144（元）

2019 年 1 月，A 公司在发放工资环节按照上述规则计算并预扣个人所得税 144 元。

2019 年 2 月，A 公司在申报期内按照新税法申报个人所得税，以预扣预缴方法计算出的 144 元为张先生进行预缴个人所得税申报。

2. 2019 年 2 月

张先生在 A 公司取得工资薪金收入 16 000 元，无免税收入，缴纳“三险一金”等共计 3 200 元，可以办理的专项附加扣除为 3 000 元，无其他扣除。

（1）累计预缴应纳税所得计算。

①累计收入 = 截至当前月份累计支付的工资薪金所得收入额 = 16 000 + 16 000
= 32 000（元）

②累计免税收入 = 0

③累计基本减除费用 = 5 000 元/月 × 当前月份 = 5 000 × 2 = 10 000（元）

④累计专项扣除 = 截至当前月份累计专项扣除 = 3 200 + 3 200 = 6 400（元）

⑤累计专项附加扣除 = 截至当前月份累计专项附加扣除 = 3 000 + 3 000 = 6 000（元）

⑥累计依法确定的其他扣除 = 0

2 月累计预扣预缴应纳税所得额 = 累计收入 − 累计免税收入 − 累计基本减除费用
− 累计专项扣除 − 累计专项附加扣除
− 累计依法确定的其他扣除
= 32 000 − 10 000 − 6 400 − 6 000
= 9 600（元）

对应税率为 3%。

（2）2 月应预扣预缴税额 =（累计预扣预缴应纳税所得额 × 预扣率 − 速算扣除数）− 累计减免税额 − 累计已预扣预缴税额 = 9 600 × 3% − 144 = 288 − 144 = 144（元）

2019 年 2 月，A 公司在发放工资环节按照上述规则计算并预扣个人所得税 144 元。

2019 年 3 月，A 公司在申报期内按照新税法申报个人所得税，以预扣预缴方法计算出的 144 元为张先生进行预缴个人所得税申报。

以此类推，计算得出张先生各月个人所得税预扣预缴情况明细表如表 3.7 所示。

**表 3.7　　2019 年 1—12 月工资、薪金个人所得税预扣预缴计算表**　　单位：元

| 月份 | 工资薪金收入 | 季度奖金 | 费用扣除标准 | 专项扣除 | 专项附加扣除 | 应纳税所得额 | 税率（%） | 速算扣除数 | 累计应纳税额 | 当月应纳税额 |
|---|---|---|---|---|---|---|---|---|---|---|
| 1 月 | 16 000 | | 5 000 | 3 200 | 4 800 | 4 800 | 3 | 0 | 144 | 144 |
| 2 月 | 16 000 | | 5 000 | 3 200 | | | | | | |
| 累计 | 32 000 | | 10 000 | 6 400 | 9 600 | 9 600 | 3 | 0 | 288 | 144 |
| 3 月 | 16 000 | 30 000 | 5 000 | 3 200 | | | | | | |
| 累计 | 48 000 | 30 000 | 15 000 | 9 600 | 44 400 | 44 400 | 10 | 2 520 | 1 920 | 1 632 |
| 4 月 | 16 000 | | 5 000 | 3 200 | | | | | | |
| 累计 | 64 000 | 30 000 | 20 000 | 12 800 | 49 200 | 49 200 | 10 | 2 520 | 2 400 | 480 |
| 5 月 | 16 000 | | 5 000 | 3 200 | | | | | | |
| 累计 | 80 000 | 30 000 | 25 000 | 16 000 | 54 000 | 54 000 | 10 | 2 520 | 2 880 | 480 |
| 6 月 | 16 000 | 30 000 | 5 000 | 3 200 | | | | | | |
| 累计 | 96 000 | 60 000 | 30 000 | 19 200 | 88 800 | 88 800 | 10 | 2 520 | 6 360 | 3 480 |
| 7 月 | 16 000 | | 5 000 | 3 200 | | | | | | |
| 累计 | 11 200 | 60 000 | 35 000 | 22 400 | 93 600 | 93 600 | 10 | 2 520 | 6 840 | 480 |
| 8 月 | 16 000 | | 5 000 | 3 200 | | | | | | |

续表

| 月份 | 工资薪金收入 | 季度奖金 | 费用扣除标准 | 专项扣除 | 专项附加扣除 | 应纳税所得额 | 税率（%） | 速算扣除数 | 累计应纳税额 | 当月应纳税额 |
|---|---|---|---|---|---|---|---|---|---|---|
| 累计 | 128 000 | 60 000 | 40 000 | 25 600 | 98 400 | 98 400 | 10 | 2 520 | 7 320 | 480 |
| 9 月 | 16 000 | 30 000 | 5 000 | 3 200 | | | | | | |
| 累计 | 144 000 | 90 000 | 45 000 | 28 800 | 133 200 | 133 200 | 10 | 2 520 | 10 800 | 3 480 |
| 10 月 | 16 000 | | 5 000 | 3 200 | | | | | | |
| 累计 | 160 000 | 90 000 | 50 000 | 32 000 | 138 000 | 138 000 | 10 | 2 520 | 11 280 | 480 |
| 11 月 | 16 000 | | 5 000 | 3 200 | | | | | | |
| 累计 | 176 000 | 90 000 | 55 000 | 35 200 | 142 800 | 142 800 | 10 | 2 520 | 11 760 | 480 |
| 12 月 | 16 000 | 30 000 | 5 000 | 3 200 | | | | | | |
| 累计 | 192 000 | 120 000 | 60 000 | 38 400 | 177 600 | 177 600 | 20 | 16 920 | 18 600 | 6 840 |

### 3.7.2 其他综合所得（劳务报酬、稿酬、特许权使用费所得）预扣预缴个人所得税计算

1. 2019 年 3 月

张先生取得劳务报酬收入 3 000 元，稿酬收入 2 000 元

（1）计算劳务报酬所得预缴个人所得税：劳务报酬所得以收入减除费用后的余额为收入额：

(3 000 - 800) × 20% = 440（元）

（2）计算稿酬所得预缴个人所得税：稿酬所得以收入减除费用后的余额为收入额（稿酬所得的收入额减按 70% 计算）：

(2 000 - 800) × (1 - 30%) × 20% = 168（元）

根据按月折算的工资薪金预扣预缴税率表，张先生 3 月工资薪金收入预扣预缴税款为 1 632元，3 月合计预扣预缴：1 632 + 440 + 168 = 2 240（元）

2. 2019 年 6 月

张先生取得劳务报酬 30 000 元，特许权使用费所得 2 000 元

（1）计算劳务报酬收入预扣预缴个人所得税：

[30 000 × (1 - 20%)] × 30% - 2 000 = 5 200（元）

（2）计算特许权使用费所得预扣预缴个人所得税：

(2 000 - 800) × 20% = 240（元）

根据按月折算的工资薪金预扣预缴税率表，李先生 6 月工资薪金收入预扣预缴税款为 3 480元，6 月合计预扣预缴：

3 480 + 5 200 + 240 = 8 920（元）

### 3.7.3 汇算清缴

（1）张先生工资薪金收入额为 312 000 元[192 000(工资) + 120 000(季度考核奖金)]。

劳务报酬所得、稿酬所得、特许权使用费所得以收入减除 20% 的费用后的余额为收入额。稿酬所得的收入额减按 70% 计算。

劳务报酬收入额 = (3 000 + 30 000) × (1 - 20%) = 26 400（元）

稿酬收入额 = 2 000 × (1 - 20%) × 70% = 1 120（元）

特许权使用费收入额 = 2 000 × (1 − 20%) = 1 600（元）

收入额 = 192 000 + 120 000 + (3 000 + 30 000) × (1 − 20%) + 2 000 × (1 − 20%) × 70% + 2 000 × (1 − 20%) = 341 120（元）

居民个人的综合所得，以每一纳税年度的收入额减除费用 6 万元以及专项扣除、专项附加扣除和依法确定的其他扣除后的余额，为应纳税所得额。

应纳税所得额 = 341 120 − 60 000 − 38 400 − 36 000 = 206 720（元）

应纳税额 = 206 720 × 20% − 16 920 = 24 424（元）

已交：

18 600 + 440 + 168 + 5 200 + 240 = 24 648（元）

应退：24 648 − 24 424 = 224（元）

（2）假设李先生 2019 年可扣符合专项附加扣除条件的大病医疗支出 60 000 元。则

收入额为 341 120（元）。

应纳税所得额 = 341 120 − 60 000 − 38 400 − 36 000 − 60 000 = 146 720（元）

应纳税额 = 146 720 × 20% − 16 920 = 12 424（元）

已交：

18 600 + 440 + 168 + 5 200 + 240 = 24 648（元）

应退：24 648 − 12 424 = 12 224（元）

# 3.8　综合所得个税申报表

## 3.8.1　个人所得税基础信息表（A 表）

1. 申报表（见表 3.8）

2. 填表说明

（1）适用范围。本表由扣缴义务人填报。适用于扣缴义务人办理全员全额扣缴申报时，填报其支付所得的纳税人的基础信息。

（2）报送期限。扣缴义务人首次向纳税人支付所得，或者纳税人相关基础信息发生变化的，应当填写本表，并于次月扣缴申报时向税务机关报送。

（3）本表各栏填写。本表带“＊”项目分为必填和条件必填，其余项目为选填。

①表头项目。

扣缴义务人名称：填写扣缴义务人的法定名称全称。

扣缴义务人纳税人识别号（统一社会信用代码）：填写扣缴义务人的纳税人识别号或者统一社会信用代码。

②表内各栏。

第 2—8 列“纳税人基本信息”：填写纳税人姓名、证件等基本信息。

**表 3.8**

## 个人所得税基础信息表（A 表）
## （适用于扣缴义务人填报）

扣缴义务人名称：

扣缴义务人纳税人识别号（统一社会信用代码）：□□□□□□□□□□□□□□□□□□

| 序号 | 纳税人基本信息（带＊必填） | | | | | | 任职受雇从业信息 | | | | | 联系方式 | | | | | 银行账户 | | 投资信息 | | 其他信息 | | 华侨、港澳台、外籍个人信息（带＊必填） | | | | | 备注 |
|---|---|---|---|---|---|---|---|---|---|---|---|---|---|---|---|---|---|---|---|---|---|---|---|---|---|---|---|---|
| | 纳税人识别号 | ＊纳税人姓名 | ＊身份证件类型 | ＊身份证件号码 | ＊出生日期 | ＊国籍/地区 | 类型 | 职务 | 学历 | 任职受雇从业日期 | 离职日期 | 手机号码 | 户籍所在地 | 经常居住地 | 联系地址 | 电子邮箱 | 开户银行 | 银行账号 | 投资额（元） | 投资比例 | 是否残疾、孤老、烈属 | 残疾、烈属证号 | ＊出生地 | ＊性别 | ＊首次入境时间 | ＊预计离境时间 | ＊涉税事由 | |
| 1 | 2 | 3 | 4 | 5 | 6 | 7 | 8 | 9 | 10 | 11 | 12 | 13 | 14 | 15 | 16 | 17 | 18 | 19 | 20 | 21 | 22 | 23 | 24 | 25 | 26 | 27 | 28 | 29 |
| | | | | | | | | | | | | | | | | | | | | | | | | | | | | |
| | | | | | | | | | | | | | | | | | | | | | | | | | | | | |
| | | | | | | | | | | | | | | | | | | | | | | | | | | | | |
| | | | | | | | | | | | | | | | | | | | | | | | | | | | | |
| | | | | | | | | | | | | | | | | | | | | | | | | | | | | |

谨声明：本表是根据国家税收法律法规及相关规定填报的，是真实的、可靠的、完整的。

扣缴义务人（签章）： 年 月 日

| | |
|---|---|
| 经办人签字：<br>经办人身份证件号码：<br>代理机构签章：<br>代理机构统一社会信用代码： | 受理人：<br>受理税务机关（章）：<br>受理日期： 年 月 日 |

国家税务总局监制

第 2 列“纳税人识别号”：有中国公民身份号码的，填写中华人民共和国居民身份证上载明的“公民身份号码”；没有中国公民身份号码的，填写税务机关赋予的纳税人识别号。

第 3 列“纳税人姓名”：填写纳税人姓名。外籍个人英文姓名按照“先姓（surname）后名（given name）”的顺序填写，确实无法区分姓和名的，按照证件上的姓名顺序填写。

第 4 列“身份证件类型”：根据纳税人实际情况填写。

有中国公民身份号码的，应当填写《中华人民共和国居民身份证》（简称“居民身份证”）。

华侨应当填写《中华人民共和国护照》（简称“中国护照”）。

港澳居民可选择填写《港澳居民来往内地通行证》（简称“港澳居民通行证”）或者《中华人民共和国港澳居民居住证》（简称“港澳居民居住证”）；台湾居民可选择填写《台湾居民来往大陆通行证》（简称“台湾居民通行证”）或者《中华人民共和国台湾居民居住证》（简称“台湾居民居住证”）。

外籍人员可选择填写《中华人民共和国外国人永久居留身份证》（简称“外国人永久居留证”）、《中华人民共和国外国人工作许可证》（简称“外国人工作许可证”）或者“外国护照”。

其他符合规定的情形填写“其他证件”。

身份证件类型选择“港澳居民居住证”的，应当同时填写“港澳居民通行证”；身份证件类型选择“台湾居民居住证”的，应当同时填写“台湾居民通行证”；身份证件类型选择“外国人永久居留证”或者“外国人工作许可证”的，应当同时填写“外国护照”。

第 5—6 列“身份证件号码”“出生日期”：根据纳税人身份证件上的信息填写。

第 7 列“国籍/地区”：填写纳税人所属的国籍或者地区。

第 8—12 列“任职受雇从业信息”：填写纳税人与扣缴义务人之间的任职受雇从业信息。

第 8 列“类型”：根据实际情况填写“雇员”“保险营销员”“证券经纪人”或者“其他”。

第 9—12 列“职务”“学历”“任职受雇从业日期”“离职日期”：其中，当第 9 列“类型”选择“雇员”“保险营销员”或者“证券经纪人”时，填写纳税人与扣缴义务人建立或者解除相应劳动或者劳务关系的日期。

第 13—17 列“联系方式”：

第 13 列“手机号码”：填写纳税人境内有效手机号码。

第 14—16 列“户籍所在地”“经常居住地”“联系地址”：填写纳税人境内有效户籍所在地、经常居住地或者联系地址，按以下格式填写（具体到门牌号）：______省（区、市）______市______区（县）______街道（乡、镇）______。

第 17 列“电子邮箱”：填写有效的电子邮箱。

第 18—19 列“银行账户”：填写个人境内有效银行账户信息，开户银行填写到银行总行。

第 20—21 列“投资信息”：纳税人为扣缴单位的股东、投资者的，填写本栏。

第 22—23 列“其他信息”：如纳税人有“残疾、孤老、烈属”情况的，填写本栏。

第 24—28 列“华侨、港澳台、外籍个人信息”：纳税人为华侨、港澳台居民、外籍个人的填写本栏。

第 24 列“出生地”：填写华侨、港澳台居民、外籍个人的出生地，具体到国家或者地区。

第 26—27 列“首次入境时间”“预计离境时间”：填写华侨、港澳台居民、外籍个人首次入境和预计离境的时间，具体到年、月、日。预计离境时间发生变化的，应及时进行变更。

第 28 列“涉税事由”：填写华侨、港澳台居民、外籍个人在境内涉税的具体事由，包括“任职受雇”“提供临时劳务”“转让财产”“从事投资和经营活动”“其他”。如有多项事由的，应同时填写。

（4）其他事项说明

以纸质方式报送本表的，应当一式两份，扣缴义务人、税务机关各留存一份。

### 3.8.2 个人所得税基础信息表（B 表）

1. 申报表（见表 3.9）

**表 3.9**　　**个人所得税基础信息表（B 表）**

**（适用于自然人填报）**

纳税人识别号：□□□□□□□□□□□□□□□□□□□□

| 基本信息（带＊必填） | | | | | | | |
|---|---|---|---|---|---|---|---|
| 基本信息 | ＊纳税人姓名 | 中文名 | | 英文名 | | | |
| | ＊身份证件 | 证件类型一 | | 证件号码 | | | |
| | | 证件类型二 | | 证件号码 | | | |
| | ＊国籍/地区 | | | ＊出生日期 | 年　月　日 | | |
| 联系方式 | 户籍所在地 | 省（区、市）　市　区（县）　街道（乡、镇） | | | | | |
| | 经常居住地 | 省（区、市）　市　区（县）　街道（乡、镇） | | | | | |
| | 联系地址 | 省（区、市）　市　区（县）　街道（乡、镇） | | | | | |
| | ＊手机号码 | | | 电子邮箱 | | | |
| 其他信息 | 开户银行 | | | 银行账号 | | | |
| | 学历 | □研究生　□大学本科　□大学本科以下 | | | | | |
| | 特殊情形 | □残疾　残疾证号______　□烈属　烈属证号______　□孤老 | | | | | |
| 任职、受雇、从业信息 | | | | | | | |
| 任职受雇从业单位一 | 名称 | | | 国家/地区 | | | |
| | 纳税人识别号（统一社会信用代码） | | | 任职受雇从业日期 | 年　月 | 离职日期 | 年　月 |
| | 类型 | □雇员 □保险营销员 □证券经纪人 □其他 | | 职务 | □高层　□其他 | | |
| 任职受雇从业单位二 | 名称 | | | 国家/地区 | | | |
| | 纳税人识别号（统一社会信用代码） | | | 任职受雇从业日期 | 年　月 | 离职日期 | 年　月 |
| | 类型 | □雇员 □保险营销员 □证券经纪人 □其他 | | 职务 | □高层　□其他 | | |

续表

<table>
<tr><td colspan="7">该栏仅由投资者纳税人填写</td></tr>
<tr><td rowspan="2">被投资单位一</td><td>名称</td><td></td><td>国家/地区</td><td colspan="3"></td></tr>
<tr><td>纳税人识别号（统一社会信用代码）</td><td></td><td>投资额（元）</td><td></td><td>投资比例</td><td></td></tr>
<tr><td rowspan="2">被投资单位二</td><td>名称</td><td></td><td>国家/地区</td><td colspan="3"></td></tr>
<tr><td>纳税人识别号（统一社会信用代码）</td><td></td><td>投资额（元）</td><td></td><td>投资比例</td><td></td></tr>
<tr><td colspan="7">该栏仅由华侨、港澳台、外籍个人填写（带 * 必填）</td></tr>
<tr><td colspan="2">* 出生地</td><td></td><td>* 首次入境时间</td><td colspan="3">年　月　日</td></tr>
<tr><td colspan="2">* 性别</td><td></td><td>* 预计离境时间</td><td colspan="3">年　月　日</td></tr>
<tr><td colspan="2">* 涉税事由</td><td colspan="5">□任职受雇　□提供临时劳务　□转让财产　□从事投资和经营活动　□其他</td></tr>
<tr><td colspan="7">谨声明：本表是根据国家税收法律法规及相关规定填报的，是真实的、可靠的、完整的。<br>纳税人（签字）：　　年　月　日</td></tr>
<tr><td colspan="3">经办人签字：<br>经办人身份证件号码：<br>代理机构签章：<br>代理机构统一社会信用代码：</td><td colspan="4">受理人：<br><br>受理税务机关（章）：<br>受理日期：　　年　月　日</td></tr>
</table>

国家税务总局监制

2. 填表说明

（1）适用范围。本表适用于自然人纳税人基础信息的填报。

（2）报送期限。自然人纳税人初次向税务机关办理相关涉税事宜时填报本表；初次申报后，以后仅需在信息发生变化时填报。

（3）本表各栏填写。本表带“ * ”的项目为必填或者条件必填，其余项目为选填。

①表头项目。纳税人识别号：有中国公民身份号码的，填写中华人民共和国居民身份证上载明的“公民身份号码”；没有中国公民身份号码的，填写税务机关赋予的纳税人识别号。

②表内各栏。

第一，基本信息：

纳税人姓名：填写纳税人姓名。外籍个人英文姓名按照“先姓（surname）后名（given name）”的顺序填写，确实无法区分姓和名的，按照证件上的姓名顺序填写。

身份证件：填写纳税人有效的身份证件类型及号码。

“证件类型一”按以下原则填写：

有中国公民身份号码的，应当填写“居民身份证”。

华侨应当填写“中国护照”。

港澳居民可选择填写“港澳居民通行证”或“港澳居民居住证”；台湾居民可选择填写“台湾居民通行证”或“台湾居民居住证”。

外籍个人可选择填写“外国人永久居留证”“外国人工作许可证”或“外国护照”。

其他符合规定的情形填写“其他证件”。

“证件类型二”按以下原则填写：证件类型一选择“港澳居民居住证”的，证件类型二应当填写“港澳居民通行证”；证件类型一选择“台湾居民居住证”的，证件类型二应当填写“台湾居民通行证”；证件类型一选择“外国人永久居留证”或者“外国人工作许可证”的，证件类型二应当填写“外国护照”。证件类型一已选择“居民身份证”“中国护照”“港澳居民通行证”“台湾居民通行证”或“外国护照”，证件类型二可不填。

国籍/地区：填写纳税人所属的国籍或地区。

出生日期：根据纳税人身份证件上的信息填写。

户籍所在地、经常居住地、联系地址：填写境内地址信息，至少填写一项。有居民身份证的，“户籍所在地”“经常居住地”必须填写其中之一。

手机号码、电子邮箱：填写境内有效手机号码，港澳台、外籍个人可以选择境内有效手机号码或电子邮箱中的一项填写。

开户银行、银行账号：填写有效的个人银行账户信息，开户银行填写到银行总行。

特殊情形：纳税人为残疾、烈属、孤老的，填写本栏。残疾、烈属人员还需填写残疾/烈属证件号码。

任职、受雇、从业信息：填写纳税人任职受雇从业的有关信息。其中，中国境内无住所个人有境外派遣单位的，应在本栏除填写境内任职受雇从业单位、境内受聘签约单位情况外，还应一并填写境外派遣单位相关信息。填写境外派遣单位时，其纳税人识别号（社会统一信用代码）可不填。

投资者纳税人填写栏：由自然人股东、投资者填写。没有，则不填。

名称：填写被投资单位名称全称。

纳税人识别号（统一社会信用代码）：填写被投资单位纳税人识别号或者统一社会信用代码。

投资额：填写自然人股东、投资者在被投资单位投资的投资额（股本）。

投资比例：填写自然人股东、投资者的投资额占被投资单位投资（股本）的比例。

华侨、港澳台、外籍个人信息：华侨、港澳台居民、外籍个人填写本栏。

出生地：填写华侨、港澳台居民、外籍个人的出生地，具体到国家或者地区。

首次入境时间、预计离境时间：填写华侨、港澳台居民、外籍个人首次入境和预计离境的时间，具体到年、月、日。预计离境时间发生变化的，应及时进行变更。

涉税事由：填写华侨、港澳台居民、外籍个人在境内涉税的具体事由，在相应事由处画“√”。如有多项事由的，同时勾选。

（4）其他事项说明。以纸质方式报送本表的，应当一式两份，纳税人、税务机关各留存一份。

### 3.8.3　个人所得税扣缴申报表

1. 申报表（见表3.10）

**表 3.10**

# 个人所得税扣缴申报表

税款所属期：　年　月　日至　年　月　日

扣缴义务人名称：

扣缴义务人纳税人识别号（统一社会信用代码）：□□□□□□□□□□□□□□□□□□□□　　金额单位：人民币元（列至角分）

| 序号 | 姓名 | 身份证件类型 | 身份证件号码 | 纳税人识别号 | 是否为非居民个人 | 所得项目 | 本月（次）情况 | | | | | | | | | | | | | | 累计情况 | | | | | | | | | 减按计税比例 | 准予扣除的捐赠额 | 税款计算 | | | | | | | 备注 |
|---|---|---|---|---|---|---|---|---|---|---|---|---|---|---|---|---|---|---|---|---|---|---|---|---|---|---|---|---|---|---|---|---|---|---|---|---|---|---|---|
| | | | | | | | 收入额计算 | | | 减除费用 | 专项扣除 | | | | 其他扣除 | | | | | | 累计收入额 | 累计减除费用 | 累计专项扣除 | 累计专项附加扣除 | | | | | 累计其他扣除 | | | 应纳税所得额 | 税率/预扣率 | 速算扣除数 | 应纳税额 | 减免税额 | 已缴税额 | 应补/退税额 | |
| | | | | | | | 收入 | 费用 | 免税收入 | | 基本养老保险费 | 基本医疗保险费 | 失业保险费 | 住房公积金 | 年金 | 商业健康保险 | 税延养老保险 | 财产原值 | 允许扣除的税费 | 其他 | | | | 子女教育 | 赡养老人 | 住房贷款利息 | 住房租金 | 继续教育 | | | | | | | | | | | |
| 1 | 2 | 3 | 4 | 5 | 6 | 7 | 8 | 9 | 10 | 11 | 12 | 13 | 14 | 15 | 16 | 17 | 18 | 19 | 20 | 21 | 22 | 23 | 24 | 25 | 26 | 27 | 28 | 29 | 30 | 31 | 32 | 33 | 34 | 35 | 36 | 37 | 38 | 39 | 40 |
| | | | | | | | | | | | | | | | | | | | | | | | | | | | | | | | | | | | | | | | |
| | | | | | | | | | | | | | | | | | | | | | | | | | | | | | | | | | | | | | | | |
| | | | | | | | | | | | | | | | | | | | | | | | | | | | | | | | | | | | | | | | |
| | | | | | | | | | | | | | | | | | | | | | | | | | | | | | | | | | | | | | | | |
| | | | | | | | | | | | | | | | | | | | | | | | | | | | | | | | | | | | | | | | |
| 会计合计 | | | | | | | | | | | | | | | | | | | | | | | | | | | | | | | | | | | | | | | |

谨声明：本表是根据国家税收法律法规及相关规定填报的，是真实的、可靠的、完整的。

扣缴义务人（签章）：　　　　年　　月　　日

| 经办人签字：<br>经办人身份证件号码：<br>代理机构签章：<br>代理机构统一社会信用代码： | 受理人：<br>受理税务机关（章）：<br><br>受理日期：　年　月　日 |
|---|---|

国家税务总局监制

2. 填表说明

（1）适用范围。本表适用于扣缴义务人向居民个人支付工资、薪金所得，劳务报酬所得，稿酬所得和特许权使用费所得的个人所得税全员全额预扣预缴申报；向非居民个人支付工资、薪金所得，劳务报酬所得，稿酬所得和特许权使用费所得的个人所得税全员全额扣缴申报；以及向纳税人（居民个人和非居民个人）支付利息、股息、红利所得，财产租赁所得，财产转让所得和偶然所得的个人所得税全员全额扣缴申报。

（2）报送期限。扣缴义务人应当在每月或者每次预扣、代扣税款的次月 15 日内，将已扣税款缴入国库，并向税务机关报送本表。

（3）本表各栏填写。

①表头项目。

税款所属期：填写扣缴义务人预扣、代扣税款当月的第 1 日至最后 1 日。如：2019 年 3 月 20 日发放工资时代扣的税款，税款所属期填写“2019 年 3 月 1 日至 2019 年 3 月 31 日”。

扣缴义务人名称：填写扣缴义务人的法定名称全称。

扣缴义务人纳税人识别号（统一社会信用代码）：填写扣缴义务人的纳税人识别号或者统一社会信用代码。

②表内各栏。

第 2 列“姓名”：填写纳税人姓名。

第 3 列“身份证件类型”：填写纳税人有效的身份证件名称。中国公民有中华人民共和国居民身份证的，填写居民身份证；没有居民身份证的，填写中华人民共和国护照、港澳居民来往内地通行证或者港澳居民居住证、台湾居民通行证或者台湾居民居住证、外国人永久居留身份证、外国人工作许可证或者护照等。

第 4 列“身份证件号码”：填写纳税人有效身份证件上载明的证件号码。

第 5 列“纳税人识别号”：有中国公民身份号码的，填写中华人民共和国居民身份证上载明的“公民身份号码”；没有中国公民身份号码的，填写税务机关赋予的纳税人识别号。

第 6 列“是否为非居民个人”：纳税人为居民个人的填“否”。为非居民个人的，根据合同、任职期限、预期工作时间等不同情况，填写“是，且不超过 90 天”或“是，且超过 90 天不超过 183 天”。不填默认为“否”。

其中，纳税人为非居民个人的，填写“是，且不超过 90 天”的，当年在境内实际居住超过 90 天的次月 15 日内，填写“是，且超过 90 天不超过 183 天”。

第 7 列“所得项目”：填写纳税人取得的《个人所得税法》第二条规定的应税所得项目名称。同一纳税人取得多项或者多次所得的，应分行填写。

第 8—21 列“本月（次）情况”：填写扣缴义务人当月（次）支付给纳税人的所得，以及按规定各所得项目当月（次）可扣除的减除费用、专项扣除、其他扣除等。其中，工资、薪金所得预扣预缴个人所得税时扣除的专项附加扣除，按照纳税年度内纳税人在该任职受雇单位截至当月可享受的各专项附加扣除项目的扣除总额，填写至“累计情况”中第 25—29 列相应栏，本月情况中则无须填写。

“收入额计算”：包含“收入”“费用”“免税收入”。收入额 = 第 8 列 - 第 9 列 - 第 10 列。

第 8 列“收入”：填写当月（次）扣缴义务人支付给纳税人所得的总额。

第 9 列“费用”：取得劳务报酬所得、稿酬所得、特许权使用费所得时填写，取得其他各项所得时无须填写本列。居民个人取得上述所得，每次收入不超过 4 000 元的，费用填写“800”元；每次收入 4 000 元以上的，费用按收入的 20% 填写。非居民个人取得劳务报酬所得、稿酬所得、特许权使用费所得，费用按收入的 20% 填写。

第 10 列“免税收入”：填写纳税人各所得项目收入总额中，包含的税法规定的免税收入金额。其中，税法规定“稿酬所得的收入额减按 70% 计算”，对稿酬所得的收入额减计的 30% 部分，填入本列。

第 11 列“减除费用”：按税法规定的减除费用标准填写。如，2019 年纳税人取得工资、薪金所得按月申报时，填写 5 000 元。纳税人取得财产租赁所得，每次收入不超过 4 000 元的，填写 800 元；每次收入 4 000 元以上的，按收入的 20% 填写。

第 12—15 列“专项扣除”：分别填写按规定允许扣除的基本养老保险费、基本医疗保险费、失业保险费、住房公积金（以下简称“三险一金”）的金额。

第 16—21 列“其他扣除”：分别填写按规定允许扣除的项目金额。

第 22—30 列“累计情况”：本栏适用于居民个人取得工资、薪金所得，保险营销员、证券经纪人取得佣金收入等按规定采取累计预扣法预扣预缴税款时填报。

第 22 列“累计收入额”：填写本纳税年度截至当前月份，扣缴义务人支付给纳税人的工资、薪金所得，或者支付给保险营销员、证券经纪人的劳务报酬所得的累计收入额。

第 23 列“累计减除费用”：按照 5 000 元/月乘以纳税人当年在本单位的任职受雇或者从业的月份数计算。

第 24 列“累计专项扣除”：填写本年度截至当前月份，按规定允许扣除的“三险一金”的累计金额。

第 25—29 列“累计专项附加扣除”：分别填写截至当前月份，纳税人按规定可享受的子女教育、赡养老人、住房贷款利息或者住房租金、继续教育扣除的累计金额。大病医疗扣除由纳税人在年度汇算清缴时办理，此处无须填报。

第 30 列“累计其他扣除”：填写本年度截至当前月份，按规定允许扣除的年金（包括企业年金、职业年金）、商业健康保险、税延养老保险及其他扣除项目的累计金额。

第 31 列“减按计税比例”：填写按规定实行应纳税所得额减计税收优惠的减计比例。无减计规定的，可不填，系统默认为 100%。如某项税收政策实行减按 60% 计入应纳税所得额，则本列填 60%。

第 32 列“准予扣除的捐赠额”：是指按照税法及相关法规、政策规定，可以在税前扣除的捐赠额。

第 33—39 列“税款计算”：填写扣缴义务人当月扣缴个人所得税款的计算情况。

第 33 列“应纳税所得额”：根据相关列次计算填报。

居民个人取得工资、薪金所得，填写累计收入额减除累计减除费用、累计专项扣除、累计专项附加扣除、累计其他扣除后的余额。

非居民个人取得工资、薪金所得，填写收入额减去减除费用后的余额。

居民个人或者非居民个人取得劳务报酬所得、稿酬所得、特许权使用费所得，填写本月（次）收入额减除其他扣除后的余额。

保险营销员、证券经纪人取得的佣金收入，填写累计收入额减除累计减除费用、累计其他扣除后的余额。

居民个人或者非居民个人取得利息、股息、红利所得和偶然所得，填写本月（次）收入额。

居民个人或者非居民个人取得财产租赁所得，填写本月（次）收入额减去减除费用、其他扣除后的余额。

居民个人或者非居民个人取得财产转让所得，填写本月（次）收入额减除财产原值、允许扣除的税费后的余额。

其中，适用“减按计税比例”的所得项目，其应纳税所得额按上述方法计算后乘以减按计税比例的金额填报。

按照税法及相关法规、政策规定，可以在税前扣除的捐赠额，可以按上述方法计算后从应纳税所得额中扣除。

第 34—35 列“税率/预扣率”“速算扣除数”：填写各所得项目按规定适用的税率（或预扣率）和速算扣除数。没有速算扣除数的，则不填。

第 36 列“应纳税额”：根据相关列次计算填报。第 36 列 = 第 33 列 × 第 34 列 - 第 35 列。

第 37 列“减免税额”：填写符合税法规定可减免的税额，并附报《个人所得税减免税事项报告表》。居民个人工资、薪金所得，以及保险营销员、证券经纪人取得佣金收入，填写本年度累计减免税额；居民个人取得工资、薪金以外的所得或非居民个人取得各项所得，填写本月（次）减免税额。

第 38 列“已缴税额”：填写本年或本月（次）纳税人同一所得项目，已由扣缴义务人实际扣缴的税款金额。

第 39 列“应补/退税额”：根据相关列次计算填报。第 39 列 = 第 36 列 - 第 37 列 - 第 38 列。

（4）其他事项说明。以纸质方式报送本表的，应当一式两份，扣缴义务人、税务机关各留存一份。

### 3.8.4 个人所得税自行纳税申报表（A 表）

1. 申报表（见表 3.11）

2. 填表说明

（1）适用范围。本表适用于居民个人取得应税所得，扣缴义务人未扣缴税款，非居民个人取得应税所得扣缴义务人未扣缴税款，非居民个人在中国境内从两处以上取得工资、薪金所得等情形在办理自行纳税申报时，向税务机关报送。

（2）报送期限。

①居民个人取得应税所得扣缴义务人未扣缴税款，应当在取得所得的次年 6 月 30 日前办理纳税申报。税务机关通知限期缴纳的，纳税人应当按照期限缴纳税款。

②非居民个人取得应税所得，扣缴义务人未扣缴税款的，应当在取得所得的次年 6 月 30 日前办理纳税申报。非居民个人在次年 6 月 30 日前离境（临时离境除外）的，应当在离境前办理纳税申报。

**表 3.11**

## 个人所得税自行纳税申报表（A 表）

税款所属期：　　年　月　日至　　年　月　日

纳税人姓名：

纳税人识别号：□□□□□□□□□□□□□□□□□□□□

金额单位：人民币元（列至角分）

| | | | | | |
|---|---|---|---|---|---|
| 自行申报情形 | □居民个人取得应税所得，扣缴义务人未扣缴税款<br>□非居民个人取得应税所得，扣缴义务人未扣缴税款<br>□非居民个人在中国境内从两处以上取得工资、薪金所得<br>□其他＿＿＿＿＿ | 是否为非居民个人 | □是<br>□否 | 非居民个人本年度境内居住天数 | □不超过 90 天<br>□超过 90 天　不超过 183 天 |

| 序号 | 所得项目 | 收入额计算 | | | 减除费用 | 专项扣除 | | | | 其他扣除 | | | 减按计税比例 | 准予扣除的捐赠额 | 税款计算 | | | | | | | 备注 |
|---|---|---|---|---|---|---|---|---|---|---|---|---|---|---|---|---|---|---|---|---|---|---|
| | | 收入 | 费用 | 免税收入 | | 基本养老保险费 | 基本医疗保险费 | 失业保险费 | 住房公积金 | 财产原值 | 允许扣除的税费 | 其他 | | | 应纳税所得额 | 税率 | 速算扣除数 | 应纳税额 | 减免税额 | 已缴税额 | 应补/退税额 | |
| 1 | 2 | 3 | 4 | 5 | 6 | 7 | 8 | 9 | 10 | 11 | 12 | 13 | 14 | 15 | 16 | 17 | 18 | 19 | 20 | 21 | 22 | 23 |
| | | | | | | | | | | | | | | | | | | | | | | |
| | | | | | | | | | | | | | | | | | | | | | | |
| | | | | | | | | | | | | | | | | | | | | | | |
| | | | | | | | | | | | | | | | | | | | | | | |
| | | | | | | | | | | | | | | | | | | | | | | |

谨声明：本表是根据国家税收法律法规及相关规定填报的，是真实的、可靠的、完整的。

纳税人签字：　　　　年　　月　　日

| | |
|---|---|
| 经办人签字：<br>经办人身份证件号码：<br>代理机构签章：<br>代理机构统一社会信用代码： | 受理人：<br><br>受理税务机关（章）：<br>受理日期：　　年　　月　　日 |

国家税务总局监制

③非居民个人在中国境内从两处以上取得工资、薪金所得的，应当在取得所得的次月15日内办理纳税申报。

④其他需要纳税人办理自行申报的情形，按规定的申报期限办理。

（3）本表各栏填写。

①表头项目。

税款所属期：填写纳税人取得应纳个人所得税款的所属期间，填写具体的起止年、月、日。

纳税人姓名：填写自然人纳税人姓名。

纳税人识别号：有中国公民身份号码的，填写中华人民共和国居民身份证上载明的“公民身份号码”；没有中国公民身份号码的，填写税务机关赋予的纳税人识别号。

②表内各栏。

“自行申报情形”：纳税人根据自身情况在对应框内打“√”。选择“其他”的，应当填写具体自行申报情形。

“是否为非居民个人”：非居民个人选“是”，居民个人选“否”。不填默认为“否”。

“非居民个人本年度境内居住天数”：非居民个人根据合同、任职期限、预期工作时间等不同情况，填写“不超过90天”或“超过90天不超过183天”。

第2列“所得项目”：按照《个人所得税法》第二条规定的项目填写。纳税人取得多项所得或者多次取得所得的，分行填写。

第3—5列“收入额计算”：包含“收入”“费用”“免税收入”。收入额=第3列-第4列-第5列。

第3列“收入”：填写纳税人实际取得所得的收入总额。

第4列“费用”：取得劳务报酬所得、稿酬所得、特许权使用费所得时填写，取得其他各项所得时无须填写本列。非居民个人取得劳务报酬所得、稿酬所得、特许权使用费所得，费用按收入的20%填写。

第5列“免税收入”：填写符合税法规定的免税收入金额。其中，税法规定“稿酬所得的收入额减按70%计算”，对减计的30%部分，填入本列。

第6列“减除费用”：按税法规定的减除费用标准填写。

第7—10列“专项扣除”：分别填写按规定允许扣除的基本养老保险费、基本医疗保险费、失业保险费、住房公积金的金额。

第11—13列“其他扣除”：包含“财产原值”“允许扣除的税费”“其他”，分别填写按照税法规定当月（次）允许扣除的金额。

第11列“财产原值”：纳税人取得财产转让所得时填写本栏。

第12列“允许扣除的税费”：填写按规定可以在税前扣除的税费。

纳税人取得劳务报酬所得时，填写劳务发生过程中实际缴纳的可依法扣除的税费。

纳税人取得特许权使用费所得时，填写提供特许权过程中发生的中介费和实际缴纳的可依法扣除的税费。

纳税人取得财产租赁所得时，填写修缮费和出租财产过程中实际缴纳的可依法扣除的税费。

纳税人取得财产转让所得时，填写转让财产过程中实际缴纳的可依法扣除的税费。

第 13 列“其他”：填写按规定其他可以在税前扣除的项目。

第 14 列“减按计税比例”：填写按规定实行应纳税所得额减计税收优惠的减计比例。无减计规定的，则不填，系统默认为 100%。如某项税收政策实行减按 60% 计入应纳税所得额，则本列填 60%。

第 15 列“准予扣除的捐赠额”：是指按照税法及相关法规、政策规定，可以在税前扣除的捐赠额。

第 16 列“应纳税所得额”：根据相关列次计算填报。

第 17—18 列“税率”“速算扣除数”：填写所得项目按规定适用的税率和速算扣除数。所得项目没有速算扣除数的，则不填。

第 19 列“应纳税额”：根据相关列次计算填报。第 19 列 = 第 16 列 × 第 17 列 - 第 18 列。

第 20 列“减免税额”：填写符合税法规定的可以减免的税额，并附报《个人所得税减免税事项报告表》。

第 21 列“已缴税额”：填写纳税人当期已实际缴纳或者被扣缴的个人所得税税款。

第 22 列“应补/退税额”：根据相关列次计算填报。第 22 列 = 第 19 列 - 第 20 列 - 第 21 列。

（4）其他事项说明。以纸质方式报送本表的，应当一式两份，纳税人、税务机关各留存一份。

### 3.8.5　个人所得税年度自行纳税申报表

1. 申报表（见表 3.12）

**表 3.12　　个人所得税年度自行纳税申报表**

税款所属期：　　年　　月　　日至　　年　　月　　日

纳税人姓名：

纳税人识别号：□□□□□□□□□□□□□□□□□□□□　　金额单位：人民币元（列至角分）

| 项　目 | 行次 | 金额 |
|---|---|---|
| 一、收入合计（1 = 2 + 3 + 4 + 5） | 1 | |
| （一）工资、薪金所得 | 2 | |
| （二）劳务报酬所得 | 3 | |
| （三）稿酬所得 | 4 | |
| （四）特许权使用费所得 | 5 | |
| 二、费用合计 | 6 | |
| 三、免税收入合计 | 7 | |
| 四、减除费用 | 8 | |
| 五、专项扣除合计（9 = 10 + 11 + 12 + 13） | 9 | |
| （一）基本养老保险费 | 10 | |
| （二）基本医疗保险费 | 11 | |
| （三）失业保险费 | 12 | |

续表

| 项　　目 | 行次 | 金额 |
|---|---|---|
| （四）住房公积金 | 13 | |
| 六、专项附加扣除合计（14 = 15 + 16 + 17 + 18 + 19 + 20） | 14 | |
| （一）子女教育 | 15 | |
| （二）继续教育 | 16 | |
| （三）大病医疗 | 17 | |
| （四）住房贷款利息 | 18 | |
| （五）住房租金 | 19 | |
| （六）赡养老人 | 20 | |
| 七、其他扣除合计（21 = 22 + 23 + 24 + 25 + 26） | 21 | |
| （一）年金 | 22 | |
| （二）商业健康保险 | 23 | |
| （三）税延养老保险 | 24 | |
| （四）允许扣除的税费 | 25 | |
| （五）其他 | 26 | |
| 八、准予扣除的捐赠额 | 27 | |
| 九、应纳税所得额（28 = 1 − 6 − 7 − 8 − 9 − 14 − 21 − 27） | 28 | |
| 十、税率（%） | 29 | |
| 十一、速算扣除数 | 30 | |
| 十二、应纳税额（31 = 28 × 29 − 30） | 31 | |
| 十三、减免税额 | 32 | |
| 十四、已缴税额 | 33 | |
| 十五、应补/退税额（34 = 31 − 32 − 33） | 34 | |

无住所个人附报信息

| 在华停留天数 | | 已在华停留年数 | |
|---|---|---|---|

谨声明：本表是根据国家税收法律法规及相关规定填报的，是真实的、可靠的、完整的。

纳税人签字：　　　　　　　年　　月　　日

| 经办人签字：<br>经办人身份证件号码：<br>代理机构签章：<br>代理机构统一社会信用代码： | 受理人：<br><br>受理税务机关（章）：<br>受理日期：　　　年　　月　　日 |
|---|---|

国家税务总局监制

2. 填表说明

（1）适用范围。本表适用于居民个人取得境内综合所得，按税法规定进行个人所得税汇算清缴。纳税人取得境外所得的，不适用本表。

（2）报送期限。居民个人取得综合所得需要办理汇算清缴的，应当在取得所得的次年 3

月 1 日至 6 月 30 日内，向主管税务机关办理汇算清缴，并报送本表。

（3）本表各栏填写。

①表头项目。

税款所属期：填写纳税人取得所得应纳个人所得税款的所属期间。如 2019 年 1 月 1 日至 2019 年 12 月 31 日。

纳税人姓名：填写自然人纳税人姓名。

纳税人识别号：有中国公民身份号码的，填写中华人民共和国居民身份证上载明的“公民身份号码”；没有中国公民身份号码的，填写税务机关赋予的纳税人识别号。

②表内各行。

第 1 行“收入合计”：填写纳税人本年度取得综合所得的收入合计金额。第 1 行 = 第 2 行 + 第 3 行 + 第 4 行 + 第 5 行。

第 2 行“工资、薪金所得”：填写本年度应当并入综合所得计税的工资、薪金收入总额。

第 6 行“费用合计”：纳税人取得劳务报酬所得、稿酬所得、特许权使用费所得时，填写减除 20% 费用的合计金额。

第 7 行“免税收入合计”：填写本年度符合税法规定的免税收入合计金额。其中，税法规定“稿酬所得的收入额减按 70% 计算”，对减计的 30% 部分，填入本行。

第 8 行“减除费用”：按税法规定的减除费用标准填写。

第 9 行“专项扣除合计”：填写按规定本年度可在税前扣除的基本养老保险费、基本医疗保险费、失业保险费、住房公积金的合计金额。

第 9 行 = 第 10 行 + 第 11 行 + 第 12 行 + 第 13 行。

第 14 行“专项附加扣除合计”：填写按规定本年度可在税前扣除的子女教育、继续教育、大病医疗、住房贷款利息或住房租金、赡养老人等专项附加扣除费用的合计金额。

第 14 行 = 第 15 行 + 第 16 行 + 第 17 行 + 第 18 行 + 第 19 行 + 第 20 行。

第 21 行“其他扣除合计”：填写按规定本年度可在税前扣除的年金、商业健康保险、税延养老保险、允许扣除的税费等其他扣除项目的合计金额。

第 21 行 = 第 22 行 + 第 23 行 + 第 24 行 + 第 25 行 + 第 26 行。

第 27 行“准予扣除的捐赠额”：填写按规定本年度准予在税前扣除的捐赠额的合计金额。

第 28 行“应纳税所得额”：根据相应行次计算填报。

第 28 行 = 第 1 行 - 第 6 行 - 第 7 行 - 第 8 行 - 第 9 行 - 第 14 行 - 第 21 行 - 第 27 行。

第 29—30 行“税率”“速算扣除数”：填写按规定适用的税率和速算扣除数。

第 31 行“应纳税额”：按照相关行次计算填报。

第 31 行 = 第 28 行 × 第 29 行 - 第 30 行。

第 32 行“减免税额”：填写符合税法规定的可以减免的税额，并附报《个人所得税减免税事项报告表》。

第 33 行“已缴税额”：填写本年度内纳税人在中国境内已经缴纳或者被扣缴税款的合计金额。

第 34 行“应补/退税额”：根据相关行次计算填报。

第 34 行 = 第 31 行 - 第 32 行 - 第 33 行

③无住所个人附报信息：本栏由无住所个人填写。不是，则不填。

在华停留天数：填写一个纳税年度内，无住所居民个人在中国境内停留的天数。

已在华停留年数：填写无住所个人已在华连续停留的年份数。

（4）其他事项说明。以纸质方式报送本表的，应当一式两份，纳税人、税务机关各留存一份。

# 3.9 法规沿革及风险关注要点

## 3.9.1 法律沿革（见表 3.13）

表 3.13　个人所得税法颁布及历次修改情况

| 情形 | 通过时间 | 执行时间 | 通过机关 | 修改内容 |
|---|---|---|---|---|
| 通过并公布实施 | 1980 年 9 月 10 日 | 1980 年 9 月 10 日 | 第五届全国人民代表大会第三次会议 | 通过《中华人民共和国个人所得税法》，并同时公布实施 |
| 第一次修订 | 1993 年 10 月 31 日 | 1994 年 1 月 1 日 | 第八届全国人大常委会第四次会议 | 对《个人所得税法》《城乡个体工商户所得税暂行条例》和《个人收入调节税暂行条例》三个税收法律、法规进行修改和合并，建立内外统一的个人所得税税制 |
| 第二次修订 | 1999 年 8 月 30 日 | 1999 年 8 月 30 日 | 第九届全国人大常委会第十一次会议 | 恢复征收储蓄存款利息所得个人所得税，并规定对储蓄存款利息所得征收个人所得税的开征时间和征收办法由国务院规定 |
| 第三次修订 | 2005 年 10 月 27 日 | 2006 年 1 月 1 日 | 第十届全国人大常委会第十八次会议 | （1）将工资、薪金所得减除费用标准由 800 元/月提高到 1 600 元/月；<br>（2）扩大个人所得税自行申报范围和增加全员全额扣缴申报的规定 |
| 第四次修订 | 2007 年 6 月 29 日 | 2007 年 6 月 29 日 | 第十届全国人大常委会第二十八次会议 | 对储蓄存款利息所得开征、减征、停征个人所得税及其具体办法，授权由国务院规定 |
| 第五次修订 | 2007 年 12 月 29 日 | 2008 年 3 月 1 日 | 第十届全国人大常委会第三十一次会议 | 提高工资、薪金所得项目减除费用标准，由 1 600元/月提高到 2 000 元/月 |

续表

| 情形 | 通过时间 | 执行时间 | 通过机关 | 修改内容 |
| --- | --- | --- | --- | --- |
| 第六次修订 | 2011年6月30日 | 2011年9月1日 | 第十一届全国人大常委会第二十一次会议 | (1) 将工资、薪金所得减除费用标准由2 000元/月提高到3 500元/月；<br>(2) 调整适用于工资、薪金所得的纳税结构，由九级调整为七级，将最低档税率由5%降为3%，同时适当扩大3%和10%两档低税率和最高档税率的使用范围；<br>(3) 调整个体工商户生产经营所得和对企事业单位的承包经营、承租经营所得税率级距；<br>(4) 适当延长个人所得税申报纳税时间，由7天改为15天 |
| 第七次修订 | 2018年8月31日 | 2019年1月1日 | 第十三届全国人大常委会第五次会议 | 完善了有关纳税人的规定，对居民部分劳动性所得实施综合征税，优化调整税率结构，提高综合所得基本减除费用标准，设立专项附加扣除，并增加反避税条款，明确非居民个人征税办法，健全个人所得税征管制度 |

### 3.9.2 风险

1. 企业发放的各种其他应税收入

(1) 关注企业以组织境内外免费培训班、研讨会、工作考察等形式，对本企业雇员营销业绩进行奖励（包括实物、有价证券等），是否根据所发生费用全额计入企业雇员应税所得，与当期的工资薪金合并，按照“工资、薪金所得”项目扣缴个人所得税。

(2) 关注企业在营业费用、管理费用或公杂费中列支的向企业内部职工发放各种与业务推广有关费用或奖励等其他费用，是否与职工当期的工资薪金合并，按照“工资、薪金所得”项目扣缴个人所得税。

(3) 关注企业出资金为企业人员（除个人投资者外）支付与企业生产经营无关的消费性支出及购买汽车、住房等财产性支出（所有权不属于企业），是否按照“工资、薪金所得”项目扣缴个人所得税。

(4) 关注企业在营业费用、管理费用、营业外支出、销售费用等成本费用科目中列支，以各种形式或各种明目支付给企业内部员工的，除免税外，是否与当期工资薪金合并，按“工资、薪金所得”项目足额扣缴个人所得税。如暖气费、物业费、护眼费、降温费、洗衣费等其他不得免税的费用。

(5) 关注企业出资购买房屋和其他财产，将所有权登记为企业其他人员（除个人投资者和投资者家庭成员外）；企业其他人员（除个人投资者和投资者家庭成员外）向企业借款用于购买房屋及其他财产，将所有权登记为企业其他人员，且借款年度终了后未归还借款的，是否按照“工资、薪金所得”项目扣缴个人所得税。

(6) 关注企业以现金形式发给个人的住房补贴、医疗补助费，除外籍个人以实报实销形式取得的住房补贴外，是否按全额计入领取人的当期工资、薪金收入计算扣缴个人所得税。

(7) 关注企业个人因公务用车和通讯制度改革以现金、报销等形式取得的公务用车、通讯补贴收入，扣除一定标准的公务费用后，是否按照“工资、薪金”所得项目扣缴个人所得税。按月发放的，并入当月“工资、薪金”所得扣缴个人所得税；不按月发放的，分解到所属月份并与该月份“工资、薪金”所得合并后扣缴个人所得税。公务费用的扣除标准，由省级地方税务局根据纳税人公务交通、通讯费用的实际发生情况调查测算，报经省级人民政府批准后确定，并报国家税务总局备案。

(8) 关注企业向员工支付误餐补助，是否按财政部门规定，个人因公在城区、郊区工作，不能在工作单位或返回就餐，确实需要在外就餐的，根据实际误餐顿数，按规定标准支付的误餐费，否则应并入当月工资、薪金所得扣缴个人所得税。如果以误餐补助名义发给职工的补贴、津贴，应当并入当月工资、薪金所得扣缴个人所得税。

(9) 关注企业从超出国家规定的比例或基数计提的福利费、工会经费中支付给个人的各种补贴、补助，不属于免税的福利费，是否按税法规定并入工资、薪金所得扣缴个人所得税。

(10) 关注企业从福利费和工会经费中支付给单位职工的人人有份的补贴、补助，不属于免税的福利费，是否按税法规定并入工资、薪金所得扣缴个人所得税。

(11) 关注企业为个人购买汽车、住房、电子计算机等不属于临时性生活困难补助性质的支出等不属于免税的福利费，是否按税法规定并入工资、薪金所得扣缴个人所得税。

(12) 关注个人在公司（包括关联公司）任职、受雇，同时兼任董事、监事的，是否将董事费、监事费与个人工资收入合并，统一按“工资、薪金所得”项目缴纳个人所得税。

(13) 关注企业支付给职工的各种补贴、津贴，是否准确划分应并入“工资、薪金所得”征税范围扣缴个人所得税，有无将应并入征税的补贴、津贴，作为免征个人所得税的补贴、津贴。税法规定的免税补贴、津贴包括：按照国务院规定发给的政府特殊津贴；独生子女补贴；执行公务员工资制度未纳入基本工资总额的补贴、津贴差额和家属成员的副食品补贴；托儿补助费；差旅费津贴、误餐补助。

(14) 关注发放给个人的过节费、高温费（或购物卡），是否未按规定代扣代缴个人所得税。

(15) 关注企业利用财务集中核算模式，从下属机构经费项目中列支的上级员工补贴、分红、福利等项目，是否足额按“工资、薪金所得”代扣代缴个人所得税。

(16) 关注企业出资金为企业个人投资者或其家庭成员支付与企业生产经营无关的消费性支出及购买汽车、住房等财产性支出（所有权不属于企业），是否视为企业对个人投资者的红利分配，按照“利息、股息、红利所得”项目扣缴个人所得税。

(17) 关注企业纳税年度内个人投资者从其企业借款，在该纳税年度终了后既不归还，又未用于企业生产经营的，其未归还的借款，是否视为企业对个人投资者的红利分配，依照“利息、股息、红利所得”项目扣缴个人所得税。

(18) 关注企业是否存在个人工资薪金长期为 0 元或 1 元、大部分员工长期工资薪金不高于 3 500 元、长期仅为一两个员工代扣代缴申报、规模较大或经营状况较好的单位长期申报税额为 0 元等明显不符合常理情形。

(19) 通过数据分析，关注企业是否存在盗用非本单位雇员信息虚假申报“工资、薪金所得”个人所得税。

（20）通过数据分析，关注企业是否存在代扣代缴税款时，员工姓名包含非法字符（如××等、××公司、阿拉伯数字、××纳税、××扣缴申报等）。

（21）通过数据分析，关注企业是否存在代扣代缴税款时，员工居民身份证的号码不符合身份证编码规则（例如 1111……，123456……，电话号码等）。

（22）关注企业是否存在已离职员工未及时做非正常处理，仍继续代为申报个人所得税。

（23）关注企业是否存在工资、薪金所得与劳务报酬所得相混淆，少扣缴个人所得税。

（24）关注企业扣减的商业健康险是否属于税收优惠范围，即有税优识别码，同时核查符合条件商业健康保险按照不超过标准 200 元/月扣除。

2. 经济补偿金

关注企业与个人因解除劳动关系而支付给个人的一次性补偿费（包括用人单位发放的经济补偿金、生活补助费和其他补助费用），除符合免征个人所得税外，是否按税法规定按照“工资、薪金所得”项目准确计算扣缴个人所得税。税法规定以个人取得的一次性经济补偿收入，除以个人在本企业的工作年限数，以其商数作为个人的月工资、薪金收入，按照税法规定计算缴纳个人所得税。个人在本企业的工作年限数按实际工作年限数计算，超过 12 年的按 12 计算。取得的一次性补偿收入在当地上年职工平均工资 3 倍数额以内的部分，免征个人所得税。

企业依照国家有关法律规定宣告破产，企业职工从该破产企业取得的一次性安置费收入，免征个人所得税。

3. 全年一次性奖金

关注企业实行“双薪制”（按照国家有关规定，单位为其雇员多发放一个月的工资），是否按国税发〔2005〕9 号文第二条、第三条规定方法计算扣缴个人所得税。在一个纳税年度内，对每一个纳税人，该计税办法只允许采用一次。

4. 离退休人员

（1）关注企业再任用已退休人员取得的收入，是否在减除按个人所得税法规定的费用扣除标准后，按“工资、薪金所得”应税项目扣缴个人所得税。

（2）关注企业离退休人员除按规定领取离退休工资或养老金外，从原任职单位取得的各类补贴、奖金、实物，是否作为一个月工资薪金，按税法规定减除费用扣除标准后，按“工资、薪金所得”应税项目扣缴个人所得税。

（3）关注企业适当延长离休、退休年龄的高级专家，其在延长离休、退休期间的工资、薪金所得，视同退休工资、离休工资免征个人所得税的，是否符合税法规定享受国家发放的政府特殊津贴的专家、学者，否则不得免，应扣缴个人所得税。

（4）关注企业员工在办理内部退养手续后从原任职单位取得的一次性收入，是否按办理内部退养手续后至法定离退休年龄之间的所属月份进行平均，并与领取当月的“工资、薪金”所得合并后减除当月费用扣除标准，以余额为基数确定适用税率，再将当月工资、薪金加上取得的一次性收入，减去费用扣除标准，按适用税率扣缴个人所得税。

（5）关注企业员工因办理提前退休手续而取得的一次性补贴收入，是否按照办理提前退休手续至法定退休年龄之间所属月份平均分摊计算依“工资、薪金所得”项目征收个人所得税。计税公式：应纳税额 = {[（一次性补贴收入 ÷ 办理提前退休手续至法定退休年龄的实际月份数）– 费用扣除标准] × 适用税率 – 速算扣除数} × 提前办理退休手续至法定退休年龄的实际月份数

5. 股权激励计划（收益计划）

关注企业授予员工的股权激励计划所得，是否错按上市公司股权激励计划所得适用优惠计税方法计算扣缴个人所得税，而应按国税函〔2009〕461 号文件第七条第（二）项规定，将股权激励所得直接计入个人当期与工资薪金所得合并征收个人所得税。

6. 华侨人员所得

关注华侨人员在中国工作期间取得的工资、薪金所得，计算扣缴个人所得税时，适用附加扣除费用的，是否符合国侨发〔2009〕5 号文件规定的华侨身份的人员，并能提供证明其华侨身份的有关证明材料，否则不得附加扣除费用，应补扣缴个人所得税。

7. 工资、薪金所得减除费用标准

（1）关注企业员工 2008 年 3 月 1 日（含）至 2011 年 8 月 31 日（含）前取得的所得，是否均按照每月 2 000 元的扣除标准计算缴纳个人所得税。

（2）关注企业员工 2011 年 9 月 1 日（含）后取得的所得，是否均按照每月 3 500 元的扣除标准计算缴纳个人所得税。

8. 促销活动等其他所得

（1）关注企业是否在支付给无正式劳动合同的临时工工资时，按照税法规定的“劳务报酬所得”代扣代缴个人所得税。

（2）关注个人因参加企业的有奖销售活动而取得的赠品所得，企业是否按“偶然所得”项目计算扣缴个人所得税。赠品所得为实物的，应以《个人所得税法实施条例》第十条规定的方法确定应纳税所得额。

（3）关注企业对累积消费达到一定额度的顾客，给予额外抽奖机会，个人的获奖所得，是否按照“偶然所得”项目，全额适用 20% 的税率扣缴个人所得税。企业赠送的礼品是自产产品（服务）的，按该产品（服务）的市场销售价格确定个人的应税所得；是外购商品（服务）的，按该商品（服务）的实际购置价格确定个人的应税所得。

（4）关注企业是否在支付给无正式劳动合同的临时工工资时，按照税法规定的“劳务报酬所得”代扣代缴个人所得税。

（5）关注企业对于个人因任职单位缴纳有关保险费用而取得的无赔款优待收入，是否按照“其他所得”应税项目扣缴个人所得税。

（6）关注企业支付给个人为企业提供担保的报酬，是否按照个人所得税法规定的“其他所得”项目扣缴个人所得税。

（7）关注企业在年终总结、各种庆典、业务往来及其他活动中，为其他单位和部门的有关人员发放现金、实物或有价证券，对个人取得该项所得，是否按照“其他所得”项目计算扣缴个人所得税。

（8）关注企业在年会、座谈会、庆典以及其他活动中向本单位以外的个人赠送现金、消费券、物品、服务等礼品，对个人取得的礼品所得，是否按照“其他所得”项目，全额适用 20% 的税率扣缴个人所得税。企业赠送的礼品是自产产品（服务）的，按该产品（服务）的市场销售价格确定个人的应税所得；是外购商品（服务）的，按该商品（服务）的

实际购置价格确定个人的应税所得。

（9）关注企业在业务宣传、广告等活动中，随机向本单位以外的个人赠送现金、消费券、物品、服务等礼品，对个人取得的礼品所得，是否按照“其他所得”项目，全额适用20%的税率扣缴个人所得税。企业赠送的礼品是自产产品（服务）的，按该产品（服务）的市场销售价格确定个人的应税所得；是外购商品（服务）的，按该商品（服务）的实际购置价格确定个人的应税所得。

（10）关注企业在销售商品（产品）和提供服务过程中向个人赠送现金、消费券、物品、服务等礼品，不扣缴个人所得税的，是否符合税法规定不扣缴个人所得税条件，否则应按照“其他所得”项目，全额适用20%的税率扣缴个人所得税。企业赠送的礼品是自产产品（服务）的，按该产品（服务）的市场销售价格确定个人的应税所得；是外购商品（服务）的，按该商品（服务）的实际购置价格确定个人的应税所得。

税法规定不扣缴个人所得税条件是：①企业通过价格折扣、折让方式向个人销售商品（产品）和提供服务；②企业在向个人销售商品（产品）和提供服务的同时给予赠品，如通信企业对个人购买手机赠话费、入网费，或者购话费赠手机等；③企业对累积消费达到一定额度的个人按消费积分反馈礼品。

9. 劳务报酬所得

（1）关注企业是否在支付给无雇佣关系的个人报酬时，按“劳务报酬所得”代扣代缴个人所得税。

（2）关注企业以组织境内外免费培训班、研讨会、工作考察等形式，对本企业非雇佣的其他营销人员业绩进行奖励（包括实物、有价证券等），是否作为其他营销人员当期的劳务收入，按照“劳务报酬所得”项目扣缴个人所得税。

（3）关注企业董事、监事由于只担任董事或监事职务所取得的董事费收入，是否错用“工资、薪金所得”项目征税，而应属于劳务报酬所得性质，按照“劳务报酬所得”项目扣缴个人所得税。本条仅适用于个人担任公司董事、监事，且不在公司任职、受雇的情形。

（4）关注企业支付在广告设计、制作、发布过程中提供名义、形象等个人的形象代言费、广告费，是否按“劳务报酬所得”项目扣缴个人所得税。

10. 劳务报酬所得

关注企业员工向本企业提供非专利技术取得收益，是否错按“工资、薪金所得”项目扣缴个人所得税，而应按“特许权使用费所得”项目扣缴个人所得税。

11. 稿酬所得

关注企业支付在广告设计、制作、发布过程中提供图书、报刊上发布的图文作品的个人，是否按“稿酬所得”项目扣缴个人所得税。

12. 不含税收入

关注企业员工取得各项不含税个人所得，即企业为个人负担全部或部分个人所得税，是否按税法规定换算为含税个人应纳税所得额后，确定适用税率和速算扣除数计算扣缴个人所得税。

13. 报销形式取得的收入

关注企业以各种发票报销会议费、邮电费、差旅费等方式套取现金，支付给个人手续费、回扣、奖励、发放交通补贴（如油费）、误餐补助、加班补助、通讯费补贴等，是否计入其工资、薪金所得代扣代缴个人所得税。

14. 其他风险点

（1）关注企业是否有应扣缴税额不等于应纳税额减去减免税额，应补退税额不等于应扣缴税额减去已扣缴税额的情况。

（2）关注企业是否有收入额、免税所得、应纳税所得额、应扣缴税额小于0的情况。

（3）关注企业是否有以未分配利润、盈余公积和除股票溢价发行外的其他资本公积转增注册资本和股本的，按“利息、股息、红利所得”项目计征个人所得税。

（4）关注企业是否有微信红包促销活动，是否按规定代扣代缴个人所得税。

（5）关注企业是否账上有“不征税”预付卡发票，核查清楚预付卡的用途，是否按规定代扣代缴个人所得税。

### 3.9.3 关注要点

1. 收入

（1）职工所取得的职业年金、补偿金、股权激励的关注要点如表3.14所示。

**表3.14　　职工所取得的职业年金、补偿金、股权激励**

| 问题 | 解　答 |
|---|---|
| 1. 职工取得的股权激励，如何计算个税？ | 在2021年12月31日前，居民个人取得股票期权、股票增值权、限制性股票、股权奖励等股权激励不并入当年综合所得，全额单独适用综合所得税率表，计算纳税。计算公式为：应纳税额 = 股权激励收入 × 适用税率 - 速算扣除数<br>2022年1月1日之后的股权激励政策另行明确 |
| 2. 职工在一年内先后多次取得限制性股票，如何计算个税？ | 居民个人一个纳税年度内取得两次以上（含两次）股权激励的，应合并按综合所得税率表，计算纳税。计算公式为：应纳税额 = 股权激励收入 × 适用税率 - 速算扣除数 |
| 3. 个人按月度、季度、年度领取的企业年金、职业年金在缴纳个税方面是否有差别呢？ | 根据《财政部　税务总局关于个人所得税法修改后有关优惠政策衔接问题的通知》（财税〔2018〕164号）规定，个人达到国家规定的退休年龄，领取的企业年金、职业年金，符合相关规定的，不并入综合所得，全额单独计算应纳税款。其中按月领取的，适用月度税率表计算纳税；按季领取的，平均分摊计入各月，按每月领取额适用月度税率表计算纳税；按年领取的，适用综合所得税率表计算纳税 |
| 4. 个人一次性领取的年金，如何缴纳个税？ | 根据《财政部　税务总局关于个人所得税法修改后有关优惠政策衔接问题的通知》（财税〔2018〕164号）规定，个人因出境定居而一次性领取的年金个人账户资金，或个人死亡后，其指定的受益人或法定继承人一次性领取的年金个人账户余额，适用综合所得税率表计算纳税。对个人除上述特殊原因外一次性领取年金个人账户资金或余额的，适用月度税率表计算纳税 |
| 5. 个人因解除劳动合同取得经济补偿金如何计算缴纳个人所得税？ | 个人与用人单位解除劳动关系取得一次性补偿收入（包括用人单位发放的经济补偿金、生活补助费和其他补助费），在当地上年职工平均工资3倍数额以内的部分，免征个人所得税；超过3倍数额的部分，不并入当年综合所得，单独适用综合所得税率表，计算纳税 |

续表

| 问题 | 解　　答 |
| --- | --- |
| 6. 向员工发放用餐费是否需要扣缴个税？ | （1）不需要扣缴个人所得税的情形：<br>员工因公在城区、郊区工作，不能在工作单位或返回就餐，根据实际误餐顿数，按规定标准领取的误餐费，不扣缴个人所得税；<br>员工出差发生的餐费、工作餐，在标准内领取差旅费补贴，不扣缴个人所得税。<br>（2）需要扣缴个人所得税的情形：<br>直接给员工发放伙食补贴，除误餐补助属于免税情形外，应按工资薪金所得计算缴纳个人所得税 |
| 7. 企业组织旅游是否需要扣缴个税？ | 《财政部　国家税务总局关于企业以免费旅游方式提供对营销人员个人奖励有关个人所得税政策的通知》（财税〔2004〕11 号）规定：<br>对商品营销活动中，企业和单位对营销业绩突出人员以培训班、研讨会、工作考察等名义组织旅游活动，通过免收差旅费、旅游费对个人实行的包括实物和有价证券等在内的营销业绩奖励，应根据所发生的费用全额计入营销人员应税所得，依法征收个人所得税，并由提供上述费用的企业和单位代扣代缴。<br>其中，对企业雇员享受的此类奖励，应与当期的工资薪金合并，按照工资、薪金所得项目征收个人所得税；对其他人员享受的此类奖励，应作为当期的劳务收入，按照劳务报酬所得项目征收个人所得税 |
| 8. 向员工发放通讯费是否需要扣缴个税？ | （1）不需要扣缴个人所得税的情形：<br>手机由公司购买，员工使用手机产生的通讯费由公司承担，发票开给公司，不需扣缴个人所得税；<br>员工个人手机用于公司经营业务，凭发票报销通讯费，标准内不需扣缴个人所得税，超标准部分并入工资薪金所得，扣缴个人所得税。<br>（2）需要扣缴个人所得税的情形：<br>现金发放通讯补贴，应并入工资薪金所得，扣缴个人所得税 |
| 9. 为员工提供住房补贴是否需要扣缴个税？ | 以现金形式发放住房补贴，需并入工资薪金所得，扣缴个人所得税 |
| 10. 发放劳保用品是否需要缴纳个人所得税？ | （1）不需要扣缴个人所得税的情形：<br>个人因工作需要，从单位取得并实际属于工作条件的劳保用品，不属于个人所得，不扣缴个人所得税。<br>（2）需要扣缴个人所得税的情形：<br>企业以“劳动保护”名义向职工发放的实物以及货币性资金，应当并入当月工资、薪金，扣缴个人所得税 |
| 11. 向员工发放实物、购物卡等是否需要扣缴个税？ | 发放给员工实物、购物卡等福利，应并入工资薪金所得，扣缴个人所得税 |
| 12. 为企业股东报销费用是否需要扣缴个税？ | 为企业股东报销其购买私人用品所产生的费用，应按股息红利所得扣缴股东个人所得税 |

（2）劳务报酬等其他类型收入的关注要点所表 3. 15 所示。

表 3.15　劳务报酬等其他类型收入

| 问题 | 解　答 |
|---|---|
| 1. 稿酬、特许权使用费如何计算个人所得税？ | 2019 年 1 月 1 日起，居民个人的综合所得，以每一纳税年度的收入额减除费用 6 万元以及专项扣除、专项附加扣除和依法确定的其他扣除后的余额，为应纳税所得额。稿酬所得、特许权使用费所得以收入减除 20% 的费用后的余额为收入额。稿酬所得的收入额减按 70% 计算 |
| 2. 劳务报酬所得如何计算个人所得税？ | 2018 年 12 月 31 日之前取得的劳务报酬仍按照修改前的税法规定执行。2019 年 1 月 1 日起，根据新个税法规定，居民个人的综合所得，以每一纳税年度的收入额减除费用 6 万元以及专项扣除、专项附加扣除和依法确定的其他扣除后的余额，为应纳税所得额。劳务报酬所得以收入减除 20% 的费用后的余额为收入额 |
| 3. 保险营销员、证券经纪人取得的佣金收入，如何计算个人所得税？ | 保险营销员、证券经纪人取得的佣金收入，属于劳务报酬所得，以不含增值税的收入减除 20% 的费用后的余额为收入额，收入额减去展业成本以及附加税费后，并入当年综合所得，计算缴纳个人所得税。保险营销员、证券经纪人展业成本按照收入额的 25% 计算。<br>扣缴义务人向保险营销员、证券经纪人支付佣金收入时，应以累计预扣法计算预扣税款 |

（3）其他收入关注要点如表 3.16 所示。

表 3.16　其他

| 问题 | 解　答 |
|---|---|
| 1. 个税手续费返还应该计入哪个会计科目？ | 2018 年 9 月 7 日财政部会计司发布的《关于 2018 年度一般企业财务报表格式有关问题的解读》关于代扣代缴个人所得税手续返还的填列规定，企业作为个人所得税的扣缴义务人，根据《个人所得税法》收到的扣缴税款手续费，应作为其他与日常活动相关的项目在利润表的“其他收益”项目中填列。<br>根据上述规定，企业取得代扣代缴个税手续费返还按照新的规定应计入“其他收益”会计科目 |
| 2. 企业收到代扣代缴，个人所得税手续费和支出应该如何处理？ | 举例，假定企业为一般纳税人，收到 1.06 万元的代扣代缴个人所得税手续费，其中 8 000 元用于发放参与代扣代缴工作的财务人员和人力资源部员工补助。<br>1. 收到手续费时：<br>借：银行存款　10 600<br>　贷：其他收益　10 000<br>　　应交税费——应交增值税（销项税额）　600<br>说明：如果是小规模纳税人，则以 3% 的征税率计算应交的增值税税额。<br>2. 用于发放参与代扣代缴个人所得税工作的财务人员和人力资源部员工补助时：<br>借：应付职工薪酬——工资薪金　8 000<br>　贷：银行存款　8 000<br>说明：员工取得该部分补助不缴纳个人所得税（《财政部、国家税务总局关于个人所得税若干政策问题的通知》（财税字〔1994〕20 号）第二条的规定）。 |

续表

| 问题 | 解　答 |
| --- | --- |
| 2. 企业收到代扣代缴，个人所得税手续费和支出应该如何处理？ | 3. 关于企业收到代扣代缴个人所得税手续费和支出的税务处理说明。<br>（1）企业收到代扣代缴个人所得税的手续费，属于增值税的应税劳务范围，没有任何文件明确该手续费可以免增值税，因此应按应税劳务计征增值税。<br>（2）企业收到手续费，属于企业所得税应税收入范畴，应确认收入；另一方面，用于办税人员的奖励或补助，属于工资薪金支出范畴，其支出应以工资薪金支出在税前进行扣除。<br>（3）错误的财税处理：收到手续费时不确认收入（会计科目“其他收益”），而是直接计入“其他应付款”等往来科目；或者在收到时不计提增值税额。支出时，用于办税人员的奖励或补助，不计入工资薪金支出中，而是直接冲减“其他应付款”等科目。谨记，前述财税处理是错误的！ |
| 3. 解除劳动关系补偿金是否需要扣缴个税？ | 问：B 公司员工张某，与 B 公司解除劳动关系，B 公司根据相关法律规定支付了补偿金，那么 B 公司为张某支付的解除劳动关系补偿金是否需要扣缴个人所得税？<br>对于个人因解除劳动合同而取得一次性经济补偿收入，应按“工资、薪金所得”项目计征个人所得税。《国家税务总局关于个人因解除劳动合同取得经济补偿金征收个人所得税问题的通知》（国税发〔1999〕178 号）规定，对于个人取得的一次性经济补偿收入，可视为一次取得数月的工资、薪金收入，允许在一定期限内进行平均。<br>并非全部补偿金都需扣缴个税，有三个减除项：<br>《财政部　国家税务总局关于个人与用人单位解除劳动关系取得的一次性补偿收入征免个人所得税问题的通知》（财税〔2001〕157 号）中规定了三个减除项：<br>个人因与用人单位解除劳动关系而取得的一次性补偿收入，其收入在当地上年职工平均工资 3 倍数额以内的部分，免征个人所得税；超过的部分按照国税发〔1999〕178 号文件的有关规定，计算征收个人所得税。<br>个人领取一次性补偿收入时，按照国家和地方政府规定的比例实际缴纳的住房公积金、医疗保险费、基本养老保险费、失业保险费，可以在计征其一次性补偿收入的个人所得税时予以扣除。<br>企业依照国家有关法律规定宣告破产，企业职工从该破产企业取得的一次性安置费收入，免征个人所得税 |

（4）外籍个人的收入关注要点如表 3.17 所示。

**表 3.17　　外籍个人收入关注要点**

| 问题 | 解　答 |
| --- | --- |
| 1. 外籍个人在中国境内工作超过 183 天，是否要缴纳个人所得税？ | 外籍个人在中国境内工作超过 183 天，属于居民个人，按照税法相关规定，应缴纳个人所得税 |
| 2. 非居民个人符合条件转变为居民个人后，是否可以在计算个人所得税时扣除赡养老人的费用？ | 非居民个人符合条件转变为居民个人后，可以在年度汇算清缴时享受赡养老人的专项附加扣除政策 |

续表

| 问题 | 解　答 |
| --- | --- |
| 3. 招一个境内员工外派到境外是否可以享受专项附加扣除？招一个境外员工在境外是否可以享受专项附加扣除？ | 境内员工外派到境外工作，为中国税收居民个人的，符合专项附加扣除条件的，可以按规定享受专项附加扣除。<br>境外员工在境外工作，一般属于非居民个人，其取得所得属于来源于中国境外的所得，一般不在境内缴税，不得享受专项附加扣除 |
| 4. 外籍个人取得的住房补贴等津贴还能享受免税吗？ | 税改前，用人单位为外籍个人实报实销或以非现金方式支付的住房补贴、伙食补贴、洗衣费、搬迁费、出差补贴、探亲费，以及外籍个人发生的语言训练费、子女教育费等津补贴免予征收个人所得税。税制改革后，新增的子女教育、住房租金、住房贷款利息等专项附加扣除与上述相关补贴性质类似。为公平税负、规范税制、统一内外人员待遇，对上述外籍个人的8项补贴设置3年过渡期，即2019年1月1日至2021年12月31日期间，外籍个人符合居民个人条件的，可以选择享受个人所得税专项附加扣除，也可以选择仍按照《财政部　国家税务总局关于个人所得税若干政策问题的通知》（财税〔1994〕20号）、《国家税务总局关于外籍个人取得有关补贴征免个人所得税执行问题的通知》（国税发〔1997〕54号）和《财政部　国家税务总局关于外籍个人取得港澳地区住房等补贴征免个人所得税的通知》（财税〔2004〕29号）规定，享受住房补贴、语言训练费、子女教育费等津补贴免税优惠政策，但两者不得同时享受。外籍个人一经选择，在一个纳税年度内不得变更。<br>自2022年1月1日起，外籍个人不再享受住房补贴、语言训练费、子女教育费津补贴免税优惠政策，应按规定享受专项附加扣除 |
| 5. 如何判定在中国境内有住所？ | 纳税人在中国境内有住所，是指由于户籍、家庭、经济利益关系等原因，而在中国境内“习惯性居住”。在这一判定规则中，“户籍、家庭、经济利益关系”是判定有住所的原因条件，“习惯性居住”是判定有住所的结果条件。实践中，一般是根据纳税人“户籍、家庭、经济利益关系”等具体情况，综合判定是否属于“习惯性居住”这一状态。<br>“习惯性居住”，相当于定居的概念，指的是个人在较长时间内，相对稳定地在一地居住。对于因学习、工作、探亲、旅游等原因虽然在境内居住，但这些原因消除后仍然准备回境外居住的，不属于在境内习惯性居住。从这一点可以看出，“有住所”并不等于“有房产” |
| 6. 外籍个人来华判定居民身份的时间由一年改为183天后，为吸引外籍人才，实施条例对此进行了哪些优惠规定？ | 修改后的个人所得税法将无住所个人来华判定为税收居民的时间，由原来一年调整为183天，这一调整主要是与国际惯例接轨。为进一步表明中国政府吸引外资、吸引外籍人才的立场不变，实施条例延续了原来对无住所个人来中国境内短于5年对其境外支付的境外所得不征税的规定，同时参考国际惯例对外籍人员在一定年限内（又称“临时税收居民”）给予税收优惠的做法，《个人所得税法实施条例》第四条对此进行了优化完善：<br>一是将无住所个人全球所得申报纳税的境内居住时间由“居住满五年”延长为“居住满六年”，向全世界释放中国税收改革持续吸引各方面人才的积极信号；<br>二是在境内居住累计满183天的年度连续不满6年的，经向主管税务机关备案，其来源于境外且由境外支付的所得，免予在中国缴纳个人所得税；<br>三是在上述“居住满六年”的任一年度中，在一年内累计不满183天，或者其间有一次离境超过30天的，“居住满六年”的连续年限将重新起算 |

2. 纳税申报

(1) 预扣预缴与汇算清缴见表 3.18。

**表 3.18　　预扣预缴与汇算清缴关注点**

| 问题 | 解　　答 |
| --- | --- |
| 1. 2019 年 1 月 1 日以后取得的工资薪金每月如何计算预扣预缴税额？计算公式是什么？ | 根据《国家税务总局关于发布〈个人所得税扣缴申报管理办法（试行）〉的公告》（国家税务总局公告 2018 年第 61 号）第六条的规定，扣缴义务人向居民个人支付工资、薪金所得时，应当按照累计预扣法计算预扣税款，并按月办理扣缴申报。<br>累计预扣法，是指扣缴义务人在一个纳税年度内预扣预缴税款时，以纳税人在本单位截至当前月份工资、薪金所得累计收入减除累计免税收入、累计减除费用、累计专项扣除、累计专项附加扣除和累计依法确定的其他扣除后的余额为累计预扣预缴应纳税所得额，适用个人所得税预扣率表一（详见 61 号公告附件），计算累计应预扣预缴税额，再减除累计减免税额和累计已预扣预缴税额，其余额为本期应预扣预缴税额。余额为负值时，暂不退税。纳税年度终了后余额仍为负值时，由纳税人通过办理综合所得年度汇算清缴，税款多退少补。<br>具体计算公式如下：<br>本期应预扣预缴税额 =（累计预扣预缴应纳税所得额 × 预扣率 − 速算扣除数）− 累计减免税额 − 累计已预扣预缴税额<br>累计预扣预缴应纳税所得额 = 累计收入 − 累计免税收入 − 累计减除费用 − 累计专项扣除 − 累计专项附加扣除 − 累计依法确定的其他扣除<br>其中：累计减除费用，按照 5 000 元/月乘以纳税人当年截至本月在本单位的任职受雇月份数计算 |
| 2. 个人所得税是否可以延期缴纳税款？ | 纳税人确有延期缴税需要的，根据《中华人民共和国税收征收管理法》规定办理 |
| 3. 预缴工资薪金的个税，发现预缴申报有错，多缴纳了，是可以当期办理退税还是等办理了汇算清缴再多退少补？ | 区分具体情形办理：如果是由于申报错误、与实际不符而导致多缴的，可以选择当期办理更正申报申请退税；如果是未及时报送或享受专项附加扣除导致多缴税款的，由于居民个人工资薪金所得采取累计预扣法申报纳税，纳税人可通过扣缴义务人在补充专项附加扣除申报信息的下月办理预扣预缴申报时，申报享受，准确缴纳预缴税款 |
| 4. 我听公司财务说今年工资要按累计预扣法算税，您能给我介绍一下吗，这会对我各月的税款产生影响吗？ | 根据税法及相关规定，自 2019 年 1 月 1 日起，扣缴义务人向居民个人支付工资薪金所得时，按照累计预扣法预扣预缴个人所得税。累计预扣法，简单来说就是将您在本单位年初以来的全部工薪收入，减去年初以来的全部可以扣除项目金额，如减除费用（也就是大家说的"起征点"）、"三险一金"、专项附加扣除等，减出来的余额对照相应预扣率表（与综合所得年度税率表相同）计算年初以来应预缴的全部税款，再减去之前月份已经预缴的税款，就能计算出本月应该预缴的税款。<br>在实际计算税款时，单位办税人员将本月的收入、专项扣除等金额录入税务机关提供的免费软件后，可以直接计算出本月应该预缴的税款。之所以采用这种预扣税款方法，主要是考虑到税改后工资薪金所得计入综合所得，按年计税、税款多退少补，如果还按照税改前的方法预缴税款，将有不少工薪纳税人年终需要补税或者退税。而采用累计预扣法，将有效解决这一问题，对大部分只有一处工薪所得的纳税人，纳税年度终了时预扣预缴的税款基本上等于年度应纳税款，年终将无须再办理汇算清缴申报；同时，即使纳税人需要补税或者退税，金额也相对较小，不会占用纳税人过多资金 |

续表

| 问题 | 解　答 |
| --- | --- |
| 5. 我在实际工作中有两个以上的任职受雇单位，我该怎么去办理专项附加扣除？ | 如果您同时有两个以上发放工资的单位，对同一个专项附加扣除项目，在一个纳税年度内，您只能选择其中的一个单位办理扣除 |
| 6. 员工2019年6月刚毕业，在公司工作了5个月，基本扣除费用是扣除6万元吗？那专项附加、专项附加扣除是扣一年的还是5个月的？ | 扣缴单位在为员工办理预扣预缴时，减除费用、专项扣除、专项附加扣除等，均按照任职受雇实际月份数计算。年度终了后，纳税人可以通过办理汇算清缴，减除费用6万元和扣除年度内按规定可扣除的专项扣除、专项附加扣除和依法确定的其他扣除 |
| 7. 我填报和提交了专项附加扣除信息，但如果没有及时享受到扣除，应该怎么办？ | 您可以先与扣缴义务人联系，核实是否收到您报送的相关专项附加扣除信息，并进行税款计算。万一出现问题，可由扣缴义务人在接下来的月份代扣个人所得税时进行调整。如果是软件操作或者政策执行方面疑问，请您及时咨询专业人士或当地税务机关 |
| 8. 如果个人所得税年度预扣预缴税款与年度应纳税额不一致，如何处理？ | 根据《国家税务总局关于个人所得税自行纳税申报有关问题的公告》（2018年第62号）第一条符合“（三）纳税年度内预缴税额低于应纳税额；（四）纳税人申请退税”的情形，纳税人需要办理汇算清缴。纳税人应当在取得所得的次年3月1日至6月30日内，向任职、受雇单位所在地主管税务机关办理汇算清缴纳税申报，并报送《个人所得税年度自行纳税申报表》，税款多退少补 |
| 9. 我们一家人都在农村务农，是不是不能享受专项附加扣除？我能够享受哪些方面的税收优惠？ | 根据修改后的税法规定，纳税人取得工资薪金、劳务报酬、稿酬、特许权使用费等综合所得，可以减除专项附加扣除。如果纳税人从事个体经营，同时没有这些综合所得的，也可以享受专项附加扣除。现在很多人进城打工，也有工资收入，可以享受专项附加扣除。<br>纳税人在农村务农，没有综合所得，如果从事种植业、养殖业、饲养业和捕捞业取得的所得，国家是予以免征个人所得税的 |
| 10. 符合扣除条件的纳税人，什么时候可以办理专项附加扣除？ | 除大病医疗外，其他5项专项附加扣除，只要纳税人在纳税年度内符合其中的一项或多项扣除条件时，就可以向工资薪金的扣缴单位填报相关信息，享受专项附加扣除。大病医疗，或者纳税人年度内未享受或未足额享受的，可在次年3月1日至6月30日办理综合所得汇算清缴时向税务机关填报相关专项附加扣除信息、享受扣除优惠 |
| 11. 2019年1月1日起就可以享受专项附加扣除信息，可是还有一些填报事项不明确或其他原因，来不及报送专项附加扣除信息怎么办？ | 对部分专项附加扣除事项不确定，或是其他原因，未能在2019年1月，或符合专项附加扣除条件的当月报送专项附加扣除信息的，可以在相关事项确定后，再填报相关扣除信息；对之前符合条件应当享受而未享受的，可以在该纳税年度剩余月份补充享受。也可以在次年3月1日至6月30日内，通过向税务机关办理综合所得汇算清缴申报时办理扣除 |

续表

| 问题 | 解　　答 |
| --- | --- |
| 12. 纳税人填报专项附加扣除信息有哪些注意事项？ | 一是要根据专项附加扣除办法规定的条件，判断自己是否有符合相关条件的专项附加扣除项目；<br>二是根据自己的实际情况，在电子税务局网页、手机 APP、电子模板、纸质报表四种方式中，选择一种专项附加扣除信息的提交方式；<br>三是根据自己符合条件的专项附加扣除项目，如实填报相应的专项附加扣除信息；<br>四是姓名、身份证号、手机号码等信息务必填写准确，以保障您的合法权益，避免漏掉重要的税收提醒服务；选填项尽可能填写完整，以便更好地为您提供税收服务；<br>五是通过电子模板、纸质报表等方式填报专项附加扣除信息的，应留存好本人和扣缴义务人或者税务机关签字盖章纸质信息表备查；<br>六是纳税人应于每年 12 月对次年享受专项附加扣除的内容进行确认。如未及时确认的，次年 1 月起暂停扣除，待确认后再享受 |
| 13. 通过手机 APP 填报的专项附加扣除信息，是否也需要打印出来交给单位盖章保存？ | 不需要。纳税人通过远程办税端（手机 APP、网页）填报专项附加扣除信息并选择扣缴单位办理扣除的，无需将相关信息打印出来交单位盖章保存 |
| 14. 为什么要求自然人实名办税，如何操作？ | 为保障纳税人合法权益，全面提升纳税服务质量，新税制实施后，专项附加扣除、退税等业务需要方便、快捷、高效地在网上、掌上办理，这就要求纳税人身份和申报信息真实有效，实名办税是基础保障条件。新税法建立了纳税人识别号制度，以有效识别纳税人真实身份，确保纳税人合法权益。因此，纳税人在向扣缴义务人或者税务机关办理涉税事项时，均需提供纳税人识别号；纳税人在网上注册时，也需实名注册 |
| 15. 为什么要建立自然人纳税人识别号制度？ | 为维护纳税人合法权益，全面提升纳税服务质量，新个人所得税法明确了纳税人识别号制度。自然人纳税人识别号是自然人纳税人办理各类涉税事项的唯一代码标识，是建立“一人式”纳税档案，归集个人相关收入、扣除、纳税等各项涉税信息的基础，也是税务机关开展服务和管理工作的基础。<br>纳税人有中国公民身份号码的，以中国公民身份号码为纳税人识别号；纳税人没有中国公民身份号码的，由税务机关赋予其纳税人识别号。纳税人应当及时向扣缴义务人和税务机关提供其纳税人识别号 |
| 16. 哪些情形需要办理综合所得汇算清缴？ | 新修改的《个人所得税法》及其实施条例，就个人所得税自行纳税申报有关问题公告如下：<br>“一、取得综合所得需要办理汇算清缴的纳税申报<br>取得综合所得且符合下列情形之一的纳税人，应当依法办理汇算清缴：<br>（一）从两处以上取得综合所得，且综合所得年收入额减除专项扣除后的余额超过 6 万元；<br>（二）取得劳务报酬所得、稿酬所得、特许权使用费所得中一项或者多项所得，且综合所得年收入额减除专项扣除的余额超过 6 万元；<br>（三）纳税年度内预缴税额低于应纳税额；<br>（四）纳税人申请退税。<br>需要办理汇算清缴的纳税人，应当在取得所得的次年 3 月 1 日至 6 月 30 日内，向任职、受雇单位所在地主管税务机关办理纳税申报，并报送 |

续表

| 问题 | 解　　答 |
| --- | --- |
| 16. 哪些情形需要办理综合所得汇算清缴？ | 《个人所得税年度自行纳税申报表》。纳税人有两处以上任职、受雇单位的，选择向其中一处任职、受雇单位所在地主管税务机关办理纳税申报；纳税人没有任职、受雇单位的，向户籍所在地或经常居住地主管税务机关办理纳税申报。<br>纳税人办理综合所得汇算清缴，应当准备与收入、专项扣除、专项附加扣除、依法确定的其他扣除、捐赠、享受税收优惠等相关的资料，并按规定留存备查或报送。<br>纳税人取得综合所得办理汇算清缴的具体办法，另行公告。” |
| 17. 纳税人无法自行办理汇算清缴的，可以委托哪些人代为办理汇算清缴？ | 对于依法应当进行汇算清缴的纳税人，如果不具备自行办理汇算清缴能力或者在规定期限内无法自行办理汇算清缴的，可以委托扣缴义务人或者其他单位和个人代为办理汇算清缴。比如，取得工资薪金的纳税人，可以与所在单位协商后，由单位代为办理汇算清缴；纳税人还可以委托涉税专业服务机构及其从业人员代为办理汇算清缴；当然，纳税人也可以委托其信任的其他单位或个人代办汇算清缴 |
| 18. 纳税人、扣缴义务人发现有关纳税申报信息与实际情况不符的，如何处理？ | 对于有关纳税申报信息与实际情况不符的，按照“谁提供、谁负责，谁修改、谁负责”进行处理。<br>一是扣缴义务人应当按照纳税人提供的信息进行扣缴申报，不得擅自更改纳税人的信息。纳税人提供的信息与扣缴义务人掌握的情况不符的，扣缴义务人可以要求纳税人修改；纳税人拒绝修改的，扣缴义务人无权修改，应当报告税务机关，由税务机关及时处理。<br>二是纳税人发现扣缴义务人扣缴申报的本人信息、所得、税款等与实际不符的，有权提请扣缴义务人修改。扣缴义务人拒绝修改的，纳税人可以报告税务机关，税务机关应当及时处理。<br>明确纳税人和扣缴义务人的责任，有利于维护纳税人合法税收权益，保证税收信息的真实完整 |
| 19. 如果个人所得税年度预扣预缴税款与年度应纳税额不一致，如何处理？ | 对年度预扣预缴税款与依法计算的个人年度应纳个人所得税额不一致的，按照“补税依法，退税自愿”的原则，由纳税人在取得所得的次年3月1日至6月30日内，向任职、受雇单位所在地主管税务机关办理汇算清缴纳税申报，并报送《个人所得税年度自行纳税申报表》，税款多退少补 |

（2）个人所得税APP如表3.19所示。

**表3.19　　　　个人所得税APP关注点**

| 问题 | 解　　答 |
| --- | --- |
| 1. 个税APP系统如何下载？ | 为便于广大纳税人下载个人所得税APP，可以通过以下渠道下载：（1）苹果APP Store上架应用名为“个人所得税”。可在APP Store中搜索“个人所得税”，点“获取”进行下载。（2）安卓终端应用：①各省电子税务局扫码下载渠道。广大纳税人可通过各省电子税务局入口，跳转到自然人办税服务网站后，进行手机APP扫码下载。②各大手机应用市场。目前已经在华为、小米、vivo、OPPO等应用市场上架，应用名为“个人所得税”，后续会上架更多应用市场。<br>广大纳税人可以在上述应用商店搜索“个人所得税”下载安装，如应用市场下载出现问题，则建议使用二维码扫码下载方式进行安装 |

续表

| 问题 | 解　　答 |
|---|---|
| 2. 个税 APP 系统如何注册? | 当前，个税 APP 支持以下两种注册模式：(1) 人脸识别认证注册模式(此模式只支持中国大陆居民)，即通过输入居民身份证号码和姓名，然后与公安系统动态人脸识别，验证通过后再填写账号和手机号码，短信验证通过后完成注册。(2) 大厅注册码注册模式，即纳税人到任一办税服务大厅，经办税服务厅人员验证人证一致后，登记个人证件信息并派发注册码。纳税人再选择此模式，输入注册码、证件类型、证件号码和姓名等信息，验证通过后再填写账号和手机号码，短信验证通过后完成注册 |
| 3. 个税 APP 现在可以填报了吗? | 个人所得税 APP 从 2018 年 12 月 31 日正式对外开放，广大纳税人可通过实名认证后，填报专项附加扣除信息 |
| 4. 个税 APP 进不去怎么办? | 一般来说，个税 APP 进不去是因为网络连接异常或所连接的服务正在停机维护。请先验证手机是否能正常上网。如果能正常访问其他网上信息，那很可能是个税 APP 服务器正在停机维护 |
| 5. 在手机打开“个人所得税”APP 后提示“未连接到网络或未获取网络权限，请检查”，但手机网络正常，能打开网页，该如何解决? | 可以尝试以下方式解决：<br>(1) 请检查您手机设置中是否对“个人所得税”APP 进行了网络限制。常规操作路径如下：先关闭“个人所得税”APP，对苹果 IOS 系统手机，点击“设置→蜂窝移动网络→个人所得税→勾选 WLAN 与蜂窝移动网”；对安卓系统手机，常规操作路径如下：先关闭“个人所得税”APP，点击“设置→无线和网络→流量管理→应用联网→个人应用中的个人所得税→勾选移动网络和 Wi-Fi”。然后重新打开“个人所得税”APP。<br>(2) 如果确认网络设置没有问题，可能是因为网络不稳定原因所致，请切换到 Wi-Fi 网络环境或稍等片刻再次尝试。<br>(3) 可以在“个人所得税”APP 的个人中心，将“工作地或常住地”临时切换到其他省市，等业务办理完成后再切回到实际工作地或常住地 |
| 6. 个税专扣电子模板哪里下载? | 可以从各地税务机关的门户网站下载，或者登录自然人税收管理系统扣缴客户端，进入专项附加扣除信息采集菜单，选择其中的任意一项专项附加扣除入口，点击导入按钮，选择模板下载，即可下载最新的电子模板 |
| 7. 如果在“个人所得税”APP 的任职受雇信息中发现自己当前任职的单位并不在列表中，该如何处理? | “个人所得税”APP“个人中心”里自动带出的任职受雇信息是根据全国各地各扣缴单位报送的自然人基础信息 A 表形成，只要扣缴单位当前的税务登记状态不为非正常或者注销，而且扣缴单位报送信息中将您标记为在职雇员，正常就会将该单位显示出来。<br>如果显示不出来，有可能是您的任职受雇单位没有将您的个人任职受雇信息报送给主管税务机关或所报送的任职受雇信息有误，也有可能是您的任职受雇单位在税务机关的登记状态注销或非正常，或者没有将您的个人信息选择为雇员，或者填写了离职日期。请联系您当前的任职受雇单位财务人员通过扣缴客户端处理 |

续表

| 问题 | 解　答 |
| --- | --- |
| 8. 如果在“个人所得税”APP的任职受雇信息中发现某公司不是自己曾经任职受雇的单位或早已离职的，该如何处理？ | 只要该公司给您做过雇员个人信息报送，且未填报离职日期的，该公司就会出现在您“个人所得税”APP的任职受雇信息中。解决办法如下：<br>（1）如果是您曾经任职的单位，您可在“个人所得税”APP个人中心的任职受雇信息中点开该公司，然后在右上角点击“申诉”，选择“曾经任职”方式。税务机关会将信息反馈给该公司，由该公司在扣缴客户端软件中把人员信息修改成离职状态即可；<br>（2）如果是您从未任职的单位冒用的，您可在“个人所得税”APP个人中心的任职受雇信息中点开该公司，然后在右上角点击“申诉”，选择“从未任职”方式，把情况反馈给该公司的主管税务机关，由税务机关展开调查。<br>您点击申诉后，“个人所得税”APP相关任职信息将不再显示。后续处理结果会通过“个人所得税”APP主页的消息提醒反馈给您，敬请留意 |
| 9. 个人所得税APP填写完专项附加扣除信息后，选择推送至扣缴义务人和选择年度自行申报有什么不一样？ | 这两种方式都可以，您可以使用手机APP填报专项附加扣除信息，并选择申报方式。<br>如果您选择申报方式为“通过扣缴义务人申报”，单位可以使用扣缴端软件，获取您填写的专项附加扣除信息，按月计算应预扣预缴税款后，向税务机关办理全员全额纳税申报。在这种方式下，您可以在预扣预缴期间享受扣除。如果您未能及时报送，也可在以后月份补报，由单位在当年剩余月份发放工资时补扣，不影响您享受专项附加扣除。<br>如果您选择申报方式为“综合所得年度自行申报”的，纳税人直接向税务机关提交信息，扣缴单位无法获取到纳税人的专项附加扣除信息。在这种方式下，纳税人在年度汇算清缴时才能享受扣除并办理退税。<br>需要提醒的是，如果选择在单位按月享受专项附加扣除政策，是不包括大病医疗扣除的。大病医疗支出第二年度3月1日到6月30日汇算清缴时再扣除 |
| 10. “个人所得税”APP卸载后，数据还在吗？ | “个人所得税”APP采集的数据都存储在税务机关的服务器上，卸载手机APP后，手机上的数据会清除，但税务机关服务器上的数据依然会保留。同一手机再次安装或换其他手机另行安装“个人所得税”APP，登录依然可以看到登录身份人员原来填报的数据 |
| 11. APP填报的信息是否需要打印确认？ | 不需要打印 |
| 12. APP填错了有没有办法修改？ | 可以修改，专项附加扣除信息填错，或者年度内发生变更，无论扣缴义务人是否办理过扣缴申报，个人均可通过个人所得税APP进行修改 |
| 13. 自然人税收管理系统扣缴客户端在哪可以下载安装？ | 自然人税收管理系统扣缴客户端适用于扣缴义务人代扣代缴个人所得税。扣缴义务人可通过所在省税务局的官方网站下载自然人税收管理系统扣缴客户端。<br>双击安装包程序，点击“立即安装”，即可安装扣缴客户端到本地电脑 |

续表

| 问题 | 解　　答 |
| --- | --- |
| 14. 扣缴客户端如何进行注册？ | 系统安装完成后，需要进行注册。注册的过程大致为通过纳税人识别号从税务系统获取相应的企业信息，保存到本地扣缴客户端的过程，具体为：<br>点击安装完成界面上的“立即体验”（或点击桌面“自然人税收管理系统扣缴客户端”快捷方式），即进入注册流程。注册共有五步：第一步：录入单位信息；第二步：获取办税信息；第三步：备案办税人员信息；第四步：设置登录密码；第五步：设置数据自动备份 |
| 15. 在扣缴客户端导入专项附加扣除信息提示导入成功 15 个，但是扣除界面只有 13 条信息？ | 扣缴客户端在任何一个专项附加扣除界面都可以导入全部人员的各项专项附加扣除信息。导入完成后，在该专项附加扣除页面只会显示本项专项附加扣除的人员信息，无此项扣除的人员不在此显示，可在其他专项附加扣除页面查看相应的专项附加扣除信息 |
| 16. 扣缴客户端采集完专项附加扣除信息后，再导入工资薪金数据，没有自动生成专项附加扣除金额？ | 正常工资薪金表中专项附加扣除金额可以自行手工填写，也可以选择需要预填的人员范围，然后点击“预填专项附加扣除”按钮，系统会自动按照已采集的专项附加扣除信息计算出可扣除金额 |
| 17. 单位发 2019 年 1 月的工资，怎么在软件里面按新税制计算出应缴纳多少税款？ | 步骤一：打开扣缴客户端，录入并报送员工信息（对已经录入的，可忽略）；<br>步骤二：可通过标准模版表采集员工专项附加扣除信息，导入扣缴客户端；也可以由员工自己通过“个人所得税”APP 或自然人办税服务平台网页报送专项附加扣除信息（每项的申报方式要选定为“通过扣缴义务人申报”并选定给指定的单位），3 天后单位再点击“下载更新”按钮下载员工的专项附加扣除信息；<br>步骤三：导入当月收入正常工资薪金表，并点击“预填专项附加扣除”按钮，扣缴客户端会根据已有的专项附加扣除信息自动进行预填；<br>步骤四：点击“税款计算”步骤，系统会自动计算当月应纳税额，最后导出计算结果即可 |
| 18. 单位员工如果在 2019 年 1 月没有采集专项附加扣除项目，3 月才开始采集，会存在多缴税的情况吗？ | 综合所得采用累计预扣法计税：<br>本期应预扣预缴税额 =（累计预扣预缴应纳税所得额 × 税率 − 速算扣除数）− 已预扣预缴税额<br>累计预扣预缴应纳税所得额 = 累计收入 − 累计免税收入 − 累计基本减除费用 − 累计专项扣除 − 累计专项附加扣除 − 累计依法确定的其他扣除<br>这种情况对于员工个人来说，在专项附加扣除采集前可能会多预缴税款，但在采集后每次申报时会累计扣除前几个月的总和，如果税款为负值，暂不退税，一直往后留抵，在次年 3—6 月进行个人年度汇算清缴申报时多退少补 |
| 19. 扣缴客户端软件，导入员工提交上来的专项附加扣除电子表格时，无法选择到具体的电子表格？ | 扣缴客户端中专项附加扣除信息批量导入，只能通过文件夹批量导入，系统会把该文件夹里面所有的专项附加扣除电子表格全部导入 |

续表

| 问题 | 解　　答 |
| --- | --- |
| 20. 若纳税人选择由扣缴义务人方式扣除个人的专项附加扣除信息，是否需要每月都向扣缴义务人提交专项附加扣除电子表格？ | 对于个人专项附加扣除信息未发生变化的，每个扣除年度只需要向扣缴义务人提供一次专项附加扣除信息即可，无需按月提供 |
| 21. 2019年新个人所得税法全面实施后，原来正在使用的扣缴客户端怎么升级？需要卸载吗？ | 对原来正在使用扣缴客户端的，直接打开运行后就可以自动升级。若升级失败，建议先备份数据，然后安装新版扣缴客户端软件。安装好后，在“2018年”版本模式下恢复原备份数据，再切换到“2019年”版本模式下，这时系统会把当前正常状态的人员信息全部迁移到新界面里面，无需重新导入人员信息 |
| 22. 扣缴客户端软件升级后，怎么查询所属2018年及以前的申报数据？如果涉及补报所属2018年及以前年度税款的，该怎么操作？ | 扣缴客户端升级后有两种版本模式：“2018年”和“2019年”。“2018年”的版本模式可用于查询历史数据，以及进行税款所属期2018年及以前的申报（含更正申报）；“2019年”的版本模式适用于税款所属期2019年以后的申报（含更正申报） |
| 23. 扣缴义务人应该通过哪个功能菜单来采集专项附加扣除信息？ | 在扣缴客户端中，进入到“2019年”版本模式，通过“专项附加扣除信息采集”菜单，选择单个“添加”或“导入”方式采集。如果当前版本模式是“2018年”，则通过系统右上角的“版本切换”按钮，切换到新版模式下操作 |
| 24. 扣缴客户端批量导入专项附加扣除信息后，提示部分导入成功。未导入的信息该如何处理呢？ | 在导入失败情况下，扣缴客户端会在导入文件夹里面生成一张导入失败的错误信息表。请查看具体错误原因，修改完善好对应内容后重新导入即可 |
| 25. 专项附加扣除信息表导入时提示“个人信息在系统中不存在，无法导入”怎么办？ | 请先在扣缴客户端中导入或录入相关人员信息，并进行人员信息报送 |
| 26. 扣缴客户端中，身份验证状态有哪些？有什么含义？ | “待验证”：表示人员信息初次添加或修改时的默认状态；<br>“验证中”：表示尚未获取到公安机关的居民身份登记信息，系统会自动获取到验证结果，无需再进行另外的操作；<br>“验证通过”：表示采集的人员信息与公安系统的信息是一致的；<br>“验证失败”：表示该自然人身份信息与公安机关的居民身份登记信息不一致，可以核实后将信息修改正确，如果确认无问题的，可暂时忽略该验证结果，正常进行申报；<br>“暂不验证”：表示该自然人身份证件类型为非居民身份证（如来华工作许可证、外国护照等），目前尚无法进行验证，可以忽略该结果，正常进行后续操作 |
| 27. 扣缴客户端中，对已有申报记录的人员信息如何删除？ | 已经在扣缴客户端中申报过的人员，为了保证数据的完整性，不能删除，可以在“人员信息采集”中将“人员状态”修改为“非正常”。若希望在人员信息采集页面中不再显示该人员，点击“人员信息采集”→“更多操作”→“隐藏非正常人员”即可 |

续表

| 问题 | 解　答 |
| --- | --- |
| 28. 扣缴客户端中，如何隐藏非正常状态人员？ | 点击“人员信息采集”→“更多操作”→“隐藏非正常人员”，即可隐藏全部非正常人员 |
| 29. 扣缴客户端中，如何显示隐藏的非正常人员？ | 点击“人员信息采集”→“更多操作”→“显示非正常人员”，即可显示全部非正常人员 |
| 30. 扣缴客户端中，对人员状态被修改为非正常的人员，是否需要报送人员信息？ | 人员信息发生修改，都需要点击“报送”按钮将相关信息报送给税务机关。<br>非正常表示员工从该单位离职，离职后员工在“个人所得税”APP 的任职受雇单位中，将不显示该企业信息 |
| 31. 员工没能及时将专项附加扣除信息提交给扣缴义务人，可不可以下个月补报？ | 扣缴义务人根据员工提交的专项附加扣除信息，按月计算应预扣预缴的税款，向税务机关办理全员全额纳税申报。如果员工未能及时报送，也可在以后月份补报，由扣缴义务人在当年剩余月份发放工资时补扣，不影响员工享受专项附加扣除。如员工 A 在 2019 年 3 月向单位首次报送其正在上幼儿园的 4 岁女儿相关信息，则 3 月该员工可在本单位发工资时累计可扣除子女教育支出为 3 000 元（1 000 元/月 ×3 个月）。到 4 月份该员工可在本单位发工资时累计可扣除子女教育支出为 4 000 元（1 000 元/月 ×4 个月） |
| 32. 如果员工一年内都没将专项附加扣除信息提交给扣缴义务人怎么办？ | 在一个纳税年度内，员工如果没有及时将专项附加扣除信息报送给扣缴义务人，以致在扣缴义务人预扣预缴工资、薪金所得税时未享受扣除的，员工可以在次年 3 月 1 日至 6 月 30 日内，向汇缴地主管税务机关进行汇算清缴申报时办理扣除 |
| 33. 对选择由扣缴义务人申报专项附加扣除的纳税人，若专项附加扣除信息发生变化，应如何处理？ | 若纳税人的专项附加扣除信息发生变化，纳税人可通过“个人所得税”APP、“自然人办税服务平台”网页自行更新，通知扣缴义务人在扣缴客户端中点击“下载更新”，下载最新的专项附加扣除信息；或填写《个人所得税专项附加扣除信息表》提交给扣缴义务人。扣缴义务人在扣缴客户端中点击“修改”，更新填报信息 |
| 34. 一个月同时租住两处住房或者年度中间换租造成中间有重叠租赁月份的情况，该如何处理？ | 一个月同时租住两处住房的，只能填写一处；年度中间月份更换租赁住房的，不能填写两处租赁日期有交叉的住房租金信息。若有重叠租赁月份的，则将上次已填报的住房租金的有效期提前终止，或者新增住房租金信息租赁期起必须晚于上次已填报的住房租赁期止所属月份 |
| 35. 扣缴客户端中，人员的联系方式如何批量修改？ | 步骤一：请点击扣缴客户端上方“代扣代缴”，进入“代缴代缴”模块；<br>步骤二：请点击软件左侧“人员信息采集”→“导出”→“全部人员”；<br>步骤三：请在导出的 Excel 人员信息表中对“联系电话”列进行补充或修改；<br>步骤四：修改保存成功后，再次打开扣缴客户端，点击软件左侧“人员信息采集”→“导入”→“导入文件”→点击“选择”，选择对应的人员信息 Excel 表格→“打开”，导入成功即可 |

续表

| 问题 | 解　　答 |
|---|---|
| 36. 扣缴客户端登录界面的登录密码忘记了，该如何处理？ | 点击扣缴客户端登录界面的“忘记密码”，填写人员身份信息后再选择一种可用验证方式，验证通过后，在“重置密码”页面完成新密码的设置即可 |
| 37. 扣缴客户端中，如何操作人员信息的批量修改非正常？ | 步骤一：打开扣缴客户端中“人员信息采集”，选中所有人员，点击“更多操作”→“批量修改”，“待修改属性”选择“人员状态”，人员状态选择“非正常”，点击“修改”即可；<br>步骤二：在扣缴客户端标准人员信息模板中输入本月在职员工的信息，点击“人员信息采集”→“导入”→“导入文件”，将做好的模板重新导入即可 |
| 38. 扣缴客户端中，人员信息采集为什么新增“报送”功能？ | 因为扣缴客户端的人员信息采集中员工信息要和公安部进行比对，可增加员工真实性校验，并且也为税改后的汇算清缴申报做准备，只有员工是真实的才能进行汇算清缴。所以采集好人员信息需要点击“报送”。<br>注：如果该人员状态为“非正常”（即离退人员），则无需进行报送 |
| 39. 扣缴客户端中，点击“申报表报送”提示：以下“×”位人员未完成报送登记，请及时完成报送并获取反馈：姓名：“××”证照号码：“×××”，该如何处理？ | 提示的人员没有在扣缴客户端中进行人员信息的报送登记，自2018年8月1日起，人员信息必须先完成报送登记，才可进行申报表报送。<br>点击左侧“人员信息采集”，将提示中的人员勾选上点击“报送”，再点击“获取反馈”获取身份验证结果，身份验证通过后就可以正常申报 |
| 40. 如何在扣缴客户端中下载人员信息导入模板？ | 请点击扣缴客户端中“人员信息采集”→“导入”→“模板下载”，选择需要保存的路径，点击保存即可 |
| 41. 扣缴客户端中，人员信息如何导出？ | 在“人员信息采集”模块，点击“展开查询条件”，输入查询条件后，勾选需要导出的人员信息，点击“导出”即可 |
| 42. 扣缴客户端中，人员信息如何打印出来？ | 在“人员信息采集”模块，点击“展开查询条件”，输入查询条件后，勾选需要导出的人员信息，点击“导出”保存后，即可选择人员信息进行打印 |
| 43. 扣缴客户端中，人员信息显示的顺序与导入电子表格文件中不一致，该如何处理？ | 情况一：在“人员信息采集”中采集了工号信息，点击“工号”列中出现的三角图标，即可按工号进行排序；<br>情况二：在“人员信息采集”中没有采集工号信息，可以点击“姓名”列或其他列进行排序，也可以采集工号信息后再进行排序 |
| 44. 纳税人在公安系统中改姓名了，扣缴客户端如何修改？ | 点击“获取反馈”获取的身份验证状态如果显示“待验证”“验证中”或“验证不通过”的情况，可直接在人员信息采集模块中进行修改；如果显示“验证通过”的情况，则纳税人需持有效身份证件前往税务大厅进行自然人关键信息变更，更正后通知扣缴义务人在扣缴客户端进行特殊情形处理，下载更新信息 |
| 45. 扣缴客户端中，证件号码录入错误如何修改？ | 对于未申报过的人员，在“人员信息采集”中修改更正证件号码信息，点击“保存”即可。<br>对于已申报过的人员，在“人员信息采集”中将“人员状态”修改为“非正常”，点击“保存”。随后重新录入正确的人员信息后，再申报当月数据。申报成功后需携带有效身份证件至办税服务厅办理自然人多证同用并档管理 |

续表

| 问题 | 解　答 |
| --- | --- |
| 46. 扣缴客户端中，非正常人员如何修改为正常？ | 在“人员信息采集”模块，勾选非正常状态的人员信息，双击打开页面后将右上方的“非正常”状态改选为“正常”状态，点击“保存”即可。如需批量进行修改，勾选非正常状态的人员信息，点击“更多操作”→“批量修改”，“待修改属性”中选择“人员状态”，将人员状态信息修改为正常，点击“保存”即可 |
| 47. 扣缴客户端中，在人员信息采集界面点击“获取反馈”按钮后，需要多长时间才能获取反馈成功？ | 身份验证具有延时性，但不会影响下一步申报操作。只要报送状态为“报送成功”，均可正常申报 |
| 48. 扣缴客户端中，在人员信息采集界面添加并录入完境内或境外人员信息后，点击“保存”按钮时，为什么系统没有反应？ | 采集人员信息时，带星（*）号的项目是必填项，请注意检查必填项是否已正确录入。保存后，注意检查界面上是否存在标注成红框的项目，若存在则将标注红框的项目填写正确后再点击“保存” |
| 49. 扣缴客户端中，人员信息采集时错将姓名录成了繁体字，报送状态显示“报送成功”且身份证验证状态显示“验证成功”，但身份证上是简体字，这种情况应如何修改？ | 无需修改，后台可实现简繁体自动转换 |
| 50. 重装扣缴客户端后，人员信息采集信息为空，应如何处理？ | 情况 1：若扣缴客户端重装前备份了数据，可进行数据恢复操作。<br>情况 2：若系统重装前没有备份过数据，可通过人员信息采集界面的“添加”按钮或“导入”功能采集人员信息 |
| 51. 扣缴客户端中，人员信息采集时提示“15 位身份证不允许保存，请升级为 18 位身份证”，该如何处理？ | 扣缴客户端要求新增人员的身份证信息必须使用 18 位身份证号，纳税人身份证号为 15 位的需升为 18 位后方可正常申报 |
| 52. 扣缴客户端中，在人员信息导入时提示：“已有申报记录，由境内人员证件类型、证件号码、姓名确定唯一的纳税人识别号”，该如何处理？ | 出现该提示有两种情况：（1）扣缴客户端和正导入的文件中都有所提示的证件号码，但是这个证件号码在扣缴客户端和正导入的文件中对应的姓名不一样。在人员信息中检查一下，如果姓名不正确，可以直接在扣缴客户端中修改。（2）正导入的文件中有重复的证件号码，去掉重复人员后再次导入即可 |
| 53. 如何修改扣缴客户端的申报密码？ | 点击扣缴客户端软件左侧菜单“系统设置”→“申报管理”→“申报安全设置”→输入“原申报密码”→再输入“新申报密码”和“确认新申报密码”，即可完成申报密码的修改 |
| 54. 扣缴客户端如何更新办税信息？ | 点击扣缴客户端软件左侧“系统设置”→“申报管理”→“办税信息更新”→“下载”按钮，提示信息获取成功即可 |
| 55. 扣缴客户端中，导入模板时提示：“如下系统必导项尚未关联您选择文件的表格列”，请问如何处理？ | 出现该提示是因为导入的模板里没有所提示的这一列。请先下载标准模板，然后将刚才导入的表格中的信息复制到标准模板对应列中，再重新导入即可。提醒注意：下载模板时建议重命名，避免覆盖原来的文件 |

续表

| 问题 | 解　　答 |
| --- | --- |
| 56. 扣缴客户端中，发送申报表时提示："姓名中间不允许有空格，请修改"，请问如何处理？ | 出现该提示是由于人员姓名中存在空格导致。<br>请点击软件左侧"人员信息采集"，找到提示中的报错人员并双击，再修改姓名并报送，然后点击申报表报送即可 |
| 57. 扣缴客户端中，税延养老保险附表中的年度保费该如何填写？ | 税延养老保险附表中的年度保费是取得个体工商户的生产经营所得、对企事业单位的承包承租经营所得的个人及特定行业取得工资薪金的个人填写，据实填写《个人税收递延型商业养老保险扣除凭证》载明的年度保费金额即可 |
| 58. 扣缴客户端中，税延养老保险附表中的月度保费如何填写？ | 税延养老保险附表中的月度保费是取得工资薪金所得、连续性劳务报酬所得（特定行业除外）的个人填写，填写《个人税收递延型商业养老保险扣除凭证》载明的月度保费金额，一次性缴费的保单填写月平均保费金额 |
| 59. 纳税人通过电子模版方式报送给扣缴义务人的《个人所得税专项附加扣除信息表》，扣缴义务人是否需要打印下来让纳税人签字？ | 需要打印签字。根据《国家税务总局关于发布〈个人所得税专项附加扣除操作办法（试行）〉的公告》（国家税务总局公告2018年第60号）第四章第二十条第二点的相关规定，纳税人通过填写电子或者纸质《扣除信息表》直接报送扣缴义务人的，扣缴义务人将相关信息导入或者录入扣缴端软件，并在次月办理扣缴申报时提交给主管税务机关。《扣除信息表》应当一式两份，纳税人和扣缴义务人签字（章）后分别留存备查 |
| 60. 扣缴客户端中，专项附加扣除信息导入模版是什么格式的Excel表？单位采集的电子表格格式不一致，该如何处理？ | 扣缴客户端中，专项附加扣除信息采集表的文件格式支持xls和xlsx两种，建议使用xls格式以获取更高的导入效率。<br>若员工提交的专项附加扣除信息采集表不是以上两种格式，请用办公软件打开该表另存为以上两种格式，再进行导入即可 |
| 61. 扣缴客户端"人员信息采集"的"境外人员"中，录入证照号码时系统提示"港澳居民来往内地通行证的号码只能是9位数字和字母混合"，但该人员的通行证号码为10位数，无法保存，如何处理？ | 港澳居民来往内地通行证号码格式如下：第1位为字母（香港居民为H，澳门居民为M），第2—9位为数字（为持证人的终身号），第10—11位为换证次数。如H0139133901，录入证照号码时只需录入H01391339即可，换证次数无需录入 |
| 62. 扣缴单位使用的扣缴客户端登录后显示"2018年"和"2019年"两个蓝色按钮，有何不同？ | 为支持新个人所得税法的实施，扣缴客户端进行了较大升级（对原来正在使用扣缴客户端的，直接打开运行后会自动升级）。扣缴客户端升级后有"2018年"和"2019年"两种版本模式："2018年"的版本模式可用于查询2018年及之前的数据，以及进行税款所属期2018年及以前的申报（含更正申报）；"2019年"的版本模式适用于税款所属期2019年以后的申报（含更正申报）。可通过系统右上角的"版本切换"按钮，切换到另一版本模式下操作。新个人所得税法中的专项附加扣除报送等功能在"2019年"版本模式中 |
| 63. 自然人申请个人所得税WEB端（APP端）的注册码，如何发放？ | （1）操作人员点击菜单列表的"发放注册码"，检查证明资料是否准确齐全，如无问题点击"下一步"；<br>（2）在新弹出的界面选择好身份证类型，依次输入身份证件号码、姓名和国籍后，点击"下一步"，系统弹出"注册码打印单"界面，点击"打印"即可 |

续表

| 问题 | 解　答 |
| --- | --- |
| 64. 自然人申请注册码成功后，不慎遗失或忘记，怎么办？ | 未注册成功的自然人可以重复申请注册码，同一纳税人再次申请注册码时，原注册码失效 |
| 65. 个人所得税 WEB 端（APP 端）的登录密码如何重置？ | （1）操作员点击“个人业务办理”，选择办理事项“重置密码”，可以通过“身份证阅读器”获取身份信息，或者输入“纳税人识别号”（或根据身份证件类型和证件号码），点击回车键，显示“自然人信息”；<br>（2）检查自然人提交的资料是否准确完整，如准确完整则点击“下一步”，系统提示“重置成功”，点击“确认”；<br>（3）系统跳转至纳税人重置密码确认单打印界面，点击“打印” |
| 66. 自然人信息采集主界面的户籍所在地、经常居住地以及境内无住所信息附表的联系地址三者的填写关系？ | 三者之间的填写规则：如采集选择的是居民身份证或中国护照，则户籍所在地必填，经常居住地选填；如采集选择的是非居民身份证或中国护照，户籍所在地非必录，经常居住地和联系地址必录其一 |
| 67. 自然人选择为残孤烈时，为什么残疾人号是必填项，烈属证号是选填项？ | 考虑到烈属证历史遗留问题，如证件遗失申请补发流程比较麻烦，故目前暂未要求必填 |
| 68. 自然人变更登记模块中的姓名、身份证件类型、身份证件号码是灰色的，修改不了，如何操作？ | 姓名、身份证件类型、身份证件号码是唯一性信息，唯一性信息修改需要在“自然人关键信息变更”中进行变更操作，并且目前关键信息只支持姓名的变更；其他关键信息错误需修改时，用正确的自然人信息重新建档，建档后对新旧档案并档处理，并选择新档案为主档案 |
| 69. 需要在投资方分配比例维护菜单维护分配比例的企业类型有哪些？ | 私营合伙企业、内资合伙、港澳台合伙、外资合伙、民办非企业单位（合伙） |
| 70. 自然人登记的时候把名字登记错了，怎么修改？ | 在“自然人关键信息变更”中进行变更即可 |
| 71. 个税投资方分配比例维护主要维护哪些信息？ | 个税投资方信息维护功能仅可对分配比例数据项进行修改，纳税人若需新增、删除投资方信息或对投资方信息中的其他数据项进行修改，需在“金三”核心系统的“变更税务登记”功能中进行变更 |
| 72. 电子资料采集可以采集哪些资料？ | 目前版本可以采集残疾证件、烈属证件两类证件 |
| 73. 根据《关于科技人员取得职务科技成果转化现金奖励有关个人所得税政策的通知》（财税〔2018〕58 号），非营利性科研机构和高校向科技人员发放职务科技成果转化现金奖励时可以享受税收优惠，符合政策要求的纳税人享受优惠前是否要先进行备案？ | 根据《国家税务总局关于科技人员取得职务科技成果转化现金奖励有关个人所得税征管问题的公告》（国家税务总局公告 2018 年第 30 号），非营利性科研机构和高校向科技人员发放职务科技成果转化现金奖励，应于发放之日的次月 15 日内，向主管税务机关报送《科技人员取得职务科技成果转化现金奖励个人所得税备案表》 |
| 74. 根据《关于科技人员取得职务科技成果转化现金奖励有关个人所得税政策的通知》（财税〔2018〕58 号），从职务科技成果转化收入中给予科技人员的现金奖励，可减按 50% 计入科技人员当月“工资、薪金所得”，依法缴纳个人所得税。针对该种场景如何进行个人所得税的申报？ | 符合政策要求的非营利性研究开发机构和高等学校，从职务科技成果转化收入中给予纳税人的现金奖励作为工资、薪金所得，在申报当月工资、薪金所得时，将现金奖励并入当期工资、薪金中，并将现金奖励的 50% 作为免税所得，填入免税所得数据项中，并在减免附表中填列相应的减免事项 |

续表

| 问题 | 解　答 |
| --- | --- |
| 75. “税收优惠日常管理”功能进行管理启动后，后续如何查询受理审批结果？ | 税务人员进行“税收优惠日常管理”功能启动后，可通过“税收优惠日常管理清册”功能查询受理审批结果信息，或出于管理需要查询税收优惠日常管理业务的相关统计信息 |
| 76. 办税人员打印文书出现分页现象，如何处理？ | （1）请清空IE缓存，重新打印；<br>（2）下载打印组件，运行，卸载；卸载完，重新安装，清除缓存，重新打印；<br>（3）若上述方法无效，则将电脑C：\jdlssoft\iitms目录下的文件夹print备份；拷贝能够正常打印的电脑的对应目录下的print文件夹，替换，清除缓存，重新打印 |
| 77. 个人所得税定率核定的通知书后期可以在哪进行打印？ | 在个人税收管理系统大厅发放 |
| 78. 如何把查账征收变更为核定征收？ | 在个人税收管理系统—征收－个人所得税核定申请模块进行操作即可 |
| 79. 中国税收居民身份证明适用的业务场景？ | 根据《国家税务总局关于开具〈中国税收居民身份证明〉有关事项的公告》（国家税务总局公告2016年第40号）政策规定，个人为享受中国政府对外签署的税收协定待遇，可向其主管所得税的税务机关申请开具《中国税收居民身份证明》 |
| 80. 个人税收管理系统中“非居民纳税人享受税收协定待遇情况报告表（退抵税专用）”菜单点击时提示“登记序号为空；流程实例ID为空”，该如何处理？ | 《非居民纳税人享受税收协定待遇情况报告表（退抵税专用）》功能适用于录入退抵税费信息中针对享受非居民待遇退抵税的功能跳转，若需要直接采集非居民税收协定信息可通过《非居民纳税人享受税收协定待遇情况报告表》功能进行采集 |
| 81. 一般征收开票（ITS）缴款方式中为何没有税库联网缴税？ | 在一般征收开票（ITS）模块中，点击“获取最新三方协议信息”，下载成功后在缴款方式中就可以看到了 |
| 82. 扣缴个人所得税报告表（2018）选择2019年1月所属期，为何申报时系统报错？ | 2019年以后的预扣预缴申报需要通过“综合所得个人所得税预扣预缴申报表（ITS）”模块进行操作申报 |
| 83. 个人独资企业在注销环节需要申报2019年1季度经营所得个税，在使用“经营所得个人所得税月（季）度申报（ITS）”时，系统无法选择所属期为2019年1月至2019年3月，无法正常受理申报，如何处理？ | 将所属期改成2019年1月至2019年1月申报 |
| 84. 纳税人在APP/WEB端采集好专项附加扣除信息并指定扣缴义务人后，扣缴义务人那边下载不了纳税人的专项附加扣除信息 | 远程端（APP/WEB端）采集完毕后，扣缴客户端需要过3天才能下载到该纳税人的专项附加扣除信息 |

续表

| 问题 | 解　　答 |
| --- | --- |
| 85. “个人所得税” APP 为什么要实名注册？ | 实名注册的目的是：<br>（1）为了验证绑定的账户是否属于本人；<br>（2）对纳税人信息的真实性进行验证审核；<br>（3）保障纳税人的合法权益和涉税数据安全；<br>（4）建立完善可靠的互联网信用基础 |
| 86. 居民个人有哪些渠道可以填报专项附加扣除信息？ | 四个渠道：<br>（1）自行在“个人所得税” APP 填报；<br>（2）自行在自然人办税服务平台网页报送；<br>（3）自行到办税服务厅报送给税务机关；<br>（4）提交给扣缴单位在自然人税收管理系统扣缴客户端软件或到办税服务厅报送 |
| 87. “个人所得税” APP 和“自然人办税服务平台”注册用户最后一步提示“登录名被占用”，请问怎么处理？ | 登录名具有唯一性，可按照规则自定义，如果所填写的登录名被别人占用了，请修改重新自定义其他登录名，直至提交保存成功即可 |
| 88. 什么是注册码？怎么获取？ | 注册码是指自然人为了开通自然人办税服务平台用户账号进行办税的一种认证方式。先行在办税服务厅进行实名认证后获得注册码，然后使用此注册码在自然人办税服务平台或“个人所得税” APP 中开通账号，以后凭此账号即可远程登录自然人办税服务平台或“个人所得税” APP 进行办税。<br>自然人可以携带本人有效身份证原件去就近的办税服务大厅申请获取注册码。注册码为 6 位数字和字母。注册码有效期为 7 天，申请后请及时注册使用。若不慎遗失，可再次申请 |
| 89. “个人所得税” APP 登录账号有哪些？ | 有三种，分别为：登录名、手机号码、证件号码（外国护照除外） |
| 90. “个人所得税” APP 如何通过人脸识别认证注册？ | 具体操作如下：<br>（1）打开“个人所得税” APP；<br>（2）点击“注册”，选择人脸识别认证注册，如实填写身份相关信息，包括姓名、证照号码，点击“开始人脸识别”按钮后进行拍摄，与后台公安接口比对成功后会跳转到登录设置界面；<br>（3）设置自己的登录名、密码、手机号（需短信校验）完成注册。<br>注意事项：<br>（1）登录名长度是 8—16 位字符，只能包括大小写字母、数字、中文（中文占 2 个字符）与下划线；<br>（2）登录名不支持纯数字；<br>（3）密码应为 8—15 位，至少包含字母（大小写）、数字与符号中的两种，不能含空格 |

续表

| 问题 | 解　答 |
| --- | --- |
| 91. “个人所得税” APP 如何通过注册码注册? | 具体操作如下:<br>(1) 自然人须先到就近的办税服务厅申请获取注册码;<br>(2) 打开“个人所得税” APP, 点击“注册”, 选择注册码认证注册方式, 如实填写身份信息, 包括姓名、证照类型、证照号码等, 填写的个人信息与公安系统数据进行比对, 不可虚假录入;<br>(3) 设置自己的登录名、密码、手机号 (短信校验) 完成注册, 系统对登录名和密码有规则校验, 设置完成后即可通过登录名、手机号或身份证号码登录系统, 并进行相关业务操作。<br>注意事项:<br>(1) 登录名长度是 8—16 位字符, 只能包括大小写字母、数字、中文 (中文占 2 个字符) 与下划线;<br>(2) 登录名不支持纯数字;<br>(3) 密码应为 8—15 位, 至少包含字母 (大小写)、数字与符号中的两种, 不能含空格 |
| 92. 假如更换了手机号码, 如何修改手机号? | 打开“个人所得税” APP, 登录后可通过“个人中心”—“安全中心”—“修改手机号码”修改自然人已绑定的手机号码。有两种验证方式, 一是通过原绑定的手机号码收取验证码后重新录入新手机号码; 二是通过本人银行卡及银行预留手机经过验证后重新录入新手机号码 |
| 93. 如何修改“个人所得税” APP 的登录密码? | 打开“个人所得税” APP, 登录后通过“个人中心”—“安全中心”—“修改密码”, 在该界面分别录入原密码和新密码保存成功即可 |
| 94. 忘记“个人所得税” APP 登录密码怎么办? | 忘记密码时, 可在“个人所得税” APP 登录界面点击“找回密码”重新设置密码。首先需要填写身份信息, 再选择一种可用验证方式, 验证通过后, 然后在重置密码页面完成新密码的设置 |
| 95. “个人所得税” APP 登录密码输错多次后账号被冻结了怎么办? | 密码输错 3 次, 会让其输入图片验证码, 密码输错超过 5 次会锁定该自然人账号, 24 小时后会自动解锁; 您也可以通过首页“忘记密码”功能解锁账号 |
| 96. 个人信息需要填写哪些信息项? 需要全部填写完整吗? | (1) 用户基础信息: 系统自动带出, 使用居民身份证外的其他证照号码注册, 需要填写出生年月、性别。<br>(2) 户籍所在地/现居住地址: 需选择省市地区, 乡/镇/街道为选填项, 手动填写详细地址 (如街道、小区、楼栋、单元室等)。<br>(3) 学历和民族: 选填项, 建议完善。<br>(4) 其他: 电子邮箱和境外任职受雇国家默认无, 可根据实际情况选填。<br>(5) 税收优惠信息: 分为残疾、烈属、孤老三种情形, 根据实际情况勾选并上传证件的电子资料 |
| 97. 经常居住地经常变更要怎么办? | 建议实时在系统更新经常居住地地址 |
| 98. 残疾证号忘记了不能保存怎么办? | 残疾证号为必填项。登录中国残疾人联合会官网: http: //www. cdpf. org. cn/2dzcx/输入姓名、身份证号码, 即可查询残疾证编号 |

续表

| 问题 | 解　　答 |
|---|---|
| 99. 残疾、烈属证填写有什么规定? | 残疾证号为必填项，并上传证件的电子图片资料，最多不能超过 5 张。烈属证号可填可不填，并上传证件的电子图片资料，最多不能超过 5 张 |
| 100. 银行卡可以添加几张？可以添加其他人员的银行卡吗? | 目前不限制张数。填写的银行卡必须是本人有效身份证件开户，需要输入银行预留手机号进行验证，添加后的银行卡可以进行解绑和设为默认卡的操作 |
| 101. “个人所得税” APP 的帮助中心在哪里查看? | 点击“个人中心”—“帮助”，即可查看 APP 相关模块内容 |
| 102. “个人所得税” APP 和自然人办税服务平台网页的数据会同步吗? | 两个系统的数据是一致的 |
| 103. 如何查看“个人所得税” APP 版本，如何升级? | 点击“个人所得税” APP“个人中心”—“关于”查看版本号，APP 是自动升级的 |
| 104. 自然人办税服务平台网页如何切换账号? | 登录自然人办税服务平台网页后，点击右上角头像，选择“退出登录”即可切换其他账号进行登录操作 |
| 105. 法人和财务负责人在“个人所得税” APP 或自然人办税服务平台网页是否可以解除授权? | 法人和财务负责人是从各省“金税三期”系统同步过来的，如果当前自然人的身份是某个公司的法人或者财务负责人，若从原公司离职了，那需要去“金税三期”税务登记变更功能里面去变更法人或者财务负责人。这样，离职的法人或者财务负责人在任职受雇信息中才会看不到这家公司 |
| 106. 手机打开“个人所得税” APP 后提示“未连接到网络或未获取网络权限，请检查”，但手机网络正常，能打开网页，该如何解决? | 可以尝试如下方式解决：<br>(1) 请检查您手机设置中是否对“个人所得税” APP 进行了网络限制。常规操作路径如下：先关闭“个人所得税” APP，对苹果 iOS 系统手机，点击“设置→蜂窝移动网络→个人所得税→勾选 WLAN 与蜂窝移动网”；对安卓系统手机，常规操作路径如下：先关闭“个人所得税” APP，击“设置→无线和网络→流量管理→应用联网→个人应用中的个人所得税→勾选移动网络和 Wi - Fi”。然后，重新打开“个人所得税” APP。<br>(2) 如果确认网络设置没有问题，可能是网络不稳定所致，请切换到 Wi - Fi网络环境或稍等片刻再次尝试。<br>(3) 可以在“个人所得税” APP 的个人中心中，将“工作地或常住地”临时切换到其他省市，等业务办理完成后再切回到实际工作地或常住地 |
| 107. 是否个人通过“个人所得税” APP 填报专项附加扣除信息就不用再报给扣缴单位? | 目前，居民个人可以通过以下四个渠道填报专项附加扣除信息：<br>(1) 自行在“个人所得税” APP 填报；<br>(2) 自行在自然人办税服务平台网页填报；<br>(3) 自行到税务局办税服务厅填报；<br>(4) 提交给扣缴单位在扣缴客户端软件填报。<br>通过前三个任一渠道成功填报的专项附加扣除信息，若填报时指定由某扣缴单位申报的，该扣缴单位可在您提交的第三天后通过扣缴客户端的“下载更新”功能下载到您所填报的信息 |

# 第4章　综合所得扣除操作实务及风险防范

## 4.1　扣除项目

### 4.1.1　综合所得的扣除项目

2018年版《个人所得税法实施条例》第六条规定，关于应纳税所得额的计算：

“（一）居民个人的综合所得，以每一纳税年度的收入额减除费用六万元以及专项扣除、专项附加扣除和依法确定的其他扣除后的余额，为应纳税所得额。

（二）非居民个人的工资、薪金所得，以每月收入额减除费用五千元后的余额为应纳税所得额；劳务报酬所得、稿酬所得、特许权使用费所得，以每次收入额为应纳税所得额。

……

劳务报酬所得、稿酬所得、特许权使用费所得以收入减除百分之二十的费用后的余额为收入额。稿酬所得的收入额减按百分之七十计算。

个人将其所得对教育、扶贫、济困等公益慈善事业进行捐赠，捐赠额未超过纳税人申报的应纳税所得额百分之三十的部分，可以从其应纳税所得额中扣除；国务院规定对公益慈善事业捐赠实行全额税前扣除的，从其规定。

本条第一款第一项规定的专项扣除，包括居民个人按照国家规定的范围和标准缴纳的基本养老保险、基本医疗保险、失业保险等社会保险费和住房公积金等；专项附加扣除，包括子女教育、继续教育、大病医疗、住房贷款利息或者住房租金、赡养老人等支出，具体范围、标准和实施步骤由国务院确定，并报全国人民代表大会常务委员会备案。”

计算居民个人综合所得应纳税所得额的扣除项目包括：基本减除费用、专项扣除、专项附加扣除和依法确定的其他扣除项目（见图4.1）。基本减除费用，是最为基础的一项生计扣除，全员适用，考虑了个人基本生活支出情况，设置定额的扣除标准。专项扣除，是对允许扣除的“三险一金”进行归纳后，新增加的一个概念。专项附加扣除，是在基本减除费用的基础上，以国家税收和个人共同分担的方式，适度缓解个人在教育、医疗、住房等方面的支出压力。在综合和分类税制实行初期，专项附加扣除项目包括子女教育、继续教育、住房贷款利息、住房租金、大病医疗、赡养老人等项目。依法确定的其他扣除，指综合所得中除基本减除费用、专项扣除，专项附加扣除之外的扣除项目，包括个人缴付企业年金、职业年金，个人购买符合国家规定的商业健康保险、税收递延型养老保险的支出，以及国务院规定可以扣除的其他项目。

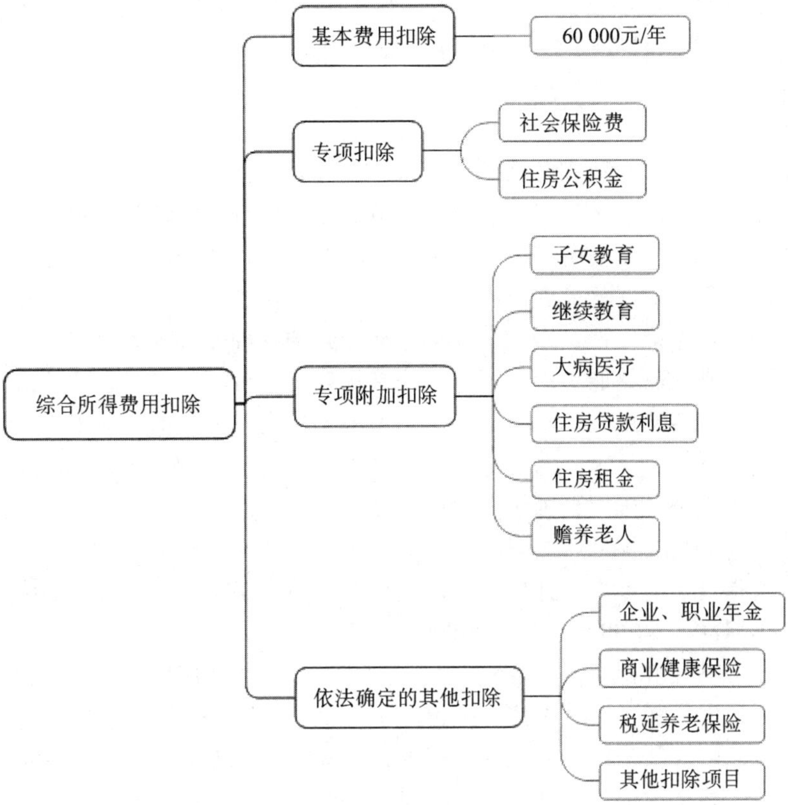


**图 4.1　综合所得的费用扣除**

### 4.1.2　基本费用扣除

1. 基本减除费用标准

基本减除费用，是指纳税人为维持基本生计而发生的支出，允许在税前扣除的固定额度。基本费用减除和个人收入无关，一般是按照全社会平均消费支出情况计算确定。总体上反映了全国各地区经济发展和居民收入水平。

2018 年个人所得税改革将基本减除费用从原来的 3 500 元/月提高至 5 000 元/月（每年 6 万元）。主要考虑因素如下：

一是基本减除费用是纳税人的一项生计支出扣除。将综合所得基本减除费用标准确定为每人每月 5 000 元、全年 6 万元，充分考虑了居民基本生活消费支出情况。据统计，2017 年我国城镇居民人均消费支出为 2 037 元/月，按国家统计局公布的平均每一就业者负担 1.9 人的负担系数计算，城镇就业者人均负担的消费性支出约为 3 900 元/月。考虑城镇居民消费支出的增长因素，按照 7% 的平均增长率测算，2018 年城镇就业者人均负担的月消费支出为 4 200 元/月。

此次改革将减除费用标准提高到 5 000 元/月（每年 6 万元），为今后几年居民消费性支出的增长预留了一定空间。

改革后，城镇就业人数的纳税面将由目前的 44% 降低至 15% 。

二是除提高综合所得基本减除费用标准外，还增加了专项附加扣除。税制改革后，按照个人享受“三险一金”专项扣除、1—2 项专项附加扣除，估算年收入 10 万元以下的个人无须缴税，年收入 10 万元已经高于当前城镇就业人员社会平均工资，5 000 元的标准总体上能够满足人民群众对税制改革的期望。

综上所述，5 000 元/月的减除费用标准较为合理。

制定全国统一的基本减除费用标准的主要考虑因素有：一是我国是一个法制统一的国家，税收法制是国家法制的重要组成部分，应该实施全国统一的税收政策；二是减除费用标准是参照城镇居民社会平均消费支出情况确定的，兼顾了富裕地区和欠发达地区，总体上反映了全国各类地区经济发展状况和居民收支水平。部分富裕地区可能生活成本较高，但居民收入水平也较高，负担能力强，而且机会多，享受到的各种公共服务也多，实行统一的减除费用标准有利于体现税收量能负担原则；三是市场经济条件下人口流动性非常大，如果不实行统一的标准，可能会造成人员非正常流动，甚至产生人员在其他地区工作而在特殊优惠区域领取工薪收入等情况，给正常的税收征管秩序带来冲击和挑战；四是从国际上看，大部分国家个人所得税一般都是采用全国统一的基本减除费用标准，不实行差别化政策。

2. 减除费用标准的起征点与免征额

对于综合所得涉及的个人生计费，采取定额扣除的方式。自 2019 年 1 月 1 日起，综合所得的减除费用标准为 60 000 元/年（5 000 元/月）。

此处的“减除费用扣除标准”指的是“免征额”，而非“起征点”。免征额是在征税对象总额中免予征税的数额。它是按照一定标准从征税对象总额中预先减除的数额。免征额部分不征税，只对超过免征额部分征税。起征点，又称“征税起点”或“起税点”，是指税法规定对征税对象开始征税的起点数额。征税对象的数额达到起征点的就全部数额征税，未达到起征点的不征税。所以“减除费用标准”并非“起征点”，而是“免征额”。

3. 劳务报酬、稿酬与特许权使用费所得的费用扣除

新个人所得税法对工薪所得外其他综合所得项目费用扣除标准进行微调。劳务报酬所得、稿酬所得、特许权使用费所得以收入减除 20% 的费用后的余额为收入额。此外，稿酬所得在扣除以上 20% 的费用后，再减按 70% 计算收入额。这是对原来个人所得税的费用扣除和稿酬所得的税收优惠的平移。对工资薪金所得以外的综合所得，在减除必要的费用后计算收入额，以体现量能课税、以净所得征税的原则。

### 4.1.3　专项扣除

专项扣除项目包括：按国家规定个人缴付的基本养老保险费、基本医疗保险费、失业保险费等基本社会保险费和住房公积金。

1. 社会基本保险

根据《财政部　国家税务总局关于基本养老保险费基本医疗保险费失业保险费住房公积金有关个人所得税政策的通知》（财税〔2006〕10 号）第一条的规定，企事业单位按照国家或省（自治区、直辖市）人民政府规定的缴费比例或办法实际缴付的基本养老保险费、基本医疗保险费和失业保险费，免征个人所得税；个人按照国家或省（自治区、直辖市）人民政府规定的缴费比例或办法实际缴付的基本养老保险费、基本医疗保险费，企事业单位

和个人超过规定的比例和标准缴付的基本养老保险费、基本医疗保险费和失业保险费，允许在个人应纳税所得额中扣除。

企事业单位和个人超过规定比例和标准缴付的基本养老保险费、基本医疗保险费和失业保险费，应将超过部分并入个人当期的工资、薪金收入，计征个人所得税。

根据财税〔2006〕10 号文件第三条的规定，个人实际领（支）取原提存的基本养老保险金、基本医疗保险金、失业保险金和住房公积金时，免征个人所得税。

基本养老保险、基本医疗保险、失业保险的个人所得税处理如表 4.1 所示。

**表 4.1　社会保险费的个人所得税处理**

<table>
<tr><th>项目</th><th>原则</th><th>财税〔2006〕10 号文件</th><th>2011 年版《个人所得税法实施条例》</th></tr>
<tr><td rowspan="4">基本养老保险、基本医疗保险和失业保险</td><td rowspan="2">按规定标准实际缴付时免税</td><td>企事业单位按照国家或省（自治区、直辖市）人民政府规定的缴费比例或办法实际缴付的基本养老保险费、基本医疗保险费和失业保险费，免征个人所得税</td><td rowspan="4">第二十五条，按照国家规定，单位为个人缴付和个人缴付的基本养老保险费、基本医疗保险费、失业保险费、住房公积金，从纳税义务人的应纳税所得额中扣除</td></tr>
<tr><td>个人按照国家或省（自治区、直辖市）人民政府规定的缴费比例或办法实际缴付的基本养老保险费、基本医疗保险费和失业保险费，允许在个人所得税应纳税所得额中扣除</td></tr>
<tr><td>超规定标准缴付部分应纳税</td><td>企事业单位和个人超过规定的比例和标准缴付的基本养老保险费、基本医疗保险费和失业保险费，应将超过部分并入个人当期的工资、薪金收入，计征个人所得税</td></tr>
<tr><td>领（支）取提存的养老保险时免税</td><td>个人实际领（支）取原提存的基本养老保险金、基本医疗保险金、失业保险金时，免征个人所得税</td></tr>
</table>

2. 住房公积金

（1）住房公积金的税前扣除限额。财税〔2006〕10 号文件第二条明确，根据《住房公积金管理条例》《建设部　财政部　中国人民银行关于住房公积金管理若干具体问题的指导意见》（建金管〔2005〕5 号）等规定精神，单位和个人分别在不超过职工本人上一年度月平均工资 12% 的幅度内，其实际缴存的住房公积金，允许在个人应纳税所得额中扣除。单位和职工个人缴存住房公积金的月平均工资不得超过职工工作地所在设区城市上一年度职工月平均工资的 3 倍，具体标准按照各地有关规定执行。

单位和个人超过上述规定比例和标准缴付的住房公积金，应将超过部分并入个人当期的工资、薪金收入，计征个人所得税。

上述职工工资口径按照国家统计局规定列入工资总额统计的项目计算。

根据财税〔2006〕10 号文件第三条的规定，个人实际领（支）取原提存住房公积金时，免征个人所得税。

需要说明的是，计算住房公积金个人所得税税前扣除额上限与公积金管理部门规定的公积金缴存额上限是两个不同的概念。

（2）住房公积金税前扣除额的计算。根据财税〔2006〕10号文件的规定，在计算缴存住房公积金个人所得税税前扣除额时，需要符合“不超过职工本人上一年度月平均工资12%的幅度”这条件，实际上对公积金的缴存基数（月平均工资）和缴存比例（12%）两点进行了规范。只要缴存基数、缴存比例中有一个指标超过规定的标准，超出的那部分住房公积金就不能在个人所得税税前扣除，应并入个人当期的应纳税所得额，按“工资、薪金所得”项目计征个人所得税。

准予税前扣除的缴存基数，应以“上一年度当地职工月平均工资3倍，上一年度实际月平均工资，该职工实际缴纳住房公积金基数”三者中最低值为准。

### 4.1.4 专项附加扣除

1. 六大专项附加扣除项目

专项附加扣除，是在基本减除费用的基础之上，以国家税收和个人共同分担的方式，适度缓解个人在教育、医疗、住房、赡养老人等方面的支出压力。在施行综合和分类税制初期，专项附加扣除项目包括子女教育、继续教育、住房贷款利息或者住房租赁、大病医疗、赡养老人等六项。

在提高综合所得基本减除费用标准，明确基本养老保险、基本医疗保险、失业保险、住房公积金等专项扣除以及依法确定的其他扣除继续执行的同时，2018年版《个人所得税法》增加了子女教育、继续教育等与人民群众生活密切相关的专项附加扣除规定。专项附加扣除考虑了个人负担的差异性，更符合个人所得税基本原理，有利于税制公平。

个人所得税专项附加扣除遵循公平合理、利于民生、简便易行的原则，根据教育、医疗、住房、养老等民生支出变化情况，适时调整专项附加扣除范围和标准。

根据2018年版《个人所得税法》第六条第三款的规定，专项附加扣除包括子女教育、继续教育、大病医疗、住房贷款利息或者住房租金、赡养老人等支出，具体范围、标准和实施步骤由国务院确定，并报全国人民代表大会常务委员会备案。

六项专项附加扣除的扣除范围、扣除标准、扣除方式、留存资料、关注要点等详见本章4.2部分。

2. 可以扣除专项附加扣除的所得项目

根据2018年版《个人所得税法》第六条第一款的规定，“居民个人的综合所得，以每一纳税年度的收入额减除费用6万元以及专项扣除、专项附加扣除和依法确定的其他扣除后的余额，为应纳税所得额”。

2018年版《个人所得税法实施条例》第十五条第二款规定：“取得经营所得的个人，没有综合所得的，计算其每一纳税年度的应纳税所得额时，应当减除费用6万元、专项扣除、专项附加扣除以及依法确定的其他扣除。专项附加扣除在办理汇算清缴时减除。”

由此可见，计算居民个人综合所得应纳税所得额时可以扣除专项附加扣除。取得经营所得的个人，没有综合所得的，计算其每纳税年度的应纳税所得额时，也可以扣除专项附加扣除项目。

### 4.1.5　依法确定的其他扣除

1. 企业与职业年金

我国养老保险体系主要包括基本养老保险、补充养老保险和个人储蓄性养老保险三个层次，其中补充养老保险包括企业年金和职业年金。企业年金主要针对企业，是指根据《企业年金办法》等国家相关政策规定，企业及其职工在依法参加基本养老保险的基础上，自愿建立的补充养老保险制度。职业年金主要针对事业单位，是指根据《机关事业单位职业年金办法》（国办发〔2015〕18 号）等国家相关政策规定，事业单位及其职工在依法参加基本养老保险的基础上建立的补充养老保险制度。

（1）补充养老保险个人所得税处理。根据《财政部　国家税务总局关于个人所得税有关问题的批复》（财税〔2005〕94 号）的规定，单位为职工个人购买商业性补充养老保险等，在办理投保手续时应作为个人所得税的“工资、薪金所得”项目，按税法规定缴纳个人所得税；因各种原因退保，个人未取得实际收入的，已缴纳的个人所得税应予以退回。

（2）年金递延纳税政策。年金递延纳税，是指在年金缴费环节和年金基金投资收益环节暂不征收个人所得税，将纳税义务递延到个人实际领取年金的环节，也称 EET 模式（E 代表免税，T 代表征税）。EET 模式是西方发达国家对企业年金普遍采用的一种税收优惠模式。据了解，OECD 国家中，法国、德国、美国、日本等多数国家均选择了 EET 模式。为促进我国多层次养老保险体系的发展，在研究借鉴发达国家通行做法的基础上，结合我国实际，国家对年金个人所得税政策体系进行了完善，《财政部　国家税务总局　人力资源和社会保障部关于企业年金职业年金个人所得税有关问题的通知》（财税〔2013〕103 号）出台了如下企业年金、职业年金、个人所得税递延纳税的政策。

①年金缴费的个人所得税处理。

第一，企业和事业单位（以下统称“单位”）根据国家有关政策规定的办法和标准，为在本单位任职或者受雇的全体职工缴付的企业年金或职业年金（以下统称“年金”）单位缴费部分，在计入个人账户时，个人暂不缴纳个人所得税。

第二，个人根据国家有关政策规定缴付的年金个人缴费部分，在不超过本人缴费工资计税基数的 4% 标准内的部分，暂从个人当期的应纳税所得额中扣除。

第三，超过上述第一和第二项规定的标准缴付的年金单位缴费和个人缴费部分，应并入个人当期的工资、薪金所得，依法计征个人所得税。税款由建立年金的单位代扣代缴，并向主管税务机关申报解缴。

第四，企业年金个人缴费工资计税基数为本人上一年度月平均工资。月平均工资按国家统计局规定列入工资总额统计的项目计算。月平均工资超过职工工作地所在设区城市上一年度职工月平均工资 300% 以上的部分，不计入个人缴费工资计税基数。

职业年金个人缴费工资计税基数为职工岗位工资和薪级工资之和。职工岗位工资和薪级工资之和超过职工工作地所在设区城市上一年度职工月平均工资 300% 以上的部分，不计入个人缴费工资计税基数。也就是说，在年金缴费环节，对单位根据国家有关政策规定为职工缴的企业年金或职业年金单位缴费部分，在计入个人账户时，个人暂不缴纳个人所得税；个人根据国家有关政策规定缴付的年金个人缴费部分，在不超过本人缴费工资计税基数的 4% 标准内的部分，暂从个人当期的应纳税所得额中扣除。

②年金基金投资运营收益的个人所得税处理。年金基金投资运营收益分配计入个人账户时，个人暂不缴纳个人所得税，即在年金基金投资环节，企业年金或职业年金基金投资运营收益分配计入个人账户时，暂不征收个人所得税。

③领取年金的个人所得税处理。

第一，个人达到国家规定的退休年龄，在 2014 年 1 月 1 日之后（至 2018 年 12 月 31 日）按月领取的年金，全额按照“工资、薪金所得”项目适用的税率计征个人所得税；在 2014 年 1 月 1 日之后按年或按季领取的年金，平均分摊计入各月，每月领取额全额按照“工资、薪金所得”项目适用的税率计征个人所得税。

第二，对单位和个人在 2014 年 1 月 1 日财税〔2013〕103 号文件实施之前开始缴付年金缴费，个人在该文件实施之后领取年金的，允许其从领取的年金中减除在该文件实施之前缴付的年金单位缴费和个人缴费且已经缴纳个人所得税的部分，就其余额按照财税〔2013〕103 号文件第三条第 1 项的前段所述（1）的规定征税。在个人分期领取年金的情况下，可按该文件实施之前缴付的年金缴费金额占全部缴费金额的百分比减计当期的应纳税所得额，减计后的余额，按照前段所述的该文件第三条第 1 项规定，计算缴纳个人所得税。

第三，2018 年 12 月 31 日前，对个人因出境定居而一次性领取的年金个人账户资金，或个人死亡后，其指定的受益人或法定继承人一次性领取的年金个人账户余额，允许领取人将一次性领取的年金个人账户资金或余额按 12 个月分摊到各月，就其每月分摊额，按照该文件第三条第 1 项和第 2 项的规定计算缴纳个人所得税。对个人除上述特殊原因外一次性领取年金个人账户资金或余额的，则不允许采取分摊的方法，而是就其一次性领取的总额，单独作为一个月的工资、薪金所得，按照该文件第三条第 1 项和第 2 项的规定计算缴纳个人所得税。

综上所述，在年金领取环节，个人达到国家规定的退休年龄领取的企业年金或职业年金，按照“工资、薪金所得”项目适用的税率计征个人所得税。

第四，个人领取年金时，其应纳税款由受托人代表委托人委托托管人代扣代缴。年金账户管理人应及时向托管人提供个人年金缴费及对应的个人所得税纳税明细。托管人根据受托人指令及账户管理人提供的资料，按照规定计算扣缴个人当期领取年金待遇的应纳税款，并向托管人所在地主管税务机关申报解缴。

第五，建立年金计划的单位、年金托管人，应按照个人所得税法和税收征收管理法的有关规定，实行全员全额扣缴明细申报。受托人有责任协调相关管理人依法向税务机关办理扣缴申报、提供相关资料。

④新个税法实施后的处理。自 2019 年 1 月 1 日起，根据《财政部　税务总局关于个人所得税法修改后有关优惠政策衔接问题的通知》（财税〔2018〕164 号）第四条的规定，个人达到国家规定的退休年龄，领取的企业年金、职业年金，符合《财政部　人力资源社会保障部　国家税务总局关于企业年金职业年金个人所得税有关问题的通知》（财税〔2013〕103 号）规定的，不并入综合所得，全额单独计算应纳税款。其中按月领取的，适用月度税率表计算纳税；按季领取的，平均分摊计入各月，按每月领取额适用月度税率表计算纳税；按年领取的，适用综合所得税率表计算纳税。

个人因出境定居而一次性领取的年金个人账户资金，或个人死亡后，其指定的受益人或法定继承人一次性领取的年金个人账户余额，适用综合所得税率表计算纳税。对个人除上述特殊原因外一次性领取年金个人账户资金或余额的，适用月度税率表计算纳税。

⑤操作与申报。就年金所得来看，企业年金、职业年金涉及纳税义务主要集中在缴费和领取两个环节。在年金缴费环节，由个人所在单位在其缴费时，对超出免税标准的部分随同当月工资、薪金所得一并计算代扣个人所得税，并向其所在单位主管税务机关申报缴纳；在年金领取环节，由托管人在为个人支付年金待遇时，根据个人当月取得的年金所得、往期缴费及纳税情况计算扣缴个人所得税，并向托管人主管税务机关申报缴纳。

第一，单位建立年金计划后，应在建立年金计划的次月 15 日内，向其所在地主管税务机关报送年金方案、人力资源社会保障部门出具的方案备案函、计划确认函以及主管税务机关要求报送的其他相关资料。年金方案、受托人、托管人发生变化的，应在发生变化的次月 15 日内重新向其主管税务机关报送上述资料，供税务部门登记备案。

第二，缴费环节，由个人所在单位为其计算扣缴个人所得税，并向主管税务机关申报解缴。

第三，领取环节，应纳税款由受托人代表委托人委托托管人代扣代缴。年金账户管理人应及时向托管人提供个人年金缴费及对应的个人所得税纳税明细。托管人根据受托人指令及账户管理人提供的资料，按照规定计算扣缴个人当期领取年金待遇的应纳税款，并向主管税务机关申报解缴。

单位和托管人在扣缴个人所得税时，必须按照税法规定实行全员全额扣缴明细申报。建立年金计划的单位、委托人、受托人、账户管理人之间要及时传递纳税相关的信息。受托人负责统筹协调并督促有关机构依法向税务部门办理扣缴申报及提供涉税资料。

综上所述，年金计缴个人所得税可按以下四个步骤进行：

第一步：计算年金个人缴费工资计税基数。

企业先计算各员工的上一年度月平均工资。事业单位先计算各职工的岗位工资和薪级工资之和。

企业人员月平均工资需按国家统计局规定列入工资总额统计的项目计算，相对复杂些。根据《关于工资总额组成的规定》（国家统计局令 1990 年第 1 号），工资总额的计算应以直接支付给职工的全部劳动报酬为根据，由计时工资、计件工资、奖金、津贴和补贴、加班加点工资、特殊情况下支付的工资共六个部分组成，但出差伙食补助费、误餐补助、调动工作的旅费和安家费、计划生育独生子女补贴等 11 项不列入工资总额的范围。

企业员工上一年度月平均工资（或事业单位职工岗位工资和薪级工资之和）如果不超过工作地所在设区城市上一年度职工月平均工资 300%，即为年金个人缴费工资计税基数；如果超过了，则超过 300% 以上的部分，不计入个人缴费工资计税基数。

第二步：比较年金个人缴费部分与本人缴费工资计税基数的 4%。

如果年金个人缴费部分不超过本人缴费工资计税基数的 4%，则不计缴个人所得税；超过 4% 的部分，并入当期工资、薪金所得，计缴个人所得税。

第三步：比较年金单位缴费部分与国家政策规定的标准。

如果企（事）业单位缴费部分不超过国家政策规定的标准，在计入个人账户时，个人不计缴个人所得税；超过标准的部分，并入当期工资、薪金所得，计缴个人所得税。

根据《企业年金办法》第八条的规定，企业缴费每年不超过本企业上年度职工工资总额的 1/12。企业和职工个人缴费合计一般不超过本企业上年度职工工资总额的 1/6。

根据《机关事业单位职业年金办法》第八条的规定，单位缴纳职业年金费用的比例最高不超过本单位上年度缴费工资基数的8%。个人缴费比例不超过上年度本人缴费工资基数的4%。

第四步：将工资、薪金所得与第二步、第三步计算出结果并入部分合计，按工资、薪金所得纳税。

2. 商业健康保险支出

为贯彻落实《国务院关于促进健康服务业发展的若干意见》（国发〔2013〕40号）精神，经国务院批准，自2016年1月1日起，在全国31个城市试点开展商业健康保险支出个人所得税限额扣除政策。

为进一步推动医疗保障事业发展，国务院总理李克强2017年4月19日主持召开国务院常务会议，决定将商业健康保险个人所得税税前扣除试点政策推广至全国范围实施。为落实国务院常务会议精神，《财政部　国家税务总局　保监会关于将商业健康保险个人所得税试点政策推广到全国范围实施的通知》（财税〔2017〕39号）规定，自2017年7月1日起，将商业健康保险个人所得税税前扣除试点政策推至全国，对个人购买符合条件的商业健康保险产品的支出，允许按每年最高2 400元的限额予以税前扣除。为便于纳税人及时享受政策、规范纳税申报，国家税务总局制发了《国家税务总局关于推广实施商业健康保险个人所得税政策有关征管问题的公告》（国家税务总局公告2017年第17号），进一步明确了相关操作问题。

（1）商业健康保险产品支出限额扣除政策。

①商业健康保险产品支出限额扣除试点政策。自2016年1月1日起至2017年6月30日止，根据《财政部　国家税务总局　保监会关于开展商业健康保险个人所得税政策试点工作的通知》[（财税〔2015〕56号），自2017年7月1日起被财税〔2017〕39号文件第五条废止）]第一条的规定，对试点地区个人购买符合规定的商业健康保险产品的支出，允许在当年（月）计算应纳税所得额时予以税前扣除，扣除限额为2 400元/年（200元/月）。试点地区企事业单位统一组织并为员工购买符合规定的商业健康保险产品的支出，应分别计入员工个人工资薪金，视同个人购买，按上述限额予以扣除。2 400元/年（200元/月）的限额扣除为个人所得税法规定的减除费用标准之外的扣除。

为确保商业健康保险个人所得税政策试点平稳实施，在各地选择一个中心城市开展试点工作。其中，北京、上海、天津、重庆四个直辖市全市试点，各省、自治区分别选择一个人口规模较大且具有较高综合管理能力的试点城市。实施商业健康保险个人所得税政策试点的具体地区为：

全市试点：北京市、上海市、天津市、重庆市。

各省、自治区选择确定的试点：河北省石家庄市、山西省太原市、内蒙古自治区呼和浩特市、辽宁省沈阳市、吉林省长春市、黑龙江省哈尔滨市、江苏省苏州市、浙江省宁波市、安徽省芜湖市、福建省福州市、江西省南昌市、山东省青岛市、河南省郑州市（含巩义市）、湖北省武汉市、湖南省株洲市、广东省广州市、广西壮族自治区南宁市、海南省海口市、四川省成都市、贵州省贵阳市、云南省曲靖市、西藏自治区拉萨市、陕西省宝鸡市、甘肃省兰州市、青海省西宁市、宁夏回族自治区银川市（不含所辖县）、新疆维吾尔自治区库尔勒市。

试点期间，非试点地区个人购买商业健康保险产品不适用限额扣除个人所得税政策。

②商业健康保险产品支出限额扣除政策。自 2017 年 7 月 1 日起，根据财税〔2017〕39 号文件第一条的规定，对个人购买符合规定的商业健康保险产品的支出，允许在当年（月）计算应纳税所得额时予以税前扣除，扣除限额为 2 400 元/年（200 元/月）。单位统一为员工购买符合规定的商业健康保险产品的支出，应分别计入员工个人工资薪金，视同个人购买，按上述限额予以扣除。

2 400 元/年（200 元/月）的限额扣除为个人所得税法规定的减除费用标准之外的扣除。

（2）商业健康保险限额扣除政策的适用对象。根据财税〔2017〕39 号文件第二条的规定，适用商业健康保险税收优惠政策的纳税人，是指取得工资薪金所得、连续性劳务报酬所得的个人，以及取得个体工商户生产经营所得、对企事业单位的承包承租经营所得的个体工商户业主、个人独资企业投资者、合伙企业个人合伙人和承包承租经营者。根据国家税务总局公告 2017 年第 17 号第一条的规定，取得工资薪金所得、连续性劳务报酬所得的个人，以及取得个体工商户的生产经营所得、对企事业单位的承包承租经营所得的个体工商户业主、个人独资企业投资者、合伙企业个人合伙人和承包承租经营者，对其购买符合规定的商业健康保险产品支出，可按照财税〔2017〕39 号文件规定标准（2 400 元/年，200 元/月）在个人所得税税前扣除。这里所称取得连续性劳务报酬所得，根据国家税务总局公告 2017 年第 17 号第二条的规定，是指个人连续 3 个月以上（含 3 个月）为同单位提供劳务而取得的所得。

2018 年版《个人所得税法》实施后，取得综合所得的个人，以及通过个体工商户、个人独资企业、合伙企业取得经营所得的居民个人，发生符合规定的商业健康保险支出的，按年扣除 2 400 元。

（3）符合规定的商业健康保险产品的界定。符合规定的商业健康保险产品，是指由中国银行保险监督管理委员会（以下简称“中国银保监会”）研发并会同财政部、国家税务总局联合发布的适合大众的综合性健康保险产品。

①享受优惠政策的商业健康保险产品应符合的条件。根据财税〔2017〕39 号文件第三条的规定，符合规定的商业健康保险产品，是指保险公司参照个人税收优惠型健康保险产品指引框架及示范条款开发的、符合下列条件的健康保险产品：

第一，健康保险产品采取具有保障功能并设立有最低保证收益账户的万能险方式，包含医疗保险和个人账户积累两项责任。被保险人个人账户由其所投保的保险公司负责管理维护。

第二，被保险人为 16 周岁以上、未满法定退休年龄的纳税人群。保险公司不得因被保险人既往病史拒保，并保证续保。

第三，医疗保险保障责任范围包括被保险人医保所在地基本医疗保险基金支付范围内的自付费用及部分基本医疗保险基金支付范围外的费用，费用的报销范围、比例和额度由各保险公司根据具体产品特点自行确定。

第四，同款健康保险产品，可依据被保险人的不同情况，设置不同的保险金额，具体保险金额下限由中国银保监会规定。

第五，健康保险产品坚持“保本微利”原则，对医疗保险部分的简单赔付率低于规定比例的，保险公司要将实际赔付率与规定比例之间的差额部分返还到被保险人的个人账户。

符合上述条件的个人税收优惠型健康保险产品，保险公司应按《中华人民共和国保险法》规定程序上报中国银保监会[①]审批。

②符合规定的健康保险产品的分类。根据目标人群已有保障项目和保障需求的不同，符合规定的健康保险产品共有三类，分别适用于以下群体：一是对公费医疗或基本医疗保险报销后个人负担的医疗费用有报销意愿的人群；二是对公费医疗或基本医疗保险报销后个人负担的特定大额医疗费用有报销意愿的人群；三是未参加公费医疗或基本医疗保险，对个人负担的医疗费用有报销意愿的人群。

（4）商业健康保险个人所得税税前扣除。

①取得工资薪金或劳务报酬所得个人自行购买的处理。根据财税〔2017〕39号文件第四条第（二）项规定，取得工资、薪金所得或连续性劳务报酬所得的个人，自行购买符合规定的商业健康保险产品的，应当及时向代扣代缴单位提供保单凭证。扣缴单位自个人提交保单凭证的次月起，在不超过200元/月的标准内按月扣除。年内保费金额超过2 400元的部分，不得税前扣除。以后年度续保时，按上述规定执行。个人自行退保时，应及时告知扣缴义务人。

根据国家税务总局公告2017年第17号第五条第（二）项的规定，保险公司在销售商业健康保险产品时，要为购买健康保险的个人开具发票和保单凭证，载明产品名称及缴费金额等信息，作为个人税前扣除的凭据。保险公司要与商业健康保险信息平台保持实时对接，保证信息真实准确。

②单位为员工购买或者单位和个人共同负担购买的处理。根据财税〔2017〕39号文件第四条第（一）项的规定，单位统一组织为员工购买或者单位和个人共同负担购买符合规定的商业健康保险产品，单位负担部分应当实名计入个人工资、薪金明细清单，视同个人购买，并自购买产品次月起，在不超过200元/月的标准内按月扣除。一年内保费金额超过2 400元的部分，不得税前扣除。以前年度续保时，按上述规定执行。个人自行退保时，应及时告知扣缴单位。对个人相关退保信息保险公司应及时传递给税务机关。

③取得生产经营所得的个人购买商业健康保险支出的扣除。根据财税〔2017〕39号文件第四条第（三）项的规定，个体工商户业主、企事业单位承包和经营者、个人独资和合伙企业投资者自行购买符合条件的商业健康保险产品的，在不超过2 400元/年的标准内据实扣除。一年内保费金额超过2 400元的部分，不得税前扣除。以后年度续保时，按上述规定执行。

（5）税优识别码的使用。

①税优识别码，是指为确保税收优惠商业健康保险保单的唯一性、真实性和有效性，由商业健康保险信息平台按照“一人一单一码”的原则对投保人进行校验后，下发给保险公司，并在保单凭证上打印数字识别码。

②未获得税优识别码不得税前扣除。根据国家税务总局公告2017年第17号第五条的规定，保险公司销售符合规定的商业健康保险产品，应及时为购买保险的个人开具发票和保单凭证，并在保单凭证上注明税优识别码。

个人购买商业健康保险未获得税优识别码的，其支出金额不得税前扣除。

---

① 书中涉及的部分国务院下属机构在2018年国务院机构调整中有变动。

（6）特殊事项的处理。

①两处以上取得工资、薪金所得的扣除。根据国家税务总局公告 2017 年第 17 号第三条的规定，个人自行购买符合规定的商业健康保险产品的，应及时向扣缴义务人提供保单凭证，扣缴义务人应当依法为其税前扣除，不得拒绝。个人中国境内两处或两处以上取得工资、薪金所得，且自行购买商业保险的，只能选择在其中一处扣除。

②核定征收个体工商户的处理。根据国家税务总局公告 2017 年第 17 号第四条第（二）款的规定，实行核定征收的纳税人，应向主管税务机关报送“商业健康保险税前扣除情况明细表”，主管税务机关按程序相应调减其应纳税所得额或应纳税额。纳税人未续保或退保的，应当及时告知主管税务机关，终止商业健康保险税前扣除。

③部门协作。根据财税〔2017〕39 号文件第五条的规定，商业健康保险个人所得税税前扣除政策涉及环节和部门多，各相关部门应密切配合，切实落实好商业健康保险个人所得税政策。

第一，财政、税务、保监部门要做好商业健康保险个人所得税优惠政策宣传解释，优化服务。税务、保监部门应建立信息共享机制，及时共享商业健康保险涉税信息。

第二，保险公司在销售商业健康保险产品时，要为购买健康保险的个人开具发票和保单凭证，载明产品名称及缴费金额等信息，作为个人税前扣除的凭据。保险公司要与商业健康保险信息平台保持实时对接，保证信息真实准确。

第三，扣缴单位应按照财税〔2017〕39 号文件及税务机关有关要求，认真落实商业健康保险个人所得税税前扣除政策。

第四，保险公司或商业健康保险信息平台应向税务机关提供相关信息，并配合税务机关做好相关税收征管工作。

（7）纳税申报表的填报。《商业健康保险税前扣除情况明细表》如表 4.2 所示，适用于个人购买符合规定的商业健康保险支出税前扣除申报。

**表 4.2　商业健康保险税前扣除情况明细表**

所属期：　年　月　日至　年　月　日　　　　金额单位：人民币（列至角分）

| 扣缴义务人（被投资单位）情况 | | | | | | | | |
|---|---|---|---|---|---|---|---|---|
| 名称 | | | | 纳税人识别号 | | | | |
| 商业健康保险税前扣除情况 | | | | | | | | |
| 序号 | 姓名 | 身份证件类型 | 身份证件号码 | 税优识别码 | 保单生效日期 | 年度保费 | 月度保费 | 本期扣除金额 |
| | | | | | | | | |
| | | | | | | | | |
| | | | | | | | | |
| | | | | | | | | |
| | | | | | | | | |
| | | | | | | | | |
| | | | | | | | | |

续表

| 序号 | 姓名 | 身份证件类型 | 身份证件号码 | 税优识别码 | 保单生效日期 | 年度保费 | 月度保费 | 本期扣除金额 |
|---|---|---|---|---|---|---|---|---|
| | | | | | | | | |
| | | | | | | | | |
| | | | | | | | | |
| | | | | | | | | |
| | | | | | | | | |
| | | | | | | | | |
| | | | | | | | | |
| | | | | | | | | |
| | | | | | | | | |
| | | | | | | | | |
| | | | | | | | | |

谨此声明：此表是根据《中华人民共和国个人所得税法》及有关法律法规规定填写的，是真实的，完整的，可靠的。

纳税人或扣缴义务人负责人签字：　　年　月　日

| 代理申报机构（人）签章：<br>经办人：<br>经办人执业证件号码：<br>代理申报日期：　　年　月　日 | 主管税务机关受理章：<br>受理人：<br>受理日期：　　年　月　日 |
|---|---|

《商业健康保险税前扣除情况明细表》填报说明如下：

①“所属期”。所属期应与“扣缴个人所得税报告表”等申报表上注明的“税款所属期”一致。

②“扣缴义务人（被投资单位）情况”。此栏填写涉及商业健康保险扣除政策的扣缴义务人、个体工商户、承包承租的企事业单位、个人独资企业、合伙企业的信息。

③“商业健康保险税前扣除情况”。

“姓名”“身份证件类型”“身份证件号码”：填写购买商业健康保险的个人的信息，相关信息应与“扣缴个人所得税报告表”等申报表上载明的明细信息保持一致；个体工商户业主、个人独资企业投资者、合伙企业个人合伙人、承包承租经营者和其他自行纳税申报个人按照本人实际情况填写。

“税优识别码”：税优识别码，是指为确保税收优惠商业健康保险保单的唯一性、真实性和有效性，由商业健康保险信息平台按照“一人一单一码”的原则对投保人进行校验后，下发给保险公司，并在保单凭证上打印的数字识别码。

“保单生效日期”：填写商业健康保险生效日期。

“年度保费”：填写保单载明的年度总保费的金额。

“月度保费”：按月缴费的保单填写每月所缴保费，按年一次性缴费的保单填写年度保费除以12后的金额。

“本期扣除金额”：扣缴申报和按月自行申报时，月度保费大于200元的，填写200元；月度保费小于200元的，按月度保费填写。个体工商户业主、个人独资企业投资者、合伙企业个人合伙人和承包承租经营者申报时，年度保费金额大于2 400元的，填写2 400元；年度保费小于 2 400 元的，按实际年度保费填写。

3. 税延养老保险支出

为贯彻落实党的十九大精神，推进多层次养老保险体系建设，对养老保险第三支柱进行有益探索，《财政部　税务总局　人力资源社会保障部　中国银行保险监督管理委员会　证监会关于开展个人税收递延型商业养老保险试点的通知》（财税〔2018〕22 号）就开展个人税收递延型商业养老保险（以下简称税延养老保险）试点有关问题做出如下规定：

（1）试点地区及时间。自 2018 年 5 月 1 日起，在上海市、福建省（含厦门市）和苏州工业园区实施个人税收递延型商业养老保险试点。试点期限暂定一年。

（2）试点政策内容。对试点地区个人通过个人商业养老资金账户购买符合规定的商业养老保险产品的支出，允许在一定标准内税前扣除；计入个人商业养老资金账户的投资收益，暂不征收个人所得税：个人领取商业养老金时再征收个人所得税。具体规定如下：

①个人缴费税前扣除标准。在 2018 年 12 月 31 日前取得工资薪金、连续性劳务报酬所得的个人，其缴纳的保费准予在申报扣除当月计算应纳税所得额时予以限额据实扣除，扣除限额按照当月薪金、连续性劳务报酬收入的 6% 和 1 000 元孰低办法确定。取得个体工商户生产经费所得、对企事业单位的承包承租经营所得的个体工商户业主、个人独资企业投资者、合伙企业自然人合伙人和承包承租经营者，其缴纳的保费准予在申报扣除当年计算应纳税所得额时予以限额据实扣除，扣除限额按照不超过当年应税收入的 6% 和 1 000 元孰低办法确定。

②账户资金收益暂不征税。计入个人商业养老资金账户的投资收益，在缴费期间暂不征收个人所得税。

③个人领取商业养老金征税。个人达到国家规定的退休年龄时，可按月或按年领取商业养老金。为终身或不少于 15 年，个人身故、发生保险合同约定的全残或罹患重大疾病的，可以一次性领取商业养老保险。

对个人达到规定条件时，可按月或按年领取商业养老金，其中 25% 部分以免税、其余 75% 部分按照 10% 的比例税率计算缴纳个人所得税，2018 年 12 月 31 日之前税款计“其他所得”项目。

（3）试点政策适用对象。适用试点税收政策的纳税人，是指在试点地区取得工资薪金、连续性劳务报酬所得的个人，以及取得个体工商户生产经营所得、对企事业单位的承包承租经营所得的个体工商户业主、个人独资企业投资者、合伙企业自然人合伙人和承包承租经营者，其工资薪金、连续性劳务报酬的个人所得税扣缴单位，或者个体工商户、承包承租单位、个人独资企业、合伙企业的实际经营地均位于试点地区内的纳税人。

取得连续性劳务报酬所得，是指纳税人连续 6 个月以上（含 6 个月）为同一单位提供劳务而取得的所得。

（4）商业养老资金账户和信息平台。个人商业养老资金账户是由纳税人指定的、用于归集税收递延型商业养老保险缴费、收益以及资金领取等的商业银行个人专用账户。该账户封闭运行，与居民身份证件绑定，具有唯一性。

试点期间使用中国保险信息技术管理有限责任公司建立的信息平台（以下简称“中保信平台”）。个人商业养老资金账户在中保信平台登记，校验其唯一性。个人商业养老资金账户变更银行须经中保信平台校验后，进行账户结转，每年允许结转一次。中保信平台与税务系统、商业保险机构和商业银行对接，提供账户管理、信息查询、税务稽核、外部监管等基础性服务。

（5）商业养老保险产品及管理。个人商业养老保险产品按稳健型产品为主、风险型产品为辅的原则选择，采取名录方式确定。试点期间的产品是指由保险公司开发，符合“收益稳健、长期锁定、终身领取、精算平衡”原则，满足参保人对养老账户资金安全性、收益性和长期性管理要求的商业养老保险产品。具体商业养老保险产品指引由中国银保监会提出，商财政部、人力资源和社会保障部、国家税务总局后发布。

（6）征收管理。

①缴费税前扣除。个人购买符合规定的商业养老保险产品、享受递延纳税优惠时，以中保信平台出具的税延养老扣除凭证为扣税凭据。取得工资薪金所得和连续性劳务报酬所得的个人，应及时将相关凭证提供给扣缴单位。扣缴单位应按照要求，认真落实个人税收递延型商业养老保险试点政策，为纳税人办理税前扣除有关事项。

个人在试点地区范围内从两处或者两处以上取得所得的，只能选择在其中一处享受试点政策。

根据《国家税务总局关于开展个人税收递延型商业养老保险试点有关征管问题的公告》（国家税务总局公告2018年第21号）第一条第一项的规定，试点地区内可享受税延养老保险税前扣除优惠政策的个人，凭中保信相关信息平台出具的“个人税收递延型商业养老保险扣除凭证”（以下简称“税延养老扣除凭证”），办理税前扣除。取得工资薪金所得、连续性劳务报酬所得的个人，其购买符合规定商业养老保险产品的支出享受税前扣除优惠时，应及时将税延养老扣除凭证提供给扣缴单位。扣缴单位应当按照规定，在个人申报扣除当月计算扣除限额并办理税前扣除。扣缴单位在填报“扣缴个人所得税报告表”或“特定行业个人所得税年度申报表”时，应当将当期可扣除金额填至“税前扣除项目”或“税前扣除项目”栏“其他”列中（需注明税延养老保险），并同时填报“个人税收递延型商业养老保险税前扣除情况明细表”（见表4.3）。

**表4.3　个人税收递延型商业养老保险税前扣除情况明细表**

所属期：　　年　月　日至　　年　月　日　　　　金额单位：人民币（列至角分）

<table>
<tr><td colspan="10">单位或个人情况</td></tr>
<tr><td colspan="2">填表人身份</td><td colspan="8">□扣缴义务人　　□个体工商户和承包承租经营者<br>□个人独资企业投资者　　□合伙企业自然人合伙人　　□其他</td></tr>
<tr><td colspan="2">单位名称</td><td colspan="2"></td><td colspan="3">纳税人识别号（统一社会信用代码）</td><td colspan="3"></td></tr>
<tr><td colspan="10">税收递延型商业养老保险税前扣除情况</td></tr>
<tr><td>序号</td><td>姓名</td><td>身份证件类型</td><td>身份证件号码</td><td>税延养老账户编号</td><td>申报扣除期</td><td>报税校验码</td><td>年度保费</td><td>月度保费</td><td>本期扣除金额</td></tr>
<tr><td></td><td></td><td></td><td></td><td></td><td></td><td></td><td></td><td></td><td></td></tr>
<tr><td></td><td></td><td></td><td></td><td></td><td></td><td></td><td></td><td></td><td></td></tr>
<tr><td></td><td></td><td></td><td></td><td></td><td></td><td></td><td></td><td></td><td></td></tr>
<tr><td></td><td></td><td></td><td></td><td></td><td></td><td></td><td></td><td></td><td></td></tr>
<tr><td></td><td></td><td></td><td></td><td></td><td></td><td></td><td></td><td></td><td></td></tr>
<tr><td></td><td></td><td></td><td></td><td></td><td></td><td></td><td></td><td></td><td></td></tr>
</table>

续表

| | |
|---|---|
| 谨声明：此表是根据《中华人民共和国个人所得税法》及有关法律法规规定填写的，是真实的，完整的，可靠的。<br>纳税人或扣缴义务人负责人签字：　　年　月　日 | |
| 代理申报机构（人）签章：<br>经办人：<br>经办人身份证件类型：<br>经办人身份证件号码：<br>经办人执业证件号码：<br>代理申报日期：　　年　月　日 | 主管税务机关受理章：<br>受理人：<br>受理日期：　　年　月　日 |

个人因未及时提供税延养老扣除凭证而造成往期未扣除的，扣缴单位可追补至应扣除月份扣除，并按规定重新计算应扣缴税款，在收到扣除凭证的当月办理抵扣或申请退税。个人缴费金额发生变化、未续保或退保的，应当及时告知扣缴义务人重新计算或终止税延养老保险税前扣除。除个人提供资料不全、信息不实等情形外，扣缴单位不得拒绝为纳税人办理税前扣除。

《个人税收递延型商业养老保险税前扣除情况明细表》填报说明如下：

本表适用于个人购买符合规定的税收递延型商业养老保险支出税前扣除申报。本表随《扣缴个人所得税报告表》《特定行业个人所得税年度申报表》《个人所得税生产经营所得纳税申报表（B 表）》等申报表一并报送；实行核定征收的，可单独报送。

a. “所属期”：应与“扣缴个人所得税报告表”等申报表注明的“税款所属期”一致。

b. “单位或个人情况”。

“单位名称”：填写涉及商业养老保险扣除政策的扣缴义务人、个体工商户、承包承租的企事业单位、个人独资企业、合伙企业的单位名称。

“纳税人识别号（统一社会信用代码）”：填写上述单位的相应号码。

c. “税收递延型商业养老保险税前扣除情况”。

“姓名”“身份证件类型”“身份证件号码”：填写购买税延养老保险的个人信息，相关信息应与“扣缴个人所得税报告表”等申报表上载明的明细信息保持一致；个体工商户业主、个人独资企业投资者、合伙企业自然人合伙人、承包承租经营者和其他自行纳税申报个人按照本人实际情况填写。

“税延养老账户编号”“报税校验码”：按照中保信相关信息平台出具的“个人税收递延型商业养老保险扣除凭证”载明的对应项目填写。

“申报扣除期”：取得工资薪金所得、连续性劳务报酬所得（特定行业除外）的个人，填写申报扣除的月份；取得个体工商户的生产经营所得、对企事业单位的承包承租经营所得的个人及特定行业取得工资薪金的个人，填写申报扣除的年份。

“年度保费”：取得个体工商户的生产经营所得、对企事业单位的承包承租经营所得的个人及特定行业取得工资薪金的个人，填写“个人税收递延型商业养老保险扣除凭证”载明的年度保费金额。

“月度保费”：取得工资薪金所得、连续性劳务报酬所得（特定行业除外）的个人，填写“个人税收递延型商业养老保险扣除凭证”载明的月度保费金额，一次性缴费的保单填写月平均保费金额。

“本期扣除金额”：取得工资薪金所得、连续性劳务报酬所得（特定行业除外）的个人，应按税延养老保险扣除凭证记载的当月金额和扣除限额孰低的方法计算可扣除额。扣除限额按照申报扣除当月的工资薪金、连续性劳务报酬收入的6%和1 000元孰低的办法确定。取得个体工商户的生产经营所得、对企事业单位的承包承租经营所得的个人及特定行业取得工资薪金的个人，按税延养老保险扣除凭证记载的当年金额和扣除限额孰低的方法计算可扣除额。扣除限额按照不超过当年应税收入的6%和1 200元孰低的办法确定。

②领取商业养老金时的税款征收。个人按规定领取商业养老金时，由保险公司代扣代缴其应缴的个人所得税。

在2018年12月31日之前，根据国家税务总局公告2018年第21号第二条的规定，个人达到规定条件领取商业养老金时，保险公司按照规定代扣代缴“其他所得”项目（需注明税延养老保险）个人所得税，并在个人购买税延养老保险的机构所在地办理全员全额扣缴申报。

（7）相关工作与部门协作。

①试点期间其他相关系统的对接准备工作。试点期间，中银保监会、中国证监会做好相关准备工作，完善养老账户管理制度，制定银行、公募基金类产品指引等相关规定，指导相关金融机构产品开发。做好中国证券登记结算有限责任公司信息平台（以下简称“中登公司平台”）与商业银行、税务等信息系统的对接准备工作；同时，人力资源和社会保障部、财政部牵头，联合国家税务总局、中国银保监会、中国证监会等单位，共同研究建立第三支柱制度和管理服务信息平台。

试点结束后，根据试点情况，结合养老保险第三支柱制度建设的有关情况，有序扩大参与的金融机构和产品范围，将公募基金等产品纳入个人商业养老账户投资范围，相应将中登公司平台作为信息平台，与中保信平台同步运行。第三支柱制度和管理服务信息平台建成以后，中登公司平台、中保信平台与第三支柱制度和管理服务信息平台对接，实现养老保险第三支柱宏观监管。

②部门协作。信息平台应向税务机关提供个人税收递延型商业养老保险有关信息，并配合税务机关做好相关税收征管工作。

保险公司在销售个人税收递延型商业养老保险产品时，应为购买商业养老保险产品的个人开具发票和保单凭证，载明产品名称及缴费金额等信息。保险公司与信息平台同时对接，保证信息真实准确。

4. 其他扣除项目

（1）公务交通费与通信补贴。

①一般扣除规定。根据《国家税务总局关于个人所得税有关政策问题的通知》（国税发〔1999〕58号）第二条“关于个人取得公务交通、通信补贴收入征税问题”的规定，个人因公务用车和通信制度改革而取得的公务用车、通信补贴收入，扣除一定标准的公务费用后，按照“工资、薪金”所得项目计征个人所得税。按月发放的，并入当月“工资、薪金”所得计征个人所得税；不按月发放的，分解到所属月份并与该月份“工资、薪金”所得合并后计征个人所得税。

公务费用的扣除标准，由省级税务局根据纳税人公务交通、通信费用的实际发生情况调查测算，报经省级人民政府批准后确定，并报国家税务总局备案。

《国家税务总局关于个人因公务用车制度改革取得补贴收入征收个人所得税问题的通知》（国税函〔2006〕245 号）进一步规定，部分单位因公务用车制度改革，对用车人给予各种形式的补偿——直接以现金形式发放，在限额内据实报销用车支出，单位反租职工个人的车辆支付车辆租赁费（“私车公用”），单位向用车人支付车辆使用过程中的有关费用等——因公务用车制度改革而以现金、报销等形式向职工个人支付的收入，均应视为个人取得公务用车补贴收入，按照“工资、薪金所得”项目计征个人所得税。具体计征方法按国税发〔1999〕58 号文件第二条“关于个人取得公务交通、通信补贴收入征税问题”的有关规定执行。

根据《国家税务总局关于中国海洋石油总公司系统深化用工薪酬制度改革有关个人所得税问题的通知》（国税函〔2003〕330 号）的规定，中国海洋石油总公司（以下简称“中油公司”）系统公务用车、通信制度改革后，其发放给职工的公务用车、通信补贴收入，根据国税发〔1999〕58 号文件第二条的规定，可按公司所在省级政府统一规定或批准的公务费用扣除标准扣除公务费用后，计入职工个人工资、薪金所得计算缴纳个人所得税。凡中油公司系统各公司所在省级政府尚未规定扣除标准的，可暂以各公司 2002 年公务费用实际发生数为扣除基数；超过扣除基数的补贴，应计入个人所得征税；具体扣除基数由各公司报所在地海洋石油税务局核备。

②具体扣除标准。部分省、直辖市、自治区公务交通费与通信补贴涉税扣除标准如表 4.4 所示。

**表 4.4　　部分省、直辖市、自治区公务交通费与通信补贴涉税扣除标准**

| 地区及项目 | 扣除标准 |
|---|---|
| 贵州省<br>通信补贴 | 根据《国家税务总局贵州省税务局关于发布〈继续执行的税收规范性文件目录〉的公告》（国家税务总局贵州省税务总局公告 2018 年 4 号）和《贵州省地方税务局关于个人取得通信补贴有关个人所得税前扣除问题的公告》（贵州省地方税务局公告 2018 年第 4 号）的规定，在贵州省取得工资、薪金所得的纳税人，每月从任职单位取得的通信补贴收入，可在 300 元以内据实扣除，超过部分并入工资、薪金所得计算缴纳个人所得税。按月发放的，并入当月“工资、薪金”所得计缴个人所得税；不按月发放的，分解到所属月份并与该月份“工资、薪金”所得合并后计缴个人所得税 |
| 辽宁省<br>公务交通费 | 根据《国家税务总局辽宁省税务局关于发布修改部分税收规范性文件的公告》（国家税务总局辽宁省税务局公告 2018 年第 3 号）和《辽宁省地方税务局　辽宁省财政厅关于进一步明确公务用车制度改革后个人所得税政策的通知》（辽地税发〔2009〕76 号）的规定，实行公务用车制度改革的单位应向当地主管税务机关报送公务用车改革方案，经当地主管税务机关核实后报省局备案。公务用车改革方案应载明参加公务用车改革的人员范围、人数、月补贴额度、补贴资金来源、补贴发放及使用管理办法、已参改车辆及未参改车辆的用途等内容。<br>公务用车费用是指在省内因公务而实际发生的燃油、保险、租车库（位）、维修、停车、过路桥、折旧等与车辆使用有关的费用。单位公务用车制度改革后向个人支付的公务用车费用，原则上应在本单位公车改革前三年公车平均支出额的 75% 以下。<br>实行公务用车制度改革的单位，其职工以现金或实报实销方式取得的车改补贴收入，均扣除 70% 的公务费用后并入“工资、薪金所得”计征个人所得税。公务费用扣除最高限额为每月 2 500 元，超过的部分并入“工资、薪金所得”计征个人所得税。未备案的公务用车改革单位，其向职工个人支付的现金补贴或限额内实报实销的公务用车费用，均应全额并入当月工资、薪金中征收个人所得税。<br>单位因租用个人车辆（含本单位职工）而支付的车辆租赁费，由于个人车辆的使用权已经归单位所有，单位向个人支付的车辆租赁费应按照“财产租赁所得”征收个人所得税 |

续表

| 地区及项目 | 扣除标准 |
| --- | --- |
| 陕西省<br>通信补贴 | 自2018年1月1日起，根据《国家税务总局陕西省税务局关于发布税收规范性文件清理结果的公告》（国家税务总局陕西省税务局公告2018年第1号）和《陕西省地方税务局关于个人因通信制度改革取得补贴收入征收个人所得税有关问题的公告》（陕西省地方税务局公告2017年第2号）的规定，陕西省通信补贴征收个人所得税公务费用税前扣除限额为每人每月300元。纳税人取得通信补贴收入在限额内的，按实际收入全额扣除；超过限额的，按限额300元扣除。<br>通信补贴发放单位应及时将通信制度改革方案报主管税务机关备案 |
| 广西壮族自治区<br>公务通信补贴 | 自2018年9月1日起，根据《国家税务总局广西壮族自治区税务局关于公务通信补贴个人所得税有关问题的公告》（国家税务总局广西壮族自治区税务局公告2018年第13号）的规定，广西壮族自治区范围内个人取得的通信补贴收入，扣除一定标准的费用后，按照《国家税务总局关于个人所得税有关政策问题的通知》（国税发〔1999〕58号）第二条规定计征个人所得税。<br>对公务人员按规定标准取得的公务通信补贴收入，即厅级每人每月240元，处级每人每月180元，科级每人每月130元，科员及以下每人每月80元的标准，允许在计算个人所得税税前全额扣除，超出规定标准部分按照“工资、薪金”所得项目计征个人所得税。今后若自治区党委、自治区人民政府调整公务通信补贴标准的，按调整后的标准扣除。<br>对自治区内企业职工取得的通信补贴收入，无论是以现金形式，还是以报销方式取得，在计征个人所得税时，准予在每人每月不超过240元的标准内据实税前扣除，超出规定标准部分按照“工资、薪金”所得项目计征个人所得税 |
| 北京市<br>通信费用 | 根据《北京市地方税务局关于对公司员工报销手机费征收个人所得税问题的批复》（京地税个〔2002〕116号）的规定，单位为个人通信工具（因公需要）负担通信费采取全额实报实销或限额实报实销部分的，可不并入当月工资、薪金征收个人所得税。<br>单位为个人通信工具负担通信费采取发放补贴形式的，应并入当月工资、薪金计征个人所得税 |
| 天津<br>通信补贴 | 根据《天津市地方税务局关于个人取得通信补贴收入有关个人所得税政策的公告》（天津市地方税务局公告2017年第7号）的规定，自2017年11月1日起，以现金形式发放给个人的办公通信补贴，或以报销方式支付给个人的办公通信费用，费用扣除标准为每月不超过500元（含500元）。其中，机关、事业单位发放给个人的办公通信补贴，费用扣除标准为天津市财政、人力社保部门规定的发放标准，但每月最高不得超过500元（含500元）。<br>机关、事业单位是指党的机关、人大机关、行政机关、政协机关、审判机关、检察机关、民主党派机关、工商联机关、经批准参照《中华人民共和国公务员法》管理的单位，以及事业单位 |

（2）远洋运输船员伙食费。根据《国家税务总局关于远洋运输船员工资薪金所得个人所得税费用扣除问题的通知》（国税发〔1999〕202号）的规定，对远洋运输船员取得的工资、薪金所得采取按年计算、分月预缴的方式计征个人所得税。因船员的伙食费统用于集体用餐，不发给个人，故特案允许该项补贴不计入船员个人的应纳税工资、薪金收入。

（3）供热采暖补贴与冬季取暖补贴。关于供热采暖补贴与冬季取暖补贴，天津市有专门的规定。根据《天津市地方税务局关于提高我市机关企事业单位集中供热采暖补贴、冬季取暖补贴有关个人所得税问题的通知》（津地税所〔2004〕14号）的规定，经市政府批准，从2004年1月1日起调整天津市居民住宅供热价格，同时相应提高供热采暖补贴和冬季取暖补贴。对提高后的供热采暖补贴和冬季取暖补贴，暂免征收个人所得税。

（4）补充住房公积金和住房补贴的扣除。财政部和国家税务总局没有就补充住房公积金和住房补贴税前扣除做出全国统一规定，天津等地税务机关有相关的地方规定。

①天津市补充住房公积金和住房补贴的扣除。根据《天津市地方税务局关于补充住房

公积金征收个人所得税问题的通知》（津地税所〔2001〕19 号）的规定，对天津市各单位为职工建立、缴存的补充住房公积金，凡符合天津市人民政府《天津市进一步深化城镇住房制度改革实施办法的通知》（津政发〔1999〕38 号）及其附件《天津市补充住房公积金和按月住房补贴资金管理暂行办法》规定的，按照《财政部国家税务总局关于住房公积金医疗保险金养老保险金征收个人所得税问题的通知》（财税字〔1997〕144 号）的规定，在计算征收个人所得税时，可从个人当月工资、薪金收入中减除。

《天津市地方税务局关于住房补贴收入有关个人所得税政策问题的补充通知》（津地税所〔2005〕10 号）进一步规定，天津市城镇范围内实行住房货币分配的机关、团体、企事业单位，应当根据市政府下发的《天津市进一步深化城镇住房制度改革实施办法》（津政发〔1999〕38 号）、《天津市人民政府批转市城镇住房制度改革办公室关于全面推进住房货币分配工作实施意见的通知》（津政发〔2001〕59 号）相关规定，制定本单位住房货币分配方案。单位住房货币分配方案须经职代会或工会讨论通过，经主管区、县、局（集团公司）城镇住房制度改革领导小组批准，报市房改办备案后，方可执行。

上述单位按照批准备案后的住房货币分配方案中规定的住房补贴标准和住房补贴面积标准向职工发放的住房补贴，可按照《天津市地方税务局关于对住房补贴收入有关个人所得税问题的通知》（津地税所〔2001〕36 号）的规定，凭主管区、县、局城镇住房制度改革领导小组批准的“天津市单位住房货币分配审批表”，免征个人所得税。

住房补贴收入按职工个人计算。实行住房货币分配方式，包括建立补充住房公积金、按月发放住房补贴、一次性发放住房补贴、一次性发放住房补贴与按月发放住房补贴相结合。对单位发放给职工个人的住房补贴超过规定标准的部分，应当并入其发放当期的工薪所得计征个人所得税。

对不符合天津市政府文件规定，单位向职工个人发放的住房补贴，应按照规定征收个人所得税。

②河北省住房补贴免税标准。根据《河北省地方税务局关于个人所得税有关政策问题的通知》（冀地税函〔2003〕283 号）第二条“关于住房补贴问题”的规定，国家住房制度改革后，将原来的福利分房改为货币分房。在国家统一规定出台前，对没有参与福利分房或福利分房没有取得的住房补贴征免个人所得税问题规定如下：

第一，对个人按照当地政府规定的标准取得的下列住房补贴暂免征收个人所得税：

A. 无住房职工的住房补贴。

B. 职位提升后的职工，其住房面积不足国家规定标准的住房补贴。

C. 住房面积不足国家规定标准的职工补差住房补贴。

第二，对超过当地政府规定标准取得的上述住房补贴按税法规定并入当月工资薪金所得征收个人所得税。

住房公积金和住房补贴的个人所得税处理如表 4. 5 所示。

（5）补充医疗保险的扣除。补充医疗保险税前扣除没有全国统一的标准，天津等地出台地方性规定明确补充医疗保险税前扣除标准。

根据《天津市地方税务局关于医疗保险金征收个人所得税问题的通知》（津地税所〔2002〕23 号）的规定，单位和个人按照《天津市人民政府批转市劳动和社会保障局拟定的〈天津市城镇职工基本医疗保险规定的通知〉》（津政发〔2001〕80 号）中规定的标准

表 4.5　**住房公积金与住房补贴的个人所得税处理**

| 项目 | 情形 | 税务处理 |
|---|---|---|
| 住房公积金 | 按规定标准缴存 | 单位和个人分别在不超过职工本人上一年度月平均工资12%的幅度内，其实际缴存的住房公积金，允许在个人应纳税所得额中扣除。单位和职工个人缴存住房公积金的月平均工资不得超过职工工作地所在设区城市上一年度职工月平均工资的3倍，具体标准按照各地有关规定执行 |
| | 超标准缴付 | 单位和个人超过相关规定比例和标准缴付的住房公积金，应将超过部分并入个人当期的工资、薪金收入，计征个人所得税 |
| | 领取住房公积金 | 个人实际领（支）取原提存的住房公积金时，免征个人所得税 |
| 住房补贴 | 中国公民 | 企业以现金形式发给个人的住房补贴，应全额计入领取人的当期工资、薪金收入计征个人所得税。另有规定除外 |
| | 外籍个人 | 对外籍个人以实报实销形式取得的住房补贴，仍按照《关于个人所得税若干政策问题的通知》（财税字〔1994〕第20号）的规定，暂免个人所得税 |

向社会保险经办机构实际缴付的基本医疗保险、门（急）诊大额医疗费补助、大额医疗费救助，不计入个人当期的工资、薪金收入，免予征收个人所得税。

企业按照《财政部　劳动保障部关于企业补充医疗保险有关问题的通知》（财社〔2002〕18号）规定，在工资总额4%以内列支的补充医疗保险费和行政、事业单位按照《天津市公务员医疗补助暂行办法》筹集的国家公务员医疗补助经费，用于职工个人医药补助的，免予征收个人所得税。

超过津地税所〔2002〕23号文件第二条规定的范围和标准之外，单位以现金形式发给个人的医疗补助费和单位为职工个人通过商业保险公司缴付的补充医疗保险金，均应并入个人当期的工资、薪金收入，计征个人所得税。

## 4.2　专项附加扣除

为积极回应社会各界对子女教育、大病医疗等支出纳入个人所得税税前扣除的呼声，2018年版《个人所得税法》，首次增加了子女教育、继续教育、大病医疗、住房贷款利息或者住房租金、赡养老人等专项附加扣除。个人所得税专项附加扣除，是指个人所得税法规定的子女教育、继续教育、大病医疗、住房贷款利息或者住房租金、赡养老人等六项专项附加扣除。

根据2018年版《个人所得税法》第六条的规定，国务院颁布了《个人所得税专项附加扣除暂行办法》（国发〔2018〕41号文件印发），自2019年1月1日起施行，根据教育、医疗、住房、养老等民生支出变化情况，适时调整专项附加扣除范围和标准。

为切实将专项附加扣除政策精准落地，让纳税人能够清楚自己如何享受专项附加扣除，享受扣除的起始时间、标准和办理途径等，国家税务总局制发了《国家税务总局关于发布〈个人所得税专项附加扣除操作办法（试行）〉的公告》（国家税务总局公告2018年第60号）。纳税人享受子女教育、继续教育、大病医疗、住房贷款利息或者住房租金、赡养老人专项附加扣除的，依照该办法规定办理。

子女教育是大多数家庭最基本、最重要的支出项目。为体现教育公平和适当扶持原则，2018 年版《个人所得税法》增加了子女教育专项附加扣除项目。

### 4.2.1　子女教育

1. 政策规定

国务院关于印发《〈个人所得税专项附加扣除暂行办法〉的通知》（国发〔2018〕41 号）规定：

"……

第五条　纳税人的子女接受全日制学历教育的相关支出，按照每个子女每月 1 000 元的标准定额扣除。

学历教育包括义务教育（小学、初中教育）、高中阶段教育（普通高中、中等职业、技工教育）、高等教育（大学专科、大学本科、硕士研究生、博士研究生教育）。

年满 3 岁至小学入学前处于学前教育阶段的子女，按本条第一款规定执行。

……

第六条　父母可以选择由其中一方按扣除标准的 100% 扣除，也可以选择由双方分别按扣除标准的 50% 扣除，具体扣除方式在一个纳税年度内不能变更。

第七条　纳税人子女在中国境外接受教育的，纳税人应当留存境外学校录取通知书、留学签证等相关教育的证明资料备查。"

在上述规定中：父母，是指生父母、继父母、养父母。子女，是指婚生子女、非婚生子女、继子女、养子女。父母之外的其他人担任未成年人的监护人的，比照《个人所得税专项附加扣除暂行办法》规定执行。

2. 扣除时间

根据《个人所得税专项附加扣除操作办法（试行）》第三条的规定，纳税人享受符合规定的子女教育专项附加扣除的计算时间为：学前教育阶段，为子女年满 3 周岁当月至小学入学前一月；学历教育阶段，为子女接受全日制学历教育入学的当月至全日制学历教育结束的当月。

学历教育期间，包含因病或其他非主观原因休学但学籍继续保留的休学期间，以及施教机构按规定组织实施的寒暑假等假期。

3 岁之前属于家庭养护阶段，没有纳入子女教育专项附加扣除的范畴。

3. 扣除信息的报送与留存备查资料

专项附加扣除信息报送。根据《个人所得税专项附加扣除操作办法（试行）》第十二条的规定，纳税人享受子女教育专项附加扣除，应当填报配偶及子女的姓名、身份证件类型及号码、子女当前受教育阶段及起止时间、子女就读学校以及本人与配偶之间扣除分配比例等信息。

该表根据 2018 年版《个人所得税法》及其实施条例、《个人所得税专项附加扣除暂行办法》、《个人所得税专项附加扣除操作办法（试行）》等法律法规有关规定制定。

纳税人按享受的专项附加扣除情况填报对应栏次，纳税人不享受的项目，无须填报。纳税人未填报的项目，默认为不享受专项附加扣除。

如各类扣除项目的表格篇幅不够，可另附多张《个人所得税专项附加扣除信息表》。

《个人所得税专项附加扣除信息表》的格式如表 4.6 所示。

**表 4.6**

## 个人所得税专项附加扣除信息表

填报日期: 年 月 日　　　　扣除年度:

纳税人姓名:　　　　纳税人识别号: □□□□□□□□□□□□□□□□□□□□

| | | | | | | |
|---|---|---|---|---|---|---|
| 纳税人信息 | 手机号码 | | | | 电子邮箱 | |
| | 联系地址 | | | | 配偶情况 | □有配偶　□无配偶 |
| 纳税人配偶信息 | 姓名 | | 身份证件类型 | | 身份证件号码 | □□□□□□□□□□□□□□□□□□□□ |
| 一、子女教育 | | | | | | |
| 较上次报送信息是否发生变化: □首次报送(请填写全部信息) □无变化(不需重新填写) □有变化(请填写发生变化项目的信息) | | | | | | |
| 子女一 | 姓名 | | 身份证件类型 | | 身份证件号码 | □□□□□□□□□□□□□□□□□□□□ |
| | 出生日期 | | 当前受教育阶段 | | □学前教育阶段 □义务教育 □高中阶段教育 □高等教育 | |
| | 当前受教育阶段起始时间 | 年 月 | 当前受教育阶段结束时间 | 年 月 | 子女教育终止时间 *不再受教育时填写 | 年 月 |
| | 就读国家(或地区) | | 就读学校 | | 本人扣除比例 | □100%(全额扣除) □50%(平均扣除) |
| 子女二 | 姓名 | | 身份证件类型 | | 身份证件号码 | □□□□□□□□□□□□□□□□□□□□ |
| | 出生日期 | | 当前受教育阶段 | | □学前教育阶段 □义务教育 □高中阶段教育 □高等教育 | |
| | 当前受教育阶段起始时间 | 年 月 | 当前受教育阶段结束时间 | 年 月 | 子女教育终止时间 *不再受教育时填写 | 年 月 |
| | 就读国家(或地区) | | 就读学校 | | 本人扣除比例 | □100%(全额扣除) □50%(平均扣除) |
| 二、继续教育 | | | | | | |
| 较上次报送信息是否发生变化: □首次报送(请填写全部信息) □无变化(不需重新填写) □有变化(请填写发生变化项目的信息) | | | | | | |
| 学历(学位)继续教育 | 当前继续教育起始时间 | 年 月 | 当前继续教育结束时间 | 年 月 | 学历(学位)继续教育阶段 | □专科 □本科 □硕士研究生 □博士研究生 □其他 |
| 职业资格继续教育 | 职业资格继续教育类型 | □技能人员 □专业技术人员 | | | 证书名称 | |
| | 证书编号 | | 发证机关 | | 发证(批准)日期 | |
| 三、住房贷款利息 | | | | | | |
| 较上次报送信息是否发生变化: □首次报送(请填写全部信息) □无变化(不需重新填写) □有变化(请填写发生变化项目的信息) | | | | | | |
| 房屋信息 | 住房坐落地址 | 省(区、市) 市 县(区) 街道(乡、镇) | | | | |
| | 产权证号/不动产登记号/商品房买卖合同号/预售合同号 | | | | | |
| 房贷信息 | 本人是否借款人 | □是 □否 | | | 是否婚前各自首套贷款,且婚后分别扣除50% | □是 □否 |
| | 公积金贷款丨贷款合同编号 | | | | | |
| | 贷款期限(月) | | | | 首次还款日期 | |
| | 商业贷款丨贷款合同编号 | | | | 贷款银行 | |
| | 贷款期限(月) | | | | 首次还款日期 | |
| 四、住房租金 | | | | | | |
| 较上次报送信息是否发生变化: □首次报送(请填写全部信息) □无变化(不需重新填写) □有变化(请填写发生变化项目的信息) | | | | | | |
| 房屋信息 | 住房坐落地址 | 省(区、市) 市 县(区) 街道(乡、镇) | | | | |
| 租赁情况 | 出租方(个人)姓名 | | 身份证件类型 | | 身份证件号码 | □□□□□□□□□□□□□□□□□□□□ |
| | 出租方(单位)名称 | | | | 纳税人识别号(统一社会信用代码) | |
| | 主要工作城市(*填写市一级) | | | | 住房租赁合同编号(非必填) | |
| | 租赁期起 | | | | 租赁期止 | |
| 五、赡养老人 | | | | | | |
| 较上次报送信息是否发生变化: □首次报送(请填写全部信息) □无变化(不需重新填写) □有变化(请填写发生变化项目的信息) | | | | | | |
| 纳税人身份 | | □独生子女 □非独生子女 | | | | |
| 被赡养人一 | 姓名 | | 身份证件类型 | | 身份证件号码 | □□□□□□□□□□□□□□□□□□□□ |
| | 出生日期 | | 与纳税人关系 | | □父亲 □母亲 □其他 | |
| 被赡养人二 | 姓名 | | 身份证件类型 | | 身份证件号码 | □□□□□□□□□□□□□□□□□□□□ |
| | 出生日期 | | 与纳税人关系 | | □父亲 □母亲 □其他 | |
| 共同赡养人信息 | 姓名 | | 身份证件类型 | | 身份证件号码 | □□□□□□□□□□□□□□□□□□□□ |
| | 姓名 | | 身份证件类型 | | 身份证件号码 | □□□□□□□□□□□□□□□□□□□□ |
| | 姓名 | | 身份证件类型 | | 身份证件号码 | □□□□□□□□□□□□□□□□□□□□ |
| | 姓名 | | 身份证件类型 | | 身份证件号码 | □□□□□□□□□□□□□□□□□□□□ |
| 分摊方式 *独生子女不需填写 | | □平均分摊 □赡养人约定分摊 □被赡养人指定分摊 | | | 本年度月扣除金额 | |
| 六、大病医疗(仅限综合所得年度汇算清缴申报时填写) | | | | | | |
| 较上次报送信息是否发生变化: □首次报送(请填写全部信息) □无变化(不需重新填写) □有变化(请填写发生变化项目的信息) | | | | | | |
| 患者一 | 姓名 | | 身份证件类型 | | 身份证件号码 | □□□□□□□□□□□□□□□□□□□□ |
| | 医药费用总金额 | | 个人负担金额 | | 与纳税人关系 | □本人 □配偶 □未成年子女 |
| 患者二 | 姓名 | | 身份证件类型 | | 身份证件号码 | □□□□□□□□□□□□□□□□□□□□ |
| | 医药费用总金额 | | 个人负担金额 | | 与纳税人关系 | □本人 □配偶 □未成年子女 |
| **需要在任职受雇单位预扣预缴工资、薪金所得个人所得税时享受专项附加扣除的,填写本栏** | | | | | | |
| **重要提示:** 当您填写本栏,表示您已同意该任职受雇单位使用本表信息为您办理专项附加扣除 | | | | | | |
| 扣缴义务人名称 | | | | | 扣缴义务人纳税人识别号(统一社会信用代码) | □□□□□□□□□□□□□□□□□□□□ |

**本人承诺:** 我已仔细阅读了填表说明,并根据《中华人民共和国个人所得税法》及其实施条例、《个人所得税专项附加扣除暂行办法》《个人所得税专项附加扣除操作办法(试行)》等相关法律法规规定填写本表。本人已就所填的扣除信息进行了核对,并对所填内容的真实性、准确性、完整性负责。

纳税人签字: 年 月 日

| | | |
|---|---|---|
| 扣缴义务人签章:<br><br>经办人签字:<br><br>接收日期: 年 月 日 | 代理机构签章:<br><br>代理机构统一社会信用代码:<br>经办人签字:<br>经办人身份证件号码: | 受理人:<br><br>受理税务机关(章):<br><br>受理日期: 年 月 日 |

国家税务总局监制

（1）适用范围。

第一，该表由享受子女教育、继续教育、大病医疗、住房贷款利息或住房租金、赡养老人六项专项附加扣除的自然人纳税人填写。选择在工资、薪金所得预扣预缴个人所得税时享受的，纳税人填写后报送至扣缴义务人；选择在年度汇算清缴申报时享受专项附加扣除的，纳税人填写后报送至税务机关。

第二，纳税人首次填报专项附加扣除信息时，应将本人所涉及的专项附加扣除信息表内各信息项填写完整。纳税人相关信息发生变化的，应及时更新此表相关信息项，并报送至扣缴义务人或税务机关。

纳税人在以后纳税年度继续申报扣除的，应对扣除事项有无变化进行确认。

（2）表头项目。

“填报日期”：纳税人填写该表时的日期。

“扣除年度”：填写纳税人享受专项附加扣除的所属年度。

“纳税人姓名”：填写自然人纳税人姓名。

“纳税人识别号”：纳税人有中国居民身份证的，填写公民身份号码；没有公民身份号码的，填写税务机关赋予的纳税人识别号。

（3）表内基础信息栏。

“纳税人信息”：填写纳税人有效的手机号码、电子邮箱、联系地址。其中，手机号码为必填项。

“纳税人配偶信息”：纳税人有配偶的填写本栏，没有配偶的则不填。具体填写纳税人配偶的姓名、有效身份证件名称及号码。

（4）扣缴义务人信息栏。纳税人选择由任职受雇单位办理专项附加扣除的填写本栏。

“扣缴义务人名称”“纳税人识别号（统一社会信用代码）”，纳税人由扣缴义务人在工资、薪金所得预扣预缴个人所得税时办理专项附加扣除的，填写扣缴义务人名称全称及纳税人识别号或统一社会信用代码。

（5）签字（章）栏次。

“声明”：需由纳税人签字。

“扣缴义务人签章”：扣缴单位向税务机关申报的，应由扣缴单位签章，办理申报的经办人签字，并填写接收专项附加扣除信息的日期。

“代理机构签章”：代理机构代为办理纳税申报的，应填写代理机构统一社会信用代码，加盖代理机构印章，代理申报的经办人签字，并填写经办人身份证件号码。

纳税人或扣缴义务人委托专业机构代为办理专项附加扣除的，需代理机构签章。

“受理机关”：由受理机关填写。

《个人所得税专项附加扣除信息表》子女教育专项附加扣除信息填报说明如下：

子女“姓名”“身份证件类型”“身份证号码”：填写纳税人子女的姓名、有效身份证件名称及号码。

“出生日期”：填写纳税人子女的出生日期，具体到年、月、日。

“当前受教育阶段”：选择纳税人子女当前的受教育阶段。区分“学前教育阶段”“义务教育”“高中阶段教育”“高等教育”四种情形，在对应框内打“√”。

“当前受教育阶段起始时间”：填写纳税人子女处于当前受教育阶段的起始时间，具体到年、月。

“当前受教育阶段结束时间”：纳税人子女当前受教育阶段的结束时间或预计结束的时间，具体到年、月。

“子女教育终止时间”：填写纳税人子女不再接受符合子女教育扣除条件的学历教育的时间，具体到年、月。

“就读国家（或地区）”“就读学校”：填写纳税人子女就读的国家或地区名称、学校名称。

“本人扣除比例”：选择可扣除额度的分摊比例，由本人全额扣除的，选择“100%”，分摊扣除的，选“50%”，在对应框内打“√”。

个人所得税子女教育专项附加扣除信息如表 4.7 所示。

**表 4.7 个人所得税子女教育专项附加扣除信息**

<table>
<tr><th>项目</th><th colspan="2">具体规定</th></tr>
<tr><td>标准</td><td colspan="2">依照每个子女每月 1 000 元的标准定额扣除</td></tr>
<tr><td rowspan="4">范围</td><td>学前教育</td><td>年满 3 岁至小学入学前</td></tr>
<tr><td rowspan="3">学历教育</td><td>义务教育（小学和初中教育）</td></tr>
<tr><td>高中阶段教育（普通高中、中等职业、技工教育）</td></tr>
<tr><td>高等教育（大学专科、大学本科、硕士研究生、博士研究生教育）</td></tr>
<tr><td rowspan="3">方式</td><td colspan="2">可以由父母其中一方按扣除标准的 100% 扣除</td></tr>
<tr><td colspan="2">也可以由父母分别按扣除标准的 50% 扣除</td></tr>
<tr><td colspan="2">具体扣除方式在一个纳税人年度内不能变更</td></tr>
<tr><td>时间</td><td colspan="2">学前教育阶段，为子女满 3 周岁当月至小学入学前一月。学历教育为子女接受全日制教育入学的当月至全日制学历教育结束的当月</td></tr>
</table>

### 4.2.2 继续教育

继续教育是国家终身教育体系的重要组成部分，是建设学习型社会的需要。为满足人民群众对自我提升的需求，2018 年版《个人所得税法》增加了继续教育专项附加扣除。继续教育专项附加扣除，是指纳税人接受学历继续教育、技能人员职业资格继续教育、专业技术人员职业资格继续教育，按照规定标准定额扣除。

1. 扣除政策

根据《个人所得税专项附加扣除暂行办法》第八条的规定，纳税人在中国境内接受学历（学位）继续教育的支出，在学历（学位）教育期间按照每月 400 元定额扣除。同一学历（学位）继续教育的扣除期限不能超过 48 个月。纳税人接受技能人员职业资格继续教育、专业技术人员职业资格继续教育的支出，在取得相关证书的当年，按照 3 600 元定额扣除。

根据《个人所得税专项附加扣除暂行办法》第九条的规定，个人接受本科及以下学历（学位）继续教育，符合该办法规定扣除条件的，可以选择由其父母扣除，也可以选择由本人扣除。

2. 扣除时间

根据《个人所得税专项附加扣除暂行办法》第三条的规定，纳税人享受符合规定的学历（学位）继续教育专项附加扣除的计算时间，为在中国境内接受学历（学位）继续教育入学的当月至学历（学位）继续教育结束的当月，同学历（学位）继续教育的扣除期限最长不得超过 48 个月。纳税人享受符合规定的技能人员职业资格继续教育、专业技术人员职业资格继续教育的时间，为取得相关证书的当年。

学历（学位）继续教育的期间，包含因病或其他非主观原因休学但学籍继续保留的休学期间，以及施教机构按规定组织实施的寒暑假等假期。

3. 扣除信息的报送与留存备查资料

（1）专项附加扣除信息报送。根据《个人所得税专项附加扣除操作办法（试行）》第十三条的规定，纳税人享受继续教育专项附加扣除，接受学历（学位）继续教育的，应当填报教育起止时间、教育阶段等信息；接受技能人员或者专业技术人员职业资格继续教育的，应当填报证书名称、证书编号、发证机关、发证（批准）时间等信息。

《个人所得税专项附加扣除信息表》继续教育专项附加扣除信息填报说明如下：

“当前继续教育起始时间”：填写接受当前学历（学位）继续教育的起始时间，具体到年、月。

“当前继续教育结束时间”：填写接受当前学历（学位）继续教育的结束时间，或预计结束的时间，具体到年、月。

“学历（学位）继续教育阶段”：区分“专科”“本科”“硕士研究生”“博士研究生”“其他”四种情形，在对应框内打“√”。

“职业资格继续教育类型”：区分“技能人员”“专业技术人员”两种类型，在对应框内打“√”。

“证书名称”“证书编号”“发证机关”“发证（批准）日期”：填写纳税人取得的继续教育职业资格证书上注明的证书名称、证书编号、发证机关及发证（批准）日期。

（2）留存备查资料。纳税人接受技能人员职业资格继续教育、专业技术人员职业资格继续教育的，应当留存职业资格相关证书等资料备查。

继续教育专项附加扣除的范围、标准、方式与起扣时间如表 4.8 所示。

**表 4.8　　个人所得税继续教育专项附加扣除信息**

| 范围 | | 标准 | 方式 | 起扣时间 |
|---|---|---|---|---|
| 学历教育 | | 400 元/月 | | |
| 职业资格继续教育 | 技能人员职业资格继续教育 | 3 600 元 | 在取得相关证书的年度，按照每年 3 600 元定额扣除 | 取得相关职业资格证书的当年 |
| | 专业技术人员职业资格继续教育 | | | |
| 个人接受同一学历教育事项，符合规定扣除条件的，该项教育支出可以由其父母按照子女教育支出扣除，也可以由本人按照继续教育支出扣除，但不得同时扣除 | | | | |

### 4.2.3　住房贷款利息

1. 扣除政策

根据《个人所得税专项附加扣除暂行办法》第十四条的规定，纳税人本人或者配偶单独或者共同使用商业银行或者住房公积金个人住房贷款为本人或者其配偶购买中国境内住房，发生的首套住房贷款利息支出，在实际发生贷款利息的年度，按照每月1 000元的标准定额扣除，扣除期限最长不超过240个月。纳税人只能享受一次首套住房贷款的利息扣除。

首套住房贷款是指购买住房享受首套住房贷款利率的住房贷款。

根据《个人所得税专项附加扣除暂行办法》第十五条的规定，经夫妻双方约定，可以选择由其中一方扣除。具体扣除方式在一个纳税年度内不能变更。

夫妻双方婚前分别购买住房发生的首套住房贷款，其贷款利息支出，婚后可以选择其中一套购买的住房，由购买方按扣除标准的100%扣除，也可以由夫妻双方对各自购买的住房分别按扣除标准的50%扣除，具体扣除方式在一个纳税年度内不能变更。

2. 扣除时间

根据《个人所得税专项附加扣除暂行办法》第三条的规定，纳税人享受符合规定的住房贷款利息专项附加扣除的计算时间，为贷款合同约定开始还款的当月至贷款全部归还或贷款合同终止的当月，扣除期限最长不得超过240个月。

3. 扣除信息的报送与留存备查资料

（1）专项附加扣除信息报送。根据《个人所得税专项附加扣除操作办法（试行）》第十四条的规定，纳税人享受住房贷款利息专项附加扣除，应当填报住房权属信息、住房坐落地址、贷款方式、贷款银行、贷款合同编号、贷款期限、首次还款日期等信息；纳税人有配偶的，填写配偶姓名、身份证件类型及号码。

《个人所得税专项附加扣除信息表》住房贷款利息专项附加扣除信息填报说明如下：

“住房坐落地址”：填写首套贷款房屋的详细地址，具体到楼门号。

“产权证号/不动产登记号/商品房买卖合同号/预售合同号”：填写首套贷款房屋的产权证、不动产登记证、商品房买卖合同或预售合同中的相应号码。如所购买住房已取得房屋产权证的，填写产权证号或不动产登记号；所购住房尚未取得房屋产权证的，填写商品房买卖合同号或预售合同号。

“本人是否借款人”：按实际情况选择“是”或“否”，并在对应框内打“√”。本人是借款人的情形，包括本人独立贷款、与配偶共同贷款的情形。如果选择“否”，则表头位置须填写配偶信息。

“是否婚前各自首套贷款，且婚后分别扣除50%”：按实际情况选择“是”或“否”，并在对应框内打“√”。该情形是指夫妻双方在婚前各有一套首套贷款住房，婚后选择按夫妻双方各50%份额扣除的情况。不填默认为“否”。

“公积金贷款/贷款合同编号”：填写公积金贷款的贷款合同编号。

“商业贷款/贷款合同编号”：填写与金融机构签订的住房商业贷款合同编号。

“贷款期限（月）”：填写住房贷款合同上注明的贷款期限，按月填写。

“首次还款日期”：填写住房贷款合同上注明的首次还款日期。

“贷款银行”：填写商业贷款的银行总行名称。

（2）留存备查资料。纳税人需要留存住房贷款合同、贷款还款支出凭证等资料备查。

住房贷款利息专项附加扣除的范围、标准、方式与时间如表4.9所示。

表 4.9　　　　个人所得税住房贷款利息专项附加扣除

| 项目 | 界定 |
| --- | --- |
| 范围 | 纳税人本人或配偶单独或者共同使用商业银行或住房公积金个人贷款为本人或其配偶购买中国境内住房，发生的首套住房贷款利息支出，在实际发生贷款利息的年度定额扣除。首套住房贷款，是指购买住房享受首套住房贷款利率的住房贷款 |
| 标准 | 每月 1 000 元的标准定额扣除，扣除期限最长不超过 240 个月 |
| 方式 | 非首套住房利息支出，纳税人不得扣除 |
| | 纳税人只能享受一套首套住房贷款利息扣除 |
| | 经夫妻双方约定，可以选择由其中一方扣除，具体扣除方式在一个纳税年度内不能变更 |
| | 夫妻双方婚前分别购买住房发生的首套住房贷款，其贷款利息支出，婚后可以选择其中的一套由购买方按扣除标准 100% 扣除，也可以由夫妻双方对各自购买的住房按扣除标准的 50% 扣除，具体扣除方式在一个纳税年度内不得变更 |
| 资料 | 纳税人应当留存住房贷款合同、贷款还款支出凭证 |
| 时间 | 贷款合同约定开始还款的当月至贷款全部归还或贷款合同终止的当月 |

### 4.2.4　住房租金

考虑到中国国情，为落实“租购并举”政策，有必要增加住房租金专项附加扣除项目，并借鉴国际经验，采取定额扣除方式。

1. 扣除政策

根据《个人所得税专项附加扣除暂行办法》第十七条的规定，纳税人在主要工作城市没有自有住房而发生的住房租金支出，可以按照以下标准定额扣除：

“（一）直辖市、省会（首府）城市、计划单列市以及国务院确定的其他城市，扣除标准为每月 1 500 元；

（二）除第（一）项所列城市以外，市辖区户籍人口超过 100 万的城市，扣除标准为每月 1 100 元；市辖区户籍人口不超过 100 万的城市，扣除标准为每月 800 元。

纳税人的配偶在纳税人的主要工作城市有自有住房的，视同纳税人在主要工作城市有自有住房。

市辖区户籍人口，以国家统计局公布的数据为准。”

在上述规定中，主要工作城市是指纳税人任职受雇的直辖市、计划单列市、副省级城市、地级市（地区、州、盟）全部行政区域范围；纳税人无任职受雇单位的，为受理其综合所得汇算清缴的税务机关所在城市。

夫妻双方主要工作城市相同的，只能由一方扣除住房租金支出。住房租金支出由签订租赁住房合同的承租人扣除。

根据《个人所得税专项附加扣除暂行办法》第二十条的规定，纳税人及其配偶在一个纳税年度内不能同时分别享受住房贷款利息和住房租金专项附加扣除。

2. 扣除时间

根据《个人所得税专项附加扣除暂行办法》第三条的规定，纳税人享受符合规定的住房租金专项附加扣除的计算时间，为租赁合同（协议）约定的房屋租赁期开始的当月至租赁期结束的当月。提前终止合同（协议）的，以实际租赁期限为准。

3. 扣除信息的报送与留存备查资料

（1）专项附加扣除信息报送。根据《个人所得税专项附加扣除操作办法（试行）》第十五条的规定，纳税人享受住房租金专项附加扣除，应当填报主要工作城市、租赁住房坐落地址、出租人姓名及身份证件类型和号码或者出租方单位名称及纳税人识别号（社会统一信用代码）、租赁起止时间等信息；纳税人有配偶的，填写配偶姓名、身份证件类型及号码。

《个人所得税专项附加扣除信息表》住房租金专项附加扣除信息填报说明如下：

"住房坐落地址"：填写纳税人租赁房屋的详细地址，具体到楼门号。

"出租方（个人）姓名""身份证件类型""身份证件号码"：租赁房屋为个人的，填写本栏。具体填写住房租赁合同中的出租方姓名、有效身份证件名称及号码。

"出租方（单位）名称""纳税人识别号（统一社会信用代码）"：租赁房屋为单位所有的，填写单位法定名称全称及纳税人识别号（统一社会信用代码）。

"主要工作城市"：填写纳税人任职受雇的直辖市、计划单列市、副省级城市、地级市（地区、州、盟）。无任职受雇单位的，填写其办理汇算清缴地所在城市。

"住房租赁合同编号（非必填）"：填写签订的住房租赁合同编号。

"租赁期起""租赁期止"：填写纳税人住房租赁合同上注明的租赁起、止日期，具体到年、月。提前终止合同（协议）的，以实际租赁期限为准。

（2）留存备查资料。纳税人需要留存住房租赁合同或协议等资料备查。

住房租金专项附加扣除的范围、标准、方式和时间如表 4.10 所示。

**表 4.10　个人所得税住房租金专项附加扣除**

<table>
<tr><th>项目</th><th colspan="2">具体标准</th></tr>
<tr><td>范围</td><td colspan="2">纳税人本人在主要工作城市没有自有住房，而发生的租金支出，可以按照规定标准定额扣除。<br>纳税人的配偶在纳税人的主要工作城市有自有住房的，视同纳税人在主要工作城市有自有住房</td></tr>
<tr><td rowspan="3">标准</td><td colspan="2">承租的住房位于直辖市、省会/首府城市、计划单列市以及国务院确定的其他城市，扣除标准为每月 1 500元</td></tr>
<tr><td rowspan="2">除上述城市以外</td><td>市辖区户籍人口超过 100 万的，扣除标准为每月 1 100 元</td></tr>
<tr><td>市辖区户籍人口不超过 100 万（含）的，扣除标准为每月 800 元</td></tr>
<tr><td rowspan="4">方式</td><td colspan="2">夫妻双方主要工作城市相同的，只能由一方扣除住房租金支出</td></tr>
<tr><td colspan="2">夫妻双方主要工作城市不相同的，且各自在其主要工作城市都没有住房的，可以分别扣除住房租金支出</td></tr>
<tr><td colspan="2">住房租金支出由签订租赁住房合同的承租人扣除</td></tr>
<tr><td colspan="2">纳税人及其配偶在一个纳税年度内不得同时分别享受住房贷款利息和住房租金专项附加扣除</td></tr>
<tr><td>资料</td><td colspan="2">纳税人应当留存住房租赁合同</td></tr>
<tr><td>时间</td><td colspan="2">贷款合同约定开始还款的当月至贷款全部归还或贷款合同终止的当月</td></tr>
</table>

### 4.2.5 赡养老人

赡养老人是中华民族的传统美德，增加赡养老人专项附加扣除，有利于应对人口老龄化趋势，鼓励形成尊老的社会风气。

1. 扣除政策

根据《个人所得税专项附加扣除暂行办法》第二十二条的规定，纳税人赡养一位及以上被赡养人的赡养支出，统一按照以下标准定额扣除：

①纳税人为独生子女的，按照每月 2 000 元的标准定额扣除。

②纳税人为非独生子女的，由其与兄弟姐妹分摊每月 2 000 元的扣除额度，每人分摊的额度不能超过每月 1 000 元。可以由赡养人均摊或者约定分摊，也可以由被赡养人指定分摊。约定或者指定分摊的须签订书面分摊协议，指定分摊优先于约定分摊。具体分摊方式和额度在一个纳税年度内不能变更。

被赡养人是指年满 60 岁的父母，以及子女均已去世的年满 60 岁的祖父母、外祖父母。

2. 扣除时间

根据《个人所得税专项附加扣除暂行办法》第三条的规定，纳税人享受符合规定的赡养老人专项附加扣除的计算时间，为被赡养人年满 60 周岁的当月至赡养义务终止的年末。

3. 扣除信息的报送与留存备查资料

（1）专项附加扣除信息报送。根据《个人所得税专项附加扣除操作办法（试行）》第十六条的规定，纳税人享受赡养老人专项附加扣除，应当填报纳税人是否为独生子女、月扣除金额、被赡养人姓名及身份证件类型和号码、与纳税人关系；有共同赡养人的，需填报分摊方式、共同赡养人姓名及身份证件类型和号码等信息。

《个人所得税专项附加扣除信息表》赡养老人专项附加扣除信息填报说明如下：

“纳税人身份”：区分“独生子女”“非独生子女”两种情形，并在对应框内打“√”。

被赡养人“姓名”“身份证件类型”“身份证件号码”：填写被赡养人的姓名、有效证件名称及号码。

被赡养人“出生日期”：填写被赡养人的出生日期，具体到年、月。

“与纳税人关系”：按被赡养人与纳税人的关系填报，区分“父亲”“母亲”“其他”三种情形，在对应框内打“√”。

“共同赡养人信息”：纳税人为非独生子女时填写本栏，独生子女无须填写。填写与纳税人实际承担共同赡养义务的人员信息，包括姓名、身份证件类型及号码。

“分摊方式”：纳税人为非独生子女时填写本栏。独生子女无须填写。区分“平均分摊”“赡养人约定分摊”“被赡养人指定分摊”三种情形，并在对应框内打“√”。

“本年度月扣除金额”：填写扣除年度内按政策规定计算的纳税人每月可以享受的赡养老人专项附加扣除的金额。

（2）留存备查资料。纳税人需要留存约定或指定分摊的书面分摊协议等资料备查。

赡养老人专项附加扣除的扣除范围、标准、方式及时间等如表 4.11 所示。

**表 4.11　　个人所得税赡养老人专项扣除**

| 项目 | 具体标准 |
|---|---|
| 范围 | 纳税人赡养一位及以上被赡养人的赡养支出，按照规定的标准定额扣除 |
| 标准 | 纳税人为独生子女的，按照每月 2 000 元的标准定额扣除 |
| | 纳税人为非独生子女的，由其与兄弟姐妹分摊每月 2 000 元扣除额度，每人分摊额度不得超过每月 1 000 元 |

续表

| 项目 | 具体标准 |
| --- | --- |
| 方式 | 可以由赡养人均摊或约定分摊，也可以由被赡养人指定分摊，约定分摊或指定分摊的，需签订书面分摊协议，指定分摊优先于约定分摊 |
| | 具体分摊方式和额度在一个纳税年度内不能变更 |
| 备注 | 被赡养人是指年满60岁（含）的父母以及子女均已去世的祖父母、外祖父母 |
| 时间 | 被赡养人年满60周岁的当月至赡养义务终止的年末 |

### 4.2.6 大病医疗

医疗费用支出是家庭的重要生活支出项目，增加大病医疗专项附加扣除，可以缓解大病医疗费支出给家庭的经济压力。

1. 扣除政策

根据《个人所得税专项附加扣除暂行办法》第十一条的规定，在一个纳税年度内，纳税人发生的与基本医保相关的医药费用支出，扣除医保报销后个人负担（指医保目录范围内的自付部分）累计超过15 000元的部分，由纳税人在办理年度汇算清缴时，在80 000元限额内据实扣除。

根据《个人所得税专项附加扣除暂行办法》第十二条的规定，纳税人发生的医药费用支出可以选择由本人或者其配偶扣除；未成年子女发生的医药费用支出可以选择由其父母一方扣除。纳税人及其配偶、未成年子女发生的医药费用支出，按该办法第十一条规定分别计算扣除额。

2. 扣除时间

根据《个人所得税专项附加扣除操作办法（试行）》第三条的规定，纳税人享受符合规定的大病医疗专项附加扣除的时间，为医疗保障信息系统记录的医药费用实际支出的当年。

3. 扣除信息的报送与留存备查资料

（1）专项附加扣除信息报送。根据《个人所得税专项附加扣除操作办法（试行）》第十七条的规定，纳税人享受大病医疗专项附加扣除，应当填报患者姓名、身份证件类型及号码、与纳税人关系、与基本医保相关的医药费用总金额、医保目录范围内个人负担的自付金额等信息。

《个人所得税专项附加扣除信息表》大病医疗专项附加扣除信息填报说明如下：

患者“姓名”“身份证件类型”“身份证件号码”：填写享受大病医疗专项附加扣除的患者姓名、有效证件名称及号码。

“医药费用总金额”：填写社会医疗保险管理信息系统记录的与基本医保相关的医药费用总金额。

“个人负担金额”：填写社会医疗保险管理信息系统记录的基本医保目录范围内扣除医保报销后的个人自付部分。

“与纳税人关系”：按患者与纳税人的关系填报，区分“本人”“配偶”“未成年子女”三种情形，在对应框内打“√”。

（2）留存备查资料。纳税人需要留存大病患者医药服务收费及医保报送相关票据的原件或复印件，或者医疗保障部门出具的纳税年度医疗费用清单等资料备查。

医疗保障部门应当向患者提供在医疗保障信息系统记录的本人年度医药费用信息查询服务。

大病医疗专项附加扣除的范围、标准、方式和时间的说明如表 4. 12 所示。

**表 4. 12　　个人所得税大病医疗专项扣除**

| 项目 | 具体标准 |
|---|---|
| 范围 | 一个纳税年度内，由个人负担的医保目录范围内的自负部分的医疗费用支出超过 15 000 元的部分，由纳税人在办理年度汇算清缴时，在 80 000 元限额内据实扣除 |
| 标准 | 按照每年 80 000 元标准限额据实扣除 |
| 方式 | 大病医疗专项附加扣除由纳税人办理汇算清缴时扣除 |
| | 纳税人发生的医疗费用支出可以选择由本人或其配偶一方扣除；未成年子女发生的医疗费用支出可以选择由其父母一方扣除 |
| 资料 | 纳税人应当留存医疗服务收费相关票据原件（或复印件） |
| 时间 | 取得大病医疗服务收费票据年度的次年 3 月 1 日至 6 月 30 日 |

### 4. 2. 7　办理扣除的时间

1. 办理扣除时间的一般规定

（1）预缴享受扣除的办理。根据 2018 年版《个人所得税法》第十一条的规定，居民个人向扣缴义务人提供专项附加扣除信息的，扣缴义务人按月预扣预缴税款时应当按照规定予以扣除，不得拒绝。

根据《个人所得税专项附加扣除操作办法（试行）》第四条的规定，享受子女教育、继续教育、住房贷款利息或者住房租金、赡养老人专项附加扣除的纳税人，自符合条件开始，可以向支付工资、薪金所得的扣缴义务人提供上述专项附加扣除有关信息，由扣缴义务人在预扣预缴税款时，按其在本单位本年可享受的累计扣除额办理扣除；也可以在次年 3 月 1 日至 6 月 30 日内，向汇缴地主管税务机关办理汇算清缴申报时扣除。

纳税人同时从两处以上取得工资、薪金所得，并由扣缴义务人办理上述专项附加扣除的，对同一专项附加扣除项目，一个纳税年度内，纳税人只能选择从其中一处扣除。

享受大病医疗专项附加扣除的纳税人，由其在次年 3 月 1 日至 6 月 30 日内，自行向汇缴地主管税务机关办理汇算清缴申报时扣除。

根据《个人所得税专项附加扣除操作办法（试行）》第二十四条的规定，纳税人向扣缴义务人提供专项附加扣除信息的，扣缴义务人应当按照规定予以扣除，不得拒绝。扣缴义务人应当为纳税人报送的专项附加扣除信息保密。

扣缴义务人应当及时按照纳税人提供的信息计算办理扣缴申报，不得擅自更改纳税人提供的相关信息。扣缴义务人发现纳税人提供的信息与实际情况不符，可以要求纳税人修改。纳税人拒绝修改的，扣缴义务人应当向主管税务机关报告，税务机关应当及时处理。

根据《个人所得税专项附加扣除操作办法（试行）》第二十四条的规定，除纳税人另有要求外，扣缴义务人应当于年度终了后两个月内，向纳税人提供已办理的专项附加扣除项目及金额等信息。

（2）汇缴的扣除办理。根据《个人所得税专项附加扣除操作办法（试行）》第十条的规定，纳税人选择在汇算清缴申报时享受专项附加扣除的，应当填写并向汇缴地主管税务机关报送《个人所得税专项附加扣除信息表》。

根据《个人所得税专项附加扣除操作办法（试行）》第十一条的规定，纳税人将需要享受的专项附加扣除项目信息填报至《个人所得税专项附加扣除信息表》相应栏次。填报要素完整的，扣缴义务人或者主管税务机关应当受理；填报要素不完整的，扣缴义务人或者主管税务机关应当及时告知纳税人补正或重新填报。纳税人未补正或重新填报的，暂不办理相关专项附加扣除，待纳税人补正或重新填报后再行办理。

2. 年度中间更换工作单位的扣除

根据《个人所得税专项附加扣除操作办法（试行）》第五条的规定，扣缴义务人办理工资、薪金所得预扣预缴税款时，应当根据纳税人报送的《个人所得税专项附加扣除信息表》为纳税人办理专项附加扣除。

纳税人年度中间更换工作单位的，在原单位任职、受雇期间已享受的专项附加扣除金额，不得在新任职、受雇单位扣除。原扣缴义务人应当自纳税人离职不再发放工资薪金所得的当月起，停止为其办理专项附加扣除。

3. 没有工资、薪金所得的扣除

根据《个人所得税专项附加扣除操作办法（试行）》第六条的规定，纳税人未取得工资、薪金所得，仅取得劳务报酬所得、稿酬所得、特许权使用费所得需要享受专项附加扣除的，应当在次年3月1日至6月30日内，自行向汇缴地主管税务机关报送《个人所得税专项附加扣除信息表》，并在办理汇算清缴申报时扣除。

4. 年度内未享受或未足额享受的处理

根据《个人所得税专项附加扣除操作办法（试行）》第七条的规定，一个纳税年度内，纳税人在扣缴义务人预扣预缴税款环节未享受或未足额享受专项附加扣除的，可以在当年内向支付工资、薪金的扣缴义务人申请在剩余月份发放工资、薪金时补充扣除，也可以在次年3月1日至6月30日内，向汇缴地主管税务机关办理汇算清缴时申报扣除。

5. 当年扣不完的不能结转以后年度扣除

根据《个人所得税专项附加扣除暂行办法》第三十条的规定，个人所得税专项附加扣除额一个纳税年度扣除不完的，不能结转以后年度扣除。

### 4.2.8　专项附加扣除信息报送

根据《个人所得税专项附加扣除暂行办法》第二十五条的规定，纳税人首次享受专项附加扣除，应当将专项附加扣除相关信息提交扣缴义务人或者税务机关，扣缴义务人应当及时将相关信息报送税务机关，纳税人对所提交信息的真实性、准确性、完整性负责。专项附加扣除信息发生变化的，纳税人应当及时向扣缴义务人或者税务机关提供相关信息。

专项附加扣除相关信息，包括纳税人本人、配偶、子女、被赡养人等个人身份信息，以及国务院税务主管部门规定的其他与专项附加扣除相关的信息。

1. 信息变化与更换工作单位后的信息报送

根据《个人所得税专项附加扣除操作办法（试行）》第八条的规定，纳税人选择在扣缴义务人发放工资、薪金所得时享受专项附加扣除的，首次享受时应当填写并向扣缴义务人报送《个人所得税专项附加扣除信息表》；纳税年度中间相关信息发生变化的，纳税人应当更新《个人所得税专项附加扣除信息表》相应栏次内容，并及时报送给扣缴义务人。

更换工作单位的纳税人，需要由新任职、受雇扣缴义务人办理专项附加扣除的，应当在入职的当月填写并向扣缴义务人报送“个人所得税专项附加扣除信息表”。

2. 次年继续扣除的信息确认

根据《个人所得税专项附加扣除操作办法（试行）》第九条的规定，纳税人次年需要由扣缴义务人继续办理专项附加扣除的，应当于每年 12 月对次年享受专项附加扣除的内容进行确认，并报送至扣缴义务人。纳税人未及时确认的，扣缴义务人于次年 1 月起暂停扣除，待纳税人确认后再行办理专项附加扣除。

扣缴义务人应当将纳税人报送的专项附加扣除信息，在次月办理扣缴申报时一并报送至主管税务机关。

3. 扣除资料留存期限

根据《个人所得税专项附加扣除暂行办法》的规定，纳税人需要留存备查的相关资料应当留存 5 年。根据《个人所得税项附加扣除操作办法（试行）》第二十三条的规定，纳税人应当将《个人所得税专项附加扣除信息表》及相关留存备查资料，自法定汇算清缴期结束后保存五年。

纳税人报送给扣缴义务人的《个人所得税专项附加扣除信息表》，扣缴义务人应当自预扣预缴年度的次年起留存五年。

4. 信息报送方式

纳税人可以通过远程办税端、电子或者纸质报表等方式，向扣缴义务人或者主管税务机关报送个人专项附加扣除信息。

（1）扣缴义务人办理。根据《个人所得税专项附加扣除操作办法（试行）》第二十条的规定，纳税人选择纳税年度内由扣缴义务人办理专项附加扣除的，按下列规定办理：

①纳税人通过远程办税端选择扣缴义务人并报送专项附加扣除信息的，扣缴义务人根据接收的扣除信息办理扣除。

②纳税人通过填写电子或者纸质《个人所得税专项附加扣除信息表》直接报送扣缴义务人的，扣缴义务人将相关信息导入或者录入扣缴端软件，并在次月办理扣缴申报时提交给主管税务机关。《个人所得税专项附加扣除信息表》应当一式两份，纳税人和扣缴义务人签字（章）后分别留存备查。

（2）汇算清缴享受扣除的办理。根据《个人所得税专项附加扣除操作办法（试行）》第二十一条的规定，纳税人选择年度终了后办理汇算清缴申报时享受专项附加扣除的，既可以通过远程办税端报送专项附加扣除信息，也可以将电子或者纸质《个人所得税专项附加扣除信息表》（一式两份）报送给汇缴地主管税务机关。

报送电子《个人所得税专项附加扣除信息表》的，主管税务机关受理打印，交由纳税人签字后，一份由纳税人留存备查，一份由税务机关留存；报送纸质《个人所得税专项附加扣除信息表》的，纳税人签字确认、主管税务机关受理签章后，一份退还纳税人留存备查，一份由税务机关留存。

### 4.2.9 后续核查与管理

1. 享受扣除的核查

根据《个人所得税专项附加扣除操作办法（试行）》的规定，税务机关定期对纳税人提供的专项附加扣除信息开展抽查。

税务机关核查时，纳税人无法提供留存备查资料，或者留存备查资料不能支持相关情况的，税务机关可以要求纳税人提供其他佐证；不能提供其他佐证材料，或者佐证材料仍不足以支持的，不得享受相关专项附加扣除。

税务机关核查专项附加扣除情况时，可以提请有关单位和个人协助核查，相关单位和个人应当协助。

2. 违规处理与联合惩戒

根据《个人所得税专项附加扣除操作办法（试行）》第二十九条的规定，纳税人有下列情形之一的，主管税务机关应当责令其改正；情形严重的，应当纳入有关信用信息系统，并按照国家有关规定实施联合惩戒；涉及违反税收征管法等法律法规的，税务机关依法进行处理：

（1）报送虚假专项附加扣除信息。

（2）重复享受专项附加扣除。

（3）超范围或标准享受专项附加扣除。

（4）拒不提供留存备查资料。

（5）国家税务总局规定的其他情形。

纳税人在任职、受雇单位报送虚假扣除信息的，税务机关责令改正的同时，通知扣缴义务人。

## 4.3 工资、薪金所得扣除实务案例

[**案例 4.1**] A 公司 2016 年实际支付工资薪金总额 600 万元（其中为员工支付“五险一金”100 万元，长期员工工资 300 万元，合同工工资 120 万元，“临时工”工资 50 万元，劳务派遣工工资 30 万元），发生职工福利费支出 90 万元，拨缴工会经费 12 万元、发生职工教育经费 14 万元（假设上述员工与公司均签订了符合法律规定的劳动同，劳务派遣合同约定由 A 公司直接向用工人员支付工资）。

1. A 公司 2016 年度按照税法规定允许作为三项经费（职工福利费、工会经费、职工教育经费）扣除基数的工资薪金总额分别是多少？

根据《国家税务总局关于企业工资薪金及职工福利费扣除问题的通知》（国税函〔2009〕3 号）规定，工资薪金总额，是指企业按照上述规定实际发放的工资薪金总和，不包括企业的职工福利费、职工教育经费、工会经费，以及养老保险费、医疗保险费、失业保险费、工伤保险费、生育保险费等社会保险费和住房公积金。

因此，A 公司 2016 年工资薪金总额为 500 万元（600 - 100）。

2. A 公司 2016 年度允许进行税前扣除的三项经费（职工福利费、工会经费、职工教育经费）分别是多少？应如何进行纳税调整？

根据企业所得税法及实施条例规定，允许企业所得税前扣除的三项经费（职工福利费、工会经费、职工教育经费）比例分别为工资薪金总额的 14%、2% 和 2.5%；A 公司 2016 年允许税前扣除的三项经费（职工福利费、工会经费、职工教育经费）限额分别为：

职工福利费扣除限额为 70 万元（500×14%），纳税调增额为 20 万元（90－70）。

工会经费扣缴限额为 10 万元（500×2%），纳税调增额为 2 万元（12－10）。

职工教育经费扣除限额为 12.5 万元（500×2.5%），纳税调增额为 1.5 万元（14－12.5）。

3. 对于工资薪金可按规定列支的不同类别的员工，A 公司应分别准备哪些证明材料留存备查？

A 公司主要按用工时间的长短来对员工进行划分，实务中更多的是考虑用工形式，而非用工时间长短，为便于操作，可按以下分类准备对应的证明材料：

（1）合同工（包括"临时工"、季节工），与企业签订长期或短期劳动合同或协议，符合国税函〔2009〕3 号文件的规定，其工资薪金允许在税前扣除。企业应提供工资明细清单、劳动合同（协议）文本、个人所得全员全额申报证明及个人所得税代扣代缴证明；如是股份制公司，则应提供股东大会、董事会、薪酬委员会或相关管理机构制定的工资薪金制度；如是国有企业，还应提供国资委核定的工资薪酬文件。企业支付给无底薪职工的劳务报酬，如能提供个人所得税按"工资、薪金所得"缴纳或申报的证明，允许作为工资薪金支出在税前扣除。

（2）退休返聘人员，指如与返聘单位办理用工手续、签订劳动合同或协议，个人取得的收入按"工资、薪金所得"征收个人所得税的，允许作为工资薪金在税前扣除；如未与返聘单位办理用工手续，个人取得的收入按"劳务报酬所得"征收个人所得税的，按劳务费在税前扣除。企业应提供相关劳动合同或协议，以及个人所得税缴纳或申报证明等资料。

（3）内退人员，指未到法定退休年龄，尚未取消劳动合同，企业已一次性或分期支付生活补贴的内部退养职工。一次性或分期支付的生活补贴允许在税前扣除。企业应提供内退人员名单、劳动合同或协议、内退协议、生活补贴清单等资料。生活补贴不属于税法规定的工资薪金支出，不得作为计提职工福利费、工会经费、职工教育经费等三项费用的基数。

（4）劳务用工（劳务派遣用工），用工企业应提供与劳务派遣企业签订的劳务派遣用工合同或协议、劳务费发票等资料。对于接受外部劳务派遣所实际发生的费用，由于 A 公司是直接支付给员工个人的，可由 A 公司区分为工资薪金支出和职工福利费支出，工资薪金支出部分准予计入企业工资薪金总额的基数，作为计算其他各项相关费用扣除的依据。

还需注意的是，本案例中假设 A 公司是将劳务派遣实际发生的费用支付给劳务派遣公司而不是直接支付给员工个人，则需要取得劳务费发票作为扣除凭证，此项也不得计入企业工资薪金总额的基数。

**［案例 4.2］** B 公司为工业企业（适用税率 25%，从事国家非限制和禁止行业），资产总额 1 500 万元，本厂员工人数为 90 人，另接受人力资源派遣公司的派遣用工 20 人。公司 2016 年营业收入合计 520 万元，成本费用合计 490 万元，具体构成如下：工资薪金总额 120 万元（不含"五险一金"，其中 10 万元为支付给本厂残疾员工的工资，另有 20 万元以劳务

费形式直接支付给劳务派遣公司），职工福利费 15 万元，工会经费 2 万元，职工教育经费 3 万元，其他成本费用合计 350 万元（假设除上述收入、成本和费用外，该公司无其他业务发生，相关费用凭证合法有效）。

1. B 公司 2016 年允许进行税前扣除的三项经费（职工福利费、工会经费、职工教育经费）分别是多少？

B 公司的工资薪金总额为 120 万元，但根据《国家税务总局关于企业工资薪金和职工福利费等支出税前扣除问题的公告》（国家税务总局公告 2 015 第 34 号）第三条规定，企业接受外部劳务派遣用工按照协议（合同）约定直接支付给劳务派遣公司的费用，应作为劳务费支出，不得作为工资薪金支出。因此，上述 B 公司工资薪金总额应剔除以劳务费形式直接支付给劳务派遣公司的部分，即税法认可的工资薪金总额为 100 万元（120 - 20）。

因此，三项经费允许税前扣除的限额分别为：100 × 14% = 14（万元）

100 × 2% = 2（万元）

100 × 2.5% = 2.5（万元）

工会经费未超标准，职工福利费和职工教育经费分别超过限额，纳税调增金额如下：

职工福利费调增额 = 15 - 14 = 1（万元）

职工教育经费调增额 = 3 - 2.5 = 0.5（万元）

2. B 公司 2016 年度的应纳税所得额应是多少？

根据《企业所得税法实施条例》及《关于安置残疾人员就业有关企业所得税优惠政策问题的通知》（财税〔2009〕70 号）的相关规定，企业安置残疾人员的，在按照支付给残疾职工工资据实扣除的基础上，可以在计算应纳税所得额时按照支付给残疾职工工资的 100% 加计扣除。

由于 B 公司 2016 年支付残疾人工资 10 万元，允许加计扣除 10 万元，即作纳税调减 10 万元。

B 公司 2016 年应纳税所得额 = 520 - 490 + 1 + 0.5 - 10 = 21.5（万元）

3. B 公司 2016 年度能否享受小型微利企业（小微企业）所得税优惠？

根据企业所得税法及实施条例和相关文件规定，2016 年享受小微企业待遇的标准为：从事国家非限制和禁止行业，年应纳税所得额不超过 30 万元，且符合以下标准：（1）工业企业，从业人数不超过 100 人，资产总额不超过 3 000 万元；（2）其他企业，从业人数不超过 80 人，资产总额不超过 1 000 万元。

B 公司从事国家非限制和禁止行业，应纳税所得额为 21.5 万元（小于 30 万元），属于工业企业，资产总额 1 500 万元（小于 3 000 万元）均符合小微企业条件，但从业人数根据规定应包括接受派遣用工的人数，B 公司从业人数为 110 人（90 + 20）大于 100 人。

因此，B 公司 2016 年不符合享受小微企业所得税优惠政策的条件，不可享受小微企业所得税优惠。

**[案例 4.3]** C 公司为高新技术企业，2016 年汇算清缴前账面会计利润为 500 万元，当年账面工资薪金总额为 390 万元（不含“五险一金”，其中 100 万元季度申报时计提未发，但截至汇算清缴申报时已全部发放），职工福利费为 60 万元（其中 10 万元为现金发放的通信补贴，该补贴在员工工资薪金制度中有明确规定，且固定与工资薪金一起发放），工会经费为 6 万元，职工教育经费为 30 万元。公司本年用于“三新”项目研发人员的工资薪金为

100 万元（含“五险一金”），用于职工购买商业保险支付了 30 万元。

1. C 公司 2016 年季度申报时计提未发的 100 万元工资薪金能否进行税前扣除？

根据《国家税务总局关于企业工资薪金和职工福利费等支出税前扣除问题的公告》（国家税务总局公告 2 015 第 34 号）第二条规定，企业在年度汇算清缴结束前向员工实际支付的已预提的年度工资薪金，准予在汇缴年度按规定扣除，由于 C 公司工资薪金总额中季度未发的 100 万元在汇缴前已经发放，该项可以进行税前扣除。

2. C 公司 2016 年度允许企业所得税税前扣除的职工教育经费比例是多少？

根据《财政部　国家税务总局关于高新技术企业职工教育经费税前扣除政策的通知》（财税〔2015〕63 号）规定，自 2015 年 1 月 1 日起，高新技术企业发生的职工教育经费支出，不超过工资薪金总额 8% 部分，准予在计算应纳税所得额时扣除，超过部分准予在以后年度结转扣除。C 公司属于高新技术企业，因此允许企业所得税税前扣除的职工教育经费比例为 8%。

3. C 公司 2016 年允许进行税前扣除的三项经费（职工福利费、工会经费、职工教育经费）分别是多少？是否需要进行纳税调整？

根据《国家税务总局关于企业工资薪金和职工福利费等支出税前扣除问题的公告》（国家税务总局公告 2 015 第 34 号）第一条规定，列入企业员工工资薪金制度、固定与工资薪金一起发放的福利性补贴，符合规定的，可作为企业发生的工资薪金支出，因此 C 公司职工福利费中以现金形式发放的 10 万元通信补贴可作为工资薪金总额基数，即 C 公司的工资薪金总额为 400 万元（390 + 10），职工福利费实际应为 50 万元（60 - 10）。

允许税前扣除的职工福利费限额 = 400 × 14% = 56（万元）

允许税前扣除的工会经费限额 = 400 × 2% = 8（万元）

允许税前扣除的职工教育经费限额 = 400 × 8% = 32（万元）

因此，三项经费均未超出标准，不需纳税调整。允许扣除的三项经费金额分别为 60 万元（其中 10 万元通信补贴以工资薪金形式税前扣除，50 万元以职工福利费形式税前扣除）、6 元和 30 万元。

4. C 公司 2016 年度经纳税调整后的应纳税所得额是多少？

“三新”项目研发人员工资支出（含“五险一金”）根据税法规定可加计扣除 50%，因此可纳税调减为 50 万元（100 × 50%）。

职工支付的商业保险费 20 万元，根据规定不得税前扣除。

三项经费无需进行纳税调整。

因此，C 公司纳税调整后应纳税所得额为 470 万元（500 - 50 + 20）。

## 4.4　劳务报酬所得扣除实务案例

### 4.4.1　每次收入不超过 4 000 元的，减除费用 800 元

[**案例 4.4**] 2012 年 6 月 1 日，甲取得劳务报酬收入 1 000 元，其应当缴纳的个人所得税按照如下步骤计算：

应纳税所得额＝含税劳务报酬所得－800元费用＝1 000－800＝200（元）

应纳税额＝应纳税所得额×税率＝200×20%＝40（元）

甲此次取得的劳务报酬所得应当缴纳40元的个人所得税。

### 4.4.2　每次收入4 000元以上的，减除20%的费用

［**案例4.5**］2013年6月1日，甲取得劳务报酬收入8 000元，其应当缴纳的个人所得税按照如下步骤计算：

应纳税所得额＝含税劳务报酬所得×（1－20%），即8 000×（1－20%）＝6 400（元）

应纳税额＝应纳税所得额×税率，即6 400×20%－1 280（元）

甲此次取得的劳务报酬所得应当缴纳1 280元的个人所得税。

### 4.4.3　劳务报酬的加成征收

对劳务报酬所得一次收入畸高（应纳税所得额超过2万元）的，要实行加成征收（见表4.13），具体方法是：一次取得劳务报酬收入，减除费用后的余额（即应纳税所得额）超过2万元至5万元的，按照税法规定计算的应纳税额，加征五成；超过5万元的，加征十成。

**表4.13**　　**劳务报酬应纳税级次**

| 级数 | 含级距应纳税所得额 | 税率（%） | 速算扣除数 |
|---|---|---|---|
| 1 | 不超过20 000元部分 | 20 | 0 |
| 2 | 20 000元至50 000元的部分 | 30 | 2 000 |
| 3 | 超过50 000元的部分 | 40 | 7 000 |

［**案例4.6**］2014年7月1日，甲取得劳务报酬收入4万元，其应当缴纳的个人所得税按照如下步骤计算：

应纳税所得额＝含税劳务报酬所得×（1－20%）＝40 000×（1－20%）＝32 000（元）

应纳税额＝应纳税所得额×适用税率－速算扣除数＝32 000×30%－2 000＝7 600（元）

即甲此次取得的劳务报酬所得应当缴纳7 600元的个人所得税。

### 4.4.4　新个税法实施后情况

2018年版《个人所得税法》，将劳务报酬所得与工资、薪金所得等四项个人所得列为综合所得，实行超额累进税率。2018年版《个人所得税法》实施后，劳务报酬所得所需缴纳的个人所得税较之旧个税法有大幅减少。

2018年版《个人所得税法》第二条规定：

“下列各项个人所得，应当缴纳个人所得税：（一）工资、薪金所得；（二）劳务报酬所得；（三）稿酬所得；（四）特许权使用费所得；

……

居民个人取得前款第一项至第四项所得（以下称综合所得），按纳税年度合并计算个人所得税；非居民个人取得前款第一项至第四项所得，按月或者按次分项计算个人所得税。”

新个税法第三条规定了个人所得税的税率，劳务报酬将适用3%至45%的超额累进税

率。新个税法还规定："居民个人的综合所得，以每一纳税年度的收入额减除费用六万元以及专项扣除、专项附加扣除和依法确定的其他扣除后的余额，为应纳税所得额。非居民个人的工资、薪金所得，以每月收入额减除费用五千元后的余额为应纳税所得额；劳务报酬所得、稿酬所得、特许权使用费所得，以每次收入额为应纳税所得额。劳务报酬所得、稿酬所得、特许权使用费所得以收入减除百分之二十的费用后的余额为收入额。"

[**案例 4.7**] 仍以上文案例 4.6 中取得 4 万元劳务报酬收入为例。2019 年 12 月 1 日，甲取得劳务报酬收入 4 万元（假设 2019 年全年，甲的综合所得扣除 6 万元后，应纳税所得额为 4 万元），对于这笔劳务报酬收入其应当缴纳的个人所得税按照如下步骤计算：

应纳税所得额 = 含税劳务报酬所得 ×（1 − 20%）= 40 000 ×（1 − 20%）= 32 000（元）

应纳税额 = 应纳税所得额 × 适用税率 = 32 000 × 3% = 960（元）

甲此次取得的劳务报酬所得应当缴纳 960 元的个人所得税。

对比来看，2018 年版《个人所得税法》实施后，劳务报酬所得所需缴纳的个人所得税将有大幅减少。

## 4.5　稿酬所得扣除实务案例

[**案例 4.8**] 2019 年 1 月，小张在某出版社出版 A 一书，一次性稿酬收入为 50 000 元。

（1）按修订前的个税规定（2018 年前的《个人所得税法》及其实施条例），甲某稿酬所得应纳个人所得税为：

50 000 ×（1 − 20%）× 20% ×（1 − 30%）= 5 600（元）

（2）按新《个人所得税法》及其实施条例规定，小张稿酬所得应纳个人所得税计算如下：

第一步，计算稿酬所得应纳税所得额。

50 000 ×（1 − 20%）× 70% = 28 000（元）

第二步，判断计算稿酬所得适用的税率及速算扣除数。

小张稿酬所得 28 000 元在第 4 级 25 000 元至 35 000 元之间，适用税率 25%，速算扣除为 2 660（元）。

第三步，计算稿酬所得应纳税额。

28 000 × 25% − 2 660 = 4 340（元）

比修订前降低了 1 260 元（5 600 − 4 340）。

[**案例 4.9**] 2019 年 2 月，小张作为 B 杂志社的特约撰稿人，应约在杂志 B 连载某讲解 10 次，每次获得稿费 2 500 元。

根据《国家税务总局关于印发〈征收个人所得税若干问题的规定〉的通知》（国税发〔1994〕89 号）第四条第二款规定，个人的同一作品在报刊上连载，应合并其因连载而取得的所有稿酬所得为一次，按税法法规计征个人所得税。

因此，小张连载杂志讲解稿酬所得 = 2 500 × 10 ×（1 − 20%）× 70% = 14 000（元）

适用税率 20%，速算扣除数为 1 410 元。

应纳个人所得税 = 14 000 × 20% − 1 410 = 1 390（元）

[**案例 4.10**] 2019 年 3 月，小张作为 B 杂志的特约撰稿人，应约在 B 杂志连载某讲解 10 次，共获得稿费 25 000 元，连载后又将连载整理出版作品 C，获得稿酬 30 000 元。

根据《国家税务总局关于印发〈征收个人所得税若干问题的规定〉的通知》（国税发〔1994〕89 号）第四条第二款规定，在其连载之后又出书取得稿酬所得，或先出书后连载取得稿酬所得，应视同再版稿酬分次计征个人所得税。

因此，小张连载某讲解稿酬所得应纳个人所得税为：

25 000 × (1 − 20%) × 70% × 20% − 1 410 = 1 390（元）

小张出版作品 C 稿酬所得应纳个人所得税为：

30 000 × (1 − 20%) × 70% × 20% − 1 410 = 1 950（元）

## 4.6 特许使用费所得扣除实务案例

[**案例 4.11**] 某作家将自己未曾出版的小说手稿原件进行拍卖，取得拍卖所得 20 万元，税务机关在调查时发现付款单位按“稿酬所得”代扣代缴个人所得税 2.24 万元。之后工作人员向该作家还有付款单位进行解释，取得的小说手稿原件拍卖收入应按特许权使用费税目缴纳个人所得税，应该纳税 3.2 万元，因此要求其补缴个人所得税 0.96 万元。

根据《个人所得税法实施条例》规定，稿酬所得指个人因其作品以图书、报刊形式出版、发表而取得的所得。特许权使用费所得，指个人提供专利权、商标权、著作权、非专利技术以及其他特许权取得的所得。《国家税务总局关于印发〈征收个人所得税若干问题的规定〉的通知》（国税发〔1994〕89 号）规定，对于作者将自己的文字作品手稿原件或复印件公开拍卖（竞价）取得的所得，应按特许权使用费所得项目征收个人所得税。因此，该作家拍卖书稿所得收入应按特许权使用费所得缴纳个人所得税。

[**案例 4.12**] 张某发明一项自动化专利技术，2019 年 1 月转让给 A 公司，转让价 15 万元，A 公司 8 月支付使用费 6 000 元，9 月支付使用费 9 000 元；9 月，张某将该项使用权转让给 D 公司，获得转让费收入 8 000 元，张某转让特许权使用费所得应缴的个人所得税为：

张某此项专利技术转让了两次，应分两次所得计算预扣个人所得税。

转让给 A 公司应缴个人所得税税额 = (6 000 + 9 000) × (1 − 20%) × 20% = 2 400（元）

转让给 D 公司应缴个人所得税税额 = 8 000 × (1 − 20%) × 20% = 1 280（元）

张某转让此项专利技术共需缴纳个人所得税 = 2 400 + 1 280 = 3 680（元）

上述收入年终需要和其他综合所得汇算清缴个人收入所得税。

# 4.7　综合所得常见不合规操作及风险规避

## 4.7.1　工资、薪金所得

工资薪金所得是个税中的重要内容，也是企业纳税中风险较多的税种。工资薪金所得和劳务报酬容易混淆，两者本质的区别是劳动者是否和单位签订用工合同。如果签订合同，劳动者与单位是非独立的劳务关系，劳动者收入应按工资薪金所得缴纳个税。实务中，常见的工资、薪金所得纳税风险主要有以下几点：

1. 少报工资、薪金所得

个人所得税法规定，工资、薪金所得指个人因任职或受雇而取得的工资、薪金、年终加薪、劳动分红、津贴以及任职或者受雇而取得的其他所得。从内容上看，包括现金、实物、有价证券（礼品卡、消费券）、其他形式的经济利益（免费旅游等）；从范围上看，包括单位财务部门、劳资部门、工会组织、后勤和其他部门发放的与任职受雇有关的一切收入。在实务中，经常有漏报所得的情况。

2. 滥用全年一次性优惠政策

《国家税务总局关于调整个人取得全年一次性奖金等计算征收个人所得税方法问题的通知》（国税发〔2005〕9 号）规定："全年一次性奖金是指行政机关、企事业单位等扣缴义务人根据其全年经济效益和对雇员全年工作业绩的综合考核情况，向雇员发放的一次性奖金。上述一次性奖金也包括年终加薪、实行年薪制和绩效工资办法新个人所得税法提高基本减除费用标准。"综合所得基本减除费用为 6 万元/年。不再保留 1 300 元/月的附加减除费用。非居民个人工资收入基本减除费用提高到 5 000 元/月。单位根据考核情况兑现的年薪和绩效工资，在一个纳税年度内，对每一个纳税人，该计税办法只允许采用一次。"

3. 公车补贴、通信费补贴未计缴个税或计缴不正确

伴随着我国公务用车改革的不断深入，公务用车补贴和通信费补贴也逐渐大众化。《国家税务总局关于个人所得税有关政策问题的通知》规定："个人因公务用车和通讯制度改革而取得的公务用车、通讯补贴收入，扣除一定标准的公务费用后，按照'工资、薪金'所得项目计征个人所得税。不按月发放的分解到所属月份并与该月份'工资、薪金'所得合并后计征个人所得税。""公务费用的扣除标准，由省级地方税务局（现已修改为：省税务局）根据纳税人公务交通、通讯费用的实际发生情况调查测算，报经省级人民政府批准后确定，并报国家税务总局备案。"

4. 公积金超标准未计缴个税

《财政部　国家税务总局关于基本养老保险费基本医疗保险费失业保险费住房公积金有关个人所得税政策的通知》（财税〔2006〕10 号）规定："单位和职工个人缴存住房公积金的月平均工资，不得超过职工工作地所在设区城市上一年度职工月平均工资的 3 倍，单位和个人超过上述规定比例和标准缴付的住房公积金，应将超过部分并入个人当期的工资、薪金收入，计征个人所得税。"

### 4.7.2 劳务报酬所得

劳务报酬所得是指个人独立从事劳务取得的收入，特征是提供劳务的个人与被服务单位没有稳定的、连续的劳动人事关系，也没有任何劳动合同关系，其所得也不是以工资薪金形式领取的。劳务报酬所得税的特点是征收范围广，适用税率较高，扣减费用按次计算。个人为单位提供劳务服务，付款单位应该代扣代缴。在税务实践中，容易混淆扣减费用“次”的概念和不含税收入、含税收入的区别。常见的纳税风险主要有：

1. 支付劳务报酬未扣个税或者计税不正确

根据国税函发〔1996〕60号文件规定：“属于同一项目连续性收入的，以一个月取得的收入为一次。”

2. 营业费用中列支向个人赠送礼品未计缴个税

财税〔2011〕50号文件规定：“企业在业务宣传、广告等活动中，随机向本单位以外的个人赠送礼品，对个人取得的礼品所得，按照‘其他所得’项目，全额适用20%的税率缴纳个人所得税。”

## 4.8 法规沿革及风险关注要点

### 4.8.1 法律沿革

个人所得税费用扣除标准调整情况如表4.14所示。

表4.14 个人所得税费用扣除标准调整情况

| 项目 | 2006年以前 | 2006年1月1日—2008年2月29日 | 2008年3月1日—2011年8月31日 | 2011年9月1日—2018年9月30日 | 自2008年10月1日 |
|---|---|---|---|---|---|
| 费用扣除标准 | 800元/月 | 1 600元/月 | 2 000元/月 | 3 500元/月 | 60 000元/年（5 000元/月） |
| 附加减除费用 | 3 200元/月 | 3 200元/月 | 2 800元/月 | 1 300元/月 | 取消 |
| 小计 | 4 000元/月 | 4 800元/月 | 4 800元/月 | 4 800元/月 | 60 000元/年（5 000元/月） |

### 4.8.2 风险

1. 商业性保险等扣除

（1）关注企事业单位和个人超过规定的比例和标准缴付的基本养老保险费、基本医疗保险费和失业保险费、住房公积金，是否将超过部分并入个人当期的工资、薪金收入，计算扣缴个人所得税。

企事业单位按照国家或省（自治区、直辖市）人民政府规定的缴费比例或办法实际缴付的基本养老保险费、基本医疗保险费和失业保险费，免征个人所得税；个人按照国家或省

（自治区、直辖市）人民政府规定的缴费比例或办法实际缴付的基本养老保险费、基本医疗保险费和失业保险费，允许在个人应纳税所得额中扣除。

单位和个人分别在不超过职工本人上一年度月平均工资 12% 的幅度内，其实际缴存的住房公积金，允许在个人应纳税所得额中扣除。单位和职工个人缴存住房公积金的月平均工资不得超过职工工作地所在设区城市上一年度职工月平均工资的 3 倍，具体标准按照各地有关规定执行。

（2）关注企业按照《企业年金试行办法》的规定，在依法参加基本养老保险的基础上，自愿建立的补充养老保险（即年金），而为员工缴纳年金（即企业年金的企业缴费计入个人账户的部分），在计入个人账户时，是否视为个人一个月的工资、薪金（不与正常工资、薪金合并），不扣除任何费用，按照“工资、薪金所得”项目计算扣缴个人所得税。

税法规定对企业按季度、半年或年度缴纳企业缴费的年金，在计税时不得还原至所属月份，均作为一个月的工资、薪金，不扣除任何费用，按照适用税率计算扣缴个人所得税。

（3）关注企业在国税函〔2009〕694 号文下发前（即 2009 年 12 月 10 日前不含 10 日），按照《企业年金试行办法》的规定，在依法参加基本养老保险的基础上，自愿建立的补充养老保险（即年金），而为员工缴纳年金（即企业年金的企业缴费计入个人账户的部分），未扣缴个人所得税的，是否按国家税务总局公告 2011 年第 9 号文第二条规定计算方法补扣缴个人所得税。

（4）关注企业按照《企业年金试行办法》的规定，在依法参加基本养老保险的基础上，自愿建立的补充养老保险（即年金），而为月工资收入高于费用扣除标准的员工缴纳年金（即企业年金的企业缴费计入个人账户的部分），在计入个人账户时，是否视为个人一个月的工资、薪金（不与正常工资、薪金合并），不扣除任何费用，按照“工资、薪金所得”项目计算扣缴个人所得税。

税法规定对企业按季度、半年或年度缴纳企业缴费的年金，在计税时不得还原至所属月份，均作为一个月的工资、薪金，不扣除任何费用，按照适用税率计算扣缴个人所得税（2011 年 1 月 30 日起执行）。

（5）关注企业按照《企业年金试行办法》的规定，在依法参加基本养老保险的基础上，自愿建立的补充养老保险（即年金），而为月工资收入低于费用扣除标准的员工缴纳年金（即企业年金的企业缴费计入个人账户的部分），在计入个人账户时，与员工个人当月的工资、薪金相加合并后超过个人所得税费用扣除标准的，其超过部分，是否视为个人一个月的工资、薪金，不扣除任何费用，按照“工资、薪金所得”项目计算扣缴个人所得税。

税法规定对企业按季度、半年或年度缴纳企业缴费的年金，在计税时不得还原至所属月份，均作为一个月的工资、薪金，不扣除任何费用，按照适用税率计算扣缴个人所得税（2011 年 1 月 30 日起执行）。

（6）关注企业按照《企业年金试行办法》的规定，在依法参加基本养老保险的基础上，自愿建立的补充养老保险（即年金），而为月工资收入低于费用扣除标准的员工缴纳年金（即企业年金的企业缴费计入个人账户的部分），在计入个人账户时，与员工个人当月的工资、薪金相加合并后超过个人所得税费用扣除标准的，其超过部分，是否视为个人一个月的工资、薪金，不扣除任何费用，按照“工资、薪金所得”项目计算扣缴个人所得税。

税法规定对企业按季度、半年或年度缴纳企业缴费的年金，在计税时不得还原至所属月份，均作为一个月的工资、薪金，不扣除任何费用，按照适用税率计算扣缴个人所得税（2011 年 1 月 30 日起执行）。

（7）关注企业员工个人自已缴纳的补充养老保险（即年金的个人缴费部分），是否在个人当月工资、薪金计算个人所得税时扣除，按税法规定不得扣除，如有扣除的，应补扣缴个人所得税。

（8）关注企业为员工支付各项免税之外的保险金，是否在企业向保险公司缴付时（即该保险落到被保险人的保险账户）并入员工当期的工资收入，按“工资、薪金所得”项目扣缴个人所得税。

2. 专项附加扣除

（1）应依法留存与享受专项附加扣除相关的证明资料，比如子女在境外接受学历教育、享受子女教育扣除的纳税人，需要留存境外学校录取通知书、留学签证等相关教育证明资料。

如果已经申报某项专项附加扣除，又没有留存这些证明资料，享受专项附加扣除将会受到影响。

（2）应在 2020 年 1 月 1 日（含）后申报大病医疗扣除。因为大病医疗扣除需要累计计算个人全年发生的医疗支出自行负担金额，所以只能在 2019 年度结束后才能申报享受。

（3）不要同时申报住房贷款利息和住房租金扣除。只能选择住房贷款利息或者住房租金中的一项扣除。同时符合两项扣除条件的，可根据个人情况自行选择其中一项扣除。

（4）申报享受职业资格继续教育的，填报的相关证书发证或批准日期应该在 2019 年 1 月 1 日（含）之后。专项附加扣除自 2019 年 1 月 1 日起实施，因此发证（批准）日期在这一时间之后的才能依法享受扣除。

（5）申报子女教育扣除的，父母双方总扣除金额不要超过每个子女每月 1 000 元的标准。如果父母双方享受子女教育扣除，需要在协商一致的基础上进行申报。如果双方都按照 1 000 元/月的扣除标准申报，将影响双方子女教育扣除的享受。

如对专项附加扣除有疑问，可以拨打 12366 纳税咨询服务热线，或者向当地税务机关咨询。

（6）纳税人未能诚信报送专项附加扣除信息带来的风险。《国家税务总局关于发布〈个人所得税专项附加扣除操作办法（试行）〉的公告》（国家税务总局公告 2018 年第 60 号）规定：

①纳税人应当对报送专项附加扣除信息的真实性、准确性、完整性负责。

②专项附加扣除信息报表及相关备查资料，纳税人应当自法定汇算清缴期结束后保存五年。

③税务机关核查时，纳税人无法提供留存备查资料，或者留存备查资料不能支持相关情况的，税务机关可以要求纳税人提供其他佐证；不能提供其他佐证材料，或者佐证材料仍不足以支持的，不得享受相关专项附加扣除。税务机关核查专项附加扣除情况时，可提请有关单位和个人协助核查，相关单位和个人应当协助核查。

④纳税人存在报送虚假专项附加扣除信息、重复享受专项附加扣除、超范围或标准享受专项附加扣除、拒不提供留存备查资料以及税务总局规定的其他情形之一的，主管税务机关应当责令其改正；五年内再次发现的，视情形记入有关信用信息系统，并按照国家有关规定

实施联合惩戒；涉及违反税收征管法等法律法规的，税务机关依法进行处理。

### 4.8.3　关注要点

1. 子女教育（见表 4.15）

**表 4.15　　个人所得税子女教育专项附加扣除相关问题及解答**

| 问　　题 | 解　　答 |
|---|---|
| 1. 子女满 3 周岁，但未入幼儿园的，是否需要填写就读学校或者就读国家（地区）? | 需要填写。如果不填写，将可能导致此条信息之后信息采集失败，影响个人享受专项附加扣除。子女处于满 3 周岁至小学入学前的学前教育阶段，但确实未接受幼儿园教育的，仍可享受子女教育扣除，就读学校可以填写“无” |
| 2. 是否必须在子女满 3 周岁之后才能填写此栏? | 本扣除年度内子女即将年满 3 周岁的，可以在子女满 3 周岁之前提前填写报送相关信息，子女满 3 周岁的当月即可享受子女教育专项附加扣除，无须待子女实际年满 3 周岁之后填报 |
| 3. 子女已经不再接受全日制学历教育的是否可以填报子女教育专项附加扣除? | 不可以。子女已经不再接受全日制学历教育的已不符合子女教育专项附加扣除的相关规定，无需填写相关信息 |
| 4. 子女教育费专项扣除从什么时候开始实施，1 月 1 日后取得工资可以扣除吗? | 专项附加扣除自 2019 年 1 月 1 日起施行，2019 年 1 月 1 日后取得的工资、薪金所得，符合条件的可以依法享受专项附加扣除 |
| 5. 子女教育扣除支出是否需要留存资料? | 根据《国家税务总局关于发布〈个人所得税专项附加扣除操作办法（试行）〉的公告》（国家税务总局公告 2018 年第 60 号）第十二条，享受子女教育附加扣除的，纳税人应当填报配偶及子女的姓名、身份证件类型及号码、子女当前受教育阶段及起止时间、子女就读学校以及本人与配偶之间扣除分配比例等信息。在境内就读的，税务机关可以获取教育部门的学籍信息，纳税人不需留存资料备查。子女在境外接受教育的，纳税人应当留存境外学校录取通知书、留学签证等境外教育佐证资料 |
| 6. 子女教育的扣除主体是谁? | 子女教育的扣除主体是子女的法定监护人，包括生父母、继父母、养父母，父母之外的其他人担任未成年人的监护人的，比照执行 |
| 7. 监护人不是父母可以扣除吗? | 可以，前提是确实担任未成年人的监护人 |
| 8. 子女的范围包括哪些? | 子女包括婚生子女、非婚生子女、养子女、继子女，也包括未成年但受到本人监护的非子女 |
| 9. 子女教育的扣除标准是多少? | 按照每个子女每年 12 000 元（每月 1 000 元）的标准定额扣除 |
| 10. 子女教育的扣除在父母之间如何分配? | 父母可以选择由其中一方按扣除标准的 100% 扣除，即一人每月扣除 1 000元，也可以选择由双方分别按扣除标准的 50% 扣除，即一人每月扣除 500 元。只有这两种分配方式 |
| 11. 子女教育的扣除分配选定之后可以变更吗? | 子女教育的扣除分配，一方扣除或者双方平摊，选定扣除方式后在一个纳税年度内不能变更 |
| 12. 在民办学校接收教育可以享受扣除吗? | 可以。无论子女在公办学校或民办学校接受教育，都可以享受扣除 |
| 13. 在境外学校接收教育可以享受扣除吗? | 可以。无论子女在境内学校或境外学校接受教育，都可以享受扣除 |
| 14. 子女教育专项附加扣除的扣除方式是怎样的? | 子女教育专项附加扣除采取定额扣除方式 |

续表

| 问　　题 | 解　　答 |
|---|---|
| 15. 纳税人享受子女教育专项附加扣除，需要保存哪些资料？ | 纳税人子女在境内接受教育的，享受子女教育专项扣除不需留存任何资料。纳税人子女在境外接受教育的，纳税人应当留存境外学校录取通知书、留学签证等相关教育的证明资料备查 |
| 16. 填报子女教育支出需要符合什么条件？ | （1）有子女符合以下两个条件之一：<br>①扣除年度有子女满3岁且处于小学入学前阶段；<br>②扣除年度有子女正接受全日制学历教育。<br>（2）同一子女的父亲和母亲扣除比例合计不超过100% |
| 17. 同一子女、同一受教育阶段是否需要细化填写？例如，义务教育阶段是否需要区分小学、中学分别填写？ | 无需细化填写。对于同一子女的同一受教育阶段，即使在一个年度中间，子女存在升学、转学等情形，只要受教育阶段不变，也无需细化填写 |
| 18. 同一子女某个受教育阶段中间就读学校或者就读国家（地区）发生变化的，是否需要分别填写？ | 无需分别填写，只需要填写填表时的就读学校即可 |
| 19. 何时填写教育终止时间？ | 子女因就业或其他原因不再继续接受全日制学历教育时填写。当前受教育阶段毕业，但还会继续接受全日制学历教育的无需填写。个人从填报的教育终止时间次月起，不能再继续享受该子女的此项扣除 |
| 20. 一个扣除年度中，同一子女因升学等原因接受不同教育阶段的全日制学历教育如何填写？ | 可以分两行，分别填写前后两个阶段的受教育情况 |
| 21. 不同的子女，父母间可以有不同的扣除方式吗？ | 可以。对不同子女，可以在父母间有不同的扣除比例，扣除比例只能为50%:50%，以及100%:0。其中一方扣除100%的，另一方无需采集该子女的专项附加扣除信息 |
| 22. 寒暑假是否中断享受？ | 不中断享受。只要纳税人不填写终止受教育时间，当年一经采集，全年不中断享受 |
| 23. 对于存在离异重组等情况的家庭子女而言，该如何享受政策？ | 由子女父母双方协商决定。一个孩子总额不能超过1 000元/月，扣除人不能超过2个 |
| 24. 子女教育费怎么扣除？ | 按照每个子女每月1 000元的标准定额扣除 |
| 25. 新的个人所得税专项附加扣除中子女教育扣除的标准是多少？夫妻双方如何分摊扣除？ | 子女教育扣除的标准为：每个子女每月1 000元的标准定额扣除。父母可以选择由其中一方按扣除标准的100%扣除，也可以选择由双方分别按扣除标准的50%扣除 |
| 26. 不是孩子的亲生父母，但是承担了他的抚养和教育义务，这种情况下可以享受子女教育扣除吗？ | 一般情况下，父母负有抚养和教育未成年子女的义务，可依法享受子女教育扣除；对情况特殊、未由父母抚养和教育的未成年子女，相应的义务会转移到其法定监护人身上。因此，假如您是孩子的法定监护人，对其负有抚养和教育的义务，您就可以依法申报享受子女教育扣除 |
| 27. 残障儿童接受的特殊教育，父母是否可以享受扣除？ | 特殊教育属于九年一贯制义务教育，同时拥有学籍，因此可以按照子女教育专项标准扣除 |

续表

| 问　　题 | 解　　答 |
|---|---|
| 28. 本科毕业之后，准备考研究生期间，父母是否可以享受子女教育专项扣除？ | 不可以，该生已经本科毕业，未实际参与全日制学历教育，尚未取得研究生学籍，不符合相关规定。研究生考试通过入学后，可以享受高等教育阶段子女教育专项扣除 |
| 29. 子女 6 月高中毕业，9 月上大学，7—8 月能不能享受子女教育扣除？ | 可以扣除。对于连续性的学历（学位）教育，升学衔接期间属于子女教育期间，可以申报扣除子女教育专项附加扣除 |
| 30. 大学期间参军，学校保留学籍，是否可以按子女教育专项扣除？ | 服兵役是公民的义务，大学期间参军是积极响应国家的号召，休学保留学籍期间，属于高等教育阶段，可以申报扣除子女教育专项附加扣除 |
| 31. 参加"跨校联合培养"需要到国外读书几年，是否可以按照子女教育专项扣除标准享受扣除？ | 一般情况下，参加跨校联合培养的学生，原学校保留学生学籍，父母可以享受子女教育附加扣除 |

2. 继续教育（见表 4.16）

**表 4.16　　个人所得税继续教育专项附加扣除问题及解答**

| 问　　题 | 解　　答 |
|---|---|
| 1. 硕士研究生、博士研究生教育属于子女教育还是继续教育，由谁扣除？ | 属于全日制学历教育的硕士研究生、博士研究生，由其父母按照子女教育专项附加扣除标准享受扣除；属于非全日制学历（学位）继续教育的，由纳税人本人按照继续教育专项扣除 |
| 2. 继续教育专项附加扣除的扣除范围是怎么规定的？ | （1）纳税人在中国境内接受学历（学位）继续教育的支出，在学历（学位）教育期间按照每月 400 元定额扣除。同一学历继续教育的扣除期限不能超过 48 个月。<br>（2）纳税人接受技能人员职业资格继续教育、专业技术人员职业资格继续教育支出，在取得相关证书的当年，按照 3 600 元定额扣除 |
| 3. 继续教育专项附加扣除的扣除主体是谁？ | （1）技能人员职业资格继续教育、专业技术人员职业资格继续教育支出由接受教育的纳税人本人扣除。<br>（2）大学本科及以下的学历继续教育可以由接受教育的本人扣除，也可以由其父母按照子女教育专项扣除，但对于同一教育事项，不得重复扣除 |
| 4. 继续教育专项附加扣除该如何申报？ | 根据《办法》规定，对技能人员职业资格和专业技术人员职业资格继续教育，采取凭证书信息定额扣除方式。纳税人在取得证书后向扣缴义务人提供姓名、纳税识别号、证书编号等信息，由扣缴义务人在预扣预缴环节扣除；也可以在年终向税务机关提供资料，通过汇算清缴享受扣除 |
| 5. 继续教育专项附加扣除方式是什么？ | 对学历继续教育，采取凭学籍信息定额扣除方式。纳税人向扣缴义务人提供姓名、纳税识别号、学籍、考籍等信息，由扣缴义务人在预扣预缴环节扣除，也可以在年终向税务机关提供资料，通过汇算清缴享受扣除 |
| 6. 学历（学位）继续教育支出，可在多长期限内扣除？ | 学历（学位）继续教育支出享受继续教育专项扣除的最长期限是在中国境内接受学历（学位）继续教育入学的当月至学历（学位）继续教育结束的当月，同一学历（学位）继续教育的扣除期限最长不得超过 48 个月 |

续表

| 问　　题 | 解　　答 |
| --- | --- |
| 7. 纳税人因病或其他原因休学且学籍继续保留的休学期间，以及施教机构按规定组织实施的寒暑假是否连续计算？ | 学历（学位）继续教育的扣除期限最长不得超过48个月。48个月包括纳税人因病或其他原因休学且学籍继续保留的休学期间，以及施教机构按规定组织实施的寒暑假期连续计算 |
| 8. 纳税人享受继续教育专项附加扣除需保存哪些资料？ | 纳税接受学历继续教育，不需保存相关资料。纳税人接受技能人员职业资格继续教育、专业技术人员职业资格继续教育的，应当留存相关证书等资料备查 |
| 9. 没有证书的兴趣培训费用可享受专项扣除吗？ | 目前，继续教育专项附加扣除的范围限定学历（学位）继续教育、技能人员职业资格继续教育和专业技术人员职业资格继续教育的支出，上述培训之外的兴趣培训不在税前扣除范围内 |
| 10. 纳税人终止继续教育是否需要报告？ | 纳税人终止继续教育，应当将相关变化信息告知扣缴义务人或税务机关 |
| 11. 填报继续教育支出需要符合什么条件？ | 享受学历（学位）继续教育专项扣除的情况，需要扣除年度内在中国境内接受学历（学位）教育。享受职业资格继续教育专项扣除的情况，需要在扣除年度取得职业资格或者专业技术人员职业资格相关证书 |
| 12. 同时接受多个学历继续教育或者取得多个专业技术人员职业资格证书，是否均需要填写？ | 只填写其中一条即可，因为多个学历（学位）继续教育不可同时享受，多个职业资格继续教育不可同时享受 |
| 13. 学历（学位）继续教育与职业资格继续教育可以同时享受专项扣除吗？ | 可以 |
| 14. 学历（学位）教育，是否最后没有取得学历（学位）证书也可以享受48个月的专项扣除 | 凭学籍信息扣除，不考察最终是否取得证书，最长扣除48个月 |
| 15. 如果可以，纳税人参加继续教育48个月后，换一个专业就读（属于第二次继续教育），还可以继续享受48个月的专项扣除吗？ | 纳税人参加继续教育48个月后，换一个新的专业学习，可以重新按第二次参加学历（学位）继续教育享受专项扣除，还可以继续扣除48个月 |
| 16. 假如在2019年取得两个技能人员职业资格证书，可以享受多少钱的继续教育扣除？ | 根据《个人所得税专项附加扣除暂行办法》规定，纳税人接受技能人员职业资格继续教育、专业技术人员职业资格继续教育，可以在取得相关证书的当年，按照3 600元定额扣除。因此，在一个纳税年度中取得多个技能人员职业资格证书，也按照3 600元的定额扣除 |
| 17. 纳税人在接受学历继续教育的同时取得技能人员职业资格证书或者专业技术人员职业资格证书的，如何享受继续教育扣除？ | 根据《个人所得税专项附加扣除暂行办法》，纳税人接受学历继续教育，可以按照每月400元的标准扣除，全年共计4 800元；在同年又取得技能人员职业资格证书或者专业技术人员职业资格证书，且符合扣除条件的，可按照3 600元的标准定额扣除。但是，纳税人只能同时享受一个学历（学位）继续教育和一个职业资格继续教育。因此，对同时符合此类情形的纳税人，该年度可叠加享受两个扣除，当年其继续教育共计可扣除8 400元（4 800+3 600） |

续表

| 问　　题 | 解　　答 |
| --- | --- |
| 18. 如果在国外进行的学历继续教育，或者是拿到了国外颁发的技能证书，能否享受每月 400 元或每年 3 600 元的扣除？ | 根据《个人所得税专项附加扣除暂行办法》规定，纳税人在中国境内接受的学历（学位）继续教育支出，以及接受技能人员职业资格继续教育、专业技术人员职业资格继续教育支出可以扣除。由于在国外接受学历继续教育和国外颁发的技能证书不符合“中国境内”的规定，不能享受专项附加扣除政策 |
| 19. 处于本硕博连读的博士阶段，父母已经申报享受了子女教育专项扣除。博士在读期间取得律师资格证书，可以申报继续教育专项扣除吗？ | 如有综合所得（如稿酬或劳务报酬等），一个纳税年度内，在取得证书的当年，可以享受职业资格继续教育扣除（3 600 元/年） |
| 20. 参加了学历（学位）教育，最后没有取得学历（学位）证书，是否可以享受继续教育扣除？ | 参加学历（学位）继续教育，按照实际受教育时间，享受每月 400 元的扣除，不考察最终是否取得证书，最多扣除 48 个月 |
| 21. 参加高等教育自学考试，纳税人应当如何享受扣除？ | 按照《高等教育自学考试暂行条例》的有关规定，高等教育自学考试应考者取得一门课程的单科合格证书后，省考委即应为其建立考籍管理档案。具有考籍管理档案的考生，可以按照《个人所得税专项附加扣除暂行办法》的规定，享受继续教育专项附加扣除 |
| 22. 纳税人参加夜大、函授、现代远程教育、广播电视大学等学习，是否可以按照参加继续教育标准享受个人所得税专项扣除？ | 纳税人参加夜大、函授、现代远程教育、广播电视大学等教育，所读学校为其建立学籍档案的，可以享受学历（学位）继续教育扣除 |
| 23. 同时接受多个学历继续教育或者取得多个专业技术人员职业资格证书，是否均需要填写？ | 对同时接受多个学历继续教育，或者同时取得多个职业资格证书的，只需填报其中一个即可；如果同时存在学历继续教育、职业资格继续教育两类继续教育情形，则每一类都要填写 |

### 3. 大病医疗（见表 4.17）

**表 4.17　　个人所得税大病医疗专项附加扣除问题及解答**

| 问　　题 | 解　　答 |
| --- | --- |
| 1. 夫妻同时有大病医疗支出，想全部由男方扣除，扣除限额是否为 16 万元？ | 夫妻两人同时有符合条件的大病医疗支出，可以选择都由男方扣除，扣除限额分别计算，每人最高扣除限额为 8 万元，合计最高扣除限额为 16 万元 |
| 2. 大病医疗专项附加扣除的扣除方式是怎样的？ | 对大病医疗扣除设定扣除金额上限，采取限额内据实扣除方式。在一个纳税年度内，纳税人发生的与基本医疗保险相关的医药费用支出，扣除医保报销后个人负担（指医保目录范围内的自付部分）累计超过 15 000 元的部分，由纳税人在办理年度汇算清缴时，在 80 000 元限额内据实扣除 |
| 3. 大病医疗专项附加扣除何时扣除？ | 在次年 3 月 1 日至 6 月 30 日汇算清缴时扣除 |

续表

| 问　　题 | 解　　答 |
| --- | --- |
| 4. 纳税人配偶、子女的大病医疗支出是否可以在纳税人税前扣除？ | 纳税人发生的医药费用支出可以选择由本人或其配偶一方扣除；未成年子女发生的医药费用支出可以选择由其父母一方扣除。<br>纳税人及其配偶、未成年子女发生的医药费用支出，按规定分别计算扣除额 |
| 5. 纳税人父母的大病医疗支出，是否可以在纳税人税前扣除？ | 纳税人的父母尚未纳入大病医疗扣除范围 |
| 6. 享受大病医疗专项附加扣除时，纳税人需要注意什么？ | 纳税人日常看病时，应当注意留存医疗服务收费相关票据原件（或复印件）备查，同时可以通过医疗保障部门的医疗保障管理信息系统查询本人上一年度医药费用情况。纳税人在年度汇算清缴时填报相关信息申请退税。纳税人需留存医疗服务收费相关票据复印件备查 |
| 7. 大病医疗支出中，纳税人年末住院，第二年年初出院，这种跨年度的医疗费用，如何计算扣除额，是分两个年度分别扣除吗？ | 纳税人年末住院，第二年年初出院，一般是在出院时才进行医疗费用的结算。纳税人申报享受大病医疗扣除，以医疗费用结算单上的结算时间为准，因此该医疗支出属于第二年的医疗费用，到 2019 年结束时，医疗费用如果达到大病医疗扣除的“起付线”，可以在 2020 年汇算清缴时享受扣除 |
| 8. 在私立医院就诊是否可以享受大病医疗扣除？ | 对于纳入医疗保障结算系统的私立医院，只要纳税人看病的支出在医保系统可以体现和归集，纳税人发生的与基本医保相关的支出就可以按照规定享受大病医疗专项扣除 |
| 9. 如何理解大病医疗专项附加扣除的“起付线”和扣除限额的关系？ | 根据《个人所得税专项附加扣除暂行办法》规定，纳税人发生的与基本医保相关的医药费用支出，扣除医保报销后个人负担（指医保目录范围内的自付部分）累计超过 1.5 万元的部分，在 8 万元限额内据实扣除。上述所称 1.5 万元是“起付线”，8 万元是限额 |

## 4. 住房贷款利息（见表 4.18）

**表 4.18　　个人所得税住房贷款利息专项附加扣除问题及解答**

| 问　　题 | 解　　答 |
| --- | --- |
| 1. 住房贷款利息专项附加扣除的标准是怎样规定的？ | 纳税人的住房贷款利息扣除期限最长不能超过 240 个月，240 个月后不能享受附加扣除。对于 2019 年之后还处在还款期的，只要符合条件，就可以扣除 |
| 2. 住房贷款利息专项附加扣除的扣除主体是谁？ | 经夫妻双方约定，可以选择由其中一方扣除，具体扣除方式在一个纳税年度内不能变更 |
| 3. 住房贷款利息专项附加扣除的扣除方式是怎样的？ | 住房贷款利息专项附加扣除采取定额扣除方式 |
| 4. 住房贷款利息和住房租金扣除可以同时享受吗？ | 不可以。纳税人及其配偶在一个纳税年度内不能同时分别享受住房贷款利息和住房租金专项附加扣除 |

续表

| 问　　题 | 解　　答 |
|---|---|
| 5. 个税住房贷款利息可以专项附加扣除，怎么确定是首套住房贷款？ | 住房贷款利息专项附加扣除办法中所称的首套住房贷款是指购买住房享受首套住房贷款利率的住房贷款。纳税人只能享受一次首套住房贷款的利息扣除。在实际操作中，纳税人可咨询所贷款的银行 |
| 6. 住房贷款利息怎么扣除？ | 纳税人本人或者配偶单独或者共同使用商业银行或者住房公积金个人住房贷款为本人或者其配偶购买中国境内住房，发生的首套住房贷款利息支出，在实际发生贷款利息的年度，按照每月 1 000 元的标准定额扣除，扣除期限最长不超过 240 个月。纳税人只能享受一次首套住房贷款的利息扣除 |
| 7. 夫妻双方婚前分别购买住房发生的首套住房贷款，夫妻双方如何分摊扣除？ | 夫妻双方婚前分别购买住房发生的首套住房贷款，其贷款利息支出，婚后可以选择其中一套购买的住房，由购买方按扣除标准的 100% 扣除，也可以由夫妻双方对各自购买的住房分别按扣除标准的 50% 扣除，具体扣除方式在一个年度内不得变更 |
| 8. 住房贷款利息专项扣除从什么时候开始实施，1 月 1 日后取得工资可以扣吗？ | 专项附加扣除自 2019 年 1 月 1 日起施行，2019 年 1 月 1 日后取得的工资、薪金所得，符合条件的可以依法享受专项附加扣除 |
| 9. 首套住房贷款的定义是什么？ | 首套住房贷款是指购买住房享受首套住房贷款利率的住房贷款 |
| 10. 住房贷款利息专项附加扣除中，扣除范围是什么？ | 该扣除范围为纳税人本人或者配偶单独或者共同使用商业银行或者住房公积金个人住房贷款为本人或者其配偶购买中国境内住房，发生的首套住房贷款利息支出 |
| 11. 住房贷款利息专项附加扣除的标准是怎样规定的？ | 纳税人本人或者配偶单独或者共同使用商业银行或者住房公积金个人住房贷款为本人或者其配偶购买中国境内住房，发生的首套住房贷款利息支出，在实际发生贷款利息的年度，按照每月 1 000 元的标准定额扣除，扣除期限最长不超过 240 个月。纳税人只能享受一次首套住房贷款的利息扣除 |
| 12. 夫妻婚前购买的首套住房，婚后由丈夫还贷，首套住房利息是否只能由丈夫扣除？妻子是否可以扣除？ | 经夫妻双方约定，可以选择由其中一方扣除，具体扣除方式在一个纳税年度内不能变更。<br>夫妻双方婚前分别购买住房发生的首套住房贷款，其贷款利息支出，婚后可以选择其中一套购买的住房，由购买方按扣除标准的 100% 扣除，也可以由夫妻双方对各自购买的住房分别按扣除标准的 50% 扣除，具体扣除方式在一个纳税年度内不能变更 |
| 13. 住房贷款利息专项附加扣除中，扣除范围是什么？ | 该扣除范围是纳税人本人或者配偶单独或者共同使用商业银行或者住房公积金个人住房贷款为本人或者其配偶购买中国境内住房，发生的首套住房贷款利息支出 |
| 14. 填报住房贷款利息支出需要符合什么条件？ | 一是住房应为本人或者配偶购买的中国境内住房；二是属于首套住房贷款，且扣除年度仍在还贷；三是住房贷款利息支出和住房租金支出未同时扣除 |
| 15. 如何确定是否属于首套住房贷款？ | 是否属于首套住房贷款，可以咨询贷款银行 |
| 16. 已全款买房，又在同一城市租房，是否可享受住房租金专项附加扣除？ | 这种情况属于有自有住房情况，那么在同一城市再发生的租房租金不能享受住房租金专项附加扣除 |

续表

| 问题 | 解答 |
|---|---|
| 17. 首套房的贷款还清后，贷款购买第二套房屋时，银行仍旧按照首套房贷款利率发放贷款，首套房没有享受过扣除，第二套房屋是否可以享受住房贷款利息扣除？ | 根据《个人所得税专项附加扣除暂行办法》相关规定，如纳税人此前未享受过住房贷款利息扣除，那么其按照首套住房贷款利率贷款购买的第二套住房，可以享受住房贷款利息扣除 |
| 18. 某住房采用公积金和商业贷款的组合贷款，公积金中心按首套贷款利率发放贷款，商业银行按普通商业银行贷款利率发放贷款，是否可以享受住房贷款利率扣除？ | 一套采用组合贷款方式购买的住房，如公积金中心或者商业银行其中之一是按照首套房屋贷款利率发放的贷款，则可以享受住房贷款利息扣除 |
| 19. 父母和子女共同购房，房屋产权证明、贷款合同均登记为父母和子女，住房贷款利息专项附加扣除如何享受？ | 父母和子女共同购买一套房子，不能既由父母扣除，又由子女扣除，应该由主贷款人扣除。如主贷款人为子女，由子女享受贷款利息专项附加扣除；如主贷款人为父母中的一方，由父母任一方享受贷款利息扣除 |
| 20. 父母为子女买房，房屋产权证明登记为子女，贷款合同的贷款人为父母，住房贷款利息支出的扣除如何享受？ | 从实际看，房屋产权证明登记主体与贷款合同主体完全没有交叉的情况很少发生。如确有此类情况，按照《个人所得税专项附加扣除暂行办法》规定，只有纳税人本人或者配偶使用住房贷款为本人或者其配偶购买中国境内住房，发生的首套住房贷款利息支出可以扣除。本例中，父母所购房屋是为子女购买的，不符合上述规定，父母和子女均不可以享受住房贷款利息扣除 |
| 21. 丈夫婚前购买的首套住房，婚后由丈夫还贷，首套住房利息是否只能由丈夫扣除？妻子是否可以扣除？ | 按照《个人所得税专项附加扣除暂行办法》规定，经夫妻双方约定，可以选择由夫妻中一方扣除，具体扣除方式在一个纳税年度内不能变更 |
| 22. 如何理解纳税人只能享受一次住房贷款利息扣除？ | 只要纳税人申报扣除过一套住房贷款利息，在个人所得税专项附加扣除的信息系统里存有扣除住房贷款利息的记录，无论扣除时间长短，也无论该住房的产权归属情况，纳税人就不得再就其他房屋享受住房贷款利息扣除 |
| 23. 享受住房贷款利息专项附加扣除，房屋证书号码是房屋所有权证/不动产权证上哪一个号码？ | 该例中的房屋证书号码应为房屋所有权证或不动产权证上载明的号码。如，京（2018）朝阳不动产权第0000000号，或者苏房地（宁）字（2017）第000000号。还没取得房屋所有权证或者不动产权证，但有房屋买卖合同、房屋预售合同的，填写合同上的编号 |
| 24. 个人填报住房贷款相关信息时，“是否婚前各自首套贷款，且婚后分别扣除50%”是什么意思？如何填写该栏？ | 如夫妻双方婚前各自有一套房符合条件的住房贷款利息，填写本栏。无此情形的，无需填写。如夫妻婚后选择其中一套住房，由购买者按扣除标准100%扣除的，则购买者需填写本栏并选择“否”。另一方应当在同一月份变更相关信息、停止申报扣除。<br>如夫妻婚后选择对各自购买的住房分别按扣除标准的50%扣除，则夫妻双方均需填写该栏并选择“是” |
| 25. 刚办的房贷期限是30年，现在扣完子女教育和赡养老人就不用缴税了，是否可以选择过两年再开始办理房贷扣除？ | 住房贷款利息支出扣除实际可扣除时间为，贷款合同约定开始还款的当月至贷款全部归还或贷款合同终止的当月，扣除期限最长不得超过240个月。因此，在不超过240个月以内，可以根据个人情况办理符合条件的住房贷款利息扣除 |

## 5. 住房租金（见表 4.19）

**表 4.19　　个人所得税住房租金专项附加扣除问题及解答**

| 问　　题 | 解　　答 |
|---|---|
| 1. 填报住房租金支出需要符合什么条件？ | （1）本人及配偶在主要工作城市无自有住房。<br>（2）本人及配偶扣除年度未扣除住房贷款利息支出。<br>（3）本人及配偶主要工作城市相同的，该扣除年度配偶未享受过住房租金支出扣除 |
| 2. 住房租金专项附加扣除的扣除范围是怎么规定的？ | 纳税人及配偶在主要工作城市没有自有住房而发生的住房租金支出，可以按照规定进行扣除 |
| 3. 住房租金专项附加扣除中的主要工作城市是如何定义的？ | 主要工作城市是指纳税人任职受雇的直辖市、计划单列市、副省级城市、地级市（地区、州、盟）全部行政区域范围。无任职受雇单位的，为综合所得汇算清缴地的税务机关所在城市 |
| 4. 住房租金专项附加扣除的扣除主体是谁？ | 住房租金支出由签订租赁住房合同的承租人扣除。夫妻双方主要工作城市相同的，只能由一方（即承租人）扣除住房租金支出。夫妻双方主要工作城市不同的，且各自在其主要工作城市都没有住房的，可以分别扣除住房租金支出。夫妻双方不得同时分别享受住房贷款利息扣除和住房租金扣除 |
| 5. 纳税人享受住房租金专项附加扣除应该留存哪些资料？ | 纳税人应当留存住房租赁合同、协议等有关资料备查 |
| 6. 夫妻双方无住房，两人主要工作城市不同，各自租房，如何扣除？ | 夫妻双方主要工作城市不同，且都无住房，可以分别扣除 |
| 7. 住房贷款利息和住房租金扣除可以同时享受吗？ | 不可以。住房贷款利息和住房租金只能二选一。如果对于住房贷款利息进行了抵扣，就不能再对住房租金进行抵扣；反之亦然 |
| 8. 纳税人首次享受住房租金扣除的时间是什么时候？ | 纳税人首次享受住房租赁扣除的起始时间为租赁合同约定起租的当月，截止日期是租约结束或者在主要工作城市已有住房 |
| 9. 合租住房可以分别扣除住房租金支出吗？ | 住房租金支出由签订租赁合同的承租人扣除。因此，合租住房的个人（非夫妻关系），若都与出租方签署了规范租房合同，可根据租金定额标准各自扣除 |
| 10. 主要工作城市如何填写？ | 纳税人在扣缴义务人处办理该项扣除的，填写任职受雇单位所在的城市 |
| 11. 一个月同时租住两处住房或者年度中间更换租赁住房造成中间有重叠租赁月份的情况，如何填写？ | 一个月同时租住两处住房的，只能填写一处；中间月份更换租赁住房的，不能填写两处租赁日期有交叉的租赁住房信息。<br>如果此前已经填报过住房租赁信息，只能填写新增租赁信息，且必须晚于上次已填报的住房租赁期止所属月份。确需修改已填报信息的，需联系扣缴义务人在扣缴客户端修改 |
| 12. 员工宿舍可以享受住房租金专项扣除吗？ | 如果个人不付费，不得扣除；如果本人付费，可以扣除 |

续表

| 问　　题 | 解　　答 |
|---|---|
| 13. 某些行业员工流动性比较大，一年换几个城市租赁住房，或者当年度一直外派并在当地租房子，是否支持该项专项附加扣除？ | 为外派员工解决住宿问题的，不应扣除住房租金。外派员工自行解决租房问题的，对于一年内多次变换工作地点的，个人应及时向扣缴义务人或者税务机关更新专项附加扣除相关信息，允许一年内按照更换工作地点的情况分别进行扣除 |
| 14. 住房租金支出扣除“主要工作城市”的范围，某市下属县有住房，到该市区工作的租房支出能否享受扣除？ | “主要工作地”的填写，纳税人可通过电子模板中的城市列表下拉选项选择。纳税人或其配偶在“主要工作地”有住房的，不可以再填报住房租金扣除 |
| 15. 租房租金怎么扣除？ | 纳税人在主要工作城市没有自有住房而发生的住房租金支出，可以按照以下标准定额扣除：<br>（1）直辖市、省会（首府）城市、计划单列市以及国务院确定的其他城市，扣除标准为每月 1 500 元；<br>（2）除第一项所列城市以外，市辖区户籍人口超过 100 万的城市，扣除标准为每月 1 100 元；市辖区户籍人口不超过 100 万的城市，扣除标准为每月 800 元。<br>市辖区户籍人口，以国家统计局公布的数据为准 |
| 16. 住房租金专项附加扣除如何扣除？需要提供什么材料？ | 根据《国家税务总局关于发布〈个人所得税专项附加扣除操作办法（试行）〉的公告》（国家税务总局公告 2018 年第 60 号）的相关规定，纳税人享受住房租金专项附加扣除，应当通过远程办税端或电子模板填报“个人所得税专项附加扣除信息表”，在月度预扣预缴时报送给扣缴义务人或者年度终了后报送给主管税务机关，完整录入主要工作城市、租赁住房坐落地址、出租人姓名及身份证件类型和号码或者出租方单位名称及纳税人识别号（社会统一信用代码）、租赁起止时间等信息（纳税人有配偶的，填写配偶姓名、身份证件类型及号码等信息），即可享受住房租金专项附加扣除。注意留存扣缴义务人签章的“个人所得税专项附加扣除信息表”纸质件，同时将住房租赁合同或协议等资料留存备查 |
| 17. 个人所得税改革后，住房租金是否可以扣除？ | 个人所得税改革后，纳税人在主要工作城市没有自有住房而发生的住房租金支出，可以按照 1 500 元、1 100 元、800 元三档标准定额扣除 |
| 18. 个人的工作城市与实际租赁房产地不一致，是否符合条件扣除住房租赁支出？ | 纳税人在主要工作城市没有自有住房而发生的住房租金支出，可以按照规定标准定额扣除住房租金专项附加扣除 |
| 19. 两人合租住房，住房租金支出扣除应如何操作？ | 根据《个人所得税专项附加扣除暂行办法》第十九条，住房租金支出由签订租赁合同的承租人扣除。因此，合租租房的个人，若都与出租方签署了规范租房合同，可根据租金定额标准各自扣除 |
| 20. 住房租金要求留存备查的合同，有模板格式要求吗？ | 根据《国家税务总局关于发布〈个人所得税专项附加扣除操作办法（试行）〉的公告》（国家税务总局公告 2018 年第 60 号）第十五条的规定，纳税人享受住房租金专项附加扣除，应当填报主要工作城市、租赁住房坐落地址、出租人姓名及身份证件类型和号码或者出租方单位名称及纳税人识别号（社会统一信用代码）、租赁起止时间等信息。留存备查的住房租赁合同或协议，并无统一的模板要求，纳税人应参照以上规定，签订真实的租赁合同或协议，完整披露以上信息 |

续表

| 问　　题 | 解　　答 |
|---|---|
| 21. 某铁路职工，主要工作地在上海和杭州，上海公司提供住宿，杭州自己租房且无自有住房，杭州的房租是否可以专项附加扣除？ | 根据《个人所得税专项附加扣除暂行办法》规定，纳税人及其配偶在纳税人主要工作城市没有自有住房的，纳税人发生的住房租金支出可以扣除。如果该职工和其配偶均在杭州没有自有住房，而杭州又是其主要工作城市，杭州的房租可以扣除 |
| 22. 公租房是公司与保障房公司签的协议，但员工是需要付房租的，这种情况下员工是否可以享受专项附加扣除，需要留存什么资料备查？ | 纳税人在主要工作城市没有自有住房而发生的住房租金支出，可以按照标准定额扣除。员工租用公司与保障房公司签订的保障房，并支付租金的，可以申报享受住房租金专项附加扣除。纳税人应当留存与公司签订的公租房合同或协议等相关资料备查 |
| 23. 纳税人公司所在地为保定，被派往北京分公司工作，纳税人及其配偶在北京都没有住房，由于工作原因在北京租房，纳税人是否可以享受住房租金扣除，按照哪个城市的标准扣除？ | 符合条件的纳税人在主要工作地租房的支出可以享受住房租金扣除。主要工作地指的是纳税人的任职受雇所在地，如果任职受雇所在地与实际工作地不符，以实际工作地为主要工作城市。按照纳税人陈述的情形，纳税人当前的实际工作地（主要工作地）是北京市，应当按照北京市的标准享受住房租金扣除 |
| 24. 主要工作地在北京，在燕郊租房居住，应当按北京还是燕郊的标准享受住房租金扣除？ | 如北京是纳税人当前的主要工作地，应当按北京的标准享受住房租金扣除 |

6. 赡养老人（见表 4.20）

**表 4.20　　个人所得税赡养老人专项附加扣除问题及解答**

| 问　　题 | 解　　答 |
|---|---|
| 1. 赡养老人专项附加扣除的扣除范围是怎么规定的？ | 纳税人赡养年满 60 岁父母以及子女均已去世的年满 60 岁祖父母、外祖父母的赡养支出，可以税前扣除 |
| 2. 赡养老人专项附加扣除的扣除标准是怎么规定的？ | 纳税人为独生子女的，按照每月 2 000 元的标准定额扣除。纳税人为非独生子女的，应当与其兄弟姐妹分摊每月 2 000 元的扣除额度，分摊的扣除额最高不得超过每月 1 000 元 |
| 3. 赡养老人专项附加扣除的分摊方式有哪几种？ | 赡养老人专项附加扣除的分摊方式包括由赡养人均摊或约定分摊，也可以由被赡养人指定分摊。采取指定分摊或者约定分摊方式的，每一纳税人分摊的扣除额最高不得超过每月 1 000 元，并签订书面分摊协议。指定分摊与约定分摊不一致的，以指定分摊为准 |
| 4. 赡养老人专项附加扣除的扣除方式是怎样的？ | 赡养老人专项附加扣除采取定额标准扣除方式 |
| 5. 赡养老人专项附加扣除的扣除主体是谁？ | 赡养老人专项附加扣除的扣除主体包括：一是负有赡养义务的所有子女，其中包括婚生子女、非婚生子女、养子女、继子女。二是祖父母、外祖父母的子女均已经去世，负有赡养义务的孙子女、外孙子女 |
| 6. 纳税人父母年龄均超过 60 周岁，在进行赡养老人扣除时，是否可以按照两倍标准扣除？ | 不能。扣除标准是按照每个纳税人有两位赡养老人测算的。只要父母其中一位达到 60 岁就可以享受扣除，不按赡养老人人数计算 |

续表

| 问　　题 | 解　　答 |
|---|---|
| 7. 由于纳税人的叔叔伯伯无子女，纳税人实际承担对叔叔伯伯的赡养义务，是否可以扣除赡养老人支出？ | 不可以。被赡养人是指年满 60 岁的父母，以及子女均已去世的年满 60 岁的祖父母、外祖父母 |
| 8. 赡养老人的分摊扣除，是否需要向税务机关报送协议？ | 纳税人之间赡养老人支出采用分摊扣除方式的，如果是均摊，兄弟姐妹之间不需要再签订书面协议，也无需向税务机关报送。如果采取约定分摊或者老人指定分摊的方式，则需要签订书面协议，书面协议不需要向税务机关或者扣缴义务人报送，自行留存备查 |
| 9. 赡养岳父岳母或公婆的费用是否可以享受个人所得税附加扣除？ | 不可以。被赡养人是指年满 60 岁的父母，以及子女均已去世的年满 60 岁的祖父母、外祖父母 |
| 10. 享受赡养老人专项扣除需父母均年满 60 岁，还是只要一位满 60 岁即可？ | 父母中有一位年满 60 周岁的，纳税人可以按照规定标准扣除 |
| 11. 独生子女家庭，父母离异后再婚的，如何享受赡养老人专项附加扣除？ | 独生子女家庭，父母离异后重新组建家庭的，在新组建的两个家庭中，只要父母中一方没有纳税人以外的其他子女进行赡养，则纳税人可以按照独生子女标准享受每月 2 000 元的赡养老人专项附加扣除。除上述情形外，不能按照独生子女享受扣除。在填写专项附加扣除信息表时，纳税人需注明与被赡养人的关系 |
| 12. 双胞胎是否可以按照独生子女标准享受赡养老人扣除？ | 双胞胎不可以按照独生子女标准享受赡养老人扣除。双胞胎兄弟姐妹需要共同赡养父母，双胞胎中任何一方都不是父母的唯一赡养人，因此每个子女不能独自享受 2 000 元的扣除额度 |
| 13. 生父母有两个子女，将其中一个过继给养父母，养父母家没有其他子女，被过继的子女属于独生子女吗？留在原家庭的孩子，属于独生子女吗？ | 在养父母家没有其他子女的情况下，被过继的子女在新家庭中属于独生子女。留在原家庭的孩子，如没有兄弟姐妹与其一起承担赡养生父母的义务，也可以按照独生子女标准享受扣除 |
| 14. 非独生子女的兄弟姐妹都已去世，是否可以按独生子女标准享受每月 2 000 元的赡养老人专项扣除？ | 在一个纳税年度内，如纳税人的其他兄弟姐妹均已去世，其可在第二年按照独生子女标准享受每月 2 000 元的专项扣除。如纳税人的兄弟姐妹在 2019 年 1 月 1 日以前均已去世，则选择按“独生子女”身份享受赡养老人扣除标准；如纳税人已按“非独生子女”身份填报，可修改已申报信息，1 月按非独生子女身份扣除少享受的部分，可以在下月领工资时补扣 |
| 15. 子女均已去世的年满 60 岁的祖父母、外祖父母，孙子女、外孙子女能否按照独生子女扣除，如何判断？ | 只要祖父母、外祖父母中的任何一方没有纳税人以外的其他孙子女、外孙子女共同赡养，则纳税人可以按照独生子女标准扣除。如果还有其他的孙子女、外孙子女与纳税人共同赡养祖父母、外祖父母，则纳税人不能按照独生子女标准扣除 |
| 16. 两个子女中的一个无赡养父母的能力，是否可以由余下那名子女享受 2 000 元的扣除标准？ | 不可以。按照《个人所得税专项附加扣除暂行办法》规定，纳税人为非独生子女的，在兄弟姐妹之间分摊 2 000 元/月的扣除额度，每人分摊的额度不能超过每月 1 000 元，不能由其中一人单独享受全部扣除 |

续表

| 问　题 | 解　答 |
|---|---|
| 17. 非独生子女，父母指定或兄弟协商，某一个子女是否可以享受 2 000 元的专项扣除 | 根据《个人所得税专项附加扣除暂行办法》规定，纳税人为非独生子女的，由其与兄弟姐妹分摊每月 2 000 元的扣除额度，每人分摊的额度不能超过每月 1 000 元。因此，非独生子女是不能通过父母指定或兄弟协商享受 2 000 元扣除标准的 |
| 18. 赡养老人扣除应当填报和报送什么资料？ | 享受赡养老人扣除，只需填报相关信息即可，无需报送资料。填报的信息包括：是否为独生子女、月扣除金额、被赡养人姓名及身份证件类型和号码、与纳税人的关系。此外，有共同赡养人的，还要填报分摊方式、共同赡养人姓名及身份证件类型和号码等信息 |
| 19. 非居民个人符合条件转变为居民个人后，是否可以在计算个人所得税时扣除赡养老人的费用？ | 非居民个人符合条件转变为居民个人后，可以在年度汇算清缴时享受赡养老人的专项附加扣除政策 |
| 20. 在多子女情况下，存在子女中只有 1 人工作，其他子女未成年或丧失劳动力的情况，工作的 1 个子女也只能按 50% 扣除？ | 是的。按照目前政策规定，非独生子女，每月最多只能扣除 1 000 元 |
| 21. 孩子正在读大学，父母也 70 多岁了，享受相关专项扣除是不是要提供什么证明资料？ | 这种情况可以享受子女教育和赡养老人两项专项附加扣除，而且享受的时候，只需要填报相关信息，不用提供证明资料。<br>根据有关规定，享受子女教育扣除，只用填报配偶及子女的身份信息，子女接受教育的信息。赡养老人，只需要说明自己是否独生子女，并填报老人的身份信息就可以。不是独生子女的，还需填报共同赡养人的身份信息和扣除分摊方式。其中，非独生子女采取均摊方式的，只要填报信息即可，不用留存资料；采取约定或者指定分摊形式的，须签订书面分摊协议并由纳税人自己留存备查。<br>纳税人享受专项附加扣除，只需填报相关信息给单位或税务机关；相关资料，既不用提供给扣缴单位，也不用给税务机关，自己留存备查即可。如果税务部门事后核验时发现填报的信息与相关部门信息核对不上，税务部门会找纳税人核对，这时需要出示相关的资料 |

# 第5章　经营所得及扣除申报实务与风险防范

## 5.1　经营所得概述

### 5.1.1　征税范围

根据2018年版《个人所得税法实施条例》第六条第一款第（五）项的规定，经营所得是指：

（1）个体工商户从事生产，经营活动取得的所得，个人独资企业投资人，合伙企业的个人合伙人来源于境内注册的个人独资企业、合伙企业生产、经营的所得。

（2）个人依法从事办学、医疗、咨询以及其他有偿服务活动取得的所得。

（3）个人对企业、事业单位承包经营、承租经营，以及转包、转租取得的所得。

（4）个人从事其他生产、经营活动取得的所得。

这与2011年版《个人所得税法实施条例》的规定不同。修改情况见表5.1。

经营所得与企业所得税的法人经营活动类似，经营所得与其他各项所得相比，有以下特点：一是机构的稳定性；二是经营的持续性；三是不是单一个人活动，这是与劳务报酬所得的区别之一。

1. “税改”前的个体工商户生产经营所得

在2018年12月31日以前，根据2011年版《个人所得税法实施条例》第八条的规定，个体工商户的生产、经营所得是指：①个体工商户从事工业、手工业、建筑业、交通运输业、商业、饮食业、服务业、修理业以及其他行业生产、经营取得的所得；②个人经政府有关部门批准，取得执照，从事办学、医疗、咨询以及其他有偿服务活动取得的所得；③其他个人从事个体工商业生产、经营取得的所得；④上述个体工商户和个人取得的与生产、经营有关的各项应纳税所得。

（1）个人独资和合伙企业投资者所得。《国务院关于个人独资企业和合伙企业征收所得税问题的通知》（国发〔2000〕16号）规定，自2000年1月1日起，对个人独资企业和合伙企业停征企业所得税，只对其投资者的经营所得征收个人所得税。

（2）彩票代销业务所得。根据《国家税务总局关于个人所得税若干政策问题的批复》（国税函〔2002〕629号）的规定，个人因从事彩票代销业务而取得的所得，按照“个体工

**表 5.1　　　　　　　　经营所得征税范围修订情况**

| 2018 年版《个人所得税法实施条例》 | 2011 年版《个人所得税法实施条例》 | 修订情况 |
|---|---|---|
| 第八条<br>1. 个体工商户从事生产、经营活动取得的所得，个人独资企业投资人、合伙企业的个人合伙人来源于境内注册的个人独资企业、合伙企业生产、经营的所得；<br>2. 个人依法从事办学、医疗、咨询以及其他有偿服务活动取得的所得；<br>3. 个人对企业、事业单位承包经营、承租经营以及转包、转租取得的所得；<br>4. 个人从事其他生产、经营活动取得的所得 | （二）个体工商户的生产、经营所得，是指：<br>1. 个体工商户从事工业、手工业、建筑业、交通运输业、商业、饮食业、服务业、修理业以及其他行业生产、经营取得的所得；<br>2. 个人经政府有关部门批准，取得执照，从事办学、医疗、咨询以及其他有偿服务活动取得的所得；<br>3. 其他个人从事个体工商业生产、经营取得的所得；<br>4. 上述个体工商户和个人取得的与生产、经营有关的各项应纳税所得。<br>（三）对企事业单位的承包经营、承租经营所得，是指个人承包经营、承租经营以及转包、转租取得的所得，包括个人按月或者按次取得的工资、薪金性质的所得。<br>个人独资企业和合伙企业投资者的生产经营所得，比照个体工商户的生产、经营所得征收个人所得税 | 承包、承租经营人按月或者按次取得的工资、薪金性质的所得，不再作为经营所得征税 |

商户的生产、经营所得”项目计征个人所得税。

（3）种植业、养殖业、饲养业、捕捞业所得。根据《财政部　国家税务总局关于农村税费改革试点地区有关个人所得税问题的通知》（财税〔2004〕30 号）的规定，自 2004 年 1 月 1 日起，农村税费改革试点期间，取消农业特产税，减征或免征农业税后，对个人或个体户从事种植业、养殖业、饲养业、捕捞业，且经营项目属于农业税（包括农业特产税）、牧业税征税范围的，其取得的“四业”所得暂不征收个人所得税。

根据《财政部　国家税务总局关于农村税费改革试点地区个人取得农业特产所得征免个人所得税问题》（财税〔2003〕157 号）的规定，农村税费改革试点地区停止征收农业特产税，改为征收农业税后，对个体户或个人取得的农业特产所得，不再征收个人所得税。

根据《财政部　国家税务总局关于个人独资企业和合伙企业投资者取得种植业养殖业饲养业捕捞业所得有关个人所得税问题的批复》（财税〔2010〕96 号）的规定，对个人独资企业和合伙企业从事种植业、养殖业、饲养业和捕捞业，其投资者取得的“四业”所得暂不征收个人所得税。

（4）出租车驾驶员从事出租车运营取得的收入。根据《机动出租车驾驶员个人所得税征收管理暂行办法》（国税发〔1995〕50 号）第六条的规定，出租车驾驶员从事出租车运营取得的收入，适用的个人所得税项目为：出租汽车经营单位对出租车驾驶员采取单车承包或承租方式运营，出租车驾驶员从事客货运营取得的收入，按“工资、薪金所得”项目征税。

从事个体出租车运营的出租车驾驶员取得的收入，按“个体工商户的生产、经营所得”项目缴纳个人所得税。

出租车属个人所有，但挂靠出租汽车经营单位或企事业单位，驾驶员向挂靠单位缴纳管理费的，或出租汽车经营单位将出租车所有权转移给驾驶员的，出租车驾驶员从事客货运营取得的收入，比照“个体工商户的生产、经营所得”项目征税。

（5）个人举办各类学习班所得。《国家税务总局关于个人举办各类学习班取得的收入征收个人所得税问题的批复》（国税函发〔1996〕658号）规定：①个人经政府有关部门批准并取得执照举办学习班、培训班的，其取得的办班收入属于“个体工商户的生产、经营所得”应税项目，应按个人所得税法规定计征个人所得税；②个人无须经政府有关部门批准并取得执照举办学习班、培训班的，其取得的办班收入属于“劳务报酬所得”应税项目，应按税法规定计征个人所得税。其中，办班者每次收入按以下方法确定：一次收取学费的，以一期取得的收入为一次；分次收取学费的，以每月取得的收入为一次。

此外，自1997年10月1日《社会力量办学条例》（国务院令第226号）施行以来，该条例规定的“社会力量举办教育机构不得以营利为目的，教育机构的积累只能用于增加教育投入和改善办学条件，不得用于分配和校外投资”等内容，引发了个人办学者、税务机关就是否缴纳个人所得税问题的争议。对此问题，《国家税务总局关于社会力量办学征收个人所得税问题的批复》（国税函发〔1998〕738号）明确：对于个人经政府有关部门批准，取得执照，从事办学取得的所得，应按“个体工商户的生产、经营所得”应税项目计征个人所得税。对于个人办学者取得的办学所得用于个人消费的部分，应依法计征个人所得税。

（6）个人从事医疗服务所得。根据《国家税务总局关于个人从事医疗服务活动征收个人所得税问题的通知》（国税发〔1997〕178号）的规定，个人经政府有关部门批准，取得执照，以门诊部、诊所、卫生所（室）、卫生院、医院等医疗机构形式从事疾病诊断、治疗及售药等服务活动，应当以该医疗机构取得的所得作为个人的应纳税所得，按照“个体工商户的生产、经营所得”应税项目缴纳个人所得税。个人未经政府有关部门批准，自行连续从事医疗服务活动，不管是否有经营场所，其取得与医疗服务活动相关的所得，按照“个体工商户的生产、经营所得”应税项目缴纳个人所得税，

对于由集体、合伙或个人出资的乡村卫生室（站），由医生承包经营，经营成果归医生个人所有，承包人取得的所得，比照“对企事业单位的承包经营、承租经营所得”应税项目缴纳个人所得税。乡村卫生室（站）的其他医务人员取得的所得，按照“工资、薪金所得”应税项目缴纳个人所得税。

受医疗机构临时聘请坐堂门诊及售药，由该医疗机构支付报酬，或收入与该医疗机构按比例分成的人员，其取得的所得，按照“劳务报酬所得”应税项目缴纳个人所得税，以一个月内取得的所得为一次，税款由该医疗机构代扣代缴。

《财政部　国家税务总局关于医疗卫生机构有关税收政策的通知》（财税〔2000〕42号）规定的对非营利的医疗机构按照国家规定的价格取得的医疗服务收入免征各项税收，仅指机构自身的各项税收，不包括个人从医疗机构取得所得应纳的个人所得税。按照个人所得税法的规定，个人取得应税所得，应依法缴纳个人所得税。对个人从医疗机构取得的所得，按照《财政部　国家税务总局关于医疗机构有关个人所得税政策问题的通知》（财税〔2003〕109号）的规定执行：①个人因在医疗机构（包括营利性医疗机构和非营利性医疗机构）任职而取得的所得，应按照“工资、薪金所得”应税项目计征个人所得税；②医生或其他个人承包、承租经营医疗机构，经营成果归承包人所有的，承包人取得的所得，应按

照“对企事业单位的承包经营、承租经营所得”应税项目计征个人所得税；③个人投资或个人合伙投资开设医院（诊所）而取得的收入，按照“个体工商户生产、经营所得”应税项目计征个人所得税；④对残疾人、转业军人、随军家属和下岗职工等投资开设医院（诊所）而取得的收入，仍按相关政策执行。

（7）个人提供农用机械服务所得。《国家税务总局关于农场职工个人提供农用机械服务取得所得征收个人所得税问题的批复》（国税函〔1998〕85 号）明确，农场职工为他人有偿提供农用机械服务取得的所得，应按 2011 年版《个人所得税法》第二条列举的“个体工商户的生产经营所得”应税项目，计算缴纳个人所得税。

（8）个人或合伙吸储放贷所得。个人或者几个人合伙对外吸收存款、放出贷款，从中获取贷款利息的差额利润，这是违反国家金融管理规定的行为，应由有关部门依法取缔。在这种行为被有关部门取缔之前，为了防止其蔓延和调节个人收入，《国家税务总局关于个人或合伙吸储放贷取得的收入征收个人所得税问题的批复》（国税函〔2000〕516 号）规定，对个人或个人合伙取得的吸存放贷收入，应按照“个体工商户的生产、经营所得”应税项目征收个人所得税；对个人将资金提供给上述人员放贷而取得的利息收入，应作为集资利息收入，按照“利息、股息、红利所得”应税项目征收个人所得税，税款由利息支付者代扣代缴。

（9）以企业资金为个人支付消费性支出及购买财产。根据《财政部　国家税务总局关于规范个人投资者个人所得税征收管理的通知》（财税〔2003〕158 号）的规定，个人独资企业、合伙企业的个人投资者以企业资金为本人、家庭成员及其相关人员支付与企业生产经营无关的消费性支出及购买汽车、住房等财产性支出，视为企业对个人投资者的利润分配，并入投资者个人的生产经营所得，依照“个体工商户的生产、经营所得”项目计征个人所得税。除个人独资企业、合伙企业以外的其他企业的个人投资者，以企业资金为本人、家庭成员及其相关人员支付与企业生产经营无关的消费性支出及购买汽车、住房等财产性支出，视为企业对个人投资者的红利分配，依照“利息、股息、红利所得”项目计征个人所得税。

根据《国家税务总局关于企业为股东个人购买汽车征收个人所得税的批复》（国税函〔2005〕364 号）的规定，企业购买车辆并将车辆所有权办到股东个人名下，其实质为企业对股东进行了红利性质的实物分配，应按照“利息、股息、红利所得”项目征收个人所得税。考虑到该股东个人名下的车辆同时也为企业经营使用的实际情况，允许合理减除部分所得，减除的具体数额由主管税务机关根据车辆的实际使用情况合理确定。

根据《财政部　国家税务总局关于企业为个人购买房屋或其他财产征收个人所得税问题的批复》（财税〔2008〕83 号）的规定，符合以下情形的房屋或其他财产，不论所有权人是否将财产无偿或有偿交付企业使用，其实质均为企业对个人进行了实物性质的分配，应依法计征个人所得税：

①企业出资购买房屋及其他财产，将所有权登记为投资者个人、投资者家庭成员或企业其他人员的；

②企业投资者个人、投资者家庭成员或企业其他人员向企业借款用于购买房屋及其他财产，将所有权登记为投资者、投资者家庭成员或企业其他人员，且借款年度终了后未归还借款的；

③对个人独资企业、合伙企业的个人投资者或其家庭成员取得的上述所得，视为企业对

个人投资者的利润分配，按照“个体工商户的生产、经营所得”项目计征个人所得税；对除个人独资企业、合伙企业以外其他企业的个人投资者或其家庭成员取得的上述所得，视为企业对个人投资者的红利分配，按照“利息、股息、红利所得”项目计征个人所得税；对企业其他人员取得的上述所得，按照“工资、薪金所得”项目计征个人所得税。

2. 对企事业单位的承包、承租经营所得

根据2011年版《个人所得税法》及其实施条例的规定，对企事业单位的承包经营、承租经营，以及转包、转租取得的所得，包括个人按月或者按次取得的工作、薪金性质的所得。

自2019年1月1日起，2018年版《个人所得税法》调整和简并部分所得项目，将个体工商户生产经营所得调整为经营所得，取消对企事业单位承包承租经营所得项目，将其中属于工薪性质、经营性质的所得，分别并入工资薪金所得、经营所得征税。

（1）征税范围。确定承包、承租经营所得的主要依据是企业经营成果是否归承包、承租人所有。承包、承租人按合同（协议）规定向发包、出租方交纳一定费用后，企业经营成果归其所有的，承包、承租人取得的所得，按对企事业单位的承包、承租经营所得项目征税；承包、承租人对企业的经营成果不拥有所有权，仅是按合同（协议）规定取得一定所得的，其所得按工资、薪金所得项目征税，不能按承包、承租经营所得项目征税。

根据《国家税务总局关于个人对企事业单位实行承包经营、承租经营取得所得征税问题的通知》（国税发〔1994〕179号）的规定，在界定承包、承租经营所得时，应注意以下三点：

①企业实行个人承包、承租经营后，如果工商登记仍为企业，则不管其分配方式如何，均应先按照企业所得税的有关规定缴纳企业所得税。承包经营、承租经营者按照承包、承租经营合同（协议）规定取得的所得，依照个人所得税法的有关规定缴纳个人所得税，具体为：第一，承包、承租人对企业经营成果不拥有所有权，仅是按合同（协议）规定取得一定所得的，其所得按工资、薪金所得项目征税。第二，承包、承租人按合同（协议）的规定只向发包、出租方交纳定费用后，企业经营成果归其所有的，承包、承租人取得的所得，按对企事业单位的承包经营、承租经营所得项目，适用5%—35%的五级超额累进税率征税。

②企业实行个人承包、承租经营后，如果工商登记改变为个体工商户，则应依照个体工商户的生产、经营所得项目计征个人所得税，不再征收企业所得税。

③企业实行承包经营、承租经营后，不能提供完整、准确的纳税资料，不能正确计算应纳税所得额的，由主管税务机关核定其应纳税所得额，并依据《税收征收管理法》的有关规定，自行确定征收方式。

商业企业在职职工对企业下属部门实行自筹资金、自主经营、独立核算、自负盈亏的承包、承租经营方式，虽不是对整个企业的承包、承租经营，但其承包和经营的方式基本与国税发〔1994〕179号文件规定的承包经营、承租经营相同。为公平税负，合理负担，《国家税务总局关于个人承包、承租经营所得征收个人所得税问题的批复》（国税函〔2000〕395号）明确：上述商业企业的在职职工从事承包、承租经营取得的所得，应比照“对企事业单位的承包经营、承租经营所得”项目征收个人所得税。

（2）应纳税额的界定。根据2011年版《个人所得税法》第六条的规定，对企事业单位的承包经营、承租经营所得，以每一纳税年度的收入总额，减除必要费用后的余额，为应纳税所得额。

根据 2011 年版《个人所得税法实施条例》第十八条的规定，这里所说的每一纳税年度的收入总额，是指纳税义务人按照承包经营、承租经营合同规定分得的经营利润和工资、薪金性质的所得；减除必要费用，是指按月减除费用扣除标准（自 2011 年 9 月 1 日至 2018 年 9 月 30 日按月减除 3 500 元，自 2018 年 10 月 1 日至 2018 年 12 月 31 日按月减除 5 000 元）。

（3）应纳税额的计算。

对企事业单位承包、承租经营所得适用五级超额累进税率，以其应纳税所得额按适用税率计算应纳税额。计算公式为：

应纳税额 = 应纳税所得额 × 适用税率 − 速算扣除教

应纳税所得额 = 个人承包、承租租经营收入总额 − 减除费用标准 × 月份数

对企事业单位承包、承租经营所得应纳的税款，按年计算，由纳税义务人在年度终了后 30 日内缴入国库，并向税务机关报送纳税申报表。纳税义务人在一年内分次取得承包经营、承租经营所得的，应当在取得每次所得后的 15 日内预缴，年度终了后 3 个月内汇算清缴，多退少补。

这里由纳税义务人在年度终了后 30 日内将应纳的税款缴入国库，是指在年终一次性取得承包经营、承租经营的纳税义务人，自取得收入之日起 30 日内将应纳的税款缴入国库。

（4）承包、承租期不足一年的处理。通常，实行承包、承租经营的纳税义务人，应以每一纳税年度取得的承包、承租经营所得计算纳税；但在一个纳税年度内，承包、承租经营不足 12 个月的，根据《征收个人所得税若干问题的规定》（国税发〔1994〕89 号）的规定，应以其实际承包、承租经营的月份数为一个纳税年度计算纳税。计算公式为：

应纳税所得额 = 该年度承包、承租经营收入额 − 费用扣除标准 × 该年度实际承包、承租经营月份数

应纳税额 = 应纳税所得额 × 适用税率 − 速算扣除数

在计算承包、承租经营所得的应纳税所得额时，应注意承包、承租经营期限不满一年的纳税人，有无多扣费用的情况。

（5）新老税法的衔接。根据《财政部　税务总局关于 2018 年第四季度个人所得税减除费用和税率适用问题的通知》（财税〔2018〕98 号）第二条的规定，对企事业单位承包承租经营者 2018 年第四季度取得的生产经营所得，减除费用按照 5 000 元/月执行，前三季度减除费用按照 3 500 元/月执行。

对企事业单位承包承租经营者 2018 年取得的生产经营所得，用全年应纳税所得额分别计算应纳前三季度税额和应纳第四季度税额，其中应纳前三季度税额按照税法修改前规定的税率和前三季度实际经营月份的权重计算，应纳第四季度税额按照财税〔2018〕98 号文件所附个人所得税税率表二（以下称税法修改后规定的税率）和第四季度实际经营月份的权重计算。具体计算公式为：

汇缴应补退税额 = 全年应纳税额 − 累计已缴税额

全年应纳税额 = 应纳前三季度税额 + 应纳第四季度税额

应纳前三季度税额 =（全年应纳税所得额 × 税法修改前规定的税额 − 税法修改前规定的速算扣除数）× 前三季度实际经营月份数 ÷ 全年实际经营月份数

应纳第四季度税额 =（全年应纳税所得额 × 税法修改后规定的税率 - 税法修改后规定的速算扣除数）× 第四季度实际经营月份数 ÷ 全年实际经营月份数

### 5.1.2　应纳税所得额

1. 经营所得的应纳税所得额

根据 2018 年版《个人所得税法》第六条第一款第（三）项的规定：经营所得，以每一纳税年度的收入总额减除成本、费用以及损失后的余额，为应纳税所得额。

根据 2018 年版《个人所得税法实施条例》第十五条的规定，这里所说的成本、费用，是指生产、经营活动中发生的各项直接支出和分配计入成本的间接费用以及销售费用、管理费用、财务费用；所说的损失，是指生产、经营活动中发生的固定资产和存货的盘亏、毁损、报废损失，转让财产损失、坏账损失，自然灾害等不可抗力因素造成的损失以及其他损失。

从事生产、经营活动，未提供完整、准确的纳税资料，不能正确计算应纳税所得额的，由主管税务机关核定应纳税所得额或应纳税额。

2. 经营所得的费用扣除

根据 2018 年版《个人所得税法实施条例》第十五条第二款的规定，取得经营所得的个人，没有综合所得的，计算其每一纳税年度的应纳税所得额时，应当减除费用 6 万元、专项扣除、专项附加扣除以及依法确定的其他扣除。专项附加扣除在办理汇算清缴时减除。

（1）商业健康保险支出的扣除。根据《财政部　国家税务总局保监会关于将商业健康保险个人所得税试点政策推广到全国范围实施的通知》（财税〔2017〕39 号）第一条的规定，对个人购买符合规定的商业健康保险产品的支出，允许在当年（月）计算应纳税所得额时予以税前扣除，扣除限额为 2 400 元/年（200 元/月）。单位统一为员工购买符合规定的商业健康保险产品的支出，应分别计入员工个人工资薪金，视同个人购买，按上述限额予以扣除。2 400 元/年（200 元/月）的限额扣除为个人所得税法规定的减除费用标准之外的扣除，

适用商业健康保险税收优惠政策的纳税人，是指取得工资薪金所得、连续性劳务报酬所得的个人，以及取得经营所得（2018 年 12 月 31 日以前为个体工商户生产经营所得、对企事业单位的承包承租经营所得）的个体工商户业主、个人独资企业投资者、合伙企业个人合伙人和承包承租经营者。根据《国家税务总局关于推广实施商业健康保险个人所得税政策有关征管问题的公告》（国家税务总局公告 2017 年第 17 号）第一条的规定，取得工资薪金所得、连续性劳务报酬所得的个人，以及取得个体工商户的生产经营所得、对企事业单位的承包承租经营所得的个体工商户业主、个人独资企业投资者、合伙企业个人合伙人和承包承租经营者，对其购买符合规定的商业健康保险产品支出，可按照财税〔2017〕39 号文件规定标准（2 400 元/年，200 元/月）在个人所得税税前扣除。

2018 年版《个人所得税法》实施后，取得综合所得的个人，以及通过个体工商户、个人独资企业、合伙企业取得经营所得的居民个人，发生符合规定的商业健康保险支出的在限额 2 400 元/年内据实扣除。

（2）税收递延型商业养老保险支出。《财政部　税务总局　人力资源社会保障部　中国银行保险监督管理委员会　证监会关于开展个人税收递延型商业养老保险试点的通知》（财

税〔2018〕22 号）第一条第一点第（二）项中规定，取得个体工商户生产经营所得、对企事业单位的承包承租经营所得的个体工商户业主、个人独资企业投资者、合伙企业自然人合伙人和承包承租经营者，其缴纳的保费准予在申报扣除当年计算应纳税所得额时予以限额据实扣除，扣除限额按照不超过当年应税收入的 6% 和 12 000 元孰低办法确定。

根据《国家税务总局关于开展个人税收递延型商业养老保险试点有关征管问题的公告》（国家税务总局公告 2018 年第 21 号）第一条第（二）项的规定，取得个体工商户的生产经营所得、对企事业单位的承包承租经营所得的个体工商户业主、个人独资企业投资者、合伙企业自然人合伙人和承包承租经营者，其购买的符合规定的养老保险产品支出，在年度申报时，凭税延养老扣除凭证，在规定的扣除限额内据实扣除，并填报至《个人所得税生产经营所得纳税申报表（B 表）》的“允许扣除的其他费用”行（需注明税延养老保险），同时填报《个人税收递延型商业养老保险税前扣除情况明细表》。

计算扣除限额时，个体工商户业主、个人独资企业投资者和承包承租经营者应税收入按照个体工商户、个人独资企业、承包承租的收入总额确定；合伙企业自然人合伙人应税收入按合伙企业收入总额乘以合伙人分配比例确定。

实行核定征收的，应当向主管税务机关报送《个人税收递延型商业养老保险税前扣除情况明细表》和税延养老扣除凭证，主管税务机关按程序相应调减其应纳税所得额或应纳税额。纳税人缴费金额发生变化、未续保或退保的，应当及时告知主管税务机关，重新核定应纳税所得额或应纳税额。

### 5.1.3　税率

个人所得税税率情况（经营所得适用）如表 5.2 所示。

**表 5.2　个人所得税税率表**

| 级数 | 全月应纳税所得额 | 税率（%） | 速算扣除数（元） |
|---|---|---|---|
| 1 | 不超过 30 000 元的部分 | 5 | 0 |
| 2 | 超过 30 000 元至 90 000 元的部分 | 10 | 1 500 |
| 3 | 超过 90 000 元至 300 000 元的部分 | 20 | 10 500 |
| 4 | 超过 300 000 元至 500 000 元的部分 | 30 | 40 500 |
| 5 | 超过 500 000 元的部分 | 35 | 65 500 |

注：本表所称全年应纳税所得额是指依照 2018 年版《个人所得税法》第六条规定，以每一纳税年度的收入总额，减除必要费用后的余额。

与 2018 年税制改革前个体工商户生产经营所得适用的税率相比，变化情况如表 5.3 所示。

2018 年个人所得税改革，经营所得税率继续维持五级不变，适当扩大各档次税率级距。主要考虑因素包括：一是个体工商户与小型微利企业税负不平衡。按照目前生产经营所得税率表计算，年应纳税所得额在 12.2 万元以下从事生产经营的纳税人，其税负率为 10% 以下；年应纳税所得额在 12.2 万—21.1 万元的，税负率为 10%—20%；年应纳税所得额在 21.1 万—63.6 万元的，税负率为 20%—30%。目前，按照小型微利企业税收优惠政策，年应纳税所得额不超过 100 万元的实际税负率为 10%，一般企业税负率为 25%。可见，从事个体生产经营的纳税人实际税负远高于小型微利企业。二是个体工商户与税改后取得工资薪

表 5.3 经营所得适用税率表修改情况

| 经营所得适用税率表 | | | 个体工商户的生产、经营所得和对企事业单位的承包经营、承租经营所得适用的税率表级数 | | |
|---|---|---|---|---|---|
| 级数 | 全年应纳税所得额 | 税率（%） | 级数 | 全年应纳税所得额 | 税率（%） |
| 1 | 不超过 30 000 元的 | 5 | 1 | 不超过 15 000 元的 | 5 |
| 2 | 超过 30 000 元至 90 000 元的部分 | 10 | 2 | 超过 15 000 元至 30 000 元的部分 | 10 |
| 3 | 超过 90 000 元至 300 000 元的部分 | 20 | 3 | 超过 30 000 元至 60 000 元的部分 | 20 |
| 4 | 超过 300 000 元至 500 000 元的部分 | 30 | 4 | 超过 60 000 元至 100 000 元的部分 | 30 |
| 5 | 超过 500 000 元的部分 | 35 | 5 | 超过 100 000 元的部分 | 35 |

金所得纳税人综合税负不平衡。从新七级综合所得税率看，年应纳税所得额 27 万元以下的纳税人税负率为 10% 以下，年应纳税所得额 27 万—69 万元的纳税人税负率为 10%—20%，年应纳税所得额 69 万元以上的纳税人税负率超过 20%。

综合所得税率结构调整后，经营所得纳税人与综合所得纳税人税负差距加大。同时，近年来小型微利企业所得税负也在持续下降。因此，需对生产经营所得税率表进行调整，以适当平衡经营所得税负与综合所得税负、经营所得税负与投资企业综合税负（企业所得税 + 个人所得税），并为今后将经营所得纳入综合征税范围做好准备。

### 5.1.4 应纳税额

1. 经营所得应纳税额

经营所得，以每一纳税年度的收入总额减除成本、费用以及损失后的余额，为应纳税所得额。适用 5%—35% 的五级超额累进税率，计算缴纳个人所得税。

2. 税改前的个体工商户生产经营所得

在 2018 年 12 月 31 日以前，根据 2011 年版《个人所得税法》第九条第三款的规定，个体工商户的生产、经营所得应纳的税款，按年计算、分月预缴，由纳税义务人在次月 15 日内预缴，年度终了后 3 个月内汇算清缴，多退少补。因此，实际工作中，需要分别计算按月预缴税额和年终汇算清缴税额。计算公式为：

本月应预缴税额 = 至本月累计应纳税所得额 × 适用税率 − 速算扣除数 − 至上月累计预缴税额应纳税所得额

全年应纳税额 = 全年应纳税所得额 × 适用税率 − 速算扣除数

汇算清缴应补（退）税额 = 全年应纳税额 − 全年累计已预缴税额

3. 经营期不足一年应纳税额的计算

在 2018 年 12 月 31 日以前，从保持与个人独资企业和合伙企业年度中间开业、合并、注销等情形纳税期限的确定原则一致，同时减轻纳税人负担的角度出发，《国家税务总局关于个体工商户、个人独资企业和合伙企业个人所得税问题的公告》（国家税务总局公告 2014 年第 25 号）明确：个体工商户、个人独资企业和合伙企业因在纳税年度中间开业、合并、注销及其他原因，导致该纳税年度的实际经营期不足 1 年的，对个体工商户业主、个人独资企业投资者和合伙企业自然人合伙人的生产经营所得计算个人所得税时，以其实际经营期为 1 个纳税年度。投资者本人的费用扣除标准，应按照其实际经营月份，以每月 5 000 元的减除标准确定。计算公式如下：

应纳税所得额 = 该年度收入总额 − 成本、费用及损失 − 当年投资者本人的费用扣除额

当年投资者本人的费用扣除额 = 月减除费用 × 当年实际经营月份数

应纳税额 = 应纳税所得额 × 税率 − 速算扣除数

### 5.1.5　核定征收

从事生产经营活动未提供完整、准确的纳税资料，不能正确计算应纳税所得额的，由主管税务机关核定其应纳税所得额或者应纳税额。

### 5.1.6　征收管理

自 2019 年 1 月 1 日起，个体工商户业主、个人独资企业投资者、合伙企业个人合伙人、承包承租经营者个人，以及其他从事生产、经营活动的个人取得经营所得，以每一纳税年度的收入总额减除成本、费用以及损失后的余额为应纳税所得额，计算缴纳个人所得税。

除各省、自治区、直辖市税务局和计划单列市税务局另行规定的情形外，从事生产、经营活动的个人取得经营所得的，应当在季度终了之日起 15 日内，向个体工商户、个人独资企业、合伙企业、承包承租企业或者从事生产经营机构的登记注册地主管税务机关办理预缴申报，报送《个人所得税经营所得纳税申报表（A 表)》。纳税人没有进行登记注册的，向实际经营所在地主管税务机关办理预缴申报。

从事生产、经营活动的个人取得经营所得，并且实行查账征收的，应当在取得所得的次年 3 月 31 日前向个体工商户、个人独资企业、合伙企业、承包承租企业或者从事生产经营机构的登记注册地主管税务机关办理汇算清缴申报，报送《个人所得税经营所得纳税申报表（B 表)》。纳税人没有进行登记注册的，向实际经营所在地主管税务机关办理汇算清缴申报。

从事生产、经营活动的个人从两处以上取得经营所得的，应当在分别办理年度汇算清缴后，于取得所得的次年 3 月 31 日前，选择其中一处个体工商户、个人独资企业、合伙企业、承包承租企业或者从事生产经营机构的登记注册地主管税务机关办理纳税申报，报送《个人所得税经营所得纳税申报表（C 表)》。纳税人没有进行登记注册的，向实际经营所在地主管税务机关办理纳税申报。

## 5.2　个体工商户业主的所得

### 5.2.1　纳税义务人

1. 个体工商户

(1) 相关法律规定。根据《个体工商户条例》的规定，有经营能力的公民，依照规定

经工商行政管理部门（市场监督管理部门）登记，从事工商业经营的，为个体工商户。香港特别行政区、澳门特别行政区永久性居民中的中国公民，台湾地区居民可以按照国家有关规定，申请登记为个体工商户。个体工商户可以个人经营，也可以家庭经营。个体工商户的合法权益受法律保护，任何单位和个人不得侵害。

申请登记为个体工商户，应当向经营场所所在地登记机关申请注册登记。申请人应当提交登记申请书、身份证明和经营场所证明。个体工商户登记事项包括经营者姓名和住所、组成形式、经营范围、经营场所。个体工商户使用名称的，名称作为登记事项。个体工商户税务登记内容发生变化的，应当依法办理变更或者注销税务登记。个体工商户登记事项变更，未办理变更登记的，由登记机关责令改正，处1 500元以下的罚款；情节严重的，吊销营业执照。个体工商户可以凭营业执照及税务登记证明，依法在银行或者其他金融机构开立账户，申请贷款。

（2）税法规定。根据《个体工商户个人所得税计税办法》（国家税务总局令35号发布，以下简称“《计税办法》”）第三条的规定，个体工商户包括：

①依法取得个体工商户营业执照，从事生产经营的个体工商户。

②经政府有关部门批准，从事办学、医疗、咨询等有偿服务活动的个人。

③其他从事个体生产、经营的个人。

2. 纳税义务人的确定

《计税办法》第四条规定，个体工商户以业主为个人所得税纳税义务人。

### 5.2.2 应纳税所得额

1. 应纳税额的计算公式

个体工商户包括：依法取得个体工商户营业执照，从事生产经营的个体工商户；经政府有关部门批准，从事办学、医疗、咨询等有偿服务活动的个人以及其他从事个体生产、经营的个人。个体工商户以业主为个人所得税纳税义务人。

个体工商户的生产、经营所得和对企事业单位的承包经营、承租经营所得适用5%—35%的五级超额累进税率2018年做出调整，保持5%—35%的五级税率不变，但调整各档税率的级距，最高档税率级距下限从10万元提高至50万元。

2. 经营期不足一年应纳税额的计算

个体工商户、个人独资企业和合伙企业因在纳税年度中间开业、合并、注销及其他原因，导致该纳税年度的实际经营期不足1年的，对个体工商户业主、个人独资企业投资者与合伙企业自然人和合伙人的生产经营所得计算个人所得税时，以其实际经营期为一个纳税年度。投资者本人的费用扣除标准，应按照其实际经营月份数，以每月5 000元的减除标准确定。计算公式如下：

应纳税所得额 = 该年度收入总额 - 成本、费用及损失 - 当年投资者本人的费用扣除额

当年投资者本人的费用扣除额 = 月减除费用（5 000元/月）×当年实际经营月份数

应纳税额 = 应纳税所得额 × 税率 - 速算扣除数

### 5.2.3 收入总额

《计税办法》第八条规定，个体工商户从事生产经营以及与生产经营有关的活动（以下

简称生产经营）取得的货币形式和非货币形式的各项收入，为收入总额，包括：销售货物收入、提供劳务收入、转让财产收入、利息收入、租金收入、接受捐赠收入、其他收入。

其他收入包括个体工商户资产溢余收入、逾期一年以上的未退包装物押金收入、确实无法偿付的应付款项、已作坏账损失处理后又收回的应收款项、债务重组收入、补贴收入、违约金收入、汇兑收益等。

### 5.2.4　税前扣除

1. 准予扣除的项目

计算个体工商户经营所得时，允许扣除的项目有成本、费用、税金、损失和其他支出。

（1）成本。成本是指个体工商户在生产经营活动中发生的销售成本、销货成本、业务支出以及其他耗费。

（2）费用。费用是指个体工商户在生产经营活动中发生的销售费用、管理费用和财务费用，已经计入成本的有费用除外。

（3）税金。税金是指个体工商户在生产经营活动中发生的除个人所得税和允许抵扣的增值税以外的各项税金及其附加。

《计税办法》第三十条规定，个体工商户代其从业人员或者他人负担的税款，不得税前扣除。

（4）损失。损失是指个体工商户在生产经营活动中发生的固定资产和存货的盘亏、毁损、报废损失，转让财产损失，坏账损失，自然灾害等不可抗力因素造成的损失以及其他损失，个体工商户发生的损失，减除责任人赔偿和保险赔款后的余额，参照财政部、国家税务总局有关企业资产损失税前扣除的规定扣除。

个体工商户已经作为损失处理的资产，在以后纳税年度又全部收回或者部分收回时，应当计入收回当期的收入。

（5）其他支出。其他支出是指除成本、费用、税金、损失外，个体工商户在生产经营活动中发生的与生产经营活动有关的、合理的支出。

2. 不得在税前扣除的项目

根据《计税办法》第十五条的规定，个体工商户的下列支出不得扣除：

（1）个人所得税税款；

（2）税收滞纳金；

（3）罚金、罚款和被没收财物的损失；

（4）不符合扣除规规定的捐赠支出；

（5）赞助支出；

（6）用于个人和家庭的支出；

（7）与取得生产经营收入无关的其他支出：

（8）国家税务总局规定不准扣除的支出。

根据《计税办法》第三十条的规定，个体工商户代其从业人员或者他人负担的税不得税前扣除。

根据《计税办法》第二十一条的规定，个体工商户业主的工资薪金支出不得税前扣除。

这与企业所得税法的规定不完全相同。根据《企业所得税法》及其实施条例的规定在计算应纳税所得额时下列支出不得扣除：

（1）向投资者支付的股息、红利等权益性投资收益款项；

（2）企业所得税税款；

（3）税收滞纳金；

（4）罚金、罚款和被没收财物的损失；

（5）公益性捐赠支出超过年度会计利润总额12%的部分以及非公益性捐赠支出；

（6）赞助支出；

（7）未经核定的准备金支出；

（8）与取得收入无关的其他支出；

（9）除企业依照国家有关规定为特殊工种职工支付的人身安全保险费和国务院财政、税务主管部分规定可以扣除的其他商业保险费外，企业为投资者或者职工支付的商业保险费；

（10）企业依照法律、行政法规有关规定提取的用于环境保护、生态恢复等方面的专项资金，提取后改变用途的；

（11）企业对外投资期间持有的投资资产成本；

（12）企业之间支付的管理费、企业内营业机构之间支付的租金和特许权使用费，以及非银行企业内营业机构之间支付的利息；

（13）企业的不征税收入用于支出所形成的费用；

（14）烟草企业的烟草广告费和业务宣传费支出；

（15）企业与其关联方分摊成本时违反税法规定自行分摊的成本；

（16）企业从其关联方接受的债权性投资与权益性投资的比例超过规定标准而发生的利息支出；

（17）企业按特别纳税调整规定针对补缴税款向税务机关支付的利息；

（18）国务院财政、税务主管部门规定不得扣除的其他项目。

3. 扣除标准

（1）工资薪金支出。根据《计税办法》第二十条的规定，个体工商户实际支付给从业人员的、合理的工资薪金支出，准予扣除。

个体工商户业主的费用扣除标准，依照相关法律、法规和政策规定执行。个体工商户业主的工资薪金支出不得税前扣除。

在此之前，《财政部　国家税务总局关于调整个体工商户、个人独资企业和合伙企业个人所得税税前扣除标准有关问题的通知》（财税〔2008〕65号）曾规定，自2008年1月1日起，个体工商户、个人独资企业和合伙企业向其从业人员实际支付的合理的工资、薪金支出，允许在税前据实扣除，这与企业所得税法的规定相同。根据企业所得税法的规定，企业发生的合理的工资、薪金支出，准予在计算应纳税所得额时扣除。

（2）个体户业主的费用扣除。自2006年1月1日至2008年2月29日，根据《财政部　国家税务总局关于调整个体工商户业主、个人独资企业和合伙企业投资者个人所得税费用扣除标准的通知》（财税〔2006〕44号）的规定，对个体工商户业主、个人独资企业和合伙企业投资者的生产经营所得依法计征个人所得税时，个体工商户业主、个人独资企业和合伙企业投资者本人的费用扣除标准统一确定为19 200元/年（1 600元/月）。

自 2008 年 3 月 1 日至 2011 年 8 月 31 日，根据财税〔2008〕65 号文件的规定，对个体工商户业主、个人独资企业和合伙企业投资者的生产经营所得依法计征个人所得税时，个体工商户业主、个人独资企业和合伙企业投资者本人的费用扣除标准统一确定为 24 000 元/年（2 000 元/月）。

自 2011 年 9 月 1 日至 2018 年 9 月 30 日，根据《国家税务总局关于贯彻执行修改后的个人所得税法有关问题的公告》（国家税务总局公告 2011 年第 46 号）的规定，对个体工商户业主、个人独资企业和合伙企业投资者的生产经营所得依法计征个人所得税时，个体工商户业主、个人独资企业和合伙企业投资者本人的费用扣除标准为 42 000 元/年（3 500 元/月）。

根据 2018 年版《个人所得税法实施条例》第十五条第二款的规定，取得经营所得的个人，没有综合所得的，计算其每一纳税年度的应纳税所得额时，应当减除费用 6 万元、专项扣除、专项附加扣除以及依法确定的其他扣除。专项附加扣除在办理汇算清缴时减除。

各阶段的个体工商户业主、投资者费用扣除标准见表 5.4。

**表 5.4　个体工商户业主和投资者费用扣除标准**

| 序号 | 时间 | 标准 | 依据 |
|---|---|---|---|
| 1 | 自 2018 年 10 月 1 日起 | 60 000 元/年 | 《财政部　税务总局关于 2018 年第四季度个人所得税减除费用和税率适用问题的通知》（财税〔2018〕98 号） |
| 2 | 2011 年 9 月 1 日至 2018 年 9 月 30 日 | 42 000 元/年（3 500元/月） | 《国家税务总局关于贯彻执行修改后的个人所得税法有关问题的公告》（国家税务总局公告 2011 年第 46 号） |
| 3 | 2008 年 3 月 1 日至 2011 年 8 月 31 日 | 24 000 元/年（2 000元/月） | 《财政部　国家税务总局关于调整个体工商户、个人独资企业和合伙企业个人所得税税前扣除标准有关问题的通知》（财税〔2008〕65 号） |
| 4 | 2006 年 1 月 1 日至 2008 年 2 月 29 日 | 19 200 元/年（1 600元/月） | 《财政部　国家税务总局关于调整个体工商户业主、个人独资企业和合伙企业投资者个人所得税费用扣除标准的通知》（财税〔2006〕44 号） |

（3）保险费和住房公积金。

①“五险一金”的扣除。《计税办法》第二十二条第一款规定，个体工商户按照国务院有关主管部门或者省级人民政府规定的范围和标准为其业主和从业人员缴纳的基本养老保险费、基本医疗保险费、失业保险费、生育保险费、工伤保险费和住房公积金，准予扣除。

②补充保险的扣除。为支持个体工商户业主和从业人员建立补充养老保险和补充医疗保险，允许其对不超过规定标准的部分进行税前扣除。

根据《计税办法》第二十二条的规定，个体工商户为从业人员缴纳的补充养老保险费、补充医疗保险费，分别在不超过从业人员工资总额 5% 标准内部分据实扣除；超过部分，不得扣除。个体工商户业主本人缴纳的补充养老保险费，以当地（地级市）上年度社会平均工资的 3 倍为计算基数，分别在不超过该计算基数 5% 标准内的部分据实扣除；超过部分，不得扣除。

③商业保险的扣除。根据《计税办法》第二十三条的规定，除个体工商户依照国家有关规定为特殊工种从业人员支付的人身安全保险费和财政部、国家税务总局规定可以扣除的其他商业保险费外，个体工商户业主本人或者为从业人员支付的商业保险费，不得扣除。

④财产保险的扣除。根据《计税办法》第三十三条的规定，个体工商户参加财产保险，按照规定缴纳的保险费，准予扣除。

（4）三项经费。根据《计税办法》第二十七条的规定，个体工商户向当地工会组织拨缴的工会经费、实际发生的职工福利费支出、职工教育经费支出分别在工资薪金总额的3%、14%、2.5%的标准内据实扣除。

工资薪金总额是指允许在当期税前扣除的工资薪金支出数额。

职工教育经费的实际发生数额超出规定比例当期不能扣除的数额，准予在以后纳税年度结转扣除。

个体工商户业主本人向当地工会组织缴纳的工会经费，实际发生的职工福利费支出、职工教育经费支出，以当地（地级市）上年度社会平均工资的3倍为计算基数，在该条第一款规定比例内据实扣除。

自2008年1月1日起，根据财税〔2008〕65号文件的规定，个体工商户、个人独资企业和合伙企业拨缴的工会经费、发生的职工福利费、职工教育经费支出分别在工资薪金总额2%、14%、2.5%的标准内据实扣除。需要注意的是，这里的工资薪金总额不含个体工商户业主和个人独资企业及合伙企业投资者的费用扣除额。

自2018年1月1日起，根据《财政部　国家税务总局关于企业职工教育经费税前扣除政策的通知》（财税〔2018〕51号）的规定，企业发生的职工教育经费支出，不超过工资薪金总额8%的部分，准予在计算企业所得税应纳税所得额时扣除；超过部分，准予在以后纳税年度结转扣除。

（5）借款费用。《计税办法》第二十四条规定，个体工商户在生产经营活动中发生的合理的不需要资本化的借款费用，准予扣除。

个体工商户为购置、建造固定资产、无形资产和经过12个月以上的建造才能达到预定可销售状态的存货发生借款的，在有关资产购置、建造期间发生的合理的借款费用，应当作为资本性支出计入有关资产的成本，并依照规定扣除。

（6）利息支出。根据《计税办法》第二十五条的规定，个体工商户在生产经营活动中发生的下列利息支出，准予扣除：

①向金融企业借款的利息支出；

②向非金融企业和个人借款的利息支出，不超过按照金融企业同期同类贷款利率计算的数额的部分。

在企业所得税处理中，关于金融企业同期同类贷款利率的确定，《国家税务总局关于企业所得税若干问题的公告》（国家税务总局公告2011年第34号）明确，非金融企业向非金融企业借款的利息支出，不超过按照金融企业同期、同类贷款利率计算的数额的部分，准予税前扣除。鉴于目前我国对金融企业利率要求的具体情况，企业在按照合同要求首次支付利息并进行税前扣除时，应提供“金融企业的同期、同类贷款利率情况说明”，以证明其利息支出的合理性。

"金融企业的同期、同类贷款利率情况说明"中，应包括在签订该借款合同当时，本省任何一家金融企业提供同期同类贷款利率情况。该金融企业应为经政府有关部门批准成立的可以从事贷款业务的企业，包括银行、财务公司、信托公司等金融机构。"同期同类贷款利率"是指在贷款期限贷款金额、贷款担保以及企业信誉等条件基本相同下，金融企业提供贷款的利率。该利率既可以是金融企业公布的同期、同类平均利率，也可以是金融企业对某些企业提供的实际贷款利率。

（7）汇兑损失。根据《计税办法》第二十六条的规定，个体工商户在货币交易中，以及纳税年度终了时将人民币以外的货币性资产、负债按照期末即期人民币汇率中间价折算为人民币时产生的汇兑损失，除已经计入有关资产成本的部分外，准予扣除。

（8）业务招待费。根据《计税办法》第二十八条的规定，个体工商户发生的与生产经营活动有关的业务招待费，按照实际发生额的 60% 扣除，但最高不得超过当年销售（营业）收入的 5‰。

业主自申请营业执照之日起至开始生产经营之日止所发生的业务招待费，按照实际发生额的 60% 计入个体工商户的开办费。

自 2008 年 1 月 1 日起，根据财税〔2008〕65 号文件的规定，个体工商户、个人独资企业和合伙企业每一纳税年度发生的与其生产经营业务直接相关的业务招待费支出，按照发生额的 60% 扣除，但最高不得超过当年销售（营业）收入的 5‰。这与企业所得税法的规定相同。

（9）广告费和业务宣传费。根据《计税办法》第二十九条的规定，个体工商户每纳税年度发生的与其生产经营活动直接相关的广告费和业务宣传费不超过当年销售（营业）收入 15% 的部分，可以据实扣除；超过部分，准予在以后纳税年度结转扣除。

2015 年以前，自 2008 年 1 月 1 日起，根据财税〔2008〕65 号文件的规定，个体工商户、个人独资企业和合伙企业每一纳税年度发生的广告费和业务宣传费用不超过当年销售（营业）收入 15% 的部分，可据实扣除；超过部分，准予在以后纳税年度结转扣除。

（10）开办费。根据《计税办法》第三十五条的规定，个体工商户自申请营业执照之日起至开始生产经营之日止所发生符合规定的费用，除为取得固定资产、无形资产的支出，以及应计入资产价值的汇兑损益、利息支出外，作为开办费，个体工商户可以选择在开始生产经营的当年一次性扣除，也可自生产经营月份起在不短于 3 年期限内摊销扣除，但一经选定，不得改变。

开始生产经营之日为个体户取得第一笔销售（营业）收入的日期。

在企业所得税法中，开（筹）办费未明确列作长期待摊费用。根据《国家税务总局关于企业所得税若干税务事项衔接问题的通知》（国税函〔2009〕98 号）的规定，企业可以在开始经营之日的当年一次性扣除，也可以按照企业所得税法有关长期待摊费用的处理规定，但一经选定，不得改变。企业在企业所得税法实施以前年度的未摊销完的开外费，也可根据上述规定处理。由此可见，企业所得税法中企业开办费既可以一次性扣除也可以分期摊销。

（11）劳动保护支出。根据《计税办法》第三十四条的规定，个体工商户发生的合理的劳动保护支出，准予扣除。

（12）捐赠支出。公益性捐赠，是指企业通过公益性社会团体或者县级以上人民政府及其部门，用于《中华人民共和国公益事业捐赠法》规定的公益事业的捐赠。县级以上人民政府及其部门和国家机关均指县级（含县级，下同）以上人民政府及其组成部门和直属机构。

根据《计税办法》第三十六条的规定，个体工商户通过公益性社会团体或者县级以上人民政府及其部门，用于《中华人民共和国公益事业捐赠法》规定的公益事业的捐赠，捐赠额不超过其应纳税所得额30%的部分可以据实扣除。

财政部、国家税务总局规定可以全额在税前扣除的捐赠支出项目，按有关规定执行。

个体工商户直接对受益人的捐赠不得扣除。

公益性社会团体的认定，按照财政部、国家税务总局、民政部有关规定执行。

根据《全国人民代表大会常务委员会关于修改〈中华人民共和国企业所得税法〉的决定》，第十二届全国人民代表大会常务委员会第二十六次会议决定对《中华人民共和国企业所得税法》做如下修改：将第九条修改为“企业发生的公益性捐赠支出，在年度利润总额12%以内的部分，准予在计算应纳税所得额时扣除；超过年度利润总额12%的部分，准予结转以后三年内在计算应纳税所得额时扣除”。

年度利润总额，是指企业按照国家统一会计制度的规定计算的年度会计利润，这里年度会计利润是大于零的数额，没有利润不能扣除。对企业发生的会计差错应按国家统一会计制度进行更正，按调整后的大于零的年度会计利润计算扣除限额。

（13）赞助支出。根据《计税办法》第三十七条的规定，赞助支出，是指个体工商户发生的与生产经营活动无关的各种非广告性质支出。

（14）研发支出。为加大对个体工商户研发投入的支持力度，《计税办法》第三十八条规定，个体工商户研究开发新产品、新技术、新工艺所发生的开发费用，以及研究开发新产品、新技术而购置单台价值在10万元以下的测试仪器和试验性装置的购置费准予直接扣除；单台价值在10万元以上（含10万元）的测试仪器和试验性装置，按固定资产管理，不得在当期直接扣除。

（15）规费的扣除。根据《计税办法》第三十一条的规定，个体工商户按照规定缴纳的摊位费、行政性收费、协会会费等，按实际发生数额扣除。

（16）固定资产租赁费。根据《计税办法》第三十二条的规定，个体工商户根据生产经营活动的需要租入固定资产支付的租赁费，按照以下方法扣除：

①以经营租赁方式租入固定资产发生的租赁费支出，按照租赁期限均匀扣除；

②以融资租赁方式租入固定资产发生的租赁费支出，按照规定构成融资租入固定资产价值的部分应当提取折旧费用，分期扣除。

（17）混用费用的扣除。《计税办法》第十六条规定，个体工商户生产经营活动中，应当分别核算生产经营费用和个人、家庭费用。对于生产经营与个人、家庭生活混用难以分清的费用，其40%视为与生产经营有关费用，准予扣除。

基于个体工商户生产经营活动与家庭财产、费用支出经常混用的实际情况，《计税办法》对个体工商户生产经营与家庭生活混用不能分清的费用，允许按照40%的比例视为与生产经营有关费用进行税前扣除。这种处理方式既便于个体工商户享受扣除规定，也可避免因个别地方不允许混用费用扣除导致纳税人税负增加。

以上规定与个人独资企业和合伙企业的处理不同。根据《财政部　国家税务总局关于印发〈关于个人独资企业和合伙企业投资者征收个人所得税的规定〉的通知》（财税〔2000〕91 号）的规定，个人独资企业和合伙企业投资者及其家庭发生的生活费用不允许在税前扣除。投资者及其家庭发生的生活费用与企业生产经营费用混合在一起，并且难以划分的，全部视为投资者个人及其家庭发生的生活费用，不允许在税前扣除。

### 5.2.5　亏损及其弥补

1. 亏损的界定

亏损，是指个体工商户依照《计税办法》的规定计算的应纳税所得额小于零的数据。

2. 亏损弥补

《计税办法》第十七条规定，个体工商户纳税年度发生的亏损，准予向以后年度结转，用以后年度的生产经营所得弥补，但结转年限最长不得超过 5 年。

而根据《财政部　国家税务总局关于延长高新技术企业和科技型中小企业亏损结转年限的通知》（财税〔2018〕76 号）的规定，自 2018 年 1 月 1 日起，当年具备高新技术企业或科技型中小企业资格（以下统称“资格”）的企业，其具备资格年度之前 5 个年度发生的尚未弥补完的亏损，准予结转以后年度弥补，最长结转年限由 5 年延长至 10 年。

### 5.2.6　资产的税务处理

1. 资产税务处理原则

《计税办法》第三十九条规定，个体工商户资产的税务处理，参照企业所得税相关法律、法规和政策规定执行。

2. 存货的处理

个体工商户在生产经营过程中为销售或者耗用而储备的物资为存货，包括各种原材料、辅助材料、燃料、低值易耗品、包装物、在产品、外购商品、自制半成品、产成品等。

《计税办法》第十八条规定，个体工商户使用或者销售存货，按照规定计算的存货成本，准予在计算应纳税所得额时扣除。

3. 资产净值的扣除

《计税办法》第十九条规定，个体工商户转让资产，该项资产的净值，准予在计算应纳税所得额时扣除。

### 5.2.7　征收管理

1. 设有多个经营机构的申报

《计税办法》第四十条规定，个体工商户有两处或两处以上经营机构的，选择并固定向其中一处经营机构所在地主管税务机关申报缴纳个人所得税。

2. 注销前结清税款

《计税办法》第四十一条规定，个体工商户终止生产经营的，应当在注销工商登记或者向政府有关部门办理注销前向主管税务机关结清有关纳税事宜。

### 5.2.8　个体工商户申报实务案例

［**例 5.1**］甲为一家饭店 A（个体工商户）的业主，该个体工商户生产经营所得个人所

得税征收方式是核定征收，2018 年 1 月至 8 月 A 收入总额为 150 万元，其适用的应税所得率为 20%，本年度累计已预缴个体工商户生产经营所得个人所得税 2 万元。甲该如何申报生产经营所得个人所得税？

[**解析**] 收入总额 = 1 500 000（元）

应税所得率为 20%，应纳税所得额 = 1 500 000 × 20% = 300 000（元）

税率为 35%，速算扣除数 = 14 750（元）

应纳税额 = 300 000 × 35% − 14 750 = 90 250（元）

已预缴税额为 20 000 元。

应补（退）税额 = 90 250 − 20 000 = 70 250（元）

## 5.3 个人独资与合伙企业投资者个人所得税

### 5.3.1 个人独资企业、合伙企业及纳税人的界定

1. 个人独资企业

个人独资企业，简称独资企业，是指由一个自然人投资，全部资产为投资人所有的营利性经济组织。

2. 合伙企业

合伙企业有普通合伙、特殊的普通合伙以及有限合伙三种形式。根据 2006 年 8 月 27 日修订的《中华人民共和国合伙企业法》（以下简称“《合伙企业法》”）的规定，合伙企业是指由自然人、法人和其他组织设立的组织体，包括普通合伙企业和有限合伙企业两种类型。普通合伙企业的所有合伙人对合伙企业的债务都承担无限连带责任；有限合伙企业则包括普通合伙人与有限合伙人，前者对合伙企业债务承担无限连带责任，后者则只以其认缴的出资额为限对合伙企业债务承担责任。

《合伙企业法》明确了法人和其他组织享有合伙人资格，法人和其他组织与自然人一样可以成为合伙企业合伙人。

3. 纳税义务人

根据《关于个人独资企业和合伙企业投资者征收个人所得税的规定》第三条的规定，个人独资企业以投资者为纳税义务人，合伙企业以每个合伙人为纳税义务人。

自 2008 年 1 月 1 日起，根据《财政部　国家税务总局关于合伙企业合伙人所得税问题的通知》（财税〔2008〕159 号）的规定，合伙企业以每一个合伙人为纳税义务人。合伙企业合伙人是自然人的，缴纳个人所得税；合伙人是法人和其他组织的，缴纳企业所得税。

### 5.3.2 查账征收应税所得的确定

1. 查账征收的特殊计税规则

投资者兴办两个或两个以上个人独资企业的，于年终汇算清缴时，采用以下步骤：

(1) 汇总其投资兴办的所有企业的经营所得。

（2）按汇总所得作为应纳税所得额，并按此金额确定税率计算整体应纳税额。

（3）将整体应纳税额按各企业经营所得占所有企业经营所得的比重分配，算出各企业的应纳税额。

（4）计算各企业应补缴的税款。

2. 查账征税应纳税额计算公式

应纳税额 = 应纳税所得额 × 适用税率 − 速算扣除数 =（全年收入总额 − 成本、费用以及损失）× 适用税率 − 速算扣除数

个体工商户、个人独资企业和合伙企业因在纳税年度中间开业、合并、注销及其他原因，导致该纳税年度的实际经营期不足 1 年的，对个体工商户业主、个人独资企业投资者和合伙企业自然人合伙人的生产经营所得计算个人所得税时，以其实际经营期为 1 个纳税年度。投资者本人的费用扣除标准，应按照其实际经营月份数，以每月 5 000 元的减除标准确定。计算公式如下：

应纳税所得额 = 该年度收入总额 − 成本、费用及损失 − 当年投资者本人费用扣除额

当年投资者本人的费用扣除额 = 月减除费用（5 000 元/月）× 当年实际的经营月份数

应纳税额 = 应纳税所得额 × 税率 − 速算扣除数

个人独资企业投资者、合伙企业个人合伙人对其购买符合规定的商业健康保险产品支出，可按照限额 2 400 元/年（200 元/月）的规定标准在个人所得税前扣除。

### 5.3.3　核定征收应纳税额的计算

1. 核定征收方式的计税规则

（1）核定征收方式包括定额征收、核定应税所得率征收以及其他合理的征收方式，与企业所得税类似。

（2）实行核定征税的投资者，不能享受个人所得税优惠政策。

（3）实行查账征税改为核定征税的纳税人，在查账征收方式下认定的年度经营亏损未弥补完的部分，不得再继续弥补。

2. 核定应税所得率征收方式应纳税额计算公式

应纳个人所得税额 = 应纳税所得额 × 适用税率

应纳税所得额 = 收入总额 × 应税所得率

或，

应纳税所得额 = 成本费用支出额 ÷（1 − 应纳所得率）× 应税所得率

### 5.3.4　清算所得的个人所得税处理

根据《关于个人独资企业和合伙企业投资人征收个人所得税的规定》第十六条的规定，企业进行清算时，投资者应当在注销工商登记之前，向主管税务机关结清有关税务事宜。企业的清算所得应当视为年度生产经营所得，由投资者依法缴纳个人所得税。清算所得，是指企业清算时的全部资产或者财产的公允价值扣除各项清算费用、损失、负债、以前年度留存的利润后，超过实缴资本的部分。

### 5.3.5 征收管理

1. 申报期限

个人独资企业和合伙企业个人投资者应缴纳的个人所得税税款，按年计算，分月或者分季预缴，由投资者在每月或者每季度终了后15日内预缴，年度终了后3个月内汇算清缴，多退少补。企业在年度中合并、分立、终止时，投资者应当在停止生产经营之日起60日内，向主管税务机关办理当期个人所得税汇算清缴。企业在纳税年度中间开业，或者由于合并、关闭等原因，使该纳税年度的实际经营期不足12个月的，应当以其实际经营期为1个纳税年度。

2. 纳税地点

根据《国家税务总局关于个人所得税自行纳税申报有关问题的公告》（国家税务总局公告2018年第62号）第二条的规定，纳税人取得经营所得，按年计算个人所得税，由纳税人在月度或季度终了后15日内，向经营管理所在地主管税务机关办理预缴纳税申报，并报送《个人所得税经营所得纳税申报表（A表）》。在取得所得的次年3月31日前，向经营管理所在地主管税务机关办理汇算清缴，并报送《个人所得税经营所得纳税申报表（B表）》；从两处以上取得经营所得的，选择向其中一处经营管理所在地主管税务机关办理年度汇总申报，并报送《个人所得税经营所得纳税申报表（C表）》。

### 5.3.6 申报实务案例

赵先生在外打工十几年，一直以来都梦想着能拥有属于自己的企业。两年前，他带着数年来积累的资金和经验回到家乡，先后兴办了A、B两家个人独资企业。2019年，赵先生两家企业的应纳税所得额分别为10万元、8.5万元，分别累计预缴个人所得税1.2万元、1万元。2020年年初，地税部门向赵先生发出了所得税汇算清缴通知，然而，赵先生的疑惑是：两家企业经营项目不同，从业人员也不同，应该各自进行个人所得税汇算清缴，还是合并计算呢？

根据《国家税务总局〈关于个人独资企业和合伙企业投资者征收个人所得税的规定〉执行口径的通知》（国税函〔2001〕84号）的规定，投资者兴办两个或两个以上企业，并且企业性质全部是独资的，年度终了后汇算清缴时，应纳税款的计算按以下方法进行：汇总其投资兴办的所有企业的经营所得作为应纳税所得额，以此确定适用税率，计算出全年经营所得的应纳税额，再根据每个企业的经营所得占所有企业经营所得的比例，分别计算出每个企业的应纳税额和应补缴税额。

根据赵先生两家企业的情况：汇总计算应纳税所得额 = 10 + 8.5 = 18.5（万元）

应纳税额 = 应纳税所得额 × 税率 − 速算扣除数 = 18.5 × 20% − 10.5 = 2.65（万元）

其中，A企业应纳税额 = A企业应纳税额 × A企业经营所得 ÷ 两企业经营所得

= 2.65 × 10 ÷ 18.5 ≈ 1.43（万元）

应补缴税额 = 1.43 − 1.2 = 0.23（万元）

B企业应纳税额 = 2.65 × 8.5 ÷ 18.5 ≈ 1.22（万元）

应补缴税额 = 1.22 − 1 = 0.22（万元）

因此，赵先生的两家企业合计应补缴个人所得税0.45万元。

# 5.4 合伙创投企业投资抵扣应纳税所得额

## 5.4.1 合伙创投企业个人合伙人投资抵扣政策

1. 合伙创投企业个人合伙人投资抵扣优惠

根据《财政部　国家税务总局关于创业投资企业和天使投资个人有关税收政策的通知》（财税〔2018〕55号）通知规定，天使投资个人所得税政策自2018年7月1日起执行，其他各项政策自2018年1月1日起执行。执行日期前2年内发生的投资，在执行日期后投资满2年，且符合通知规定的其他条件的，可以适用该通知规定的税收政策）第一条第（二）项的规定，有限合伙制创业投资企业（以下简称“合伙创投企业”）采取股权投资方式直接投资于种子期、初创期科技型企业（以下简称初创科技型企业）满2年的，该合伙创投企业的个人合伙人可以按照对初创科技型企业投资额的70%抵扣个人合伙人从合伙创投企业分得的经营所得；当年不足抵扣的，可以在以后纳税年度结转抵扣。

合伙创投企业和被投资初创科技型企业应按规定办理优惠手续。

2. 享受优惠的投资与投资额的界定

享受财税〔2018〕55号文件规定的投资抵扣税收优惠政策的投资，仅限于通过向被投资初创科技型企业直接支付现金方式取得的股权投资，不包括受让其他股东的存量股权。

所称投资额按照创业投资企业对初创科技型企业的实缴投资额确定。合伙创投企业的合伙人对初创科技型企业的投资额，按照合伙创投企业对初创科技型企业的实缴投资额和合伙协议约定的合伙人占合伙创投企业的出资比例计算确定。合伙人从合伙创投企业分得的所得，按照《财政部　国家税务总局关于合伙企业合伙人所得税问题的通知》（财税〔2008〕159号）的规定计算。

根据《国家税务总局关于创业投资企业和天使投资个人税收政策有关问题的公告》（国家税务总局公告2018年第43号）的规定，出资比例，按投资满2年当年年末各合伙人对合伙创投企业的实缴出资额占所有合伙人全部实缴出资额的比例计算。

3. 投资满2年的界定

根据国家税务总局公告2018年第43号第一条第（一）项的规定，所称满2年是指有限合伙制创业投资企业投资于初创科技型企业的实缴投资满2年，投资时间从初创科技型企业接受投资并完成工商变更登记的日期算起。

## 5.4.2 享受优惠的创业投资企业应符合的条件

根据财税〔2018〕55号文件第二条第（二）项的规定：“享受本通知规定税收政策的创业投资企业，应同时符合以下条件：

（1）在中国境内（不含港、澳、台地区）注册成立、实行查账征收的居民企业或合伙创投企业，且不属于被投资初创科技型企业的发起人；

（2）符合《创业投资企业管理暂行办法》（发展改革委等10部门令第39号）规定或者

《私募投资基金监督管理暂行办法》（证监会令第105号）关于创业投资基金的特别规定，按照上述规定完成备案且规范运作；

（3）投资后2年内，创业投资企业及其关联方持有被投资初创科技型企业的股权比例合计应低于50%。”

### 5.4.3　合伙创投企业申报实务案例

（1）甲企业对未上市中小高新技术企业满2年的直接股权投资额为400万元，可以抵扣应纳税所得额相当于投资额的70%，即280万元。如果甲企业当年的应纳税所得额为300万元，则抵扣后应纳税所得额为20万元。

（2）甲企业是通过有限合伙间接投资于未上市中小高新技术企业，且归属于甲企业的投资额为400万元，可以抵扣应纳税所得额为280万元。如果甲企业当年的应纳税所得额为300万元，但是从有限合伙分得的应纳税所得额为180万元，则甲企业只能抵扣从有限合伙分得的部分。

抵扣后甲企业的应纳税所得额=300-180=120（万元）

当年抵扣后仍有100万元余额，需留待以后年度从来自该有限合伙的应纳税所得额中抵扣。

## 5.5　经营所得常见不合规操作及风险规避

（1）查核企业实行个人承包、承租经营后，如果工商登记仍为企业的，承包、承租人按合同（协议）的规定只向发包、出租方交纳一定费用后，企业经营成果归其所有的，承包、承租人取得的所得，是否按企事业单位的承包经营、承租经营所得项目扣缴个人所得税。如果在1个纳税年度内，承包、承租经营不足12个月的，则以其实际承包、承租经营的月份数为1个纳税年度计算纳税。计算公式为：

应纳税所得额=该年度承包、承租经营收入额-（800元×该年度实际承包、承租经营月份数）

应纳税额=应纳税所得额×适用税率-速算扣除数

（2）查核企业实行个人承包、承租经营后，如果工商登记仍为企业的，承包、承租人对企业经营成果不拥有所有权，仅是按合同（协议）规定取得一定所得的，是否按“工资、薪金”所得项目扣缴个人所得税。

（3）查核企业出资购买房屋及其他财产，将所有权登记为投资者个人、投资者家庭成员；企业投资者个人、投资者家庭成员向企业借款用于购买房屋及其他财产，将所有权登记为投资者、投资者家庭成员，且借款年度终了后未归还借款的，对个人独资企业、合伙企业的个人投资者或其家庭成员取得的上述所得，是否视为企业对个人投资者的利润分配，按照“个体工商户的生产、经营所得”项目计征个人所得税。

特别提醒：

个体工商户按照规定缴纳的摊位费、行政性收费、协会会费等，未按实际发生数额扣除。个体工商户有两处或两处以上经营机构的，是否选择并固定向其中一处经营机构所在地主管税务机关申报缴纳个人所得税；

个体工商户向当地工会组织拨缴的工会经费、实际发生的职工福利费支出、职工教育经费支出是否按工资薪金总额的 2%、14%、8% 的标准内据实扣除；个体工商户业主的工资薪金支出不得税前扣除，是否按规定执行。

## 5.6　法规沿革及风险关注要点

### 5.6.1　法律沿革

1. 税收优惠政策的法规演进

财政部、国家税务总局从 2012 年起就以《国家税务总局关于实施创业投资企业所得税优惠问题的通知》（国税发〔2009〕87 号）为基础，将有限合伙创投企业法人合伙人企业所得税优惠政策从苏州工业园区开始进行试点，随后逐步出台政策扩大试点范围，在政策上支持和促进创业投资企业的发展，直至 2015 年 10 月 23 日该优惠政策终于正式的推广到全国。

2. 税收优惠政策的法理剖析

2015 年 10 月，国务院决定将原在国家自主创新示范区试点的有限合伙创投企业法人合伙人企业所得税优惠政策推广至全国。根据国务院决定，10 月 28 日，财政部和国家税务总局出台《财政部　国家税务总局关于将国家自主创新示范区有关税收试点政策推广到全国范围实施的通知》（财税〔2015〕116 号）。紧接着，2015 年 11 月 30 日，为进一步明确政策执行口径，保证优惠政策的贯彻实施，根据现行企业所得税法及财税〔2015〕116 号文件的规定又对其中的很多的问题进行了解释和补充，下发了《国家税务总局关于有限合伙制创业投资企业法人合伙人企业所得税有关问题的公告》（国家税务总局公告 2015 年第 81 号）进行解读。

财税〔2015〕116 号文件具体规定了有限合伙制创业投资企业在企业建立之初取名称时就应该在企业的名称中带上“创业投资”字样，并且根据文件中的规定只有采取股权投资方式的法人合伙人才可以享受该优惠政策，若是采取债权投资方式的则不可以。投资未上市的中小高新技术企业，首先，必须是符合中小型高新技术企业的条件，资产收入同时低于规定的标准，并且拿到了高新技术企业的认定证书；其次，被有限合伙创投企业投资的是且必须是未上市的企业才可以，如果是大型高新技术企业或者是已经上市的中小型高新技术企业则不可以。满两年的标准需要明确的是，如果是 2015 年 10 月 1 日已经满了 24 个月的有限合伙创投企业是可以享受该政策的，并非一定为从 2015 年 10 月 1 日开始投资的企业，但是 10 月 1 日之前已经缴过的企业所得税并不会退回，只是从 10 月 1 日开始法人合伙人分得的应纳税所得额可以进行抵扣。

有限合伙创投企业，在 2015 年 10 月 1 日前只在 9 个地区有，所以不可以迁移公司的位置，但是从 2015 年 10 月 1 日之后，企业无须担心，可以迁移，并且只要投资时是中小高新技术企业就可以满足要求。中小企业接受创业投资之后，经认定符合高新技术企业标准的，自其被认定为高新技术企业的年度起开始计算创业投资企业的投资期限，该期限内或者24个月后，只要仍符合高新技术企业标准，即使中小企业规模已经扩大到超过了中小企业标准，也仍然可以享受投资额70%的抵减。但是，如果中小高新技术企业被取消了高新技术企业资质，则不能够享受创业投资企业的税收优惠。

### 5.6.2 风险控制要点

1. 法人合伙人亏损抵扣风险

有限合伙制创业投资企业中法人合伙人投资于有限合伙创投企业，创投企业作为专门的创业投资企业，投资于中小高新技术企业以及其他企业，所以法人合伙人的出资本质上应该可以看作是权益性投资，亏损或盈余都与法人合伙人的收益息息相关。但是，在财税〔2008〕159号文件中规定，合伙企业的合伙人是法人和其他组织的，合伙人在计算其缴纳企业所得税时，不得用合伙企业的亏损抵减其盈利。并且，法人合伙人从有限合伙企业分得的应税所得额应该和自身的应税所得额合并一同计算企业所得税，所以从税法公平的原则出发，法人合伙人亏损时应当准予抵扣，盈利与亏损统一核算，用投资盈利抵扣投资损失后再行计算应纳税所得额。但是，在我国的相关规定中，法人合伙人从有限合伙创投企业分回的应税所得额，如果是亏损是不可以抵扣自身的生产经营所得的盈利金额的，亏损部分要进行分离，在计算时需要分开核算。只有后一年从有限合伙创投企业分回的应税所得额是可以抵扣前一年分回的亏损额。如果企业没有将从有限合伙创投企业分回的亏损与自身的生产经营所得区分开来，而是合并之后进行纳税，那么将会违背相关的税收法律法规的规定，给企业带来涉税风险，所以这在有限合伙企业法人合伙人的企业所得税计算中非常值得注意。

2. 法人合伙人的权益性投资所得涉税风险

法人合伙人对于合伙企业对外股权投资分回的股息红利按合伙协议约定的分配比例分得的所得，能否享受股息红利免税收入优惠政策呢？根据《企业所得税法实施条例》第八十三条规定："符合条件的居民企业之间的股息红利等权益性投资收益，是指居民企业直接投资于其他居民企业取得的投资收益。"而合伙企业既不属于《企业所得税法》规定的纳税人，也不属于《企业所得税法》规定的居民企业；而且，合伙企业的法人合伙人不符合直接投资分配股息红利的企业的条件。这就是说合伙企业对外股权投资分回的股息红利所得按照合伙协议约定的分配比例分给法人合伙人时，法人合伙人按比例取得的这部分所得不可以享受投资收益免税的相关政策规定。

因此，该部分的收入应该照常缴纳企业所得税，有限合伙创投企业分给法人合伙人的应税所得额可以看作两部分，一部分是从被投资企业分给有限合伙创投企业的权益性投资收入，即股息红利所得；另一部分是有限合伙创投企业自身的生产经营所得，在公司制的创投企业中，居民企业之间的股息红利是可以享受免税的，但是有限合伙创投企业法人合伙人的该部分权益性投资所得要照常缴纳企业所得税，不可以免税。在实践中，企业经常误把该部分当作免税收入而被税务局查出。2015年北京市某投资基金管理公司就将通过合伙企业取得的股息红利所得作为免税收入进行纳税申报，被北京市海淀区地税局发现，并且在对该公司调查取证后，做出了该投资基金管理公司通过合伙企业取得股息红利收益不适用免税政策的结论，在政策及完整的证据下，该基金公司最终也认同了税务机关的处理意见，补缴了相应的企业所得税税款。

3. 混合型投资人涉税风险

根据财税〔2015〕116 号文件的规定，只有符合要求的股权投资的法人合伙人才可以享受税收优惠，但是有一类投资人的投资方式不完全属于股权投资，他们收取固定收益或者一部分超额收益，其投资并不与合伙企业和被投资企业共同承担风险，此类投资方式并不符合完整的股权投资的定义，却更加倾向于债权投资，所以在会计和税法上更认定其为债权性投资，这一类的法人合伙人称之为混合型投资人，是不可以抵扣分回的应税所得额的。这一点非常值得注意，合伙企业在处理时应该将其当作利息支出计入财务费用中，在应税所得额中扣除，采取混合型投资的法人合伙人该部分收入也不可以当作股息红利收入而应视同利息收入，这时候在缴纳企业所得税之余还需要缴纳的增值税及其附加是万万不可忽略的。

4. 法人合伙人应税所得额的分配风险

在财税〔2015〕116 号文件中关于法人合伙人对中小高新技术企业可抵扣的投资额是有明确规定的，但是法人合伙人从合伙企业分回的应税所得额分配比例在《财政部　国家税务总局关于合伙企业合伙人所得税问题的通知》（财税〔2008〕159 号）中关于合伙企业的合伙人以合伙企业的生产经营所得和其他所得来作为基数分配，也是有一定原则的。

但是，如上所述，一旦法人合伙人之中有混合型合伙人，那么其在分配应税所得额中直接做利息收入，合伙企业不用再给混合型投资人分配利润和应税所得额，则其他合伙人的利润分配和应税所得额的分配比例都要重新规定比例，该比例就可能不同于出资额的比例或者是协议中约定的比例，而是会有一定的调整。那么，合伙人是事先协商好不同类型的合伙人之间的利益分配，还是在分配时再作调整需要合伙企业特别注意。因为合伙企业的应税所得额的分配关系到每个合伙人的缴税情况，其利润分配更是与每一个合伙人的利益息息相关，如果分配比例出现问题，容易引发合伙人的利益争端。

5. 有限合伙创投企业留存收益风险

有限合伙创投企业留存收益的税务处理，一直以来都是典型的有限合伙企业的涉风险点之一。

根据前文所说的亏损隔离，我们可以知道如果合伙企业有利润，那么企业有盈利，如果没有利润呢，是亏损（计算出来的应纳税所得额），那当年是没有分配的，因为合伙企业的亏损是不能由合伙人企业弥补的。那么，我们可以假设一种情况，如果投资的第一年有限合伙企业的利润是正数，合伙人们分配了应税所得额，并且计算纳税了，而第二年由于有限合伙创投企业增加投资了几个中小企业，第二年有限合伙创投企业亏损了，又不能弥补，只能由之后合伙企业的应纳税所得额弥补（5 年期），但是如果 5 年内有限合伙创投企业均为亏损，那么法人合伙人的第一笔税是不是就“白缴”了呢？所以，法人合伙人经常在有限合伙创投企业前一年盈利的时候对第二年的企业收益甚至是未来几年的投资收益进行评估，如果有限合伙企业的评估结果为亏损，那么有限合伙创投企业在第一年盈利时全部留存收益，不做分配，在以后年度亏损时，直接抵减有限合伙创投企业的留存收益，这样法人合伙人就可以减少许多的企业所得税。但是，实际上此种情况是有很大的税收风险的，财税〔2008〕159 号文件有明确规定，合伙企业生产经营所得和其他所得采取“先分后税”原则；所谓生产经营所得和其他所得，包括合伙企业分配给所有合伙人的所得和企业当年留存的所得（利润），即合伙企业取得生产经营所得和其他所得，无论是否向合伙人分配，都应对合伙人征收所得税。

# 第6章　利息、股息、红利所得申报实务及风险防范

## 6.1　征税范围

### 6.1.1　征税范围的一般规定

利息、股息、红利所得，是指个人拥有债权、股权而取得的利息、股息、红利所得。

利息，是指个人拥有债权而取得的利息，包括存款利息、贷款利息和各种债券的利息。按照税法规定，个人取得的利息所得，除国债和国家发行的金融债券利息外，都应当缴纳个人所得税。

股息、红利，是指个人拥有股权取得的股息、红利。按照一定的比率对每股发放的息金叫股息；公司、企业应分配的利润，按照股份分配的叫红利。股息、红利所得，除另有规定外，都应当缴纳个人所得税。

### 6.1.2　征税范围的具体界定

1. 计征个人所得税的项目

（1）个体工商户和从事生产、经营的个人，取得与生产、经营无关的银行存款的利息所得、对外投资取得的股息所得，应按“利息、股息、红利”项目的规定单独计征个人所得税。

（2）除个人独资企业、合伙企业以外的其他企业的个人投资者，以企业资金为本人、家庭成员及其相关人员支付与企业生产经营无关的消费性支出及购买汽车、住房等财产性支出，视为企业对个人投资者的红利分配，依照“利息、股息、红利所得”项目计征个人所得税。企业的上述支出不允许在所得税前扣除。

区别：个人独资企业、合伙企业的个人投资者以企业资金为本人、家庭成员及其相关人员支付与企业生产经营无关的消费性支出及购买汽车、住房等财产性支出，视为企业对个人投资者的利润分配，并入投资者个人的生产经营所得，依照“个体工商户的生产、经营所得”项目计征个人所得税。

（3）纳税年度内个人投资者从其投资企业（个人独资企业、合伙企业除外）借款，在该纳税年度终了后既不归还又未用于企业生产经营的，其未归还的借款可视为企业对个人投

资者的红利分配，依照“利息、股息、红利所得”项目计征个人所得税。

（4）企业购买车辆并将车辆所有权办到股东个人名下的，其实质为企业对股东进行了红利性质的实物分配，应按照“利息、股息、红利所得”项目征收个人所得税，但允许合理减除部分所得。

注意：企业购买车辆并将车辆置于不属于企业的资产的，不得在企业所得税前扣除折旧。

（5）以股票形式向股东个人支付应得的利息、红利时，应以派发红利的股票票面金额为所得额计征个人所得税。

（6）个人在个人银行结算账户的存款自 2003 年 9 月 1 日起孳生的利息，应按“利息、股息、红利”税目的规定计征个人所得税税款由办理个人银行结算账户业务的储蓄机构在结付利息时代扣代缴。

（7）对职工个人以股份形式取得的企业量化资产参与企业分配而获得的股息、红利，应按“利息、股息、红利”项目征收个人所得税。

区别：

①对职工个人以股份形式取得的量化资产作为分红依据，不拥有所有权的企业量化资产，不征收个人所得税。

②对职工个人以股份形式取得的拥有所有权的企业量化资产，暂缓征收个人所得税；待个人将股份转让时，就其转让收入额，减除个人取得该股份时实际支付的费用支出和合理转让费用后的余额，按“财产转让所得”项目计征个人所得税。

2. 减征、免征个人所得税项目

（1）对个人投资者从上市公司（上海证券交易所、深圳证券交易所挂牌交易的）取得的股息、红利所得，自 2005 年 6 月 13 日起暂减按 50% 计入个人应纳税所得额，依照现行税法规定计征个人所得税。

区别：对个人从非上市公司取得的股息、红利，是没有优惠政策的，全额征税。

（2）国债和国家统一规定发行的金融债券利息免税。

（3）对个人取得的教育储蓄存款利息所得以及国务院财政部门确定的其他专项储蓄存款或者储蓄性专项基金存款的利息所得，免征个人所得税。

（4）外籍个人从外商投资企业取得的利息、红利所得暂免征收个人所得税。

3. 特殊项目

（1）参照 2001 年 11 月 9 日国税函〔2001〕832 号文件的规定，公司职工取得的用于购买企业国有股份的劳动分红，按“工资、薪金所得”项目计征个人所得税。

（2）对职工个人以股份形式取得的拥有所有权的企业量化资产，暂缓征收个人所得税；待个人将股份转让时，就其转让收入额，减除个人取得该股份时实际支付的费用支出和合理转让费用后的余额，按“财产转让所得”项目计征个人所得税。

（3）个人独资企业、合伙企业的个人投资者以企业资金为本人、家庭成员及其相关人员支付与企业生产经营无关的消费性支出及购买汽车、住房等财产性支出，视为企业对个人投资者利润分配，并入投资者个人的生产经营所得，依照“个体工商户的生产、经营所得”项目计征个人所得税。

## 6.2 应纳税额

### 6.2.1 应纳税所得额

个人所得税的征收方式分为三种：①按年计征；②按月计征；③按次计征。

根据《个人所得税法》的规定，利息、股息、红利所得属于按次计征，应当按照取得的利息、股息、红利所得进行征收个人所得税，即以支付利息、股息、红利时取得的收入额记为应纳税所得额。

### 6.2.2 应纳税额的计算

利息、股息、红利所得应纳税额公式为：

应纳税额 = 应纳税所得额 ×20%

## 6.3 股息、红利差别化政策

### 6.3.1 上市公司股息红利差别化政策

2012 年，《财政部　国家税务总局　中国证监会关于实施上市公司股息红利差别化个人所得税政策有关问题的通知》（财税〔2012〕85 号）规定：

“一、个人从公开发行和转让市场取得的上市公司股票，持股期限在 1 个月以内（含 1 个月）的，其股息红利所得全额计入应纳税所得额；持股期限在 1 个月以上至 1 年（含 1 年）的，暂减按 50% 计入应纳税所得额；持股期限超过 1 年的，暂减按 25% 计入应纳税所得额。上述所得统一适用 20% 的税率计征个人所得税。

前款所称上市公司是指在上海证券交易所、深圳证券交易所挂牌交易的上市公司；持股期限是指个人从公开发行和转让市场取得上市公司股票之日至转让交割该股票之日前一日的持有时间。

二、上市公司派发股息红利时，对截止股权登记日个人已持股超过 1 年的，其股息红利所得，按 25% 计入应纳税所得额。对截止股权登记日个人持股 1 年以内（含 1 年）且尚未转让的，税款分两步代扣代缴：

第一步，上市公司派发股息红利时，统一暂按 25% 计入应纳税所得额，计算并代扣税款。

第二步，个人转让股票时，证券登记结算公司根据其持股期限计算实际应纳税额，超过已扣缴税款的部分，由证券公司等股份托管机构从个人资金账户中扣收并划付证券登记结算公司，证券登记结算公司应于次月 5 个工作日内划付上市公司，上市公司在收到税款当月的法定申报期内向主管税务机关申报缴纳。

个人应在资金账户留足资金，依法履行纳税义务。证券公司等股份托管机构应依法划扣税款，对个人资金账户暂无资金或资金不足的，证券公司等股份托管机构应当及时通知个人补足资金，并划扣税款。

三、个人转让股票时，按照先进先出的原则计算持股期限，即证券账户中先取得的股票视为先转让。

应纳税所得额以个人投资者证券账户为单位计算，持股数量以每日日终结算后个人投资者证券账户的持有记录为准，证券账户取得或转让的股份数为每日日终结算后的净增（减）股份数。

四、对个人持有的上市公司限售股，解禁后取得的股息红利，按照本通知规定计算纳税，持股时间自解禁日起计算；解禁前取得的股息红利继续暂减按 50% 计入应纳税所得额，适用 20% 的税率计征个人所得税。

前款所称限售股，是指财税〔2009〕167 号文件和财税〔2010〕70 号文件规定的限售股。”

财税〔2009〕167 号文件规定：

“本通知所称限售股，包括：

1. 上市公司股权分置改革完成后股票复牌日之前股东所持原非流通股股份，以及股票复牌日至解禁日期间由上述股份孳生的送、转股（以下统称股改限售股）；

2. 2006 年股权分置改革新老划断后，首次公开发行股票并上市的公司形成的限售股，以及上市首日至解禁日期间由上述股份孳生的送、转股（以下统称新股限售股）；

3. 财政部、税务总局、法制办和证监会共同确定的其他限售股。”

财税〔2010〕70 号文件规定：

“本通知所称限售股，包括：

（一）财税〔2009〕167 号文件规定的限售股；

（二）个人从机构或其他个人受让的未解禁限售股；

（三）个人因依法继承或家庭财产依法分割取得的限售股；

（四）个人持有的从代办股份转让系统转到主板市场（或中小板、创业板市场）的限售股；

（五）上市公司吸收合并中，个人持有的原被合并方公司限售股所转换的合并方公司股份；

（六）上市公司分立中，个人持有的被分立方公司限售股所转换的分立后公司股份；

（七）其他限售股。”

同时，财税〔2012〕85 号文件也规定：

“五、证券投资基金从上市公司取得的股息红利所得，按照本通知规定计征个人所得税。

六、本通知所称个人从公开发行和转让市场取得的上市公司股票包括：

（一）通过证券交易所集中交易系统或大宗交易系统取得的股票；

（二）通过协议转让取得的股票；

（三）因司法扣划取得的股票；

（四）因依法继承或家庭财产分割取得的股票；

（五）通过收购取得的股票；

（六）权证行权取得的股票；

（七）使用可转换公司债券转换的股票；

（八）取得发行的股票、配股、股份股利及公积金转增股本；

（九）持有从代办股份转让系统转到主板市场（或中小板、创业板市场）的股票；
（十）上市公司合并，个人持有的被合并公司股票转换的合并后公司股票；
（十一）上市公司分立，个人持有的被分立公司股票转换的分立后公司股票；
（十二）其他从公开发行和转让市场取得的股票。
七、本通知所称转让股票包括下列情形：
（一）通过证券交易所集中交易系统或大宗交易系统转让股票；
（二）协议转让股票；
（三）持有的股票被司法扣划；
（四）因依法继承、捐赠或家庭财产分割让渡股票所有权；
（五）用股票接受要约收购；
（六）行使现金选择权将股票转让给提供现金选择权的第三方；
（七）用股票认购或申购交易型开放式指数基金（ETF）份额；
（八）其他具有转让实质的情形。”

### 6.3.2　股份转让系统挂牌公司股息红利差别化政策

2014年，《财政部　国家税务总局　中国证监会关于实施全国中小企业股份转让系统挂牌公司股息红利差别化个人所得税政策有关问题的通知》（财税〔2014〕48号）规定：

“一、个人持有全国中小企业股份转让系统（简称全国股份转让系统）挂牌公司的股票，持股期限在1个月以内（含1个月）的，其股息红利所得全额计入应纳税所得额；持股期限在1个月以上至1年（含1年）的，暂减按50%计入应纳税所得额；持股期限超过1年的，暂减按25%计入应纳税所得额。上述所得统一适用20%的税率计征个人所得税。

前款所称挂牌公司是指股票在全国股份转让系统挂牌公开转让的非上市公众公司；持股期限是指个人取得挂牌公司股票之日至转让交割该股票之日前一日的持有时间。

二、挂牌公司派发股息红利时，对截至股权登记日个人已持股超过1年的，其股息红利所得，按25%计入应纳税所得额，直接由挂牌公司计算并代扣代缴税款。对截至股权登记日个人持股1年以内（含1年）且尚未转让的，税款分两步代扣代缴：第一步，挂牌公司派发股息红利时，统一暂按25%计入应纳税所得额，计算并代扣税款。第二步，个人转让股票时，证券登记结算公司根据其持股期限计算实际应纳税额，超过已扣缴税款的部分，由证券公司等股票托管机构从个人资金账户中扣收并划付证券登记结算公司，证券登记结算公司应于次月5个工作日内划付挂牌公司，挂牌公司在收到税款当月的法定申报期内向主管税务机关申报缴纳。

个人应在资金账户留足资金，依法履行纳税义务。证券公司等股票托管机构应依法划扣税款，对个人资金账户暂无资金或资金不足的，证券公司等股票托管机构应当及时通知个人补足资金，并划扣税款。

三、个人转让股票时，按照先进先出的原则计算持股期限，即证券账户中先取得的股票视为先转让。

应纳税所得额以个人投资者证券账户为单位计算，持股数量以每日日终结算后个人投资者证券账户的持有记录为准，证券账户取得或转让的股票数为每日日终结算后的净增（减）股票数。

四、证券投资基金从挂牌公司取得的股息红利所得，按照本通知规定计征个人所得税。

五、本通知所称个人持有全国股份转让系统挂牌公司的股票包括：

（一）在全国股份转让系统挂牌前取得的股票；

（二）通过全国股份转让系统转让取得的股票；

（三）因司法扣划取得的股票；

（四）因依法继承或家庭财产分割取得的股票；

（五）通过收购取得的股票；

（六）权证行权取得的股票；

（七）使用附认股权、可转换成股份条款的公司债券认购或者转换的股票；

（八）取得发行的股票、配股、股票股利及公积金转增股本；

（九）挂牌公司合并，个人持有的被合并公司股票转换的合并后公司股票；

（十）挂牌公司分立，个人持有的被分立公司股票转换的分立后公司股票；

（十一）其他从全国股份转让系统取得的股票。

六、本通知所称转让股票包括下列情形：

（一）通过全国股份转让系统转让股票；

（二）持有的股票被司法扣划；

（三）因依法继承、捐赠或家庭财产分割让渡股票所有权；

（四）用股票接受要约收购；

（五）行使现金选择权将股票转让给提供现金选择权的第三方；

（六）用股票认购或申购交易型开放式指数基金（ETF）份额；

（七）其他具有转让实质的情形。”

## 6.4　盈余积累转增股本所得

盈余积累转增股本即公司将资本公积转化为股本，转增股本并没有改变股东的权益，但却增加了股本规模，因而客观结果与送红股相似。通俗地讲，就是用资本公积金向股东转送股票。此过程中产生的所得应该按照“利息、股息、红利所得”缴纳个人所得税。

2013年，《国家税务总局关于个人投资者收购企业股权后将原盈余积累转增股本个人所得税问题的公告》（国家税务总局公告2013年第23号）规定：

“根据《中华人民共和国个人所得税法》及有关规定，对个人投资者收购企业股权后，将企业原有盈余积累转增股本有关个人所得税问题公告如下：

一、1名或多名个人投资者以股权收购方式取得被收购企业100%股权，股权收购前，被收购企业原账面金额中的‘资本公积、盈余公积、未分配利润’等盈余积累未转增股本，而在股权交易时将其一并计入股权转让价格并履行了所得税纳税义务。股权收购后，企业将原账面金额中的盈余积累向个人投资者（新股东，下同）转增股本，有关个人所得税问题区分以下情形处理：

（一）新股东以不低于净资产价格收购股权的，企业原盈余积累已全部计入股权交易价格，新股东取得盈余积累转增股本的部分，不征收个人所得税。

（二）新股东以低于净资产价格收购股权的，企业原盈余积累中，对于股权收购价格减去原股本的差额部分已经计入股权交易价格，新股东取得盈余积累转增股本的部分，不征收个人所得税；对于股权收购价格低于原所有者权益的差额部分未计入股权交易价格，新股东取得盈余积累转增股本的部分，应按照‘利息、股息、红利所得’项目征收个人所得税。

新股东以低于净资产价格收购企业股权后转增股本，应按照下列顺序进行，即：先转增应税的盈余积累部分，然后再转增免税的盈余积累部分。

二、新股东将所持股权转让时，其财产原值为其收购企业股权实际支付的对价及相关税费。

三、企业发生股权交易及转增股本等事项后，应在次月15日内，将股东及其股权变化情况、股权交易前原账面记载的盈余积累数额、转增股本数额及扣缴税款情况报告主管税务机关。”

按照规定，企业发生了盈余积累转增股本，符合需要缴纳个人所得税的情况，应在次月15日内，将股东及其股权变化情况、股权交易前原账面记载的盈余积累数额、转增股本数额及扣缴税款情况报告主管税务机关。考虑到企业的实际情况，2015年，《财政部　国家税务总局关于将国家自主创新示范区有关税收试点政策推广到全国范围实施的通知》（财税〔2015〕116号）文件中明确规定了如果企业无法一次性缴纳因转增股本产生的个人所得税，且符合文件当中的资格条件的，可以向主管所申请分期纳税。

分期缴税的条件：

（1）实施转增股本的企业为高新技术企业；

（2）股东一次缴税有困难；

（3）企业实行查账征收，且年销售额和资产总额均不超过2亿元，从业人数不超过500人；

（4）企业未上市且未在全国中小企业股份转让系统挂牌。

不符合以上条件的企业实施股权奖励或转增股本，需及时扣缴个人所得税。

在符合以上条件的情况下，企业还需要根据自身的资金状况确定具体分期及每期缴纳的税款。具体分期时，企业可以自取得股权奖励或转增股本当年起，在5个公历年度内确定分期缴税额度，具体每个年度的分期缴纳税额自行进行分配。

根据国家税务总局2015年第80号公告规定，纳税人在制定完分期缴税计划后，即可享受分期缴税待遇。但其扣缴单位必须在发生转增股本的次月15日内，向主管税务机关办理分期缴税备案手续。办理转增股本分期缴税时，企业应报送的资料如下：

（1）高新技术企业认定证书；

（2）股东大会或董事会决议；

（3）《个人所得税分期缴纳备案表（转增股本）》；

（4）上年度及转增股本当月企业财务报表；

（5）转增股本有关情况说明。

如果纳税人在分期缴税期间需要变更分期缴税计划，可以重新制定分期缴税计划，由扣缴单位向税务机关重新报送《个人所得税分期缴纳备案表》即可，如表6.1所示。

**表 6.1 《个人所得税分期缴纳备案表（转增股本）》及填报说明**

备案编号（主管税务机关填写）： 金额单位：人民币元（列至角分）

扣缴单位基本情况

| | | | | | | | |
|---|---|---|---|---|---|---|---|
| 扣缴单位名称 | | 纳税人识别号 | | | 高新技术企业证书编号 | | |
| 地　址 | | 联系人 | | 电　话 | | | |
| 年销售额 | | 资产总额 | | 员工人数 | | 总股本(实收资本) | |

转增股本情况

| | | | | | |
|---|---|---|---|---|---|
| 未分配利润转增金额 | | 盈余公积转增金额 | | 资本公积转增金额 | |

分期缴税情况

<table>
<tr><th rowspan="3">序号</th><th rowspan="3">姓名</th><th rowspan="3">身份证件类型</th><th rowspan="3">身份证件号码</th><th rowspan="3">持有股份数</th><th rowspan="3">持股比例</th><th rowspan="3">计税金额</th><th rowspan="3">应缴个人所得税</th><th colspan="10">分期缴税计划</th><th rowspan="3">签名</th></tr>
<tr><th colspan="2">第一年</th><th colspan="2">第二年</th><th colspan="2">第三年</th><th colspan="2">第四年</th><th colspan="2">第五年</th></tr>
<tr><th>缴税时间</th><th>缴税金额</th><th>缴税时间</th><th>缴税金额</th><th>缴税时间</th><th>缴税金额</th><th>缴税时间</th><th>缴税金额</th><th>缴税时间</th><th>缴税金额</th></tr>
<tr><td></td><td></td><td></td><td></td><td></td><td></td><td></td><td></td><td></td><td></td><td></td><td></td><td></td><td></td><td></td><td></td><td></td><td></td><td></td></tr>
<tr><td></td><td></td><td></td><td></td><td></td><td></td><td></td><td></td><td></td><td></td><td></td><td></td><td></td><td></td><td></td><td></td><td></td><td></td><td></td></tr>
<tr><td></td><td></td><td></td><td></td><td></td><td></td><td></td><td></td><td></td><td></td><td></td><td></td><td></td><td></td><td></td><td></td><td></td><td></td><td></td></tr>
</table>

谨声明：此表是根据《中华人民共和国个人所得税法》及有关法律法规规定填写的，是真实的、完整的、可靠的。

扣缴单位负责人签字： 扣缴单位盖章： 年 月 日

| | |
|---|---|
| 代理申报机构（人）签章：<br><br>经办人：<br>经办人执业证件号码：<br>代理申报日期： 年 月 日 | 主管税务机关受理章：<br><br>受理人：<br><br>受理日期： 年 月 日 |

填报说明：

本表适用于个人因转增股本取得所得，其扣缴义务人向主管税务机关办理分期缴纳个人所得税备案事宜。本表一式二份，主管税务机关受理后，由扣缴义务人和主管税务机关分别留存。

一、备案编号：由主管税务机关自行编制。

二、纳税人识别号：填写税务机关赋予的18位纳税人识别号。

三、高新技术企业证书编号：填写高新技术企业认定部门核发的有效期内的高新技术企业证书编号。

四、年销售额：填写企业上一个会计年度的主营业务收入。

五、资产总额、员工人数、总股本（实收资本）：填写企业转增股本当月相关数据。

六、转增股本情况：填写企业转增股本的相关情况。

七、计税金额：计税金额 =（未分配利润转增金额 + 盈余公积转增金额 + 资本公积转增金额）× 持股比例。

八、应缴个人所得税：应缴个人所得税 = 计税金额 ×20%。

九、计划缴税时间：按年度填写每一年度计划缴税的截至月份。

十、计划缴税金额：填写每一年度计划分期缴纳的个人所得税金额。

# 第7章 财产转让所得申报实务及风险防范

## 7.1 财产转让所得概述

### 7.1.1 征税范围

1. 财产转让所得

根据2018年版《个人所得税法实施条例》第六条第八项的规定，财产转让所得，是指个人转让有价证券、股权、合伙企业中的财产份额、不动产、机器设备、车船以及其他财产取得的所得。

与2011年版《个人所得税法实施条例》第八条第九项相比（见表7.1），这一规定进一步明确了财产转让所得范围，明确将合伙企业份额转让取得的所得按财产转让所得征收个人所得税。

表7.1 财产转让所得征税范围规定对比

| 2018年版《个人所得税法实施条例》 | 2011年版《个人所得税法实施条例》 | 修改情况 |
| --- | --- | --- |
| 第六条（八）财产转让所得，是指个人转让有价证券、股权、合伙企业中的财产份额、不动产、机器设备、车船以及其他财产取得的所得 | 第八条（九）财产转让所得，是指个人转让有价证券、股权、建筑物、土地使用权、机器设备、车船以及其他财产取得的所得 | 将转让合伙企业份额纳入财产转让所得征税范围 |

根据《销售服务、无形资产、不动产注释》（财税〔2016〕36号文件附件1）的规定，金融商品转让是指转让外汇、有价证券、非货物期货和其他金融商品所有权的业务活动。其他金融商品转让包括基金、信托、理财产品等各类资产管理产品和各种金融衍生品的转让。

2. 非货币资产参与定向增发

**[例7.1]** 中国证券网2006年6月26日报道：GST环球拟定向增发不超过10亿股A股，发行特定对象数量不超过10家，其中公司实际控制人张桂平及其关联人张康黎分别以其持有的江苏乾阳房地产开发有限公司51%和49%的权益，认购不低于此次发行总量的90%，以上权益的作价不超过37 500万元，实际控制人张桂平及其关联人或其他投资者以现金认购公司此次发行的股份不超过发行总量的10%。公司实际控制人张桂平及其关联人

认购的股份在发行完成后 36 个月内不得转让。另外，苏宁环球股份有限公司（以下简称“苏宁环球”）公告显示：2008 年 6 月，苏宁环球完成了一次定向增发，公司向实际控制人张桂平及其儿子张康黎分别发行 1.05 亿股和 8 714.41 万股股票，以购买二人分别持有的南京浦东建设发展有限公司（以下称“南京浦东公司”）46%、38% 的股权，发行价格为 26.45 元/股。增发完成后，南京浦东公司 84% 的股权正式注入苏宁环球。

南京浦东公司成立于 2002 年 9 月 20 日，注册资本为 2 亿元。其中，苏宁环球董事长张桂平持有 46% 的股权，张桂平之子张康黎持有 38% 的股权。该公司主要业务为房地产开发、销售。会计师事务所出具的资产评估报告显示，南京浦东公司以 2007 年 6 月 30 日为基准日进行的资产评估值约为 60.66 亿元，增值约 58.54 亿元，增值率约为 2 771.96%。请分析说明以股权参与上市公司定向增发是否缴纳个人所得税。

**[解析]** 国税函〔2011〕89 号文件明确规定：“根据《中华人民共和国个人所得税法》及其实施条例等规定，南京浦东建设发展有限公司自然人股东以其所持该公司股权评估后，参与公司定向增发股票，属于股权转让行为，其取得所得，应按照‘财产转让所得’项目缴纳个人所得税。”《国家税务总局关于切实加强高收入者个人所得税征管的通知》（国税发〔2011〕50 号）再次强调，将加强个人以评估增值的非货币性资产对外投资取得股权的税源管理，重点监管上市公司在上市前进行增资扩股、服权转让、引入战略投资者等行为的涉税事项，防止税款流失。

根据《个人所得税法》的相关规定，应纳税所得额是以南京浦东公司股权换取上市公司股票公允价值扣除张桂平父子入股南京浦东公司成本后的余额。张桂平父子以 26.45 元/股的价格换得约 1.92 亿股苏宁环球股票，扣除入股南京浦东公司成本，应纳税所得额约为 50 亿元，根据个人所得税财产转让所得 20% 的比例税率计算，纳税人在参与苏宁环球定向增发之时，应缴纳个人所得税。

3. 转让改组改制中取得的量化资产

对集体所有制在改制为股份合作制企业过程中，个人取得量化资产有关个人所得税问题，《国家税务总局关于企业改组改制过程中个人取得的量化资产征收个人所得税问题的通知》（国税发〔2000〕60 号）明确规定：

（1）对职工个人以股份形式取得的仅作为分红依据，不拥有所有权的企业量化资产，不征收个人所得税。

（2）对职工个人以股份形式取得的拥有所有权的企业量化资产，暂缓征收个人所得税；待个人将股份转让时，就其转让收入额，减除个人取得该股份时实际支付的费用支出和合理转让费用后的余额，按“财产转让所得”项目计征个人所得税。

### 7.1.2　应纳税所得额

1. 财产转让所得的应纳税所得额

根据 2018 年版《个人所得税法》第六条第五项的规定，财产转让所得，以转让财产的收入额减除财产原值和合理费用后的余额，为应纳税所得额。

根据 2018 年版《个人所得税法实施条例》第十七条的规定，财产转让所得，按照一次转让财产的收入额减除财产原值和合理费用后的余额计算纳税。这与 2011 年版《个人所得税法实施条例》第二十二条的规定一致。

应注意的是，计算个人所得税财产转让所得时，减除的是财产原值，而不是财产余额或财产净值。

财产转让所得应纳税所得额的计算公式为：

应纳税所得额 = 每次收入额 - 财产原值 - 合理税费 - 允许扣除的捐赠支出额

2. 转让财产收入

转让财产的收入包括现金、实物、有价证券和其他形式的经济利益。

根据《国家税务总局关于个人股权转让过程中取得违约金收入征收个人所得税问题的批复》（国税函〔2006〕866 号）的规定，股权成功转让后，转让方个人因受让方个人未按规定期限支付价款而取得的违约金收入，属于因财产转让而产生的收入。转让方个人取得的该违约金应并入财产转让收入，按照“财产转让所得”项目计算缴纳个人所得税，税款由取得所得的转让方个人向主管税务机关自行申报缴纳。

3. 财产原值

计算财产转让所得扣除的财产原值，根据 2018 年版《个人所得税法实施条例》第十六条的规定，按照下列方法确定：

（1）有价证券，为买入价以及买入时按照规定交纳的有关费用；

（2）建筑物，为建造费或者购进价格以及其他有关费用；

（3）土地使用权，为取得土地使用权所支付的金额、开发土地的费用以及其他有关费用；

（4）机器设备、车船，为购进价格、运输费、安装费以及其他有关费用。

其他财产，参照上述规定的方法确定财产原值。

纳税人未提供完整、准确的财产原值凭证，不能按照上述规定的方法确定财产原值的，由主管税务机关核定财产原值。

这与 2011 年版《个人所得税法实施条例》第十九条的规定相同。

4. 合理费用

根据 2018 年版《个人所得税法实施条例》第十六条的规定，计算财产转让所得可以扣除的合理费用，是指卖出财产时按照规定支付的有关税费。而根据 2011 年版《个人所得税法实施条例》第二十条的规定，合理费用，是指卖出财产时按照规定支付的有关费用。

### 7.1.3　税率与应纳税额

转让财产所得个人所得税，以纳税人转让财产取得的收入额扣除财产原值和合理税费后的余额为应纳税所得额，再乘以适用税率，计算应纳所得税额。用公式表示为：

应纳税额 = 应纳税所得额 × 适用税率

财产转让所得适用 20% 的比例税率。

### 7.1.4　营改增对财产转让所得的影响

根据《财政部　国家税务总局关于营改增后契税　房产税　土地增值税　个人所得税计税依据问题的通知》（财税〔2016〕43 号）第四条的规定，个人转让房屋的个人所得税应税收入不含增值税，其取得房屋时所支付价款中包含的增值税计入财产原值，计算转让所得时可扣除的税费不包括本次转让缴纳的增值税。

免征增值税的，确定计税依据时，成交价格、租金收入、转让房地产取得的收入不扣减增值税额。在计征个人所得税时，税务机关核定的计税价格或收入不含增值税。

**[例 7.2]** 2018 年 12 月，甲将其名下的一处房产卖给乙，取得含增值税收入 350 万元。此前甲买入该房产的价款为 200 万元，当时缴纳税费 4 万元。此次转让房产共计缴纳相关税费 26 万元，其中增值税 20 万元。2 年后，乙将该房产再次转让，取得收入 600 万元（免征增值税），在取得该房产时缴纳契税等税费 6 万元。

要求：计算甲转让房产应缴纳的个税、乙转让房产应缴纳的个税。

**[解析]** 甲转让房产应缴纳的个税：

甲转让房产收入：350 - 20 = 330（万元）

其转让房产财产原值 = 200 + 4 = 204（万元）

可以扣除的相关税费 = 26 - 20 = 6（万元）

甲应缴纳个税 =（330 - 204 - 6）×20% = 24（万元）

（2）乙转让房产应缴纳的个税：

（600 - 350 - 6）×20% = 48.8（万元）

### 7.1.5 纳税前置

根据 2018 年版《个人所得税法》第十五条的规定："个人转让不动产的，税务机关应当根据不动产登记等相关信息核验应缴的个人所得税，登记机构办理转移登记时，应当查验与该不动产转让相关的个人所得税的完税凭证。个人转让股权办理变更登记的，市场主体登记机关应当查验与该股权交易相关的个人所得税的完税凭证。

有关部门依法将纳税人、扣缴义务人遵守该法的情况纳入信用信息系统，并实施联合激励或者惩戒。"

## 7.2 非货币性资产投资所得

### 7.2.1 非货币性资产投资概述

1. 非货币性资产

（1）个人所得税相关法规对非货币性资产的界定。根据《财政部 国家税务总局关于个人非货币性资产投资有关个人所得税政策的通知》（财税〔2015〕41 号）第五条第一款的规定，非货币性资产，是指现金、银行存款等货币性资产以外的资产，包括股权、不动产、技术发明成果以及其他形式的非货币性资产。

（2）企业所得税相关法规对非货币性资产的界定。《企业资产损失所得税税前扣除管理办法》（国家税务总局公告 2011 年第 25 号发布）规定，资产是指企业拥有或者控制的、用于经营管理活动相关的资产，包括现金、银行存款、应收及预付款项（包括应收票据、各类垫款、企业之间往来款项）等货币性资产，存货、固定资产、无形资产、在建工程、生产性生物资产等非货币性资产，以及债权性投资和股权（权益）性投资。

根据《财政部 国家税务总局关于非货币性资产投资企业所得税政策问题的通知》（财税〔2014〕116号）的规定，企业以非货币性资产对外投资中所称的非货币性资产，是指现金、银行存款、应收账款、应收票据以及准备持有至到期的债券投资等货币性资产以外的资产。所称非货币性资产投资，限于以非货币性资产出资设立新的居民企业，或将非货币性资产注入现存的居民企业。

（3）会计准则对非货币性资产的界定。《企业会计准则第7号——非货币性资产交换》第二条规定，非货币性资产交换，是指交易双方主要以存货、固定资产、无形资产和长期股权投资等非货币性资产进行的交换。该交换不涉及或只涉及少量的货币性资产（即补价）。

货币性资产，是指企业持有的货币资金和将以固定或可确定的金额收取的资产，包括现金、银行存款、应收账款和应收票据以及准备持有至到期的债券投资等。

非货币性资产，是指货币性资产以外的资产。

会计处理、企业资产损失税前扣除、企业以非货币性资产对外投资以及个人以非货币性资产对外投资中对非货币性资产的界定，列表说明（见表7.2）。

表7.2 对外投资中对非货币性资产的界定

| 项目 | 界定 | 主要内容 | 政策依据 |
| --- | --- | --- | --- |
| 会计处理 | 货币性资产，是指企业持有的货币资金和将以固定或可确定的金额收取的资产，包括现金、银行存款、应收账款和应收票据以及准备持有至到期的债券投资等。<br>非货币性资产，是指货币性资产以外的资产 | 非货币资产不包括应收账款、应收票据以及准备持有至到期的债券投资 | 《企业会计准则第7号——非货币性资产交换》 |
| 资产损失税前扣除 | 资产包括现金、银行存款、应收及预付款项（包括应收票据、各类垫款、企业之间往来款项）等货币性资产，存货、固定资产、无形资产、在建工程、生产性生物资产等非货性生物资产，以及债权性投资和股权（权益）性投资 | 非货币性资产包括存货、固定资产、无形资产、在建工程、生产性生物资产等，不包括债权性投资和股权（权益）性投资 | 《企业资产损失所得税税前扣除管理办法》 |
| 企业以非货币性资产对外投资 | 企业以非货币资产对外投资中所称的非货币性资产，是指现金、银行存款、应收账款、应收票据以及准备持有至到期的债券投资等货币性资产以外的资产。非货币性资产投资，限于以非货币性资产出资设立新的居民企业，或将非货币性资产注入现存的居民企业 | 非货币性资产不包括应收账款、应收票据以及准备持有至到期的债券投资 | 财税〔2014〕116号 |
| 个人以非货币性资产对外投资 | 现金、银行存款等货币性资产以外的资产 | 包括股权、不动产、技术发明成果以其他形式的非货币性产资产 | 财税〔2015〕41号 |

2. 非货币性资产投资

非货币性资产投资，就是以非货币性资产出资设立新的企业，或者以非货币性资产出资参与企业增资扩股、定向增发股票、重组改制以及其他类似的投资（包括股权换股权）。根据财税〔2015〕41号文件第五条第二款的规定，非货币性资产投资包括以非货币性资产出资设立新的企业，以及以非货币性资产出资参与企业增资扩股、定向增发股票、股权置换、重组改制等投资行为。

个人以非货币性资产投资，取得被投资企业的股权价值高于该资产原值的部分，根据《个人所得税法》规定，属于个人财产转让所得，应缴纳个人所得税。但是，由于非货币性资产投资交易过程中没有或仅有少量现金流，且大多交易金额较大，纳税人可能缺少足够资金纳税，导致征纳双方争议较大，税务机关执法也面临两难境地。为了解决上述问题，《国务院关于印发中国（上海）自由贸易试验区总体方案的通知》（国发〔2013〕38 号）批准上海自贸区先行试点非货币性资产投资分期缴纳个人所得税政策，探索解决之路。

为进一步鼓励和引导民间投资，促进大众创业、万众创新，缓解纳税人缺少足够资金纳税的困难，国务院决定，自 2015 年 4 月 1 日起，将上海自贸区试点的非货币性资产投资分期缴纳个人所得税政策推广至全国范围实施。随即，财政部、国家税务总局联合下发了财税〔2015〕41 号文件，国家税务总局发布了《国家税务总局关于个人非货币性资产投资有关个人所得税征管问题的公告》（国家税务总局公告 2015 年第 20 号）等配套文件，对相关问题进行明确、细化，且规定自 2015 年 4 月 1 日起执行。

### 7.2.2　应税项目的确定

非货币性资产投资，实质为个人“转让非货币性资产”和“对外投资”两笔经济业务同时发生。个人通过转移非货币性资产权属，投资换得被投资企业的股权（或股票，以下统称股权），实现了对非货币性资产的转让性处置。根据《中华人民共和国公司法》的规定，以非货币性资产投资应对资产评估作价，对资产评估价值高出个人初始取得该资产时实际发生的支出（即资产原值）的部分，个人虽然没有现金流入，但取得了另一家企业的股权，符合《个人所得税法》关于“个人所得的形式包括现金、实物、有价证券和其他形式的经济利益”的规定，应按“财产转让所得”项目缴纳个人所得税。反之，如果评估后的公允价值没有超过原值，则个人没有所得，也就不需要缴纳个人所得税。

财税〔2015〕41 号文件第一条规定：“个人以非货币性资产投资，属于个人转让非货币性资产和投资同时发生。对个人转让非货币性资产的所得，应按照‘财产转让所得’项目，依法计算缴纳个人所得税。”

### 7.2.3　应纳税所得额

财税〔2015〕41 号文件第二条第一款规定，个人以非货币性资产投资，应按评估后的公允价值确认非货币性资产转让收入。非货币性资产转让收入减除该资产原值及合理税费后的余额为应纳税所得额。国家税务总局公告 2015 年第 20 号文件第四条进一步明确：纳税人非货币性资产投资应纳税所得额为非货币性资产转让收入减除该资产原值及合理税费后的余额。

用公式表示为：

应纳税所得额 = 非货币性资产转让收入 − 资产原值 − 转让时按规定支付的合理税费

应纳税额 = 应纳税所得额 × 20%

1. 转让收入的确认

财税〔2015〕41 号文件第二条第二款规定，个人以非货币性资产投资，应于非货币性资产转让、取得被投资企业股权时，确认非货币性资产转让收入的实现。

非货币性资产转让收入应以投资入股时的公允价值确定。

2. 资产原值的确定

国家税务总局公告2015年第20号第五条规定，非货币性资产原值为纳税人取得该项资产时实际发生的支出。即，非货币性资产原值以历史成本进行确认。

纳税人无法提供完整、准确的非货币性资产原值凭证，不能正确计算非货币性资产原值的，主管税务机关可依法核定其非货币性资产原值。

国家税务总局公告2015年第20号第七条规定，纳税人以股权投资的，该股权原值确认等相关问题依照《股权转让所得个人所得税管理办法（试行）》（国家税务总局公告2014年第67号发布）的有关规定执行。

3. 合理税费的确定

国家税务总局公告2015年第20号第六条规定，合理税费是指纳税人在非货币性资产投资过程中发生的与资产转移相关的税金及合理费用。即，允许扣除的税费必须与非货币性资产投资相关，且具有合理性。

[**例7.3**] 居民甲、乙于2014年年初各出资500万元成立A公司。为促进企业发展壮大，2018年1月1日，王、李两位股东与B公司达成重组协议，B公司以发行股份并支付现金补价方式购买甲、乙持有的A公司股权。其中，向甲和乙分别发行价值5 700万元和4 000万元的股份，并分别支付800万元和500万元的现金，在此过程中两人各自发生评估费、中介费等相关税费200万元。

请计算应缴纳的个人所得税。

[**解析**] 根据财税〔2015〕41号文件和国家税务总局公告2015年第20号的相关规定，甲应缴纳财产转让所得个人所得税为：

$(5\ 700 + 800 - 500 - 200) \times 20\% = 1\ 160$（万元）

乙应缴纳财产转让所得个人所得税为：

$(4\ 000 + 500 - 500 - 200) \times 20\% = 760$（万元）

### 7.2.4 纳税人与纳税地点

1. 纳税义务人

国家税务总局公告2015年第20号第一条明确规定：非货币性资产投资个人所得税以发生非货币性资产投资行为并取得被投资企业股权的个人为纳税人。

2. 纳税地点

根据国家税务总局公告2015年第20号第三条的规定，纳税人以不动产投资的，以不动产所在地税务机关为主管税务机关；纳税人以其持有的企业股权对外投资的，以该企业所在地税务机关为主管税务机关；纳税人以其他非货币资产投资的，以被投资企业所在地税务机关为主管税务机关。

### 7.2.5 非货币性资产投资分期缴税

1. 非货币性资产投资分期缴税规定

根据财税〔2015〕41号文件第三条的规定，个人应在发生非货币性资产投资应税行为的次月 15 日内向主管税务机关申报纳税。纳税人一次性缴税有困难的，可合理确定分期缴纳计划并报主管税务机关备案后，自发生上述应税行为之日起不超过 5 个公历年度内（含）分期缴纳个人所得税。

以上处理原则，也与企业以非货币性资产对外投资的所得税处理原则一致。

[**例 7.4**] 假设甲 2015 年 12 月进行了一次非货币性资产投资，那么他可以根据自身情况制定分期缴税计划，在 2015 年至 2019 年这 5 个公历年度内分期缴税，并于 2019 年 12 月 31 日前缴清税款。

2. 现金收入优先缴税

（1）现金补价优先缴税。根据财税〔2015〕41 号文件第四条第一款的规定，个人以非货币性资产投资交易过程中取得现金补价的，现金部分应优先用于缴税；现金不足以缴纳的部分，可分期缴纳。

也就是说，个人以非货币性资产投资取得现金补价，现金部分足以缴税的，税款应一次结清；现金不足以全部缴清税款的，不足部分可以分期缴纳。上述现金补价，是指个人在以非货币性资产投资过程中，除了取得被投资企业的股权外，另外取得的一定数量的现金。

[**例 7.5**] 甲、乙因非货币性资产投资，分别应缴纳个人所得税 650 万元。甲取得现金补价 800 万元，乙取得现金补价 500 万元。

甲在此次交易过程中取得的 600 万元现金补价，现金补价收入足以缴税，税款应一次性结清，不可分期缴纳。

乙在此次交易过程中取得的 500 万元现金补价，应优先用于缴税，剩余未缴清的 150 万元税款，可分期缴纳。

（2）分期缴税期间转让股权的现金收入优先缴税。根据财税〔2015〕41 号文件第四条第二款的规定，个人在分期缴税期间转让其持有的非货币性资产投资取得的全部或部分股权，并取得现金收入的，该现金收入应优先用于缴纳尚未缴清的税款。

也就是说，个人在分期缴税期间转让其以非货币性资产投资取得的全部或部分股权并取得现金收入的，该现金收入应优先用于缴纳尚未缴清的税款。对部分转让股权且取得的现金不足以一次结清税款的，剩余部分可以继续分期缴纳。

[**例 7.6**] 假设甲在办理 400 万元分期缴税手续后的第 3 年，仍有 250 万元税款尚未缴纳。此时，他转让了部分以非货币性资产投资换取的股权，如果取得的税后转让收入超过 250 万元，那么他应一次结清税款；如果取得的税后转让收入不超过 250 万元，假设为 100 万元，那么剩余的 150 万元税款可以继续分期缴纳。

3. 分期缴税计划的制定、变更与备案

根据国家税务总局公告 2015 年第 20 号第八条的规定，纳税人非货币性资产投资需要分期缴纳个人所得税的，应于取得被投资企业股权之日的次月 15 日内，自行制定缴税计划并向主管税务机关报送《非货币性资产投资分期缴纳个人所得税备案表》、纳税人身份证明、投资协议、非货币性资产评估价格证明材料、能够证明非货币性资产原值及合理税费的相关资料。

该公告第九条进一步规定，纳税人分期缴税期间提出变更原分期缴税计划的，应重新制定分期缴税计划并向主管税务机关重新报送《非货币性资产投资分期缴纳个人所得税备案表》。

4. 政策衔接

财税〔2015〕41号文件第六条规定："分期缴税政策自2015年4月1日起施行。对2015年4月1日之前发生的个人非货币性资产投资，尚未进行税收处理且自发生上述应税行为之日起期限未超过5年的，可在剩余的期限内分期缴纳其应纳税款。"

2015年4月1日之前发生的非货币性资产投资，期限未超过5年，尚未进行税收处理且需要分期缴纳个人所得税的，纳税人应于国家税务总局公告2015年第20号下发之日起30日内（2015年5月8日前）向主管税务机关办理分期缴税备案手续。

［**例7.7**］假设甲2015年8月进行了一次非货币性资产投资，因资金紧张，截至2015年12月31日尚未缴税，那么他也可在2016年至2019年这4个公历年度内分期缴税，并于2019年12月31日（而不是2020年8月）前缴清税款。

### 7.2.6　纳税申报

1. 自行申报

国家税务总局公告2015年第20号第二条规定，非货币性资产投资个人所得税由纳税人向主管税务机关自行申报缴纳。

2. 申报纳税

国家税务总局公告2015年第20号第十条规定，纳税人按分期缴税计划向主管税务机关办理纳税申报时，应提供已在主管税务机关备案的《非货币性资产投资分期缴纳个人所得税备案表》和本期之前各期已缴纳个人所得税的完税凭证。

该公告第十一条进一步规定，纳税人在分期缴税期间转让股权的，应于转让股权之日的次月15日内向主管税务机关申报纳税。

3. 被投资企业报告义务

国家税务总局公告2015年第20号第十二条规定，被投资企业应将纳税人以非货币性资产投入本企业取得股权和分期缴税期间纳税人股权变动情况，分别于相关事项发生后15日内向主管税务机关报告，并协助税务机关执行公务。

### 7.2.7　备案表及其填报

1.《非货币性资产投资分期缴纳个人所得税备案表》

《非货币性资产投资分期缴纳个人所得税备案表》适用于个人非货币性资产投资向主管税务机关办理分期缴纳个人所得税备案事宜。此表一式两份，主管税务机关受理后，由投资人和主管税务机关分别留存。

2. 备案表的填报

（1）"备案编号"。由主管税务机关自行编制。

（2）"纳税人识别号"。该栏填写税务机关赋予的18位纳税人识别号。初次办理涉税事宜的，应一并提供《个人所得税基础信息表（B表）》。

（3）"产权证或注册登记证号码"。填写产权登记部门核发的不动产、技术发明成果等非货币性资产产权证号码或注册登记证上的注册登记号码。未登记或无须登记的非货币性资产不填此列。

（4）"登记机关"。填写核发产权证或注册登记证的单位名称。未登记或无须登记的非货币性资产不填此列。

（5）“坐落地”。填写不动产的具体坐落地址。其他非货币性资产无须填列。

（6）“评估后的公允价值”“非货币性资产原值”“合理税费”：按照财税〔2015〕41号文件及国家税务总局公告 2015 年第 20 号中的有关规定填写。

（7）“应纳税所得额”。应纳税所得额 = 评估后的公允价值 - 非货币性资产原值 - 合理税费

（8）“应缴个人所得税”。应缴个人所得税 = 应纳税所得额 ×20%

（9）“已缴个人所得税”。填写纳税人取得现金补价或自筹资金已缴纳的个人所得税。纳税人变更分期缴税计划的，其前期已经缴纳的个人所得税也一并在此填列。

（10）“计划缴税时间”。填写每一期计划缴税的截止时点。

（11）“计划缴税金额”。填写应缴个人所得税减去已缴个人所得税后需要分期缴纳的个人所得税金额。

### 7.2.8　技术成果投资选择性税收优惠

1. 技术成果投资入股

（1）技术成果投资入股概念。技术成果投资入股，是指纳税人将技术成果所有权让渡给被投资企业、取得该企业股票（权）的行为。

技术成果投资入股，实质是转让技术成果和以转让所得再进行投资两笔经济业务纳税，同时发生。对于转让技术成果这一环节，个人应当按照“财产转让所得”计算纳税。

（2）技术成果的范围。对技术成果投资入股实施选择性税收优惠政策的技术成果范围，《财政部　国家税务总局关于完善股权激励和技术入股有关所得税政策的通知》（财税〔2016〕101 号）第三条第三项规定，技术成果是指专利技术（含国防专利）、计算机软件著作权、集成电路布图设计专有权、植物新品种权、生物医药新品种，以及科技部、财政部、国家税务总局确定的其他技术成果。

2. 技术成果投资入股选择性税收优惠政策

财税〔2016〕101 号文件第三条第一项规定，自 2016 年 9 月 1 日起，企业或个人以技术成果投资入股到境内居民企业，被投资企业支付的对价全部为股票（权）的，企业或个人可选择继续按有关税收政策执行，也可选择适用递延纳税优惠政策。

选择技术成果投资入股递延纳税政策的，经向主管税务机关备案，投资入股当期可暂不纳税，允许递延至转让股权时，按股权转让收入减去技术成果原值和合理税费后的差额计算缴纳所得税。

也就是说，企业或个人技术成果投资入股选择递延纳税政策有两个条件：一是入股的被投资企业必须是境内居民企业；二是入股的被投资企业支付的对价 100% 为股权支付。若被投资企业支付的对价除股权外，还有现金等非股权支付，则不能选择递延纳税。选择递延纳税的，在技术成果投资入股当期暂不纳税，待实际转让股票或股权时，按股权转让收入减去技术成果原值和合理税费后的差额计算缴纳所得税。

3. 被投资企业的处理

财税〔2016〕101 号文件第三条第二项规定，“企业或个人选择适用上述任一项政策，均允许被投资企业按技术成果投资入股时的评估值入账并在企业所得税前摊销扣除”。

4. 投资取得股权后上市再处置股票的处理

根据财税〔2016〕101号文件第四条第二项的规定，个人因技术成果投资入股取得股权后，非上市公司在境内上市的，处置递延纳税的股权时，按照现行限售股有关征税规定执行。

《国家税务总局所得税司关于印发〈股权激励和技术入股个人所得税政策口径〉的通知》（税总所便函〔2016〕149号）进一步明确，纳税人因获得非上市公司实施符合条件的股权激励或因技术成果投资入股而选择递延纳税的，自其取得股权至实际转让期间，因时间跨度可能非常长，其中会出现不少变数。如果公司在境内上市了，员工持有的递延纳税股权，自然转为限售股。根据财税〔2016〕101号文件第四条第二项的规定，相关税收处理应按照限售股相关规定执行。具体包括三个方面：一是股票转让价格，按照限售股有关规定确定。二是扣缴义务人转为限售股转让所得的扣缴义务人（即证券机构），实施股权激励的公司、获得技术成果的企业只需及时将相关信息告知税务机关，无须继续扣缴递延纳税股票个人所得税。三是个人股票原值仍按财税〔2016〕101号文件规定确定，也就是说，转让的股票来源于股权激励的，个人股票原值为其实际取得成本；来源于技术成果投资入股的，个人股票原值为技术成果原值。若证券机构扣缴的个人所得税与纳税人的实际情况有出入，个人需按照《财政部　国家税务总局　中国证监会关于个人转让上市公司限售股所得征收个人所得税有关问题的通知》（财税〔2009〕167号）的规定，向证券机构所在地主管税务机关申请办理税收清算。

5. 转增股本或以股权对外投资的处理

根据财税〔2016〕101号文件第四条第四项的规定，持有递延纳税的股权期间，因该股权产生的转增股本收入，以及以该递延纳税的股权再进行非货币性资产投资的，应在当期缴纳税款。

依据《个人所得税法》相关规定，企业以未分配利润、盈余公积、资本公积转增股本，需按照“利息、股息、红利所得”项目计征个人所得税。同时，根据《财政部　国家税务总局关于将国家自主创新示范区有关税收试点政策推广到全国范围实施的通知》（财税〔2015〕116号）的规定，中小高新技术企业转增股本，个人股东可分期5年缴税。但是，个人持有递延纳税股权期间，发生转增股本的，根据财税〔2016〕101号文件第四条第四项的规定，因递延纳税的股权产生的转增股本收入，应在当期缴纳税款。

个人以股权进行非货币性资产投资的，财税〔2015〕41号文件规定可以分期5年缴纳。但个人因非技术成果投资入股所得选择递延纳税的，根据财税〔2016〕101号文件第四条第四项的规定，个人以递延纳税的股权进行非货币性资产投资的，须在非货币性资产投资当期缴纳税款。

6. 递延纳税股权转让的处理

个人以技术成果投资入股到境内居民企业，被投资企业支付的对价全部为股票（权）的，个人选择技术成果投资入股递延纳税政策的，经向主管税务机关备案，投资入股当期可暂不纳税，允许递延至转让股权时，按股权转让收入减去技术成果原值和合理税费后的差额计算缴纳所得税。

《国家税务总局关于股权激励和技术入股所得税征管问题的公告》（国家税务总局公告2016年第62号）第一条“关于个人所得税征管问题”第七项的规定，递延纳税股票（权）

转让、办理纳税申报时，扣缴义务人、个人应向主管税务机关一并报送能够证明股票（权）转让价格、递延纳税股票（权）原值、合理税费的有关资料，具体包括转让协议、评估报告和相关票据等。资料不全或无法充分证明有关情况，造成计税依据偏低，又无正当理由的，主管税务机关可依据《税收征管法》有关规定进行核定。

**［例 7.8］** 甲 2016 年 9 月以其拥有所有权的某项专利技术作价 1 000 万元投资入股 A 企业，获得 A 公司股票 500 万股，占企业股本总额的 25%。发明该项专利技术的成本为 250 万元，入股时发生评估费及其他合理税费共 100 万元。假设后来甲将这部分股权以 1 500 万元卖掉，转让时发生税费 150 万元。

请问：

①甲应如何计算纳税？

②若甲选择递延纳税后，甲最终仅以 500 万元合理价格将股权卖掉，假设转让股权时税费为 50 万元。则转让时甲该如何计算缴纳个人所得税？

**［解析］** 甲以专利技术所有权投资入股，有两种税收处理方式：一是按照原有政策，在入股当期，对专利技术转让收入扣除专利技术财产原值和相关税费的差额计算个人所得税，并在当期或分期 5 年缴纳；二是按照递延纳税政策，专利技术投资入股时不计税，待转让这部分股权时，直接以股权转让收入扣除专利技术的财产原值和合理税费的差额计算个人所得税。

（1）按 5 年内分期纳税政策计算：

甲技术入股时需缴纳财产转让所得个人所得税：

应纳税额 =（1 000 − 250 − 100）×20% =130（万元）

转让股权时甲也需缴个人所得税：

应纳税额 =（1 500 − 1 000 − 150）×20% =70（万元）

两次合计，甲共缴纳个人所得税 200 万元。

（2）按递延纳税政策计算：

甲入股当期无须缴纳个人所得税，待甲转让该部分股权时一次性缴税。

转让时应纳税额 =［1 500 −（250 + 100）− 150］×20% =200（万元）

虽然政策调整后，甲应缴税款总额与原来一样，但甲在入股当期无须缴税，压力大大减小，待其转让时再缴税，确保有充足的资金流。

若甲选择递延纳税后，甲最终仅以 500 万元合理价格将股权卖掉，假设转让股权时税费为 50 万元。根据递延纳税相关政策，甲转让股权时，按照转让收入扣除技术成果原值及合理税费后的余额，计算缴纳个人所得税。因此，虽然甲的股权转让收入较当初专利技术投资时作价降低了，但其仍根据股权转让实际收入计算个人所得税，甲技术成果投资入股风险大大降低。应缴税款 =［500 −（250 + 100）− 50］×20% =20（万元）

7. 享受递延纳税股权优先转让

根据财税〔2016〕101 号文件第四条第三项的规定，个人转让股权时，视同享受递延纳税优惠政策的股权优先转让。递延纳税的股权成本按照加权平均法计算，不与其他方式取得的股权成本合并计算。

8. 递延纳税备案

根据财税〔2016〕101 号文件第五条“配套管理措施”第一项的规定，对技术成果投资入股选择适用递延纳税政策的，企业应在规定期限内到主管税务机关办理备案手续。未办理备案手续的，不得享受该文件规定的递延纳税优惠政策。

国家税务总局公告2016年第62号第一条“关于个人所得税征管问题”第五项“企业备案具体按以下规定执行”第三款的进一步规定，个人以技术成果投资入股境内公司并选择递延纳税的，被投资公司应于取得技术成果并支付股权之次月15日内，向主管税务机关报送《技术成果投资入股个人所得税递延纳税备案表》、技术成果相关证书或证明材料、技术成果投资入股协议、技术成果评估报告等资料。

《技术成果投资入股个人所得税递延纳税备案表》适用于个人以技术成果投资入股境内非上市公司并选择递延纳税的，被投资公司向主管税务机关办理相关个人所得税递延纳税备案事宜时填报。备案表区分投资入股的技术成果，分别填写。企业应于被投资公司取得技术成果并支付股权之次月15日内报送。

《技术成果投资入股个人所得税递延纳税备案表》填报说明如下：

（1）被投资公司基本情况。

“公司名称”：填写接受技术成果投资入股的公司名称全称。

“纳税人识别号”：填写纳税人识别号或统一社会信用代码。

“联系人”“联系电话”：填写接受技术成果投资入股公司负责办理个人所得税递延纳税备案人员的相关情况。

（2）技术成果基本情况。

“技术成果名称”：填写技术成果的标准名称。

“技术成果类型”：是指财税〔2016〕101号文件规定的专利技术（含国防专利）、计算机软件著作权、集成电路布图设计专有权、植物新品种权、生物医药新品种，以及科技部、财政部、国家税务总局确定的其他技术成果。

“发证部门”：填写颁发技术成果证书的部门全称。

“技术成果证书编号”：填写技术成果证书上的编号。

（3）技术成果投资入股情况。

“涉及人数”：填写技术成果投资协议中以该项技术成果投资入股的人数。

“评估价（协议价）”：填写技术成果投资入股按照协议确定的公允价值。

“技术成果原值”：填写个人发明或取得该项技术成果过程中实际发生的支出。

“合理税费”：填写个人以技术成果投资入股过程中按规定实际支付的有关税费。

（4）技术成果投资入股个人基本情况。

“姓名”：填写技术成果投资入股个人的姓名，中国境内无住所个人，其姓名应当用中、外文同时填写。

“身份证照类型”：填写能识别技术成果投资入股个人的唯一身份的身份证、军官证、士兵证、护照、港澳居民来往内地通行证、台湾居民来往大陆通行证等有效证照名称。

“身份证照号码”：填写能识别技术成果投资入股个人的唯一身份的号码。

“联系地址”“联系电话”：填写技术成果投资入股个人的有效联系地址和常用联系电话。

“股数”：填写个人因技术成果投资入股获得的股票（权）数。

“持股比例”：按照保留小数点后两位填写。

技术成果投资入股个人基本情况如果填写不下，可另附纸填写。

9. 扣缴义务人的确定

根据财税〔2016〕101 号文件第五条“配套管理措施”第二项的规定，个人以技术成果投资入股，以取得技术成果的企业为个人所得税扣缴义务人。递延纳税期间，扣缴义务人应在每个纳税年度终了后向主管税务机关报告递延纳税有关情况。

根据国家税务总局公告 2016 年第 62 号第一条“关于个人所得税征管问题”第六项的规定，个人以技术成果投资入股取得的股票（权），实行递延纳税期间，扣缴义务人应于每个纳税年度终了后 30 日内，向主管税务机关报送《个人所得税递延纳税情况年度报告表》。《个人所得税递延纳税情况年度报告表》适用于实施符合条件股权激励的非上市公司和取得个人技术成果的境内公司，在递延纳税期间向主管税务机关报告个人相关股权持有和转让情况。取得个人技术成果的境内公司，应于每个纳税年度终了 30 日内报送该表。

《个人所得税递延纳税情况年度报告表》填报说明如下：

（1）公司基本情况。

“公司名称”：填写实施股权激励的非上市公司，或者取得个人技术成果的境内公司的法定名称全称。

“纳税人识别号”：填写纳税人识别号或统一社会信用代码。

“联系人”“联系电话”：填写负责办理股权激励或技术成果投资入股相关涉税事项人员的相关情况。

（2）递延纳税有关情况。

“递延纳税股票（权）形式”：根据递延纳税的股票（权）形式勾选。

（3）递延纳税明细情况。

“姓名”：填写纳税人姓名。中国境内无住所个人，其姓名应当用中、外文同时填写。

“身份证照类型”：填写能识别纳税人唯一身份的身份证、军官证、士兵证、护照、港澳居民来往内地通行证、台湾居民来往大陆通行证等有效证照名称。

“身份证照号码”：填写能识别纳税人唯一身份的号码。

“总体情况”“股票（权）期权”“限制性股票”“股权奖励”“技术成果投资入股”：填写个人转让和剩余享受递延纳税优惠的股票（权）相关情况。

“股数”“持股比例”：填写个人实际转让或剩余的享受递延纳税优惠的股票（权）数以及对应的持股比例。若非上市公司因公司注册类型限制，难以用股票（权）数体现个人相关权益的，可只填列持股比例，持股比例按照保留小数点后两位填写。

“扣缴个人所得税”：填写个人转让递延纳税的股权，扣缴义务人实际扣缴的个人所得税。

## 7.3 转让上市和挂牌公司股票所得

### 7.3.1 转让上市公司股票所得

根据2018年版《个人所得税法实施条例》第七条的规定，“对股票转让所得征收个人所得税的办法，由国务院另行制定，并报全国人民代表大会常务委员会备案”。

1. 转让境内上市公司股票所得

根据《财政部 国家税务总局 中国证监会关于个人转让上市公司限售股所得征收个人所得税有关问题的通知》（财税〔2009〕167号）的规定，对个人在上海证券交易所、深圳证券交易所转让从上市公司公开发行和转让市场取得的上市公司股票所得，继续免征个人所得税。

因而，个人转让从二级市场取得的境内上市公司股票所得，免征个人所得税。转让上市公司限售股所得，应按规定征收个人所得税。

2. 转让境外上市公司股票所得

对个人转让境外上市公司股票所得，应按“财产转让所得”项目，适用20%的税率征收个人所得税。

根据《财政部 国家税务总局 中国证监会关于沪港股票市场交易互联互通机制试点有关税收政策的通知》（财税〔2014〕81号）和《财政部 国家税务总局 中国证监会关于继续执行沪港股票市场交易互联互通机制有关个人所得税政策的通知》（财税〔2017〕78号）的规定，对内地个人投资者通过沪港股票市场交通投资香港联交所上市股票取得的转让差价所得，自2014年11月17日起至2019年12月4日止，暂免征收个人所得税。

根据《财政部 国家税务总局 中国证监会关于深港股票市场交易互联互通机制试点有关税收政策的通知》（财税〔2016〕127号）的规定，对内地个人投资者通过深港通投资香港联交所上市股票取得的转让差价所得，自2016年12月5日起至2019年12月4日止，暂免征收个人所得税。

### 7.3.2 转让挂牌公司股票所得

为促进全国中小企业股份转让系统（以下简称“新三板”）长期稳定发展，《财政部 国家税务总局 中国证监会关于个人转让全国中小企业股份转让系统挂牌公司股票有关个人所得税政策的通知》（财税〔2018〕137号）就个人转让“新三板”挂牌公司股票有关个人所得税政策做出如下规定：

1. 个人转让非原始股所得暂免个人所得税

根据财税〔2018〕137号文件第一条的规定，自2018年11月1日（含）起，对个人转让“新三板”挂牌公司非原始股取得的所得，暂免征收个人所得税。

这里所称非原始股是指个人在“新三板”挂牌公司挂牌后取得的股票，孳生的送、转股。

根据财税〔2018〕137 号文件第四条的规定，2018 年 11 月 1 日之前，个人转让“新三板”挂牌公司非原始股，尚未进行税收处理的，可比照该文件第一条的规定执行，已经进行相关税收处理的，不再进行税收调整。

2. 个人转让原始股所得按“财产转让所得”征税

根据财税〔2018〕137 号文件第二条的规定，对个人转让“新三板”挂牌公司原始股取得的所得，按照“财产转让所得”，适用 20% 的比例税率征收个人所得税。

这里所称原始股是指个人在“新三板”挂牌公司挂牌前取得的股票，以及在该公司挂牌前和挂牌后由上述股票孳生的送、转股。

个人转让“新三板”挂牌公司原始股，以每次原始股转让收入，减除股票原值和合理税费后的余额，为应纳税所得。即，

应纳税所得额 - 原始股转让收入 - （原始股原值 + 合理税费）

应纳税额 = 应纳税所得 × 20%

原始股转让收入，是指转让原始股股票取得的收入。原始股原值，是指原始股东初始取得原始股时支付的价款。

3. 征收管理

根据财税〔2018〕137 号文件第三条的规定，2019 年 9 月 1 日之前，个人转让“新三板”挂牌公司原始股的个人所得税，征收管理办法按照现行股权转让所得有关规定执行，以股票受让方为扣缴义务人，由被投资企业所在地税务机关负责征收管理。自 2019 年 9 月 1 日（含）起，个人转让“新三板”挂牌公司原始股的个人所得税，以股票托管的证券机构为扣缴义务人，由股票托管的证券机构所在地主管税务机关负责征收管理。具体征收管理办法参照财税〔2009〕167 号文件和《财政部　国家税务总局　中国证监会关于个人转让上市公司限售股所得征收个人所得税有关问题的补充通知》（财税〔2010〕70 号）有关规定执行。

同时，财税〔2018〕137 号文件第五条规定，中国证券登记结算公司应当在登记结算系统内明确区分“新三板”原始股和非原始股。

## 7.4　限售股转让所得

### 7.4.1　限售股的概念与分类

目前，我国 A 股市场的限售股主要分为两类：一类是股改产生的限售股（以下简称“股改限售股”）；另一类是新股首次发行上市（IPO）产生的限售股（以下简称“新股限售股”）。

1. 股改限售股

股改限售股是指股权分置改革过程中，由原非流通股转变而来的有限售期的流通股，市场俗称为“大小非”。“大非”指的是大规模的限售流通股，占总股本 5% 以上；“小非”指的是小规模的限售流通股，占总股本 5% 以内。

股权分置是我国资本市场特有的情况，是指上市公司的一部分股份上市流通，另一部分股份暂时不上市流通。前者称为流通股，主要为社会公众股；后者为非流通股，包括国家股、国有法人股、内资及外资法人股、发起自然人股等。股权分置改革之前，非流通股虽然不能在沪深两市自由交易，但经中国证监会批准后，可以通过拍卖或协议转让的方式进行流通。

为贯彻落实《国务院关于推进资本市场改革开放和稳定发展的若干意见》（国发〔2004〕3号）中"积极稳妥解决股权分置问题"的要求，《中国证监会　国务院　国资委　财政部　人民银行　商务部关于上市公司股权分置改革的指导意见》（证监发〔2005〕80号），随后，中国证监会又下发了《上市公司股权分置改革管理办法》（证监发〔2005〕86号），解除了非流通股上市流通的限制，非流通股股东与流通股股东之间采取对价的方式平衡相互利益。同时，对股权分置改革后非流通股出售做出了若干限制性规定，这样原非流通股转变为有流通期限和流通比例限售的流通股，即股改限售股。股权分置改革股票复牌后，股改限售股于解除限售前历年获得的送、转股也构成了限售股。

2. 新股限售股

为保持公司控制权的稳定，《中华人民共和国公司法》及交易所上市规则对于首次公开发行股份并上市的公司，公开发行前股东所持股份都有一定的限售期规定，由于股权分置改革新老划断后不再有非流通股和流通股的划分，这部分股份在限售期满后解除流通权利限制，构成了新股限售股。这类限售股目前已经占到全部限售股的大多数，将来还会有更多的新股限售股出现。新股上市后，新股限售股于解除限售前历年获得的送、转股也构成了限售股。

除股改限售股和IPO限售股外，目前市场上还有一些有限售期要求的股票，主要是机构配售股和增发股。机构配售股是指IPO的时候，参与网下申购的机构投资人获得的股票，这部分需要锁定3个月到半年，然后才可以上市交易。增发股类似于机构配售股，是指定向增发后的股票，需要锁定1年，然后才可以上市交易。

综上所述，我们可以将限售股分为如下几类：

（1）上市公司股权分置改革完成后股票复牌日之前股东所持原非流通股股份，以及股票复牌日至解禁日期间由上述股份孳生的送、转股（以下统称"股改限售股"）。

（2）2006年股权分置改革新老划断后，首次公开发行股票并上市的公司形成的限售股，以及上市首日至解禁日期间由上述股份孳生的送、转股（以下统称"新股限售股"）。

（3）个人从机构或其他个人受让的未解禁限售股。

（4）个人因依法继承或家庭财产依法分割取得的限售股。

（5）个人持有的从代办股份转让系统到主板市场（或中小板、创业板市场）的限售股。

（6）上市公司吸收合并中，个人持有的原被合并方公司限售股所转换的合并方公司股份。

（7）上市公司分立中，个人持有的被分立方公司限售股所转换的分立后公司股份。

（8）其他限售股。

### 7.4.2　征税范围

为进一步完善股权分置改革后的相关制度，更好地发挥税收对高收入者的调节作用，促进资本市场长期健康发展，增加税收收入，堵塞税收漏洞，进一步完善股票转让所得个人所得税政策，平衡个人转让限售股与个人转让非上市公司股份以及企业转让限售股之间的税收政策，国务院决定，自 2010 年 1 月 1 日起，对个人转让上市公司限售股取得的所得征收个人所得税。即 2010 年 1 月 1 日（含）以后只要是个人转让上市公司限售股，都要按规定计算所得并依照 20% 税率缴纳个人所得税。

个人转让限售股或发生具有转让限售股实质的其他交易，取得现金、实物、有价证券和其他形式的经济利益均应缴纳个人所得税。限售股在解禁前被多次转让的，转让方对每一次转让所得均应按规定缴纳个人所得税。对具有下列情形的，应按规定征收个人所得税：

（1）个人通过证券交易所集中交易系统或大宗交易系统转让限售股。

（2）个人用限售股认购或申购交易型开放式指数基金（ETF）份额。

（3）个人用限售股接受要约收购。

（4）个人行使现金选择权将限售股转让给提供现金选择权的第三方。

（5）个人协议转让限售股。

（6）个人持有的限售股被司法扣划。

（7）个人因依法继承或家庭财产分割让渡限售股所有权。

（8）个人用限售股偿还上市公司股权分置改革中由大股东代其向流通股股东支付的对价。

（9）其他具有转让实质的情形。

需要说明的是，自 1994 年个人所得税制实施以来，考虑到我国证券市场发育还不成熟，为了配合企业改制，促进股票市场稳定健康发展，我国对个人转让境内上市公司股票所得一直暂免征收个人所得税。

根据财税〔2009〕167 号文件的规定，对个人在上海证券交易所、深圳证券交易所转让从上市公司公开发行和转让市场取得的上市公司股票所得，继续免征个人所得税。

### 7.4.3　应纳税额的计算

1. 应纳税额的计算公式

根据《个人所得税法》有关规定，对个人转让限售股取得的所得，应按“财产转让所得”项目征税。按照一般财产转让所得的征税办法，应以转让财产收入减去财产原值和合理税费后的余额为应纳税所得额，依法计征个人所得税。即个人转让限售股，应以每次限售股转让收入，减除股票原值和合理税费后的余额，为应纳税所得额。具体计算公式如下：

应纳税所得额 = 限售股转让收入 - （限售股原值 + 合理税费）

应纳税额 = 应纳税所得额 ×20%

限售股转让收入，是指转让限售股股票实际取得的收入。限售股原值，是指限售股买入时的买入价及按照规定缴纳的有关费用。合理税费，是指转让限售股过程中发生的印花税、佣金、过户费等与交易相关的税费。

如果纳税人未能提供完整、真实的限售股原值凭证，不能准确计算限售股原值的，主管税务机关一律按限售股转让收入的 15% 核定限售股原值及合理税费。

2. 扣缴税款转让收入的确定

个人发生如下四种情形时，对其限售股转让所得应纳个人所得税，采取证券机构预扣预缴、纳税人自行申报清算和证券机构直接扣缴相结合的方式征收：

（1）个人通过证券交易所集中交易系统或大宗交易系统转让限售股。

（2）个人用限售股认购或申购交易型开放式指数基金（ETF）份额。

（3）个人用限售股接受要约收购。

（4）个人行使现金选择权将限售股转让给提供现金选择权的第三方。

在上述四种情形下，由证券机构按规定扣缴税款，纳税人申报清算时，实际转让收入按照下列原则计算：

（1）个人通过证券交易所集中交易系统或大宗交易系统转让限售股的转让收入，以转让当日该股份实际转让价格计算，证券公司在扣缴税款时，佣金支出统一按照证券主管部门规定的行业最高佣金费率计算。

（2）通过认购交易型开放式指数基金（ETF）份额方式转让限售股的，以股份过户日的前一交易日该股份收益价计算转让收入，通过申购交易型开放式指数基金（ETF）份额方式转让限售股的，以申购日的前一交易日该股份收盘价计算转让收入。

（3）个人用限售股接受要约收购的转让收入以要约收购的价格计算。

（4）个人行使现金选择权将限售股转让给提供现金选择权的第三方的转让收入以实际行权价格计算。

3. 自行申报纳税收入的确定

纳税人发生如下四种情形时，采取纳税人向主管税务机关自行申报纳税的方式缴纳个人所得税：

（1）个人协议转让限售股。

（2）个人持有的限售股被司法扣划。

（3）个人因依法继承或家庭财产分割让渡限售股所有权。

（4）个人用限售股偿还上市公司股权分置改革中由大股东代其向流通股股东支付的对价。

在上述四种情况下，纳税人自行申报纳税时，其转让收入按照下列原则计算：

（1）个人协议转让限售股的转让收入按照实际转让收入计算，转让价格明显偏低且无正当理由的，主管税务机关可以依据协议签订日的前一交易日该股份收盘价或其他合理方式核定其转让收入。

（2）个人持有的限售股被司法扣划的转让收入以司法执行日的前一交易日该股份收盘价计算。

（3）个人因依法继承或家庭财产分割让渡限售股所有权和个人用限售股偿还上市公司股权分置改革中由大股东代其向流通股股东支付的对价的，转让收入以转让方取得该股票时支付的成本计算。

4. 成本费用的确定

个人转让因协议受让、司法扣划等情形取得未解禁限售股的，成本按照主管税务机关认可的协议受让价格、司法扣划价格核定，无法提供相关资料的，按照限售股转让收入的15%核定限售股原值及合理税费；个人转让因依法继承或家庭财产依法分割取得的限售股的，按规定缴纳个人所得税时，成本按照该限售股前一持有人取得该股时的实际成本及税费计算。

在证券机构技术和制度准备完成后形成的限售股，自股票上市首日至解禁日期间发生送、转、缩股的，证券登记结算公司应依据送、转、缩股比例对限售股成本原值进行调整；而对于其他权益分派的情形（如现金分红、配股等），不对限售股的成本原值进行调整。

因个人持有限售股中存在部分限售股成本原值不明确，导致无法准确计算全部限售股成本原值的，证券登记结算公司一律以实际转让收入的 15% 作为限售股成本原值和合理税费。

5. 税目税率的确定

对于证券、股权、建筑物、车船以及其他财产取得的所得，2018 年版《个人所得税法实施条例》第六条规定，财产转让所得，是指个人转让有价证券、股权、合伙企业中的财产份额、不动产、机器设备、车船以及其他财产取得的所得。

限售股属于有价证券，是财产转让所得的一种形式，同时，新老《个人所得税法》都规定，财产转让所得适用 20% 的比例税率。

另外，财税〔2009〕167 号文件规定，个人转让限售股取得的所得，按照“财产转让所得”项目适用 20% 的比例税率征收个人所得税。

我们以以下单选例题来解释。

**[例 7.9]** 单选题。根据《个人所得税法》相关规定，个人转让限售股时，以转让当日该股份实际转让价格计算转让收入的情形是（　　）。

A. 个人通过证券交易所集中交易系统或大宗交易系统转让限售股

B. 个人持有的限售股被司法扣划

C. 个人用限售股认购或申购交易型开放式指数基金（ETF）份额

D. 个人用限售股接受要约收购

**[答案]** A

**[解析]** 根据财税〔2009〕167 号、财税〔2010〕70 号等文件的规定，个人用限售股接受要约收购的转让收入以要约收购的价格计算。个人通过认购交易型开放式指数基金（ETF）份额方式转让限售股的，以股份过户日的前一交易日该股份收盘价计算转让收入；通过申购交易型开放式指数基金（ETF）份额方式转让限售股的，以申购日的前一交易日该股份收盘价计算转让收入。个人持有的限售股被司法扣划的转让收入以司法执行日的前一交易日该股收盘价计算。个人通过证券交易所集中交易系统或大宗交易系统转让限售股的转让收入，以转让当日该股份实际转让价格计算。

### 7.4.4　征收管理

1. 纳税人、扣缴义务人和主管税务机关的确定

根据财税〔2009〕167 号文件的规定，限售股转让所得个人所得税，以限售股持有者为纳税义务人，以个人股东开户的证券机构为扣缴义务人。限售股个人所得税由证券机构所在地主管税务机关负责征收管理。

上述规定主要是从便于征管操作和源泉控管的角度考虑的，限售股股东可能遍布全国各地，但一般情况下，个人会选择距离自己常住地或工作地最近的证券机构设立证券账户，因此财税〔2009〕167 号文件规定，按照属地原则，由限售股股东开户的证券机构（证券公司营业部）为扣缴义务人，由证券机构所在地主管税务机关负责征收管理。对扣缴义务人按照所扣缴的税款，税务机关应按照规定支付手续费。

［**例 7.10**］多选题。纳税人转让限售股需要自行申报纳税的情形有（　　）。

A. 个人协议转让限售股

B. 个人行使现金选择权将限售股转让给提供现金选择权的第三方

C. 个人持有的限售股被司法扣划

D. 个人因依法继承或家庭财产分割让渡限售股所有权

E. 个人用限售股接受要约收购

［**答案**］ACD

［**解析**］选项 B 和选项 E 错误。对限售股转让所得应纳个人所得税采取证券机构预扣预缴、纳税人自行申报清算和证券机构直接扣缴相结合的方式征收。

2. 对不同阶段限售股采取不同征管办法

对限售股转让所得征收个人所得税，采取由限售股股东个人开户的证券机构代扣代缴税款的征收方式，按照最初的设想，首先，需要证券交易系统中将限售股与流通股实行分库管理，其次，需要证券机构掌握限售股的成本原值，才能根据限售股股东转让限售股时的转让价格扣除成本原值实施税款扣缴。

但由于股权分置改革后，限售股一旦解禁，其在股东账户中与股东从二级市场取得的流通股是混在一起，无法区分的，如果要求交易所、登记结算公司以及证券公司能够识别股东减持股份的来源种类，则需要对限售股与非限售股进行分户管理。分户管理需要调整证券交易结算系统，进行技术上的准备和改造。同时，在已形成的限售股成本原值的确认上也存在诸多难点：一是限售股都是公司公开发行股票前股东持有的股份，每一位股东取得股份的具体成本等资料，可能只有上市公司掌握，证券交易所、登记结算公司、证券公司没有记录，很难查找；二是影响成本变动的因素很多，包括股东在不同阶段取得的送转股、配股，以及公司定向增发造成股份的稀释等。因此，如果要建立限售股成本资料，只能通过完善上市公司新股发行制度，要求上市公司在新股发行环节增加报送上市前股东所持股份的真实成本资料，再通过股票登记结算系统改造，提前将成本资料植入系统，上述这些工作都只能从新上市公司着手。

在证券登记结算公司系统中植入限售股成本资料需要一定的时间在制度上和技术上做准备，按照先建立机制和便于操作的原则，以技术和制度完备作为划断新老限售股的界限，按照“老股老办法，新股新办法”的原则，具体根据证券机构技术和制度准备完成情况，对不同阶段形成的限售股，采取不同的征收管理办法。即，证券机构技术和制度准备完成前形成的限售股，采取简易的“核定（预扣）+清算”的征收方式；证券机构技术和制度准备完成后形成的限售股，采取由证券机构直接扣缴的方式。

（1）技术和制度准备完成前应扣缴税款的计算和预扣清算。由于现行证券交易系统中无法单独标识限售股，限售股股东转让限售股时交易系统无法判别，证券结算系统虽然有限售股的登记信息，但因其只是结算当天交易的数据，难以判断其是否是限售股，难以扣缴税款。而只能采取提前通过某个价格和核定成本计算出限售股的应缴税款，按照限售股优先征税的原则，一旦限售股账户转让股票，则根据提前计算的应缴税款实施即时预扣税款。

因而，财税〔2009〕167 号文件规定，在证券机构技术和制度准备完成前，对已经形成的限售股，以股改复牌日收盘价或上市首日收盘价，作为计算限售股转让收入的依据。同时，按照股改复牌日收盘价或上市首日收盘价的 15% 统一确定限售股的原值和合理税费。

登记结算公司以上述转让收入与原值和合理税费，计算出现有限售股的应纳税所得额，按照20%的税率计算应扣缴税款，待限售股股东转让时，将转让股数和应扣缴税款的信息发送给证券机构，由证券机构预扣预缴个人所得税。证券机构应填报《限售股转让所得个人所得税扣缴报告表》，并于次月 15 日内将预扣税款向主管税务机关缴纳。

纳税人按照实际转让收入和实际成本计算的应纳税额，如果与证券机构扣缴的税额有差异（实际转让收入、成本与收盘价、核定成本有差异）的，纳税人可以自证券机构解缴税款的次月 1 日起的 3 个月内，向其开户证券机构所在地主管税务机关申请税款清算。

需要强调的是，纳税人申请清算时，应按照收入与成本相匹配的原则计算应纳税所得额。即，限售股转让收入必须按照实际转让收入计算，限售股原值按照实际成本计算；如果纳税人未能提供完整、真实的限售股原值凭证，不能正确计算限售股原值的，主管税务机关一律按限售股实际转让收入的 15% 核定限售股原值及合理税费。

纳税人申请清算时，应填报《限售股转让所得个人所得税清算申报表》，并持加盖证券机构印章的交易记录和相关完整、真实凭证，向主管税务机关提出清算申报并办理清算事宜。主管税务机关审核确认后，按照重新计算的应纳税额，办理退（补）税手续。纳税人在规定期限内未到主管税务机关办理清算事宜的，税务机关不再办理清算事宜，已预扣预缴的税款从纳税保证金账户全额缴入国库。

**[例 7.11]** 明鑫公司 2017 年 4 月 25 日上市，上市首日收盘价为 15 元；2019 年 1 月 6 日明鑫公司的收盘价为 11 元。

①明鑫公司根据上市首日收盘价和其的 15% 核定原值及税费，计算出每股应扣缴个人所得税为：15 ×（1 - 15%）×20% = 2.55（元）

其核定的成本为：15 × 15% = 2.25（元）

②假设明鑫公司某限售股股东于 2019 年 1 月 6 日以收盘价的价格减持了股份，其实际成交价格低于计算应扣缴税款的上市首日收盘价，表面上看是多扣缴了纳税人的税款，纳税人应申请清算。

③清算过程中，按照收入与成本配比的原则，纳税人提供了实际转让收入（11 元）和实际的股票原值及相关税费，则每股实际应缴税款按 11 元减去实际原值及税费计算；如果纳税人无法提供实际成本资料，按照收入与成本配比的原则，实际每股应纳税额应为：11 ×（1 - 15%）×20% = 1.87（元），其核定成本以实际转让收入为计算依据，即 11 × 15% = 1.65（元）。收入与成本配比的原则要求，收入的计算依据与成本原值的计算依据必须一致，而不允许转让收入按较低的实际成交价格计算，原值按较高的首日收盘价计算的 2.25 元扣除。

（2）证券机构技术和制度准备完成后应缴税款计算和扣缴。财税〔2009〕167 号文件规定，对证券机构技术和制度准备完成后新上市公司的限售股，通过改造登记结算公司和证券公司软件的方式分库管理，按照证券机构事先植入结算系统的限售股成本原值和发生的合理税费，以实际转让收入减去成本原值和合理税费后的余额，适用 20% 税率，由证券机构计算直接扣缴个人所得税额。

证券机构技术和制度准备完成后，证券机构扣缴税款的计算依据是实际的转让收入和实际成本，此时扣缴税款是纳税人实际的应缴税款，不存在清算问题。

《财政部　国家税务总局关于证券机构技术和制度准备完成后个人转让上市公司限售股

有关个人所得税问题的通知》（财税〔2011〕108 号）进一步规定：

①自 2012 年 3 月 1 日起，网上发行资金申购日在 2012 年 3 月 1 日（含）之后的首次公开发行上市公司（以下简称新上市公司）按照证券登记结算公司业务规定做好各项资料准备工作，在向证券登记结算公司申请办理股份初始登记时并申报由个人限售股股东提供的有关限售股成本原值详细资料，以及会计师事务所或税务师事务所对该资料出具的鉴证报告。限售股成本原值，是指限售股买入时的买入价及按照规定缴纳的有关税费。

②新上市公司提供的成本原值资料和鉴证报告中应包括但不限于以下内容：证券持有人名称、有效身份证照号码、证券账户号码、新上市公司全称、持有新上市公司限售股数量、持有新上市公司限售股每股成本原值等。

新上市公司每位持有限售股的个人股东应仅申报一个成本原值。个人取得的限售股有不同成本的，应对所持限售股以每次取得股份数量为权重进行成本加权平均以计算出每股的成本原值，即：

分次取得限售股的加权平均成本 =（第一次取得限售股的每股成本原值 × 第一次取得限售股的股份数量 + … + 第 n 次取得限售股的每股成本原值 × 第 n 次取得限售股的股份数量）÷ 累计取得限售股的股份数量

③证券登记结算公司收到新上市公司提供的相关资料后，应及时将有关成本原值数据植入证券结算系统。个人转让新上市公司限售股的，证券登记结算公司根据实际转让收入和植入证券结算系统的标的限售股成本原值，以实际转让收入减去成本原值和合理税费后的余额，适用 20% 税率，直接计算需扣缴的个人所得税。

④新上市公司在申请办理股份初始登记时，确实无法提供有关成本原值资料和鉴证报告的，证券登记结算公司在完成股份初始登记后，将不再接受新上市公司申报有关成本原值的资料和鉴证报告，并按规定以实际转让收入的 15% 核定限售股成本原值和合理税费。

⑤个人在证券登记结算公司以非交易过户方式办理应纳税未解禁限售股过户登记的，受让方所取得限售股的成本原值按照转让方完税凭证、《限售股转让所得个人所得税清算申报表》等材料确定的转让价格进行确定；如转让方证券账户为机构账户，在受让方再次转让该限售股时，以受让方实际转让收入的 15% 核定其转让限售股的成本原值和合理税费。

⑥对采取自行纳税申报方式的纳税人，其个人转让限售股不需要纳税或应纳税额为零的，纳税人应持经主管税务机关审核确认并加盖受理印章的《限售股转让所得个人所得税清算申报表》原件，到证券登记结算公司办理限售股过户手续。未提供原件的，证券登记结算公司不予办理过户手续。

⑦对于个人持有的新上市公司未解禁限售股被司法扣划至其他个人证券账户，如国家有权机关要求强制执行但未能提供完税凭证等材料，证券登记结算公司在履行告知义务后予以协助执行，并在受让方转让该限售股时，以其实际转让收入的 15% 核定其转让限售股的成本原值和合理税费。

⑧证券公司应将每月所扣个人所得税款，于次月 15 日内缴入国库，并向当地主管税务机关报送《限售股转让所得扣缴个人所得税报告表》及税务机关要求报送的其他资料。对个人转让新上市公司限售股，按财税〔2010〕70 号文件的规定，需纳税人自申报纳税的，继续按照原规定以及上述第（6）项、第（7）项的相关规定执行。

### 7.4.5　企业转让限售股所得税处理

关于企业转让上市公司限售股有关所得税处理问题，《国家税务总局关于企业转让上市公司限售股有关所得税问题的公告》（国家税务总局公告 2011 年第 39 号）做出如下规定：

1. 纳税义务人的界定

根据《企业所得税法》第一条及《企业所得税法实施条例》第三条的规定，转让限售股取得收入的企业（包括事业单位、社会团体、民办非企业单位等），为企业所得税的纳税义务人。

2. 企业转让代个人持有的限售股征税问题

因股权分置改革造成原由个人出资而由企业代持有的限售股，企业在转让时按以下规定处理：

（1）企业转让上述限售股取得的收入，应作为企业应税收入计算纳税。

上述限售股转让收入扣除限售股原值和合理税费后的余额为该限售股转让所得。企业未能提供完整、真实的限售股原值凭证，不能准确计算该限售股原值的，主管税务机关一律按该限售股转让收入的 15% 核定为该限售股原值和合理税费。依照规定完成纳税义务后的限售股转让收入余额转付给实际所有人时不再纳税。

（2）依法院判决、裁定等原因，通过证券登记结算公司，企业将其代持的个人限售股直接变更到实际所有人名下的，不视同转让限售股。

3. 企业在限售股解禁前转让限售股征税问题

企业在限售股解禁前将其持有的限售股转让给其他企业或个人（以下简称受让方），其企业所得税处理按以下规定执行：

（1）企业应按减持在证券登记结算机构登记的限售股取得的全部收入，计入企业当年度应税收入计算纳税。

（2）企业持有的限售股在解禁前已签订协议转让给受让方，但未变更股权登记、仍由企业持有的，企业实际减持该限售股取得的收入，依照上述第（1）项规定纳税后，其余额转付给受让方的，受让方不再纳税。

## 7.5　非上市公司股权转让所得

### 7.5.1　纳税人与应税项目

1. 股权与股权转让

（1）股权。《股权转让所得个人所得税管理办法（试行）》第二条规定，该办法所称股权是指自然人股东（以下简称个人）投资于在中国境内成立的企业或组织（以下统称被投资企业，不包括个人独资企业和合伙企业）的股权或股份。

根据上述规定，个人独资企业和合伙企业个人投资者投资于个人独资企业和合伙企业的投资份额，不属于《股权转让所得个人所得税管理办法（试行）》规范的股权。

（2）股权转让。《股权转让所得个人所得税管理办法（试行）》第三条规定，该办法所称股权转让是指个人将股权转让给其他个人或法人的行为，包括以下情形：

①出售股权。

②公司回购股权。

③发行人首次公开发行新股时，被投资企业股东将其持有的股份以公开发行方式一并向投资者发售。

④股权被司法或行政机关强制过户。

例如，李四持有H公司100%的股权，李四欠A公司840万元货款，无力归还，A公司一纸诉状将李四告上法庭，法庭判决将李四持有的H公司股权拍卖抵债。B公司以1 000万元的价款拍得H公司100%的股权，人民法院将H公司股权强制过户到B公司名下。李四持有H公司股权成本为200万元。本案例中虽然是司法机关强制过户，但按照《股权转让所得个人所得税管理办法（试行）》的规定仍然要缴纳股权转让所得个人所得税。因此，此案例中，股权转让个人所得税应纳税所得额为800万元（1 000－200），B公司应该扣缴个人所得税200万元，将剩余800万元转付给A公司抵债。

值得注意的是，《最高人民法院　国家工商总局关于加强信息合作规范执行与协助执行的通知》（法〔2014〕251号）明确，司法强制过户，人民法院可以直接通知工商部门在业务系统强制过户，而不需要当事人申请的程序。

⑤以股权对外投资或进行其他非货币性交易。

2011年以前，根据《国家税务总局关于非货币性资产评估增值暂不征收个人所得税的批复》（国税函〔2005〕319号）的规定，个人以非货币性资产对外投资，暂不征收个人所得税。从2011年起，国家税务总局公告2011年第2号将国税函〔2005〕319号文件废止，根据税法的规定，就应当征收个人所得税。因而，《股权转让所得个人所得税管理办法（试行）》进一步明确规定，“以股权对外投资或进行其他非货币性交易”属于股权转让的范畴。

⑥以股权抵偿债务。

⑦其他股权转移行为。

以上列举的七类情形，股权已经发生了实质上的转移，而且转让方也相应获得了报酬或免除了责任，因此都应当属于股权转让行为，个人取得所得应按规定缴纳个人所得税。

2. 纳税人与扣缴义务人

《股权转让所得个人所得税管理办法（试行）》第五条规定，个人股权转让所得个人所得税，以股权转让方为纳税人，以受让方为扣缴义务人。

根据上述规定，受让方无论是企业还是个人，均应按个人所得税法规定履行扣缴税款义务。

3. 应税项目的确定

《股权转让所得个人所得税管理办法（试行）》第四条规定，个人转让股权，以股权转让收入减除股权原值和合理费用后的余额为应纳税所得额，按“财产转让所得”缴纳个人所得税。合理费用是指股权转让时按照规定支付的有关税费。

用公式表示为：

应纳税所得额＝股权转让收入－股权原值－合理费用

［**例7.12**］2018年H有限公司向M公司全体股东发行股份购A公司100%股权，净资

产账面价值约为 8 亿元，交易价格为 38.6 亿元。

要求：分析说明上述交易是否要缴个人所得税。

[**解析**] 以股权对外投资或进行其他非货币性交易在企业并购中很常见，个人股东将其持有的股权向其他企业投资，取得被投资企业的股权，股权权属发生改变。在本案例中，M 公司的自然人股东将其持有股权投资到 B 公司，属于《股权转让所得个人所得税管理办法（试行）》中规定的个人股权转让的范围，交易价格与股权成本及相关税费之间的差额部分，应按规定申报缴纳个人所得税。

在资本市场中上市公司向个人股东发行股份购买资产的案例非常多，其中涉及个人股权交易的个人所得税问题，《国家税务总局关于个人以股权参与上市公司定向增发征收个人所得税问题的批复》（国税函〔2011〕89 号）对江苏省富豪张桂平与苏宁环球的重组案例做出过批复，批复规定其应该缴纳个人所得税，并按照“财产转让所得”项目缴纳。《股权转让所得个人所得税管理办法（试行）》对这个问题重新做了明确，处理的原则是一样的，都作为“财产转让所得”征收个人所得税。

### 7.5.2　股权转让收入的确认

1. 公平交易原则

《股权转让所得个人所得税管理办法（试行）》第十条规定，股权转让收入应当按照公平交易原则确定。

公平交易原则是股权转让收入确定的基本原则。也就是说，纳税人转让股权，应当获得与之相匹配的回报，无论回报是以何种形式或名义，都应作为股权转让收入的组成部分。

2. 股权转让收入

（1）股权转让收入的界定。股权转让收入，根据《股权转让所得个人所得税管理办法（试行）》第七条的规定，是指转让方因股权转让而获得的现金、实物、有价证券和其他形式的经济利益。

通常情况下，股权转让收入就是转让方在转让当期和后续期间获得的各种形式及名义的转让所得。

（2）股权转让收入的构成。《股权转让所得个人所得税管理办法（试行）》第八条规定，转让方取得与股权转让相关的各种款项，包括违约金、补偿金以及其他名目的款项、资产、权益等，均应当并入股权转让收入。

国税函〔2006〕866 号文件也明确：股权成功转让后，转让方个人因受让方个人未按规定期限支付价款而取得的违约金收入，属于因财产转让而产生的收入。转让方个人取得的该违约金应并入财产转让收入，按照“财产转让所得”项目计算缴纳个人所得税，税款由取得所得的转让方个人向主管税务机关自行申报缴纳。

（3）后续收入的处理。《股权转让所得个人所得税管理办法（试行）》第九条规定，纳税人按照合同约定，在满足约定条件后取得的后续收入，应当作为股权转让收入。

（4）对赌协议的纳税调整。对赌协议（Valuation Adjustment Mechanism，VAM），也称估值调整机制，是指资产买卖时，由于买方与卖方就资产的价值无法达成一致，为了弥补双方对价值预测的分歧，达成交易，双方对资产的总价不做固定，而是约定以未来期间资产的表现指标如销售收入、净收入等为基准，来确定资产的最后成交价格。对赌协议实际上就是期权的一种形式，常见的“赌注”主要有股权对赌、现金对赌、优先权对赌、股权回购对赌等。

3. 股权转让收入的核定

根据《股权转让所得个人所得税管理办法（试行）》第十一条的规定，符合下列情形之一的，主管税务机关可以核定股权转让收入：

（1）申报的股权转让收入明显偏低且无正当理由的。

（2）未按照规定期限办理纳税申报，经税务机关责令限期申报，逾期仍不申报的。

（3）转让方无法提供或拒不提供股权转让收入的有关资料。

（4）其他应核定股权转让收入的情形。

上述纳税人申报的股权转让收入明显偏低等四种主管税务机关可以核定股权转让收入的情形，主要是对违反公平交易原则或不配合税收管理的纳税人实施的一种税收保障措施。

4. 转让收入明显偏低的界定

根据《股权转让所得个人所得税管理办法（试行）》第十二条的规定，符合下列情形之一，视为股权转让收入明显偏低：

（1）申报的股权转让收入低于股权对应的净资产份额的。其中，被投资企业拥有土地使用权、房屋、房地产企业未销售房产、知识产权、探矿权、采矿权、股权等资产的，申报的股权转让收入低于股权对应的净资产公允价值份额的。

（2）申报的股权转让收入低于初始投资成本或低于取得该股权所支付的价款及相关税费的。

（3）申报的股权转让收入低于相同或类似条件下同一企业同一股东或其他股东股权转让收入的。

（4）申报的股权转让收入低于相同或类似条件下同类行业的企业股权转让收入的。

（5）不具合理性的无偿让渡股权或股份。

（6）主管税务机关认定的其他情形。

在2015年以前，根据《国家税务总局关于股权转让所得个人所得税计税依据核定问题的公告》（国家税务总局公告2010年第27号，自2015年1月1日起被国家税务总局公告2014年第67号废止）的规定：自然人转让所投资企业股权（份）取得所得，按照公平交易价格计算并确定计税依据。符合下列情形之一且无正当理由的，可视为计税依据明显偏低：

（1）申报的股权转让价格低于初始投资成本或低于取得该股权所支付的价款及相关税费的。

（2）申报的股权转让价格低于对应的净资产份额的。

（3）申报的股权转让价格低于相同或类似条件下同一企业同一股东或其他股东股权转让价格的。

（4）申报的股权转让价格低于相同或类似条件下同类行业的企业股权转让价格的。

（5）经主管税务机关认定的其他情形。

5. 正当理由的界定

《股权转让所得个人所得税管理办法（试行）》第十二条对何为股权转让收入明显偏低进行了界定，但实际交易中，确实存在部分股权转让收入因种种合理情形而偏低的情形。需要对转让收入偏低的合理情形进行明确，主要是三代以内直系亲属间转让、受合理的外部因素影响导致低价转让、部分限制性的股权转让等。为此，《股权转让所得个人所得税管理办法（试行）》第十三条规定，符合下列条件之一的股权转让收入明显偏低，视为有正当理由：

（1）能出具有效文件证明被投资企业因国家政策调整，生产经营受到重大影响，导致低价转让股权。

（2）继承或将股权转让给其能提供具有法律效力身份关系证明的配偶、父母、子女、祖父母、外祖父母、孙子女、外孙子女、兄弟姐妹以及对转让人承担直接抚养或者赡养义务的抚养人或者赡养人。

（3）相关法律、政府文件或企业章程规定，并有相关资料充分证明转让价格合理且真实的本企业员工持有的不能对外转让股权的内部转让。

（4）股权转让双方能够提供有效证据证明其合理性的其他合理情形。

而在 2015 年以前，根据国家税务总局公告 2010 年第 27 号的规定，正当理由，是指以下情形：

①所投资企业连续 3 年以上（含 3 年）亏损。

②因国家政策调整的原因而低价转让股权。

③将股权转让给配偶、父母、子女、祖父母、外祖父母、孙子女、外孙子女、兄弟姐妹以及对转让人承担直接抚养或者赡养义务的抚养人或者赡养人。

④经主管税务机关认定的其他合理情形。

此外，需要说明的是，个人将持有的非上市公司股权平价或低价转让给本人或亲属控制的公司的，不属于股权转让价格明显偏低的正当理由，应按规定核定股权转让收入，缴纳个人所得税。

6. 股权转让收入的核定方法

《股权转让所得个人所得税管理办法（试行）》第十四条规定，主管税务机关应依次按照净资产核定法、类比法和其他合理方法核定股权转让收入。

（1）净资产核定法。《股权转让所得个人所得税管理办法（试行）》第十四条第一项规定，股权转让收入按照每股净资产或股权对应的净资产份额核定。

被投资企业的土地使用权、房屋、房地产企业未销售房产、知识产权、探矿权、采矿权、股权等资产占企业总资产比例超过 20% 的，主管税务机关可参照纳税人提供的具有法定资质的中介机构出具的资产评估报告核定股权转让收入。

6 个月内再次发生股权转让且被投资企业净资产未发生重大变化的，主管税务机关可参照上一次股权转让时被投资企业的资产评估报告核定此次股权转让收入。

净资产主要依据被投资企业会计报表计算确定。对于土地使用权、房屋、房地产企业未销售房产、知识产权、探矿权、采矿权、股权等资产占比超过 20% 的企业，其以上资产需要按照评估后的市场价格确定。评估有关资产时，由纳税人选择有资质的中介机构，同时为了减少纳税人资产评估方面的支出，对 6 个月内多次发生股权转让的情况，给予了简化处理，对净资产未发生重大变动的，可参照上一次的评估情况。

（2）类比法。《股权转让所得个人所得税管理办法（试行》第十四条第二项规定：

①参照相同或类似条件下同一企业同一股东或其他股东股权转让收入核定。

②参照相同或类似条件下同类行业企业股权转让收入核定。

（3）其他合理方法。《股权转让所得个人所得税管理办法（试行）》第十四条第三项规定，主管税务机关采用该方法第十四条第一项和第二项核定股权转让收入存在困难的，可以采取其他合理方法核定。

根据上述有关规定，主管税务机关在对股权转让收入进行核定时，必须按照净资产核定法、类比法、其他合理方法的先后顺序进行选择。被投资企业账证健全或能够对资产进行评估核算的，应当采用净资产核定法进行核定。被投资企业净资产难以核实的，如其股东存在其他符合公平交易原则的股权转让或类似情况的股权转让，主管税务机关可以采用类比法核定股权转让收入。以上方法都无法适用的，可采用其他合理方法核定。

而在2015年以前，根据国家税务总局公告2010年第27号的规定，对申报的计税依据明显偏低且无正当理由的，可采取以下核定方法：

①参照每股净资产或纳税人享有的股权比例所对应的净资产份额核定股权转让收入。

对知识产权、土地使用权、房屋、探矿权、采矿权、股权等合计占资产总额比例达50%以上的企业，净资产额须经中介机构评估核实。

②参照相同或类似条件下同企业同一股东或其他股东股权转让价格核定股权转让收入。

③参照相同或类似条件下同类行业的企业股权转让价格核定股权转让收入。

④纳税人对主管税务机关采取的上述核定方法有异议的，应当提供相关证据，主管税务机关认定属实后，可采取其他合理的核定方法。

**［例7.13］**王先生持有D公司100%股权，D公司是一家坐落在湖北省，生产钢材、线材的小型钢铁企业，2018年当地政府决定，采取限产、对小钢厂关停等措施，并下发了相关文件。D公司不幸属于关停之列，因此王先生面临着要么将钢厂转让，被大钢厂兼并重组，要么关停清算的命运。经过多方运作，王先生将D公司100%股权转让给大型国企A公司，转让价格低于D公司净资产价格。

**［解析］**在本案例中，王先生可以出具有效文件，证明D公司因国家政策调整，生产经营受到重大影响，导致低价转让股权，虽然计税依据明显偏低，但是有正当理由，不需要核定股权转让收入。

**［例7.14］**刘女士是D股份公司（一家土地使用权资产占25%的非上市公司）实际控制人，持有D股份公司80%的股权，为了对员工进行长期激励，2018年1月，张先生决定以每股12元的净资产价格分别转让给10位公司高管每人10万股股票，D股份公司每股股票的公允价格为24元。公司章程规定，公司高管如果离职，必须按照离职上一年年末的公司账面净资产价格将股票卖给公司实际控制人刘女士。2018年2月1日，高管李四离职，按照公司章程规定，将持有的10万股股票以每股17元的净资产价格转让给刘女士，转让日公司净资产公允价值为25元。

要求：分析说明转让价格是否合理。

**［解析］**依据《股权转让所得个人所得税管理办法（试行）》第十三条及D股份公司章程规定，有相关资料充分证明转让价格合理且真实的本企业员工持有的不能对外转让股权的内部转让，可以视为有正当理由。因此，本案例不必核定股权转让收入。事实上，此时职工持有的股票，不允许向公司外部转让，其转让收益权受到限制，虽然D股份公司的土地使用权价值达到账面净资产的25%，但高管之间按照账面净资产价格转让股权是符合公平交易原则的。

### 7.5.3　股权原值和合理费用的确认

1. 股权原值的确认方法

根据《股权转让所得个人所得税管理办法（试行）》第十五条的规定，个人转让股权的原值依照以下方法确认：

（1）以现金出资方式取得的股权，按照实际支付的价款与取得股权直接相关的合理税费之和确认股权原值。

（2）以非货币性资产出资方式取得的股权，按照税务机关认可或核定的投资入股时非货币性资产价格与取得股权直接相关的合理税费之和确认股权原值。

（3）通过无偿让渡方式取得的股权，具备该办法第十三条第二项（即三代以内亲属间转让股权）所列情形的，按取得股权发生的合理税费与原持有人的股权原值之和确认股权原值。

（4）被投资企业以资本公积、盈余公积、未分配利润转增股本，个人股东已依法缴纳个人所得税的，以转增额和相关税费之和确认其新转增股本的股权原值。

（5）除上述情形外，由主管税务机关按照避免重复征收个人所得税的原则合理确认股权原值。

可见，不重复征税是《股权转让所得个人所得税征管办法（试行）》确认股权原值的基本原则。

综上所述，通常情况下，股权原值按照纳税人取得股权时的实际支出进行确认。如纳税人在获得股权时，转让方已经被核定征收过个人所得税的，纳税人在此次转让时，股权原值可以按照取得股权时发生的合理税费与税务机关核定的转让方股权转让收入之和确定。这也是为了使整个转让环节前后衔接，避免重复征税。

2. 再次转让股权原值的确认

（1）受让人再次转让股权原值的确定。《股权转让所得个人所得税管理办法（试行）》第十六条规定，自 2015 年 1 月 1 日起，股权转让人已被主管税务机关核定股权转让收入并依法征收个人所得税的，该股权受让人的股权原值以取得股权时发生的合理税费与股权转让人被主管税务机关核定的股权转让收入之和确认。

而在 2015 年以前，根据国家税务总局公告 2010 年第 27 号第四条的规定，纳税人再次转让所受让的股权的，股权转让的成本为前次转让的交易价格及买方负担的相关税费。这种确定再次转让股权成本的方法，如果仅从受让方角度讲，用其股权再次转让收入扣除为取得股权而实际发生的支出，作为股权转让所得，据此征收个人所得税，符合个人所得税法有关财产转让所得的确定原则。但是，如果将股权交易双方看作一个整体，前次交易转让方被核定征收的核定增值额部分，就重复征收了个人所得税。

（2）盈余积累转增股本后转让股权原值的确定。《国家税务总局关于个人投资者收购企业股权后将原盈余积累转增股本个人所得税问题的公告》（国家税务总局公告 2013 年第 23 号）规定，1 名或多名个人投资者以股权收购方式取得被收购企业 100% 的股权，股权收购前，被收购企业原账面金额中的“资本公积、盈余公积、未分配利润”等盈余积累未转增股本，而在股权交易时将其一并计入股权转让价格并履行了所得税纳税义务。股权收购后，企业将原账面金额中的盈余积累向个人投资者（新股东，下同）转增股本，有关个人所得税问题区分以下情形处理：

①新股东以不低于净资产价格收购股权的，企业原盈余积累已全部计入股权交易价格，新股东取得盈余积累转增股本的部分，不征收个人所得税。

②新股东以低于净资产价格收购股权的，企业原盈余积累中，对于股权收购价格减去原股本的差额部分已经计入股权交易价格，新股东取得盈余积累转增股本的部分，不征收个人所得税；对于股权收购价格低于原所有者权益的差额部分未计入股权交易价格，新股东取得盈余积累转增股本的部分，应按照“利息、股息、红利所得”项目征收个人所得税。

新股东以低于净资产价格收购企业股权后转增股本，应按照下列顺序进行，即：先转增应税的盈余积累部分，然后再转增免税的盈余积累部分。

新股东将所持股权转让时，其财产原值为其收购企业股权实际支付的对价及相关税费。

3. 股权原值的核定

根据《股权转让所得个人所得税管理办法（试行）》第十七条的规定，个人转让股权未提供完整、准确的股权原值凭证，不能正确计算股权原值的，由主管税务机关核定其股权原值。

4. 用加权平均法确定股权原值

根据《股权转让所得个人所得税管理办法（试行）》第十八条的规定，对个人多次取得同一被投资企业股权的，转让部分股权时，采用加权平均法确定其股权原值。

5. 合理费用的扣除

新、旧《个人所得税法》均规定，财产转让所得，以转让财产的收入额减除财产原值和合理费用后的余额，为应纳税所得额。根据2018年版《个人所得税法实施条例》的规定，这里所说的合理费用，是指卖出财产时按照规定支付的有关税费。

在计算股权转让所得时，是否可以扣除律师费、中介费、评估费以及咨询费等费用？只要纳税人能举证是与股权转让直接相关、由转让方承担的并且符合经营常规的合理费用就应该允许扣除。对于这个问题，有些地方税务机关文件予以了明确。例如，《江西省地方税务局关于发布〈自然人股东股权转让所得个人所得税征收管理办法（试行）〉的公告》（江西省地方税务局公告2012年第9号）第八条规定，与股权转让相关的税费是指纳税人在转让股权过程中按规定所支付的税金及费用，包括营业税（营改增后为增值税）、城市维护建设税、印花税、教育费附加、地方教育附加、资产评估费、中介服务费等。

**[例7.15]** 王先生2012年以200万元现金投资D公司，占D公司10%的股份；2013年，又以400万元现金投资D公司，取得D公司10%的股份；2014年，以600万元现金继续对D公司增资，又取得了10%的股份，至此王先生持有D公司共30%的股份。2018年，王先生将持有的D公司10%的股份转让给张先生，转让价格为800万元。

请计算王先生转让股权应纳的个人所得税。

**[解析]** 根据《股权转让所得个人所得税管理办法（试行）》第十八条的规定，应按加权平均法确认王先生转让D公司10%股权的原值。

股权原值 = （200 + 400 + 600） ÷ 30% × 10% = 400（万元）

应纳税所得额 = 800 − 400 = 400（万元）

应纳个人所得税额 = 400 × 20% = 80（万元）

### 7.5.4　纳税申报

1. 纳税地点

《股权转让所得个人所得税管理办法（试行）》第十九条明确规定：个人股权转让所得个人所得税以被投资企业所在地税务机关为主管税务机关。

也就是说，股权转让所得纳税人需要在被投资企业所在地办理纳税申报。

2. 纳税期限

根据《股权转让所得个人所得税管理办法（试行）》第二十条规定，具有下列情形之一的，扣缴义务人、纳税人应当依法在次月 15 日内向主管税务机关申报纳税：

（1）受让方已支付或部分支付股权转让价款的。

（2）股权转让协议已签订生效的。

（3）受让方已经实际履行股东职责或者享受股东权益的。

（4）国家有关部门判决、登记或公告生效的。

（5）该办法第三条第四项至第七项（即股权被司法或行政机关强制过户、以股权对外投资或进行其他非货币性交易、以股权抵偿债务和其他股权转移）行为已完成的。

（6）税务机关认定的其他有证据表明股权已发生转移的情形。

股权转让所得的纳税义务发生时间为股权转让行为发生后的次月 15 日内。上述 6 种情形是对何时作为股权转让行为发生时点进行的界定。

而在 2015 年以前，《国家税务总局关于加强股权转让所得征收个人所得税管理的通知（国税函〔2009〕285 号，自 2015 年 1 月 1 日起被国家税务总局公告 2014 年第 67 号废止）第一条规定，股权交易各方在签订股权转让协议并完成股权转让交易以后至企业变更股权登记之前，负有纳税义务或代扣代缴义务的转让方或受让方，应到主管税务机关办理纳税（扣缴）申报，并持税务机关开具的股权转让所得缴纳个人所得税完税凭证或免税、不征税证明，到工商行政管理部门办理股权变更登记手续。该通知第二条规定：股权交易各方已签订股权转让协议，但未完成股权转让交易的，企业在向工商行政管理部门申请股权变更登记时，应填写《个人股东变动情况报告表》并向主管税务机关申报。

3. 外币折算

《股权转让所得个人所得税管理办法（试行）》第二十三条规定，转让的股权以人民币以外的货币结算的，按照结算当日人民币汇率中间价，折算成人民币计算应纳税所得额。

4. 资料报送

《股权转让所得个人所得税管理办法（试行）》第二十一条规定，纳税人、扣缴义务人向主管税务机关办理股权转让纳税（扣缴）申报时，还应当报送以下资料：

（1）股权转让合同（协议）。

（2）股权转让双方身份证明。

（3）按规定需要进行资产评估的，需提供具有法定资质的中介机构出具的净资产或土地房产等资产价值评估报告。

（4）计税依据明显偏低但有正当理由的证明材料。

（5）主管税务机关要求报送的其他材料。

5. 事先报告义务

《股权转让所得个人所得税管理办法（试行）》第二十二条第一款规定，被投资企业应当在董事会或股东会结束后5个工作日内，向主管税务机关报送与股权变动事项相关的董事会或股东会决议、会议纪要等资料。该办法第六条规定，扣缴义务人应于股权转让相关协议签订后5个工作日内，将股权转让的有关情况报告主管税务机关。

6. 事后报告义务

《股权转让所得个人所得税管理办法（试行）》第二十二条第二款规定，被投资企业发生个人股东变动或者个人股东所持股权变动的，应当在次月15日内向主管税务机关报送含有股东变动信息的《个人所得税基础信息表（A表）》及股东变更情况说明。

主管税务机关应当及时向被投资企业核实其股权变动情况，并确认相关转让所得，及时督促扣缴义务人和纳税人履行法定义务。

［**例7.16**］单选题。

对个人股东股权转让所得征收个人所得税的主管税务机关是（　　）。

A. 交易行为发生地税务机关

B. 股权变更企业所在地税务机关

C. 个人股东户籍所在地税务机关

D. 个人股东经常居住地税务机关

［**答案**］B

［**解析**］根据国家税务总局公告2014年第67号的规定：个人股权转让所得个人所得税以被投资企业所在地税务机关为主管税务机关。

# 7.6 房地产转让所得

### 7.6.1 住房转让所得

1. 转让收入

对住房转让所得征收个人所得税时，以实际成交价格为转让收入。纳税人申报的住房成交价格明显低于市场价格且无正当理由的，征收机关依法有权根据有关信息核定其转让收入，但必须保证各税种计税价格一致。

2. 房产原值

房屋原值按下列原则确定：

商品房，其原值为购置该房屋时实际支付的房价款及交纳的相关税费。

自建住房，其原值为实际发生的建造费用及建造和取得产权时实际交纳的相关税费。

经济适用房（含集资合作建房、安居工程住房），其房屋原值为原购房人实际支付的房价款及相关税费，以及按规定交纳的土地出让金。

已购公有住房，其房屋原值为原购公有住房标准面积按当地经济适用房价格计算的房价款，加上原购公有住房超标准面积实际支付的房价款以及按规定向财政部门（或原产权单位）交纳的所得收益及相关税费。已购公有住房是指城镇职工根据国家和县级（含县级）

以上人民政府有关城镇住房制度改革政策规定，按照成本价（或标准价）购买的公有住房。经济适用房价格按县级（含县级）以上地方人民政府规定的标准确定。

城镇拆迁安置住房，其房屋原值为根据《城市房屋拆迁管理条例》（国务院令第 305 号，自 2011 年 1 月 21 日起被《国有土地上房屋征收与补偿条例》（国务院令第 590 号）代替）和《建设部关于印发〈城市房屋拆迁估价指导意见〉的通知》（建住房〔2003〕234 号）等有关规定，其原值分别为：

（1）房屋拆迁取得货币补偿后购置房屋的，为购置该房屋实际支付的房价款及交纳的相关税费。

（2）房屋拆迁采取产权调换方式的，所调换房屋原值为《房屋拆迁补偿安置协议》注明的价款及交纳的相关税费。

（3）房屋拆迁采取产权调换方式，被拆迁人除取得所调换房屋外，又取得部分货币补偿的，所调换房屋原值为《房屋拆迁补偿安置协议》注明的价款和交纳的相关税费，减去货币补偿后的余额。

（4）房屋拆迁采取产权调换方式，被拆迁人取得所调换房屋，又支付部分货币的，所调换房屋原值为《房屋拆迁补偿安置协议》注明的价款，加上所支付的货币及交纳的相关税费。

3. 合理费用

合理费用，是指纳税人按照规定实际支付的住房装修费用、住房贷款利息、手续费、公证费等费用。

（1）装修费用。支付的住房装修费用，纳税人能提供实际支付装修费用的税务统一发票，并且发票上所列付款人姓名与转让房屋产权人一致的，经税务机关审核，其转让的住房在转让前实际发生的装修费用，可在以下规定比例内扣除：

①已购公有住房、经济适用房：最高扣除限额为房屋原值的 15%。

②商品房及其他住房：最高扣除限额为房屋原值的 10%。

根据《国家税务总局关于个人转让房屋有关税收征管问题的通知》（国税发〔2007〕33 号）的规定，凡有下列情况之一的，在计算缴纳转让住房所得个人所得税时不得扣除装修费用：

①纳税人提供的装修费用凭证不是有效发票的。

②发票上注明的付款人姓名与房屋产权人或产权共有人的姓名不一致的。

③发票由建材市场、批发市场管理机构开具，且未附所购商品清单的。

纳税人申报扣除装修费用，应当填写《房屋装修费用发票汇总表》，在《房屋装修费用发票汇总表》上如实、完整地填写每份发票的开具人、受领人、发票字号、建材产品或服务项目、发票金额等信息。同时，将有关装修发票原件提交征收人员审核。征收人员受理申报时，应认真审核装修费用发票真伪、《房屋装修费用发票汇总表》与有关装修发票信息是否致，对不符合要求的发票不准扣除装修费用。审核完毕后，有关装修发票退还纳税人。

纳税人原购房为装修房，即合同注明房价款中含有装修费（铺装了地板，装配了洁具、厨具等）的，不得再重复扣除装修费用。

（2）支付的住房贷款利息。纳税人出售以按揭贷款方式购置的住房的，其向贷款银行实际支付的住房贷款利息，凭贷款银行出具的有效证明据实扣除。

（3）手续费、公证费。纳税人按照有关规定实际支付的手续费、公证费等，凭有关部门出具的有效证明据实扣除。

这里需要说明的是，根据财税字〔1994〕20 号文件的规定，个人转让自用达 5 年以上并且是唯一的家庭生活用房取得的所得，暂免征收个人所得税。

4. 转让住房过程中缴纳的税金

转让住房过程中缴纳的税金，是指纳税人在转让住房时实际缴纳的城市维护建设税、教育费附加、土地增值税、印花税等税金。

5. 核定征收

纳税人未提供完整、准确的房屋原值凭证，不能正确计算房屋原值和应纳税额的，税务机关可根据《税收征收管理法》第三十五条的规定，对其实行核定征税，即按纳税人住房转让收入的一定比例核定应纳个人所得税额。具体比例由省级税务局或者省级税务局授权的地市级税务局根据纳税人出售住房的所处区域、地理位置、建造时间、房屋类型、住房平均价格水平等因素，在住房转让收入 1%—3% 的幅度内确定。

这里所称"未提供完整、准确的房屋原值凭证"，根据《国家税务总局关于个人转让房屋有关税收征管问题的通知》（国税发〔2007〕33 号）的规定，是指纳税人不能提供房屋购买合同、发票或建造成本、费用支出的有效凭证，或契税征管档案中没有上次交易价格或建造成本、费用支出金额等记录。凡纳税人能提供房屋购买合同、发票或建造成本、费用支出的有效凭证，或契税征管档案中有上次交易价格或建造成本、费用支出金额等记录的，均不应按照核定征收方式计征个人所得税。

### 7.6.2 其他房产转让所得

1. 个人转让非住房个人所得税

对个人转让住房以外的其他房产，以转让财产的收入额减除其财产原值和合理费用（指卖出财产时按照规定支付的有关费用）后的余额，为应纳税所得额，按照 20% 的税率征收个人所得税；纳税人未提供完整、准确的财产原值凭证，不能正确计算财产原值的，由主管税务机关核定其财产原值。

2. 转让非住房个人所得税具体规定

自 2012 年 12 月 1 日起，根据《天津市地方税务局关于明确个人非住房转让所得征收个人所得税有关问题的公告》（天津市地方税务局公告 2012 年第 11 号）的规定，个人转让非住房，按照"财产转让所得"项目，以转让财产的收入额减除财产原值和合理费用后的余额，为应纳税所得额。适用比例税率，税率为 20%。

个人转让非住房，应以非住房转让实际成交价格为转让财产的收入额；财产原值的确认，应以纳税人提供的财产原值有效凭证为依据；合理费用是指非住房转让过程中缴纳的税金及相关费用。

### 7.6.3 转让离婚析产房屋所得

根据《国家税务总局关于明确个人所得税若干政策执行问题的通知》（国税发〔2009〕121 号）的规定，通过离婚析产的方式分割房屋产权是夫妻双方对共同共有财产的处置，个人因离婚办理房屋产权过户手续，不征收个人所得税。个人转让离婚析产房屋所取得的收入，允许扣除其相应的财产原值和合理费用后，余额按照规定的税率缴纳个人所得税；其相应的财产原值，为房屋初次购置全部原值和相关税费之和乘以转让者占房屋所有权的比例。

### 7.6.4　个人转让受赠房产

自 2009 年 5 月 25 日起，根据《财政部　国家税务总局关于个人无偿受赠房屋有关个人所得税问题的通知》（财税〔2009〕78 号）的规定，对受赠人无偿受赠房屋计征个人所得税时，其应纳税所得额为房地产赠予合同上标明的赠予房屋价值减除赠予过程中受赠人支付的相关税费后的余额。赠予合同标明的房屋价值明显低于市场价格或房地产赠予合同未标明赠予房屋价值的，税务机关可依据受赠房屋的市场评估价格或采取其他合理方式确定受赠人的应纳税所得额。

受赠人转让受赠房屋的，以其转让受赠房屋的收入减除原捐赠人取得该房屋的实际购置成本以及赠予和转让过程中受赠人支付的相关税费后的余额，为受赠人的应纳税所得额，依法计征个人所得税。受赠人转让受赠房屋价格明显偏低且无正当理由的，税务机关可以依据该房屋的市场评估价格或其他合理方式确定的价格核定其转让收入。

## 7.7　其他财产转让

### 7.7.1　买卖虚拟货币所得

对个人通过网络销售虚拟货币取得收入计征个人所得税问题，《国家税务总局关于个人通过网络买卖虚拟货币取得收入征收个人所得税问题的批复》（国税函〔2008〕818 号）有如下规定：

（1）个人通过网络收购玩家的虚拟货币，加价后向他人出售取得的收入，属于个人所得税应税所得，应按照“财产转让所得”项目计算缴纳个人所得税。

（2）个人销售虚拟货币的财产原值为其收购网络虚拟货币所支付的价款和相关税费。

（3）对于个人不能提供有关财产原值凭证的，由主管税务机关核定其财产原值。有的地方已出台具体规定，例如，根据《天津市地方税务局转发〈国家税务总局关于个人通过网络买卖虚拟货币取得收入征收个人所得税问题的批复〉的通知》（津地税所〔2008〕29 号）的规定，对于个人不能提供有关财产原值凭证的，其取得的转让收入按 3% 征收率缴纳个人所得税。

### 7.7.2　购买和处置债权所得

个人通过招标、竞拍或其他方式购置债权以后，并通过相关司法或行政程序主张债权而取得的所得，根据《国家税务总局关于个人因购买和处置债权取得所得征收个人所得税问题的批复》（国税函〔2005〕655 号）的规定，应按照“财产转让所得”项目缴纳个人所得税。

1. 应纳税所得额的确定

个人通过上述方式取得“打包”债权，只处置部分债权的，其应纳税所得额按以下方式确定：

（1）以每次处置部分债权的所得，作为一次财产转让所得征税。

（2）其应税收入按照个人取得的货币资产和非货币资产的评估价值或市场价值的合计数确定。

（3）所处置债权成本费用（即财产原值），按下列公式计算：

当次处置债权成本费用 = 个人购置“打包”债权实际支出 × 当次处置债权账面价值（或拍卖机构公布价值）÷“打包”债权账面价值（或拍卖机构公布价值）

（4）个人购买和处置债权过程中发生的拍卖招标手续费、诉讼费、审计评估费以及缴纳的税金等合理税费，在计算个人所得税时允许扣除。

2. 转让债权财产原值的确定

转让债权，采用加权平均法确定其应予减除的财产原值和合理费用。即以纳税人购进的同种类债券买入价和买进过程中缴纳的税费总和，除以纳税人购进的该种类债券数量之和，乘以纳税人卖出的该种类债券数量，再加上卖出该种类债券过程中缴纳的税费。用公式表示为：

一次卖出某一种类债券允许扣除的买入价和费用 = 纳税人购进的该种类债券买入价和买进过程中缴纳的税费总和 ÷ 纳税人购进的该种类债券总数量 × 一次卖出该种类债券的数量 + 卖出该种类债券过程中缴纳的税费

**[例 7.17]** 张某从拍卖机构获得打包债权予以处置，处置了其中 A 企业的债权，收款 24 万元（该项债权为张某以 30 万元购置，该批债权价值 45 万元，其中 A 企业欠丙 27 万元，B 企业欠丙 18 万元，购置时发生拍卖招标手续费 0.6 万元），处置过程中发生审计评估、诉讼费等合计 1.8 万元。张某处置打包债权应纳个人所得税（　　）万元。

A. 0.53　　B. 0.60

C. 0.768　　D. 0.674

**[解析]** 答案为 C。

应纳个人所得税 = [24 −（30 + 0.6）× 9 ÷ 15 − 1.8] × 20% = 0.768（万元）

### 7.7.3 个人转让汽车所得

《国家税务总局关于个人转让汽车所得征收个人所得税问题的批复》（国税函发〔1997〕35 号）规定，个人合股集资购买大客车，并将该车转让给汽车运输公司从事营运。3 年转让期满后，该车的所有权、营运权、线路牌等均归汽车运输公司所有。上述交易属于财产转让。个人获得的收入应按《个人所得税法》中规定的财产转让所得项目计算缴纳个人所得税。

### 7.7.4 财产拍卖所得

对个人通过拍卖市场拍卖各种财产（包括字画、瓷器、玉器、珠宝、邮品、钱币、古籍、古董等物品）取得的所得征收个人所得税问题，《国家税务总局关于加强和规范个人取得拍卖收入征收个人所得税有关问题的通知》（国税发〔2007〕38 号）有如下规定：

1. 征税项目

（1）个人通过拍卖市场拍卖个人财产，对其取得所得按以下规定征税：

根据《国家税务总局关于印发〈征收个人所得税若干问题的规定〉的通知》（国税发〔1994〕89 号）的规定，作者将自己的文字作品手稿原件或复印件拍卖取得的所得，应以其转让收入额减除 800 元（转让收入额 4 000 元以下）或者 20%（转让收入额 4 000 元以上）后的余额为应纳税所得额，按照“特许权使用费”所得项目适用 20% 税率缴纳个人所得税。

（2）个人拍卖除文字作品原稿及复印件外的其他财产，应以其转让收入额减除财产原值和合理费用后的余额为应纳税所得额，按照“财产转让所得”项目适用 20% 税率缴纳个人所得税。

2. 应纳税所得额

个人财产拍卖所得适用“财产转让所得”项目计算应纳税所得额时，纳税人凭合法有效凭证（税务机关监制的正式发票、相关境外交易单据或海关报关单据、完税证明等），从其转让收入额中减除相应的财产原值、拍卖财产过程中缴纳的税金及有关合理费用。

（1）收入额的确定。对个人财产拍卖所得征收个人所得税时，以该项财产最终拍卖成交价格为其转让收入额。

（2）财产原值、有关合理费用及拍卖财产过程中缴纳的税金

①财产原值。财产原值，是指售出方个人取得该拍卖品的价格（以合法有效凭证为准）。具体为：通过商店、画廊等途径购买的，为购买该拍卖品时实际支付的价款；通过拍卖行拍得的，为拍得该拍卖品实际支付的价款及缴纳的相关税费；通过祖传收藏的，为其收藏该拍卖品而发生的费用；通过赠送取得的，为其受赠该拍卖品时发生的相关税费；通过其他形式取得的，参照以上原则确定财产原值。

②有关合理费用。有关合理费用，是指拍卖财产时纳税人按照规定实际支付的拍卖费（佣金）、鉴定费、评估费、图录费、证书费等费用。

（3）拍卖财产过程中缴纳的税金。拍卖财产过程中缴纳的税金，是指在拍卖财产时纳税人实际缴纳的相关税金及附加。

3. 核定征收

纳税人不能提供合法、完整、准确的财产原值凭证，不能正确计算财产原值的，按转让收入额的 3% 征收率计算缴纳个人所得税；拍卖品为经文物部门认定是海外回流文物的，按转让收入额的 2% 征收率计算缴纳个人所得税。

纳税人的财产原值凭证内容填写不规范，或者一份财产原值凭证包括多件拍卖品且无法确认每件拍卖品一一对应的原值的，不得将其作为扣除财产原值的计算依据，应视为不能提供合法、完整、准确的财产原值凭证，并按上述规定的征收率计算缴纳个人所得税。

纳税人能够提供合法、完整、准确的财产原值凭证，但不能提供有关税费凭证的，不得按征收率计算纳税，应当就财产原值凭证上注明的金额据实扣除，并按照税法规定计算缴纳个人所得税。

4. 代扣代缴

个人财产拍卖所得应纳的个人所得税税款，由拍卖单位负责代扣代缴，并按规定向拍卖单位所在地主管税务机关办理纳税申报。拍卖单位代扣代缴个人财产拍卖所得应纳的个人所得税款时，应给纳税人填开完税凭证，并详细标明每件拍卖品的名称、拍卖成交价格、扣缴税额。

**［例 7.18］** 下列关于个人取得拍卖收入征收个人所得税的计算方法中，正确的

是(　　)。

A. 作者将自己的文学作品手稿原件或复印件拍卖取得的所得，按照“偶然所得”计算缴纳个人所得税

B. 拍卖受赠获得的物品，原值为该拍卖品的市场价值

C. 拍卖单位不用代扣代缴个人财产拍卖所得应纳的个人所得税

D. 拍卖通过拍卖行拍得的物品，财产原值为拍得该物品实际支付的价款及缴纳的相关税费

[**解析**] 国税发〔1994〕89 号文件规定，作者将自己的文字作品手稿原件或复印件拍卖取得的所得，应以其转让收入额减除 800 元（转让收入额 4 000 元以下）或者 20%（转让收入额 4 000 元以上）后的余额为应纳税所得额，按照“特许权使用费”所得项目适用 20% 税率缴纳个人所得税。故而选择 D。

通过赠送取得的拍卖品，财产原值为其受赠该拍卖品时发生的相关税费。

### 7.7.5 房屋拍卖所得

《国家税务总局关于个人取得房屋拍卖收入征收个人所得税问题的批复》（国税函〔2007〕1145 号）规定，个人通过拍卖市场取得的房屋拍卖收入在计征个人所得税时，其房屋原值应按照纳税人提供的合法、完整、准确的凭证予以扣除；不能提供完整、准确的房屋原值凭证，不能正确计算房屋原值和应纳税额的，统一按转让收入全额的 3% 计算缴纳个人所得税。为方便纳税人依法履行纳税义务和税务机关加强税收征管，纳税人应比照《国家税务总局关于个人住房转让所得征收个人所得税有关问题的通知》（国税发〔2006〕108 号）第四条的有关规定，在房屋拍卖后缴纳契税、土地增值税等税收的同时，一并申报缴纳个人所得税。

## 7.8 常见财产转让不合规操作及风险规避

### 7.8.1 价格明显偏低

[**例 7.19**] 2009 年 10 月，张先生与刘先生共同出资 100 万元，注册成立了北京某公司，张先生占 60% 的股权，刘先生占 40% 的股权；2018 年 5 月，张先生以 50 万元的价格将 60% 股权转让给李先生，截至转让前，被转让企业的所有者权益为 150 万元，其中注册资本为 100 万元，未分配利润和盈余公积为 50 万元。

该公司财务小明认为张先生的股权转让价格 50 万元，没有超过张先生的权益份额 90 万元，所以不需要缴纳个人所得税。

涉税风险：

（1）张先生的该项股权转让计税依据明显偏低且无正当理由。

（2）税务机关将会对股权转让的计税依据进行重新核定，按照所有者权益 150 万元的

60% 计算。因此，该项股权转让的财产转让所得为 30 万元。

（3）应补交个人所得税 =（150 ×60% －100 ×60%）×20% =6（万元）

政策依据：

根据《国家税务总局关于发布〈股权转让所得个人所得税管理办法（试行）〉的公告》（国家税务总局公告 2014 年第 67 号）第十一条第一项规定，申报的股权转让收入明显偏低且无正当理由的；同时，该公告第十二条规定：符合下列情形之一，视为股权转让收入明显偏低。

### 7.8.2 净资产份额评估

**［例 7.20］** 2001 年 3 月，张先生与王先生共同出资 1 000 万元，注册成立了湖南 H 线缆生产有限公司（以下简称 H 公司），张先生占 70% 的股权，王先生占 30% 的股权，经过几年的经营，H 公司购置了土地并建造了厂房，厂房及土地资产总额为 700 万元。2018 年 5 月，张先生以 650 万元的价格将 70% 股权转让给陈胜，截至转让前，被转让企业的所有者权益为 800 万元，其中注册资本为 1 000 万元，未分配利润为 －200 万元。

H 公司财务小白，认为张先生的股权转让价格 650 万元，没有超过张先生的权益份额 700 万元，而且高于净资产份额 560 万元 [（1 000 －200）×70%]，不属于价格明显偏低，所以不需要交纳个人所得税。

纳税风险：

（1）H 公司资产中包含土地使用权及房屋，而且资产金额占企业总资产比例超过 20% 的，需按资产评估报告核定股权转让收入。

（2）通过具有法定资质的中介机构出具的资产评估报告，H 公司的土地及房屋市场价值为 2 500 万元。

（3）应补交个人所得税 ={[（1 000 －200）+（2 500 －700）] ×70% －1 000 ×70%} ×20%
=224（万元）

政策依据：

根据国家税务总局公告 2014 年第 67 号第十二条第一项规定，申报的股权转让收入低于股权对应的净资产份额的。其中，被投资企业拥有土地使用权、房屋、房地产企业未销售房产、知识产权、探矿权、采矿权、股权等资产的，申报的股权转让收入低于股权对应的净资产公允价值份额的，视为股权转让收入明显偏低。同时，该公告第十四条第一项规定，根据净资产核定法，股权转让收入按照每股净资产或股权对应的净资产份额核定。被投资企业的土地使用权、房屋、房地产企业未销售房产、知识产权、探矿权、采矿权、股权等资产占企业总资产比例超过 20% 的，主管税务机关可参照纳税人提供的具有法定资质的中介机构出具的资产评估报告核定股权转让收入。

## 7.9 法规沿革及风险关注要点

在我国，股权转让个人所得税这一概念的立法渊源来自于 1993 年修订的《个人所得税法》以及1994年1月28日施行的《个人所得税法实施条例》，二者结合产生。《个人所得税法》第二条的规定为财产转让所得缴纳个人所得税提供了立法依据，《个人所得税法实施条例》第八条规定了股权转让所得属于财产转让所得的范围。这两句法条结合形成了股权转让所得个人所得税征收的立法基础。时至今日，自然人股权转让征收个人所得税的制度已经实施了23年之久，在这期间，在制度的设计上以及实施的办法上也发生了或大或小的变化。

财税字〔1994〕40号，该通知紧随1993年和1994年版《个人所得税法》与《个人所得税法实施条例》发出，但内容却相差甚远，该通知规定的是1994年和1995年两年暂不征收股权转让个人所得税，这样做一方面肯定了对自然人转让股权所得应当征收个人所得税，另一方面基于当时经济发展的需要以及实务操作上经验缺乏等原因采取两年内暂不收取的办法。该通知已于1999年11月19日废止，此种做法在当时引起了学界的广泛讨论，有的学者认为，这样做导致《个人所得税法》形同虚设，撼动了法律的权威性；也有学者认为，这种做法起到一个很好的过渡作用，不仅明确了法律规定，也给实际操作留足了准备时间不至于影响到当时经济发展的势头，一举两得。

国税函〔2009〕285号文件对于探究股权转让个人所得税制度具有极其重要的研究价值。首先该文件对股权转让个人所得税规定的较为具体，涵盖内容较多，大致包括以下6个方面：第一，确定纳税义务发生的时间，为“签订股权转让协议并完成股权转让交易以后至企业变更股权登记之前”，由此可知，交易完成后至变更登记前并非一个明确的日期或时间点，而是将义务发生时间限定在了一个时间段里；第二，规定了到工商部门办理变更登记的前提条件，即需有股权转让个人所得税完税、免税和不征税手续；第三，规定了股权转让协议签订后，交易完成前申请变更登记的申报手续；第四，运用属地主义的原则确定主管税务机关，即发生股权变动企业所在地的税务机关为主管税务机关；第五，规定由主管税务机关对股权转让个人所得税的计税依据进行审核；第六，建立内部管控机制，形成完整的管理体系。该文件在2015年1月1日起全文废止，但该规范性文件在很长一段时间内解决了股权转让个人所得税征管上的难题，虽然它存在着框架性、模糊性的问题，但在股权转让个人所得税的制度发展中意义重大。

财税〔2009〕167号文件主要规定了自然人转让上市公司限售股如何征收个人所得税的办法。该文件将限售股按照产生时间划分为股改限售股和新股限售股两类。另外，规定了转让限售股的计税办法和税率，即应纳税额 =（限售股转让收入 -（限售股原值 + 合理税费）×20%。该文件的规定是自我国实行股权转让个人所得税制度以来首次对转让限售股的所得征收个人所得税，明确对上市公司首次公开发行的限售股及股权分置改革完成后的限售股的转让属于个人所得税的征税范围，并且对不同阶段形成的限售股，采取不同的征收管理办法，体现该文件在对转让限售股征收个人所得税制度上的灵活性和先进性。

财税〔2013〕91号文件是以上海自贸区为试点，对企业以非货币性资产投资资产评估增值征收企业所得税。虽然该文件并不是针对股权转让个人所得税的通知，但企业征收资产评估增值部分的征税办法对股权转让个人所得税的征税制度有借鉴意义。文件中规定对企业采用分期递延纳税的方式，即在非货币性资产增值所得5年内，分期计入每年的纳税所得额中。这样做既维护了税收法定原则，捍卫了税法的严肃性，同时也解决了非货币性资产现金流缺失的难题。该文件对于非货币性股权转让所得征收个人所得税的实现不失为一种成功的经验。

国家税务总局公告 2014 年第 67 号的出台，对于股权转让个人所得税制度的落实意义深远，也是现行有效的最为具体、最具权威性的规范股权转让课税制度的规范性文件，该公告自 2015 年 1 月 1 日起正式生效，规范并调整了股权转让收入的确认和核定、股权原值的核准、转让双方及被转让企业的申报义务和协助义务，以及税务机关的征管措施等方面的内容，规范了自然人股权转让个人所得税的征收制度。该公告的出台解决了现实中存在的诸多问题，对于实践操作具有较强的指导意义。

# 第8章　偶然所得申报实务及风险防范

## 8.1　偶然所得概述

### 8.1.1　征税范围

根据2018年版《个人所得税法实施条例》第六条第九项的规定，偶然所得是指个人得奖、中奖、中彩以及其他偶然性质的所得。

得奖是指个人参加各种评比、有奖竞赛活动，取得名次得到的奖金；中奖、中彩是指参加各种有奖活动，如有奖销售、有奖储蓄、购买彩票等，经过规定程序，抽中、摇中号码而取得的奖金。

### 8.1.2　每次的确定

根据2018年版《个人所得税法实施条例》第十四条第（四）项的规定，偶然所得以每次取得该项收入为一次。

### 8.1.3　应纳税额计算

根据2018年版《个人所得税法》的规定，偶然所得以每次收入额为应纳税所得额，适用20%的税率计算缴纳个人所得税。

## 8.2　具体征税项目

偶然所得主要包括以下项目：

1. 顾客额外抽奖获奖所得

根据《财政部　国家税务总局关于企业促销展业赠送礼品有关个人所得税问题的通知》（财税〔2011〕50号）的规定，自2011年6月9日起，企业对累积消费达到一定额度的顾客，给予额外抽奖机会，个人的获奖所得，按照“偶然所得”项目，全额适用20%的税率缴纳个人所得税。

2. 有奖储蓄中奖所得

《国家税务总局关于有奖储蓄中奖收入征收个人所得税问题的批复》（国税函发〔1995〕98 号）规定，个人参加有奖储蓄取得的各种形式的中奖所得，属于机遇性的所得，应按照《个人所得税法》中“偶然所得”应税项目的规定征收个人所得税。虽然这种中奖所得具有银行储蓄利息二次分配的特点，但对中奖个人而言，已不属于按照国家规定利率标准取得的存款利息所得性质。支付该项所得的各级银行部门是税法规定的代扣代缴义务人，在其向个人支付有奖储蓄中奖所得时应按照偶然所得应税项目扣缴个人所得税税款。

3. 博彩所得

《国家税务总局关于个人在境外取得博彩所得征收个人所得税问题的批复》（国税函发〔1995〕663 号）规定，在中国境内有住所的个人，从境外取得的所得，应依照税法规定缴纳个人所得税。中彩所得属于“偶然所得”应税项目，适用比例税率为 20%。居民个人在中国澳门特区摇老虎机博彩所得应依照税法规定全额按 20% 比例税率计算缴纳个人所得税。

4. 有奖发票奖金所得

根据《财政部　国家税务总局关于个人取得有奖发票奖金征免个人所得税问题的通知》（财税〔2007〕34 号）的规定，个人取得单张有奖发票奖金所得不超过 800 元（含 800 元）的，暂免征收个人所得税；个人取得单张有奖发票奖金所得超过 800 元的，应全额按照个人所得税法规定的“偶然所得”项目征收个人所得税。

5. 企业向个人支付的不竞争款项所得

不竞争款项是指资产购买方企业与资产出售方企业自然人股东之间在资产购买交易中，通过签订保密和不竞争协议等方式，约定资产出售方企业自然人股东在交易完成后一定期限内，承诺不从事有市场竞争的相关业务，并负有相关技术资料的保密义务，资产购买方企业则在约定期限内，按一定方式向资产出售方企业自然人股东所支付的款项。根据《财政部　国家税务总局关于企业向个人支付不竞争款项征收个人所得税问题的批复》（财税〔2007〕102 号）的规定，鉴于资产购买方企业向个人支付的不竞争款项属于个人因偶然因素取得的一次性所得，资产出售方企业自然人股东取得的所得，应按照“偶然所得”项目计算缴纳个人所得税，税款由资产购买方企业在向资产出售方企业自然人股东支付不竞争款项时代扣代缴。

6. 网络红包收入

近年来，不少企业为广告、宣传或扩大企业用户等目的而通过网络随机向个人派发红包（以下简称“网络红包”）。《个人所得税法》有以下相关规定：

（1）对个人取得企业派发的现金网络红包，应按照“偶然所得”项目计算缴纳个人所得税，税款由派发红包的企业代扣代缴。

（2）对个人取得企业派发的且用于购买该企业商品（产品）或服务才能使用的非现金网络红包，包括各种消费券、代金券、抵用券、优惠券等，以及个人因购买该企业商品或服务达到一定额度而取得企业返还的现金网络红包，属于企业销售商品（产品）或提供服务的价格折扣、折让，不征收个人所得税。

（3）个人之间派发的现金网络红包，不属于《个人所得税法》规定的应税所得，不征收个人所得税。

7. 从省级以下政府部门取得的一次性奖励

根据《国家税务总局关于个人取得的奖金收入征收个人所得税问题的批复》（国税函〔1998〕293 号）的规定，个人因在各行各业做出突出贡献而从省级以下人民政府及其所属部门取得的一次性奖励收入，不论其奖金来源于何处，均不属于税法所规定的免税范畴，应按“偶然所得”项目征收个人所得税。

## 8.3　偶然所得的实务案例

小张买彩票中一等奖，奖金 500 万元。

个人取得《个人所得税法》及其实施条例规定的偶然所得，应以每次收入额为应纳税所得额，以 20% 的适用税率，由扣缴义务人代扣代缴个人所得税。

小张买彩票中一等奖 500 万元，发奖单位应代扣代缴个人所得税 100 万元：

应纳个人所得税额 $=500\times20\%=100$（万元）

## 8.4　风险关注要点

（1）关注资产购买方企业向个人支付的不竞争款项，是否错按“财产转让所得”项目扣缴个人所得税，其应属于个人因偶然因素取得的一次性所得，按“偶然所得”项目计算扣缴个人所得税。

（2）关注企业发放各类信用卡、会员卡，对会员进行现金或实物奖励，是否按照“偶然所得”项目扣缴个人所得税。

## 8.5　偶然所得与其他所得辨析

2018 年 8 月 31 日，全国人大常委会通过的修改后的《个人所得税法》删除了原第二条第十一项有关“经国务院财政部门确定征税的其他所得”的规定，这一修改决定无疑体现了税收法定的原则，受到广泛好评。而在修改前“其他所得”的范围包括 11 项，因此社会各界对于“新个人所得税法”修改后“其他所得”是否都不再征税高度关注，也有不少人担心对于“其他所得”会以“偶然所得”的形式“死灰复燃”。因此，本书将根据对最新的法规及规范性的文件的梳理明确“其他所得”与“偶然所得”的范围，以及企业对这些所得个人所得税的代扣代缴义务进行探讨。

### 8.5.1　2018 年版《个人所得税法》下的“其他所得”与“偶然所得”的范围

1. 2018 年版《个人所得税法》下的“其他所得”的范围

2018 年 12 月 29 日，财政部、国家税务总局联合发布了《关于继续有效的个人所得税优惠政策目录的公告》（财政部　国家税务总局公告 2018 年第 177 号）。公告中列举了 88 个将继续有效的个人所得税优惠政策涉及的文件目录，其中包含了涉及被 2018 年版《个人所得税法》删除的“其他所得”的相关文件。根据公告的内容，我们可以看到原来共计 11 项的“经国务院财政部门确定征税的其他所得”，现在只剩下四项，具体对比如表 8.1 所示。

**表 8.1　　新旧个税法其他所得的对比**

| 序号 | 修正前“经国务院财政部门确定征税的其他所得” | 所依据的规章或规范性文件名称及文件编号 | 是否在继续有效的个人所得税优惠政策目录之内 |
|---|---|---|---|
| 1 | 对银行部门以超过国家规定利率和保值贴补率支付给储户的揽储奖金 | 《财政部　国家税务总局关于银行部门以超过国家利率支付给储户的揽储奖金征收个人所得税问题的批复》（财税字〔1995〕64 号） | 不在继续有效的优惠政策文件目录之内 |
| 2 | 中国科学院院士荣誉奖金 | 《国家税务总局关于对中国科学院院士荣誉奖金征收个人所得税问题的复函》（国税函〔1995〕351 号） | 不在继续有效的优惠政策文件目录之内 |
| 3 | 对保险公司按投保金额，以银行同期储蓄存款利率支付给在保期内未出险的人寿保险保户的利息（或以其他名义支付的类似收入） | 《国家税务总局关于未分配的投资者收益和个人人寿保险收入征收个人所得税问题的批复》（国税函〔1998〕546 号） | 不在继续有效的优惠政策文件目录之内 |
| 4 | 个人因任职单位缴纳有关保险费用而取得的无赔款优待收入 | 《国家税务总局关于个人所得税有关政策问题的通知》（国税发〔1999〕58 号） | 属于继续有效的“个税优惠政策” |
| 5 | 股民个人从证券公司取得的交易手续费返还收入、回扣收入 | 《国家税务总局关于股民从证券公司取得的回扣收入征收个人所得税问题的批复》（国税函〔1999〕627 号） | 不在继续有效的优惠政策文件目录之内 |
| 6 | 个人为单位或他人提供担保获得报酬 | 《财政部　国家税务总局关于个人所得税有关问题的批复》（财税〔2005〕94 号） | 不在继续有效的优惠政策文件目录之内 |
| 7 | 房地产公司因双方协商解除商品房买卖合同而向购房人支付违约金。购房个人因上述原因从房地产公司取得的违约金收入 | 《国家税务总局关于个人取得解除商品房买卖合同违约金征收个人所得税问题的批复》（国税函〔2006〕865 号） | 不在继续有效的优惠政策文件目录之内 |
| 8 | 房屋产权所有人将房屋产权无偿赠予他人的，受赠人因无偿受赠房屋取得的受赠所得 | 《财政部　国家税务总局关于个人无偿受赠房屋有关个人所得税问题的通知》（财税〔2009〕78 号） | 属于继续有效的“个税优惠政策” |

续表

| 序号 | 修正前“经国务院财政部门确定征税的其他所得” | 所依据的规章或规范性文件名称及文件编号 | 是否在继续有效的个人所得税优惠政策目录之内 |
|---|---|---|---|
| 9 | 企业在业务宣传、广告等活动中，随机向本单位以外的个人赠送礼品，对个人取得的礼品所得 | 《财政部　国家税务总局关于企业促销展业赠送礼品有关个人所得税问题的通知》（财税〔2011〕50号） | 属于继续有效的“个税优惠政策” |
| 10 | 企业在年会、座谈会、庆典以及其他活动中向本单位以外的个人赠送礼品，对个人取得的礼品所得 | | |
| 11 | 个人达到规定条件时领取“个人税收递延型商业养老保险”的商业养老金收入，其中25%部分予以免税，其余75%部分按照10%的比例税率计算缴纳个人所得税，税款计入“其他所得”项目 | 《财政部　国家税务总局　人力资源社会保障部　中国银行保险监督管理委员会　证监会关于开展个人税收递延型商业养老保险试点的通知》（财税〔2018〕22号） | 属于继续有效的“个税优惠政策” |

通过以上总结可以看到，根据财政部、国家税务总局公告2018年177号，现在只有国税发〔1999〕58号、财税〔2009〕78号、财税〔2011〕50号、财税〔2018〕22号4份文件原来属于“经国务院财政部门确定征税的其他所得”的政策性文件仍然属于继续有效的“个税优惠政策”。但是，对于其他不在继续有效的优惠政策文件目录之内的规范性文件是否就绝对失效的问题，现在也难以直接从财政部、国家税务总局公告2018年177号文件中找到答案。

2. 2018年版《个人所得税法》下的“偶然所得”的范围

2018年版《个人所得税法实施条例》中的第六条所规定的“偶然所得”，是指个人得奖、中奖、中彩以及其他偶然性质的所得。

除了2018年版《个人所得税法实施条例》所列举的得奖、中奖、中彩属于“偶然所得”征税范围之外，现行规定之中明确为“偶然所得”征税项目的还有以下两项：

1. 消费达到一定额度获得抽奖并中奖的所得

《财政部　国家税务总局关于企业促销展业赠送礼品有关个人所得税问题的通知》（财税〔2011〕50号）第二条规定，“企业向个人赠送礼品，属于下列情形之一的，取得该项所得的个人应依法缴纳个人所得税，税款由赠送礼品的企业代扣代缴：

……

3. 企业对累积消费达到一定额度的顾客，给予额外抽奖机会，个人的获奖所得，按照‘偶然所得’项目，全额适用20%的税率缴纳个人所得税。”

2. 个人取得企业派发的网络红包所得

《国家税务总局关于加强网络红包个人所得税征收管理的通知》（税总函〔2015〕409号）规定，“近来，不少企业为广告、宣传或扩大企业用户等目的而通过网络随机向个人派发红包（以下简称“网络红包”）。为进一步规范和加强网络红包个人所得税征收管理，依据个人所得税法及其实施条例规定，现就网络红包有关个人所得税征管问题通知如下：

一、对个人取得企业派发的现金网络红包，应按照偶然所得项目计算缴纳个人所得税，税款由派发红包的企业代扣代缴。”

### 8.5.2　从税收法定原则谈“其他所得”与“偶然所得”征税范围的确定

2015 年 3 月 15 日，十二届全国人大三次会议审议通过了关于修改《立法法》的决定，将《立法法》原第八条规定的“只能制定法律”的税收基本制度，并细化为“税种的设立、税率的确定和税收征收管理等税收基本制度”，并单列为一项。

而税收法定原则的基本内涵，可以归纳为 3 个方面：一是税收要素法定，即纳税人、征税对象、税率、计税依据、税收优惠、税收征收程序等税收基本要素应当由法律规定；二是税收要素确定，即税收法律的规定必须明确清晰，尽可能避免出现漏洞和歧义；三是征税程序合法，即征税机关必须严格按照税收法律规定的程序和权限征收税款，非经法定程序，不得随意加征、减征、停征或免征税收。

从以上总结的现行“其他所得”与“偶然所得”的具体规定来看在落实税收法定原则上还存在以下一些问题：

1. “其他所得”征税仍然客观存在，需进一步落实税收法定原则

“其他所得”因违反了税收法定原则而在《个人所得税法》修法时予以了删除，这一点是值得赞誉的，也可以看到党和政府对落实税收法定原则的决心。但是，从财政部、国家税务总局公告 2018 年 177 号中，我们仍然看到至少 4 项“其他所得”的征税依据依然属于现行有效的税收规范性文件，而非依据为法律或行政法规。对于“其他所得”改头换面依然存在的事实其实也不难理解，例如，受赠人因无偿受赠房屋取得的受赠所得、个人因任职单位缴纳有关保险费用而取得的无赔款优待收入所得，对于这些所得难以合并到现行 9 大类的个人所得税税收入类别之中，另外财政部门或许从经济管理层面出发认为依然有征税的必要。

但是，从税收法定原则落实来讲，“其他所得”必须彻底地从我国个人所得税的征税范围内消失。具体来讲，对于现行的“其他所得”征税项目建议可分情况进行处理：

第一，不再征收。对于没有征税必要性的“其他所得”，应当进一步明确予以删除。例如，财税〔2011〕50 号中规定的企业在业务宣传、广告等活动中，随机向本单位以外的个人赠送礼品，对个人取得的礼品所得需要按照“其他所得”项目，全额适用 20% 的税率缴纳个人所得税。在现实中，企业为业务宣传向个人赠送一些价值不高的小礼品，如果都需要代扣代缴个人所得税其实对个人和企业来讲都是不合适的，完全可以不再征收。

第二，按照收入性质列入“偶然所得”的范围或列入其他收入范围。“偶然所得”是一种侥幸行为产生的所得，即随机发生的、具有偶然因素的所得。因此，现行的“其他所得”征税项目中符合“偶然所得”特征的也可以列入其中。另外，对于商品房买卖合同的违约金收入、受赠房产的所得收入这些“其他所得”如何征税、是否课征，都应当站在税收法定的原则之中予以统筹研究。

2. “偶然所得”的范围需要进一步明确

《个人所得税法实施条例》采取列举式的方式明确了得奖、中奖和中彩三种所得，其他偶然性质属于兜底条款，但未明确什么项目是其他“偶然所得”，因此，按照税收法定原则

对未列明的情况征税，必须有另外明确的规定才能予以征税。

从上述“偶然所得”征税范围的总结，可以看到现行“偶然所得”的征税范围还存在税收要素法定问题。首先《国家税务总局关于加强网络红包个人所得税征收管理的通知》（税总函〔2015〕409号）是不向社会公开的内部工作规范性文件，并没有向社会公开就以此为依据进行征税，本身就是存在一定问题的。

另外，从所得的性质上分析，随机赠送礼品、派发红包和抽奖，均是偶然性质的所得，都具有随机获得所得的特点。根据其实质都应属“偶然所得”项目。而财税〔2011〕50号文件将抽奖所得定为“偶然所得”，将随机赠送礼品定为“其他所得”。因此，对于“偶然所得”的范围应当按照税收法定的原则，要在法律或法规性质层面进一步明确“偶然所得”的范围。

### 8.5.3　现阶段企业仍然应依法做好“其他所得”与“偶然所得”的代扣代缴工作

近年来，根据上市公司（包括“新三板”公司）公告内容，我们发现很多企业普遍存在个人所得税中的“其他所得”未按规定代扣代缴及被处罚等问题，“其他所得”经常被企业忽视。例如，中兴通讯（000 063. SZ）于2019年1月24日发布公告，披露全资子公司中兴软件2013年、2014年在相关活动中未按规定代扣代缴“其他所得”个人所得税306 793. 74元、188 000元，2016年11月29日，被深圳市地方税务局第三稽查局分别处以代扣代缴税款50%的罚款153 396. 87元以及94 000元，合计247 396. 87元。子公司补申报缴纳上述税款共计494 793. 74元，并缴纳罚款247 396. 87元。

根据《税收征管法》第六十九条：“扣缴义务人应扣未扣、应收而不收税款的，由税务机关向纳税人追缴税款，对扣缴义务人处应扣未扣、应收未收税款百分之五十以上三倍以下的罚款。”因此，如果扣缴义务人没有如实扣缴税款，虽然税务机关最终会向纳税人追缴税款，但是扣缴义务人还是要被追缴行政罚款的。

而且根据《中华人民共和国刑法》规定，扣缴义务人如果没有扣缴税款并采取欺骗、隐瞒手段进行虚假纳税申报或者不申报造成少缴已扣、已收税款，还会被以“逃税罪”定罪量刑。

因此，建议广大企业特别是企业的财务人员和税务人员，一定要掌握最新的个人所得税法规、政策，对于在“其他所得”及“偶然所得”代扣代缴所得税政策适用不清晰的地方要及时向税务机关寻求解答，并及时代扣代缴相应的个人所得税，以免带来不必要的法律风险。

# 第9章　其他资本活动个税申报实务及风险防范

## 9.1　股权激励税收政策

### 9.1.1　上市公司股权激励个人所得税

上市公司股权激励对象主要是公司高管和核心技术人员，通过股权激励方式，将个人利益与公司发展业绩“绑在一起”，让个人分享公司发展成果，增强对高管和核心技术人员的“向心力”。个人取得的上市公司股权激励所得，是个人任职受雇的一种报酬方式，属于工资、薪金所得。上市公司股权激励形式较多，包括股票期权、股票增值权、限制性股票和股票奖励等多种形式。

1. 股票期权所得

股票期权是指上市公司授予激励对象在未来一定期限内以预先确定的价格和条件购买本公司一定数量股份的权利。根据期权的来源途径，可以分为上市公司的股票期权和非上市公司的股票期权，其中上市公司的股票期权又可分为不可公开交易的股票期权和可公开交易的股票期权。

（1）不可公开交易的股票期权。

①对于不可公开交易的股票期权，员工所接受的实施股票期权计划的企业授予时，除另有规定外，一般不作为应税所得征税。

②对因特殊情况，员工在行权日前将不可公开交易的股票期权转让的，以股票期权转让的净收入，作为“工资、薪金所得”征收个人所得税。税法所说的“股票期权转让净收入”一般是指股票期权转让收入。如果员工以折价购入方式取得股票期权的，可以股票期权转让收入扣除折价购入股票期权的实际支付的价款后的余额，作为股票期权转让净收入。与此同时，购买方在对购入的股票行权时，不用再缴纳个人所得税。

③行权时，实际购买价（施权价）低于购买日公平市场价（该股票当日的收盘价）的差额，是与员工的业绩表现挂钩而取得的与任职、受雇有关的所得，属于“工资、薪金所得”。即：股票期权形式的工资薪金所得应纳税所得额 =（行权股票的每股市场价 - 员工取得该股票期权支付的每股施权价）×股票数量

对该规定有以下几点解释：

第一，公式中的施权价一般是指员工行权时实际支付的每股价格，如果员工以折价方式

购入的，那么施权价可包括员工折价购入股票期权时实际支付的价格。

第二，如果员工在一个纳税年度多次取得股票期权形式工资、薪金所得的，首次发生时按上述公式计算应纳税额 = 股票期权形式的工资薪金所得应纳税所得额 × 适用税率 − 速算扣除数；以后年度，其取得两次（项）以上股权激励所得时，将纳税年度内各次（项）股权激励所得合并，按照上述公式计算应纳税额，然后减去本年度此前股权激励所得已纳税额的差额，为本次（项）股权激励所得的应纳税额。计算公式为：

应纳税额 =（本纳税年度内取得的股票期权形式工资、薪金所得累计应纳税所得额 ÷ 规定月份数 × 适用税率 − 速算扣除数）× 规定月份数 − 本纳税年度内股票期权形式的工资、薪金所得累计已纳税款

其中的“规定月份数”是指员工取得的来源于中国境内的股票期权形式工资、薪金所得的境内工作期间月份数，长于 12 个月的，按 12 个月计算。

第三，如果多次取得上述所得，且各次（项）所得的工作期间月份数不相同的，需要以境内工作月份数的加权平均数作为规定的月份数，但是最长仍然不能超过 12 个月。计算公式为：

规定的月份数 = $\sum$ 各次或各项股票期权形式工资、薪金应纳税所得额 × 该次或该项所得境内工作期间月份数 ÷ $\sum$ 各次或各项股票期权形式工资、薪金应纳税所得额

④行权后的处理。

第一，如果再转让，获得的高于购买日公平市场价的差额，属于“财产转让所得”，应按照相应的规定计算缴纳个人所得税。这里需要区分两种情况，如果是将行权后的境内上市公司股票再转让取得的所得，则暂不征收个人所得税；如果是转让境外上市公司的股票取得的所得，则应依法缴纳税款。

根据《财政部　国家税务总局　中国证监会关于沪港股票市场交易互联互通机制试点有关税收政策的通知》（财税〔2014〕81 号）第一条的规定，对内地个人投资者通过沪港通投资香港联交所上市股票取得的转让差价所得，自 2014 年 11 月 17 日起至 2017 年 11 月 16 日止，暂免征收个人所得税。

根据《财政部　国家税务总局　中国证监会关于继续执行沪港股票市场交易互联互通机制有关个人所得税政策的通知》（财税〔2017〕78 号）的规定，对内地个人投资者通过沪港通投资香港联交所上市股票取得的转让差价所得，自 2017 年 11 月 17 日起至 2019 年 12 月 4 日止，继续暂免征收个人所得税。

根据《财政部　国家税务总局　中国证监会关于深港股票市场交易互联互通机制试点有关税收政策的通知》（财税〔2016〕127 号）第一条的规定，对内地个人投资者通过深港通投资香港联交所上市股票取得的转让差价所得，自 2016 年 12 月 5 日起至 2019 年 12 月 4 日止，暂免征收个人所得税。

第二，如果因持有股权而参与企业税后利润分配取得的所得，属于“利息、股息、红利所得”，除依照有关规定可以免税或减税的外，应全额按规定税率计算纳税。根据《财政部　国家税务总局　中国证监会关于上市公司股息红利差别化个人所得税政策有关问题的通知》（财税〔2015〕101 号）第一条的规定，个人从公开发行和转让市场取得的上市公司股票，持股期限超过 1 年的，股息红利所得暂免征收个人所得税。个人从公开发行和转让市场

取得的上市公司股票，持股期限在 1 个月以内（含 1 个月）的，股息红利所得全额计入应纳税所得额；持股期限在 1 个月以上至 1 年（含 1 年）的，暂减按 50% 计入应纳税所得额；上述所得适用 20% 的税率计征个人所得税。

（2）可公开交易的股票期权。可公开交易的股票期权，授予时应当按照“工资、薪金所得”的适用规定计算缴纳税款。计算公式为：

应纳税额 =（股票期权形式的工资、薪金所得应纳税所得额 ÷ 规定月份数 × 适用税率 − 速算扣除数）× 规定月份数

如果该股票期权是以折价取得的，则可以授权日股票期权的市场价格扣除折价购入股票期权时实际支付的价款后的余额，作为授权日所在月份的工资、薪金所得。取得后转让的，属于“财产转让所得”。实际行权时，无需再行计算缴纳个人所得税。

（3）上市公司股票期权和非上市公司股票期权的对比分析如表 9.1 所示。

**表 9.1　　上市公司股票期权和非上市公司股票期权对比情况**

<table>
<tr><th colspan="5">股票期权</th></tr>
<tr><th colspan="4">上市公司股票期权</th><th rowspan="2">非上市公司股票期权</th></tr>
<tr><th colspan="2"></th><th>可公开交易的股票期权</th><th>不可公开交易的股票期权</th></tr>
<tr><td colspan="2">适用对象</td><td colspan="3">所有员工（包括董事、监事、高级管理人员及其他员工，但不包括独立董事，下同）</td></tr>
<tr><td colspan="2">政策文件</td><td>国税函〔2006〕902 号<br>财税〔2009〕40 号</td><td>财税〔2005〕35 号<br>国税函〔2006〕902 号<br>财税〔2009〕40 号</td><td>国税函〔2007〕1030 号</td></tr>
<tr><td colspan="2">授权</td><td>所得为授权日市价或扣除折价购入款的余额，单独作为一个月工资，按“工资、薪金所得”征税</td><td>不征税</td><td>不征税</td></tr>
<tr><td colspan="2">行权前转让</td><td colspan="2">转让净收入单独作为一个月工资，按“工资、薪金所得”征税</td><td></td></tr>
<tr><td colspan="2">行权</td><td>不征税</td><td>所得为实际购买价（施权价）低于购买日公平市场价的差额，单独作为一个月工资，按“工资、薪金所得”征税</td><td>所得为实际购买价低于购买日股票价值（上年度每股净资产金额）的差额，按“全年一次性奖金”征税</td></tr>
<tr><td rowspan="2">行权后</td><td>转让股票</td><td colspan="2">所得为转让行权后的境内上市公司股票，暂不征税；所得为转让行权后的境外上市公司股票，按“财产转让所得”征税</td><td>所得为转让行权后的股票，按“财产转让所得”征税*</td></tr>
<tr><td>未转让股票</td><td colspan="2">所得为税后利润分配，按“利息，股息红利所得”征税；符合条件的境内上市公司股息、红利减半征税</td><td>所得为税后利润分配，按“利息、股息红利所得”征税*</td></tr>
</table>

注：带 * 号表示根据相应文件推导得出。

2. 股票增值权所得

股票增值权，是指上市公司授予公司员工在未来一定时期和约定条件下，获得规定数量的股票价格上升所带来收益的权利。被授权人在约定条件下行权，上市公司按照行权日与授权日二级市场股票差价乘以授权股票数量，发放给被授权人现金，即一种以增值权形式与股票价值挂钩的薪酬工具，它无需“实际”授权、行权和持有股票，主要是获取授、行权之间的价差收益，该收益通过授予单位发放现金的方式获得。获得股票增值权自始至终并未获得股票，因此不存在享有股东权益一说。

个人因任职、受雇从上市公司取得的股票增值权所得和限制性股票所得，属于“工资、薪金所得”项目，并按相应的计税方法依法扣缴个人所得税。股票增值权某次行权应纳税所得额的计算公式为：

股票增值权某次行权应纳税所得额 =（行权日股票价格 - 授权日股票价格） × 行权股票份数

3. 限制性股票所得

（1）限制性股票指上市公司按事先确定的条件授予员工一定数量的本公司股票，当员工在工作年限或业绩目标符合股权激励计划规定条件时，才可将其出售获益。依据股份支付准则将限制性股票归为以权益结算的股份支付。

（2）限制性股票与股票期权、股票认购权及股票增值权的区别在于：前者自一开始授予的就是真实存在的股票，员工从授予日起即享有股东权益，不存在“行权”环节，主要通过股票出售的方式获利；而后三者授予的是一种购买股票的“权利”。此外，对前者而言，被激励对象通常需在授权日以一定的价格购得，若日后不行权，被授予者将损失所付出的初始买价；而后三者是一种选择权，若股票价格下跌，被授予者可以选择不行权，因而不会造成资金损失。

（3）限制性股票存在登记、禁售及解禁等环节及对应的时间点（段）。其中，登记日同上述授权日；禁售期指员工取得限制性股票后不得通过二级市场或其他方式转让的期限，通常不得少于 1 年；解禁期则指员工取得的股票可在二级市场上自由出售的期限，列于禁售期之后。对于限制性股票，并不是过了禁售期后就可直接出售，而是在解禁期内分批解禁。上市公司根据当初设定的解禁条件对员工进行考核，达到解禁条件时才予以解禁。反之，则终止解禁，一般将由上市公司进行回购或注销。

（4）限制性股票应纳税所得额计算公式为：

应纳税所得额 =（股票登记日股票市价 + 本批次解禁股票当日市价） ÷ 2 × 本批次解禁股票份数 - 被激励对象实际支付的资金总额 ×（本批次解禁股票份数 ÷ 被激励对象获取的限制性股票总份数）

（5）股票增值权和限制性股票应纳税额的计算。

①首次发生时计算公式为：

应纳税额 =（股票期权形式的工资、薪金所得应纳税所得额 ÷ 规定月份数 × 适用税率 - 速算扣除数） × 规定月份数；

②以后年度，其取得两次（项）以上股权激励所得时，将纳税年度内各次（项）股权激励所得合并，按照上述公式计算应纳税额，然后减去本年度此前股权激励所得已纳税额的差额，为本次（项）股权激励所得的应纳税额。计算公式为：

应纳税额 =（本纳税年度内取得的股票期权形式工资、薪金所得累计应纳税所得额 ÷ 规定月份数 × 适用税率 - 速算扣除数） × 规定月份数 - 本纳税年度内股票期权形式的工资、薪金所得累计已纳税款

其中，规定的月份数 = $\sum$ 各次或各项股票期权形式工资、薪金应纳税所得额 × 该次或该项所得境内工作期间月份数 ÷ $\sum$ 各次或各项股票期权形式工资、薪金应纳税所得额

（6）股票认购权、股票增值权和限制性股票对比分析。股票增值权个人所得税纳税义务发生时间为上市公司向被授予人兑现股票增值权所得的日期（见表 9.2）。

限制性股票个人所得税纳税义务发生时间为每一批次限制性股票解禁的日期。

**表 9.2　　股票认购权、股票增值权和限制性股票对比分析**

<table>
<tr><th colspan="2"></th><th>股票认购权</th><th>股票增值权</th><th>限制性股票</th></tr>
<tr><td colspan="2">适用对象</td><td>董事、监事及高级管理人员</td><td>所有员工</td><td>所有员工</td></tr>
<tr><td colspan="2">政策文件</td><td>国税函〔2005〕482 号</td><td>财税〔2009〕5 号<br>国税函〔2009〕461 号</td><td>财税〔2009〕5 号<br>国税函〔2009〕461 号</td></tr>
<tr><td colspan="2">授权（登记）</td><td>不征税</td><td>不存在*</td><td>不征税</td></tr>
<tr><td colspan="2">行权（解禁）前转让</td><td>转让净收入并入当月工资，按“工资、薪金所得”征税</td><td>不存在*</td><td>不存在*</td></tr>
<tr><td colspan="2">行权（解禁）</td><td>所得为实际购买价（行权价）低于购买日公平市场价的差额，并入当月工资，按“工资、薪金所得”征税</td><td>所得为授权价低于行权价的差额，按“工资、薪金所得”征税</td><td>所得为实际购买价低于登记日与解禁日平均价的差额，按“工资、薪金所得”征税</td></tr>
<tr><td rowspan="2">行权（解禁）后</td><td>转让股票</td><td>所得为转让行权后的境内公司（不包括上市公司）及境外上市公司股票，按“财产转让所得”征税</td><td rowspan="2">不存在*</td><td>所得为转让解禁后的境内公司（不包括上市公司）及境外上市公司股票，按“财产转让所得”征税</td></tr>
<tr><td>未转让股票</td><td>所得为税后利润分配，按“利息、股息红利所得”征税；符合条件的境内上市公司股息，红利减半征税</td><td>所得为税后利润分配，按“利息、股息红利所得”征税；符合条件的境内上市公司股息、红利减半征税</td></tr>
</table>

注：* 表示根据相应文件推导得出。

4. 股权奖励

股权奖励是指公司直接以公司股权无偿对员工实施奖励。股权奖励作为股权激励方式的一种，一般来说，股权奖励应当于行权时直接并入个人当期“工资、薪金所得”，按照“工资、薪金所得”项目，适用 3%—45% 的七级累进税率征税。股权奖励计划实施后，激励对象行权后持有股票而获得的股息、红利，属于“利息、股息、红利”个人所得税征税范围；个人转让境外股票而取得的所得，属于“财产转让所得”征税范围。

现行有关股权奖励税收优惠政策主要包括以下 4 项政策：

（1）对科研机构、高等学校转化职务科技成果给予个人的股权奖励，允许个人递延至分红或转让股权时缴税。

（2）对全国高新技术企业转化科技成果给予相关人员的股权奖励，实行 5 年分期纳税政策。

（3）2014—2015 年在中关村试点高新技术企业和科技型中小企业的股权奖励，允许递延至分红或转让股权时缴税。

（4）科技人员取得的职务科技成果转化现金奖励减半征收个人所得税。根据《财政部　税务总局　科技部关于科技人员取得职务科技成果转化现金奖励有关个人所得税政策的通知》（财税〔2018〕58 号）：依法批准设立的非营利性研究开发机构和高等学校（以下简称非营利性科研机构和高校）根据《中华人民共和国促进科技成果转化法》规定，从职务科技成果转化收入中给予科技人员的现金奖励，可减按 50% 计入科技人员当月“工资、薪金所得”，依法缴纳个人所得税。

5. 纳税申报

（1）实施股票期权计划的境内企业为个人所得税的扣缴义务人，应按税法规定履行代扣代缴个人所得税的义务。

（2）员工从两处或两处以上取得股票期权形式的工资、薪金所得的和没有扣缴义务人的，该个人应在《个人所得税法》规定的纳税申报期限内自行申报缴纳税款。

（3）上市公司授予个人的股票期权、限制性股票和股权奖励，经主管税务机关备案，个人可自股票期权行权、限制性股票解禁或取得股权奖励之日起，在不超过12个月的期限内缴纳个人所得税。个人选择在不超过12个月期限内缴税的，上市公司应自股票期权行权、限制性股票解禁、股票奖励获得之次月15日内，向主管税务机关报送《上市公司股权激励个人所得税延期纳税备案表》。上市公司初次办理股权激励备案时，还应一并向主管税务机关报送股权激励计划、董事会或股东（大）会决议。表格样式以及填报说明如表9.3所示。

### 9.1.2 非上市公司股权激励个人所得税

个人取得符合规定条件的非上市公司股权激励，经向税务机关备案，可以实行递延纳税，即员工在取得股权激励时暂不纳税，递延至转让该股权时纳税；股权转让时，按照股权转让收入减除股权取得成本以及合理税费后的差额，适用“财产转让所得”项目，按照20%的税率计算缴纳个人所得税。根据《财政部 国家税务总局关于完善股权激励和技术入股有关所得税政策的通知》（财税〔2016〕101号）规定，享受递延纳税政策的，非上市公司股权激励须同时满足以下条件：

（1）属于境内居民企业的股权激励计划。

（2）股权激励计划经公司董事会、股东（大）会审议通过，未设股东（大）会的国有单位，经上级主管部门审核批准。

（3）激励标的应为境内居民企业的本公司股权，其中股权奖励的标的可以是技术成果投资入股到其他境内居民企业所取得的股权。

（4）激励对象应为公司董事会或股东（大）会决定的技术骨干和高级管理人员，激励对象人数累计不得超过本公司最近6个月在职职工平均人数的30%。

（5）股票（权）期权自授予日起应持有满3年，且自行权日起持有满1年。限制性股票自授予日起应持有满3年，且解禁后持有满1年。股权奖励自获得奖励之日起应持有满3年。

（6）股票（权）期权自授予日至行权日的时间不得超过10年。

（7）实施股权奖励的公司及其奖励股权标的公司所属行业均不属于《股权奖励税收优惠政策限制性行业目录》范围。

凡不符合上述递延纳税条件的，个人应在取得非上市公司股权激励时，参照上市公司股权激励政策执行。

对非上市公司符合条件的股票（权）期权、限制性股票、股权奖励，由分别按“工资、薪金所得”和“财产转让所得”两个环节征税，合并为只在一个环节征税，即纳税人在股票（权）期权行权、限制性股票解禁以及获得股权奖励时暂不征税，待该股权转让时一次性征税，从而解决了由于获得的是股权形式的所得，没有现金流的纳税困难。而且在转让环节一次性征税统一适用20%的税率，税负率比之前降低了10—20个百分点，符合“减税降负”的政策精神。另外，加大了对创新创业的支持力度，对于激励科技人员创新创业、增强经济发展活力、促进我国经济结构转型升级将发挥重要作用。

**表 9.3**　　**上市公司股权激励个人所得税延期纳税**

备案表备案编号（主管税务机关填写）：　　　　单位：股，人民币元（列至角分）

| 公司基本情况 | | | | | | | | | |
|---|---|---|---|---|---|---|---|---|---|
| 公司名称 | | 纳税人识别号 | | 股票代码 | | 联系人 | | 联系电话 | |
| 股权激励基本情况 | | | | | | | | | |
| 股权激励形式 | □股票期权　□限制性股票　□股权奖励 | | | | | | | | |
| 股权激励明细情况 | | | | | | | | | |

| 序号 | 姓名 | 身份证照类型 | 身份证照号码 | 任职受雇月数 | 股票期权 | | | | 限制性股票 | | | | | | | 股权奖励 | | |
|---|---|---|---|---|---|---|---|---|---|---|---|---|---|---|---|---|---|---|
| | | | | | 行权日 | 行权日市价 | 行权价 | 行权股数 | 股票登记日 | 股票登记日市价 | 解禁日 | 解禁日市价 | 实际出资总额 | 本批次解禁数 | 总股票数 | 授予日 | 授予日市价 | 奖励股票数 |
| | | | | | | | | | | | | | | | | | | |
| | | | | | | | | | | | | | | | | | | |
| | | | | | | | | | | | | | | | | | | |
| | | | | | | | | | | | | | | | | | | |
| | | | | | | | | | | | | | | | | | | |
| | | | | | | | | | | | | | | | | | | |
| | | | | | | | | | | | | | | | | | | |

谨声明：此表是根据《中华人民共和国个人所得税法》及有关法律法规规定填写的，是真实的、完整的、可靠的。

法定代表人签章：　　　　年　　月　　日

| | | |
|---|---|---|
| 公司签章：<br>经办人：<br>填报日期：　　年　　月　　日 | 代理申报机构（人）签章：<br>经办人：<br>经办人执业证件号码：<br>代理申报日期：　　年　　月　　日 | 主管税务机关印章：<br>受理人：<br>受理日期：　　年　　月　　日 |

国家税务总局监制

填报说明：

一、适用范围

本表适用于实施股权激励的上市公司向主管税务机关办理个人所得税延期缴纳备案事宜时填报。

二、报送期限

企业应于股票期权行权、限制性股票解禁、股权奖励获得之次月15日内报送本表。

三、表内各栏

（一）公司基本情况

1. 公司名称：填写实施股权激励的上市公司法定名称全称。

2. 纳税人识别号：填写纳税人识别号或统一社会信用代码。

3. 联系人、联系电话：填写上市公司负责办理股权激励及相关涉税事项人员的相关情况。

（二）股权激励基本情况

股权激励形式：根据实施股权激励的形式勾选。

（三）股权激励明细情况

1. 姓名：填写纳税人姓名。中国境内无住所个人，其姓名应当用中、外文同时填写。

2. 身份证照类型：填写能识别纳税人唯一身份的身份证、军官证、士兵证、护照、港澳居民来往内地通行证、台湾居民来往大陆通行证等有效证照名称。

3. 身份证照号码：填写能识别纳税人唯一身份的号码。

4. 任职受雇月数：填写被激励对象在本公司实际任职受雇月份数。

5. 股票期权栏：以股票期权形式实施激励的企业填写本栏。没有则不填。

①行权日：填写根据股票期权计划，行权购买股票的实际日期。

②行权日市价：填写被激励对象所持股票行权购买日的收盘价。

③行权价：填写被激励对象股票期权行权时，实际出资的每股金额。

④行权股数：填写被激励对象本次行权取得的股票数量。

6. 限制性股票栏：以限制性股票形式实施激励的企业填写本栏。没有则不填。

①股票登记日：填写被激励对象取得的限制性股票在中国登记结算公司进行股票登记的日期。

②股票登记日市价：填写股票登记日的收盘价。

③解禁日：填写根据限制性股票计划，被激励对象取得限制性股票达到规定条件而解除出售限制的具体日期。

④解禁日市价：填写股票解禁日的收盘价。

⑤实际出资总额：填写被激励对象为获取限制性股票实际支付资金数额。

⑥本批次解禁数：填写本次股票解禁的股数。

⑦总股票数：填写被激励对象获取的限制性股票总数。

7. 股权奖励栏：以股权奖励形式实施激励的企业填写本栏。没有则不填。

①授予日：填写授予被激励对象获得股票的实际日期。

②授予日市价：填写股票授予日的收盘价。

③奖励股票数：填写被激励对象获取的股票总数。

四、本表一式二份。主管税务机关受理后，由上市公司和主管税务机关分别留存。

# 9.2　企业整体改制个人所得税

企业改制亦称企业改组。在我国，指国有企业、集体企业和乡镇企业依照《公司法》及其他法律法规的规定，从传统的组织制度改组为符合现代企业制度要求的公司制的过程。其目的是为了建立现代企业制度，实现企业运行机制的转换，促进资源的有效配置、技术的进步和经济效益的提高。通过改制，有些企业改组为独资的有限责任公司，有些企业改组为有多个投资者的有限责任公司，有些企业改组为股份有限公司，有些集体企业、乡镇企业还可能改组为股份合作制企业。整体改制是指以企业全部资产为基础，通过资产重组，整体改建为符合现代企业制度要求的、规范的企业。整体改制特别适合中、小型企业改制。

## 9.2.1　公司整体变更涉及的个人所得税问题

随着我国市场经济体制和现代企业制度的不断发展和完善，有限责任公司整体变更设立为股份有限公司（以下简称整体变更），是企业改制上市工作中经常遇到的情况，在此过程中引发的净资产折股征收个人所得税，主要有以下几种情况：

1. 资本公积折股与个人所得税

公司净资产与所有者权益对等，所有者权益包括实收资本、资本公积、盈余公积、未分配利润等，企业的资产一方面来源于负债，另一方面来源于所有者权益。因为要按原账面净值对有限公司的净资产额进行折股，所以净资产里的实收资本、盈余公积、资本公积、未分配利润最终都要折股为股份公司的股本数额，这样就涉及原股东所持股份增加而衍生出的个人所得税问题。

资本公积金包括接受捐赠财产、资本折算差额、资本溢价收入、财产重估增值等，是从企业非经营收益中增加资本净值的一些积累资金，《国家税务总局关于股份制企业转增股本和派发红股征免个人所得税的通知》（国税发〔1997〕198 号）第一条规定：对个人取得的转增股本的数额，不征收个人所得税，因为股份制企业用资本公积金转增股本不属于“股息、红利”性质的分配。

同时，《国家税务总局关于原城市信用社在转制为城市合作银行过程中个人股增值所得应纳个人所得税的批复》（国税函〔1998〕289 号）第二条的规定中对不征收个人所得税的资本公积金范围作了界定，即：股份制企业在溢价发行股票时所形成的资本公积金其转增股本中由个人取得的数额，不征收个人所得税。但其他与此不符合的资本公积金转增股本部分，却应当征收个人所得税。

从法规的字面解释来看，可以得出以下两个结论：

（1）以溢价发行股票形成的资本公积金转增股本的可以不征收个人所得税。

（2）用未分配利润、盈余公积、除溢价发行股票外的其他资本公积金转增股本和注册资本的，要征收个人所得税。所以，对有限责任公司以资本公积金转增资本，以溢价发行股票形式的资本公积金转增股本之处的净资产，一律应当按照“利息、股息、红利所得”征收个人所得税。

2. 盈余公积、未分配利润折股与个人所得税

《国家税务总局关于进一步加强高收入者个人所得税征收管理的通知》(国税发〔2010〕54号)规定:对用未分配利润、盈余公积、除溢价发行股票外的其他资本公积金转增股本和注册资本的,应依据现行政策规定按照“利息、股息、红利所得”计算征收个人所得税。也就是说,自然人股东因盈余公积折股、未分配利润折股而致的持股数量有所增加的部分,作为自然人股东的应税所得,要按“利息、股息、红利所得”征收其20%的个人所得税。

3. 资产评估增值折股与个人所得税

国税函〔1998〕289号文件规定:在城市信用社改制为城市合作银行过程中,个人(股东)以现金或股份及其他形式取得的资产评估增值数额,应当按“利息、股息、红利所得”项目计征个人所得税,税款由城市合作银行负责代扣代缴。同时,《国家税务总局关于资产评估增值计征个人所得税问题的通知》(国税发〔2008〕115号)中规定:个人股东从被投资企业取得的,以企业资产评估增值转增个人股本的部分,应计征个人所得税。因此,有限责任公司在变更为股份有限公司时,对实物资产评估增值折股应当缴纳个人所得税。

### 9.2.2 量化资产参与企业分配取得的所得

根据国家有关规定,允许集体所有制企业在改制为股份合作制企业时可以将有关资产量化给职工。为了支持企业改组改制的顺利进行,对于企业在这一改革过程中个人取得量化资产有关个人所得税问题,《国家税务总局关于企业改组改制过程中个人取得的量化资产征收个人所得税问题的通知》(国税发〔2000〕60号)规定:

(1)对职工个人以股份形式取得的仅作为分红依据,不拥有所有权的企业量化资产,不征收个人所得税。

(2)对职工个人以股份形式取得的拥有所有权的企业量化资产,暂缓征收个人所得税;待将股份转让时,就其转让收入额,减除个人取得该股份时实际支付的费用支出和合理转让费用后的余额,按“财产转让所得”项目计征个人所得税。

(3)对职工个人依据以股份形式取得的企业量化资产参与企业分配而获得的股息、红利,应按“利息、股息、红利所得”项目征收个人所得税。

## 9.3 企业清算个人所得税

### 9.3.1 个人独资企业的解散与清算

1. 应解散的情形

根据《中华人民共和国个人独资企业法》(以下简称“《个人独资企业法》”)第二十六条规定,个人独资企业有下列情形之一时,应当解散:

(1)投资人决定解散。

(2)投资人死亡或者被宣告死亡,无继承人或者继承人决定放弃继承。

(3)被依法吊销营业执照。

（4）法律、行政法规规定的其他情形。

2. 清算

个人独资企业解散，由投资人自行清算或者由债权人申请人民法院指定清算人进行清算。投资人自行清算的，应当在清算前 15 日内书面通知债权人，无法通知的，应当予以公告。债权人应当在接到通知之日起 30 日内，未接到通知的应当在公告之日起 60 日内，向投资人申报其债权。

3. 财产清偿

个人独资企业解散后，原投资人对个人独资企业存续期间的债务仍应承担偿还责任，但债权人在 5 年内未向债务人提出偿债请求的，该责任消灭。

根据《个人独资企业法》第二十九条的规定，个人独资企业解散的，财产应当按照下列顺序清偿：

（1）所欠职工工资和社会保险费用。

（2）所欠税款。

（3）其他债务。

清算期间，个人独资企业不得开展与清算目的无关的经营活动。在按规定清偿债务前，投资人不得转移、隐匿财产。

个人独资企业财产不足以清偿债务的，投资人应当以其个人的其他财产予以清偿。

个人独资企业清算结束后，投资人或者人民法院指定的清算人应当编制清算报告，并于 15 日内到登记机关办理注销登记。

### 9.3.2　合伙企业的解散与清算

1. 应解散的情形

根据《合伙企业法》第八十五条的规定，合伙企业有下列情形之一的，应当解散：

（1）合伙期限届满，合伙人决定不再经营。

（2）合伙协议约定的解散事由出现。

（3）全体合伙人决定解散。

（4）合伙人已不具备法定人数满 30 天。

（5）合伙协议约定的合伙目的已经实现或者无法实现。

（6）依法被吊销营业执照、责令关闭或者被撤销。

（7）法律、行政法规规定的其他原因。

2. 清算

合伙企业解散的，应当进行清算。解散而未清算的合伙企业，在清算范围内视为存续。

合伙企业解散，应当由清算人进行清算。清算人由全体合伙人担任；经全体合伙人过半数同意，可以自合伙企业解散事由出现后 15 日内指定一个或者数个合伙人，或者委托第三人，担任清算人。自合伙企业解散事由出现后 15 日内未确定清算人的，合伙人或者其他利害关系人可以申请人民法院指定清算人。

清算人在清算期间执行下列事务：

（1）清理合伙企业财产，分别编制资产负债表和财产清单。

（2）处理与清算有关的合伙企业未了结事务。

（3）清缴所欠税款。

（4）清理债权、债务。

（5）处理合伙企业清偿债务后的剩余财产。

（6）代表合伙企业参加诉讼或者仲裁活动。

清算人应当自被确定之日起10日内将合伙企业解散事项通知债权人，并于60日内在报纸上公告。债权人应当自接到通知书之日起30日内，未接到通知书的自公告之日起45日内，向清算人申报债权。债权人申报债权，应当说明债权的有关事项，并提供证明材料。清算人应当对债权进行登记。清算期间，合伙企业存续，但不得开展与清算无关的经营活动。

3. 财产清偿

在清算过程中，合伙企业财产应当按如下顺序清偿债务：

（1）支付清算费用。

（2）偿付合伙企业所欠的职工工资、社会保险费用、法定补偿金。

（3）缴纳合伙企业所欠税款。

（4）偿付合伙企业的债务。

清偿完毕后，如果有剩余财产，依照《合伙企业法》第三十三条的规定（即，合伙企业的利润分配、亏损分担，按照合伙协议的约定办理；合伙协议未约定或者约定不明确的，由合伙人协商决定；协商不成的，由合伙人按照实缴出资比例分配、分担；无法确定出资比例的，由合伙人平均分配、分担）在合伙人之间进行分配。

合伙企业清算时，其全部财产不足清偿债务的，由全体合伙人承担无限连带清偿责任。清算结束，清算人应当编制清算报告，经全体合伙人签名、盖章后，在15日内向企业登记机关报送清算报告，申请办理合伙企业注销登记。合伙企业注销后，原普通合伙人对合伙企业存续期间的债务仍应承担无限连带责任。

《合伙企业法》第九十二条规定，合伙企业不能清偿到期债务的，债权人可以依法向人民法院提出破产清算申请，也可以要求普通合伙人清偿。合伙企业依法被宣告破产的，普通合伙人对合伙企业债务仍应承担无限连带责任。

《中华人民共和国企业破产法》（以下简称“《企业破产法》”）第一百三十五条规定：“其他法律规定企业法人以外的组织的清算，属于破产清算的，参照适用本法规定的程序。”合伙企业的破产清算属于该条规定的范围。

### 9.3.3 清算的个人所得税处理

（1）根据《关于个人独资企业和合伙企业投资人征收个人所得税的规定》第十六条的规定，企业进行清算时，投资者应当在注销工商登记之前，向主管税务机关结清有关税务事宜。企业的清算所得应当视为年度生产经营所得，由投资者依法缴纳个人所得税。

清算所得，是指企业清算时的全部资产或者财产的公允价值扣除各项清算费用、损失、负债、以前年度留存的利润后，超过实缴资本的部分。

（2）投资者个人从被清算企业分得的剩余资产，属于被清算企业累计未分配利润和累计盈余公积中应当分配的部分，应按照“利息、股息、红利所得”项目计征个人所得税；剩余资产减除上述“利息、股息、红利所得”后的余额，超过投资成本的部分，应按“财产转让所得”项目计征个人所得税。

# 9.4　混合型融资个人所得税

混合筹资工具是既带有债务融资特征又带有权益融资特征的特殊融资工具，常见的有优先股、永续债、可转换债券、认股权证等。

## 9.4.1　优先股

1. 相对普通股而言，优先股有如下特殊性：

（1）优先分配利润。优先股股东按照约定的票面股息率，优先于普通股股东分配公司利润。公司应当以现金的形式向优先股股东支付股息，在完全支付约定的股息之前，不得向普通股股东分配利润。

公司应当在公司章程中明确以下事项：

①优先股股息率是采用固定股息率还是浮动股息率，并相应明确固定股息率水平或浮动股息率计算方法。

②公司在有可分配税后利润的情况下是否必须分配利润。

③如果公司因本会计年度可分配利润不足而未向优先股股东足额派发股息，差额部分是否累积到下一会计年度。

④优先股股东按照约定的股息率分配股息后，是否有权同普通股股东一起参加剩余利润分配。

⑤优先股利润分配涉及的其他事项。

（2）优先分配剩余财产。公司因解散、破产等原因进行清算时，公司财产在按照《公司法》和《企业破产法》有关规定进行清偿后的剩余财产，应当优先向优先股股东支付未派发的股息和公司章程约定的清算金额，不足以支付的按照优先股股东持股比例分配。

（3）表决权限制。除以下情况外，优先股股东不出席股东（大）会会议，所持股份没有表决权：

①修改公司章程中与优先股相关的内容。

②一次或累计减少公司注册资本超过10%。

③公司合并、分立、解散或变更公司形式。

④发行优先股。

⑤公司章程规定的其他情形。

2. 交易转让及登记结算

（1）优先股发行后可以申请上市交易或转让，不设限售期。公开发行的优先股可以在证券交易所上市交易。上市公司非公开发行的优先股可以在证券交易所转让，非上市公司非公开发行的优先股可以在全国中小企业股份转让系统转让，转让范围仅限合格投资者。交易或转让的具体办法由证券交易所或全国中小企业股份转让系统另行制定。为促进全国中小企业股份转让系统（以下简称“新三板”）长期稳定发展，自2018年11月1日（含）起，对个人转让“新三板”挂牌公司非原始股取得的所得，暂免征收个人所得税。

这里所称非原始股是指个人在“新三板”挂牌公司挂牌后取得的股票，以及由上述股票孳生的送、转股。

对个人转让“新三板”挂牌公司原始股取得的所得，按照“财产转让所得”，适用20%的比例税率征收个人所得税。

这里所称原始股是指个人在“新三板”挂牌公司挂牌前取得的股票，以及在该公司挂牌前和挂牌后由上述股票孳生的送、转股。

（2）优先股交易或转让环节的投资者适当性的标准应当与发行环节保持一致；非公开发行的相同条款优先股经交易或转让后，投资者不得超过200人。

（3）中国证券登记结算公司为优先股提供登记、存管、清算、交收等服务。

3. 优先股的筹资成本

从投资者来看，优先股投资的风险比债券大。当企业面临破产时，优先股的求偿权低于债权人。在公司财务困难的时候，债务利息会被优先支付，其次为优先股股利。因此，同一公司的优先股股东要求的必要报酬率比债权人的高。同时，优先股投资的风险比普通股低。当企业面临破产时，优先股股东的求偿权优先于普通股股东。在公司分配利润时，优先股股息通常固定且优先支付，普通股股利只能最后支付。因此，同一公司的优先股股东要求的必要报酬率比普通股股东的低。

### 9.4.2　附认股权证债券筹资

1. 认股权证的特征

认股权证是公司向股东发放的一种凭证，授权其持有者在一个特定期间以特定价格购买特定数量的公司股票。

2. 发行认股权证的用途

（1）在公司发行新股时，为避免原有股东每股收益和股价被稀释，给原有股东配发一定数量的认股权证，使其可以按优惠价格认购新股，或直接出售认股权证，以弥补新股发行的稀释损失。这是认股权证最初的功能。

（2）作为奖励发给本公司的管理人员。所谓“奖励期权”，其实是奖励认股权证，它与期权并不完全相同。有时，认股权证还作为奖励发给投资银行机构。

（3）作为筹资工具，认股权证与公司债券同时发行，用来吸引投资者购买票面利率低于市场要求的长期债券。

### 9.4.3　可转换债券筹资

可转换债券，是一种特殊的债券，它在一定期间内依据约定的条件可以转换成普通股。可转换债券通常有以下主要特征：

1. 可转换性

可转换债券，可以转换为特定公司的普通股。这种转换，在资产负债表上只是负债转换为普通股，并不增加额外的资本。认股权证与之不同，认股权证会带来新的资本。这种转换是一种期权，证券持有人可以选择转换，也可选择不转换而继续持有债券。

2. 转换价格

可转换债券发行之时，明确了以怎样的价格转换为普通股，这一规定的价格就是可转换债券的转换价格（也称转股价格），即转换发生时投资者为取得普通股每股所支付的实际价格。转换价格通常比发行时的股价高出20%—30%。

3. 转换比率

转换比率是债权人将一份债券转换成普通股可获得的普通股股数。可转换债券的面值、转换价格、转换比率之间存在下列关系：

转换比率 = 债券面值 ÷ 转换价格

4. 转换期

转换期是指可转换债券转换为股份的起始日至结束日的期间。可转换债券的转换期可以与债券的期限相同，也可以短于债券的期限。例如，某种可转换债券规定只能从其发行一定时间之后（如发行若干年之后）才能够行使转换权，这种转换期称为递延转换期，短于其债券期限。还有的可转换债券规定只能在一定时间内（如发行日后的若干年之内）行使转换权，超过这一段时间转换权失效，因此转换期也会短于债券的期限，这种转换期称为有限转换期。超过转换期后的可转换债券不再具有转换权，自动成为不可转换债券（或普通债券）。

我国《上市公司证券发行管理办法》规定，自发行结束之日起6个月后方可转换为公司股票，转股期限由公司根据可转换公司债券的存续期限及公司财务状况决定。

5. 赎回条款

赎回条款是可转换债券的发行企业可以在债券到期日之前提前赎回债券的规定。赎回条款包括下列内容：

（1）不可赎回期。不可赎回期是可转换债券从发行时开始，不能被赎回的那段期间。例如，规定自发行日起两年之内不能由发行公司赎回，债券的前两年就是不可赎回期。设立不可赎回期的目的，在于保护债券持有人的利益，防止发行企业通过滥用赎回权，促使债券持有人及早转换债券。不过，并不是每种可转换债券都设有不可赎回条款。

（2）赎回期。赎回期是可转换债券的发行公司可以赎回债券的期间。赎回期安排在不可赎回期之后，不可赎回期结束之后，即进入可转换债券的赎回期。

（3）赎回价格。赎回价格是事前规定的发行公司赎回债券的出价。赎回价格一般高于可转换债券的面值，两者之差为赎回溢价。赎回溢价随债券到期日的临近而减少。例如，一种20×1年1月1日发行，面值100元，期限5年，不可赎回期为3年，赎回期为2年的可赎回债券，规定到期前1年（即20×4年）的赎回价格为110元，到期年度（即20×5年）的赎回价格为105元。

（4）赎回条件。赎回条件是对可转换债券发行公司赎回债券的情况要求，即需要在什么样的情况下才能赎回债券。赎回条件分为无条件赎回和有条件赎回。无条件赎回是在赎回期内发行公司可随时按照赎回价格赎回债券。有条件赎回是对赎回债券有一些条件限制，只有在满足了这些条件之后才能由发行公司赎回债券。

发行公司在赎回债券之前，要向债券持有人发出通知，要求他们在将债券转换为普通股与卖给发行公司（即发行公司赎回）之间作出选择。一般而言，债券持有人会将债券转换为普通股。可见，设置赎回条款是为了促使债券持有人转换股份，因此又被称为加速条款；同时也能使发行公司避免市场利率下降后，继续向债券持有人按较高的债券票面利率支付利息所蒙受的损失。

6. 回售条款

回售条款是在可转换债券发行公司的股票价格达到某种恶劣程度时，债券持有人有权按照约定的价格将可转换债券卖给发行公司的有关规定。回售条款也具体包括回售时间、回售价格等内容。设置回售条款是为了保护债券投资人的利益，使他们能够避免遭受过大的投资损失，从而降低投资风险。合理的回售条款，可以使投资者具有安全感，因而有利于吸引投资者。

7. 强制性转换条款

强制性转换条款是在条款约定的某些条件具备之后，债券持有人必须将可转换债券转换为股票，无权要求偿还债券本金的规定。设置强制性转换条款，是为了保证可转换债券顺利地转换成股票，实现发行公司扩大权益筹资的目的。

### 9.4.4　可转换债券和附认股权证债券的区别

1. 可转换债券在转换时只是报表项目之间的变化，没有增加新的资本；附认股权证债券在认购股份时给公司带来新的权益资本。

2. 灵活性不同。可转换债券允许发行者规定可赎回条款、强制转换条款等，种类较多，而附认股权证债券的灵活性较差。

3. 适用情况不同。发行附认股权证债券的公司，比发行可转换债券的公司规模小、风险更高，往往是新的公司启动新的产品。对这类公司，潜在的投资者缺乏信息，很难判断风险的大小，也就很难设定合适的利率。为了吸引投资者，他们有两种选择：一种选择是设定很高的利率，承担高成本；另一种选择是采用期权与债权捆绑，向投资者提供潜在的升值可能性，适度抵消遭受损失的风险。附认股权证债券的发行者，主要目的是发行债券而不是股票，是为了发债而附带期权，只是因为当前利率要求高，希望通过捆绑期权吸引投资者以降低利率。可转换债券的发行者，主要目的是发行股票而不是债券，只是因为当前股价偏低，希望通过将来转股以实现较高的股票发行价。

4. 两者的发行费用不同。可转换债券的承销费用与普通债券类似，而附认股权证债券的承销费用介于债务融资和普通股融资之间。

### 9.4.5　混合性融资个人所得税

1. 优先股的涉税处理

优先股可分为可转换优先股与不可转换优先股，两者在转换为普通股之前除了有无可转换的功能外，其他的权利和特点没有质的区别。可转换优先股是指允许优先股持有人在特定条件下把优先股转换成为一定数额的普通股。否则，就是不可转换优先股。一般来说，发行公司对可转换优先股都规定有转换条件和转换比例。持有可转换优先股股票的股东有权根据公司的经营状况和股市行情自行决定是否将优先股股票换成普通股股票或公司债券。

（1）优先股股息红利分配的税收处理。现金股利实际发放日，对于股东中的个人股东和投资基金，公司应代扣个人所得税。

（2）资本公积金转增股本的纳税影响。《国家税务总局关于股份制企业转增股本和派发红股征免个人所得税的通知》（国税发〔1997〕198 号）规定，股份制企业用资本公积金转增股本不属于股息、红利性质的分配，对个人取得的转增股本数额不作为个人所得，不征收个人所得税。但是应注意，这里的“资本公积金”仅指股票溢价发行收入所形成的资本公积金。与利润分配或盈余公积转增股本发放股票股利相比，资本公积金转增股本可得到类似的结果，即股东权益总额不变，但结构改变，公司股票数量增加，每股收益和每股净资产摊薄，每股市价下降。但是，由以上分析可知，按照我国现行税收法规的规定，资本公积金转增股本不仅可使股东免缴 20% 的个人所得税，而且公司也不必补缴印花税。这是我国股份公司经常采用资本公积金转增股本形式的重要原因之一。

（3）与盈余公积转增股份的差别及其计税基础的确定问题。资本公积金转增股份的优先股股东，尽管在取得转增股份时不需要缴纳相应的税收，但是如果是盈余公积转增股本，优先股股东在转股时则需要扣缴个人所得税。扣除个人所得税后的计税基础则相应调增，而资本公积所对应的股份的计税基础不变。

2. 明股实债的税法规制

（1）明股实债的定义。明股实债的融资方式在我国已有十多年的历史，最初发生在上市公司收购非上市公司股份的“对赌”交易中，此时的明股实债更强调“明股”，“实债”只是投资方在“明股”的意图难以实现后采取的一种保护资金安全、防范风险的机制。但 2013 年以后，随着 PPP 的展开，明股实债更多地成为一种融资机制的安排，“明股”常常转化为“实债”，即名义上是投资入股，实际上是一种借款安排，由此，“明股实债”的重心从“股”转变为“债”。也就是说，“明股实债”最初就是股权投资，只是在出现违约、发生纠纷后为了防范风险、减少损失而将其作为债权处理。典型的“明股实债”形式上是附带回购条款的股权融资，而实质上是债权投资的融资模式。在这种融资模式中，投资方虽以股权的方式投资于目标公司，但其交易实质却属于与借贷相类似的债权债务关系，具有刚性兑付的保本约定。从形式上看，出资方和融资方均列入股权投资，属于股权的持有和退出，实质上却是债务资金的发放和收取。这是最狭义的“明股实债”，而实践中“明股实债”的范围却十分广泛，不仅包括了一般的“明股实债”，还包括了间接的“明股实债”、对赌协议等。

①一般的“明股实债”。主要是指投资人认购资管产品，资管产品以股权方式投资标的公司，并对收益进行约定，投资方与融资方或第三方签订定期回购协议，到期后由融资方或其关联方回购股权实现退出。通常出资方会要求融资方提供增信措施。交易结构如图 9.1 所示。

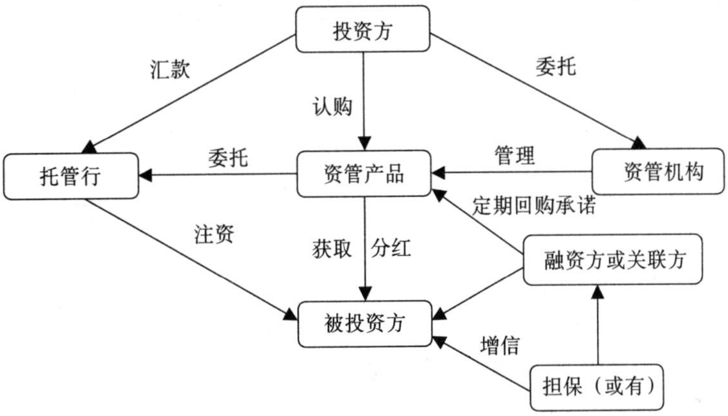


**图 9.1　一般的“明股实债”交易结构**

②间接“明股实债”。这种模式主要是在“明股实债”之上加了一层有限合伙的架构。通常在针对地方政府融资平台的一些项目中运用。投资人多是通过资管计划以优先级的角色进入到合伙基金中，地方政府融资平台以劣后级 LP/GP 进入此合伙基金中，此后有限合伙基金再将资金投入到标的公司中。基金存续期满，由政府指定平台公司回购优先 LP 股份。风险一般由政府兜底。但这种地方政府兜底的 PPP 融资模式已经被财政部三令五申严格禁止。需要说明的是，财政部仅仅是禁止地方政府在 PPP 中充任劣后级 LP/GP 的角色，防止地方政府债务规模失控，但并没有禁止企业之间进行间接“明股实债”的投融资。交易结构如图 9.2 所示。

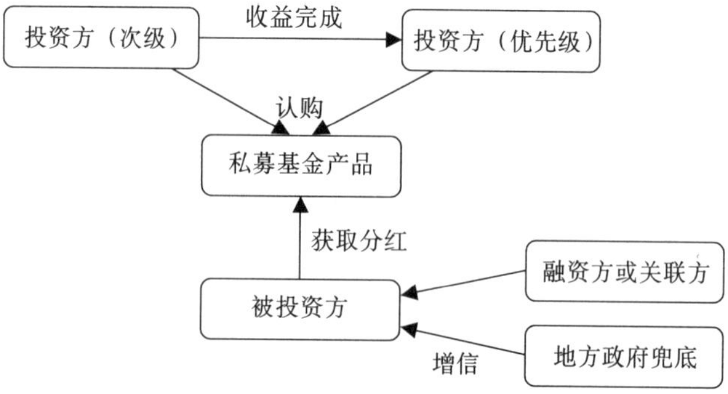


**图 9.2 间接“明股实债”交易结构**

③对赌协议。通常是标的公司大股东与投资方签订对赌协议，如果标的企业的经营状况能够达到相关协议中商定的业绩，并且能够实现预期目标（如 IPO 或在“新三板”上市等），则投资方乐于持有股份。内在逻辑是：当标的公司发股上市或在“新三板”上市后，投资方可以将手中持有的股份溢价卖出，获得溢价收益。这种溢价收益率将明显高于协议中商定的利率。一旦标的公司在协议商定的时间内不能达到 IPO 或在“新三板”上市的条件，则投资方的入股资金转为投资方对标的公司的借款，由此，标的公司的大股东（或主要股东）就要承担偿还这些资金本息的义务。交易结构如图 9.3 所示。

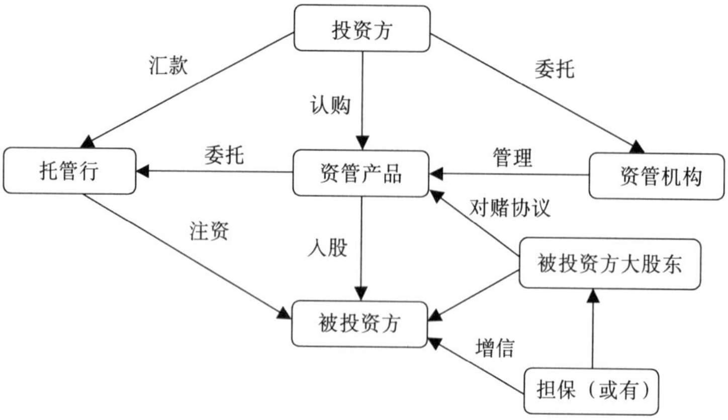


**图 9.3 对赌协议交易结构**

（2）税法上的混合性投资业务。2013 年，国家税务总局发布《关于企业混合性投资业务企业所得税处理问题的公告》（国家税务总局公告 2013 年第 41 号），对企业混合性投资业务企业所得税处理问题进行了明确。公告将企业混合性投资业务定义为兼具权益和债权双重特性的投资业务。我国税收法律法规对债权性投资与权益性投资的定义有明文规定。债权性投资，是指企业直接或者间接从关联方获得的，需要偿还本金和支付利息或者以其他具有支付利息性质的方式予以补偿的融资。权益性投资，是指企业接受的不需要偿还本金和利息，投资人对企业净资产拥有所有权的投资。公告规定，同时符合下列条件的混合性投资业务，被投资企业支付的利息支出可以按照金融企业同期同类贷款的税收政策进行税前扣除：

①被投资企业接受投资后，需要按投资合同或协议约定的利率定期支付利息（或定期支付保底利息、固定利润、固定股息，下同）；

②有明确的投资期限或特定的投资条件，并在投资期满或者满足特定投资条件后，被投资企业需要赎回投资或偿还本金；

③投资企业对被投资企业净资产不拥有所有权；

④投资企业不具有选举权和被选举权；

⑤投资企业不参与被投资企业日常生产经营活动。

根据我国《企业所得税法》及其相关规范性文件的规定，企业向投资者支付的股息、红利等权益性投资收益款项不得在计算企业应纳税所得时进行税前扣除，而企业向投资者支付的利息则可以进行税前扣除。另外，企业在向投资者支付股息、红利等权益性投资后，取得权益性投资的股东仍然需要缴纳所得税，这也是税法中较为典型的经济性重复征税。虽然特定情况下居民企业之间的股息、红利可以免于缴纳所得税，自然人持有上市公司股票也出台了大量的股息红利差别化待遇，但仍然难以消除债权性投资和权益性投资不同的税收待遇，债权性投资对企业来讲仍然具有较强的吸引力。

## 9.5　互联网金融投资个人所得税

互联网金融是传统金融机构与互联网企业利用互联网技术和信息通信技术实现资金融通、支付、投资和信息中介服务的新型金融业务模式。互联网金融的主要业态包括互联网支付、网络借贷、股权众筹融资、互联网基金销售、互联网保险、互联网信托和互联网消费金融等。互联网金融的发展对促进金融包容具有重要意义，为大众创业、万众创新打开了大门，在满足小微企业、中低收入阶层投融资需求，提升金融服务质量和效率，引导民间金融走向规范化，以及扩大金融业对内对外开放等方面可以发挥独特功能和作用。

### 9.5.1　互联网金融的税收问题

1. 金融互联网化

金融互联网化主要体现在金融机构通过互联网技术开展的新兴业务，既包括在互联网上开展的一些传统金融业务，如网上银行、手机银行、超级网银等；也包括金融业务与互联网相结合形成的创新性投资理财产品和保险产品，如余额宝等，其实质是货币市场基金等金融产品。这一类业务与传统金融相比，主要在购买渠道和方式上存在差异，其业务实质并没有变化，应在现行金融行业税收征管体系内监管此类开展互联网业务的金融机构。因此，对于网上购买余额宝等产品的投资人而言，考虑到其实际上购买的是天弘基金管理公司的货币市场基金产品，应按照《关于开放式证券投资基金有关税收问题的通知》（财税字〔2002〕128号）的规定，对投资者（包括个人和机构投资者）从基金分配中取得的收入，暂不征收个人所得税和企业所得税。

2. 第三方支付

第三方支付是指通过互联网在客户、第三方支付公司和银行之间建立连接，帮助客户快速实现货币支付、资金结算等功能。第三方支付是互联网金融最活跃的领域之一，来自艾瑞咨询的数据显示，2014年我国第三方支付交易规模突破8万亿元，同比增长50.3%；第三方移动支付交易规模近6万亿元，同比增长391.3%。

第三方支付公司的盈利主要来源于收单手续费、备份金利息、预付卡和平台建立带来的潜在收益等，涉及的税种主要有企业所得税、个人所得税、增值税及其附加等。对于2015年春节掀起互联网支付热潮的微信红包，其所得税问题需要区别对待：首先，亲朋好友之间通过微信社交发红包，金额不大，属于互相赠予，按照目前税法的规定不涉及个人所得税问题。其次，如果企业通过“微信红包”奖励成绩突出的员工或向员工发放奖金等福利，应并入工资薪金缴纳个人所得税；而企业通过“微信红包”形式，对用户或潜在客户的附赠行为，对方收受红包则属于偶然所得，应该按照20%的税率缴纳税款，由支付企业代扣代缴。

3. 互联网货币

互联网货币体现了互联网对货币形态的影响，主要包括比特币、Q币、亚马逊币等。以比特币为例，比特币是一种由开源的对等网络软件通过特定的大量计算产生的虚拟货币。它不依赖于任何中央发行机构，而是使用整个P2P网络中众多节点构成的分布式数据库来确认并记录所有的交易行为，并通过加密算法确保货币流通各个环节的安全性。它是目前使用最为广泛的一种虚拟货币，不管身处何方，任何人都可以挖掘、购买、出售或收取比特币。由于互联网货币完全匿名、难以跟踪，不管是互联网货币买卖或者将其用于匿名电子支付，税务机关根据现有技术手段都难以跟踪监管其交易行为和交易所得，税收征管存在巨大漏洞。

4. P2P网络贷款

P2P网络贷款是近年来兴起的一种互联网上个人对个人的借贷模式。借款人可以获得比民间借贷更为便利的信用融资渠道，付出更低的借贷成本，而投资者也可以获得比银行存款更高的回报。P2P网络贷款在解决“小微企业”融资问题方面具有独特优势，获得了巨大发展。第三方机构“网贷之家”的统计数据显示，截至2014年年末，中国网络贷款运营平台达1 575家；全年累计成交量2 528亿元人民币，是2013年的2.39倍；网络贷款行业总体贷款余额1 036亿元人民币，是2013年的3.87倍。根据我国《企业所得税法》及《个人所得税法》的规定，P2P网络贷款公司收入以及企业提供借款获得的利息收入，均应当并入应纳税所得额，统一计算缴纳企业所得税；个人借款取得的利息收入，应按照“利息、股息、红利所得”计算缴纳20%的个人所得税。

5. 股权众筹

股权众筹主要指互联网上的股权和类股权融资，具体包括融资者借助互联网平台向广大投资者募集创新项目资金，并回报以股权或者其他实物、服务等。股权众筹在拓展小微企业直接融资渠道、促进创新创业方面起到了积极作用，但也存在打着众筹名号从事非法集资的风险。从税收角度来看，众筹融资的风险主要在于投资者转让股权所得是否及时足额缴纳了所得税。对于企业投资者，其转让股权收入，应于转让协议生效，且完成股权变更手续时确认收入的实现，在扣除为取得该股权所发生的成本后，并入应纳税所得额。对于个人投资者，根据国家税务总局颁布的《股权转让所得个人所得税管理办法（试行)》（国家税务总局公告 2014 年第 67 号)，应以股权转让收入减除股权原值和合理费用后的余额为应纳税所得额，按“财产转让所得”缴纳个人所得税。股权转让受让方为扣缴义务人，扣缴义务人应于股权转让相关协议签订后的 5 个工作日内，将股权转让的有关情况报告主管税务机关。

### 9.5.2　互联网金融活动个税申报

目前，税务机关对 P2P 网络借贷平台的征管主要依靠平台主动申报，许多 P2P 平台纳税申报的金额低于实际的应纳税额，甚至一些网络借贷平台常年保持零申报。早在 2009 年，税务机关就通过对网络借贷平台的纳税状况进行检查，以期规范互联网金融业务的税收活动。但受限于税收理论上的要求，例如要有完整的税制要素，如确定的纳税人、确定的计税依据、确定的课税对象等，而互联网金融业务活动中不具备一套全面和明确的税制要素，使得所有的互联网金融交易服务都不能按照传统的税收征管方式去征管。

互联网金融服务平台不能很好地履行代扣代缴义务。由于 P2P 网络借贷平台是第三方，处于撮合借贷双方资金的立场，对于资金利息的取得者应理所当然代扣代缴相关税收。但网络借贷平台的收益则来源于撮合资金成功后的利息管理费和借款管理费，如果代扣代缴税款后，网络借贷平台的实际收入下降。因此，在 P2P 网络借贷平台税收征管的监督机制还不完备、税务机关还未与 P2P 网络借贷平台建立有效的信息互通机制的情况下，不能很好地解决网络借贷平台不履行代扣代缴义务的问题。

我国目前也没有十分适合互联网金融纳税制度。现阶段对税收征管的主要手段之一是自行纳税申报制度，该制度由《税收征管法》的规定，具有法律效力，要求纳税人主动申报纳税，也要求扣缴义务人代扣代缴税款后主动申报并缴库。而互联网金融业务的经营模式不太适应传统的自行申报纳税制度。首先，有些互联网金融全部为线上业务，可能没有实体店铺；其次，随着互联网金融业务的日益增加，电子申报制度也不能满足它们的需求，传统的网上申报平台容量有限，无法准确收集互联网金融行业的电子信息。

因此，具有“无纸化”特征的互联网金融交易，需要我们必须尽快建立一套完善的电子纳税申报制度，而申报资料的电子数据我们也要尽快予以法律效力的确认。纳税人可以登录税务机关的网站查询他本月的纳税申报表，进行纳税申报。支付方式则可以选用网络转账的方式，支付宝、网银转账等。电子申报可以节约成本，基本实现了纳税申报“无纸化”的目的。

## 9.6　相关法规历史沿革及风险关注要点

### 9.6.1　股权激励所得

1. 历史沿革

2005 年以来，财政部、税务总局先后印发多份政策文件，明确了个人取得上市公司股权激励所得的个人所得税政策。总体思路是将股权激励所得在不超过12个月（最多为12个月）的期限内分摊计税。

为支持国家大众创业、万众创新战略的实施，促进我国经济结构转型升级，经国务院批准，财政部、国家税务总局于2016年9月22日联合印发了《关于完善股权激励和技术入股有关所得税政策的通知》（财税〔2016〕101号文）（以下简称“101号文”），对符合条件的非上市公司股权激励实行递延纳税政策，对上市公司股票期权、限制性股票和股权奖励适当延长纳税期限，对技术成果投资入股（以下简称“技术入股”）提供更优惠的税收政策。此次政策已经出台，即时得到了创业界和风险投资、私募股权投资界的热烈响应和赞赏，被市场和业界成为史上最实惠股权激励所得税政策。该政策已于2016年9月1日起实施。

随着《个人所得税法实施条例》于2018年底正式颁布，各项具体实施和征管政策也相继出台。为确保新旧税制平稳过渡，财政部和国家税务总局于2018年12月27日联合发布了《关于个人所得税法修改后有关优惠政策衔接问题的通知》（财政部和国家税务总局公告2018年第164号，以下简称“164号公告”）。164号公告规定：居民个人取得股票期权、股票增值权、限制性股票、股权奖励等股权激励（以下简称“股权激励”），符合《财政部 国家税务总局关于个人股票期权所得征收个人所得税问题的通知》（财税〔2005〕35号）、《财政部 国家税务总局关于股票增值权所得和限制性股票所得征收个人所得税有关问题的通知》（财税〔2009〕5号）、《财政部 国家税务总局关于将国家自主创新示范区有关税收试点政策推广到全国范围实施的通知》（财税〔2015〕116号）第四条、《财政部 国家税务总局关于完善股权激励和技术入股有关所得税政策的通知》（财税〔2016〕101号）第四条第（一）项规定的相关条件的，在2021年12月31日前，不并入当年综合所得，全额单独适用综合所得税率表，计算纳税。计算公式为：

应纳税额＝股权激励收入×适用税率－速算扣除数

此外，居民个人一个纳税年度内取得两次以上（含两次）股权激励的，应合并按股权激励相关规定计算纳税。

**[例9.1]** 李先生受雇于一家境内上市公司，因表现突出参与了公司的股票期权计划。李先生在2019年10月对股票期权行权，取得股票期权所得人民币60 000元。根据164号公告关于股权激励的政策规定，李先生可以享受股权激励优惠计税方法：

应纳税额＝股权激励所得60 000×适用综合所得税率10%－速算扣除数2 520
＝3 480（元）

《财政部 国家税务总局关于个人股票期权所得征收个人所得税问题的通知》（财税〔2005〕35号）第四条第（一）项关于股权激励所得的优惠计税公式的条款自2019年1月1日起废止。2022年1月1日之后的股权激励政策另行明确。

2. 税收新政的风险事项解析

随着2018年底164号公告的公布，此前公众普遍关注的个人所得税优惠政策衔接问题终于落地。旧税法中的上述优惠政策进行了平移，为新旧税制的平稳过渡提供了一定的基础和保障。另外需注意的是，164号公告发布的同时，对应的一系列旧法规即将于2019年1月1日废止。值得关注的是，164号公告对不同的优惠政策规定了不同的适用时间，其政策导向性值得关注。

（1）上市公司股权激励计划。

①主要内容：2005年7月1日，员工从上市公司取得的股权激励所得（股票期权，股票增值权和限制性股票），按照“工资、薪金所得”项目计算缴纳个人所得税。对于股票期权形式的工资薪金所得可区别于所在月份的其他工资薪金所得，单独按下列公式计算当月应纳税款：

应纳税额 =（股票期权形式的工资薪金应纳税所得额/规定月份数 × 适用税率 − 速算扣除数）× 规定月份数

②目前有效文件：财税〔2005〕35号、国税函〔2006〕902号、财税〔2009〕5号、国税函〔2009〕461号。

③关注点：修订后的新个税税法中，按月征收改为按年征收，员工取得上市公司取得的股权激励所得是否需合并至年收入汇总缴税。

（2）非上市公司股权激励计划。

①主要内容：2016年9月1日起，员工取得非上市公司的股权激励所得，符合规定条件的，经向主管税务机关备案，可实行递延纳税政策，即员工在取得股权激励时可暂不纳税，递延至股权转让时，按照适用“财产转让所得”项目，按照20%的税率计算缴纳个人所得税。

②目前有效文件：财税〔2005〕35号、国税函〔2009〕461号、财税〔2016〕101号。

③关注点：非上市公司实行的股票激励计划在新个税税法上是否依旧采用递延政策，按照财产转让所得缴税，不符合条件的股权激励所得如何缴税是否有更明确的规定。

### 9.6.2　企业整体改制个人所得税

（1）在股份制改造之前自然人股东发生股权转移的，在股份制改造时，计算该自然人股东转增资本的“利息、股息、红利所得”个人所得税时，应当注意扣除受让股权的成本。

国家税务总局公告2013年第23号同时规定：企业发生转增股本事项后，应将股东和股权变化情况、股权交易前原始账面记载的盈余积累数额、转增股本数额以及扣缴税款情况在下个月的15天内报告给主管的税务机关。因此需要注意办理相关的流程，避免漏报。

（2）以盈余公积、未分配利润、资本公积向个人股东转增股本，其实质为个人“股息红利分配”和“以分配的股息红利增资”两笔经济业务同时发生。鉴于以未分配利润、盈余公积、资本公积向个人股东转增股本时并未取得货币收益，所以也有一些地方参照《国家税务总局关于个人非货币性资产投资有关个人所得税征管问题的公告》文件，对一次性缴税存在困难的纳税人，规定其可在确定合理分期缴纳税款计划并上报主管税务机关备案之后，自该应税行为发生之日起不超过5个纳税年度内分期缴纳个税。在此文发布之前，财政部、国家税务总局在发布的《关于中关村国家自主创新示范区企业转增股本个人所得税试点政策》的通知中规定：企业以未分配利润、盈余公积、资本公积向个人股东转增股本时，应征收20% 的个人所得税。对示范区的中小高新技术企业用盈余公积、未分配利润以及资本公积向个人股东转增股本的时候，个人股东一次性缴纳个人所得税确实存在困难的，可以分期缴纳，但需经主管税务机关审核，并最长不得超过5年。所以纳税人在纳税时，应当注意申请分期缴纳并跟踪期限，以免超期形成滞纳金。

（3）财政部、国家税务总局2011年年末发布了《关于证券机构技术和制度准备完成后个人转让上市公司限售股有关个人所得税问题的通知》（财税〔2011〕108号），通知要求首次公开发行的上市公司在申请办理股份初始登记时需一并报送有关限售股成本原值详细资料，以及会计师或税务师事务所所出具的鉴证报告。这个规定，在改善非上市股份有限公司个人所得税征收管理工作时也有借鉴意义。

### 9.6.3 混合型融资个人所得税

1. 可转换债券融资的风险分析

（1）转换失败而导致的债券本息的偿付风险。债券本息的偿付风险包括两部分，即公司因到期不能偿还债券本息而破产的可能性，以及公司因到期偿还债券本息而不得不借入新债，从而承担更高的资本成本。风险的高低由公司的经营业绩、可转换债券的票面利率、转换价格、最终的转换率等因素共同决定。如果公司的经营业绩优良，各项财务指标良好，可转换债券的票面利率越低，转换概率就越大，即其转换风险也就越低；反之，其转换风险就越高。当然，由于可转换债券的票面利率低于一般公司债券的票面利率，并且其中至少还有一部分债券可能转换成公司普通股票，因此，其所承受的还本付息风险相对普通公司债券而言就较小，但其所存在的潜在风险不能不引起发债公司的重视。

（2）资本市场风险。资本市场风险又称为利率风险。由于公司发行可转换债券所筹集的资金往往不能立即完全投入生产经营活动中，当期的可转换债券的发行，可能会丧失其将来市场利率降低后能以较低的资本成本再行筹集资金的机会，这种可能丧失的机会就是市场风险。市场风险的高低同普通公司债券和股票的风险大致相同。

（3）稀释效应风险。稀释效应是指一部分可转换债券转换为公司普通股股票以后，使得公司普通股股票总数上升，造成公司每股盈余以及净资产收益率被摊薄。这种信号传递给市场，原有股东与实施转换后的新股东将共同分享既定的股利，势必对原有股东造成一定的损失，从而挫伤老股东的积极性。同时，公司股票的市场价格将会降低，从而影响公司的形象。显然，如果转换率越高，稀释效应风险也就越大。

（4）啄食理论风险。根据迈耶斯的啄食理论，公司在进行融资时，其融资的顺序一般依次为：内源融资、贷款、发行债券、发行股票。公司不同的融资方式，会向市场传递不同的信息。一般地，采取债权资本方式融资，会向市场传递公司经营业绩良好、极具发展前景的信息（这一点与我国上市公司不同，我国上市公司大多采取股权方式融资）。可转换债券属于债券融资金融工具，在市场有效的情况下，投资者会将各种信息综合到该公司的证券价格中去，会考虑到可转换债券在未来的某个时间能转换为权益资本，它对一般投资者具有一定的吸引力。但从啄食理论角度来看，采取可转换债券方式融资，向市场传递公司的信息不如普通债券融资传递的信息有效，因而它的风险高于普通债券风险。

2. 明股实债的所得面临的主要问题

法院在审判实践中将大多数明股实债认定为债权性投资，而税法中债权性投资所涵盖的范围十分有限。由此，就产生了司法认定与税务机关行政认定对同一个明股实债的不同态度。解决这一问题的路径：一是法院向税务机关看齐；二是税务机关以司法审判为依据征税。

### 9.6.4 互联网金融投资个人所得税

我国的互联网金融发展主要经历了三个阶段：第一阶段是 2013 年至 2015 年 6 月的互联

网金融快速发展阶段。第二阶段是 2015 年 7 月至 2016 年 9 月的互联网金融风险集聚爆发阶段。第三阶段是 2016 年 10 月至今的互联网金融风险专项整治阶段。在前三个阶段的基础上，党的十九大召开以后，互联网金融将进入规范发展阶段。

1. 相比于传统金融

一方面，互联网金融降低了金融活动的参与门槛、扩大了金融的包容度，以较低的交易成本与便捷的交易方式使个体的个性化、碎片化的金融需求得以充分地释放和满足，因而吸引了大量普通金融消费者的关注。然而，普通金融消费者通常为无经验投资者，面对互联网金融这一创新型事物，经常会出现风险认知不充分、风险态度以及投资决策不一致或者决策失误的情况。另一方面，互联网金融“虚拟化”的交易特征使信息更加不对称，普通金融消费者明显处于弱势地位，这极容易引发道德风险或信用风险；而法律法规的不健全、监管制度的落后以及较高的维权成本又使得金融纠纷难以得到及时、有效地解决。在这种背景下，消费者必须为自身的投资决策承担更多的责任。

2. 互联网金融投资的风险分析

在国际税收实践中，曾有这样一则关于众筹的税讯报道：美国的一个众筹项目，为了制作土豆沙拉的创意，在著名众筹网站 Kickstarter 上获得了 7 万美元的融资，但此举却受到美国国内收入局的重罚，因为筹资方没有缴纳 2. 1 万美元的税费。在美国，在 Kickstarter、Indiegogo 等众筹网站上的融资所得，将被纳入应纳税所得额。Kickstarter 网站的帮助页面也明确显示，在该平台上筹集到的资金被视作个人收入，通常需要向税务当局报备。这一案例给我们的启示在于，尽管互联网金融作为一种新兴产业形态，在其发展的初期，确实需要给予必要的税收扶持政策，但互联网金融也并非免税的天堂，仍旧存在相应的税收管理与税务风险问题。

（1）货币的市场风险大。以余额宝为代表的互联网金融投资模式不仅具有较高的安全性，而且收益性稳定，客户可以在最短时间内获得最大的收益。但这种投资方式需要使资金的流动性控制得当，不然迟早会影响整个资金市场的发展。例如：余额宝发放的贷款多是针对交易记录的支付宝用户，表面上看起来很安全，但由于支付宝用户多是中小型企业，不仅竞争对手多，也很难经得起大风大浪。当中小型企业一旦遇上金融危机，资金链断裂的可能性则变得非常大，直接影响支付宝的资金回笼。

（2）本金的安全性不足互联网金融开放资金虽然带有一定的救赎机制，但由于很多中小型企业为了抢占市场份额，选择短期贷款方式盲目投资，必然致使放贷出去的互联网本金的风险性提高，安全性越来越低。

（3）客户信息存在泄露的风险。由于互联网信息传播量较大，所以必然会导致互联网金融内累积过多零散客户，而这些零散客户也未必符合银行的要求。而拥有大量客户的互联网金融一旦管理不够完善，就有可能对客户的信息造成泄露的风险，对互联网金融造成一定的损失。

# 第10章　税收优惠政策与办理实务及风险防范

## 10.1　法定免征政策

### 10.1.1　省级、部委、军级奖金

《个人所得税法》第四条第一项规定，省级人民政府、国务院部委和中国人民解放军军以上单位，以及外国组织、国际组织颁发的科学、教育、技术、文化、卫生、体育、环境保护等方面奖金（级别）。

省级人民政府、国务院部委和中国人民解放军军以单位，包括省级以上人民政府以及国务院组成部门、国务院直属特设机构、国务院直属机构、国务院办事机构、国务院直属事业单位和中国人民解放军军以上单位；所称颁发的奖金，是指省级人民政府、国务院部委和中国人民解放军军以上单位制定奖励办法，并确定获奖人员，由财政资金或者公益性社会团体负担的奖金。

### 10.1.2　其他奖金

1. 见义勇为奖金

《财政部　国家税务总局关于发给见义勇为者的奖金免征个人所得税问题的通知》（财税字〔1995〕25号）文件规定，为了鼓励广大人民群众见义勇为，维护社会治安，对乡、镇（含乡、镇）以上人民政府或经县（含县）以上人民政府主管部门批准成立的有机构、有章程的见义勇为基金会或者类似组织，奖励见义勇为者的奖金或奖品，免予征收个人所得税。

2. 体彩中奖1万元以下

《财政部　国家税务总局关于个人取得体育彩票中奖所得征免个人所得税问题的通知》（财税字〔1998〕12号）文件规定，对个人购买体育彩票中奖收入，凡一次中奖收入不超过1万元的，暂免征收个人所得税；超过1万元的，应按税法规定全额征收个人所得税。

3. 社会福利有奖募捐奖券中奖所得

《国家税务总局关于社会福利有奖募捐发行收入税收问题的通知》（国税发〔1994〕127号）第二条规定，对个人购买社会福利有奖募捐奖券一次中奖收入不超过10 000元的暂免

征收个人所得税，对一次中奖收入超过 10 000 元的，应按税法规定全额征税。

4. 发票中奖所得

《财政部　国家税务总局关于个人取得有奖发票奖金征免个人所得税问题的通知》（财税〔2007〕34 号）文件规定，个人取得单张有奖发票奖金所得不超过 800 元（含 800 元）的，暂免征收个人所得税：个人取得单张有奖发票奖金所得超过 800 元的，应全额按照个人所得税法规定的“偶然所得”目征收个人所得税。

税务机关或指定的有奖发票兑奖机构，是有奖发票奖金所得个人所得税的扣缴义务人。

5. 奖学金

《财政部　国家税务总局关于教育税收政策的通知》（财税〔2004〕39 号）第一条第十一项规定，对个人取得的教育储蓄存款利息所得，免征个人所得税；对省级人民政府、国务院各部委和中国人民解放军军以上单位，以及外国组织、国际组织颁布的教育方面的奖学金，免征个人所得税；高等学校转化职务科技成果以股份或出资比例等股权形式给予个人奖励，获奖人在取得股份、出资比例时，暂不缴纳个人所得税：取得按股份、出资比例分红或转让股权、出资比例所得时，依法缴纳个人所得税。

根据《财政部关于外国来华工作人员缴纳个人所得税问题的通知》（财税字〔1980〕189 号）第四条的规定，外国来华留学生，领取的生活津贴、奖学金，不属于工资、薪金范畴，不征个人所得税。

### 10.1.3　国债和国家发行的金融债券利息

根据 2018 年版《个人所得税法》第四条第一款第（二）项的规定，国债和国家发行的金融债券利息，免征个人所得税。

根据 2018 年版《个人所得税法实施条例》第九条的规定，国债利息是指个人持有中华人民共和国财政部发行的债券而取得的利息；国家发行的金融债券利息，是指个人持有经国务院批准发行的金融债券而取得的利息。

### 10.1.4　地方政府债券利息

《财政部　国家税务总局关于地方政府债券利息免征所得税问题的通知》（财税〔2013〕5 号）第一条规定，对企业和个人取得的 2012 年及以后年度发行的地方政府债券利息收入，免征企业所得税和个人所得税。

地方政府债券是指经国务院批准同意，以省、自治区、直辖市和计划单列市政府为发行和偿还主体的债券。

### 10.1.5　储蓄存款利息

《财政部　国家税务总局关于储蓄存款利息所得有关个人所得税政策的通知》（财税〔2008〕132 号）文件规定，自 2008 年 10 月 9 日起，对储蓄存款利息所得暂免征收个人所得税。即储蓄存款在 1999 年 10 月 31 日前孳生的利息所得，不征收个人所得税；储蓄存款在 1999 年 11 月 1 日至 2007 年 8 月 14 日孳生的利息所得，按照 20% 的比例税率征收个人所得税；储蓄存款在 2007 年 8 月 15 日至 2008 年 10 月 8 日孳生的利息所得，按照 5% 的比例税率征收个人所得税；储蓄存款在2008年10月9日后（含10月9日）孳生的利息所得，暂免征收个人所得税。

根据《国家税务总局　中国人民银行　教育部关于印发〈教育储蓄存款利息所得免征个人所得税实施办法〉的通知》（国税发〔2005〕148号）的规定，个人为其子女（或被监护人）接受非义务教育（指九年义务教育之外的全日制高中、大中专、大学本科、硕士和博士研究生）在储蓄机构开立教育储蓄专户，并享受利率优惠的存款，其所取得的利息免征个人所得税。

开立教育储蓄的对象（即储户）为在校小学4年级（含4年级）以上学生；享受免征利息所得个人所得税优惠政策的对象必须是正在接受非义务教育的在校学生，其在就读全日制高中（中专）、大专和大学本科、硕士和博士研究生时，每个学习阶段可分别享受一次2万元教育储蓄的免税优惠。

### 10.1.6　证券资金利息

《财政部　国家税务总局关于证券市场个人投资者证券交易结算资金利息所得有关个人所得税政策的通知》（财税〔2008〕140号）规定，自2008年10月9日起，对证券市场个人投资者取得的证券交易结算资金利息所得，暂免征收个人所得税，即证券市场个人投资者的证券交易结算资金在2008年10月9日后（含10月9日）孳生的利息所得，暂免征收个人所得税。

### 10.1.7　“三险一金”存款利息

《财政部　国家税务总局关于住房公积金、医疗保险金、基本养老保险金、失业保险基金个人账户存款利息所得免征个人所得税的通知》（财税字〔1999〕267号）规定，按照国家或省级地方政府规定的比例缴付的下列专项基金或资金存入银行个人账户所取得的利息收入免征个人所得税：（1）住房公积金；（2）医疗保险金；（3）基本养老保险金；（4）失业保险基金。

### 10.1.8　按照国家统一规定发给的补贴、津贴

根据2018年版《个人所得税法》第四条第三项规定，按照国家统一规定发给的补贴、津贴免纳个人所得税。

1. 免税的津补贴范围

在我国目前个人的工资收入构成中，各种各样的补贴、津贴占有相当大的比重，这些补贴、津贴有些是按国务院的规定发放的，有些是按人社部门的规定发放的，有些则是各地政府根据中央和国务院有关文件精神结合本地情况而安排发放的。

根据2018年版《个人所得税法实施条例》第十条的规定，可以免征个人所得税的按照国家统一规定发放的补贴、津贴，是指按照国务院规定发放的政府特殊津贴、院士津贴，以及国务院规定免予缴纳个人所得税的其他补贴、津贴。

在2018年12月31日以前，根据2011年版《个人所得税法实施条例》第十三条规定，按照国家统一规定发放的补贴、津贴是指按照国务院规定发放的政府特殊津贴、院士津贴、资深院士津贴和国务院规定免纳个人所得税的补贴、津贴。

根据《财政部　国家税务总局关于对中国科学院、中国工程院资深院士津贴免征个人所得税的通知》（财税字〔1998〕118 号）的规定，对依据《国务院关于在中国科学院、中国工程院院士中实行资深院士制度的通知》（国发〔1998〕8 号）的文件规定，发给中国科学院资深院士和中国工程院资深院士每人每年 1 万元的资深院士津贴免予征收个人所得税。

因此，目前除政府特殊津贴、院士津贴、资深院士津贴和国务院规定免纳个人所得税的其他补贴、津贴外，纳税人取得的其他各项补贴、津贴均应缴纳个人所得税。

2. 不属于工资、薪金性质的补贴、津贴

《国家税务总局关于印发〈征收个人所得税若干问题的规定〉的通知》（国税发〔1994〕89 号）规定，对按照国务院规定发放的政府特殊津贴和国务院规定免纳个人所得税的补贴、津贴，免予征收个人所得税。其他各种补贴、津贴均应计入工资、薪金所得项目征税。下列不属于工资、薪金性质的补贴、津贴或者不属于纳税人本人工资、薪金所得项目的收入，不征税：

（1）独生子女补贴；

（2）执行公务员工资制度未纳入基本工资总额的补贴、津贴差额和家属成员的副食品补贴；

（3）托儿补助费；

（4）差旅费津贴，误餐补助。

### 10.1.9　福利费、抚恤金、救济金

根据 2018 年版《个人所得税法》第四条第四项规定，福利费、抚恤金、救济金所得，免纳个人的所得税。

根据 2018 年版《个人所得税法实施条例》第十一条规定，可以免税的福利费是指根据国家有关规定，从企业、事业单位、国家机关、社会团体提留的福利费或者工会经费中支付给个人的生活补助费。

《国家税务总局关于生活补助费范围确定问题的通知》（国税发〔1998〕155 号）对从福利费或者工会经费中支付给个人的生活补助费免税的范围进一步明确规定，上述所称生活补助费是指，由于某些特定事件或原因而给纳税人或其家庭的正常生活造成一定困难，其任职单位按国家规定从提留的福利费或者工会经费中向其支付的临时性生活困难补助。下列收入不属于免税的福利费范围应当并入纳税人的工资、薪金收入计征个人所得税：

（1）从超出国家规定的比例或基数计提的福利费、工会经费中支付给个人的各种补贴补助；

（2）从福利费和工会经费中支付给单位职工的人人有份的补贴补助；

（3）单位为个人购买汽车、住房、电子计算机等不属于临时性生活困难补助性质的支出。

免税的救济金，是指各级人民政府民政部门支付给个人的生活困难补助费。抚恤金是指个人因工伤亡，或意外事故造成生活困难而取得的一部分经济补偿。

### 10.1.10　保险赔款

保险赔款，是指投保人按照规定向保险公司支付保险费，但因各种灾害、事故而给自身

造成损失保险公司给予的相应数额的赔偿。

《个人所得税法》第四条第五项规定，保险赔款，免纳个人所得税。

### 10.1.11 军人的转业安置费、复员费、退役金

1. 随军家属从事个体经营所得

《财政部 国家税务总局关于随军家属就业有关税收政策的通知》（财税〔2000〕84号，自2000年1月1日起执行）第二条规定，对从事个体经营的随军家属，自领取税务登记证之日起，3年内免征营业税和个人所得税。

享受税收优惠政策的企业，随军家属必须占企业总人数的60%（含）以上，并有军（含）以上政治和后勤机关出具的证明；随军家属必须有师以上政治机关出具的可以表明其身份的证明，但税务部门应进行相应的审查认定。主管税务机关在企业或个人享受免税期间，应按现行有关税收规定，对此类企业进行年度检查，凡不符合条件的，应取消其免税政策。每随军家属只能按上述规定，享受一次免税政策。

2. 军转干部从事个体经营所得

《财政部 国家税务总局关于自主择业的军队转业干部有关税收政策问题的通知》（财税〔2003〕26号，自2003年5月1日起执行）第一条规定，从事个体经营的军队转业干部，经主管税务机关批准，自领取税务登记证之日起，3年内免征营业税和个人所得税。自主择业的军队转业干部必须持有师以上部队颁发的转业证件。

3. 退役士兵从事个体经营所得

（1）三年内限额减免优惠。自2014年1月1日至2016年12月31日止，《财政部 国家税务总局民政部关于调整完善扶持自主就业退役士兵创业就业有关税收政策的通知》（财税〔2014〕42号）第一条规定：对自主就业退役士兵从事个体经营的，在3年内按每户每年8 000元为限额依次扣减其当年实际应缴纳的营业税、城市维护建设税、教育费附加、地方教育附加和个人所得税。限额标准最高可上浮20%，各省、自治区、直辖市人民政府可根据本地区实际情况在此幅度内确定具体限额标准，并报财政部和国家税务总局备案。

而在2014年以前，根据《财政部 国家税务总局关于扶持城镇退役士兵自谋职业有关税收优惠政策的通知》（财税〔2004〕93号）的规定，对自谋职业的城镇退役士兵从事个体工商业（除建筑业、娱乐业以及广告业、桑拿、按摩、网吧、氧吧外）的，自领取税务登记证之日起，3年内免征营业税、城市维护建设税、教育费附加和个人所得税。从事种植、养殖业的，其应缴纳的个人所得税按照国家有关种植、养殖业个人所得税的规定执行。

（2）减免税额的确定。纳税人年度应缴纳税款小于上述扣减限额的，以其实际缴纳的税款为限；大于上述扣减限额的，应以上述扣减限额为限。纳税人的实际经营期不足一年的，应当以实际月份换算其减免税限额。换算公式为：

减免税限额 = 年度减免税限额 ÷ 12 × 实际经营月数

（3）备案管理。纳税人在享受税收优惠政策的当月，持《中国人民解放军义务兵退出现役证》或《中国人民解放军士官退出现役证》，以及税务机关要求的相关材料向主管税务机关备案。

上述扶持自主就业退役士兵创业就业有关税收优惠政策按照备案减免税管理，纳税人应向主管税务机关备案。税收优惠政策在 2016 年 12 月 31 日未享受满 3 年的，可继续享受至 3 年期满为止。财税〔2004〕93 号文件自 2014 年 1 月 1 日起停止执行，其所规定的税收优惠政策在 2013 年 12 月 31 日未享受满 3 年的，可继续享受至 3 年期满为止。

（4）自主就业退役士兵的界定。这里所称自主就业退役士兵是指依照《退役士兵安置条例》的规定退出现役并按自主就业方式安置的退役士兵。

4. 军人的转业费、复员费

转业费、复员费，是指现役军人转业或复员时，按照中国人民解放军有关部门规定的标准领取的转业费或复员费。

《个人所得税法》第四条第六项规定，军人的转业费、复员费免缴纳个人所得税。

### 10.1.12　“五险一金”优惠

1. 按规定缴付的“三险一金”

《个人所得税法实施条例》第二十五条规定，按照国家规定，单位为个人缴付和个人缴付的基本养老保险费、基本医疗保险费、失业保险费、住房公积金，从纳税义务人的应纳税所得额中扣除。

《财政部　国家税务总局关于基本养老保险费基本医疗保险费失业保险费住房公积金有关个人所得税政策的通知》（财税〔2006〕10 号）进一步明确：

（1）企事业单位按照国家或省（自治区、直辖市）人民政府规定的缴费比例或办法实际缴付的基本养老保险费、基本医疗保险费和失业保险费，免征个人所得税；个人按照国家或省（自治区、直辖市）人民政府规定的缴费比例或办法实际缴付的基本养老保险费、基本医疗保险费和失业保险费，允许在个人应纳税所得额中扣除。企事业单位和个人超过规定的比例和标准缴付的基本养老保险费、基本医疗保险费和失业保险费，应将超过部分并入个人当期的工资、薪金收入，计征个人所得税。

（2）根据《住房公积金管理条例》《建设部　财政部　中国人民银行关于住房公积金管理若干具体问题的指导意见》（建金管〔2005〕5 号）等规定，单位和个人分别在不超过职工本人上一年度月平均工资 12% 的幅度内，其实际缴存的住房公积金，允许在个人应纳税所得额中扣除。单位和职工个人缴存住房公积金的月平均工资不得超过职工工作地所在设区城市上一年度职工月平均工资的 3 倍，具体标准按照各地有关规定执行。单位和个人超过上述规定比例和标准缴付的住房公积金，应将超过部分并入个人当期的工资、薪金收入，计征个人所得税。

（3）个人实际领（支）取原提存的基本养老保险金、基本医疗保险金、失业保险金和住房公积金时，免征个人所得税。

2. 工伤保险待遇

《财政部　国家税务总局关于工伤职工取得的工伤保险待遇有关个人所得税政策的通知》（财税〔2012〕40 号规定），自 2011 年 1 月 1 日起执行第一条规定，对工伤职工及其近亲属按照《中华人民共和国工伤保险条例》规定取得的工伤保险待遇，免征个人所得税。

这里所称的工伤保险待遇，包括工伤职工按照《中华人民共和国工伤保险条例》规定取得的一次性伤残补助金、伤残津贴、一次性工伤医疗补助金、一次性伤残就业补助金、工伤医疗待遇、住院伙食补助费、外地就医交通食宿费用、工伤康复费用、辅助器具费用、生活护理费等，以及职工因工死亡，其近亲属按照《工伤保险条例》规定取得的丧葬补助金、供养亲属抚恤金和一次性工亡补助金等。

3. 生育津贴和生育医疗费

《财政部　国家税务总局关于生育津贴和生育医疗费有关个人所得税政策的通知》（财税〔2008〕8 号）第一条规定，生育妇女按照县级以上人民政府根据国家有关规定制定的生育保险办法，取得的生育津贴、生育医疗费或其他属于生育保险性质的津贴、补贴，免征个人所得税。

### 10.1.13　参加的国际公约、签订的协议中规定免税的所得

根据 2018 年版《个人所得税法》第四条的规定，中国政府参加的国际公约、签订的协议中规定免税的所得，免征个人所得税。

中国政府参加的国际公约、签订的协议中规定免税的所得，是指我国政府参加的国际公约、签订的国际税收协定中明确规定免征个人所得税的所得，此项免税主要涉及工资、薪金所得。公约和协定中没有明确规定的，应严格征税。

《财政部　国家税务总局关于〈建立亚洲开发银行协定〉有关个人所得税问题的补充通知》（财税〔2007〕93 号）规定，《建立亚洲开发银行协定》（以下简称“《协定》”）第五十六条第二款规定：“对亚行付给董事、副董事、官员和雇员（包括为亚行执行任务的专家）的薪金和津贴不得征税。除非成员在递交批准书或接受书时，声明对亚行向其本国公民或国民支付的薪金和津贴该成员及其行政部门保留征税的权力。”鉴于我国在加入亚洲开发银行时未作相关声明，因此，对由亚洲开发银行支付给我国公民或国民（包括为亚行执行任务的专家）的薪金和津贴，凡经亚洲开发银行确认这些人员为亚洲开发银行雇员或执行项目专家的，其取得的符合我国税法规定的有关薪金和津贴等报酬，应依《协定》的约定，免征个人所得税。

### 10.1.14　安家费、退职费、退休费、离休费

根据 2018 年版《个人所得税法》第四条第一款第七项的规定，按照国家统一规定发给干部、职工的安家费、退职费、基本养老金或者退休费、离休费、离休生活补助费，免征个人所得税。

单位对离退休人员发放的离退休工资以外的奖金补贴不免税。《国家税务总局关于离退休人员取得单位发放离退休工资以外奖金补贴征收个人所得税的批复》（国税函〔2008〕723 号）中明确，离退休人员除按规定领取离退休工资或养老金外，另从原任职单位取得的各类补贴、奖金、实物，不属于《个人所得税法》第四条规定可以免税的退休工资、离休工资、离休生活补助费。离退休人员从原任职单位取得的各类补贴、奖金、实物，应在减除费用扣除标准后，按“工资、薪金所得”应税项目缴纳个人所得税。

### 10.1.15　使馆、领事馆的外交代表、领事官员和其他人员的所得优惠

根据 2018 年版《个人所得税法》第四条第一款第八项的规定，依照有关法律规定应予免税的各国驻华使馆、领事馆的外交代表、领事官员和其他人员的所得，免征个人所得税。

根据 2018 年版《个人所得税法实施条例》第十二条的规定，依照有关法律规定应予免税的各国驻华使馆、领事馆的外交代表、领事官员和其他人员的所得，是指依照《中华人民共和国外交特权与豁免条例》（以下简称“《外交特权与豁免条例》”）和《中华人民共和国领事特权与豁免条例》（以下简称“《领事特权与豁免条例》”）规定免税的所得。

凡是上述两个条例中明确规定免税的所得项目，都应严格遵照执行。

1. 外交代表免纳捐税

《外交特权与豁免条例》第十六条的规定，外交代表免纳捐税，但下列各项除外：

（1）通常计入商品价格或者劳务价格内的捐税；

（2）有关遗产的各种捐税，但外交代表亡故，其在中国境内的动产不在此限；

（3）对来源于中国境内的私人收入所征的捐税；

（4）为其提供特定服务所收的费用。

《外交特权与豁免条例》第十二条的规定，与外交代表共同生活的配偶及未成年子女，如果不是中国公民，也享受上述第十六条规定的免纳捐税待遇。外交代表是指使馆馆长或者使馆外交人员。

2. 领事官员或领馆行政技术人员免纳捐税

《领事特权与豁免条例》第十七条的规定，领事官员或领馆行政技术人员免纳捐税，但下列各项除外：

（1）通常计入商品价格或者服务价格内的捐税；

（2）对在中国境内私有不动产所征的捐税，但用作领馆馆舍的不在此限；

（3）有关遗产的各种捐税，但领事官员亡故，其在中国境内的动产的有关遗产的各种捐税免纳；

（4）对来源于中国境内的私人收入所征的捐税；

（5）为其提供特定服务所收的费用。

《领事特权与豁免条例》第二十一条规定，与领事官员、领馆行政技术人员、领馆业务人员共同生活的配偶及未成年子女，分别享有领事官员、领馆行政技术人员根据上述第十七条规定所享有的免税待遇。但身为中国公民或者在中国永久居留的外国人除外。领事官员是指总领事、副总领事、领事、副领事、领事随员或领事代理人。领馆行政技术人员是指从事领馆行政或技术工作的人员。

3. 驻华机构雇员应按规定纳税

《国家税务总局关于国际组织驻华机构外国政府驻华使领馆和驻华新闻机构雇员个人所得税征收方式的通知》（国税函〔2004〕808 号）规定，根据《维也纳外交关系公约》和国际组织有关章程规定，对于在国际组织驻华机构、外国政府驻华使领馆中工作的中方雇员和在外国驻华新闻机构的中外籍雇员，均应按照《个人所得税法》规定缴纳个人所得税。

根据国际惯例，在国际组织驻华机构、外国政府驻华使领馆中工作的非外交官身份的外籍雇员，如是“永久居留”者，亦应在驻在国缴纳个人所得税，但由于我国税法对“永久居留”者尚未做出明确的法律定义和解释，因此，对于仅在国际组织驻华机构和外国政府驻华使领馆中工作的外籍雇员，暂不征收个人所得税。在中国境内，若国际驻华机构和外国政府驻华使领馆中工作的外交人员、外籍雇员在该机构或使领馆之外，从事非公务活动所取得的收入，应缴纳个人所得税。

### 10.1.16 国务院规定的其他免税所得

2018 年版《个人所得税法》第四条规定，国务院规定的其他免税所得，免征个人所得税。该项免税规定，由国务院报全国人民代表大会常务委员会备案。

1. 居住不超过 90 日非居民个人境内所得境外雇主支付工资免税

自 2019 年 1 月 1 日起，2018 年版《个人所得税法实施条例》第五条规定，在中国境内无住所的个人，在一个纳税年度内在中国境内居住累计不超过 90 天的，其来源于中国境内的所得，由境外雇主支付并且不由该雇主在中国境内的机构、场所负担的部分，免予缴纳个人所得税。

在 2018 年 12 月 31 日以前，2011 年版《个人所得税法实施条例》第七条规定，在中国境内无住所，但是在一个纳税年度中在中国境内连续或者累计居住不超过 90 日的个人，其来源于中国境内的所得，由境外雇主支付并且不由该雇主在中国境内的机构、场所负担的部分，免予缴纳个人所得税。

需要说明的是，这里免征的是境内工资、薪金所得在境外支付部分的工资、薪金所得的个人所得税，而对其他各项所得应按规定征收个人所得税。

《国家税务总局关于在中国境内无住所的个人取得工资薪金所得纳税义务问题的通知》（国税发〔1994〕148 号）规定，在中国境内无住所而在一个纳税年度中在中国境内连续或累计工作不超过 90 日或在税收协定规定的期间在中国境内连续或累计居住不超过 183 日的个人，由中国境外雇主支付并且不是由该雇主的中国境内机构负担的工资、薪金，免予申报缴纳个人所得税。

财税字〔1980〕189 号文件第三条规定，外国来华工作人员，在我国服务而取得的工资、薪金，不论是我方支付、外国支付、我方和外方共同支付，均属于来源于中国的所得，除按规定给予免税优惠外，其他均应按规定征收个人所得税。但对在中国境内连续居住不超过 90 日的，可只就我方支付的工资、薪金部分计算纳税，对外国支付的工资、薪金部分免予征税。

2. 居住 1 年以上 6 年以下无住所居民个人境外所得境外支付免税

自 2019 年 1 月 1 日起，2018 年版《个人所得税法实施条例》第四条规定，在中国境内无住所的个人，在中国境内居住累计满 183 日的年度连续不满 6 年的，经向主管税务机关备案，其来源于中国境外且由境外单位或者个人支付的所得，免予缴纳个人所得税；在中国境内居住累计满 183 日的任一年度中有一次离境超过 30 日的，其在中国境内居住累计满 183 日的年度的连续年限重新起算。

需要说明的是，这里“在中国境内无住所的个人，在中国境内居住累计满 183 日的年度连续不满 6 年的，经向主管税务机关备案，其来源于中国境外且由境外单位或者个人支付的所得”包括 2018 年版《个人所得税法》第二条规定的九项所得，而不局限于工资、薪金所得。

在 2018 年 12 月 31 日以前，2011 年版《个人所得税法实施条例》第六条规定，在中国境内无住所，但是居住 1 年以上 5 年以下的个人，其来源于中国境外的所得，经主管税务机关批准，可以只就由中国境内公司、企业以及其他经济组织或者个人支付的部分缴纳个人所得税；居住超过 5 年的个人，从第六年起，应当就其来源于中国境外的全部所得缴纳个人所得税。

## 10.2　法定减征政策

### 10.2.1　残疾、孤老人员和烈属的所得

1. 残疾、孤老人员和烈属的所得减征优惠

2018 年版《个人所得税法》第五条规定，残疾、孤老人员和烈属的所得，可以减征个人所得税，具体幅度和期限，由省、自治区、直辖市人民政府规定，并报同级人民代表大会常务委员会备案。

2. 可减征个人所得税的所得项目

在 2018 年 12 月 31 日以前，《国家税务总局关于明确残疾人所得征免个人所得税范围的批复》（国税函〔1999〕329 号）规定，可减征个人所得税的残疾、孤老人员和烈属的所得仅限于劳动所得，具体所得项目为：工资、薪金所得，个体工商户的生产、经营所得，对企事业单位的承包经营、承租经营所得，劳务报酬所得，稿酬所得，特许权使用费所得。2011 年版《个人所得税法》第二条所列的其他各项所得包括：利息、股息、红利所得，财产租赁所得，财产转让所得，偶然所得，以及经国务院财政部门确定征税的其他所得，不属于减征照顾的范围。

《国家税务总局关于〈关于个人独资企业和合伙企业投资者征收个人所得税的规定〉执行口径的通知》（国税函〔2001〕184 号）规定，残疾人员投资兴办或参与投资兴办个人独资企业和合伙企业的，残疾人员取得的生产经营所得，符合各省、自治区、直辖市人民政府规定的减征个人所得税条件的，可按各省、自治区、直辖市人民政府规定减征的范围和幅度，减征个人所得税。

3. 减征幅度与期限

例如，江苏省的减征规定如下：

（1）减征范围。《江苏省政府办公厅关于我省残疾人等个人所得税减征规定的函》（苏政办函〔2015〕52 号）第四条规定，自 2016 年 1 月 1 日起，减征范围限于劳动所得，具体所得项目为：工资薪金所得；个体工商户的生产、经营所得；对企事业单位的承包、承租经营所得；劳务报酬所得；稿酬所得；特许权使用费所得。

《江苏省地方税务局关于残疾人等个人所得税减征管理有关规定的公告》（苏地税规〔2015〕7 号）第三条规定，可申请退还的个人所得税以纳税人或者其扣缴义务人在江苏省范围内自行申报或者机缴申报缴纳的个人所得税为限。

（2）孤老和烈属的所得减征幅度。根据苏政办函〔2015〕52 号文件的规定，孤老和烈属的所得，其个人所得税减征幅度按下列比例计算（见表 10.1）。

（3）残疾人的所得的减征幅度。残疾人的所得，其个人所得税减征幅度根据残疾程度分别确定。残疾程度为中度以上，即残疾等级为一级、二级、三级（视力、听力、言语、

肢体、智力、精神、多重）的残疾人，一级至六级（含六级）的转业、复员、退伍的革命伤残军人，其个人所得税减征幅度与孤老、烈属相同；残疾程度为轻度，即残疾等级为四级（视力、听力、言语、肢体、智力、精神、多重）的残疾人，七级至八级的转业、复员、退伍革命伤残军人，其个人所得税减征幅度按孤老、烈属的50%计算。

**表 10.1　　江苏省孤老和烈属的个人所得税减征标准**

| 级数 | 全年应纳所得税额 | 减征比例（%） |
|---|---|---|
| 1 | 不超过 5 000（含）元的部分 | 100 |
| 2 | 超过 5 000 元至 20 000（含）元的部分 | 50 |
| 3 | 超过 20 000 元的部分 | 0 |

（4）减征期限。残疾、孤老人员和烈属的所得，每年均可减征。

（5）减征对象。享受税收优惠的残疾人是持有第二代《中华人民共和国残疾人证》，并注明属于视力残疾、听力残疾、言语残疾、肢体残疾、智力残疾、精神残疾和多重残疾的人员，以及持有《中华人民共和国残疾军人证（1 至 8 级）》的人员；孤老是指男年满 60 周岁、女年满 55 周岁，无法定扶养义务人的个人；烈属是指烈士的父母、配偶及子女。

（6）减征原则。《江苏省地方税务局关于残疾人等个人所得税减征管理有关规定的公告》（苏地税规〔2015〕7 号）规定，残疾人等个人所得税减征实行“先征后退”原则。即纳税人或者扣缴义务人必须按照税法的规定申报缴纳个人所得税，年度终了后再按该办法规定办理退税。

（7）减征申请。符合规定享受减征个人所得税优惠的纳税人，应在苏地税规〔2015〕7 号文件第七条规定（即符合规定享受减征个人所得税优惠的纳税人，应于纳税年度终了后及时办理上一年度的减免税申请；申请时间超过 3 年的，按照《税收征收管理法》规定处理）的时间内向主管税务机关提出书面申请，同时按规定提交减免税申请表及相关资料。

残疾、孤老以及烈属类减免纳税人在首次办理减免税时，需提供下列资料：

①《纳税人减免税备案登记表》；

②申请人的有效个人身份证件（复印件）；

③残疾证明（残疾人减免税）；

④男年满 60 周岁、女年满 55 周岁，无法定抚养义务人的个人的证明（孤老减免税）；

⑤烈属资格证明（烈属减免税）；

⑥申请减免年度个人完税证明。

残疾证明是指第二代《中华人民共和国残疾人证》或《中华人民共和国残疾军人证（一至八级）》，残疾证应在有效期内。

孤老证明由乡镇以上的民政部门或当地政府开具。

烈属资格证明是指中华人民共和国民政部出具的《烈士证明书》（2013 年 8 月 1 日以前未换新证的烈属持有《革命烈士证明书》）；能证明烈属身份的户口簿、结婚证等有效证件原件（现场审核后交还）及复印件，如无有效证件证明，可提供由当地乡镇以上公安机关或政府民政部门出具的身份证明原件。

以后年度办理减免税时，除残疾程度发生变化需按上述要求提供新的材料外，不需要再办理减免税申请，可凭以前年度减免税批复直接填写《纳税人减免税申请表》申请办理退税。

苏地税规〔2015〕7 号文件第八条规定，个人所得税减征由主管税务机关一次性核实确认。纳税人应在主要收入来源地主管税务机关申请办理个人所得税减征。

### 10.2.2　因严重自然灾害造成重大损失的

1. 因严重自然灾害造成重大损失的减征优惠

《个人所得税法》第五条第一项规定，因严重自然灾害遭受重大损失的，可以减征个人所得税，具体幅度和期限，由省、自治区、直辖市人民政府规定，并报同级人民代表大会常务委员会备案。

2. 减征幅度与期限

例如，江苏省的减征幅度与期限规定如下：

(1) 减征范围。苏政办函〔2015〕52 号文件第四条规定，自 2016 年 1 月 1 日起，减征范围限于劳动所得，具体所得项目为：工资、薪金所得；个体工商户的生产、经营所得；对企事业单位的承包、承租经营所得；劳务报酬所得；稿酬所得；特许权使用费所得。

可申请退还的个人所得税以纳税人或者其扣缴义务人在江苏省范围内自行申报或者扣缴申报缴纳的个人所得税为限。

(2) 减征幅度。其个人所得税应视扣除保险赔款后的实际损失酌情减征，最高不超过全年应纳个人所得税款的 80%。

(3) 减征期限。减征遭受灾害当年的个人所得税。对于个别损失很大的，可以减征至次年。

减征原则。可以减征至次年。苏地税规〔2015〕7 号文件规定，因严重自然灾害造成重大损失等个人所得税减征实行“先征后退”原则。即纳税人或者扣缴义务人必须按照税法的规定申报缴纳个人所得税，年度终了后再按该办法规定办理退税。

(5) 减征申请。符合规定享受减征个人所得税优惠的纳税人，应在苏地税规〔2015〕7 号文件第七条规定的时间内向主管税务机关提出书面申请，同时按规定提交减免税申请表及相关资料。

重大自然灾害减免应提供下列资料：

①《纳税人减免税申请核准表》；

②申请人的有效个人身份证件（复印件）；

③申请减免年度个人完税证明；

④重大自然灾害证明。

重大自然灾害证明资料，包括相关部门或地方政府（乡镇以上）出具的自然灾害证明，或者保险公司理赔时出具的保险理赔文件原件（现场审核后交还）及复印件。

因严重自然灾害造成重大损失的减征个人所得税由主管税务机关一次性核实确认。纳税人应在主要收入来源地主管税务机关申请办理个人所得税减征。

### 10.2.3　再就业扶持

1. 失业人员从事个体经营所得

《财政部　国家税务总局关于将铁路运输和邮政业纳入营业税改征增值税试点的通知》

（财税〔2013〕106号）附件3第一条第（十三）项规定，持《就业失业登记证》（注明“自主创业税收政策”或附着《高校毕业生自主创业证》）人员从事个体经营的，在3年内按照每户每年8 000元为限额依次扣减其当年实际应缴纳的增值税、城市维护建设税、教育费附加和个人所得税。

试点纳税人年度应缴纳税款小于上述扣减限额的，以其实际缴纳的税款为限；大于上述扣减限额的，应当以上述扣减限额为限。

享受优惠政策的个体经营试点纳税人，是指提供《应税服务范围注释》服务（除广告服务外）的试点纳税人。

持《就业失业登记证》（注明“自主创业税收政策”或附着《高校毕业生自主创业证》）人员是指：

（1）在人力资源和社会保障部公共就业服务机构登记失业半年以上的人员；

（2）零就业家庭、享受城市居民最低生活保障家庭劳动年龄内的登记失业人员；

（3）毕业年度内高校毕业生。

高校毕业生，是指实施高等学历教育的普通高等学校、成人高等学校毕业的学生；毕业年度，是指毕业所在自然年，即1月1日至12月31日。

2. 高校毕业生从事个体经营所得

财税〔2014〕39号文件第一条规定，对持《就业失业登记证》（附着《高校毕业生自主创业证》）人员从事个体经营的，在3年内按每户每年8 000元为限额依次扣减其当年实际应缴纳的营业税、城市维护建设税、教育费附加、地方教育附加和个人所得税。限额标准最高可上浮20%，各省、自治区、直辖市人民政府可根据本地区实际情况在此幅度内确定具体限额标准，并报财政部和国家税务总局备案。

《财政部　国家税务总局关于将铁路运输和邮政业纳入营业税改征增值税试点的通知》（财税〔2013〕106号）附件3也有相应规定。

3. 低保及零就业家庭从事个体经营所得

财税〔2014〕39号文件第一条规定，对持《就业失业登记证》（注明“自主创业税收政策”或附着《高校毕业生自主创业证》）的零就业家庭、享受城市居民最低生活保障家庭劳动年龄内的登记失业人员从事个体经营的，在3年内按每户每年8 000元为限额依次扣减其当年实际应缴纳的增值税税、城市维护建设税、教育费附加、地方教育附加和个人所得税。限额标准最高可上浮20%，各省、自治区、直辖市人民政府可根据本地区实际情况在此幅度内确定具体限额标准，并报财政部和国家税务总局备案。

### 10.2.4　个人出租住房减征个人所得税

《财政部　国家税务总局关于调整住房租赁市场税收政策的通知》（财税〔2000〕125号，自2001年1月1日起执行）第三条规定，对个人出租房屋取得的所得暂减按10%的税率征收个人所得税。

《财政部　国家税务总局关于廉租住房经济适用住房和住房租赁有关税收政策的通知》（财税〔2008〕24号）第二条支持住房租赁市场发展的税收政策规定，自2008年3月1日起，对个人出租住房取得的所得减按10%的税率征收个人所得税。

### 10.2.5　国务院规定的其他减税情形

2018 年版《个人所得税法》第五条第一款规定，国务院可以规定其他减税情形，报全国人民代表大会常务委员会备案。

## 10.3　其他政策优惠

### 10.3.1　个人举报、协查各种违法、犯罪行为而获得的奖金

财税字〔1994〕20 号文件第二条第（四）项规定，个人举报、协查各种违法、犯罪行为而获得的奖金所得，暂免征收个人所得税。

### 10.3.2　个人办理代扣代缴手续，按规定取得的扣缴手续费

财税字〔1994〕20 号文件规定，个人办理代扣代缴税款手续，按规定取得的扣缴手续费收入，暂免征收个人所得税。

### 10.3.3　住房优惠

1. 个人转让自用达 5 年以上、并且是唯一的家庭生活用房取得的所得

财税字〔1994〕20 号文件第二条第（六）项规定，个人转让自用达 5 年以上，并且是唯一的家庭生活用房取得的所得，暂免征收个人所得税。

《国家税务总局关于个人转让房屋有关税收征管问题的通知》（国税发〔2007〕33 号）第三条规定，根据《财政部　国家税务总局建设部关于个人住房所得征收个人所得税有关问题的通知》（财税字〔1999〕278 号）的规定，个人转让自用 5 年以上，并且是家庭唯一生活用房，取得的所得免征个人所得税。

上述文件所称“自用 5 年以上”，是指个人购房至转让房屋的时间达 5 年以上。

个人按照国家房改政策购买的公有住房，以其购房合同的生效时间、房款收据开具日期或房屋产权证上注明的时间，依照孰先原则确定；个人购买的其他住房，以其房屋产权证注明日期或契税完税凭证注明日期，按照孰先原则确定。个人转让房屋的日期，以销售发票上注明的时间为准。

“家庭唯一生活用房”是指在同一省、自治区、直辖市范围内纳税人（有配偶的为夫妻双方）仅拥有一套住房。

国税发〔2007〕33 号文件进一步明确规定，个人出售商业用房取得的所得，应按规定缴纳个人所得税，不得享受自用 5 年以上的家庭唯一生活用房免税的政策。

《国家税务总局关于明确个人所得税若干政策执行问题的通知》（国税发〔2009〕121 号）规定，通过离婚析产的方式分割房屋产权是夫妻双方对共同共有财产的处置，个人因离婚办理房屋产权过户手续，不征收个人所得税。个人转让离婚析产房屋所取得的收入，符合家庭生活自用 5 年以上唯一住房的，可以申请免征个人所得税，其购置时间按照《国家

税务总局关于房地产税收政策执行中几个具体问题的通知》（国税发〔2005〕172 号）规定执行。

《国家税务总局 财政部 建设部关于加强房地产税收管理的通知》（国税发〔2005〕89 号）规定，个人购买住房以取得的房屋产权证或契税完税证明上注明的时间作为其购买房屋的时间。国税发〔2005〕172 号文件进一步明确，“契税完税证明上注明的时间”是指契税完税证明上注明的填发日期。纳税人申报时，同时出具房屋产权证和契税完税证明且两者所注明的时间不一致的，按照“孰先”的原则确定购买房屋的时间。即房屋产权证上注明的时间早于契税完税证明上注明的时间的，以房屋产权证注明的时间为购买房屋的时间（契税完税证明上注明的时间早于房屋产权证上注明的时间的，以契税完税证明上注明的时间为购买房屋的时间）。个人将通过受赠、继承、离婚财产分割等非购买形式取得的住房对外销售的行为，也适用国税发〔2005〕89 号文件的有关规定。其购房时间按发生受赠、继承、离婚财产分割行为前的购房时间确定，其购房价格按发生受赠、继承、离婚财产分割行为前的购房原价确定。个人需持其通过受赠、继承、离婚财产分割等非购买形式取得住房的合法、有效法律证明文书到税务部门办理相关手续。

2. 符合条件的房屋赠予免征优惠

（1）符合条件的房屋产权无偿赠予免税优惠。《财政部国家税务总局关于个人无偿受赠房屋有关个人所得税问题的通知》（财税〔2009〕78 号）第一条规定，以下情形的房屋产权无偿赠予，对当事双方不征收个人所得税：

①房屋产权所有人将房屋产权无偿赠予配偶、父母、子女、祖父母、外祖父母、孙子女、外孙子女、兄弟姐妹；

②房屋产权所有人将房屋产权无偿赠予对其承担直接抚养或者赡养义务的抚养人或者赡养人；

③房屋产权所有人死亡，依法取得房屋产权的法定继承人、遗嘱继承人或者受遗赠人。

财税〔2009〕78 号文件第三条规定，除该通知规定情形以外，房屋产权所有人将房屋产权无偿赠予他人的，受赠人因无偿受赠房屋取得的受赠所得，按照“经国务院财政部门确定征税的其他所得”项目缴纳个人所得税，税率为 20%。

（2）无偿赠予或受赠不动产免税所需证明资料。《国家税务总局关于进一步简化和规范个人无偿赠予或受赠不动产免征营业税个人所得税所需证明资料的公告》（国家税务总局公告 2015 年第 75 号）第一条规定，纳税人在办理个人无偿赠予或受赠不动产免征营业税、个人所得税手续时，应报送（个人无偿赠予不动产登记表》、双方当事人的身份证明原件及复印件（继承或接受遗赠的，只需提供继承人或接受遗赠人的身份证明原件及复印件）、房屋所有权证原件及复印件。

（3）区分不同情形应报送的资料。国家税务总局公告 2015 年第 75 号第一条规定，属于以下四类情形之一的，还应分别提交相应证明资料。

离婚分割财产的，应当提交资料：

①离婚协议或者人民法院判决书或者人民法院调解书的原件及复印件；

②离婚证原件及复印件。

亲属之间无偿赠予的，应当提交资料：

①无偿赠予配偶的，提交结婚证原件及复印件；

②无偿赠予父母、子女、祖父母、外祖父母、孙子女、外孙子女、兄弟姐妹的，提交户口簿或者出生证明或者人民法院判决书或者人民法院调解书或者其他部门（有资质的机构）出具的能够证明双方亲属关系的证明资料原件及复印件。

无偿赠予非亲属抚养或赡养关系人的，应当提交资料：

人民法院判决书或者人民法院调解书或者乡镇政府或街道办事处出具的抚养（赡养）关系证明或者其他部门（有资质的机构）出具的能够证明双方抚养（赡养）关系的证明资料原件及复印件。

继承或接受遗赠的，应当提交资料：

①房屋产权所有人死亡证明原件及复印件；

②经公证的能够证明有权继承或接受遗赠的证明资料原件及复印件。

税务机关应当认真核对上述资料，资料齐全并且填写正确的，在《个人无偿赠予不动产登记表》上签字盖章，留存《个人无偿赠予不动产登记表》复印件和有关证明资料复印件，原件退还纳税人，同时办理免税手续。

3. 拆迁补偿款免征优惠

《财政部　国家税务总局关于城镇房屋拆迁有关税收政策的通知》（财税〔2005〕45号）第一条规定，对被拆迁人按照国家有关城镇房屋拆迁管理办法规定的标准取得的拆迁补偿款，免征个人所得税。

《财政部　国家税务总局关于棚户区改造有关税收政策的通知》（财税〔2013〕101号）第五条规定，个人因房屋被征收而取得货币补偿并用于购买改造安置住房，或因房屋被征收而进行房屋产权调换并取得改造安置住房，按有关规定减免契税。个人取得的拆迁补偿款按有关规定免征个人所得税。

4. 廉租住房货币补贴优惠

《财政部　国家税务总局关于房租住房经济适用住房和住房租赁有关税收政策的通知》（财税〔2008〕24号）第一条第七项规定，对个人按《廉租住房保障办法》（建设部令第162号）规定取得的廉租住房货币补贴，免征个人所得税；对于所在单位以廉租住房名义发放的不符合规定的补贴，应征收个人所得税。

5. 低保家庭领取的住房租赁补贴免征优惠

2013年9月28日至2015年12月31日，《财政部　国家税务总局关于促进公共租赁住房发展有关税收优惠政策的通知》（财税〔2014〕52号）第六条规定，对符合地方政府规定条件的低收入住房保障家庭从地方政府领取的住房租赁补贴，免征个人所得税。

### 10.3.4　超国民待遇

1. 外籍个人以非现金形式或实报实销形式取得的住房补贴、伙食补贴、搬迁费、洗衣费

《财政部　国家税务总局关于个人所得税若干政策问题的通知》（财税字〔1994〕20号）文件第二条第（一）项规定，外籍个人以非现金形式或实报实销形式取得的住房补贴、伙食补贴、搬迁费、洗衣费暂免征收个人所得税。

《国家税务总局关于外籍个人取得有关补贴征免个人所得税执行问题的通知》（国税发〔1997〕54号）第一条规定，对外籍个人以非现金形式或实报实销形式取得的合理的住房补

贴、伙食补贴和洗衣费免征个人所得税，应由纳税人在初次取得上述补贴或上述补贴数额、支付方式发生变化的月份的次月进行工资、薪金所得纳税申报时，向主管税务机关提供上述补贴的有效凭证，由主管税务机关核准确认免税。

国税发〔1997〕54 号文件第二条规定，对外籍个人因到中国任职或离职，以实报实销形获取得的搬迁收入免征个人所得税，应由纳税人提供有效凭证，由主管税各机关审核认定，就其合理的部分免税。外商投资企业和外国企业在中国境内的机构、场所，以搬迁费名义每月或定期向其外籍雇员支付的费用，应计入工资薪金所得征收个人所得税。

2. 外籍个人按合理标准取得的境内、境外出差补贴

财税字〔1999〕20 号文件第二条第二项规定，外籍个人按合理标准取得的境内、外出差补贴，暂免征收个人所得税。

国税发〔1997〕54 号文件第三条规定，对外籍个人按合理标准取得的境内、外出差补贴免征个人所得税，应由纳税人提供出差的交通费、住宿费凭证（复印件）或企业安排出差的有关计划，由主管税务机关确认免税。

3. 外籍个人取得的语言训练费、子女教育费、探亲费等

财税字〔1994〕20 号文件第二条第三项规定，外籍个人取得的探亲费、子女教育费等，经当地税务机关审核批准为合理的部分，暂免征收个人所得税。

国税发〔1997〕54 号文件第四条规定，对外籍个人取得的探亲费免征个人所得税，应由纳税人提供探亲的交通支出凭证（复印件），由主管税务机关审核，对其实际用于本人探亲，且每年探亲的次数和支付的标准合理的部分给予免税。《国家税务总局关于外籍个人取得的探亲费免征个人所得税有关执行标准问题的通知》（国税函〔2001〕336 号）规定，可以享受免征个人所得税优惠待遇的探亲费，仅限于外籍个人在我国的受雇地与其家庭所在地（包括配偶或父母居住地）之间搭乘交通工具且每年不超过 2 次的费用。

国税发〔1997〕54 号文件第五条规定，对外籍个人取得的语言培训费和子女教育费补贴免征个人所得税，应由纳税人提供在中国境内接受上述教育的支出凭证和期限证明材料，由主管税务机关审核，对其在中国境内接受语言培训以及子女在中国境内接受教育取得的语言培训费和子女教育费补贴，且在合理数额内的部分免予纳税。

此外，《财政部　国家税务总局关于外籍个人取得港澳地区住房等补贴免征个人所得税》（财税〔2004〕29 号）进一步规定：受雇于我国境内企业的外籍个人（不包香港澳门居民个人，因家庭等原由居住在香港、澳门，每个工作日往返于内地与等港澳门等地区，由此境内企业（包括其关联企业）给予在香港或澳门住房、伙食、洗衣、搬迁等非现金形式或实报实销形式的补贴，凡能提供有效凭证的，经主管税务机关审核确认后，可以依照财税字〔1994〕20 号文件第二条以及国税发〔1997〕54 号文件第一条、第二条的规定，免予征收个人所得税。上述所述外籍个人就其在中国香港或中国澳门进行语言培训、子女教育而取得的费用补贴，凡能提供有效支出凭证等材料的，经主管税务机关审核确认为合理的部分，可以依照财税字〔1994〕20 号文件第二条以及国税发〔1997〕54 号文件第五条的规定，免予征收个人所得税。

《财政部　税务总局关于对外籍职员的在华住房费准予扣除计算纳税的通知》（〔88〕财税外字第 21 号）规定，外商投资企业和外商驻华机构租房或购买房屋免费供外籍职员居住，可以不计入其职员的工资、薪金所得缴纳个人所得税。外商投资企业和外商驻华机构将

住房费定额发给外籍职员，应计入其职员的工资、薪金所得。

《国家税务总局关于外籍人员×××先生的工资、薪金含有假设房租，如何计征个人所得税问题的函》（〔89〕国税外字第 052 号）规定，假设房租是指一些外国公司在向其他国家派驻工作人员时，考虑到不增加派驻人员的个人房租负担，由公司支付其所在派驻国的住房费用。但公司在支付该派驻人员工资时，为不使其因不需支付房租而获得利益，扣除掉该派驻人员在其本国按照一般住房水平应由个人负担的住房费用。根据我国《个人所得税法》及有关规定，外国公司为其驻华工作人员支付的住房费用如能提供有关证明文件，可不并入个人所得征收所得税。因此，假设房租为个人应负担的住房费用，应作为个人所得一并征收所得税，而不宜再作扣除。

4. 外籍人员 8 项津补贴优惠的清理与过渡

外籍人员减免税的津补贴项目主要有住房补贴、伙食费补贴、搬家费、洗衣费、探亲费、出差补贴、子女教育费语言训练费等 8 项补贴。

《国务院批转发展改革委等部门关于深化收入分配制度改革若干意见的通知》（国发〔2013〕6 号）提出，取消对外籍个人从外商投资企业取得的股息、红利所得免征个人所得税等税收优惠。外籍人员 8 项免税的津补贴也应在清理取消之列，包括：

（1）上述外籍人员 8 项免税津补贴只适用于外籍人员，与国内人员相比存在内外不一、政策不平，外籍人员享受了超国民待遇，继续保留的必要性不大。

（2）2018 年版《个人所得税法》增设子女教育、住房租金扣除等，对外籍人员的子女教育、住房租金已有所考虑。

（3）外籍个人 8 项免税津补贴无统一标准，免税金额福利化，改变了原政策初衷。例如，2017 年前 11 个月，某省 2 015 名外籍人员人均享受免税住房补贴 27. 37 万元，848 名外籍人员人均享受免税子女教育费 15. 96 万元，远高于个人所得税费用扣除标准，外籍人员免税补贴已成为一个恶意避税主渠道。

（4）从国际上看，绝大多数国家对非居民个人取得的生活津补贴没有普遍适用性的免税政策，其中奥地利仅对符合一定条件的外籍人可享受一定的特殊税前扣除：搬家费、在工作地附近居住每月不超过 2 200 欧元的住房费用，子女就读私立学校每月不超过 110 欧元的费用、每月不超过 306 欧元的回国探亲费用，总体看都属于小额的、零星的费用。

（5）近年来华外籍人员的结构和受教育层次发生较大变化，很多低端外籍人员来华就业务工，不宜再给予优惠。对外籍高端人才可借鉴国际做法，通过设立统的高层次人才优惠政策予以支持。

因而，《财政部　国家税务总局关于个人所得税法修改后有关优惠政策衔接问题的通知》（财税〔2018〕164 号）第七条规定："关于外籍个人有关津补贴的政策规定：2019 年 1 月 1 日至 2021 年 12 月 31 日期间，外籍个人符合居民个人条件的，可以选择享受个人所得税专项附加扣除，也可以选择按照财税〔1994〕20 号、国税发〔1997〕54 号和《财政部　国家税务总局关于外籍个人取得港澳地区住房等补贴征免个人所得税的通知》（财税〔2004〕29 号）等文件的规定，享受住房补贴、语言训练费、子女教育费等津补贴免税优惠政策，但不得同时享受。外籍个人一经选择，在一个纳税年度内不得变更。自 2022 年 1 月 1 日起，外籍个人不再享受住房补贴、语言训练费、子女教育费津补贴免税优惠政策，应按规定享受专项附加扣除。"

为减少直接取消外籍人员减免税津补贴政策的影响，对外籍个人津补贴减免税项目给予3年的过渡期。这是因为外籍人员在华工作一般定期轮换，每3—5年轮换一次。设置过渡期可以保证目前在华工作的外籍人员的税收利益不受影响，给新来华人员释放税收政策调整的信号，同时促使外资企业及时调整薪酬政策，实现税收政策的平稳过渡。

5. 外国派出单位发给包干款项中的非工资优惠

财税字〔1980〕189号文件第五条规定，外国来华工作人员，由外国派出单位发给包干款项，其中包括个人工资、公用经费（邮电费、办公费、广告费、业务上往来必要的交际费）、生活津贴费（住房费、差旅费），凡对上述所得能够划分清楚的，可只就工资薪金所得部分按照规定征收个人所得税。

6. 留学生的生活津贴费、奖学金不征税

财税字〔1980〕189号文件第四条规定，外国来华留学生，领取的生活津贴费、奖学金，不属于工资、薪金范畴，不征个人所得税。

7. 平潭工作的台湾居民税负差额补贴优惠

自2013年1月1日起至2020年12月31日止，《财政部　国家税务总局关于福建平潭综合实验区个人所得税优惠政策的通知》（财税〔2014〕24号）第二条规定，福建省人民政府根据《国务院关于平潭综合实验区总体发展规划的批复》（国函〔2011〕142号）以及《平潭综合实验区总体发展规划》有关规定，按不超过内地与台湾地区个人所得税负差额，给予在平潭综合实验区工作的台湾居民的补贴，免征个人所得税。

台湾居民，是指持有《台湾居民来往大陆通行证》的个人；平潭综合实验区，是指国务院2011年1月批复的《平潭综合实验区总体发展规划》中的平潭综合实验区范围。

8. 前海港澳台高端人才和紧缺人才税负差额补贴优惠

《国务院发布关于支持深圳前海深港现代服务业合作区开发开放有关政策的批复》（国函〔2012〕58号）规定，对在前海工作、符合前海规划产业发展需要的境外高端人才和紧缺人才，取得的暂由深圳市人民政府按内地与境外个人所得税负差额给予的补贴，免征个人所得税。

9. 外籍个人取得外商投资企业股息红利所得

（1）外籍个人从外商投资企业取得的股息红利所得。财税字〔1994〕20号文件第二条第（八）项规定，外籍个人从外商投资企业取得的股息、红利所得，暂免征收个人所得税。

2013年2月3日，国发〔2013〕6号文件要求，取消对外籍个人从外商投资企业取得的股息、红利所得免征收个人所得税等税收优惠。

（2）外籍个人从境内上市公司取得的股息红利所得。《国家税务总局关于外籍个人持有中国境内上市公司股票所取得的股息有关税收问题的函》（国税函发〔1994〕440号）明确，对持有B股或海外股（包括H股）的外籍个人，从发行该B股或海外股的中国境内企业所取得的股息（红利）所得，暂免征收个人所得税。

10. 符合条件的外籍专家取得的工资、薪金所得

财税字〔1994〕20号文件第二条第八款规定，外籍个人取得股息红利的征免执行口径：根据财政部、国家税务局下发的《关于个人所得税若干政策问题的通知》（财税字〔1994〕20号）第九条规定，凡符合下列条件之一的外籍专家取得的工资、薪金所得可免征个人所得税：

（1）根据世界银行专项贷款协议由世界银行直接派往我国工作的外国专家；

（2）联合国组织直接派往我国工作的专家；

（3）为联合国援助项目来华工作的专家；

（4）援助国派往我国专为该国无偿援助项目工作的专家；

（5）根据两国政府签订文化交流项目来华工作两年以内的文教专家，其工资、薪金所得由该国负担的；

（6）根据我国大专院校国际交流项目来华工作两年以内的文教专家，其工资、薪金所得由该国负担的；

（7）通过民间科研协定来华工作的专家，其工资、薪金所得由该国政府机构负担的。

11.《个人所得税法实施条例》重要修改：改吸引外籍人才的个税优惠规定

修改后的《个人所得税法》将无住所个人来华判定为税收居民的时间，由原来一年调整为 183 天，这一调整主要是与国际惯例接轨。为进一步表明中国政府吸引外资、吸引外籍人才的立场不变，实施条例延续了原来对无住所个人来中国境内短于 5 年对其境外支付的境外所得不征税的规定，同时参考国际惯例对外籍人员在一定年限内（又称“临时税收居民”）给予税收优惠的做法，《个人所得税法实施条例》第四条对此进行了优化完善：

（1）将无住所个人全球所得申报纳税的境内居住时间由“居住满五年”延长为“居住满六年”，向全世界释放中国税收改革持续吸引各方面人才的积极信号；

（2）在境内居住累计满 183 天的年度连续不满 6 年的，经向主管税务机关备案，其来源于境外且由境外支付的所得，免予在中国缴纳个人所得税；

（3）在上述“居住满六年”的任一年度中，在一年内累计不满 183 天，或者其间有一次离境超过 30 天的，“居住满六年”的连续年限将重新起算。

### 10.3.5　支持金融资本市场发展优惠减免

1. 个人通过深港通取得的股票差价所得免征个人所得税

《财政部　国家税务总局证监会关于深港股票市场交易互联互通机制试点有关税收政策的通知》（财税〔2016〕127 号，自 2016 年 12 月 5 日起执行）第一条第（一）项规定，对内地个人投资者通过深港通投资香港联交所上市股票取得的转让差价所得，自 2016 年 12 月 5 日起至 2019 年 12 月 4 日止，暂免征收个人所得税。

对内地证券投资基金通过深港通投资香港联交所上市股票取得的股息红利所得，按照上述规定计征个人所得税。

财税〔2016〕127 号文件第二条规定：“1. 对香港市场投资者（包括企业和个人）投资深交所上市 A 股取得的转让差价所得，暂免征收所得税。

2. 对香港市场投资者（包括企业和个人）投资深交所上市 A 股取得的股息红利所得，在香港中央结算有限公司（以下简称香港结算）不具备向中国结算提供投资者的身份及持股时间等明细数据的条件之前，暂不执行按持股时间实行差别化征税政策，由上市公司按照 10% 的税率代扣所得税，并向其主管税务机关办理扣缴申报。对于香港投资者中属于其他国家税收居民且其所在国与中国签订的税收协定规定股息红利所得税率低于 10% 的，企业或个人可以自行或委托代扣代缴义务人，向上市公司主管税务机关提出享受税收协定待遇退还多缴税款的申请，主管税务机关查实后，对符合退税条件的，应按已征税款和根据税收协定税率计算的应纳税款的差额予以退税。”

3. 内地与香港基金互认有关个人所得税政策

《财政部 税务总局 证监会关于继续执行内地与香港基金互认有关个人所得税政策的通知》（财税〔2018〕154号）规定：“现就内地与香港基金互认有关个人所得税政策明确如下：

对内地个人投资者通过基金互认买卖香港基金份额取得的转让差价所得，自2018年12月18日起至2019年12月4日止，继续暂免征收个人所得税。”

4. 转让系统挂牌公司股票有关个人所得税政策

《财政部 税务总局 证监会关于个人转让全国中小企业股份转让系统挂牌公司股票有关个人所得税政策的通知》（财税〔2018〕137号）规定：“为促进全国中小企业股份转让系统（以下简称“新三板”）长期稳定发展，现就个人转让新三板挂牌公司股票有关个人所得税政策通知如下：

一、自2018年11月1日（含）起，对个人转让新三板挂牌公司非原始股取得的所得，暂免征收个人所得税。

财税〔2018〕137号所称非原始股是指个人在新三板挂牌公司挂牌后取得的股票，以及由上述股票孳生的送、转股。

二、对个人转让新三板挂牌公司原始股取得的所得，按照‘财产转让所得’，适用20%的比例税率征收个人所得税。

财税〔2018〕137号中所称的原始股是指个人在新三板挂牌公司挂牌前取得的股票，以及在该公司挂牌前和挂牌后由上述股票孳生的送、转股。

三、2019年9月1日之前，个人转让新三板挂牌公司原始股的个人所得税，征收管理办法按照现行股权转让所得有关规定执行，以股票受让方为扣缴义务人，由被投资企业所在地税务机关负责征收管理。

自2019年9月1日（含）起，个人转让新三板挂牌公司原始股的个人所得税，以股票托管的证券机构为扣缴义务人，由股票托管的证券机构所在地主管税务机关负责征收管理。具体征收管理办法参照《财政部 国家税务总局 证监会关于个人转让上市公司限售股所得征收个人所得税有关问题的通知》（财税〔2009〕167号）和《财政部 国家税务总局 证监会关于个人转让上市公司限售股所得征收个人所得税有关问题的补充通知》（财税〔2010〕70号）有关规定执行。

四、2018年11月1日之前，个人转让新三板挂牌公司非原始股，尚未进行税收处理的，可比照财税〔2018〕137号的第一条规定执行，已经进行相关税收处理的，不再进行税收调整。

五、中国证券登记结算公司应当在登记结算系统内明确区分新三板原始股和非原始股。中国证券登记结算公司、证券公司及其分支机构应当积极配合财政、税务部门做好相关工作。”

5. 个人通过沪港通取得的股票转让差价所得免征

《财政部 国家税务总局 证监会关于沪港股票市场交易互联互通机制试点有关税收政策的通知》（财税〔2014〕81号）第一条规定，对内地个人投资者通过沪港通投资香港联交所上市股票取得的转让差价所得，自2014年11月17日起至2017年11月16日止，暂免征收个人所得税。

对内地企业投资者通过沪港通投资香港联交所上市股票取得的转让差价所得，计入其收入总额，依法征收企业所得税。

6. 股权分置改革非流通股股东向流通股股东支付对价免税

《财政部 国家税务总局关于股权分置试点改革有关税收政策问题的通知》（财税〔2005〕103 号）第二条规定，股权分置改革中非流通股股东通过对价方式向流通股股东支付的股份、现金等收入，暂免征收流通股股东应缴纳的企业所得税和个人所得税。

### 10.3.6 高级专家离休退休个税优惠

对按《国务院关于高级专家离休退休若干问题的暂行规定》（国发〔1983〕141 号）和《国务院办公厅关于杰出高级专家暂缓离退休审批问题的通知》（国办发〔1991〕40 号）精神，达到离休、退休年龄，但确因工作需要，适当延长离休、退休年龄的高级专家（指享受国家发放的政府特殊津贴的专家、学者），其在延长离休、退休期间的工资、薪金所得，视同退休工资、离休工资免征个人所得税。

### 10.3.7 对易地扶贫搬迁贫困人口补偿款暂免征收

《财政部 税务总局关于易地扶贫搬迁税收优惠政策的通知》（财税〔2018〕135 号）规定："为贯彻落实《中共中央 国务院关于打赢脱贫攻坚战三年行动的指导意见》，助推易地扶贫搬迁工作，现将易地扶贫搬迁有关税收优惠政策通知如下：

一、关于易地扶贫搬迁贫困人口税收政策

（一）对易地扶贫搬迁贫困人口按规定取得的住房建设补助资金、拆旧复垦奖励资金等与易地扶贫搬迁相关的货币化补偿和易地扶贫搬迁安置住房（以下简称安置住房），免征个人所得税。"

"（二）财税〔2018〕135 号的执行期限为 2018 年 1 月 1 日至 2020 年 12 月 31 日。自执行之日起的已征税款，除以贴花方式缴纳的印花税外，依申请予以退税。"

### 10.3.8 支持"三农"优惠

1. 取消农业税从事"四业"所得暂免征收个人所得税

《财政部 国家税务总局关于个人所得税若干政策问题的通知》（财税〔1994〕20 号）文件规定："（二）个体工商户或个人专营种植业、养殖业、饲养业、捕捞业，其经营项目属于农业税（包括农业特产税，下同）、牧业税征税范围并已征收了农业税、牧业税的，不再征收个人所得税；不属于农业税、牧业税范围的应对其所得计征个人所得税。兼管上述四业并四业的所得单独核算的，比照上述原则办理，对于属于征收个人所得税的，应与其他行业的生产、经营所得合并计征个人所得税；对于四业的所得不能单独核算的，应就其全部所得计征个人所得税。"

《财政部 国家税务总局关于农村税费改革试点地区有关个人所得税问题的通知）（财税〔2004〕30 号，自 2004 年 1 月 1 日起执行）第一条规定，农村税费改革试点期间，取消农业特产税、减征或免征农业税后，对个人或个体户从事种植业、养殖业、饲养业、捕捞业，且经营项目属于农业税（包括农业特产税）、牧业税征税范围的，其取得的"四业"所得暂不征收个人所得税。

2. 投资者取得“四业”所得暂不征收个人所得税

《财政部　国家税务总局关于个人独资企业和合伙企业投资者取得种植业养殖业饲养业捕捞业所得有关个人所得税问题的批复》（财税〔2010〕96号）明确规定：“对个人独资企业和合伙企业从事种植业、养殖业、饲养业和捕捞业（以下简称‘四业’，其投资者取得的‘四业’所得暂不征收个人所得税。”

### 10.3.9　个人投资者取得的行政和解金免征个人所得税

《财政部　国家税务总局关于行政和解金有关税收政策问题的通知》（财税〔2016〕100号，自2016年1月1日起执行）第二条规定：“对企业投资者从投保基金公司取得的行政和解金，应计入企业当期收入，依法征收企业所得税；对个人投资者从投保基金公司取得的行政和解金，暂免征收个人所得税。”

### 10.3.10　个人无偿受赠房屋产权的个人所得税优惠处理

《财政部　国家税务总局关于个人无偿受赠房屋有关个人所得税问题的通知》（财税〔2009〕78号）第一条规定：“一、以下情形的房屋产权无偿赠予，对当事双方不征收个人所得税：

（一）房屋产权所有人将房屋产权无偿赠予配偶、父母、子女、祖父母、外祖父母、孙子女、外孙子女、兄弟姐妹；

（二）房屋产权所有人将房屋产权无偿赠予对其承担直接抚养或者赡养义务的抚养人或者赡养人；

（三）房屋产权所有人死亡，依法取得房屋产权的法定继承人、遗嘱继承人或者受遗赠人。”

“三、除财税〔2009〕78号第一条规定情形以外，房屋产权所有人将房屋产权无偿赠予他人的，受赠人因无偿受赠房屋取得的受赠所得，按照‘经国务院财政部门确定征税的其他所得’项目计算缴纳个人所得税，税率为20%。

四、对受赠人无偿受赠房屋计征个人所得税时，其应纳税所得额为房地产赠予合同上标明的赠予房屋价值减除赠予过程中受赠人支付的相关税费后的余额。赠予合同标明的房屋价值明显低于市场价格或房地产赠予合同未标明赠予房屋价值的，税务机关可依据受赠房屋的市场评估价格或采取其他合理方式确定受赠人的应纳税所得额。

五、受赠人转让受赠房屋的，以其转让受赠房屋的收入减除原捐赠人取得该房屋的实际购置成本以及赠予和转让过程中受赠人支付的相关税费后的余额，为受赠人的应纳税所得额，依法计征个人所得税。受赠人转让受赠房屋价格明显偏低且无正当理由的，税务机关可以依据该房屋的市场评估价格或其他合理方式确定的价格核定其转让收入。”

### 10.3.11　个人转让离婚析产房屋的征税问题处理

《国家税务总局关于明确个人所得税若干政策执行问题的通知》（国税发〔2009〕121号）进一步规定：“（一）通过离婚析产的方式分割房屋产权是夫妻双方对共同共有财产的处置，个人因离婚办理房屋产权过户手续，不征收个人所得税。”

“（三）个人转让离婚析产房屋所取得的收入，符合家庭生活自用五年以上唯一住房的，可以申请免征个人所得税，其购置时间按照《国家税务总局关于房地产税收政策执行中几个具体问题的通知》（国税发〔2005〕172 号）执行。”

（1）通过离婚析产的方式分割房屋产权是夫妻双方对共同共有财产的处置，个人因离婚办理房屋产权过户手续，不征收个人所得税。

（2）个人转让离婚析产房屋所取得的收入，允许扣除其相应的财产原值和合理费用后，余额按照规定的税率缴纳个人所得税；其相应的财产原值，为房屋初次购置全部原值和相关税费之和乘以转让者占房屋所有权的比例。

（3）个人转让离婚析产房屋所取得的收入，符合家庭生活自用 5 年以上唯一住房的，可以申请免征个人所得税。

### 10.3.12　股权奖励和转增股本个人所得税优惠处理

1. 关于股权奖励

（1）股权奖励的计税价格参照获得股权时的公平市场价格确定，具体按以下方法确定：

①上市公司股票的公平市场价格，按照取得股票当日的收盘价确定。取得股票当日为非交易时间的，按照上一个交易日收盘价确定。

②非上市公司股权的公平市场价格，依次按照净资产法、类比法和其他合理方法确定。

（2）计算股权奖励应纳税额时，规定月份数按员工在企业的实际工作月份数确定。员工在企业工作月份数超过 12 个月的，按 12 个月计算。计算公式如下：

计税价格 = 每股价格 × 获得股份数

或根据持股比例换算：

应缴个人所得税 =（计税价格 ÷ 规定月份数 × 税率 - 速算扣除数）× 规定月份数

公式中的税率按照《个人所得税法》中《个人所得税税率表一（工资、薪金所得适用）》确定。公式中的规定月份数按照上述规定确定。

2. 关于转增股本

（1）非上市及未在全国中小企业股份转让系统挂牌的中小高新技术企业以未分配利润、盈余公积、资本公积向个人股东转增股本，并符合《财政部　国家税务总局关于将国家自主创新示范区有关税收试点政策推广到全国范围实施的通知》（财税〔2015〕116 号）有关文件规定的，纳税人可分期缴纳个人所得税；非上市及未在全国中小企业股份转让系统挂牌的其他企业转增股本，应及时代扣代缴个人所得税。

（2）上市公司或在全国中小企业股份转让系统挂牌的企业转增股本（不含以股票发行溢价形成的资本公积转增股本），按现行有关股息红利差别化政策执行。计算公式如下：

计税金额 =（未分配利润转增金额 + 盈余公积转增金额 + 资本公积转增金额）× 持股比例

应缴个人所得税 = 计税金额 × 20%

### 10.3.13　完善股权激励和技术入股有关所得税处理

1. 对符合条件的非上市公司股票期权、股权期权、限制性股票和股权奖励实行递延纳税政策

（1）非上市公司授予本公司员工的股票期权、股权期权、限制性股票和股权奖励，符

合规定条件的，经向主管税务机关备案，可实行递延纳税政策，即员工在取得股权激励时可暂不纳税，递延至转让该股权时纳税；股权转让时，按照股权转让收入减除股权取得成本以及合理税费后的差额，适用“财产转让所得”项目，按照20%的税率计算缴纳个人所得税。

股权转让时，股票（权）期权取得成本按行权价确定，限制性股票取得成本按实际出资额确定，股权奖励取得成本为零。

（2）享受递延纳税政策的非上市公司股权激励（包括股票期权、股权期权、限制性股票和股权奖励，下同）须同时满足以下条件：

①属于境内居民企业的股权激励计划。

②股权激励计划经公司董事会、股东（大）会审议通过。未设股东（大）会的国有单位，经上级主管部门审核批准。股权激励计划应列明激励目的、对象、标的、有效期、各类价格的确定方法、激励对象获取权益的条件、程序等。

③激励标的应为境内居民企业的本公司股权。股权奖励的标的可以是技术成果投资入股到其他境内居民企业所取得的股权。激励标的股票（权）包括通过增发、大股东直接让渡以及法律法规允许的其他合理方式授予激励对象的股票（权）。

④激励对象应为公司董事会或股东（大）会决定的技术骨干和高级管理人员，激励对象人数累计不得超过本公司最近6个月在职职工平均人数的30%。

⑤股票（权）期权自授予日起应持有满3年，且自行权日起持有满1年；限制性股票自授予日起应持有满3年，且解禁后持有满1年；股权奖励自获得奖励之日起应持有满3年。上述时间条件须在股权激励计划中列明。

⑥股票（权）期权自授予日至行权日的时间不得超过10年。

⑦实施股权奖励的公司及其奖励股权标的公司所属行业均不属于《股权奖励税收优惠政策限制性行业目录》范围。公司所属行业按公司上一纳税年度主营业务收入占比最高的行业确定。

（3）上述所称股票（权）期权是指公司给予激励对象在一定期限内以事先约定的价格购买本公司股票（权）的权利；所称限制性股票是指公司按照预先确定的条件授予激励对象一定数量的本公司股权，激励对象只有工作年限或业绩目标符合股权激励计划规定条件的才可以处置该股权；所称股权奖励是指企业无偿授予激励对象一定份额的股权或一定数量的股份。

（4）股权激励计划所列内容不同时满足上述第（2）款规定的全部条件，或递延纳税期间公司情况发生变化，不再符合上述第（2）款第④至⑥项条件的，不得享受递延纳税优惠，应按规定计算缴纳个人所得税。

2. 对上市公司股票期权、限制性股票和股权奖励适当延长纳税期限

（1）上市公司授予个人的股票期权、限制性股票和股权奖励，经向主管税务机关备案，个人可自股票期权行权、限制性股票解禁或取得股权奖励之日起，在不超过12个月的期限内缴纳个人所得税。《财政部　国家税务总局关于上市公司高管人员股票期权所得缴纳个人所得税有关问题的通知》（财税〔2009〕40号）自《财政部　国家税务总局关于完善股权激励和技术入股有关所得税政策的通知》（财税〔2016〕101号）施行之日起废止。

（2）上市公司股票期权、限制性股票应纳税款的计算，继续按照《财政部　国家税务总局关于个人股票期权所得征收个人所得税问题的通知》（财税〔2005〕35号）、《财政部　国家税务总局关于股票增值权所得和限制性股票所得征收个人所得税有关问题的通知》

（财税〔2009〕5 号）、《国家税务总局关于股权激励有关个人所得税问题的通知》（国税函〔2009〕461 号）等相关规定执行。股权奖励应纳税款的计算比照上述规定执行。

（3）上市公司股权激励对象主要是公司高管和核心技术人员，通过股权激励方式，将个人利益与公司发展业绩“绑在一起”，让个人分享公司发展成果，增强对高管和核心技术人员的“向心力”。个人取得的上市公司股权激励所得，是个人任职受雇的一种报酬方式，属于工资薪金所得。

2005 年以来，财政部、国家税务总局先后印发多份政策文件，明确了个人取得上市公司股权激励所得的个人所得税政策。总体思路是将股权激励所得在不超过 12 个月（最多为 12 个月）的期限内分摊计税。

2019 年实施新税制后，为保证税收政策延续性，对股权激励所得的计税方法给予 3 年过渡期，在过渡期内，对上市公司股权激励所得的税收政策暂维持不变。

由于改革后综合所得的税率表为年度税率表，股权激励所得直接适用年度税率表，客观上相当于原来按 12 个月分摊计税的政策效果。因此，在过渡期内，个人取得上市公司股权激励所得，不并入当年综合所得，全额单独适用综合所得税率表，计算纳税。计算公式为：

应纳税额 = 股权激励收入 × 适用税率 − 速算扣除数

公式中的上述股权激励收入，为减除行权成本后的收入余额。

3. 个人取得非上市企业股权激励所得如何计税

个人取得符合规定条件的非上市公司股权激励，经向税务机关备案，可以实行递延纳税，即员工在取得股权激励时暂不纳税，递延至转让该股权时纳税；股权转让时，按照股权转让收入减除股权取得成本以及合理税费后的差额，适用“财产转让所得”项目，按照 20% 的税率计算缴纳个人所得税。《财政部　国家税务总局关于完善股权激励和技术入股有关所得税政策的通知》（财税〔2016〕101 号）规定，享受递延纳税政策的，非上市公司股权激励须同时满足以下条件：

（1）属于境内居民企业的股权激励计划。

（2）股权激励计划经公司董事会、股东（大）会审议通过，未设股东（大）会的国有单位，经上级主管部门审核批准。

（3）激励标的应为境内居民企业的本公司股权，其中股权奖励的标的可以是技术成果投资入股到其他境内居民企业所取得的股权。

（4）激励对象应为公司董事会或股东（大）会决定的技术骨干和高级管理人员，激励对象人数累计不得超过本公司最近 6 个月在职职工平均人数的 30%。

（5）股票（权）期权自授予日起应持有满 3 年，且自行权日起持有满 1 年。限制性股票自授予日起应持有满 3 年，且解禁后持有满 1 年。股权奖励自获得奖励之日起应持有满 3 年。

（6）股票（权）期权自授予日至行权日的时间不得超过 10 年。

（7）实施股权奖励的公司及其奖励股权标的公司所属行业均不属于《股权奖励税收优惠政策限制性行业目录》范围。

凡不符合上述递延纳税条件的，个人应在取得非上市公司股权激励时，参照上市公司股权激励政策执行。

4. 对技术成果投资入股实施选择性税收优惠政策

（1）企业或个人以技术成果投资入股到境内居民企业，被投资企业支付的对价全部为股票（权）的，企业或个人可选择继续按现行有关税收政策执行，也可选择适用递延纳税优惠政策。

选择技术成果投资入股递延纳税政策的，经向主管税务机关备案，投资入股当期可暂不纳税，允许递延至转让股权时，按股权转让收入减去技术成果原值和合理税费后的差额计算缴纳所得税。

（2）企业或个人选择适用上述任一项政策，均允许被投资企业按技术成果投资入股时的评估值入账，并在企业所得税前摊销扣除。

（3）技术成果是指专利技术（含国防专利）、计算机软件著作权、集成电路布图设计专有权、植物新品种权、生物医药新品种，以及科技部、财政部、国家税务总局确定的其他技术成果。

（4）技术成果投资入股，是指纳税人将技术成果所有权让渡给被投资企业、取得该企业股票（权）的行为。

5. 其他相关政策

（1）个人从任职受雇企业以低于公平市场价格取得股票（权）的，凡不符合递延纳税条件，应在获得股票（权）时，对实际出资额低于公平市场价格的差额，按照"工资、薪金所得"项目，参照《财政部　国家税务总局关于个人股票期权所得征收个人所得税问题的通知》（财税〔2005〕35号）规定计算缴纳个人所得税。

（2）个人因股权激励、技术成果投资入股取得股权后，非上市公司在境内上市的，处置递延纳税的股权时，按照现行限售股有关征税规定执行。

（3）个人转让股权时，视同享受递延纳税优惠政策的股权优先转让。递延纳税的股权成本按照加权平均法计算，不与其他方式取得的股权成本合并计算。

（4）持有递延纳税的股权期间，因该股权产生的转增股本收入，以及以该递延纳税的股权再进行非货币性资产投资的，应在当期缴纳税款。

（5）全国中小企业股份转让系统挂牌公司按照上述第一条规定执行。

适用上述第二条规定的上市公司，是指其股票在上海证券交易所、深圳证券交易所上市交易的股份有限公司。

6. 配套管理措施

（1）对股权激励或技术成果投资入股选择适用递延纳税政策的，企业应在规定期限内到主管税务机关办理备案手续。未办理备案手续的，不得享受递延纳税优惠政策。

（2）企业实施股权激励或个人以技术成果投资入股，以实施股权激励或取得技术成果的企业为个人所得税扣缴义务人。递延纳税期间，扣缴义务人应在每个纳税年度终了后向主管税务机关报告递延纳税有关情况。

（3）工商部门应将企业股权变更信息及时与税务部门共享，暂不具备联网实时共享信息条件的，工商部门应在股权变更登记3个工作日内将信息与税务部门共享。

### 10.3.14 科技部关于科技人员取得职务科技成果转化现金奖励有关所得税处理

1. 根据财政部、税务总局和科技部联合发布的《财政部　税务总局　科技部关于科技人员取得职务科技成果转化现金奖励有关个人所得税政策的通知》（财税〔2018〕58号）

规定，为进一步支持国家大众创业、万众创新战略的实施，促进科技成果转化，现将科技人员取得职务科技成果转化现金奖励有关个人所得税处理如下：

（1）依法批准设立的非营利性研究开发机构和高等学校（以下简称“非营利性科研机构和高校”）根据《中华人民共和国促进科技成果转化法》规定，从职务科技成果转化收入中给予科技人员的现金奖励，可减按 50% 计入科技人员当月“工资、薪金所得”，依法缴纳个人所得税。

（2）非营利性科研机构和高校包括国家设立的科研机构和高校、民办非营利性科研机构和高校。

（3）国家设立的科研机构和高校是指利用财政性资金设立的、取得《事业单位法人证书》的科研机构和公办高校，包括中央和地方所属科研机构和高校。

（4）民办非营利性科研机构和高校，是指同时满足以下条件的科研机构和高校：

①根据《民办非企业单位登记管理暂行条例》在民政部门登记，并取得《民办非企业单位登记证书》。

②对于民办非营利性科研机构，其《民办非企业单位登记证书》记载的业务范围应属于“科学研究与技术开发、成果转让、科技咨询与服务、科技成果评估”范围。对业务范围存在争议的，由税务机关转请县级（含）以上科技行政主管部门确认。

对于民办非营利性高校，应取得教育主管部门颁发的《民办学校办学许可证》，《民办学校办学许可证》记载学校类型为“高等学校”。

③经认定取得企业所得税非营利组织免税资格。

（5）科技人员享受财税〔2018〕58 号文件规定税收优惠政策，须同时符合以下条件：

①科技人员是指非营利性科研机构和高校中对完成或转化职务科技成果作出重要贡献的人员。非营利性科研机构和高校应按规定公示有关科技人员名单及相关信息（国防专利转化除外），具体公示办法由科技部会同财政部、国家税务总局制定。

②科技成果是指专利技术（含国防专利）、计算机软件著作权、集成电路布图设计专有权、植物新品种权、生物医药新品种，以及科技部、财政部、税务总局确定的其他技术成果。

③科技成果转化是指非营利性科研机构和高校向他人转让科技成果或者许可他人使用科技成果。现金奖励是指非营利性科研机构和高校在取得科技成果转化收入 3 年（36 个月）内奖励给科技人员的现金。

④非营利性科研机构和高校转化科技成果，应当签订技术合同，并根据《技术合同认定登记管理办法》，在技术合同登记机构进行审核登记，并取得技术合同认定登记证明。

非营利性科研机构和高校应健全科技成果转化的资金核算，不得将正常工资、奖金等收入列入科技人员职务科技成果转化现金奖励享受税收优惠。

（6）非营利性科研机构和高校向科技人员发放现金奖励时，应按个人所得税法规定代扣代缴个人所得税，并按规定向税务机关履行备案手续。

（7）以上政策自 2018 年 7 月 1 日起施行。关于财税〔2018〕58 号文件施行前非营利性科研机构和高校取得的科技成果转化收入，自施行后 36 个月内给科技人员发放现金奖励。

2. 为贯彻落实《财政部　税务总局　科技部关于科技人员取得职务科技成果转化现金奖励有关个人所得税政策的通知》（财税〔2018〕58 号），对于征管问题相关政策如下（自 2018 年 7 月 1 日起施行）：

（1）财税〔2018〕58 号第五条第（三）项所称“三年（36 个月）内”，是指自非营利性科研机构和高校实际取得科技成果转化收入之日起 36 个月内。非营利性科研机构和高校分次取得科技成果转化收入的，以每次实际取得日期为准。

（2）非营利性科研机构和高校向科技人员发放职务科技成果转化现金奖励（以下简称“现金奖励”），应于发放之日的次月 15 日内，向主管税务机关报送《科技人员取得职务科技成果转化现金奖励个人所得税备案表》。单位资质材料（《事业单位法人证书》《民办学校办学许可证》《民办非企业单位登记证书》等）、科技成果转化技术合同、科技人员现金奖励公示材料、现金奖励公示结果文件等相关资料自行留存备查。

（3）非营利性科研机构和高校向科技人员发放现金奖励，在填报《扣缴个人所得税报告表》时，应将当期现金奖励收入金额与当月工资、薪金合并，全额计入“收入额”列，同时将现金奖励的 50% 填至《扣缴个人所得税报告表》“免税所得”列，并在备注栏注明“科技人员现金奖励免税部分”字样，据此以“收入额”减除“免税所得”以及相关扣除后的余额计算缴纳个人所得税。

### 10.3.15　新个税法实施后关于保险营销员、证券经纪人佣金收入的优惠政策

保险营销员、证券经纪人取得的佣金收入，属于劳务报酬所得，以不含增值税的收入减除 20% 的费用后的余额为收入额，收入额减去展业成本以及附加税费后，并入当年综合所得，计算缴纳个人所得税。保险营销员、证券经纪人展业成本按照收入额的 25% 计算。

扣缴义务人向保险营销员、证券经纪人支付佣金收入时，应按照《个人所得税扣缴申报管理办法（试行）》（国家税务总局公告 2018 年第 61 号）规定的累计预扣法计算预扣税款。

财政部、国家税务总局印发的《关于个人所得税法修改后有关优惠政策衔接问题的通知》（财税〔2018〕164 号）就 2018 年版《个人所得税法》实施后，原证券经纪人的个人所得税计税政策进行了调整，需要注意五个方面的要点：

要点 1：佣金收入是劳务报酬所得。

财税〔2018〕164 号文件沿用了原政策的所得项目认定——保险营销员、证券经纪人取得的佣金收入，属于劳务报酬所得。居民个人从事保险营销和证券经纪业务的，也需要按照《个人所得税扣缴申报管理办法（试行）》（国家税务总局公告 2018 年第 61 号）规定，由扣缴义务人（保险公司或证券公司）在支付所得的同时预扣预缴。

要点 2：以一个月内取得的收入为一次。

对于劳务报酬、稿酬、特许权使用费等三项所得，《个人所得税扣缴申报管理办法（试行）》（国家税务总局公告 2018 年第 61 号）规定实行按次预扣税款，对于保险营销员、证券经纪人取得的佣金的劳务报酬所得，鉴于保险营销和证券经纪业务的连续性，属于同一项目连续性收入的，应以一个月内取得的收入为一次。

要点 3：收入额需要扣除附征税费和展业费用。

2018 年版《个人所得税法》规定，居民个人取得劳务报酬所得，以收入减除 20% 的费用后的余额为收入额。营改增后，《关于个人保险代理人税收征管有关问题的公告》（国家税务总局公告 2016 年第 45 号）规定，“个人保险代理人以其取得的佣金、奖励和劳务费等相关收入（不含增值税）减去地方税费附加及展业成本，按照规定计算个人所得税”。明确规定了个人从事保险营销和证券经纪取得的计算个人所得税的收入，不含增值税，并对其开

具发票的过程中，依法缴纳的地方税费和附加，以及展业成本，准予扣除。新政中，原样保留了原政策的确认原则，以保险营销员、证券经纪人一个月内取得的不含增值税的收入为收入，扣除附加税费及展业成本后，并据以计算个人所得税。

应纳税所得额 = 不含增值税收入 ×（1 - 20%）- 展业成本 - 附加税费

要点 4：展业成本计算方式的两个变化。

一是比例由 40% 下调到 25%。《关于个人保险代理人税收征管有关问题的公告》（国家税务总局公告 2016 年第 45 号）规定，保险营销员、证券经纪人的展业成本，为佣金收入减去地方税费附加余额的 40%。财税〔2018〕164 号文中修订了展业成本比例，规定“保险营销员、证券经纪人展业成本按照收入额的 25% 计算”。

二是计算方法更加简洁。国家税务总局公告 2016 年第 45 号规定，展业成本的计算依据为“佣金收入减去地方税费附加余额”，而财税〔2018〕164 号文修订为“收入额”，即“以不含增值税的收入减除 20% 的费用后的余额”。因此：

展业成本 = 不含增值税收入 ×（1 - 20%）×25%

要点 5：按照累计预扣法预扣税款。

累计预扣法是 2018 年版《个人所得税法》实施后，对居民个人取得工资、薪金收入采取的预扣预缴税款的方法。以居民个人在本单位截至当前月份工资、薪金所得累计收入减除累计免税收入、累计减除费用、累计专项扣除、累计专项附加扣除和累计依法确定的其他扣除后的余额为累计预扣预缴应纳税所得额，适用个人所得税预扣率表一，计算累计应预扣预缴税额，再减除累计减免税额和累计已预扣预缴税额，其余额为本期应预扣预缴税额的方法。

《个人所得税扣缴申报管理办法（试行）》（国家税务总局公告 2018 年第 61 号）规定，居民个人取得劳务报酬不适用该方法预扣预缴税额，以收入减除费用后的余额为收入额，每次收入不超过 4 000 元的，减除费用按 800 元计算；每次收入 4 000 元以上的，减除费用按 20% 计算。同时适用 20%—40% 的超额累进预扣率预扣预缴。其公式为：

劳务报酬所得应预扣预缴税额 = 预扣预缴应纳税所得额 × 预扣率 - 速算扣除数

财税〔2018〕164 号文打破了《个人所得税扣缴申报管理办法（试行）》的规定，对保险营销员、证券经纪人取得佣金收入的劳务报酬所得，采取累计预扣方法预扣预缴税款，而不适用劳务报酬所得的比例加成预扣法。按照累计预扣法的规定，在预扣的过程中，可以扣除“累计减除费用、累计专项扣除、累计专项附加扣除和累计依法确定的其他扣除”，并以扣除后的余额适用个人所得税预扣率表一，计算累计应预扣预缴税额，再减除累计已预扣预缴税额，计算并预扣预缴个人所得税。

**[例 10.1]** 张某是某保险公司营销员，2019 年 1—3 月，分别取得保险营销佣金收入 10 300 元、20 600 元、15 450 元，该保险公司接受税务机关委托代征税款，向个人保险代理人支付佣金费用后，代个人保险代理人统一向主管税务机关申请汇总代开增值税专用发票。假定小李每月应缴“三险一金”800 元，无专项附加扣除和其他扣除，附加税费征收率为 12%（7% +3% +2%）。保险公司该如何预扣预缴张某的个人所得税？

1 月份：

代征增值税 = 10 300 ÷（1 +3%）×3% = 300（元）

代征附加税费 = 300 ×12% = 36（元）

展业费用 =（10 300 - 300）×（1 - 20%）×25% = 2 000（元）

计税收入额 =（10 300 - 300）×（1 - 20%）- 2 000 - 36 = 5 964（元）

应预扣个人所得税额 =（5 964 - 5 000 - 800）×3% = 4.92（元）

2 月份：

应征增值税 = 20 600 ÷（1 + 3%）×3% = 600（元）

应征附加税费 = 600 × 12% = 72（元）

展业费用 =（20 600 - 600）×（1 - 20%）×25% = 4 000（元）

计税收入额 =（20 600 - 600）×（1 - 20%）- 4 000 - 72 = 11 928（元）

应预扣个人所得税 =［（5 964 + 11 928）- 2 × 5 000 - 2 × 800］×3% - 4.92
= 183.84（元）

3 月份：

应征增值税 = 15 450 ÷（1 + 3%）×3% = 450（元）

应征附加税费 = 450 × 12% = 54（元）

展业费用 =（15 450 - 450）×（1 - 20%）×25% = 3 000（元）

计税收入额 =（15 450 - 450）×（1 - 20%）- 3 000 - 54 = 8 946（元）

应预扣个人所得税 =［（5 964 + 11 928 + 8 946）- 3 × 5 000 - 3 × 800］×3% - 4.92 - 183.48
= 94.74（元）

### 10.3.16　创业投资企业和天使投资个人有关税收优惠政策

《财政部　税务总局关于创业投资企业和天使投资个人有关税收政策的通知》（财税〔2018〕55 号）规定，为进一步支持创业投资发展，就创业投资企业和天使投资个人有关税收政策问题通知如下：

1. 税收政策内容

（1）公司制创业投资企业采取股权投资方式直接投资于种子期、初创期科技型企业（以下简称“初创科技型企业”）满 2 年（24 个月，下同）的，可以按照投资额的 70% 在股权持有满 2 年的当年抵扣该公司制创业投资企业的应纳税所得额；当年不足抵扣的，可以在以后纳税年度结转抵扣。

**［例 10.2］** 甲投资公司 2017 年 5 月投资 1 000 万元到乙科技公司，2019 年甲投资公司企业所得税应纳税所得额是 2 000 万元。此时从 2017 年 5 月到 2018 年 5 月、2019 年 5 月，正好满 24 个月，于是甲公司 2019 年企业所得税应纳税所得额计算时，可以扣除掉原来投资到乙科技公司的 1 000 万元的 70%，即 700 万元。

甲投资公司 2019 年缴企业所得税 =（2 000 - 700）×25% = 325（万元）

（2）有限合伙制创业投资企业（以下简称“合伙创投企业”），采取股权投资方式直接投资于初创科技型企业满 2 年的，该合伙创投企业的合伙人分别按以下方式处理：

①法人合伙人可以按照对初创科技型企业投资额的 70% 抵扣法人合伙人从合伙创投企业分得的所得；当年不足抵扣的，可以在以后纳税年度结转抵扣。

**［例 10.3］** A 投资公司和张某个人成立了有限合伙创投企业甲，双方各出资 50%，同时约定按六四比例分成。2017 年 5 月甲投资 1 000 万元到 B 科技公司。此时，从 2017 年 5 月到 2018 年 5 月再到 2019 年 5 月，正好满 24 个月。然后在 2019 年 A 投资公司从合伙企业甲分回收益 600 万元，同时 A 投资公司其他利润是 2 000 万元。

此时，A 公司分回的 600 万元对应能抵扣的金额为 350 万元［1 000 ×50%（合伙人出资比例）×70%］。

也就是说，能抵扣 350 万元，余下的 250 万元（600 - 350）并入利润计算企业所得税为 562.5 万元［（2 000 +250）×25%］。

这里要注意，如果分回的不是 600 万元，而是 200 万元的时候，因为能抵扣的是 350 万元，大于分回的 200 万元，等于还有 150 万元没抵扣，这 150 万元只能放以后年度再从合伙企业甲分回的收益里抵扣，而不能在当年的 2 000 万元利润里抵扣。

②个人合伙人可以按照对初创科技型企业投资额的 70% 抵扣个人合伙人从合伙创投企业分得的经营所得；当年不足抵扣的，可以在以后纳税年度结转抵扣。

**［例 10.4］**A 投资公司和张某个人成立了有限合伙创投企业甲，双方各出资 50%，同时约定按六四比例分成。2017 年 5 月甲投资 1 000 万元到 B 科技公司，从 2017 年 5 月到 2018 年 5 月再到 2019 年 5 月，投资期满 24 个月。2019 年，张某个人从合伙企业甲分回收益 600 万元。

张某分回的 600 万元，对应的能抵扣的金额 =1 000 ×50% ×70% =350（万元）

也就是说，能抵扣 350 万元，余下的 250 万元（600 - 350）按合伙企业税法规定计算缴纳个人所得税。

同样的，如果分回是 200 万元，而能抵扣 350 万元，剩余 150 万元可以在以后年度再分回收益时抵扣。

（3）天使投资个人采取股权投资方式直接投资于初创科技型企业满 2 年的，可以按照投资额的 70% 抵扣转让该初创科技型企业股权取得的应纳税所得额；当期不足抵扣的，可以在以后取得转让该初创科技型企业股权的应纳税所得额时结转抵扣。

**［例 10.5］**张某是天使投资人，2017 年 5 月投资 1 000 万元到某科技公司，从 2017 年 5 月到 2018 年 5 月再到 2019 年 5 月，投资期正好满 24 个月，张某在 2019 年 5 月转让该股权，假如转让价是 2 000 万元，因为原来投资成本是 1 000 万元，所以正常要缴股权转让个税为 200 万元［（2 000 - 1 000）×20%］。

但因为张某是天使投资人，所以转让股权的收益 1 000 万元（2 000 - 1 000）还要再扣掉投资额的 70%，即 700 万元。最终，张某股权转让应缴个税为 60 万元［（2 000 - 1 000 - 700）×20%］。

天使投资个人投资多个初创科技型企业的，对其中办理注销清算的初创科技型企业，天使投资个人对其投资额的 70% 尚未抵扣完的，可自注销清算之日起 36 个月内抵扣天使投资个人转让其他初创科技型企业股权取得的应纳税所得额。

2. 相关政策条件

《财政部　税务总局关于创业投资企业和天使投资个人有关税收政策的通知》（财税〔2018〕55 号）中所称初创科技型企业，应同时符合以下条件：

①在中国境内（不包括港、澳、台地区）注册成立、实行查账征收的居民企业；

②接受投资时，从业人数不超过 200 人，其中具有大学本科以上学历的从业人数不低于 30%；资产总额和年销售收入均不超过 3 000 万元；

③接受投资时设立时间不超过 5 年（60 个月）；

④接受投资时以及接受投资后 2 年内未在境内外证券交易所上市；

⑤接受投资当年及下一纳税年度，研发费用总额占成本费用支出的比例不低于20%。

（2）享受财税〔2018〕55号文件规定税收政策的创业投资企业，应同时符合以下条件：

①在中国境内（不含港、澳、台地区）注册成立、实行查账征收的居民企业或合伙创投企业，且不属于被投资初创科技型企业的发起人；

②符合《创业投资企业管理暂行办法》（发展改革委等10部门令第39号）或者《私募投资基金监督管理暂行办法》（证监会令第105号）关于创业投资基金的特别规定，并按照上述规定完成备案且规范运作；

③投资后2年内，创业投资企业及其关联方持有被投资初创科技型企业的股权比例合计应低于50%。

（3）根据财税〔2018〕55号文件规定的税收政策的天使投资个人，应同时符合以下条件：

①不属于被投资初创科技型企业的发起人、雇员或其亲属（包括配偶、父母、子女、祖父母、外祖父母、孙子女、外孙子女、兄弟姐妹，下同），且与被投资初创科技型企业不存在劳务派遣等关系；

②投资后2年内，本人及其亲属持有被投资初创科技型企业股权比例合计应低于50%。

（4）根据财税〔2018〕55号文件规定的税收政策的投资，仅限于通过向被投资初创科技型企业直接支付现金方式取得的股权投资，不包括受让其他股东的存量股权。

3. 管理事项及管理要求

（1）财税〔2018〕55号文件中所称的研发费用口径，按照《财政部　国家税务总局科技部关于完善研究开发费用税前加计扣除政策的通知》（财税〔2015〕119号）等规定执行。

（2）财税〔2018〕55号文件中所称的从业人数，包括与企业建立劳动关系的职工人员及企业接受的劳务派遣人员。从业人数和资产总额指标，按照企业接受投资前连续12个月的平均数计算，不足12个月的，按实际月数平均计算。

财税〔2018〕55号文件中所称的销售收入，包括主营业务收入与其他业务收入；年销售收入指标，按照企业接受投资前连续12个月的累计数计算，不足12个月的，按实际月数累计计算。

其中成本费用，包括主营业务成本、其他业务成本、销售费用、管理费用、财务费用。

（3）财税〔2018〕55号文件中所称的资额，按照创业投资企业或天使投资个人对初创科技型企业的实缴投资额确定。

合伙创投企业的合伙人对初创科技型企业的投资额，按照合伙创投企业对初创科技型企业的实缴投资额和合伙协议约定的合伙人占合伙创投企业的出资比例计算确定。合伙人从合伙创投企业分得的所得，按照《财政部　国家税务总局关于合伙企业合伙人所得税问题的通知》（财税〔2008〕159号）规定计算。

（4）天使投资个人、公司制创业投资企业、合伙创投企业、合伙创投企业法人合伙人、被投资初创科技型企业应按规定办理优惠手续。

根据《国家税务总局关于发布修订后的〈企业所得税优惠政策事项办理办法〉的公告》（国家税务总局公告2018年第23号）规定创投优惠不需要备案。企业享受优惠事项采取

“自行判别、申报享受、相关资料留存备查”的办理方式。

（5）初创科技型企业接受天使投资个人投资满 2 年，在上海证券交易所、深圳证券交易所上市的，天使投资个人转让该企业股票时，按照现行限售股有关规定执行，其尚未抵扣的投资额，在税款清算时一并计算抵扣。

（6）享受财税〔2018〕55 号文件规定的税收政策的纳税人，其主管税务机关对被投资企业是否符合初创科技型企业条件有异议的，可以转请被投资企业主管税务机关提供相关材料。对纳税人提供虚假资料，违规享受税收政策的，应按税收征管法相关规定处理，并将其列入失信纳税人名单，按规定实施联合惩戒措施。

4. 执行时间

财税〔2018〕55 号文件规定的天使投资个人所得税政策自 2018 年 7 月 1 日起执行，其他各项政策自 2018 年 1 月 1 日起执行。执行日期前 2 年内发生的投资，在执行日期后投资满 2 年，且符合财税〔2018〕55 号文件规定的其他条件的，可以适用财税〔2018〕55 号文件规定的税收政策。

为贯彻落实《财政部　税务总局关于创业投资企业和天使投资个人有关税收政策的通知（财税〔2018〕55 号），对创业投资企业和天使投资个人税收政策有关问题补充如下：

（1）相关政策执行口径。

①财税〔2018〕55 号文件第一条所称满 2 年是指公司制创业投资企业（以下简称“公司制创投企业”）、有限合伙制创业投资企业（以下简称“合伙创投企业”）和天使投资个人投资于种子期、初创期科技型企业（以下简称“初创科技型企业”）的实缴投资满 2 年，投资时间从初创科技型企业接受投资并完成工商变更登记的日期算起。

②财税〔2018〕55 号文件第二条第（一）项所称研发费用总额占成本费用支出的比例，是指企业接受投资当年及下一纳税年度的研发费用总额合计占同期成本费用总额合计的比例。

③财税〔2018〕55 号文件第三条第（三）项所称出资比例，按投资满 2 年当年年末各合伙人对合伙创投企业的实缴出资额占所有合伙人全部实缴出资额的比例计算。

④财税〔2018〕55 号文件所称从业人数及资产总额指标，按照初创科技型企业接受投资前连续 12 个月的平均数计算，不足 12 个月的，按实际月数平均计算。具体计算公式如下：

月平均数 =（月初数 + 月末数）÷2

接受投资前连续 12 个月平均数 = 接受投资前连续 12 个月平均数之和 ÷12

⑤法人合伙人投资于多个符合条件的合伙创投企业，可合并计算其可抵扣的投资额和分得的所得。当年不足抵扣的，可结转以后纳税年度继续抵扣；当年抵扣后有结余的，应按照企业所得税法的规定计算缴纳企业所得税。

其中所称符合条件的合伙创投企业既包括符合财税〔2018〕55 号文件规定条件的合伙创投企业，也包括符合《国家税务总局关于有限合伙制创业投资企业法人合伙人企业所得税有关问题的公告》（国家税务总局公告 2015 年第 81 号）规定条件的合伙创投企业。

（2）办理程序和资料。

①企业所得税。

第一，公司制创投企业和合伙创投企业法人合伙人在年度申报享受优惠时，按照《国家税务总局关于发布修订后的〈企业所得税优惠政策事项办理办法〉的公告》（国家税务总局公告 2018 年第 23 号）的规定办理有关手续。

第二，合伙创投企业的法人合伙人符合享受优惠条件的，合伙创投企业应在投资初创科技型企业满2年的年度以及分配所得的年度终了后及时向法人合伙人提供《合伙创投企业法人合伙人所得分配情况明细表》。

②个人所得税。

第一，合伙创投企业个人合伙人。合伙创投企业的个人合伙人符合享受优惠条件的，合伙创投企业应在投资初创科技型企业满2年的年度终了后3个月内，向合伙创投企业主管税务机关办理备案手续，备案时应报送《合伙创投企业个人所得税投资抵扣备案表》，同时将有关资料留存备查（备查资料同公司制创投企业）。合伙企业多次投资同一初创科技型企业的，应按年度分别备案。

合伙创投企业应在投资初创科技型企业满2年后的每个年度终了后3个月内，向合伙创投企业主管税务机关报送《合伙创投企业个人所得税投资抵扣情况表》。

个人合伙人在个人所得税年度申报时，应将当年允许抵扣的投资额填至《个人所得税生产经营所得纳税申报表（B表）》“允许扣除的其他费用”栏，并同时标明“投资抵扣”字样。

第二，天使投资个人。

投资抵扣备案。天使投资个人应在投资初创科技型企业满24个月的次月15日内，与初创科技型企业共同向初创科技型企业主管税务机关办理备案手续。备案时应报送《天使投资个人所得税投资抵扣备案表》。被投资企业符合初创科技型企业条件的有关资料留存企业备查，备查资料包括初创科技型企业接受现金投资时的投资合同（协议）、章程、实际出资的相关证明材料，以及被投资企业符合初创科技型企业条件的有关资料。多次投资同一初创科技型企业的，应分次备案。

投资抵扣申报。天使投资个人转让未上市的初创科技型企业股权，按照财税〔2018〕55号文件规定享受投资抵扣税收优惠时，应于股权转让次月15日内，向主管税务机关报送《天使投资个人所得税投资抵扣情况表》。同时，天使投资个人还应一并提供投资初创科技型企业后税务机关受理的《天使投资个人所得税投资抵扣备案表》。

其中，天使投资个人转让初创科技型企业股权需同时抵扣前36个月内投资其他注销清算初创科技型企业尚未抵扣完毕的投资额的，申报时应一并提供注销清算企业主管税务机关受理并注明注销清算等情况的《天使投资个人所得税投资抵扣备案表》，以及前期享受投资抵扣政策后税务机关受理的《天使投资个人所得税投资抵扣情况表》。

接受投资的初创科技型企业，应在天使投资个人转让股权纳税申报时，向扣缴义务人提供相关信息。

天使投资个人投资初创科技型企业满足投资抵扣税收优惠条件后，初创科技型企业在上海证券交易所、深圳证券交易所上市的，天使投资个人在转让初创科技型企业股票时，有尚未抵扣完毕的投资额的，应向证券机构所在地主管税务机关办理限售股转让税款清算，抵扣尚未抵扣完毕的投资额。清算时，应提供投资初创科技型企业后税务机关受理的《天使投资个人所得税投资抵扣备案表》和《天使投资个人所得税投资抵扣情况表》。

第三，被投资企业发生个人股东变动或者个人股东所持股权变动的，应在次月15日内向主管税务机关报送含有股东变动信息的《个人所得税基础信息表（A表）》。对天使投资个人，应在备注栏标明“天使投资个人”字样。

第四，天使投资个人转让股权时，扣缴义务人、天使投资个人应将当年允许抵扣的投资额填至《扣缴个人所得税报告表》或《个人所得税自行纳税申报表（A 表）》“税前扣除项目”的“其他”栏，并同时标明“投资抵扣”字样。

第五，天使投资个人投资的初创科技型企业注销清算的，应及时持《天使投资个人所得税投资抵扣备案表》到主管税务机关办理情况登记。

（3）其他事项。

①税务机关在公司制创投企业、合伙创投企业合伙人享受优惠政策后续管理中，对初创科技型企业是否符合规定条件有异议的，可以转请初创科技型企业主管税务机关提供相关资料，主管税务机关应积极配合。

②创业投资企业、合伙创投企业合伙人、天使投资个人、初创科技型企业提供虚假情况、故意隐瞒已投资抵扣情况或采取其他手段骗取投资抵扣，不缴或者少缴应纳税款的，按税收征管法有关规定处理。

（4）施行时间。天使投资个人所得税有关规定自 2018 年 7 月 1 日起施行，其他所得税规定自 2018 年 1 月 1 日起施行。施行日期前 2 年内发生的投资，适用财税〔2018〕55 号文件规定的税收政策的，按上文规定执行。

《国家税务总局关于创业投资企业和天使投资个人税收试点政策有关问题的公告》（国家税务总局公告 2017 年第 20 号）自 2018 年 7 月 1 日起废止，符合试点政策条件的投资额可按本公告规定继续办理抵扣。

## 10.4　利用税收优惠政策的不合规操作及风险规避

### 10.4.1　限制性股票的涉税风险分析及税收筹划风险规避

整个股权激励方案中，需要缴纳的只有个税。每个阶段的涉税风险分析分别列示如下：

1. 每一批次限制性股票解禁时，按照“工资、薪金所得”项目缴纳个人所得税

假设授予公司高管王某限制性股票 21 万股，2016 年、2017 年、2018 年分别等额解锁，每年解锁 7 万股，限制性股票在证券交易所登记日当天收盘价 13 元，解禁日股票当天收盘价 20 元，则每年缴纳个税 17.40 万元，2016—2017 共计缴税 52.20 万元。以表 10.2 分别列示王某被授予 12 万股、15 万股、18 万股、21 万股交税情况。

**表 10.2　股票授予时所缴个税**

| 授予限制性股票股数（万股） | 每批解锁限制性股票数（万股） | 应纳税所得额（万元） | 适用税率 | 速扣数（万元） | 每批代扣代缴个税（万元） | 3 年总共代扣代缴个税（万元） |
|---|---|---|---|---|---|---|
| 21 | 7 | 68.60 | 0.35 | 0.5505 | 17.40 | 52.21 |
| 18 | 6 | 58.80 | 0.30 | 0.2755 | 14.33 | 43.00 |
| 15 | 5 | 49.00 | 0.30 | 0.2755 | 11.39 | 34.18 |
| 12 | 4 | 39.20 | 0.25 | 0.1005 | 8.59 | 25.78 |

2. 持有期间，股息红利分红免征个人所得税

因从2015年9月8日起，持股期限超过1年的，股息红利所得暂免征收个人所得税（因有禁售期的限制，所以免股息红利个税）。

3. 行权后的股票再行转让所得，暂不征收个人所得税税收筹划

减少限制性股票上交个税方法：一是通过合理的模型预测筹划，尽量选择股价比较低时，限制性股票在证交所登记和解锁。二是关注工薪个税的七级累进税率，使应纳税所得额尽量控制在低税率级距下。三是采用不同的纳税年度分别解锁的方式。四是对纳税金额比较大，经主管税务机关审核，可自其股票期权行权之日起，最多6个月内分期缴纳个人所得税；提高限制性股票转让收益：因转让股票时不用交税，所以在解锁后符合转让条件时，尽量在股价高的时候卖出股票。

限制性股票是一种有效的中长期股权激励方式，但是股权激励方式应综合统筹，实现公司利益、原股东收益及被授权对象收益最大化，才是股权激励的最本质的意义所在。

### 10.4.2 非货币性资产投资个税优惠政策的风险规避

1. 非货币性资产转让收入确认的时间

在国家大力倡导大众创业的背景下，经济升级转型、上市公司产业并购重组风起云涌之时，《财政部 国家税务总局关于个人非货币性资产投资有关个人所得税政策的通知》（财税〔2015〕41号）顺势出台。该文件规定，个人以非货币性资产投资应缴纳的个人所得税，如果一次性缴税有困难的，可合理确定分期缴税计划并报税务主管机关备案后，自发生上述应税行为之日在不超过5个公历年度内（含）分期缴纳个人所得税。如果纳税人选择在5个公历年度内分摊纳税义务，期间没有取得任何现金补价或转让股权的现金收入，则可选择按直线法分摊。

财税〔2015〕41号文第二条第二款规定，个人以非货币性资产投资，应于非货币性资产转让、取得被投资企业股权时，确认非货币性资产转让收入的实现。《财政部 国家税务总局关于非货币性资产投资企业所得税政策问题的通知》（财税〔2014〕116号）第二条第二款规定，企业以非货币性资产对外投资，应于投资协议生效并办理股权登记手续时，确认非货币性资产转让收入的实现。财税〔2015〕41号文与财税〔2014〕116号文采用了同样的规定，确认了非货币性资产转让收入的时点，但表述有差异，其非货币性资产转让收入确认的时间也不同。

2. 案例分析

**[例10.6]** 甲公司成立于2013年3月，由张某和A公司共同出资建立。2014年9月1日，张某与A公司签订并于同日生效的投资协议，以自有的评估价为500万元的房屋出资（评估增值300万元），并取得甲公司500万元的股权；A公司以机器设备600万元、现金100万元出资，并于当日将机器设备交付甲公司使用，获得甲公司700万元的股权；同日，甲公司变更了股东名册和公司章程。但由于张某的房屋至2015年4月1日才办理过户手续，甲公司也于同日到工商部门办理了变更工商登记手续，并被工商部门处以2万元的罚款（只考虑所得税，其他税费不考虑）。

**[分析]** 张某：2014年9月1日，张某签订了生效的投资协议，按照财税〔2015〕41号文的规定，张某应于2014年9月1日确认非货币性资产转让收入实现，即2014年9月1

日实现了纳税义务，其房屋增值的 300 万元应缴纳的个人所得税，可以在 5 个公历年度分期缴纳。

A 公司：A 公司虽然在 2014 年 9 月 1 日签订了生效的投资协议，但由于至 2015 年 4 月 1 日才办完股权登记手续，根据财税〔2014〕116 号文的规定，A 公司 2014 年不确认收入，应于 2015 年 4 月确认非货币性资产转让收入实现。

甲公司：根据 2014 年 2 月 19 日修订的《公司登记管理条例》第三十一条规定，公司增加注册资本的，应当自变更决议或者决定做出之日起 30 日内申请变更登记。第六十九条规定，公司登记事项发生变更时，未依照本条例规定办理有关变更登记的，由公司登记机关责令限期登记；逾期不登记的，处以 1 万元以上 10 万元以下的罚款。其中，变更经营范围涉及法律、行政法规或者国务院决定规定须经批准的项目而未取得批准，擅自从事相关经营活动，情节严重的，吊销营业执照。甲公司未在注册资本变更决议或者决定做出之日起 30 日内申请变更登记，被工商部门处以 2 万元的罚款，不得在企业所得税前扣除。

从以上案例可以看出，根据财税〔2014〕116 号文规定的非货币资产转让收入确认时间的处理不恰当，不如财税〔2015〕41 号文的符合法规。

3. 非货币性资产投资如何计算应分期缴纳的税款

如果纳税人以非货币性资产投资交易过程中取得现金补价，或分期缴税期间转让其持有的因非货币性资产投资而取得的全部或部分股权而取得现金收入，按照财税〔2015〕41 号文第四条规定，现金收入应优先用于缴纳尚未缴清的税款，因此当期取得的现金补价或现金收入如果高于按直线法计算的分摊额，应先按当期取得的现金补价缴税，剩余纳税义务在剩余年度重新分摊。

如果当期取得的现金补价低于按直线法计算的分摊额，则不影响各期缴纳税款的计算。

情形一：非货币性资产投资过程中取得现金补价的，还能分期缴纳税款吗？个人以非货币性资产投资取得现金补价的，现金部分足以缴税的，税款应一次结清；现金不足以全部缴清税款的，不足部分可以分期缴纳。

投资人在发生纳税义务的当年取得一次性现金补价或现金收入，例如 C 纳税人在 2015 年因某项非货币性资产投资发生纳税义务 100 万元，当年取得现金补价 40 万元，应优先缴纳 2015 年税款，不足部分可以分期缴纳。未履行纳税义务在剩余期间按期分摊，2016 年—2019 年应缴税款为 15 万元/年［（100－40）÷4］。

情形二：在发生纳税义务当年之后，分期缴纳税款期间取得一次性现金补价或现金收入，则应当在收到现金的当期缴纳税款，剩余部分在剩余期间分摊。例如，C 纳税人 2015 年因某项非货币性资产投资发生纳税义务 100 万元，在 2017 年处置投资取得的部分股权，取得现金收入 40 万元，则 2015 年和 2016 年根据直线法计算，每年缴纳税款 20 万元，2017 年应缴纳 40 万元，则剩余 2 个年度应缴税款为 10 万元/年［（100－20×2－40）÷2］。

情形三：在分期缴纳税款期间，分多次取得现金补价或现金收入。则处理方式与情形二相同，但是可能需要多次在剩余期间重新分摊。例如，C 纳税人在 2015 年因某项非货币性资产投资发生纳税义务 100 万元，2015 年取得现金补价 25 万元，2017 年处置投资取得的部分股权现金收入 25 万元，则 2015 年缴纳税款 25 万元后，剩余 4 个年度应缴税款为 18.75 万元/年［（100－25）÷4］。

2017 年缴纳税款 25 万元后，剩余 2 个年度应缴税款为 15.625 万元［（100－25－18.75－

25）÷2]。

另外，如果纳税人在某一年度取得的现金补价或现金收入少于按直线法分摊该年度应缴税款，则对本年度和剩余年度缴纳的税款不产生影响。例如，C纳税人在2015年因某项非货币性资产投资发生纳税义务100万元，在2015年、2016年和2017年分别取得处置投资的部分股权现金收入30万元、10万元、10万元，由于第一年取得现金收入大于按直线法分摊的应缴税款20万元/年，纳税人应缴纳税款30万元，则重新按照直线法计算剩余4个年度应缴税款为17.5万元/年［（100－30）÷4］，大于2016年和2017年取得的现金收入10万元，因此不影响当期纳税义务。

4. 纳税人办理分期缴税需要哪些手续？

纳税人办理分期缴税时，根据自身情况自行制定分期缴税计划，填写《国家税务总局关于个人非货币性资产投资有关个人所得税征管问题的公告》（以下简称“公告”）附件所列《非货币性资产投资分期缴纳个人所得税备案表》，并在取得被投资企业股权之日的次月15日内，到主管税务机关办理备案。备案时，须同时报送备案表、纳税人身份证明、投资协议、非货币性资产评估价格证明材料、能够证明非货币性资产原值及合理税费的相关资料等。2015年4月1日之前发生的非货币性资产投资，期限未超过5年，尚未进行税收处理且需要分期缴纳个人所得税的，纳税人应于“公告”下发之日起30日内向主管税务机关办理分期缴税备案手续。纳税人分期缴税期间需要变更原分期缴税计划的，应重新制定分期缴税计划并向主管税务机关重新报送备案表。

例如，F纳税人于2015年4月以其一处252平方米的房屋经评估作价492万元投资入股一家餐饮企业，房屋购进原值为185万元，合理税费为7万元。据此，根据《财政部　国家税务总局关于个人非货币性资产投资有关个人所得税政策的通知》（财税〔2015〕41号）的规定，F纳税人应缴纳的个人所得税为60万元［（492－185－7）×20%］。F纳税人一次性拿出这么多资金确实比较困难。为此，F纳税人应在发生上述应税行为（取得被投资企业股权之日）的次月15日内，到主管税务机关办理备案申报纳税，60万元的税款可以在不超过5个公历年度内（含）分期缴纳个人所得税。

5. 个人投资者需注意几点事项

一是申报缴纳个税的主体。非货币性资产投资个人所得税由纳税人向主管税务机关自行申报缴纳。二是主管税务机关的确定。非货币性资产的具体形式不同，主管税务机关不同：纳税人以不动产投资的，以不动产所在地的税务机关为主管税务机关；纳税人以其持有的企业股权对外投资的，以该企业所在地税务机关为主管税务机关；纳税人以其他非货币资产投资的，以被投资企业所在地税务机关为主管税务机关。三是分清非货币性资产原值及合理税费。非货币性资产原值以历史成本确认。纳税人不能提供相关证明资料，不能准确计算原值的，主管税务机关可依法核定。合理税费是指非货币性资产投资过程中发生的与非货币性资产转移相关的税金及有关合理费用。允许扣除的税费必须与非货币性资产投资相关，且具有合理性。此外，对以股权投资的情形，股权原值的确认等问题按照股权转让个人所得税的有关规定处理。四是注意优先缴纳非货币性资产投资个人所得税的规定。个人以非货币性资产投资交易过程中取得现金补价的，现金部分应优先用于缴税；现金不足以缴纳的部分，可分期缴纳。个人在分期缴税期间转让其持有的上述全部或部分股权，并取得现金收入的，该现金收入应优先用于缴纳尚未缴清的税款。

### 10.4.3 关于个税优惠政策的税收稽查的主要风险规避

对于企业来说，其所面临的个人所得税稽查的主要风险点集中在多个方面，如为职工发放的津贴、补贴、实物福利等未扣缴个人所得税；长期大量员工零申报；未按规定缴纳社保；各类公务津贴未正确申报个税；临时工、季节工等特殊形式用工未正确扣缴个税；股东、个人投资者从企业的借款未扣缴个人所得税等。具体来看，主要包括以下几点：

1. 未正确区分职工免税福利，导致少扣缴个人所得税

《个人所得税法》规定：工资、薪金所得是指个人因任职受雇而取得的工资、薪金、奖金、年终加薪、劳动分红、津贴、补贴以及与任职受雇相关的其他所得。因此，工资、薪金所得的计税范围涵盖了从任职受雇单位取得的各类收入，税法规定的减免税收入除外。《国家税务总局关于企业工资薪金及职工福利费扣除问题的通知》（国税函〔2009〕3 号）明确规定了可在企业所得税前列支的职工福利费范围，同时也列明了职工福利费中不属于免征个人所得税范围，需要并入工资、薪金所得的福利费内容（见表 10.3）。

**表 10.3　职工福利费范围及个人所得税处理**

<table>
<tr><th colspan="2">职工福利范围</th><th>个人所得税处理</th></tr>
<tr><td colspan="2">尚未实行分离办社会职能的企业，其内设福利部门，如食堂、浴室等集体福利部门的设备、设施及维修保养费用及相关工作人员的工资薪金、社会保险费、住房公积金、劳务费等</td><td>并入工资、薪金所得扣缴个人所得税</td></tr>
<tr><td rowspan="2">为职工卫生保健、生活、住房、交通等所发放的各项补贴和非货币性福利</td><td>供暖费、职工防暑降温费、食堂经费补贴、交通补贴等人人有份的补贴</td><td>并入工资、薪金所得扣缴个人所得税</td></tr>
<tr><td>因公外地就医费用、未实行医疗统筹企业职工医疗费用、救济费、丧葬补助费、抚恤费、安家费、探亲假路费等</td><td>属于免征个人所得税的福利</td></tr>
</table>

注：根据《国家税务总局关于企业工资薪金及职工福利费扣除问题的通知》（国税函〔2009〕3 号）整理。

另外，超出国家规定的比例或基数计提的福利费，工会经费中支付给个人的各种人人有份的补贴补助，单位为个人购买汽车、住房、电子计算机等不属于临时性生活困难补助性质的支出，都不属于免税福利的范畴，需要并入工资薪金所得，扣缴个人所得税。

2. 各类与公务相关的补贴未正确申报个人所得税

与公务活动相关的补贴包括差旅津贴、误餐补助、公务用车补贴、通信费补贴等。差旅津贴是指员工因公出差，单位给予的差旅费津贴。企业发放的差旅费津贴，如果不超过各地财政部门制定的《党政机关和事业单位差旅费管理办法》（以下简称“办法”）规定的标准，不征收个人所得税。

按照“办法”规定，城市间交通费需要按照行政职级乘坐对应交通工具，凭发票报销；住宿费需要在职务级别对应的住宿费标准限额内，凭发票报销；伙食补助由省、自治区、直辖市参照所在市公务接待工作餐、会议用餐等标准确定，按出差自然（日历）天数计算；市内交通费每人每天包干 80 元。

误餐补助是指按财政部门规定，个人因公在城区、郊区工作，不能在工作单位或返回就餐，确实需要在外就餐的，根据实际误餐顿数，按规定的标准领取的误餐费。在实务中，如

果是单位以误餐补助的名义发给全体员工的用餐补贴，应当并入工资薪金所得计征个人所得税。因公务用车和通信制度改革，个人取得的公务交通、通信费补贴收入，扣除一定标准的公务费用后，需要并入当月工资、薪金所得计征个人所得税。

3. 个人所得税稽查风险防范的相关措施

进入税收大数据时代后，个人所得税信息全面纳入监管范畴。随着纳税信用体系的建立，失信惩戒力度的不断升级，纳税人要从全局性、战略性的高度，在人力资源管理、激励制度设计中有效利用税收政策，做好企业税务管理及筹划，防范个人所得税稽查风险。

在人力资源管理中，允许企业所得税前扣除的人工成本包括员工工资、职工福利费、工会经费、“五险一金”社会保障缴费、补充养老保险、补充医疗保险等。这些费用是否应并入工资薪金所得计征个人所得税，需要谨慎考虑，依法依规办理。比如，通过工会经费开支的人人有份的实物福利等需要并入工资薪金所得扣缴个人所得税。为职工支付的企业年金、商业健康保险要注意个人所得税前扣除的标准以及企业所得税前扣除的限制。特别需要注意的是：社保缴费由税务部门负责征收后，个人所得税工资薪金所得计税依据与社保缴费人数、缴费基数要保持一致。

在销售管理中，企业将自产或外购的商品用于职工福利、在业务宣传、广告、年会、座谈会、庆典等活动中，随机向本单位以外的个人赠送礼品，对累积消费达到一定额度的顾客，给予额外抽奖机会等情形，应当按照视同销售进行增值税处理的同时代扣代缴个人所得税。在激励制度设计中，给予员工的各类奖励、津贴，给予营销人员的业绩奖励，给予股东、个人投资者的股权奖励，给股东配车、购买住房等奖励，要注意按照税法规定代扣代缴个人所得税。

财政部、国家税务总局等出台了一系列针对残疾人、退役士兵、军转干部、大学毕业生等特殊群体或重点群体创业就业的税收优惠政策。企业在聘用员工时应当充分利用政策，节约人力成本。企业聘用残疾人可以享受支付的残疾人工资 100% 所得税前加计扣除的优惠，残疾人个人取得的工资薪金、劳务报酬、稿酬及特许权使用费所得，均可以享受个人所得税应纳税额减征 50% 的优惠。商贸企业、服务型企业、劳动就业服务企业中的加工型企业等三类小型企业实体，吸纳失业半年以上且持《就业创业证》或 2015 年 1 月 27 日前取得的《就业失业登记证》人员，3 年内按实际招用人数予以定额依次扣减增值税、城市维护建设税、教育费附加、地方教育附加和企业所得税优惠。定额标准为每人每年 4 000 元，最高可上浮 30%。

## 10.5 法规沿革及风险关注要点

### 10.5.1 向员工发放用餐费是否需要扣缴个税？

1. 不需要扣缴个人所得税的情形

（1）员工因公在城区、郊区工作，不能在工作单位或返回就餐，根据实际误餐顿数，按规定标准领取的误餐费，不扣缴个人所得税；

（2）员工出差发生的餐费、工作餐，在标准内领取差旅费补贴，不扣缴个人所得税。

2. 需要扣缴个人所得税的情形

直接给员工发放伙食补贴，除误餐补助属于免税情形外，应按工资薪金所得计算缴纳个人所得税。

### 10.5.2　企业组织旅游是否需要扣缴个税？

《财政部　国家税务总局关于企业以免费旅游方式提供对营销人员个人奖励有关个人所得税政策的通知》（财税〔2004〕11 号）规定：

对商品营销活动中，企业和单位对营销业绩突出人员以培训班、研讨会、工作考察等名义组织旅游活动，通过免收差旅费、旅游费对个人实行的包括实物和有价证券等在内的营销业绩奖励，应根据所发生的费用全额计入营销人员应税所得，依法征收个人所得税，并由提供上述费用的企业和单位代扣代缴。

其中，对企业雇员享受的此类奖励，应与当期的工资薪金合并，按照工资、薪金所得项目征收个人所得税；对其他人员享受的此类奖励，应作为当期的劳务收入，按照劳务报酬所得项目征收个人所得税。

### 10.5.3　向员工发放通信费是否需要扣缴个税？

1. 不需要扣缴个人所得税的情形

（1）手机由公司购买，员工使用手机产生的通信费由公司承担，发票开给公司，不需扣缴个人所得税；

（2）员工个人手机用于公司经营业务，凭发票报销通信费，标准内不需扣缴个人所得税，超标准部分并入工资薪金所得，扣缴个人所得税。

2. 需要扣缴个人所得税的情形

现金发放通信补贴，应并入工资薪金所得，扣缴个人所得税。

### 10.5.4　为员工提供住房补贴是否需要扣缴个税？

以现金形式发放住房补贴，需并入工资薪金所得，扣缴个人所得税。

### 10.5.5　向员工发放交通费是否需要扣缴个税？

1. 不需要扣缴个人所得税的情形

（1）企业配备车辆接送员工上下班，不需扣缴个人所得税；

（2）给员工发放交通补贴，标准内不需扣缴个人所得税，超过标准的并入工资薪金所得，扣缴个人所得税。

2. 需要扣缴个人所得税的情形

员工私人车辆用于公司经营活动，没有签订租车合同或协议，直接报销相关费用，应并入工资薪金所得，扣缴个人所得税。

### 10.5.6　发放劳保用品是否需要缴纳个人所得税？

1. 不需要扣缴个人所得税的情形

个人因工作需要，从单位取得并实际属于工作条件的劳保用品，不属于个人所得，不扣缴个人所得税。

2. 需要扣缴个人所得税的情形

企业以“劳动保护”名义向职工发放的实物以及货币性资金，应当并入当月工资、薪金，扣缴个人所得税。

### 10.5.7 向员工发放实物、购物卡等是否需要扣缴个税？

发放给员工实物、购物卡等福利，应并入工资薪金所得，扣缴个人所得税。

### 10.5.8 为企业股东报销费用是否需要扣缴个税？

为企业股东报销其购买私人用品所产生的费用，应按股息红利所得扣缴股东个人所得税。

### 10.5.9 解除劳动关系补偿金是否需要扣缴个税？

问：B公司员工张某，与B公司解除劳动关系，B公司根据相关法律支付了补偿金，那么B公司为张某支付的解除劳动关系补偿金是否需要扣缴个人所得税？

对于个人因解除劳动合同而取得一次性经济补偿收入，应按“工资、薪金所得”项目计征个人所得税。《国家税务总局关于个人因解除劳动合同取得经济补偿金征收个人所得税问题的通知》（国税发〔1999〕178号）规定，对于个人取得的一次性经济补偿收入，可视为一次取得数月的工资、薪金收入，允许在一定期限内进行平均。

并非全部补偿金都需扣缴个税，有三个减除项：

《财政部 国家税务总局关于个人与用人单位解除劳动关系取得的一次性补偿收入征免个人所得税问题的通知》（财税〔2001〕157号）中规定了三个减除项：

个人因与用人单位解除劳动关系而取得的一次性补偿收入，其收入在当地上年职工平均工资3倍数额以内的部分，免征个人所得税；超过的部分按照国税发〔1999〕178号文件的有关规定，计算征收个人所得税。

个人领取一次性补偿收入时，按照国家和地方政府规定的比例实际缴纳的住房公积金、医疗保险费、基本养老保险费、失业保险费，可以在计征其一次性补偿收入的个人所得税时予以扣除。

企业依照国家有关法律规定宣告破产，企业职工从该破产企业取得的一次性安置费收入，免征个人所得税。

### 10.5.10 人出租住房如何缴纳个人所得税？

《财政部 国家税务总局关于营改增后契税 房产税 土地增值税个人所得税计税依据问题的通知》（财税〔2016〕43号）第四条规定，个人出租房屋的个人所得税应税收入不含增值税，计算房屋出租所得可扣除的税费不包括本次出租缴纳的增值税。个人转租房屋的，其向房屋出租方支付的租金及增值税额，在计算转租所得时予以扣除。

第五条规定，免征增值税的，确定计税依据时，成交价格、租金收入、转让房地产取得的收入不扣减增值税额。

第六条规定，在计征上述税种时，税务机关核定的计税价格或收入不含增值税。

根据《财政部　国家税务总局关于调整住房租赁市场税收政策的通知》（财税〔2000〕125号）规定："三、对个人出租房屋取得的所得暂减按10%的税率征收个人所得税。"

### 10.5.11　外籍个人在中国境内工作超过183天，是否要缴纳个人所得税？

外籍个人在中国境内工作超过183天，属于居民个人，按照税法相关规定，缴纳个人所得税。

# 第 11 章　境外已纳税抵免办理实务及风险防范

## 11.1　境外已纳税额的抵免

### 11.1.1　缓解和消除国际重复征税的方法

1. 国际重复征税基本概论

国际重复征税是指两个或两个以上国家对同一跨国纳税人或不同跨国纳税人的同一跨国所得或税源征收相同或类似的税收。国际重复征税问题是国际经济领域中跨国投资者和各国政府所共同关心的问题，也是国际税法的核心问题。国际税法的许多规范，都是为了解决国际重复征税现象。国际重复征税的表现形式有以下四点：

（1）居民税收管辖权之间的冲突。即鉴于各国对居民身份的认定标准不同，导致跨国纳税人在两国均有居民身份，而两国均按居民税收管辖权对同一纳税人的征税对象征税而引起的冲突。

（2）居民税收管辖权和收入来源地管辖权之间的冲突。即一国按居民税收管辖权而另一国按收入来源管辖权，对同一纳税人所得重复征税而引起的冲突。

（3）收入来源地国税收管辖权之间的冲突。这种冲突则是由于各国对所得来源地的认定不同所致。

（4）居民税收管辖权与公民税收管辖权的冲突。居民和公民有一定的差异，当不同国家分别采用居民税收管辖权和公民税收管辖权时，就会产生国际重复征税。国际重复征税具有严重的消极影响，主要表现在以下几个方面：加重了跨国纳税人的税收负担，影响投资者对外投资的积极性；违背了税收公平原则；阻碍了国际经济合作与发展；影响了有关国家之间的财权利益关系。

2. 减除国际重复征税的方法

（1）对法律性重复征税的解决方法主要有：

①免税法，又称豁免法，是指一国政府单方面放弃对本国纳税人（就属人管辖权而言）国外所得的征税权力，以消除国际重复征税的方法。

②扣除法，是指居住国对居民纳税人征收所得税时，允许该居民将其在境外已缴纳的税款作为费用从应税所得中扣除，扣除后的余额按相应的税率纳税。

③抵免法，是指一国政府在优先承认其他国家的地域税收管辖权的前提下，在对本国纳税人来源于国外的所得征税时，以本国纳税人在国外缴纳税款冲抵本国税款的方法。目前世界各国普遍采用此种方法。比较而言，免税法对企业来源于境外的所得完全免税，能够较为彻底地消除国际间重复征税，但意味着企业所在国放弃了征税权，不利于保护企业所在国的税收利益，目前世界上已很少采取此种方法。扣除法是将企业来源于境外的所得已在境外缴纳的所得税税款作为一项费用，可以在计算企业来源于境内外的应纳税所得额时予以扣除，这种方法虽然能够保证企业所在国的税收利益，但消除重复征税的力度相对较小。

因此，相比较之下，抵免法的优越性显而易见：一是能较为彻底地消除国际重复征税，使投资者向国外投资与向国内投资的税收负担大致相等，有利于促进国际投资和各国对外经济关系的发展；二是既避免了对同一笔所得的双重征税，又在一定程度上防止了国际逃税和避税，保证了对一笔所得必征一次税；三是体现了公平税负的原则，有利于维护各国的税收管辖权和税收利益。

（2）对经济性国际重复征税的解决方法主要有：

①减除母子公司重复征税：第一，对来自国外的股息减免所得税；第二，母、子公司合并报税；第三，实行间接抵免。这是解决国际重复征税的最重要措施之一，这种方法将母公司所收股息上承担的子公司所在国税款通过一定公式还原出来，然后用还原出来的税款与股息之和作为税基乘以母公司所在国所得税税率，作为母公司所在国给予母公司的间接抵免额。

②对于公司所得税与股东个人所得税重复征税的减除方法有：公司层可以采取股息减除法，双税率制。股东个人可以采取归集抵免制和分类课税制。

### 11.1.2 境内外所得的合并与单独计税

1. 境内外所得的计税方法差异分析

（1）税改前居民个人境内外所得的计税方法。2018 年 12 月 31 日以前，2011 年版《个人所得税法实施条例》第三十一条规定：“在中国境内有住所，或者无住所而在境内居住满一年的个人，从中国境内和境外取得的所得，应当分别计算应纳税额。”

（2）税改后境内外所得的计税方法。自 2019 年 1 月 1 日起，2018 年版《个人所得税法实施条例》第二十条规定：居民个人从中国境内和境外取得的综合所得、经营所得，应当分别合并计算应纳税额；从中国境内和境外取得的其他所得，应当分别单独计算应纳税额。

（3）差异分析。与 2011 年版《个人所得税法实施条例》相关规定相比，新税法改变了计税方法，将居民个人取得的综合所得或经营所得，合并境内和境外所得计算应纳税额。

2. 两个以上个人共同取得同一项所得的处理方法

根据 2018 年版《个人所得税法实施条例》第十八条的规定，两个以上的个人共同取得同一项目收入的，应当对每个人取得的收入分别按照个人所得税法的规定计算纳税。

对该项内容，2011 年版《个人所得税法实施条例》第二十三条规定为：两个或者两个以上的个人共同取得同一项目收入的，应当对每个人取得的收入分别按照税法规定减除费用后计算纳税。比较之下，两者的表述略有不同。

### 11.1.3 境外已纳税额的抵免

1. 法规概况

根据2018年版《个人所得税法》第七条的规定，居民个人从中国境外取得的所得，可以从其应纳税额中抵免已在境外缴纳的个人所得税税额，但抵免额不得超过该纳税人境外所得依照该法规定计算的应纳税额。本书对这条规定做如下解释：

（1）税法所说的“已在境外缴纳的个人所得税税额”，是指居民个人来源于中国境外的所得，依照该所得来源国家（地区）的法律应当缴纳并且实际已经缴纳的所得税税额。

（2）税法所说的“依照该法规定计算的应纳税额”，是居民个人抵免已在境外缴纳的综合所得、经营所得以及其他所得的所得税税额的限额（以下简称“抵免限额”）。除国务院财政、税务主管部门另有规定外，来源于中国境外一个国家（地区）的综合所得抵免限额、经营所得抵免限额以及其他所得抵免限额之和，为来源于该国家（地区）所得的抵免限额。

（3）居民个人依照税法的规定申请抵免已在境外缴纳的个人所得税税额时，应当提供境外税务机关出具的税款所属年度的有关纳税凭证。

（4）与2011年版《个人所得税法》的相关规定对比差异分析：

①境外所得抵免差异分析：将“纳税义务人”修改为“居民个人”，将“准予”抵免修改为“可以”抵免。

②已在境外缴纳的个人所得税税额差异分析：将“纳税义务人从中国境外取得的所得”修改为“居民个人来源于中国境外的所得”；将“税额”修改为“所得税税额”。

2. 境外所得税抵免规定的适用范围

（1）纳税人的范围。在中国境内有住所，或者无住所而一个纳税年度内在中国境内居住累计满183天的个人，为居民个人。居民个人从中国境内和境外取得的所得，依照2018年版《个人所得税法》规定缴纳个人所得税。

在中国境内无住所又不居住，或者无住所而一个纳税年度内在中国境内居住累计不满183天的个人，为非居民个人。非居民个人从中国境内取得的所得，依照2018年版《个人所得税法》规定缴纳个人所得税。

纳税年度，自公历1月1日起至12月31日止。

（2）境外所得的范围。

①下列各项个人所得，应当缴纳个人所得税：

工资、薪金所得；劳务报酬所得；稿酬所得；特许权使用费所得；经营所得；利息、股息、红利所得；财产租赁所得；财产转让所得；偶然所得。

居民个人取得前面四项所得（以下称“综合所得”），按纳税年度合并计算个人所得税；非居民个人取得前面四项所得，按月或者按次分项计算个人所得税。纳税人取得后五项所得，依照规定分别计算个人所得税。

自2019年1月1日起，根据2018年版《个人所得税法实施条例》第二十条的规定，居民个人从中国境外取得的综合所得、经营所得，应当分别合并计算应纳税额；从中国境内和境外取得的其他所得，应当分别单独计算应纳税额。与2011年版《个人所得税法实施条例》相比，将境内境外分别计税改为合并计税。

②下列所得，无论支付地点是否在我国境外，均为来源于我国的境外所得：

因任职、受雇、履约等在我国境外提供劳务取得的所得。

将财产出租给承租人在我国境外使用而取得的所得。

转让我国境外的建筑物、土地使用权等财产或者在我国境外转让其他财产取得的所得。

许可各种特许权在我国境外使用而取得的所得。

从我国境外的公司、企业以及其他经济组织或者个人取得的利息、股息、红利所得。

③根据 2018 年版《个人所得税法实施条例》第十八条的规定，两个以上的个人共同取得同一项目收入的，应当对每个人取得的收入分别按照个人所得税法的规定计算纳税。

2011 年《个人所得税法实施条例》的相关规定为：两个或者两个以上的个人共同取得同一项目收入的，应当对每个人取得的收入分别按照税法规定减除费用后计算纳税。

3. 境外所得税抵免的计算

（1）避免国际间重复征税的原理。在我国负有纳税义务的个人，包括我国公民和外国公民，从境外取得收入，一般都按取得地税法规定缴纳了个人所得税。可是按我国税法规定，这些收入在我国也应缴纳个人所得税，这就会出现重复征税的问题。

自 2019 年 1 月 1 日起，根据 2018 年版《个人所得税法实施条例》第二十一条第三款的规定，居民个人在中国境外一个国家（地区）实际已经缴纳的个人所得税税额，低于依照税法规定计算出的来源于该国家（地区）所得的抵免限额的，应当在中国缴纳差额部分的税款；超过来源于该国家（地区）所得的抵免限额的，其超过部分不得在本纳税年度的应纳税额中扣除，但是可以在以后纳税年度的该国家（地区）所得的抵免限额的余额中补扣，补扣期限最长不得超过 5 年。

（2）实际抵免的境外税款。自 2019 年 1 月 1 日起，根据 2018 年版《个人所得税法实施条例》第二十一条第二款的规定，《个人所得税法》第七条所称纳税人境外所得依照该法规定计算的应纳税额，是居民个人抵免已在境外缴纳的综合所得、经营所得以及其他所得的所得税税额的限额。除国务院财政、税务主管部门另有规定外，来源于中国境外一个国家（地区）的综合所得抵免限额、经营所得抵免限额以及其他所得抵免限额之和，为来源于该国家（地区）所得的抵免限额。其计算公式为：

①综合所得抵免限额：来源于某国（地区）综合所得的抵免限额 = 中国境内、境外综合所得依照规定计算的综合所得应纳税总额 × 来源于某国（地区）的综合所得收入额 ÷ 中国境内、境外综合所得收入总额

②经营所得抵免限额：来源于某国（地区）经营所得抵免限额 = 中国境内、境外经营所得依照规定计算的经营所得应纳税总额 × 来源于某国（地区）的经营所得的应纳税所得额 ÷ 中国境内、境外经营所得的应纳税所得额

③其他所得项目抵免限额：来源于某国（地区）的其他所得项目抵免限额，为来源于某国（地区）的其他所得项目依照 2018 年版《个人所得税法》相关规定计算的应纳税额；

④来源于某国（地区）抵免限额 = 综合所得抵免限额 + 经营所得抵免限额 + 其他所得项目抵免限额

以上可以看出，2018 年版《个人所得税法》考虑到世界上有些国家和地区的个人所得税采用的是综合税制，因此进一步明确：同一国家或者地区内不同所得项目的应纳税额之和，即为该国或者地区的抵免限额。这就是说，在计算时采用的是“分国分项”的方法计算；实际抵免时，按照“分国不分项”将各项所得的总额进行抵免。

（3）实际应缴纳个人所得税款。在计算出抵免限额和确定允许抵免额之后，便可对纳税义务人的境外所得计算应纳税额。其计算公式为：

应纳税额 = $\sum$[（来自某国或地区的所得 - 费用减除标准）× 适用税率 - 速算扣除数] - 允许抵免额

**[例 11.1]** 2018 年 8 月中国公民吴某在境外 M 国取得劳务报酬收入 40 000 元，按 M 国税法规定缴纳了个人所得税 6 400 元；取得偶然所得 10 000 元，按 M 国税法规定缴纳了个人所得税 3 000 元。回国后，其应补交个人所得税的计算如下：

①劳务报酬收入按我国税法应纳税额 = 40 000 ×（1 - 20%）×30% - 2 000 = 7 600（元）

②偶然所得按我国税法应纳税额 = 10 000 ×20% = 2 000（元）

③吴某 M 国所得的抵免限额为 9 600 元（7 600 + 2 000）大于 9 400 元（6 400 + 3 000）。

④吴某应在我国补缴个人所得税 = 9 600 - 9 400 = 200（元）

**[例 11.2]** 假设在中国境内居住满 183 天的居民吴某 2019 年度在 H 国取得工资、薪金收入 100 000 元（人民币），从中国境内 K 公司取得工资、薪金收入 6 000 元/月（不考虑“三险一金”）；7 月从 H 国取得劳务报酬收入 5 000 元。8 月又从 D 国取得偶然所得 10 000 元。吴某已分别按照 H 国和 D 国税法规定，缴纳了个人所得税 4 500 元和 3 000 元，并已经提供完税凭证原件。吴某应缴纳的个人所得税的计算如下：

①境内外综合所得应纳个人所得税额：

2019 年综合所得的收入额 = 100 000 + 6 000 ×12 + 5 000 ×（1 - 20%）= 176 000（元）

2019 年综合所得的应纳税所得额为 = 176 000 - 60 000 = 116 000（元）

适用的税率为 10%，速算扣除数为 2 520 元。

应纳个人所得税 = 116 000 ×10% - 2 520 = 9 080（元）

②来源于 H 国所得抵免限额 = 9 080 ×［100 000 + 5 000 ×（1 - 20%）］/ 116 000 = 8 140.69（元）

吴某在 H 国缴纳的个人所得税 4 500 元，低于抵免限额，因此，可全额抵扣，并需在中国补缴个人所得税税款 3 640.69 元（8 140.69 - 4 500）。

③吴某在 D 国取得的偶然所得按照我国税法规定计算应纳税额，即：

抵免限额 = 10 000 ×20% = 2 000（元）

抵免限额 2 000 元小于实际缴纳的税额 3 000 元，因此，只能在限额内抵扣 2 000 元，超出部分 1 000 元，可在以后 5 年内由吴某在 D 国取得的所得抵免限额的余额中补扣。

### 11.1.4　境外所得征收管理

1. 纳税申报期限

自 2019 年 1 月 1 日起，根据 2018 年版《个人所得税法》第十三条第三款的规定，居民个人从中国境外取得所得，应当在次年 3 月 1 日至 6 月 30 日内申报纳税。根据《国家税务总局关于个人所得税自行纳税申报有关问题的公告》（国家税务总局公告 2018 年第 62 号）第四条的规定，居民个人从中国境外取得所得的，应当在取得所得的次年 3 月 1 日至 6 月 30 日内，向中国境内任职、受雇单位所在地主管税务机关办理纳税申报；在中国境内没有任职、受雇单位的，向户籍所在地或中国境内经常居住地主管税务机关办理纳税申报；户籍所在地与中国境内经常居住地不一致的，选择其中一地主管税务机关办理纳税申报；在中国境内没有户籍的，向中国境内经常居住地主管税务机关办理纳税申报。

2018 年 12 月 31 日以前，根据 2011 年版《个人所得税法》第九条的规定，从中国境外取得所得的纳税义务人，应当在年度终了后 30 日内，将应纳的税款缴入国库，并向税务机关报送纳税申报表。根据国税发〔1994〕44 号文件的规定，纳税人来源于中国境外的应税所得，在境外以纳税年度计算缴纳个人所得税的，应在所得来源国的纳税年度终了，结清税款后的 30 日内，向中国税务机关申报缴纳个人所得税；在取得境外所得时结算税款的，或者在境外按来源国税法规定免予缴纳个人所得税的，应在次年 1 月 1 日起 30 日内向中国税务机关申报缴纳个人所得税。

2. 集中申报纳税与境外代扣代缴

纳税人任职或受雇于中国的公司、企业和其他经济组织或单位派驻境外的机构的，可由境外该任职、受雇机构集中申报纳税，并代扣代缴税款。

3. 境外所得个人所得税征收管理

为维护国家税收权益，加强对来源于中国境外所得的个人所得税征收管理，国家税务总局出台了《境外所得个人所得税征收管理暂行办法》（国税发〔1998〕126 号文件印发），对中国境内有住所，并有来源于中国境外所得的个人纳税人来源于境外所得的个人所得税征收管理做出规定。

纳税人受雇于中国境内的公司、企业和其他经济组织以及政府部门并派驻境外工作，其所得由境内派出单位支付或负担的，境内派出单位为个人所得税扣缴义务人，税款由境内派出单位负责代扣代缴。其所得由境外任职、受雇的中方机构支付、负担的，可委托其境内派出（投资）机构代征税款。境外任职、受雇的中方机构是指中国境内的公司、企业和其他经济组织以及政府部门所属的境外分支机构、使（领）馆、子公司、代表处等。

纳税人有下列情形的，应自行申报纳税：

①境外所得来源于两处以上的；

②取得境外所得没有扣缴义务人、代征人的（包括扣缴义务人、代征人未按规定扣缴或征缴税款的）。

在 2018 年 12 月 31 日以前，依规定须自行申报纳税的纳税人应在年度终了后 30 日内，向中国主管税务机关申报缴纳个人所得税。例如，所得来源国与中国的纳税年度不一致，年度终了后 30 日内申报纳税有困难的，可报经中国主管税务机关批准，在所得来源国的纳税年度终了、结清税款后 30 日内申报纳税。纳税人如在税法规定的纳税年度期间结束境外工作任务回国，应当在回国后的次月 15 日内，向主管税务机关申报缴纳个人所得税。

这里所称主管税务机关是指派出单位所在地的税务机关。无派出单位的，是指纳税人离境前户籍所在地的税务机关；户籍所在地与经常居住地不一致的，是指经常居住地税务机关。

# 11.2 纳税调整

## 11.2.1 关联交易纳税调整

由于存在个人运用各种手段逃避个人所得税的现象时有发生，为了堵塞税收漏洞，维护国家税收权益，此次个税改革参照企业所得税法有关反避税规定，针对个人不按独立交易原则转让财产、在境外避税地避税、实施不合理商业安排获取不当税收利益等避税行为，赋予税务机关按合理方法进行纳税调整的权力。

根据2018年版《个人所得税法》第八条第一款第（一）项的规定，个人与其关联方之间的业务往来不符合独立交易原则而减少本人或者其关联方应纳税额，且无正当理由的，税务机关有权按照合理方法进行纳税调整。

1. 关联交易调整

（1）调整的原则。独立交易原则，是指没有关联关系的交易各方，按照公平成交价格和营业常规进行业务往来遵循的原则。“独立交易原则”是美国率先在关联交易转让价格调整的案件中提出的，经由经合组织（OECD）确立，如今已为世界各国普遍接受的关联交易转让价格调整的指导方针。“独立交易原则”在我国理论界和实物界也获得了普遍认可，我国在新修订的个人所得税法所采纳。

（2）关联交易的消极影响。

①纳税人自我管理独立运营的能力受到影响，抗外部风险能力下降；

②控股股东会利用自身优势，将本属于关联公司的利润转移到控股股东其他公司下面，影响公司的经营；

③关联交易可能会导致关联公司的债权人和关联公司的中小股东的利益受到严重伤害；

④可用来规避政府税收以及其他与交易金额有关的政府费用，利用关联交易将利润从高税率地区向低税率地区转移，损害高税率地区的财政收入，造成税款流失；

⑤减弱税收的调节收入分配功能，加剧收入分配的不公平。

2. 不予纳税调整的正当理由

根据《股权转让所得个人所得税管理办法（试行）》第十三条的规定，符合下列条件之一的股权转让收入明显偏低，视为有正当理由：

（1）能出具有效文件，证明被投资企业因国家政策调整，生产经营受到重大影响，导致低价转让股权；

（2）继承或将股权转让给其能提供具有法律效力身份关系证明的配偶、父母、子女、祖父母、外祖父母、孙子女、外孙子女、兄弟姐妹以及对转让人承担直接抚养或者赡养义务的抚养人或者赡养人；

（3）相关法律、政府文件或企业章程规定，并有相关资料充分证明转让价格合理且真实的本企业员工持有的不能对外转让股权的内部转让；

（4）股权转让双方能够提供有效证据证明其合理性的其他合理情形。

3. 纳税调整方法

（1）关联交易纳税调整的合理方法主要包括。

①成本法、市场法和收益法等评估方法；

②可比非受控价格法、成本加成法、再销售价格法、交易净利润法和利润分割法；

③其他符合独立交易原则的方法。

成本法是以替代或者重置原则为基础，通过在当前市场价格下创造一项相似资产所发生的支出确定评估标的价值的评估方法。

市场法是利用市场上相同或者相似资产的近期交易价格，经过直接比较或者类比分析以确定评估标的价值的评估方法。

收益法是通过评估标的未来预期收益现值来确定其价值的评估方法。

可比非受控价格法，是指按照没有关联关系的交易各方进行相同或者类似业务往来的价格进行定价的方法。

再销售价格法，是指按照从关联方购进商品再销售给没有关联关系的交易方的价格，减除相同或者类似业务的销售毛利进行定价的方法；成本加成法，是指按照成本加合理的费用和利润进行定价的方法。

对于不符合独立交易原则的个人经营活动和转让财产行为，根据国际惯例，税务机关应按照独立交易原则，参照市场公平交易价格或公允价值进行纳税调整。在以上方法中，税务机关可依据关联方交易的类型、性质等相关因素，选取征纳双方所能接受的、合理的调整方法。

（2）根据《企业所得税法实施条例》第一百一十一条的规定，特别纳税调整的合理方法，包括：

①可比非受控价格法，是指按照没有关联关系的交易各方进行相同或者类似业务往来的价格进行定价的方法；

②再销售价格法，是指按照从关联方购进商品再销售给没有关联关系的交易方的价格，减除相同或者类似业务的销售毛利进行定价的方法；

③成本加成法，是指按照成本加合理的费用和利润进行定价的方法；

④交易净利润法，是指按照没有关联关系的交易各方进行相同或者类似业务往来取得的净利润水平确定利润的方法；

⑤利润分割法，是指将企业与其关联方的合并利润或者亏损在各方之间采用合理标准进行分配的方法；

⑥其他符合独立交易原则的方法。

4. 引入一般反避税规则的成因分析

（1）财政职能。避税作为一种普遍的经济现象，产生的缘由主要是纳税人为了逃避政府的税收负担，追逐最大利润而利用其税法的漏洞，寻求有效的躲避税负的方式。据测算，2011—2015 年我国个税年流失额约为 6 000 亿元，已经严重侵害了国家的税收利益和财政职能。基于此，我国的个人所得税引入反避税制度正当其时。

（2）减少税款的流失，加强反避税监控力度。一直以来，我国非居民企业在境外间接转让境内股权以避免缴纳我国企业税的安排，已成为我国税务机关反避税监控的重点，我国在《企业所得税法》中引入了一般反避税规则，而在个人所得税方面缺少相关规定，给个人避税带来了可乘之机，为了减少税款流失，2018 年版《个人所得税法》针对个人实施不具有合理商业目的的生产经营活动，以规避个人所得税的行为建立了一般反避税规则，明确规定：个人实施其他不具有合理商业目的的安排而获取不当税收利益的，税务机关可对其进行纳税调整，需要补征税款的，应当补征税款，并依法加征利息。自此，税务机关对非居民个人间接转让境内财产，有了明确的征税依据，监控力度势必更加严格。

（3）与企业所得税法的衔接。2008 年以来，我国先建立了企业所得税的反避税规定，然而随着经济的发展，由于个人收入来源的不断加大，渠道的多途径导致个人的避税动机加剧，个人所得税法对于反避税的规定缺失给我国的财政收入带来了不利的影响。为了营造公平的税收环境，防范自然人通过筹划恶意避税，从而构建了与企业所得税法相衔接的避税制度，从而将所得税的征管网织得更加严实。

### 11.2.2 受控外国企业纳税调整

伴随着对外开放的持续推进以及“一带一路”协议的实施，中国已经从资本输入国转变为资本输出国。“走出去”已经成为当下中国企业的重要发展战略。由于很多跨国公司为了追逐最大经营利润，在避税地建立一个外国公司，利用避税地低税或无税的优势，将经营业务通过避税地公司开展，通过转让定价等手段，将一部分利润转移到避税地，并利用居住国推迟课税的规定，将利润长期留在海外不做利润分配也不汇回，以此逃避税收。针对此现象，我国在 2008 年企业所得税层面已经建立了相应的反避税规则，即无论基地公司是否进行利润分配，也无论是否将利息、红利汇回国内，居住国都要对这笔利润征税，这种取消推迟课税的立法被称为受控外国公司法规（CFC legislation）。

1. 我国建立的受控外国企业制度

根据 2018 年版《个人所得税法》第八条第一款第（二）项的规定，居民个人控制的，或者居民个人和居民企业共同控制的设立在实际税负明显偏低的国家（地区）的企业、无合理经营需要，对应当归属于居民个人的利润不作分配或者减少分配，税务机关有权按照合理方法进行纳税调整。此规定良好的与《企业所得税法》的相关规定进行了衔接，也扩大了反避税的力度，更有利于税制的完善。

2. 受控外国企业避税税收管理的国际比较与借鉴

跨国公司利用受控外国企业的特有优势，将利润聚积在那些税负较低的国家和地区，以达到避税或延迟纳税的目的。这一避税行为无疑会造成对集团内其他实体所在国以及股东居住国税基的严重侵蚀。因此，各国政府为规制此类避税行为，保护税基不受侵蚀，纷纷出台受控外国企业规则。综观各国受控外国企业税制，基本框架归纳起来主要包括以下几个方面内容：受控外国企业的定义，主要有控制标准、实质利益标准和推定拥有标准化；受控外国企业适用的地域范围，主要包括以美国和加拿大为代表国家和大多数国家所采用的“避税港”，以及实行低税政策的国家和地区；受控外国企业适用所在范围，主要有交易法和实体法两种；受控外国企业所得的计算；重复征税的处理；受控外国企业税制适用的例外规定等。

本书仅就几个具有特色的国家的受控外国企业规则制定情况进行总结与梳理。

（1）美国的受控外国企业税制。美国受控外国企业制度规定：居民股东持有 50% 或以上有选举权的股票或外国公司的总资产直接或间接被美国居民股东所拥有达到 50%，同时美国股东每人所持有的有表决权的股票在 10% 以上，即被推定为受控外国公司。凡受控外国公司，其利润归属于美国股东的部分，即使当年不作分配也不汇回美国，美国居民公司也要视同其当年分配了股息，与其他所得一并缴纳所得税。此类所得主要包括分部所得、基地公司所得和污染所得。当然，美国政府也规定了相应的豁免条款，如少量所得豁免、真实经营所得豁免等。由于受控外国企业规则，在很大程度上约束了美国跨国公司利用受控外国企业实现避税的目的，因而征纳双方博弈日趋激烈。这样在随后的若干年中，美国的受控外国企业立法也历经多次变化，但其受控外国企业规则的整体框架依然保持稳定。

（2）德国的受控外国企业税制。德国是继美国之后较早制定受控外国企业规则的国家。1972 年，德国在《德国对外关系税法》中首次引入受控外国企业税收规定。德国的受控外国企业立法在很大程度上沿袭了美国的规定。德国在所得范围界定方面与美国采取相同的交易法原则，即凡受控外国企业的利润应归属德国的部分即使当年没有分配、汇回，也要视同股息分配。此外，德国该法规定，只有消极所得和特定的基地公司所得才受到该法规的约束。

（3）日本的受控外国企业税制。1978 年，日本在《特别税收措施法》中引入了受控外国企业规则。与美国、德国不同的是日本的受控外国企业立法采用的是实体法而非交易法。按照日本受控外国企业规定，要依据受控外国企业的地点和其所得的性质来判定是否应遵守受控外国企业法律规则。日本最初的受控外国企业立法采用“黑名单”制。如果受控外国企业是“黑名单”中国家的居民，则其全部所得都要按照比例划分给那些持有该股份不低于 10% 的居民股东，这些所得按照受控外国企业所得的性质享受特定的免税。但从 1992 年起，日本取消了列举黑名单的做法，而是严格测试外国辖区的有效税率。

（4）意大利的受控外国企业税制。意大利对受控外国企业的立法始于 1999 年，并于 2000 年正式在意大利税法第 342 条中固定下来。意大利受控外国企业法中对受控外国公司的认定标准，以及适用所得的范围较之美国等先前一些国家更加宽泛。首先，在受控外国企业认定标准方面，意大利规定在低税国家或地区拥有 10% 以上具有表决权的股份。这里所谓的低税国家或地区，该国政府采取的是反列举法，即只列出与其有情报交换的国家和地区的名字。也就是说，对于没有被列出的国家和地区就很可能是“低税区”了；其次，在纳税主体方面，意大利规定的是实体而不是公司。实体既包括公司也包括企业及其他团体。因此其界定范围更加宽泛。再者，在对受控外国公司征税范围方面，意大利规定为全部所得，而不同于美国、德国的消极所得等部分所得。

### 11.2.3　一般反避税

1. 一般反避税条款的基本内容

避税行为会导致具有纳税行为能力的人不纳税或缴纳很少的税，相同纳税行为能力人可能缴纳不同的税，破坏横向公平和纵向公平，因而违背量能课税原则。税负不平等又传导至收入分配不平等以及市场竞争秩序不平等，会扭曲市场资源配置，破坏市场公平竞争秩序。换言之，在逐步建立综合与分类相结合税制的过程中，不认真对待个人所得税之反避税规则的构建，将严重阻碍其分配正义目标的达成。因为个人所得税由“分类制”向“综合与分类相结合制”转化，追求的不是税制在形式上的变化，而是在此过程中强化其调节收入分配，公平税负的功能。

近年来，随着 CRS 和 BEPS 相关行动计划的逐步推进，反避税已成为国际税收治理的共识。为了防止税基侵蚀，维护国家的税收权益，各国都在进一步加大反避税力度，在这样的国际背景下，我国关于修改个人所得税法的决定于 2018 年 8 月 31 日经十三届全国人大常委会第五次会议表决后通过，而其中引入的反避税制度，将给予中国税务机关有力的法律依据，配合 CRS 下收到的海外金融资产信息，将中国个人所得税的合规性与公允性推入一个全新的局面。

新个人所得税法第八条规定：有下列情形之一的，税务机关有权按照合理方法进行纳税调整：

（1）个人与其关联方之间的业务往来不符合独立交易原则而减少本人或者其关联方应纳税额，且无正当理由；

（2）居民个人控制的，或者居民个人和居民企业共同控制的设立在实际税负明显偏低的国家（地区）的企业，无合理经营需要，对应当归属于居民个人的利润不作分配或者减少分配；

（3）个人实施其他不具有合理商业目的的安排而获取不当税收利益。税务机关依照前款规定做出纳税调整，需要补征税款的，应当补征税款，并依法加收利息。

税法所说的“不具有合理商业目的”是指以减少、免除或者推迟缴纳税款为主要目的。

税法所说的“不当税收利益”是指以形式符合税法规定，但与其经济实质不符的方式获取税收利益。

2. 一般纳税调整方法

参照国际通行做法，税务机关应当以具有合理商业目的和经济实质的类似安排为基准，按照实质重于形式原则实施纳税调整。调整方法主要包括：

（1）对安排的全部或者部分交易重新定性；

（2）在税收上否定交易方的存在，或者将该交易方与其他交易方视为同一实体；

（3）对相关所得、扣除、税收优惠、境外税收抵免等重新定性或者在交易各方之间重新分配；

（4）其他合理方法。

### 11.2.4 纳税调整加收利息

1. 企业所得税法及实施条例的规定

（1）法规概括。避税行为是发生在对纳税人进行纳税调整前，纳税人即使按规定补缴了所得税款，他的延期纳税行为也会给国家造成损失，所以各国基本上都通过加收利息的方式对纳税人进行纳税调整。而我国在 2008 年以前并没有规定纳税人从关联业务发生时到转让定价调整的期间滞纳的税款需要加收利息的规定，因此纳税人的避税成本少，导致避税行为越来越普遍，所以 2008 年版《企业所得税法》规定：“税务机关对企业做出纳税调整，需要补征税款的，应当补征税款，并按照国务院规定加收利息。”

其实施条例规定：“税务机关对企业做出特别纳税调整的，应在对 2008 年 1 月 1 日以后发生的交易补征企业所得税税款，自税款所属纳税年度的次年 6 月 1 日起至补缴税款之日止的期间，按日加收利息。”

（2）要点解释：

①按照上述规定加收的利息，不得在计算应纳税所得额时扣除。

②这里所称的利息，应当按照税款所属纳税年度中国人民银行公布的与补税期间同期的人民币贷款基准利率加 5 个百分点计算。

③企业按照规定提供有关资料的，可以只按规定的人民币贷款基准利率计算利息。

④这样可以通过加大企业的避税成本，严厉打击各种避税行为，从而维护国家的税收利益。

2.《个人所得税法》及实施条例的规定

（1）法规概况。根据 2018 年版《个人所得税法》第八条第二款的规定，税务机关依照规定做出纳税调整，需要补征税款的，应当补征税款，并依法加收利息。

根据 2018 年版《个人所得税法实施条例》第二十三条的规定，个人所得税法第八条第二款规定的利息，应当按照税款所属纳税申报期限最后一日中国人民银行公布的与补税期间同期的人民币贷款基准利率计算，自税款纳税申报期满次日起至补缴税款期限届满之日止按日加收。纳税人在补缴税款期限届满前补缴的，利息加收至补缴税款之日。

（2）要点解释。避税不同于偷税，避税的有关交易或安排不直接违反税法具体条款，但不符合税收立法意图；偷税则是采取弄虚作假等手段造成少缴税款。

基于两者性质不同，对避税的纳税调整加收利息，不加收滞纳金，体现宽严相济的原则。实施条例规定，对纳税调整的税款，加收利息。

### 11.2.5　纳税调整期限

根据《税收征收管理法实施细则》第五十六条的规定，纳税人与其关联企业未按照独立企业之间的业务往来支付价款、费用的，税务机关自该业务往来发生的纳税年度起 3 年内进行调整；有特殊情况的，可以自该业务往来发生的纳税年度起 10 年内进行调整。

根据《企业所得税法实施条例》第一百二十三条的规定，企业与其关联方之间的业务往来，不符合独立交易原则，或者企业实施其他不具有合理商业目的安排的，税务机关有权在该业务发生的纳税年度起 10 年内进行纳税调整。

## 11.3　受益所有人

### 11.3.1　受益所有人的概念

1. 公告背景

为规范税收协定股息、利息、特许权使用费条款中“受益所有人”概念的应用，税务总局先后下发《国家税务总局关于如何理解和认定税收协定中“受益所有人”的通知》（国税函〔2009〕601 号）、《国家税务总局关于认定税收协定中“受益所有人”的公告》（国家税务总局公告 2012 年第 30 号）等文件，明确“受益所有人”的条件和判定标准，在防范协定滥用中发挥了重要作用，但是也遇到了一些问题。

为加强税收协定执行工作，进一步完善“受益所有人”规则，国家税务总局发布了

《关于税收协定中“受益所有人”有关问题的公告》（国家税务总局公告 2018 年第 9 号）。该公告一方面旨在允许没有滥用协定目的和结果的案件得以享受税收协定待遇，并提高其享受税收协定待遇的确定性，减少征纳双方成本，进一步优化营商环境；另一方面借鉴“税基侵蚀与利润转移”（BEPS）第六项行动计划（防止税收协定待遇的不当授予）成果，提高“受益所有人”判定标准的刚性，对滥用协定风险较高的安排进行更加有效的防范。该公告对国税函〔2009〕601 号文和国家税务总局公告 2012 年第 30 号部分规定进行了修订，同时延续了上述两文的部分规定。

2. 受益所有人的概念

根据公告内容，为执行中华人民共和国政府对外签署的避免双重征税协定，对于税收协定股息、利息、特许权使用费条款中“受益所有人”的概念进行明确，受益所有人是指对所得或所得据以产生的权利或财产具有所有权和支配权的人。

### 11.3.2 受益所有人的认定

1. 不利于对申请人“受益所有人”身份的判定因素

判定需要享受税收协定待遇的缔约对方居民（以下简称“申请人”）“受益所有人”身份时，应根据公告所列因素，结合具体案例的实际情况进行综合分析。一般来说，下列因素不利于对申请人“受益所有人”身份的判定：

（1）申请人有义务在收到所得的 12 个月内将所得的 50% 以上支付给第三国（地区）居民，“有义务”包括约定义务和虽未约定义务但已形成支付事实的情形。实践中有的案例，从表面上看，申请人从中国收到股息所得后，每年向母公司分配的股息均未超过当年从中国收到股息所得的 50%，且分配时未发生现金流，而是被母公司用来偿还向申请人的关联贷款。经进一步查看申请人银行对账单、银行支付流水、财务报表等信息，发现其在从中国收到每笔股息所得的一个月内，即通过关联贷款的名义将该笔所得的 80% 以上支付给母公司，形成了该条所述“在收到所得的 12 个月内将所得的 50% 以上支付给第三国（地区）居民”的支付事实。对关联贷款协议等资料详细查看，发现该协议仅约定一个贷款额度，并约定在申请人现金流允许并经申请人同意的情况下，随时向母公司发放贷款；未约定还款期限，母公司可在任意时间偿还全部或部分贷款；贷款利率仅 0.5%，低于申请人所在国的银行同期贷款利率，上述事实对判定其“受益所有人”身份非常不利。

（2）申请人从事的经营活动不构成实质性经营活动。实质性经营活动包括具有实质性的制造、经销、管理等活动。申请人从事的经营活动是否具有实质性，应根据其实际履行的功能及承担的风险进行判定。

申请人从事的具有实质性的投资控股管理活动，可以构成实质性经营活动；申请人从事不构成实质性经营活动的投资控股管理活动，同时从事其他经营活动的，如果其他经营活动不够显著，不构成实质性经营活动。

分析申请人是否从事实质性经营活动时，通常还应当关注：申请人是否拥有与其履行的功能相匹配的资产和人员配置；对于所得或所得据以产生的财产或权利，申请人是否承担相应风险，等等。

①如何判断投资控股管理活动是否构成实质性经营活动。公告明确：“申请人从事的具有实质性的投资控股管理活动，可以构成实质性经营活动。”投资控股管理活动作为管理活

动的一种，可以构成实质性经营活动，但需要符合一定条件，即实际履行的功能及承担的风险足以证实其活动具有实质性。一般而言，申请人需要从事投资前期研究、评估分析、投资决策、投资实施以及投资后续管理等活动。

第一，以下案例中 B 国公司声称的投资控股管理活动不具有实质性：A 国公司通过设立在 B 国的子公司投资中国，B 国公司拟就其从中国取得的股息所得享受税收协定待遇。B 国公司声称其从事投资控股管理活动并有 5 名雇员，但经核实，B 国公司并未开展行业研究、市场分析等，未履行投资控股管理等功能，其声称的 5 名雇员实际与 A 国公司签订合同并履行 A 国公司的职能；其收到的股息暂无投资计划，在账户中闲置；中国公司的外方董事不是由其直接股东 B 国公司派出而是由 A 国公司直接派出；中国公司的章程称该公司的招聘、培训、融资、财务等责任由 B 国公司承担，但 B 国公司并无承担上述责任的人员，经核实上述责任实际为 A 国公司在北京的办事处承担；B 国公司对中国公司和从中国公司取得的股息不承担相应风险。该案例中 B 国公司虽声称从事投资控股管理活动，但实际履行的功能及承担的风险有限，不足以证实其活动具有实质性。

第二，以下案例中 B 国公司承担的区域总部功能具有一定实质性：A 国公司在 B 国设立公司作为亚洲区域总部，B 国公司除投资中国外，还投资日本、韩国、新加坡、越南等十余个国家近 50 家公司。虽然中国境内的市场调研、行业研究等部分功能由设在中国的投资公司承担，但评估分析、投资决策以及亚洲区域内各公司之间的资金统筹调配等功能由 B 国公司承担，应认为 B 国公司承担的区域总部功能具有一定实质性。如果相关功能表面上由 B 国公司承担，但 B 国公司仅有 8 名员工，不足以承担相关功能，实际由 A 国公司承担或 A 国公司团队提供支撑，应认为 B 国公司从事的活动不具有实质性。

第三，以下案例中 B 国公司承担的融资功能具有一定实质性：A 国公司计划投资中国，但自有资金仅有所需资金的 70%，故选择在金融业较为发达、资本较为充足、融资较为便利的 B 国设立公司作为融资平台，从符合公告第四条所列安全港条件的 B 国的非关联公司募集完成所需资金的 30% 后，由 B 国公司投资中国并取得股息。该案例中 B 国公司作为融资平台，履行了一定功能，承担了一定风险，并且所需资金的 30% 从 B 国融入，与 B 国有一定联系，应认为 B 国公司承担的融资功能具有一定实质性。

②如何判断其他经营活动是否构成实质性经营活动。公告明确："申请人从事不构成实质性经营活动的投资控股管理活动，同时从事其他经营活动的，如果其他经营活动不够显著，不构成实质性经营活动。"

以下案例中的其他经营活动不够显著，不构成实质性经营活动：A 国公司自 20 世纪 90 年代以来陆续在中国直接投资设立十余家子公司并直接取得股息。

2007 年，A 国公司在 B 国设立子公司，并进行集团内重组，由 B 国公司控股内地各子公司并取得股息。B 国公司从事的投资控股管理活动不构成实质性经营活动，同时向集团内其他公司提供采购服务并收取服务费，或者从集团外其他公司采购然后销售给集团内公司并赚取进销差价。但是，经核实，相关采购活动之前由 A 国公司设立在中国某省的子公司从事，2010 年集团将相关采购活动调整为由 B 国公司从事，B 国公司无法证明做此调整的商业必要性，并且 B 国公司从事的采购等其他经营活动取得的所得占其全部所得（含从中国境内取得的全部所得）的比例仅为 8%。上述案例可以认为申请人从事的其他经营活动不够显著，不构成实质性经营活动。

（3）缔约对方国家（地区）对有关所得不征税或免税，或征税但实际税率极低。

（4）在利息据以产生和支付的贷款合同之外，存在债权人与第三人之间在数额、利率和签订时间等方面相近的其他贷款或存款合同。

（5）在特许权使用费据以产生和支付的版权、专利、技术等使用权转让合同之外，存在申请人与第三人之间在有关版权、专利、技术等的使用权或所有权方面的转让合同。

在判定“受益所有人”身份时，可区分不同所得类型通过公司章程、公司财务报表、资金流向记录、董事会会议记录、董事会决议、人力和物力配备情况、相关费用支出、职能和风险承担情况、贷款合同、特许权使用合同或转让合同、专利注册证书、版权所属证明等资料进行综合分析。

2. 应认为申请人具有“受益所有人”身份的情形

申请人从中国取得的所得为股息时，申请人虽不符合“受益所有人”条件，但直接或间接持有申请人100%股份的人符合“受益所有人”条件，并且属于以下两种情形之一的，应认为申请人具有“受益所有人”身份：

（1）上述符合“受益所有人”条件的人为申请人所属居民国（地区）居民。

**[例11.3]** 如图11.1所示，中国香港居民E投资内地居民企业并取得股息，香港居民F直接持有香港居民E 100%的股份，虽然香港居民E不符合“受益所有人”条件，但是，如果香港居民F符合“受益所有人”条件，应认为香港居民E具有“受益所有人”身份。

**[例11.4]** 如图11.2所示，中国香港居民E投资内地居民企业并取得股息，香港居民F通过在BVI注册成立的公司（不论该公司是否为香港居民）间接持有香港居民E 100%的股份，虽然香港居民E不符合“受益所有人”条件，但是，如果香港居民F符合“受益所有人”条件，应认为香港居民E具有“受益所有人”身份。

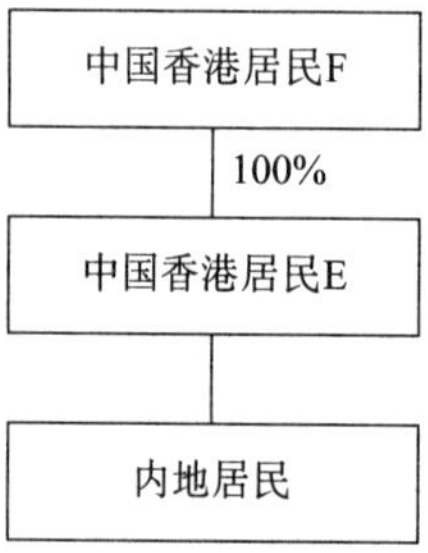

**图11.1**

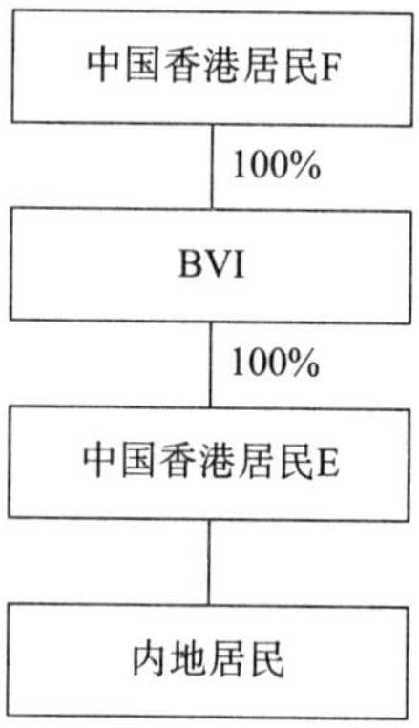

**图11.2**

（2）上述符合“受益所有人”条件的人虽不为申请人所属居民国（地区）居民，但该人和间接持有股份情形下的中间层均为符合条件的人。

**[例11.5]** 如图11.3所示，中国香港居民G投资内地居民并取得股息，新加坡居民I通过新加坡居民H间接持有香港居民G 100%的股份，虽然香港居民G不符合“受益所有人”条件，但是，如果新加坡居民I符合“受益所有人”条件，并且新加坡居民I和新加坡居民H从中国取得的所得为股息时，根据中国与新加坡签署的税收协定可享受的税收协定

待遇均和香港居民 G 可享受的税收协定待遇相同，应认为香港居民 G 具有“受益所有人”身份，香港居民 G 可根据内地与香港签署的税收安排享受税收协定待遇。当然，这种情况的前提条件是最终符合条件的人所在国根据其与中国协定享受的待遇一定要等于或比直接申请人更优惠，此时实质就证明符合条件的人并无通过这种构架进行股息避税的动机。

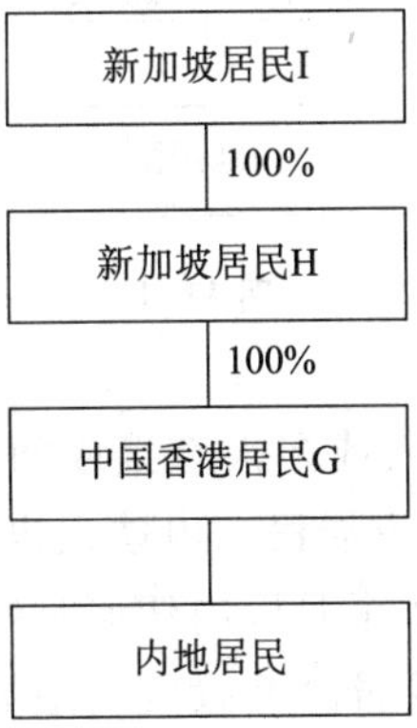


**图 11.3**

“符合‘受益所有人’条件”是指根据公告规定，综合分析后可以判定具有“受益所有人”身份。

“符合条件的人”，是指该人从中国取得的所得为股息时，根据中国与其所属居民国（地区）签署的税收协定可享受的税收协定待遇和申请人可享受的税收协定待遇相同或更为优惠。

要求的持股比例应当在取得股息前连续 12 个月以内任何时候均达到规定比例。

3. 可直接判定申请人具有“受益所有人”身份的情形

国家税务总局公告 2012 年第 30 号第三条规定满足一定条件时，不再依据“受益所有人”判断因素进行综合分析，直接认定申请人具有“受益所有人”身份，即对“受益所有人”身份的认定设置了安全港。通常认为，当申请人或者持有申请人 100% 股份的人是缔约对方政府、缔约对方居民且在缔约对方上市的公司或缔约对方居民个人时，与居民国（地区）有较强联系，一般也没有滥用协定的风险，因此，国家税务总局公告 2018 年第 9 号第四条放宽了安全港要求的条件，扩大了安全港的范围。

针对股息所得的“受益所有人”问题，国家税务总局公告 2018 年第 9 号在第二条基础上，专门通过第三条和第四条给予了较为明确的安全港条款。即应属于下列申请人从中国取得的所得为股息时，可不根据公告第二条规定的因素进行综合分析，直接判定申请人具有“受益所有人”身份：

（1）缔约对方政府；

（2）缔约对方居民且在缔约对方上市的公司；

（3）缔约对方居民个人。

**[例 11.6]** 如图 11.4 所示，香港居民 A 投资内地居民并取得股息时，其为香港政府或者在香港上市的公司或者香港居民个人，可直接判定香港居民 A 具有“受益所有人”身份。需要注意的是，根据内地与香港税收安排第十条（股息）规定，如果香港居民 A 是在香港上市的公司且持有申请人 25% 以上股份，可以享受 5% 的优惠税率待遇；如果香港居民 A 是

香港居民个人，为内地与香港税收安排第十条（股息）规定的其他情况，可以享受10%的优惠税率待遇。

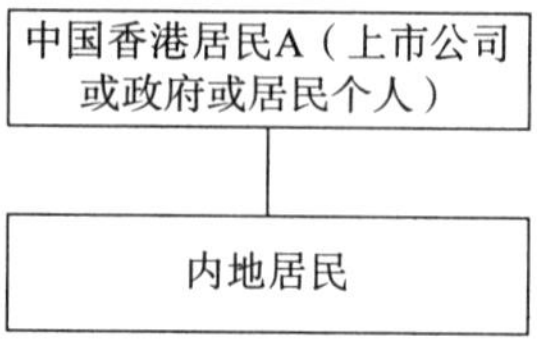


图 11.4

（4）申请人被第1—3项中的一人或多人直接或间接持有100%股份，且间接持有股份情形下的中间层为中国居民或缔约对方居民。申请人也可直接认定为“受益所有人”。要求的持股比例应当在取得股息前连续12个月以内任何时候均达到规定比例。

［**例11.7**］如图11.5所示，香港居民B投资内地居民并取得股息时，香港居民A通过香港居民C间接持有香港居民B 100%股份，如果香港居民A为香港政府、香港居民且在香港上市的公司或香港居民个人，可直接判定香港居民B具有“受益所有人”身份。

［**例11.8**］如图11.6所示，香港居民D投资内地居民并取得股息，直接持有香港居民D100%股份的人为香港政府、香港居民且在香港上市的公司或香港居民个人，可直接判定香港居民D具有“受益所有人”身份。

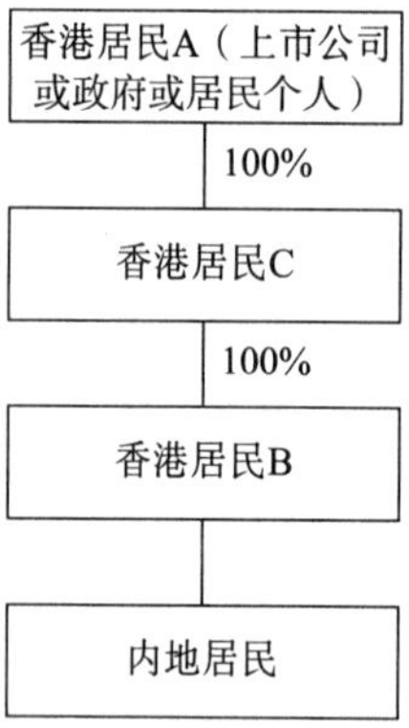


图 11.5

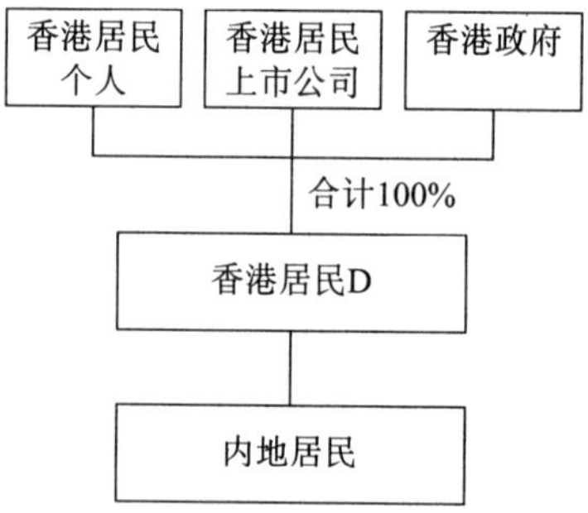


图 11.6

鉴于国家税务总局公告2018年第9号第四条中列举的缔约国对方政府、缔约对方居民且在缔约对方上市的公司和缔约国对方居民个人属于股息“受益所有人”的终极实体，所以，只要中间实体100%被这些终极实体控制，这些中间实体也可直接认定为受益所有人。但是，这里有一个条件，就是这些中间实体要同时满足两个条件：

①必须被上述三个终极实体100%控制；

②这些中间实体必须也是这些终极实体所在国的居民企业或中国居民。

4. 受益所有人身份的其他规定

（1）代为收取所得的规定

代理人或指定收款人等（以下统称“代理人”）不属于“受益所有人”。申请人通过代理人代为收取所得的，无论代理人是否属于缔约对方居民，都不应据此影响对申请人“受益所有人”身份的判定。判断是否为“代理人代为收取所得”情形时，应根据代理合同或指定收款合同等资料进行分析。

股东基于持有股份取得股息，债权人基于持有债权取得利息，特许权授予人基于授予特许权取得特许权使用费，不属于本条所称的“代为收取所得”。

（2）“受益所有人”身份的证明

申请人需要证明具有“受益所有人”身份的，应将相关证明资料按照《国家税务总局关于发布〈非居民纳税人享受税收协定待遇管理办法〉的公告》（国家税务总局公告 2015 年第 60 号）第七条的规定报送。其中，申请人符合上述“应认为申请人具有受益所有人身份的情形”，具有“受益所有人”身份的，除提供申请人的税收居民身份证明外，还应提供符合“受益所有人”条件的人和符合条件的人所属居民国（地区）税务主管当局为该人开具的税收居民身份证明；申请人符合上述“可直接判定申请人具有受益所有人身份的情形”，具有“受益所有人”身份的，除提供申请人的税收居民身份证明外，还应提供直接或间接持有申请人 100% 股份的人和中间层所属居民国（地区）税务主管当局为该人和中间层开具的税收居民身份证明。

税收居民身份证明均应证明取得所得的当年度或上一年度的税收居民身份。

香港居民提供税收居民身份证明按照《国家税务总局关于在内地使用香港居民身份证明有关问题的公告》（国家税务总局公告 2016 年第 35 号）的规定执行。

### 11.3.3　受益所有人的管理

在主管税务机关后续管理中，申请人因不具有“受益所有人”身份而自行补缴税款的，主管税务机关应将相关案件层报省税务机关备案；主管税务机关认为应该否定申请人“受益所有人”身份的，应报经省税务机关同意后执行。

申请人虽具有“受益所有人”身份，但主管税务机关发现需要适用税收协定主要目的测试条款或国内税收法律规定的一般反避税规则的，适用一般反避税相关规定。

《内地和香港特别行政区关于对所得避免双重征税和防止偷漏税的安排》和《内地和澳门特别行政区关于对所得避免双重征税和防止偷漏税的安排》股息、利息、特许权使用费条款中“受益所有人”身份判定按照上述规定执行。

上述规定内容适用于 2018 年 4 月 1 日及以后发生纳税义务或扣缴义务需要享受税收协定待遇的事项。

### 11.3.4　受益所有人的风险防范

1. 股息受益所有人“安全港”条款的风险（见图 11.7）

在这种构架下，原则来看，中国香港居民 A 根据 9 号公告就可以直接认定为股息的“受益所有人”。但是，如果此时美国居民公司 B 和中国香港居民 A 签订了一个受益权互换协议，即美国居民公司 B 支付中国香港 A 公司一个固定的利息换取其从内地居民取得的股息。如果这种互换协议安排的存在，税务机关在执法中仍然可以去否定香港居民 A 的“受益所有人”身份。所以，“安全港”条款并非 100% 绝对安全，我们还是要做一些综合考察。

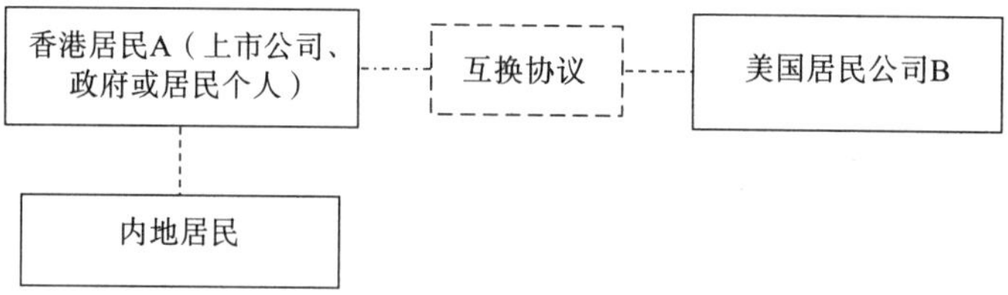


**图 11.7**

2. 从经济实质角度进行合理避税

“受益所有人”条款是税收协定中本身就有的反避税条款，这一条款只适用于利息、股息、特许权使用费的反避税。经营所得，其他所得（包括财产、股权转让所得）是不适用“受益所有人”的反避税条款的。

《国家税务总局关于税收协定中“受益所有人”有关问题的公告》（国家税务总局公告2018年第9号）第三条和第四条的“安全港”条款只适用于股息。相对于股息而言，特许权使用费中的“受益所有人”的判定更重视经济实质，关于与其承担功能和风险相对应的回报等。传统的基于“无形资产持有公司”类型的避税模式在目前BEPS项下已经是很难实施了。比如，A国和中国在特许权使用费上有税率优惠，但B国没有。此时，B国公司在A国设立一个公司，先将相关特许权授予给A国的公司，再通过A国公司授予中国公司。这种A国公司仅仅是用转授权方式取得的特许权使用费，想申请中国和A国的协定待遇，按照9号公告是很容易给否定的。

因此，在目前BEPS的大背景下，税收筹划的关键是如何以更加低廉的成本获取经济实质，从而规避“受益所有人”条款的反避税措施。

# 第12章　CRS信息交换机制及应对措施

## 12.1　CRS信息交换机制

CRS，它是2014年7月OECD发布的AEOI标准（Standard for Automatic Exchange of Financial Information in Tax Matters，金融账户涉税信息自动交换标准）的一个构成部分，是由经济合作与发展组织（OECD）推出的，规定金融机构收集和报送外国税收居民个人和企业账户信息的相关要求和程序，用于指导参与司法管辖区定期对税收居民金融账户信息进行交换的准则，旨在通过加强全球税收合作提高税收透明度，打击利用跨境金融账户逃避税行为。CRS的制定建立在美国《海外账户纳税法案》（FATCA）和欧盟储蓄指令等信息共享法规基础之上，除了CRS外，AEOI标准还包括CAA（Competent Authority Agreement，主管当局间协议范本），规范各司法管辖区如何开展金融账户涉税信息自动交换的操作性文件，以互惠型模式为基础，分为双边和多边两个版本。

### 12.1.1　税收公平看CRS

全国人民代表大会1980年制定的《个人所得税法》第十五条规定，将纳税人的收入所得按照来源和性质分成11类，对工资薪金、红利、财产转让、股息、偶然所得和经营利润等不同来源和性质的收入所得分别按不同的税率和不同的费用扣除标准计征个人所得税的模式。

实际征管中，“工资薪金”项目存在代扣代缴，征管容易。而对于投资、财产转让等行为，则面临无法掌握交易信息，或者征管成本过大的金额。加之，1994年“分税制”改革后，个人所得税被划属地方税务局管理，各地政府在面临税收任务压力的同时，更面临发展市场经济、招商引资以及国内生产总值（GDP）考核目标的压力。长期以来，在“效率优先，兼顾公平”的指导思想下，我国实际上长期疏于对投资、财产转让上的个人所得税征管，个人所得税沦为“工薪税”，占比超过60%。

公平原则是现代税收的基本原则，2011年以来，国家税务总局开始不断强化对资本投资类个税项目的征管，个人所得税收入呈加速递增状态。根据财政部最新的统计，2016年我国财政收支中，税收收入130 354亿元，同比增长4.3%，而个人所得税收入10 089亿元，同比增长17.1%，其中，受二手房交易市场活跃等带动，财产转让所得税增长30.7%

（见表 12.1）。

表 12.1　　2013—2016 年我国个人收入所得税增长情况

| 年份 | 2013 | 2014 | 2015 | 2016 |
|---|---|---|---|---|
| 个税收入 | 6 531 亿元 | 7 377 亿元 | 8 618 亿元 | 10 089 亿元 |
| 同比增长 | 12.2% | 12.9% | 16.8% | 17.1% |

与此同时，对于居民纳税人境外收入的征管也在不断加强，其中，对于企业而言，由于反避税立法、金融账户管理等相对完善，已经查处一大批涉案企业，反避税收入也正在快速增加。对于个人而言，目前还缺少科学、系统的有效监管措施，CRS 就是在这一背景下产生的，需要强调的是，CRS 针对的并不限于个人，也包括企业，由此，个人、企业都会面临更加严格的监管。

### 12.1.2　从税制改革看 CRS

我国“十三五”规划纲要提出的税改目标为：“按照优化税制结构、稳定宏观税负、推进依法治税的要求全面落实税收法定原则，建立税种科学、结构优化、法律健全、规范公平、征管高效的现代税收制度，逐步提高直接税比重。”个人所得税是直接税中的重要税种，加强个税征管，除了可以增强其收入功能外，还可以发挥个人所得税的调节功能，增强公民纳税意识。“十三五”期间，与个人所得税密切相关的重大税制改革有两项：

1. “综合与分类相结合”的税制改革

本轮个税改革以建立“综合与分类相结合”的税制为大方向，在综合与分类相结合的税制下，纳入综合范围的不同所得项目将合并计算纳税，税负的分配将更为公平。此外，综合与分类相结合税制下，自然人纳税人需要将全年纳入综合所得的各项收入汇总向税务机关进行纳税申报，这将带来政府与纳税人关系的重大变化，有利于提高纳税人意识，增强纳税人参与社会治理的动力，对于促进国家治理现代化具有重要的推动作用。改革为了降低中低收入者的税负，采取了三项措施：一是将费用扣除标准从每月 3 500 元提高到 5 000 元，提高了近 43%；二是加进了专项附加扣除，包括子女教育、继续教育、大病医疗、住房贷款利息和住房租金、赡养老人等支出，从而使费用扣除标准从过去的“一刀切”变成个性化的费用扣除，让税前扣除标准更加贴近纳税人的实际情况；三是调整了累进税率表，拓宽了 3%、10% 和 20% 三档低税率适用的所得级距，如以前 3% 的税率只适用每月 0—1500 元的应税所得，修改后适用于 0—3000 元的应税所得。这次“三管齐下”的减税措施也是个税法修改的亮点之一。

2. 新征管法将建立统一的纳税人识别号制度

新的《税收征管法》自启动修改以来，历经数次征求意见，目前已经进入最后阶段，修订草案一旦提交全国人大审议通过，将很快实施。根据《税收征收管理法修订草案（征求意见稿）》第八条，国家将施行统一的纳税人识别号制度。

目前，包括美国、澳大利亚等许多国家已经建立了自然人纳税人识别号制度，自然人纳税人都有唯一的且终身不变的纳税人识别号。税务机关通过管理和控制纳税识别号来掌握每个纳税人的纳税情况，这些国家的成熟做法，为我国完善税收征管提供了有益的借鉴。

此外，针对股权投资、资管、信托等行为，在所得税、增值税等方面，也正在快速完善税收立法，无法可依的局面正在成为历史。

考虑到 CRS 解决的是税收征管信息搜集问题，上述税收实体、程序性立法，特别是自然人纳税人识别号的建立，将为 CRS 的落实奠定强有力的基础。

### 12.1.3　CRS 涉税信息搜集机制

“帮助成员国政府制定和协调有关政策”是 OECD 主要宗旨之一，OECD 制定的 AEOI 标准对各国并没有法律约束力，需要按照各国意愿，目前共有 101 个国家（地区）承诺参与 CRS，其中第一批以英国、德国、法国、意大利等以欧盟国家为代表，承诺于 2017 年 9 月开展第一次账户信息交换，第二批包括中国内地、中国香港地区、中国澳门地区等（见表 12.2）。

**表 12.2**

| 承诺 2017 年 9 月首次交换信息 | 承诺 2018 年 9 月首次交换信息 |
|---|---|
| 安圭拉、阿根廷、巴巴多斯、比利时、百慕大、英属维尔京群岛、保加利亚、开曼群岛、哥伦比亚、克罗地亚、库拉索岛、塞浦路斯、捷克共和国、丹麦、多米尼加、爱沙尼亚、法罗群岛、芬兰、法国、德国、直布罗陀、希腊、格陵兰、格恩西岛、匈牙利、冰岛、印度、爱尔兰、马恩岛、意大利、泽西、韩国、拉脱维亚、列支敦士登、立陶宛、卢森堡、马耳他、墨西哥、蒙塞拉特岛、荷兰、纽埃、挪威、波兰、葡萄牙、罗马尼亚、圣马力诺、塞舌尔、斯洛伐克共和国、斯洛文尼亚、南非、西班牙、瑞典、特立尼达和多巴哥、特克斯和凯科斯群岛、英国 | 阿尔巴尼亚、安道尔、安提瓜和巴布达、阿鲁巴、澳大利亚、奥地利、巴哈马群岛、伯利兹、巴西、汶莱、加拿大、智利、中国、库克群岛、哥斯达黎加、加纳、格林纳达、中国香港、印度尼西亚、以色列、日本、科威特、中国澳门、马来西亚、马绍尔群岛、毛里求斯、摩纳哥、瑙鲁、新西兰、卡塔尔、俄罗斯、圣基茨和尼维斯、萨摩亚、圣卢西亚、圣文森特和格林纳丁斯、沙特阿拉伯、新加坡、圣马丁岛、瑞士、土耳其、阿拉伯联合酋长国、乌拉圭、瓦努阿图 |

当然，最终落实 CRS 还需要各国（地区）有权机关的批准和 CRS 标准的本地化立法。特别是明确搜集信息的主体、机制、内容。

1. 涉税信息搜集主体

金融机构是金融账户设立、管理的直接主体，因此，依据 CRS 规则，各国金融机构是金融账户涉税信息的搜集者，搜集的对象是非居民企业和个人金融账户的涉税信息。

CRS 对信息搜集的基本规则和标准进行了规范化，各国还需要结合自身实际进行本地化处理，比如，2016 年年底，我国税务总局起草并对外发布的《非居民金融账户涉税信息尽职调查管理办法（征求意见稿）》，正是中国为了实施 CRS 而出台的具体操作层面的文件，旨在对大陆范围内金融机构收集和报送外国税收居民个人和提供企业账户信息。该文件规定：

“第三条　金融机构应当遵循诚实信用、谨慎勤勉的原则开展尽职调查工作，识别非居民金融账户，并报送账户相关信息。

第五条　客户应当配合金融机构的尽职调查工作，真实、及时、准确、完整地向金融机构提供本办法规定的相关信息，并承担未遵守本办法规定的责任和风险。”

根据 CRS，开展金融账户信息搜集的金融机构是指：

（1）存款机构（Depository Institution）：各种接受存款的银行或类似机构。

（2）托管机构（Custodial Institution）：机构替他人持有“金融资产”（Financial Asset，后文说明具体内容），并且金融资产和服务的相关收入超过总收入的 20%。

（3）投资实体（Investment Entity）：机构在过去3年主要的经济活动（相关收入超过总收入50%）是为客户或代表客户进行特定的一种或者几种业务，则会被认定为“投资实体”。主要包括：①交易货币市场工具（支票、汇票、存单、衍生品等）；外汇；汇率、利率、指数工具；可转让证券；商品期货。②个人和集体投资组合管理。③代表他人对金融资产进行投资管理。

如果某机构受其他CRS协议中规定的金融机构专业管理，并且收入主要来源于金融资产的投资、再投资、交易，则该机构也会被认定为“投资实体”。

（4）特定保险机构（Specified Insurance Company）：从事有现金解约价值的保险业务和年金业务的保险公司或者控股公司。

2. 收集哪些信息？

CRS下，金融账户包括存款账户、托管账户、现金值保险合约、年金合约、持有金融机构的股权/债权权益等。金融机构需要按照主管部门的要求报送金融账户的名称、纳税人识别号、地址、账号、余额、利息、股息以及出售金融资产的收入等信息。

（1）对于个人已有账户，金额没有门槛，只是对金融机构实施客户尽职调查的繁简程度以100万美元做了划分；

（2）对于已注册公司账户，25万美元以下可以不进行信息交换；

（3）对于新开设的个人或者公司账户，无论金额大小均需信息交换。

比如，按照我国发布的《非居民金融账户涉税信息尽职调查管理办法（征求意见稿）》，我国金融机构搜集和交换的个人账户信息包括：①个人账户持有人的姓名、现居地址、税收居民国（地区）、居民国（地区）纳税人识别号、出生地、出生日期。②账号或者类似信息。③公历年度年末单个非居民账户的余额或者净值（包括具有现金价值的保险合同或者年金合同的现金价值或者退保价值）。账户在本年度内注销的，无需报送此项信息，但应当注明账户已注销。④存款账户，报送公历年度内收到或者计入该账户的利息总额。⑤托管账户，报送公历年度内收到或者计入该账户的利息总额、股息总额以及其他由于被托管资产而收到或者计入该账户的收入总额。报送信息的金融机构为代理人、中间人或者名义持有人的，报送因销售或者赎回金融资产而收到或者计入该托管账户的收入总额。⑥其他账户，报送公历年度内收到或者计入该账户的收入总额，包括赎回款项的总额。

### 12.1.4 CRS信息交换模式

金融账户信息的搜集者及其所在国并不是信息的使用者，各国之所以组织搜集信息，则是获取对方搜集的信息的必要对价。

根据AEOI标准开展金融账户涉税信息自动交换，首先由一国（地区）金融机构通过尽职调查程序识别另一国（地区）税收居民个人和企业在该机构开立的账户，按年向金融机构所在国（地区）主管部门报送上述账户的信息，再由该国（地区）税务主管当局与账户持有人的居民国税务主管当局开展信息交换，最终实现各国（地区）对跨境税源的有效监管。

那么，各国（地区）具体是如何与对方开展信息交换的呢？

CRS框架下，国家（地区）之间金融账户信息交换有三种模式：一是多边模式，OECD提供平台，根据各国提交的信息，自动匹配，定期交换；二是双边模式，由意向国（地区）

相互选择；三是欧盟模式，仅在成员国之间适用，具有更高的效率。

事实上，多边模式也需要参与国（地区）相互选择对方，否则在提交的信息匹配中，也无法实现“配对”。

2016 年 12 月 22 日，OECD 更新了 CRS 下金融账户涉税信息自动交换“配对”成功的国家名单，“配对”成功数已达 1 300 多个。

### 12.1.5　CRS 中的“反避税”

为了应对潜在的避税空间，CRS 在规则的设置中，充分考虑到了反避税规则的设置，典型的如税收居民身份识别和对消极非金融机构的“穿透”规则。

1. 税收居民身份识别

明确税收居民身份是确定 CRS 信息搜集的对象、交换国对象的基础。税收居民身份是一个国家（地区）行使税收管辖权的法律依据，税法意义上的居民并非依据国籍标准，税收居民身份判定是按照各国国内法，由于住所、居所、成立地、实际管理机构所在地或者其他类似的标准而进行的税法层面的税收身份界定。为了识别账户持有人的税收居民身份，按照 CRS 规则，第一步由账户设立人在填写资料时，主动声明自身的税收居民身份，然后机构根据“非居民标识”等信息识别、审查账户人声明的准确性。非居民标识，是指金融机构用于检索判断存量个人账户持有人是否为非居民的有关要素，比如，我国发布的《非居民金融账户涉税信息尽职调查管理办法（征求意见稿）》中提及的“非居民标识”包括：(1) 账户持有人的境外身份证明；(2) 账户持有人的境外现居地址或者邮寄地址，包括邮政信箱；(3) 账户持有人的境外电话号码，且没有我国境内电话号码；(4) 存款账户以外的账户向境外账户定期转账的指令；(5) 账户代理人或者授权签字人的境外地址，等等。

2. 消极非金融机构

CRS 下，将非金融机构区分为积极非金融机构和消极非金融机构，对于积极非金融机构，一般不存在识别、搜集和申报金融账户信息的问题。对于消极非金融机构，需要“穿透”该消极非金融机构，识别出其实际控制人，看其是否属于需要申报的情形。该规则实为反避税设立，消极非金融机构并没有确切的定义，通常以列示的方式明确其适用情形，比如，对壳公司、非参与国的投资机构应当将其视为消极非金融机构（见表 12.3）。

**表 12.3**

| 类型 | 金融机构 | 非金融机构 | |
|---|---|---|---|
| CRS 申报 | √ | 积极非金融机构（Active NFE）× | 消极非金融机构（Passive NFE）：适用“穿透”规则 |

### 12.1.6　CRS 涉税法律风险

CRS 的执行无疑对境外金融资产和账户带来很大的合规性风险，以前无法被境内税务主管部门掌握的交易信息，将趋于透明化。如果账户持有人产生海外收入，就需要按照相关国内税法的规定，在规定的期限内缴纳税款。

1. 申报纳税期限和追征期

纳税期限，是税法规定的纳税人应当向国家缴纳税款的时限。纳税期限是法定期限，纳税人发生应税行为后必须按该期限履行纳税义务，如纳税人未能按期缴纳税款，则应依法对其加收法定比例的滞纳金（每日万分之五）。目前，对于由于税务机关征管疏漏，导致的未申报纳税，设置了一个3年的追征期，同时规定不得向纳税人加收滞纳金。而由于纳税人的疏漏导致的欠税，一般追征期为3年，涉及金额较大，10万元以上，可延长至5年。当然，现实情况可能会更加复杂，比如双方都有责任，或者双方都没有主观过错责任，需要结合实际情况判断。

2. 行政处罚责任

《税收征管法》可以划分为三个层面的行政责任：（1）未按期申报行政责任，对应第六十二条、第六十四条、第六十八条；（2）逃避追缴税款，对应第六十五条；（3）偷税，对应第六十三条。纳税人伪造、变造、隐匿、擅自销毁账簿、记账凭证，或者在账簿上多列支出或者不列、少列收入，或者经税务机关通知申报而拒不申报或者进行虚假的纳税申报，不缴或者少缴应纳税款的，是偷税。对纳税人偷税的，由税务机关追缴其不缴或者少缴的税款、滞纳金，并处不缴或者少缴的税款50%以上5倍以下的罚款；构成犯罪的，依法追究刑事责任。可见，行政责任主要为罚款，“百分之五十以上五倍以下的罚款”，税务机关具有很大的自由裁量权。按照税收征管法征求意见稿的规定，将“偷税”改为“逃避缴纳税款”。

3. 刑事责任

按照《中华人民共和国刑法》第二百零一条的规定，纳税人采取欺骗、隐瞒手段进行虚假纳税申报或者不申报，逃避缴纳税款数额较大并且占应纳税额10%以上的，处3年以下有期徒刑或者拘役，并处罚金；数额巨大并且占应纳税额30%以上的，处3年以上7年以下有期徒刑，并处罚金。

可见，对于“逃税罪”采取了“数额”+“比例”的双重原则，另外，涉税刑事领域有一个重要的规定，就是给予一次“免刑”的特殊待遇。应关注其适用条件：有第一款行为（注：触犯逃税罪），经税务机关依法下达追缴通知后，补缴应纳税款，缴纳滞纳金，已受行政处罚的，不予追究刑事责任；但是，5年内因逃避缴纳税款受过刑事处罚或者被税务机关给予二次以上行政处罚的除外。部分国家在提供情报时给予经济发展的考虑可能会要求对方国家提供刑事豁免，以保护该国投资者的安全和积极性。而从目前我国刑法的规定来看，对于偷逃税是可以无限期追究责任的。

综上所述，面对CRS的一天天逼近，各种解读和应对方案纷至沓来，我们认为，CRS从根本上讲是一个严肃的法律问题，比方案更重要的是它的可行性、合法性，这决定其能否落地，且是安全的，否则提供这些方案的人就是极不负责任的。在法律效力适用层级上，虽然国际法优于国内法，但是在涉及具体纳税义务、法律责任判定时，主要是依赖国内税收实体法律、法规，税务筹划方案应该明确其法律边界，否则非但不能为纳税人节税，还会引发更加严重的法律后果，在涉及税务机关和纳税人涉税争议时，对服务机构的税法专业水准，涉税争议解决经验，都提出了很高的要求。

# 12.2　税收居民身份选择与筹划

各国税法规定，“税收居民”通常面临全球纳税义务，不仅应就本国的收益纳税申报，也应就其他国家和地区的收益进行纳税申报。因此，对于在全球有资产配置的人而言，在 CRS 全球金融账户信息透明化的背景下，需要慎重对待个人“税收居民”身份的选择与规划。在法律上，税收居民身份是一个国家（地区）行使税收管辖权的依据，并非依据国籍标准，税收居民身份判定是按照各国国内法，目前，针对自然人，各国对税收居民的判定通常采用的有三个标准：住所标准、居所标准、停留时间标准。

## 12.2.1　主要投资地“税收居民”法律认定标准

1. 英国

按照判例法，税收意义上的英国居民一般指以下三大类：

（1）事实上在一个课税年度内（即 4 月 6 日到下一年的 4 月 5 日），在英国居住 183 天以上的人；

（2）在英国有可能使用的住房，且不在国外从事全日制的工作者；

（3）虽然不符合上述两项条件，但习惯或实际居住在英国的人。

值得注意的是，自 2013 年 4 月 6 日起，英国实行一项全面的法定居住测试（Statutory Residence Test，SRT），并根据测试结果来判断一个人是否属于英国的税收居民。

若根据上述条件依然无法确认税收居民身份，则要看其他一些相关因素（ties），比如说家庭、住所、工作、过去两年在英国的天数、在其他国家的居留情况等等。由于英国是判例法国家，其税收居民身份的判定更为复杂。

2. 美国

根据美国税法规定，美国的居民纳税人是指：

①美国公民；

②具有合法居留权的外国居民，包括：

具有永久居留权者，如绿卡持有者；

持 E 身份的居民；

持 H 身份的居民；

3 年内在美国累积居住超过 183 天（非美国移民，但有美国收入）。

美国的居民纳税人在全球所取得的收入皆须申报，如工资薪金、佣金、酬金、附加福利、小费、股票购买选择权、利息、股息、合伙分红、资本利得分红、退休金收入、失业补偿金收入、博弈获利、国外已得收入等。

3. 澳大利亚

就自然人而言，账户持有人可以根据澳大利亚税务办公室公布的《税务指南》，判断其是否为澳大利亚的税收居民。

澳大利亚税法层面上的居民，与个体是否有澳大利亚国籍无关。即具有永久居住权的个人不一定会被认定为澳大利亚的税收居民，个人是否具有澳大利亚的税收居民身份需要根据不同的情形具体来判断。相关法律对不同情形下的身份判断做了规定，例如，个人在某一课税年度在澳大利亚居住半年以上的，将被认定为澳大利亚的税收居民。

一般规定：根据 Subsection 6（1） of the Income Tax Assessment Act 1936（ITAA 1936）的规定，符合以下条件之一的，将被认定为澳大利亚税收居民：

①在澳大利亚有住所；

②某一课税年度在澳大利亚居留 183 天以上；

③参与养老金计划。

需要提醒的是，在评估①②两条时，也要同时考虑其他与“居住”概念相关的因素，包括：

（1）个人居住在澳大利亚的意图或目的；

（2）个人的家庭、事业、收入等与澳大利亚的密切程度；

（3）个人资产的比例和配置；以及

（4）个人的生活安排和社会关系。

综合分析上述条件，则会出现诸如，在澳大利亚旅游即使超过 183 天也是非居民的例外情形。

4. 加拿大

在加拿大，需要根据实际情况确定个人的税收居民身份。通常情况下，个人居住在加拿大即被作为税收居民（事实居民）或者被认定为税收居民。根据加拿大税法，在判断税收居民身份时，需要考虑个人的整体情况及其他相关事实，例如是否在加拿大具有固定的、通常的、习惯性的生活方式、生活环境。基于此，在加拿大境内是否有住所、是否存在社会关系和重要经济利益，以及其他密切联系等成为判断个人是否具有加拿大税收居民身份的重要事项。其次，“法定条款”在确定个人税收居民身份方面也十分重要。例如，在某课税年度内在加拿大居住 183 天以上的，通常认定为加拿大的税收居民。

5. 新加坡

Section 2（1） of the Singapore Income Tax Act（Chapter 134）（“ITA”）规定了新加坡税收居民身份的认定标准，主要包括：

在某个特定的课税年度，如果符合以下条件之一，则视为居民纳税人：

（1）新加坡公民；

（2）在新加坡定居并成为永久居民；

（3）上一年度在新加坡居留 183 天以上的外籍人士；

（4）上一年度在新加坡工作 183 天以上的外籍人士（公司董事除外）。

居民纳税人可以申请开支、捐赠和税收减免，以此来减少个人所交的税款。

除此之外，则被视为非居民纳税人：

（1）非税收居民指前一年在新加坡居住或工作不超过 183 天的外籍人士；

（2）非税收居民也可以申请开支和捐款以减免税收，但是不能申请税收减免；

（3）非税收居民的工作收入按照 15% 的税率纳税，或按照适用于税收居民的税率缴纳，以较高者为准。董事费、咨询费以及其他收入的税率是 20%。

6. 中国香港

香港对个人税收居民身份的界定包括：通常居于香港的个人及临时在香港工作、居住的个人，在某课税年度内在香港逗留超过 180 天或在连续两个课税年度（其中一个是有关的课税年度）内在香港逗留超过 300 天的个人。

若某账户持有人具有双重居民身份，其身份应按加比原则确定：

①应认为是其有永久性住所所在一方的居民；如果在双方同时有永久性住所，应认为是与其个人和经济关系更密切（重要利益中心）所在一方的居民；

②如果其重要利益中心所在一方无法确定，或者在任何一方都没有永久性住所，应认为是习惯性居住一国的居民；

③如果其在双方都有，或者都没有习惯性居处，双方主管当局应通过协商解决。

7. 中国大陆

根据《关于在中国境内无住所的个人居住时间判定标准的公告》（财政部　税务总局公告 2019 年第 34 号），无住所个人一个纳税年度在中国境内累计居住满 183 天的，如果此前 6 年在中国境内每年累计居住天数都满 183 天而且没有任何一年单次离境超过 30 天，该纳税年度来源于中国境内、境外所得应当缴纳个人所得税；如果此前 6 年的任一年在中国境内累计居住天数不满 183 天或者单次离境超过 30 天，该纳税年度来源于中国境外且由境外单位或者个人支付的所得，免予缴纳个人所得税。

根据《个人所得税法》及其实施条例的相关规定，我国的个人税收居民分为两类情形：一类是在中国境内有住所的中国公民和外国侨民，但不包括虽具有中国国籍，却并未在中国大陆定居，而是侨居海外的华侨和居住在香港、澳门、台湾地区的同胞。其中，在中国境内有住所的个人，指因户籍、家庭、经济利益关系而在中国境内习惯性居住的个人。另一类是在中国境内居住，且在一个纳税年度内，一次离境不超过 30 天，或多次离境累计不超过 90 天的外国人、海外侨民和香港、澳门、台湾地区的同胞。

根据《非居民金融账户涉税信息尽职调查管理办法（征求意见稿）》的规定，金融机构发现存在非居民标识的存量个人账户，应当要求账户持有人提供声明文件。声明为中国税收居民的，应当要求其提供相应证明材料。该证明材料是指政府出具的税收居民身份证明等合法有效的文件。根据《国家税务总局关于开具〈中国税收居民身份证明〉有关事项的公告》（国家税务总局公告 2016 年第 40 号），纳税人向税务机关申请开具《税收居民证明》，较原来的规定有 5 大变化：

（1）将开具权限由原市税务机关改为县税务机关；

（2）由主管税务机关作出确认的应在 10 个工作日内办结，需请示上级税务机关的应在 20 个工作日内办结；

（3）取消申请《税收居民证明》时提交的完税证明或说明，对于需要补充提供资料的，主管税务机关应当一次性告知；

（4）缔约对方税务主管当局对《税收居民证明》式样有特殊要求的，主管税务机关可根据该公告予以办理；

（5）调整了表格样式。

### 12.2.2　CRS“税收居民”的识别机制

CRS 机制下，涉税信息的收集主要是通过金融机构实现的，金融机构收集账户涉税信息的第一步就是要了解账户持有人的税收居民身份。

1. 新设账户

个人开立账户时，需要签署税收居民身份声明文件，确认其税收居民身份。

与此同时，金融机构会根据现有客户资料（包括通过反洗钱客户身份识别程序收集的资料），对声明文件的合理性进行审核，主要确认填写信息是否与其他信息存在明显矛盾。

2. 存量账户

对于存量个人账户，金融机构需要通过开展电子记录检索和纸质记录检索，识别账户是否存在非居民标识。对发现存在非居民标识的存量个人账户，金融机构应当要求账户持有人提供声明文件。声明为非居民的，金融机构会收集并记录报送所需信息。

在税法上，税收居民身份判断应依据各司法管辖区的税法规定，OECD 对各参与国和地区税法文件中关于税收居民认定等规定进行了汇总（具体可见：http：//www. oecd. org/tax/automatic - exchange/crs - implementation - and - assistance/tax - residency/#d. en. 347760）。因此，金融机构无权也没有义务承担确认账户所有人“税收居民”身份的法律责任，只对个人的税收居民声明文件进行合理性审核。对身份存疑的个人账户，金融机构应当要求其提供相应的证明材料。个人在声明中，需要对声明信息的真实、准确和完整性负责，如果个人没有完全和准确地声明自己的税收居民身份，本人需承担由此造成的不利后果。

### 12. 2. 3 “税收居民”身份筹划要点

税收居民是 CRS 开展信息收集和确定交换对象的基础，也决定了个人就全球资产和收益承担的纳税义务。我们建议，在 CRS 下，要结合各司法管辖区的税负率、税收征管实际、CRS 参与程度以及个人金融资产配置等因素，合理的规划税收居民身份，在不违背法律的前提下，合理避税。

1. 国籍、护照规划

国籍是指一个人属于某一个国家的国民或公民的法律资格，作为判断税收居民身份的重要标准，美国、新加坡等都规定了其公民是居民纳税人。在 CRS 下，税收居民的信息不会被金融机构收集和申报。因此，通过国籍、护照规划规避信息交换具有一定的空间。需要提醒的是，税收居民不等同于国籍（护照），根据各国关于税收居民身份的国内法规定，金融机构将通过居住地址、联系电话、纳税人识别号等多方面的信息判断个人的税收居民身份，因此，需要将住所规划、停留时间规划等与国籍规划相结合。

2. 住所规划

除了国籍外，例如英国、澳大利亚、加拿大等国家也会通过居住国家、家庭住址等信息判断账户持有人的税收居民身份。就中国居民而言，海外注册国金融机构根据其提供的中国住址证明、联系方式等信息，很可能将其判定为中国税收居民身份，进行数据的收集并自动申报。因此，在填报上述信息时，应对名下房产物业的证明、住址证明等进行规划，结合国籍的选择，合理排除非税收居民身份标识，从而规避金融机构收集和报送信息。

3. 停留时间规划

停留时间是判断税收居民身份的重要标准之一。例如澳大利益、新加坡、中国香港、美国、加拿大等都规定了在某一纳税年度在其境内居住半年以上的，通常认定为该国的税收居民。因此，在某国停留时间的界定也是进行税收居民身份规划的重要因素。个人可以通过提供出入境记录证明、身份证明、工作证明等资料，适用CRS参与国对于停留时间的规定，对税收居民身份做出选择。

4. 身份声明规划

根据CRS的规定，注册国金融机构会要求个人填写相应的税收身份声明，以判断税收居民身份。而后，金融机构将根据现有客户资料（包括电子记录、纸质记录、客户经理所了解到信息）、居民身份证、居住地等信息进行筛查和审查。对身份存疑的客户，金融机构会要求其提供相应的证明材料。因此，在填写身份声明前，需要根据个人的国籍、居住地址、金融账户记录等信息，结合相关国家（地区）的税收政策合理规划，谨慎填报。

5. 申请开具身份证明

可以通过行政确认程序向司法管辖区申请开具"税收居民"身份证明，比如，按照2016年国家税务总局发布的《关于开具〈中国税收居民身份证明〉有关事项的公告》（国家税务总局公告2016年第40号），企业或者个人为享受中国政府对外签署的税收协定（含与香港、澳门和台湾地区签署的税收安排或者协议）优惠待遇，可以向税务机关申请开具《税收居民证明》。

综上所述，在法律上，各国税法对于税收居民的界定有冲突，应依据两国（地区）之间的双边税收协定（我国同超过104个国家和地区签署了双边税收协定）的有关规定予以处理，从而判断账户持有人的税收居民身份。当然，CRS参与方也可以设定特殊处理机制，比如，按照我国国家税务总局发布的《非居民金融账户涉税信息尽职调查管理办法（征求意见稿）》，我国对于个人明确既是中国税收居民又是其他税收管辖区居民的，在CRS涉税信息收集上将认定为非居民，金融机构需要收集并报送相关信息。因此，在全球化的背景下，高净值人士的投资、生活范围早已超越了国界，已经成为国际居民，但是各司法管辖区却拥有相互独立的法律体系等各种规定，特别是有关投资收益、遗产、赠予、房产持有等的税法规定，深刻影响着投资以及资产配置行为。我们建议，应借助前文所述的多种方式，合理规划税收居民身份，实现全球投资税负成本最优化。

## 12.3 隐匿境外账户常见方式

CRS对境外金融账户及金融资产带来主要风险在于以往"隐匿"的资产信息"透明化"，由此引发两大风险：一是境外金融账户下的资产是非法离境且未完税的，也即在税法上处于"应申报未申报"状态，面临补税甚至偷逃税的法律后果；二是未来境外收益需要向中国税务机关纳税申报，信息不对称、无人监管的时代一去不复返。

### 12.3.1 转移到"非参与国"

根据最新经合组织（OECD）官网披露，全球金融账户涉税信息自动交换参与国家和地区（Participating Jurisdictions），由此前的101减少到100个，名单上减少的国家是欧洲的阿尔巴尼亚（Albania）。

由于CRS是以自愿参加为基本原则，不参加CRS信息自动交换的国家和地区的金融机构，也就没有义务去收集金融账户的涉税信息，并与其他国家和地区进行交换，从而可以继续“隐身”。有数据表明，目前全球共有 224 个国家和地区（国家为 193 个，地区为 31 个），其中，有 100 余个国家（地区）未承诺参与 CRS（见表 12.4）。

表 12.4　全球未承诺参与 CRS 名单

| | 未承诺参与的国家或地区 |
|---|---|
| 亚洲 | 中国台湾地区、菲律宾、越南、泰国、巴基斯坦、朝鲜等地尚未承诺加入 |
| 欧洲 | 梵蒂冈、白俄罗斯、乌克兰、摩尔多瓦等尚未承诺加入 |
| 美洲 | 秘鲁、委内瑞拉、厄瓜多尔等尚未承诺加入 |
| 非洲 | 除南非等少数国家承诺加入外，大部分国家（地区）尚未承诺加入 |

需要注意的是，根据 OECD 在 CRS 相关文本中的规定，对符合条件的非参与国（地区）的投资实体（Investment Entity）应当将其视为“被动非金融机构”（Passive Non-Financial Entity），将其“穿透”，找出实际控制人或最终受益人。

### 12.3.2　改变“税收居民”身份

部分机构近期纷纷向拥有境外金融账户的中国高净值人士推销“小国”护照，进而借助这些护照显示的身份在海外设立账户，以避免其金融账户信息在 2018 年 9 月自动传送回中国大陆税务机关。

需要明确的是，在法律上，税收居民身份是一个国家（地区）行使税收管辖权的依据，并非依据国籍或护照标准，税收居民身份判定需要按照各国国内法，通常采用住所标准、居所标准、停留时间标准。

另外，依据我国《刑法》第二百零一条的规定，纳税人采取欺骗、隐瞒手段进行虚假纳税申报或者不申报，逃避缴纳税款数额较大，并且占应纳税额 10% 以上的，处 3 年以下有期徒刑或者拘役，并处罚金；数额巨大并且占应纳税额 30% 以上的，处 3 年以上 7 年以下有期徒刑，并处罚金。

从法律上看，对于仅仅加入某国国籍或办理一纸护照，试图隐匿海外账户信息的做法在法律上具有很大的不确定性，并面临潜在的法律责任。正确的做法是：应结合各司法管辖区的税率、税收征管实际、CRS 参与程度以及个人金融资产配置等因素，在不违背法律的前提下，合理地规划税收居民身份，达到全球资产税负最轻的效果。

### 12.3.3　借助“离岸信托”

国际知名的离岸金融中心，比如 BVI（英属维尔京群岛）、开曼群岛、百慕大群岛、马恩岛、泽西岛、列支敦士登等，通常具备法律制度完善、税收环境良好、政治环境稳定、金融制度发达等一系列优势，因此成为世界主要的离岸信托设立地。离岸金融中心都非常重视信托信息的私密性，几乎所有的离岸中心地都不要求对信托进行登记，没有强制披露信托信息的规定。一些地区则进一步规定，除法院外，无需将信托的详细资料提供给任何监管机构，以最大限度地保证离岸信托的私密性。

需要特别提示的是，目前包括新西兰、中国香港、马耳他、百慕大、开曼群岛、库克群岛、泽西岛、马恩岛等世界知名的离岸金融中心均承诺加入 CRS，在 CRS 规则下，负有涉税信息收集和审查的“金融机构”除了典型的存款机构（Depository Institution）外，还包括托管机构（Custodial Institution）、投资实体（Investment Entity）、特定保险机构（Specified Insurance Company），与信托相关性较大的为托管机构和投资实体，CRS 对其的基本界定为：

托管机构：过去的 3 年（不足 3 年则以存续时间为准），替他人持有“金融资产”（Financial Asset），并且金融资产和服务的相关收入超过总收入的 20%。

投资实体：过去 3 年（不足 3 年则以存续时间为准）主要的经济活动（相关收入超过总收入 50%）是为客户或代表客户进行以下一种或者几种业务：

（1）交易货币市场工具（支票、汇票、存单、衍生品等）；外汇；汇率、利率、指数工具；可转让证券；商品期货。

（2）个人和集体投资组合管理。

（3）代表他人对金融资产进行投资管理。

同时，如果某机构受其他 CRS 规则下的托管机构、存款机构、特定保险公司、投资实体的专业管理，并且收入主要来源于金融资产的投资、再投资、交易，则该机构也会被认定为“投资实体”。

当然，任何保密义务都是相对的，2013 年 6 月，瑞士联邦议会否决了瑞士银行业的保密法案，判决向美国移交涉嫌逃税客户信息。由此可见，CRS 全面实施后，信托协议的保密义务以及相关行业保密规定能否对抗所在国制定的法律法规，以及行政部门执法、司法审判，并不乐观。

## 12.4　离岸信托的意义

### 12.4.1　保密是离岸信托的一大优势

1. 高度的保密性

离岸信托最为重要的功能无疑是“保密”和“税务筹划”，这可以从多个方面进行诠释。例如，将信托的受益人分为不同的组别，使他们彼此对对方的分配情况不知情；利用某国法律给予特定信托相对于其他法律主体的税收优惠进行投资。但是，对某些人而言，离岸信托最具诱惑力之处在于它是位于低税地的一个不透明的税收实体。由于受益人所在国的税务机关无法知悉离岸信托取得收入并进行分配的行为，因此也无法向受益人征税。

2. 资产分割和保全

离岸信托往往设立在一些政治稳定、税收优惠的避税地。例如，开曼群岛、泽西岛和百慕大群岛等。信托一旦设立，从法律意义上来讲，信托财产的所有权即被转移给受托人，实现资产的分割和保全。此外，即便委托人所在国发生了政治动荡，或者遭遇严重的经济危机货币贬值，其在海外的信托资产也不会受到影响。

3. 财富传承与分配

财富传承也是设立离岸信托的考量因素之一。通过信托这种专业化的财富管理模式实现家族财富传承，在英美等国家十分普遍。

### 12.4.2　与全球税务透明化的冲突

由于离岸信托具备信息高度保密、税务合规优化、资产分隔和保全、财富传承与分配等优点，长期以来成为富人进行财富配置安排的重要途径。然而，愈演愈烈的全球税务透明化，使得越来越多的国家开始对本国居民设立的离岸信托主张税收管辖权，并通过 FATCA 法案以及 AEOI 标准的实施，掌握本国居民的金融账户税务信息，为开展税收征管提供基础。在这个过程中，离岸信托的信息保密功能以及相关国家的金融保密制度与税务信息交换中金融机构的尽职调查义务产生了巨大冲突。

1. 保密制度面对国际私法诉讼

2013 年，因协助美国客户逃税，瑞士历史最为悠久，成立了 270 多年的 Wegelin & Co. 私人银行在遭遇美国巨额罚金后黯然倒闭，令整个瑞士银行业震惊。

2014 年年初，迫于海外监管机构施加的压力，又有两家老牌私人银行放弃了长达几世纪之久的“保密协议”，首度公开发布财报。

2014 年 7 月 1 日，《美国海外账户税收合规法案》（FATCA 法案）大部分条款开始生效，更为严苛的财产申报制度令曾经的“避税天堂”—瑞士银行业显得有些被动，作为管理着巨额美元离岸资产，且客户多以“隐秘账户”存在的瑞士银行业，在美国声势浩大的打击海外逃税行动中受到巨大影响。

上述事实反映出两方面的问题：一方面，银行等金融机构急于解决未经申报的美国账户的相关问题；另一方面，瑞士的银行保密法要求他们不能轻易向美国政府公开相关档案，结果造成了很多瑞士的银行不得不背负起大量客户不愿申报的秘密账户。而由于 FATCA 法案的实施推进，他们必须向美国税务局公布相关金融账户信息。

2. CRS“穿透”原则对离岸信托的冲击

为了应对利用离岸信托逃避税的行为，保障 CRS 的有效实施，CRS 标准中规定，大多数离岸信托作为消极金融机构（Passive NFE），其账户所在的银行需要向税务机关申报如下信息：委托人、受托人、受益人（包括取得收益的自由裁量受益人）、保护人的身份信息，账户余额和账户金额变动信息。例如，A 国税收居民 T 通过离岸信托向 B 国投资，并通过离岸信托取得了向 B 投资的收益，只要 A 国、B 国为 CRS 参与国，那么该离岸信托的开户行会自动将信托利益相关人的身份信息、信托账户的余额和金额变动情况向该国税务机关申报，并传送给 A 国的税务机关，成为 A 国税务机关向居民 T 征税的依据。

### 12.4.3　“合规”或成为离岸信托唯一选择

一直以来，作为一种特殊的财产管理制度和法律行为，由于特定的属地对信托的定义或法条有相对宽松或特别的政策，信托受益人的利益能够得到更多的保护。然而，在 CRS 标准建立之后，中国以及绝大多数的离岸地、低税地都参与了税务信息自动交换体系。通过税务信息自动交换，在对各国税务居民的海外资产和资产持有结构有进一步了解后，各国将开始制定真正具有针对性的税务规范，并采取相应的税收征收手段。在这个大背景之下，任何妄图钻漏洞规避税务信息申报的措施都需要格外的谨慎。

由于开曼群岛、BVI 等离岸金融中心正面临日益严格的税收与离岸基金信息透明度审查，若某个离岸金融中心的离岸信托被发现存在法律问题而声誉受损，对在此设立离岸信托的所有投资者声誉都会产生一定影响，比如，相关监管部门会从严调查所有投资者的离岸信托架构是否合规、资金来源是否合法、是否存在漏税行为等。因此，对于打算通过离岸信托规划财产的投资者而言，需要采取相应的措施隔离风险，寻求专业的税务、法律机构的支持，妥善处理国内资产与海外资产的税务问题；同时，提供国内与离岸信托所在地的相关法律建议，更好地处理离岸信托设立时所遇到的法律问题。

在 CRS 实施之后，离岸信托规避纳税的功能将逐渐弱化，这取决于 CRS 参与国开展税务信息交换的程度以及与保密制度的调整和衔接。但是，离岸信托的保护隔离功能、灵活的权益结构安排、健全的保护与救济措施，以及合法的低税率等优势仍然是财富配置的重要参考标准。因此，设立离岸信托需要全方位的考虑问题，了解法律、税务等方面的相关知识，同时，还要关注税收政策的走向。通过法律、税务等专业机构的协助，为财富传承搭建合规有效的最优架构。为了应对新的税收征管形势，一个行之有效的离岸信托架构，不仅要能实现财富保全和传承，更要满足税务方面的合规和优化。

## 12.5 涉税信息交换范围详解及应对

全球金融账户涉税信息的交换是提高全球范围内税收透明度，打击利用海外账户逃税避税行为的核心环节。AEOI 标准要求应报送（信息的）金融机构报送应报送金融账户的相关信息给当地税务机构，而参与了国际金融账户信息交换的司法管辖区的税务机构间再进行信息交换。CRS 作为 AEOI 标准的有机组成，对报送的信息提出了具体要求，确定了报送程序。

需要报送信息的金融机构包括存款机构、托管机构、投资实体和特定的保险机构，其负责金融账户的审查，一旦审查确定金融账户为应报送（信息的）金融账户，进而收集信息进行报送，同时有义务告知账户持有者，其账户信息会与其他司法管辖区域进行交换。应报送金融账户（Reportable Account）是由应报送人（Reportable Person）持有或有应报送人作为控制人（Controlling Persons）的消极非金融机构（Passive Non-Financial Institution）持有的金融账户，包括存款账户、托管账户、现金值保险合约、年金合约、持有金融机构的股权/债权权益等。所有的账户持有人都是应报送信息人（the Reportable Person），除非被特别排除，比如上市公司、政府机构、国际组织、中央银行、金融机构等。

MCAA（Model Competent Authority Agreement，主管当局间协议范本）和 CRS 的评述以及 CRS 的实施细则对于需要交换何种信息进行了明确的规定与详尽的阐释。MCAA 第二款第一段明确指出，进行交换的信息就是按照 CRS 报送标准和尽职调查标准需要申报的信息。

### 12.5.1 基本信息

报送金融机构需要收集报送金融账户的如下信息：如果报送金融账户的持有人为自然人，则应报送其姓名、地址、居住地司法管辖区、纳税人识别号、出生日期与地址；如果报送金融账户的持有人为实体，则应报送其名称、地址、居住地司法管辖区及纳税人识别号；如果报送金融账户的持有人为实体，且其一个或多个控制人为报送人，应报送该实体的名称、地址、居住地司法管辖区及纳税人识别号，以及每个控制人的姓名、地址、居住地司法管辖区、纳税人识别号、出生日期及出生地。

金融机构报送的地址应为账户持有人在金融机构开户备案的地址。对于自然人账户持有人，金融机构应报送其当前居所地地址；若其当前居所地地址不在案，应报送其邮递地址。当实体账户持有人的控制人为应报送人时，金融机构应报送该实体的地址以及每个控制人的地址。金融机构报送的账户持有人的居住地司法管辖区，应按照尽职调查标准予以确认。若金融机构认定某一账户持有人有多个居住地司法管辖区，应报送全部居住地司法管辖区。该居住地司法管辖区是基于CRS尽职调查标准进行确定的，与其他税务目的下确认的居住地司法管辖区不一定完全相同。账户持有人的纳税人识别号是其居住地司法管辖区赋予的识别号，而非收入来源地司法管辖区所赋予的。当账户持有人被认定有多个的居住地司法管辖区时，应报送每个居住地司法管辖区所分配的纳税人识别号。当没有纳税人识别号时，应报送功能上与之相仿的识别号码或信息。

对于存量账户，如果账户持有人的纳税人识别号与生日未在金融机构备案，且地方法不要求其对此信息进行收集，则不强制报送纳税人识别号与生日。因此，对于存量账户的持有人，一是无论金融机构是否有义务为之备案，如果纳税人识别号或生日在案，则必须报送；二是如果纳税人识别号或生日不在案，但地方法要求报送的（如在反洗钱/了解客户程序中），则必须报送。所谓的“在案”指金融机构为账户持有人设立的客户主文件夹和电子数据库中可查信息。如果信息不在案或地方法不要求，金融机构仍然应尽合理努力义务去获取纳税人识别号与生日。所谓“合理努力”，是指在金融机构在该存量账户作为应报送账户期间每年至少尝试一次获取信息，包括联系账户持有人（如通过邮件、亲自会面或电联），通过传真或电邮获取文档及通过其关联机构审核电子数据库。

同时，对于存量账户和新设账户，当该司法管辖区不曾分配纳税人识别号，或该司法管辖区的地方法不曾要求金融机构收集纳税人识别号这一信息，金融机构不必报送纳税人识别号。但是，一旦该司法管辖区开始为账户持有人分配纳税人识别号，该例外的适用即时终止。同时，在第二种情形下，如果账户持有人主动选择向金融机构暴露自己的纳税人识别号，金融机构必须报送（如在澳大利亚）。关于存量账户和新设账户持有人的出生地，除非地方法律要求金融机构收集与报送其出生地且该信息在其电子数据库中可查，金融机构都不必报送。

### 12.5.2 金融账户账号

金融账户的账号需要予以报送。该账号不应是金融机构为应对报送义务而特地为账户分配的号码。若不存在账户号码，任何功能相仿的编码皆可，如特定的序列号或该金融机构分配的用以识别特定账户的号码，通常可以认定合约或保险序列号为与账号功能相仿的编码。

### 12.5.3 金融机构的名称与识别码

报送金融机构的名称与识别码，也必须随同金融账户一并报送。报送金融机构的名称与识别码可以使得参与信息交换的司法管辖区轻松地确认报送信息的来源，也有利于后续信息的进一步交换或订正。“识别码”通常是金融机构居住地或所在地的司法管辖区域分配给其用以识别身份的号码，但也可能是全球性的分配而来。识别码可以是纳税人识别号、公司注册编码、全球法人机构识别编码（Global Legal Entity Identifier）或全球中介机构识别号码（Global Intermediary Identification Number），参与信息交换的司法管辖区或予以释义。若无识别码，必须报送金融机构的名称与地址。

### 12.5.4 金融账户的余额与净值

在某一公历年度年末或其他合适的税务报告期末，报送金融机构需要报送应报送金融账户的余额或者净值（包括具有现金价值的保险合同或年金合同的现金价值或退保价值）。若该金融账户的余额或净值为负，应报送该账户的余额或净值为零。

在信息交换未出台前，某些司法管辖区已经要求金融机构在该公历年度或其他合适的税务报告期间报告账户的平均余额或净值，则这些金融机构可以自主选择，不必一定报送报告期末的账户余额或净值。

通常，报送的账户余额与净值是金融机构计算后报送给账户持有人的数额。对于股权或债权权益，股权权益的价值为被最频繁确认的价值（the most frequent determination of value），债权权益的价值为本金数额。对于保险合约和年金合约，其价值为该公历年末或其他税务报告期末的价值。所有金融账户的余额或净值不需要因账户持有者的负债而下调。

共同持有账户的账户持有人需要经由金融机构报送该账户的总余额或总净值，以及分摊到每一个账户持有人身上的共同账户的余额或净值。这一准则同时适用如下几种情形：对于消极的非金融实体持有的账户，若有多个作为报送人的控制人，则报送全部支付或计入账户的总额，以及分摊到每个作为报送人的控制人的余额或净值；对于作为报送人的账户持有者，若被确认有多个居住地司法管辖区，则需报送对于不同居住地司法管辖区所支付或计入账户的数额，以及该账户的总余额或净值；对于消极的非金融实体持有的账户，若其作为报送人的控制人被确认有多个居住地司法管辖区，则应报送对于不同居住地司法管辖区所支付或计入账户的数额，以及该账户的总余额或净值；对于消极的非金融实体作为报送人且其控制人作为报送人，应报送该账户的余额或净值，以及该控制人支付或计入账户的数额，分别以消极的非金融实体和其控制人的名义报送。

账户在该公历年度或其他税务报告期间注销的，金融机构没有义务报送账户关闭前的余额或净值，但应报送说明该账户已注销。“注销”的确认依据账户所在的司法管辖区的法律。若其司法管辖区并无对“注销”予以规定，则按照该金融机构的经营习惯予以确认。比如，对于股权或债权权益，终止、转让、退还、赎回、取消或清算都可以认定为“注销”。然而，仅仅因为账户余额或净值为零或负值，不能认定为账户已注销。

合适的报告期一般为公历年末或其他合适的税务报告期间告于段落之时。在确认何为“合适的报告期”时，需要依据每个司法管辖区域的法律，且在合理的连续多年期间，应统一每年使用的报告期。比如，某一合约周年日与上一合约周年日的期间（在现金价值的保险合约的情形下）或非公历年的会计年度，都可以作为合适的报告期。

另外，对于不同类型的金融账户，需要报送的余额或净值略有不同。对于托管账户，报送该公历年度内收到或者计入该账户的利息总额、股息总额以及由于托管资产而收到或者计入该账户的“其他收入所得”总额。这里的“其他收入所得”指按照此司法管辖区的法律，除去利息、股息、因销售或赎回金融资产的总收入款或资本利得之外，被认定为“所得”的数额。报送信息的金融机构为代理人、中间人或者名义持有人的，报送因销售或者赎回金融资产而收到或者计入该托管账户的收入所得总额。销售或者赎回金融资产所得收入不考虑销售或者赎回金融资产是否对持有者产生税负。

持有应报送账户的清算或结算机构，在以净额基准结算其成员间的证券买卖时可能不知道交易或处分的收入所得总额。在此情况下，收入所得总额仅限于按照该机构结算程序进行结算交易的期间，因买卖或处分金融资产而支付或计入该机构成员账户中的净额。“清算或结算机构”指为替代其成员或按其指示进行证券交易的机构。同时，对代理人而言，“收入所得总额”包括因之前支付过保证金而未予支付的数额和佣金（但后者不作强制要求）。对于含债权权益的权益交易，“收入所得总额”包括债权产生的利息。这里，金融机构可能很难获取销售或赎回金融资产的总收入款的信息，在实践 CRS 的过程中，不要求对此信息的报送一步到位。

对于存款账户，应报送该公历年度内或其他合适的税收报告期间收到或者计入该账户的利息总额。

对于其他账户，应报送该公历年度内或其他合适的税收报告期间收到或者计入该账户的收入所得总额，包括赎回款项的总额。

金融账户余额或净值必须以该账户的主要币种报送；若一个金融账户有两种或以上主要币种，则金融机构可选择指明其中一种，按之报送。如果金融账户的余额或净值的主要币种并非参与另一施行 CRS 司法管辖区所使用的币种，报送金融机构必须以即期汇率重新计算等价币种下的账户余额或净值再进行报送。

简而言之，金融机构应向税收机构报送金融账户的基本信息、账户账号、其自身名称与识别码，以及账户的余额或净值。